Eneas   III

Qui fu grant: mose bien close
e merueille fu puis grante chose
de tout le monde ot en bataille
li er enoreut seignorie
et deutens descendue sorte
Eneas sauueur par tout le monde
iusqual tous Iulien le pos
calin qi seignoit sire touz

Ci finist lestoire de Eneas

Ci comence le siege de Thebes

Ii sages est uel
seu celer, axis
paroles deu soit
seu moustrer
Le quant sauua
del siecle assi
deu sou puis tôt
iours remembrez
li dauz homers e dauz platons
et virgiles, e artheuus
de sapience celafaire
ia iu fust dels parle auant
o pece ue uoit mon sen taste
ma sapience retenir
lai me delite a conter
chose digne de remembrier
tout se taiseut cre del mestier
si ne sout cleux ou chiualer
ensemeut poeme escouter
come si asises a harper
de parleceu de pelueers
ne de uilains ne de beusliers
mais de deuz freres uous dirai
de lor gestes acouterai
El uus ot non etliocles
et si autres polinices
Edypodes les engendra
en la ueine ioeasta
de sa mere les or a tort
quant son pere le rei ot mort

por le pechie dount saint en
ffireut selon: estage
Thebes destruistreur sor ure
co eu apres toute la regne
sestruna ensiureut toue uoisin
et il auiedeu en la fin
Mes deuz germaius ure a presente
de parseaur plus longemeut
car ma raison uoit comencier
En sor stoi douc uoit conteir
de autres ot non saytis
de Thebes fust a reis e diz
As dieu asa por demander
quel fin sui uondreut destruer
sanz apollo fut a maude
par un respons que ad doue
le a present engendera
un felon fils qi tocara
de aut qe si ans sust passe
edypodes fults engendries
uui puro losset a son pechie
come il era prophetize
li reis fu molt espouree
por la respouse qi li doue
ostre comauda seu sauc
eil ne uule nius auauir
la niuera padra a cric brac
ses pons detor les cheuez tout
pasina thier sur son enfant
et deuieure dolde molt grauant
saisse uolerite qe serta
dolerouse qe deuieudra
chaiesune rieu por quei uasquis
pecheresse por quei uesquis
Cuiudo comeut couieut seira
de mou enfauut qe ieo porta
peue enfes par quei sus nes
por quei fuste ouqes engendres
por quel forfairz par quel tort
peue enfauut uorras mort
ia ne fus ui fu de puiam
ne de moui ne de meuauier
Tusi dolce uieu mal te porta
uiue te nom mal naldeau
et tes peues mal tengendra
quant osta te cousnida

SOCIÉTÉ

DES

ANCIENS TEXTES FRANÇAIS

ROMAN DE THÈBES

I

Le Puy, imprimerie de Marchessou fils, boulevard Saint-Laurent, 23.

LE
ROMAN DE THÈBES

PUBLIÉ D'APRÈS TOUS LES MANUSCRITS

PAR

LÉOPOLD CONSTANS

PROFESSEUR A LA FACULTÉ DES LETTRES D'AIX

TOME I

PARIS
LIBRAIRIE DE FIRMIN DIDOT ET Cie
56, RUE JACOB, 56

M DCCC XC

Publication proposée à la Société le 23 novembre 1887.

Approuvée par le Conseil, le 28 décembre 1887, sur le rapport d'une commission composée de MM. P. Meyer, G. Paris et Servois.

Commissaire responsable :
M. G. Paris.

ROMAN DE THÈBES

PROLOGUE. — HISTOIRE D'ŒDIPE

  Qui sages est nel deit celer,
  Ainz por ço deit son sen monstrer,
  Que, quant serra del siécle alez,
En seit pués toz jorz remembrez.
5 Se danz Homers et danz Platon   (5)
Et Vergiles et Ciceron
  Lor sapience celissant,
  Ja ne fust d'eus parlé avant.
  Por ço ne vueil mon sen taisir,
10 Ma sapience retenir ;   (10)

2 *S* Mais; *xy* d. p. c.; *By* sens, *C* senz; *A* mostrer, *BP* moustrer, *C* montrer — 3 *P* Car q. sera; *xA* q. il est (*BA* iert) — 4 *S* O en s. puis; *xA* Tos j. en soit, *P* Tous tans en s.; *x* mais, *A* puis, *P* plus; *xy* ram. — 5 *Cy* omers; *Sxy* platons — 6 *Sx* virgiles, *P* ouides; *A* cicerons, *S* citherons, *x* quicerons, *P* chycherons — 7 *S* celasant, *P* celisant; *A* fuissent lor sens ale celant — 8 *xA* Ja nen f. mais, *P* Nen f. jamais — 9 *C* nen; *S* voil, *x* veul, *y* voel; *xy* sens — 10 *B* Mais s.

Ainz me delét a aconter
Chose digne de remembrer.
Or s'en voisent de tot mestier,
Se ne sont clerc o chevalier,
15 Car aussi pueent escouter (15)
Come li asnes al harper. (16)
Ne parlerai de peletiers,
Ne de vilains, ne de berchiers ;
Mais de dous fréres vos dirai, (31)
20 Et lor geste raconterai.
Li uns ot non Ethioclès,
Et li autres Polinicès.
Edipodès les engendra (35)
En la reïne Jocasta :
25 De sa mére les ot a tort,
Quant son pére le rei ot mort.
Por le pechié dont sont criié,
Furent felon et esragié : (40)
Thèbes destruistrent lor cité
30 Et degastérent lor regné ;

11 *A* Ml't me ; *SxA* delite, *P* delit ; *S* a conter, *xy* a rac. — 12 *A* Cou ke digne est, *P* Et cose d. ; *x* por ram., *P* a ram., *A* a raconter — 13 *S* Tout se taisent cil del mestier ; *x* Or sen taisent de cest m. ; *A* sen aillent ; *y* de tous mestiers — 14 *A* Se il nest clers, *P* Se c. ne nest ; *y* ou chevaliers — 15 *S* Ensement p., *B* Car ainsi p., *P* C. se il p. — 16 *Sx* a harper, *A* au h., *P* au caneir — 17-18 *y* développe en *14 v.* (*P en 16*). V. *Appendice* III — 18 *x* bouchiers — 19 *S* dirrai ; *C* des ; *x* f. parlerai ; *y* De ij. f. v. voel mostrer (*P* conter) — 20 *S* gestes acounterai ; *y* Et de l. geste (*P* gestes) raconter — 21 *C* ethyocles — 22 *C* pollynnices, *A* polliniches — 23 *S* Edypodes, *B* Roys edrapus, *C* R. eduppus, *P* Colitorpus — 25 *C* son pere — 26 *x* Q. ot s. p. le r. m. — 27 *A* Por chou quil furent en pechiet — 28 *x* Felons (*B* Felon) f. ; *C* enragie — 30 *S* Et en apres tout le r., *A* Et gasterent lour yrete.

Destruit en furent lor veisin,
Et il ambedui en la fin.

    Des dous fréres ore a present (45)
Ne parlerai plus longement,
35 Car ma raison vueil comencier
D'un lor aiuel dont vueil traitier.
Lor aives ot non Laïus :
De Thèbes fu et reis et dus. (50)
As deus ala por demander
40 Qual fin li voudront destiner.
Danz Apollo li a mandé, (91)
Par un respons que a doné,
Que a present engenderra
Un felon fil qui l'ocirra ; (94)
45 Et ainz que fust li anz passez,
Edipodès fu engendrez,
Qui pués l'ocist a son pechié,
Si come il ert prophetizié.

---

31 *P* li v. — 33 *S* Mes deux germains; *xA* or (*C* ore) em (*A* en) pr. — 34 *S* plius *(orthogr. presque constante)*; *x* longuement — 36 *xP* Aleur; *B* aiue, *P* vie, *S* aiol, *C* ayol, *A* aioel; *A* Et de l. a. v.; *S* voil counter — 37 *B* Lors; *P* aues, *C* ayeul, *A* aioels; *CSP* layus — 38 *S* fust; *x* Qui f. de t. r., *A* Et d. t. f. r. — 39-40 *y* développe en 40 v. (P 38). V. Append. III — 40 *SC* Quel; *B* Que cil li voderont; *C* il li voudront; *S* lui; *x* donner — 41-42 *y* Ses dius li a respons done Apertement li a moustre *(ce 2e v. a été oublié dans A)* — 41 *x* Et a.; *B* apolo, *C* appollo; *S* lui — 42 *B* .j. raisons; *x* quil a — 43 *S* a presenz, *y* a cort terme; *S* engendera, *A* engeenra, *P* il engenra — 44 *SC* filz; *S* ocira, *B* occira, *P* ochirra; *P ajoute 4 v.* V. Append. IV — 45-48 manquent dans *A* — 45 *x* Aincois que f.; *S* qe li ans f. p.; *P* Ne fu mie li a. p. — 46 *x* Si fu eduppus (*B* edippus), *P* Quant li enfes f. — 47 *S* oscit; *xP* par s.; *S* pecchié *(orthogr. à peu près constante; cf. cependant v. 27)* — 48 *xP* c. estoit; *C* prophecie.

Li reis fu mout espoentez (95)
50 Por le respons qui fu donez ;
Ocirre comanda l'enfant
Tantost come il vendreit avant. (98)
La mére plore et crie et brait,
Ses poinz detort, ses cheveus trait ;
55 Pasmee chiet sor son enfant
Et demeine dolor mout grant :
« Lasse, dolente, que ferai ?
« Dolerose, que devendrai ?
« Chaitive rien, por quei nasquis ?
60 « Pecheresse, por quei vesquis ?
« Homecide coment serrai
« De mon enfant que jo portai ?
« Petiz enfes, por quei fus nez ? (117)
« Por quei fus onques engendrez ?
65 « Por qual forfait et por qual tort,
« Petiz enfes, recevras mort ?
« Ja n'iés tu pas fiz de putain,
« Ne de moine, ne de nonain. (122)
« A ! douce rien, mar te portai,
70 « Mar te norri, mar t'aletai !

49 *C* le roi, *B* li roi ; *C* espouentez, *P* espauentes — 51 *S* Oscire ; *y E* dist quil ocirra (*P* ochirra) — 52 *A* venra, *P* verra ; *S* Que il ne viue mais a. ; *y* aj. 5 v., puis donne les v. 86-90, puis 8 vers indépendants, dont les 2 derniers répètent les v. 75-6. V. Append. III — 53-8 manquent à *y* et 59-60 à *A* — 53 *B* crie pleure et, *C* pl. cr. et — 59-60 *P* Dolerouse por kel veis Et tu caitis por quoi nasquis (*P* place ces 2 v. après 64) — 59 *x* riens — 61-2 manquent à *y* et 63-4 à *x* — 61 *S* Omicide, *C* Homicide ; *B* ferai, *C* fere — 63 *y* Ahi biaux fix — 64 *A* de pere e. — 65 *Sxy* quel (*orthogr. constante, sauf indication contraire*) — 67 *S* Ja ne fus tu, *A* Ja nen es tu ; *xA* es ; *y* a p. — 68 *y* Ne a garchon (*P* garce) ne a vilain ; *y* aj. 62 v. (*P* 60). V. Append. III — 69, 70, 71 *S* mal — 69-70 manquent à *y*.

	« Et tis pére mar t'engendra,	(189)
	« Quant ocirre te comanda !	(190)
	« Blasmé serron tuit de ta mort,	(185)
	« Tis pére a dreit et jo a tort :	(186)
75	« Il t'a ocirre comandé,	(191)
	« Cherisme[s] fiz, estre mon gré.	(192)
	« Vers les deus vueut eschaucirer	(193)
	« Et lor respons a faus prover,	(194)
	« Mais il sont veir, si com je cuit :	
80	« Issi iert il come il ont dit. »	
	Sor son fil demeine ital plor	
	La reïne et ital dolor :	
	Ne la pueent home escouter,	
	Del duel qu'il li oent mener.	
85	Li reis fu mout espoentez :	(103)
	Treis de ses sers a apelez ;	
	Pramis lor a or et argent	

71-2 m. à P ; ils sont, dans A, avant 85 — 71 A Cest tes pere ki tengenra — 72 x Qui o., A Ki a tuer ; S oscire *(de même v. 75 et le plus souvent)* — 73-4 y On requerra je cuit (P croi) ta mort A ta mere (P Te m. mais) chou ert a tort, puis 2 v. spéciaux. V. App. III — 73 x filz de — 74 B Ses peres, C ton pere ; S ad d. et ie ai t. — 75 y A ocirre ta c. — 76 Sx filz *(orthogr. constante, au suj. sing. et au rég. plur.)* ; x Biax tres chiers (B chier) f., A B. sire fius ; P B. t. dous o. *(v. faux)* ; BP outre m. g. — 77-80 manquent à P ; 79-80 m. à A, qui met à la place les v. 101-2 — 77 B vot — 78 A trestous fauser — 79 B ert voirs, C est voir — 80 S ert ; x Ainsi sera comme — 81-2 manquent à y — 81 S Sur, x Desor s. f. meine ; S tiel, x tel — 82 S tiel ; x tel — 83-4 m. à xy ; cf. cependant 201-4 de A (P) — 83 Ms. poeit homme — 84 Ms. lui — 85 S Ffu molt li reis e., y Quant li rois sot que il fu nes — 86-90 *sont déplacés dans* y ; 85 *est modifié* (V. la note au v. 52) — 87 x Promis ; P Promet leur ml't or.

　　　　Et comandé privéement
　　　　Son fil tougent a sa moillier,
90　　　Si li augent le chief trenchier.　　　(108)
　　　　Or s'en tornent cil o l'enfant,　　　(197)
　　　　La reïne remest plorant :　　　　　(198
　　　　Sa chiére bat, ses poinz detort
　　　　Et depreie les deus por mort.
95　　　Quant ot assez plaint et ploré,
　　　　Son cors debatu et lassé,
　　　　Amenuisié sont si sospir
　　　　Et se comença a dormir.
　　　　La mére est lasse, si s'endort,
100　　Et sis fiz vait receivre mort.
　　　　Mais or verron qui porra plus,　　　(195)
　　　　O Apollo o Laïus :　　　　　　　　(196)
　　　　Se li enfes est decolez,
　　　　Donc est li deus a faus provez ;
105　　S'il eschape des mains as treis,
　　　　Poor en puet aveir li reis.

88 *x* Commande leur p. ; *y* Mais ke il tost (*P* ml't t.) p. —
89 *SC* filz, *S* tolgent, *x* toillent ; *y* Prengent le fil de sa ; *x* a
la — 90 *x* aillent, *y* voisent — 91 *S* Ore; *y* Cil sen ; *A* keurent;
y atout lenf.; *S* oue (*orthographe ordinaire, très rarement
ou*) — 92 *S* Et sa mere; *P* r. criant; *S* remyst (*cf.* 362) —
93-100 *y* diffère complètement. V. App. III, v. 199-206 — 96
x Batu s. c. et alasse — 97 *S* Amenusie s. li s. — 98 *x* Puis
si c. — 100 *C* son f. — 1-2 m. à *P* et sont placés dans *A*
après 78 — 2 *B* apolo, *C* appolo, *A* Apolins — 3-6 *man-
quent à y* — 4 *x* Dont — 5 *B* a t. — 6 *B* paour; *S* aj. 2 v. V.
App. I (*Nous ne renverrons plus, sans nécessité absolue,
aux Appendices* I, II, III, IV, V, *qui renferment respective-
ment les vers spéciaux à S, à BC (ou BCAP, BCA, BCP),
à AP, à A et à P*).

Quant furent loign de la cité,
En un grant guaut en sont entré ;
Descovert ont le fil le rei
110 D'un sidone qu'il ot sor sei.
Cil fu petiz : ne sot la sort,
Ne ne s'aperçut de sa mort.
Ses mains tendié et si lor rist, (225)
Come a sa norrice feïst.
115 Empor le ris qu'il a geté,
Commeü sont de pieté, (228)
Et dient tuit : « Pechié feron, (231)
« Quant il nos rit, se l'ocïon. » (232)
Andous les piez li ont fendu, (275)
120 A un haut chaisne l'ont pendu : (276)
Por çol firent nel devorassent
Ors ne lëon, ne nel manjassent.
Or s'en tornent li serf tuit trei, (277)
Pendant laissent le fil le rei.
125 Dient al rei : « Seürs seiez,
« Dès ore mais vos esjoiez : (280)

107-12 *y développe en* 14 *v.* — 7 *x* Cil sont ja l. — 8 *B* en .j. gaut, *C* enmi .j. g. — 9 *B* lor roi. — 10 *S* sidonie, *x* sydoine ; *x* o soi — 11 *B* le s. — 12 *S* aparcut — 13 *xy* Tendi s. (*P* les) m. — 14 *y* fesist — 15 *S* Enz por le reis, *x* Et p. ; *y* Li uns a lautre resgarde (*P* regarde) — 16 *SB* pitie (*v. trop court*), *CP* de grant pite ; *y aj.* 2 *v.* — 17 *A* Font il ml't grant p. f., *P* M. g. p. font il feromes — 18 *S* sel o. ; *y* Se nous cest enfant ocions (*P* ochiommes) ; *B* ocions ; *y ajoute* 42 *v.* — 19 *S* Par les d. p. lont porfendu — 20 *x* Puis lont a. i. ch. p. ; *A* Et a .j. caisne ; *SC* chesne, *B* chenne — 21-2 *m. à y* ; *x* Pour ice lont pendu lassus Que bestes nel meniassent ius — 21 *S* cel — 22 *S* leons — 23 *y* Plorant sen tornerent tot .iij. — 24 *P* P. remest li fiex ; *SC* filz — 25 *S* Al r. s. d. estez ; *C* seur — 26 *S* Jamais vostre filz ne verrez ; *xA* Des or m. v. esiois siez.

« Se vos poez des vis guarder,
« Ne vos estuet les morz doter. »
Cil ont le rei asseüré,
130 Mais traï l'ont et engané ;
Car li enfes qui en haut pent
Après avra socorement. (286)

Par icel bois vait chevauchant,
Com fortune le vait menant,
135 Li reis de Phoche la cité
Qui a l'enfant pendant trové ;
Despendu ont le fil le rei, (335)
Danz Polibus l'en porte o sei ;
Norrir le fait, si l'a tant chier,
140 Com se l'eüst de sa moillier. (338)
Et quant li enfes ot quinze anz, (345)
Genz ert et proz, sages et granz. (346)
Li reis le queut en tal chierté, (369)

127 *y* Se d. v. v. p. g. — 28 *x* Les (*C* Des) m. n. v. e. d.;
P le mort — 29 *x* Bien o. leur r. ; *A* Cist o. — 30 *S* engine,
x mal mene — 32 *S* socourement; *xy* A. secours prochainement — 33-6 *y* développe en *44 v.* (*P 42*) — 33-4 m. à
S — 34 *x* Si com (*B* comme) f. vet m. — 35-6 *S* Qar li reis
dorces la citee Esteit en la forest entre, *puis 16 v. spéciaux*
— 35 *B* des; *x* phoces (*cf. v.* 175) — 37 *S* Et il si fist le; *S*
ot; *SC* filz (*orthogr. constante dans Sx*); *P* lenfant le r.;
B lor r., *A* au r. — 38 *P* Et p.; *SP* polipus; *S* enporte oue
s. — 39 *A* la f. ; *S* le fist si le tint c. — 40 *xy* Com sil; *y* aj.
6 v. et *S* 4 — 41 *x* Edyppus q. il ot, *A* Q. il avoit entor, *P* Q.
il ot bien passe — 42 *x* Preuz fu et g., *P* Dont fu ml't biaus ;
A Ml't estoit b. et apparans; *y* ajoute 22 vers (*P 20*) — 43
xy le tint; *A* en grant cierte — *Entre -43 et -44 x intercale 2 v.* : Com sil fust ses filz de verte Ml't la debonnaire
trouue, *et les 2 suivants après -44* : Ne croit nul mal que on
len (*B* len en) die Car tuit li autre en ont (*B* orent) envie.

	Son dru en fait et son privé ;	(370)
145	Et por içő qu'il l'ot tant chier,	
	Si l'adoba a chevalier.	
	Envie en ont si compaignon,	(371)
	Sil laidissent de lor raison ;	
	Plus de cent feiz l'ont apelé	
150	Fil a putain, bastart geté :	
	« En grant baudece estes montez,	
	« Si ne savez dont estes nez ;	
	« Mais la pute le vos dira,	
	« Que al chaisne vos encroa. »	(378)
155	Li dameiseaus fu mout marriz	(381)
	Des blastenges et des laiz diz ;	
	A Apollo en vait parler,	
	Cui fiz il est vueut demander ;	(384)
	A Apollo en vait tot dreit	
160	Demander qui sis pére esteit.	
	Li deus li dist : « Por queil savras ?	(429)
	« Car ja ton vuel nel conoistras.	
	« Taus jorz serra, por veir te di,	

144 *SA* fist; *S* Qen f. s. d. — 45-6 *m. à y. Cf. y, v. 353, à l'App.* III — 45 *x* Li rois pour ce que tant la c. — 46 *x* Adoube la; *S a ensuite 10 v. interpolés* — 48 *x* A fol le tiennent et gaingnon; *y* Sel laidengent — 50 *xA* b. proue; *x aj. 8 v.* — 51 *y* baudor, *x* orgoil — 52 *S* la putaine la v. — 54 *S* qal chesne; *xy* Qui au; *S* encroia, *A* encrua, *P* enuoia; *y aj. 2 v.* — 55 *S* dameisials — 56 *S* De blastengiez et de laidiz; *B* lais dis, *C* lez diz, *y* laidis; *S aj. 4 vers, x 6 différents* — 57 *S* A *manque*; *B* apolo, *C* appolo, *y* apolin; *P* sen va, *A* ira — 58 *S* Qi, *C* Qui; *P* Quels fieus; *x* il ert vet; *P* va; *après ce vers, x en ajoute 28, P 40 et A 44* — 59-60 *m. à xy* — 61 *S* pur quel; *y* Et dist la vois quant ten (*P* en) iras — 62 *y* Celui ke quiers enconterras — 63-8 *x n'a que 4 v. tout différents* (V. *App.* II, *v. 203-6*) — 63 *y* Mais teus (*P* tes) jors ert (*P* nert); *P* p. quoi.

« Que tu diras : « Por quei jol vi ? »
165 « Et d'une chose toz fiz seies,
« Que ja ton vuel nel conoistreies.
« Por tant, se tu vers Thèbes vas, (435)
« De ton pére nueves orras. »
Cil ést del temple come ainz pot,
170 Ne del respons cure nen ot;
Car dit li a par coverture,
Por ço si n'a del respons cure : (440)
Dreit a Thèbes sa veie aqueut,
Por son pére, que veeir vueut.

175 Bien près de la cité de Phoche,
En un grant plain, lez une roche,
Aveit un temple bel et gent ; (445)
Et si vos di, mon escïent,
Le jor i ot grant aünée
180 De plusors genz de la contrée ;
Car une feste celebroent
D'un de lor deus que coutivoent. (450)

164 S pur quel vi, A si mar le vi — 65 P bien fis; S fies — 66 A Quadont, P Adont tien v.; A le c. — 67 y Et nequedent sa t. v. — 68 S noues, y nouuele — 69 S eist, y ist; S poët; x Cil sen issi aincois quil pot; A alains quil p., P ancois ki peut — 70 S responce; xy Mais du r. nentendi mot (P preu) — 71 S C. lui ad dit, A C. d. li fu, P Que d. li ot — 72 S responce; x Tel (B Cel) r. de quoi cil not cure, y Du respondre not pas grant c. — 73 S aquilt, B aquet, y aquelt — 74 S velt, B veult, Cy veut — 75 S forche, B forches, C fonches, P foche; A c. aproche — 76 C Ot uns granz plainz; x l. unes roches, P vers .i. roche — 77 A Et voit — 78 xP Et sachiez bien, A Et se sachies; xA a e., P mien entient — 79 y Cel ior; xy assemblee — 80 S plosors, y pluisors, C pluiseurs; B de ml't de diuerses contrees — 182 P kil; SP cultiuoient; xA quil aorpient.

```
             Assez i ot contes et dus,
             Venuz i ert danz Laïus;
185          Et d'autre gent tant i aveit
             Nus hon le nombre n'en saveit :
             Jeus i faiseient genz et beaus.                    (455)
             La vint errant li dameiseaus;
             Talent li prist d'iluec ester,
190          Les joeors vueut esguarder.
             Que vos direie longe chose?
             N'aveit iluec esté grant pose,                     (460)
             Quant des jeus sorst une meslee,
             Par l'encheison d'une plomee,
195          Que dui danzel iluec getoent,
             Et del jeter mout se penoent.
             A tant montérent les tençons,                      (465)
             Par l'aramie des bricons,
             Que s'en meslérent li seignor,
200          Dont granz damages fu le jor.
             Homes i ot assez maumis,
             Danz Laïus i fu ocis :                             (470)
             La teste i ot le jor coupee,
```

183-6 *m. à S* — 83 Ml't i auoit princes et d. — 84 *xA* rois layus — 85 *C* Et dautres genz — 87 *x* de ml't biaux — 88 *x* La est venuz li iouuenciaux; *S* liu d. — 89 *S* lui prent — 90 *x* Des geuz (*B* Les gens) veoir et e., *A* L. j. a e. — 92 *x* Ni auoit pas e., *P* Ni a. mie e. — 93 *C* Que es, *B* Quant as; *y* Quant au giu; *S* sourst, *xP* sort; *x* mellee, *y* merlee — 94 *x* Par la raison, *y* Por la tencon — 95 *x* Que li; *B* el bec g.; *P* tenoient — 96 *B* Et de, *Cy* Qui de; *A* iuer; *xP* se prisoient — 97 *x* li t. — 98 *S* lenuaie, *x* la folie, *A* le rencure; *S* des barons — 99 *S* Si se m.; *B* mellerent, *C* merlerent — 200 *C* grant domage; *A* grans damage auint, *P* g. damages vint; *S aj. 12 v.* — 1 *S* A. i ot h.; *C* a. ocis — 2 *xA* Rois l. — 3 *S* Le i. ot la t. colpe.

Et ne fu par autrui espee
205 Que par l'espee de son fil,
Qui pués en jut en grant eissil.
Li reis de Thèbes quant fu morz, (475)
Ço fu damages granz et forz.
Joste le temple, lez un arbre,
210 L'ont mis en un sarqueu de marbre.
Mout demenérent grant dolor
Cil de Thèbes por lor seignor. (480)
Quant orent mis le cors en terre,
Chascuns s'en vait senz port de guerre;
215 La gent le rei dolent s'en vont,
Por lor seignor que perdu ont.
Quant la reïne ot la novèle (485)
De son seignor, ne li fu bèle;
Mout fu dolente et corroçose :
220 « Lasse », dist ele, « dolorose !
« Or sué je veve senz seignor,
« Or n'ai enfant qui guart m'onor : (490)
« Se bataille me sort o guerre,

204 *S* Non mie par, *xP* Si (*P* Et) ne fu pas, *A* Et si ne fu; *S* autrie espie, *x* dautrui e., *y* par autre e. — 5 *A* Fors p., *P* Mais de — 6 *Sxy* puis; *A* en vint, *P* en fu; *S aj. 6 v.* — 7 *CS* mort — 8 *C* donmage grant; *CS* et fort; *A* Li dels en fu et grans et fors — 9 *xA* soz .j. — 10 *S* sarcu, *B* sarqueil, *C* sarqueul, *y* sarqu — 11-2 *m. à S* — 13 *P* Et q. fu m. li rois e. t., *x* Et q. il ont fet le seruise, *A* Et q. li r. fu enteres — 14 *P* v. en son repere, *x* v. a sa deuise; *A C.* sen est diloec tornes — 15 *xy* Cil de thebes d. — 18 *S* Poez saueir — 19-20 *S développe en 4 v.* : Ainz se demente molt forment Plore et sospire tendrement Lasse dolente qe ferrai De mon seignor qe perdu ai — 20 *y* fait e. — 21-22 *m. à P* — 21 *A* Des or s. v. de s. — 22 *x* Si nai, *A* Ne nai; *S* Or nai ie mais — 23-24 *m. à A* — 23 *C* Se besoingne; *B* Se besoig me sordoit.

« Ne porrai pas tenir ma terre. »

225 Edipus pas ne s'asseüre : (509)
Vers Thèbes vait grant aleüre,
Et dist que ja ne finera
Jusque son pére trovera.
Dejoste Thèbes, en un mont
230 Haut et naïf et bien roont,
Ert uns deables herbergiez, (515)
Qui mout ert fel et esragiez :
Spin l'apeloent el païs,
Maint gentil home aveit ocis. (518)
235 Une devinaille aveit fait, (521)
Qu'on ne devinot por nul plait;
Et neporuec bien otreiot
Que, se nus hon la devinot,
De lui preïst lors la venjance,
240 Le chief perdist senz demorance; (525)
S'il ne la puet deviner mie,

224 *P* Narai enfant ki gart me t.; *y aj. 18 v.* — 25 *S* Edypus, *x* Edyppus, *y* Edippus — 26 *S A* t.; *y* va — 27 *B* Ce d.; *x* que pas ne; *S* D. qe iamais — 28 *x* Tresque, *A* Tant que, *P* Deske — 30 *A* Grant et antain, *P* Et grant et noir; *y* et tot r. — 31 *C* Siert, *B* Cest; *P* Estoit .i. diaules, *A* I ert .i. mostres; *S* herbergeiez — 32 *A* e. lais; *y* et resoingnies, *x* et enragiez — 33 *y* Pin, *C* Pyn — 34 *S* Qui m. franc h.; *A aj. 2 v.* — 35 *y* .I. deuinail auoit tel f., *x* Unne question leur disoit — 36 *S* Qe home (*avec un sigle sur l'o, orthographe ordinaire du cas sujet*); *A* Nel deuinaissent, *P* Nel deuinast hom; *x* Que nus deuiner ne pooit (*B* porroit) — 37 *x* Et nepourquant, *y* Et nequedent; *P* sotrioit — 38 *S* nuls, *B* uns — 39 *x* Que d. l. p. l. v.; *A* presist bien, *P* p. on — 40 *A* presist — 41-42 *x* Et qui d. nel porroit Certains f. que le chief perdroit — 41 *y* Et qui nel (*P* Qui ne la) deuineroit m.

                Seürs seit de perdre la vie :
                Lors li trenchot la soe teste,
                Si le manjot come autre beste.   (530)
245   Joste le mont ert li chemins,
                La ou esteit herbergiez Spins ;   (532)
                Cil del païs tant le dotoent   (535)
                Que par iluec passer n'osoent.
                Li dameiseaus mot n'en saveit :
250   Par iluec vint errant tot dreit ;
                Et quant le vit de loign li monstre,
                Jus de la roche vint encontre.   (540)
                Cil le vit grant, corsu et fort,
                Idonc ot il poor de mort ;
255   Poor ot grant, mais neporuec,
                Vousist o non, estut iluec.
                Premiérement l'aparla Spins :   (545)
                « Amis, » fait il, « cist miens chemins
                « A ital lei com te dirai :
260   « Se tu nel sés, jo l't'aprendrai.
                « Tuit cil qui vienent et qui vont
                « Par cest chemin, delez cest mont,   (550)
                « Une devinaille ont de mei,

242 *A* S. fust ; *P* Fis f. de p. lues la v. — 43-48 *m. à S* — 43 *y* Loes li — 44 *A* Puis le — 45 *y* Au piet du m.; *P* li mescins — 46 *x* pyns, *y* pins; *y* aj. 2 v. — 49 *y* Mais Edyppus ; *S* pas nel s. — 50 *A* passant t. d. — 51 *P* Et com ; *xP* il v., *S* li v.; *AC* venir, *P* illuec; *xP* le m. — 52 *x* De la r. venir e. — 53 *x* Grant et hideus et fier et f.; *y* hideus et f. — 54 *C* Adont ot grant p.; *B* Lors ot g. p. de sa m.; *y* Adonques ot — 55 *x* ne pot ec, *P* non poroec, *A* par illoec — 56 *A* passer lestuet — 57 *S* Tot primerain ; *C* laregna, *B* laraina; *Cy* pins — 58 *x* Vassal, *y* Frere ; *y* cis, *B* cil — 59 *P* Si a tel l., *x* A tel l. c. ie te — 60 *S* je le, *xy* iel — 61 *S* Cil qi ci v.; *B* q. mainent — 62 *y* dales, *x* iouste — 63 *xy* Un deuinaill oient (*y* oent).

« Si vueil que saches par qual lei :
265 « Cil qui deviner ne la puet,
« Senz raençon morir l'estuet ;
« Et se nus a tant de veisdie (555)
« Que la devinaille me die,
« Tot ensement face de mei :
270 « Le chief me touge, bien l'otrei. »
Edipus fu corteis et proz :
« Amis, » fait il, « quant vos a toz (560)
« Del devinail faites tal lei,
« Ne vueil que ja trespast par mei : (562)
275 « Pués que a tant venuz en sué, (565)
« Li quaus que seit morra ancué. (566)
« Mais or dites, et jo l'orrai ; (563)
« Et pués après jo respondrai. (564)
— Amis, » fait il, « ore entent bien (567)
280 « La devinaille et la retien.
« D'une beste ai oï parler :
« Quant primes vueut par terre aler, (570)
« A quatre piez vait come uns ors ;

264 S Bien est, A Or v.; A saces; P saices, S sacheïz p. quele — 65 y adeuiner; xP ne le p.; A nel p. — 66 S Isnelpas — 67 S Sil ad t. de grant v.; B voisie, C voidie — 268 A ladeuinail, x la question; xA bien m. d.; P Que bien ladeuint kel m. d. — 69-70 m. à S — 70 P Le c. en prenge; xA toille — 71 S fu sages, A f. vaillans — 72 A Sire, P Frere; S vers t. — 73 B Le d., C De d., y Du d.; S El deuiner auez — 74 S Ne quier qe ia cheie; x a m., y por m. — 75-6 m. à x ; ils sont placés, dans Sy, après le v. 278 — 75 Sy Puis; S soi, y sui — 76 S en qoi, y ancui — 77 x Mes d. tost, y Or d. dont — 78 Sx puis; x a. deuinnerai; y Dirai le vous se iou le sai — 79 y Frere f. il, x Ce li dist pins (B spins); y enten — 80 y Le deuinail, x Dirai le dont; S et si r., x si la r., A si le r., P et sel r. — 81 S as o. — 82 x Q. p. doit — 83 S c. ors, A c. .i. hors, x longuement.

          « Et pués revient assez taus jors.
285   « Que del quart pié nen a il cure,
          « O les treis vait grant aleüre ;
          « Et quant graindre vertuz li vient,
          « A dous piez vait et bien se tient ;   (576)
          « Et pués li ront mestier li trei,   (581)
290   « Et pués li quatre. Amis, di mei.
          « Se tu onques veïs tal beste ;
          « Se tu nel sés, perdras la teste. »
          Edipus fu de parfont sens,   (585)
          A sei meïsme ot son porpens ;
295   Il li respont come afaitiez :
          « Va, fous, » fait il, « tot iés jugiez ;
          « Ore me lai parler a tei.
          « Cist devinauz fu faiz por mei :   (590)
          « Quant fui petiz et j'aletoe,
300   « A quatre piez par terre aloe ;
          « Et quant ço fu que dous anz oi,

284 *y* Mais p.; *Sxy* puis *(orthogr. constante dans xy)*; *A* r. apres; *S* tiel, *A* tels, *P* tes; *x* Et p. a trois tant seulement — 85-6 *x* développe en 4 v., dont le 1ᵉʳ est le v. 286 et le 4ᵉ le v. 285; *voici le 2ᵉ et le 3ᵉ* : Quant ses aages li meure Ce li demande sa nature — 85 *B* del tiers; *x* nait ia puis cuire *(B* cure*), A* nen a mais c. — 86 *S* Oue les deux; *A* Ains va a t., *P* Car t. va — 87-8 m. à *S* — 87 *x* Mes q. sa grant vertu — 88 *P* As .ij.; *A* aj. 4 v. — 90 *S* ami — 91 *P* tu v. o. — 92 *P* Se ne le s. — 93 *x* E. oï la nouuele *(B* merueille*)* — 94 *S* sei mesmes; *P* En s. m. prist p.; *x* Par son *(B* soi*)* meïsmes se conseille — 95 *x* Si li; *y* He faus fait il *(P* He f. il fel*)* com es *(P* ies*)* iugiez *(cf.* 310*)* — 96 *S* fol; *x* Tu meismes ten es i., *y* Par toi est mains *(P* niert mais*)* hom engingnies; *S* tout es — 97 *x* Or si me les, *P* Or me lais dont, *A* Or me relais — 98 *y* Cis d., *S* Li deuinals; *A* de m.; *x* Ceste question est p. m. — 99 *P* Com f.; *S* qlalaitoe *(avec un sigle sur le* q*), y* et ialetai — 300 *y* Sour .iiij. p. a t. alai — 1 *xP* ce vint.

« Qu'un petit sostenir me poi,
« Un bastoncel me baillot l'on, (595)
« Dont aloe par la maison ;
305 « Al bastoncel bien me teneie :
« Ço ert li tierz piez que aveie.
« Et quant me vint graindre vertuz
« Et jo fui auques parcreüz, (600)
« Que sor mes piez me poi drecier,
310 « De sozpoial n'oi pués mestier.
« Un bastoncel, quant serrai vieuz,
« Me coviendra por aler mieuz ;
« Et pués, quant jo serrai fronciz (605)
« Et de vieilléce afebleïz,
315 « Se donques vueil aler par terre,
« Dous bastonceaus m'estovra querre ;
« A dous bastons par terre irai :
« Ce sont li quatre pié qu'avrai. (610)

302 *x* Que plus esuertuer, *y* Et que iou mius *(P* Et .i. poi plus)* aidier — 3 *y* me donoit on ; *x* Si me bailla len .i. baston — 4 *A* D. ialoie, *P* Sen a.; *S* Oue ql *(avec un sigle)* a.; *x* A *(B* on) quoi ialoie p. m. — 5 *x* O le baston — 6 *x* Cest ; *C* le t. pie ; *A* Cou erent .iij. piet, *P* Ce sont li .iij. p.; *x* que ie a.; *A* iauoie — 7 *x* plus granz v.; *S* Et q. iauoie graignor vertu — 8 *S* parcreu, *A* mix creus — 9 *A* sor .ii. p.; *S* Desqe me poeie sur p. drescier — 9-10 *x développe en 4 v.* : Noi puis de baston nul m. *(cf.* 310) Car lores me poi miex aidier Et sor mes .ij. piez soustenir Et bien aler et bien venir — 10 *S* De souz poail nauo pas m., *P* De bastoncel noc mais m. — 11 *x* Le baston q. ie s. v.; *y* q. ere vix, *S* pur aler mielz — 12 *A* Me conuenra, *P* Mestouera, *x* Me restouvra ; *S* quant serrai vielz — 13 *S* puis *(ainsi écrit, sauf indication contraire)* ; *x* Et q. s. bien enuielliz ; *y* Et q. par iere decrepis *(P* destre pis*)* — 14 *S* afiebleis, *x* touz flestriz *(B* retris*)*, *y* defenis — 15 *x* Se lores, *P* Se donkes, *A* sadonques ; *Sx* voil — 16 *S* mestouera, *y* mesteura ; *x* .ii. bastons me conuiendra q. — 17 *A* As .ij. b. ; *S* pa t. ; *y* me soustenrai — 18 *S* Ceo serront q. ; *C* piez.

« Ore as la devinaille oïe :
« Fiz iés que ja perdras la vie. »
Del fuerre a trait la bone espee,
Del bu li a la teste ostee ; (615)
En plusors lous trencha le cors,
Li sans vermeuz en raia fors.

En la cité vint la novèle,
Sachiez qu'a ceus dedenz fu bèle ;
Entre eus en meinent mout grant plait
Et demandent qui a ço fait : (620)
« Par qual engiegn puet estre morz
« Cil deables, que si ert forz ?
« Cil qui l'a mort est mout corteis :
« Bien serreit dignes d'estre reis. »
De la cité mout grant gent ést, (625)
Et vont veeir la ou Spins gést.
D'une part truevent le danzel
Armé sor son destrier isnel, (628)

319 *y* le (*P* la) deuinail, *x* la question; *A* oi — 20 *x* Droiz est que tu perdes la vie, *A* Quant cil lentent ne sesioi, *P* Mais or saices corte est te vie — 21 *x* Conme vassaux a t. lespee, *y* Edippus a traite l. — 22 *S* ouste; *x* Et la t. li a coupee, *A* Le t. en a celui c. — 23 *y* En p. pars ; *x* Puis en despiece tot le c. ; *P* depart le c. — 24 *S* Li sanc vermail; *A* vermaus ; *xy* hors; *x* Et diluecques est issuz h., *P* Li rais tous clers en ist lues h. — 25-6 *y* A thebes va la renommee Que pins a la teste calpee — 27 *A* Grant ioie en m. et, *P* G. noise m. et; *x* demainent g. p. — 28 *S* Et dient tout; *x* ce a f. — 29-30 *x* Qui a mort pyn et detrenchie Et (*B* qui) tantes genz en a venchie, *puis 2 v. spéciaux* — 29 *S* engin, *y* engien — 30 *y* qui; *P* Li d. ki si est f. — 31-2 m. à *S* — 31 *x* Conme nobles conme cortois — 32 *P* B. deuroit iestre sor tous r. — 33 *S* eist, *xy* ist — 34 *S* Qi v.; *C* pyn, *BP* pins; *A* Et sont ale la ou il g.; *S* geist, *xy* gist — 35 *y* Illoec trouuerent le — 36 *y* s. .i. d., *x* s. s. cheual; *y* aj. 2 v.

De l'autre part veient gesant (631)
Le deable hisdos et grant.
Petit et grant mout s'en esjoent,
340 La proéce del danzel loent ;
En la cité o eus l'ameinent, (635)
Del retenir forment se peinent ;
A la reïne en vont tot dreit,
En son palaiz ou ele esteit ;
345 A une voiz tuit li escrient,
Si li préent et si li dient (640)
Que li loent en dreite fei
Que le danzel retienge o sei.
« Seignor, » dist ele, « volentiers
350 « Iert retenuz li chevaliers ;
« Bien vueil que seit de ma maisniée, (645)
« Mais ço sachiez ne sué pas liée,
« Car l'autr'ier fu mis sire morz,
« Dont granz damages est et torz. »
355 A tant s'en tornent cele nuét,
Et cil remest a grant delét.

Li sopers fu apareilliez :

337 *y* troeuent g.; S*xy* gisant — 38 *xy* hideus — 39-40 m. à P — 39 S G. et p.; A en sont ml't lie — 40 *x* Et la p. au d.; A Le damoisel ont ml't prisie — 41 *x* c. puis si; P c. p. len; *xA* len meinent — 42 *x* Et de lui r. se p. — 43-62 S *a une rédaction spéciale (voy. App. I, v. 377-86), sauf 2 v. communs (355-6 du texte critique)* — 43 *x supprime* en — 45 *y* trestot sescrient — 46 *y* Par droit conseil; A li prient — 47 *x* Quil; *y* Et loent bien par (P a) boîne foi — *après* - 48, *x aj. 2 v.* — 50 *x* Ert — 51-2 m. à P — 51 *x* quil s. — 52 *y* M. bien s. — 53 *y* C. me s. fu lautrier — 54 *x* D. est g. domages et; *y* D. d. est (P fu) g. et tors (P fors) — 55 S Cil sen tornerent; C seiornent, B se turent, *y* departent; S neit, *xy* nuit — 56 S Et il remyst (*cf.* 92); P remaint; S deleit, *xy* deduit.

	Assez i ot mes et deintiez.	(652)
	Edipus fu proz et corteis,	(655)
360	Lez la reïne sist al deis ;	
	Et quant del soper levé sont,	
	Li plusor as ostaus en vont.	
	Jocaste esguarde le danzel,	
	Corteis le vit et sage et bel ;	(660)
365	Bien semble home de grant parage,	(662)
	Mout li plaist bien en son corage :	(661)
	« Amis, » fait ele, « dites mei,	(669)
	« Jo vos conjur par vostre fei,	
	« Si as jous fustes l'autre jor,	
370	« Ou l'on ocist le mien seignor ;	
	« Se saveie par qui fu morz,	
	« Ço me serreit mout granz conforz.	(675)
	— Dame, » fait il, « conjuré m'as.	
	« Saches ne t'en mentirai pas :	
375	« As jous fui jo et a la feste,	
	« Ou tis sire perdié la teste.	
	« Se demandes le non celui	
	« Par cui fu morz, bien le conui ;	
	« Mais se tu vueus le non saveir,	

358 *x* daintiez, *y* dainties; *y* aj. 2 ⁑. — 59 *y* Car ml't fu (*P* iert) sages et c. — 61 *y* Et q. ce fu (*P* vint) ke soupe ont — 62 *C* sen v. ; *y* Tout li pluisor as o. v. — 63 *x* J. sist lez le — 64 *x* et gent et, *A* et asses — 65-6, *intervertis dans y*, m. à S — 65 *y* Car b. sanloit de haut p. — 66 *y* Forment len aime; *P* aj. 12 v. et, à la suite, 6 v. communs à AP — 67 *y* Frere; *x* dit e. — 68 *x* v. loi — 69 *y* Sa cel iu (*A* cri) — 370 *y* Ou on; *S* Ou ie perdi; *xP* aj. 2 v. — 71-2 m. à S — 71 *x* conment f. ; *P* est m. ; *C* mort — 72 *C* grant confort — 73 *A* dist il; fait *manque à S* — 74 *y* Des or; *A* ne vous — 75 *S* ieus; *y* Au iu; *x* Je f. as ieux — 76 *A* nos s. ; *Sxy* sires; *S* perdist — 77 *S* Si tu enquiers, *P* Vous d. ; *x* de lui — 78 *S* P. qi il fu — 79 *y* se voles; *A* son n.

380	« Trive et fiance en vueil aveir	(682)
	« Que il n'avra de tei haïne.	(685)
	— Tolez, amis ! » fait la reine.	
	« Que me vaudreit de lui haïr?	
	« Cil qui morz est ne puet guarir.	
385	« Jo vos plevis la meie fei	
	« Que ja haïz nen iert par mei.	(690)
	— Dame, » fait il, « o ceste espee,	
	« Dont Spins ot la teste coupee	
	« Qui si esteit hardiz et forz,	
390	« Fu vostre sire li reis morz.	
	« Sachiez que veirement l'ocis,	(695)
	« Bien sai que donques i mesfis :	
	« Mout volentiers dreit vos en faz. »	
	Le pan de son bliaut a laz	
395	Pleie en sa main, le dreit li tent ;	
	Jocaste volentiers le prent.	(700)
	Ore a cil tant son plait mené,	
	Que andui se sont acordé :	
	Car femne est tost menée a tant	
400	Que on en fait tot son talant.	

380 *S* Treue; *y* voel; *S* voil (*orth. à peu près constante*); *x* Seurte men estuet a. ; *y* aj. 2 v. — 81 *S* Qil; *x* nan (*B* nen) ait de vos; *A* Ne endroit vous naurai h., *P* Ne enuers nous nenait (*avec un sigle sur l'*n) h. — 82 *B* Telez, *P* Taisies; *x* dist la — 83-4 *sont placés, dans S, après* 86 — 83 *x A* delui h. — 85 *x* Je vous pleuis — 86 *x* ert; *y* nen ert h. ; *S* Ja haine naura; *P* por m; *P aj.* 2 v. — 87 *y* dist il; *xy* a cele e. — 88 *B* Dans; *xy* pins — 89-90 m. à *x* — *A* Cil ki tant fu, *P* Pins ki si iert ; *A* doutes et f. — 91-2 *y* Voirement fu par moi ocis, Et malement en sui baillis — 92 *x* Droiz vous en faz (*B* fais) se ie m. — 94 *y* .I. cor de ; *P* as las — 95 *S* en son poign ; *P* se m. le doit; *A* li rent — 96 *S* prenst; *S aj. 10 v.* — 97-8 m. à *x* — 97 *y* Quen diroie el tant ont parle — 398-400 m. à *A* — 98 *P* Que ensanle sont a — 99 *S* mene; *x* m. auant — 400 *S* qe home (*avec un sigle sur l'*o); *x* Quen em puet

Al main, par son l'aube del jor, (705)
Rassemblérent tuit en la tor
Et li baron et li chasé
Et li borgeis de la cité :
405 A la reïne vont parler,
Conseil requerre et demander : (710)
« Dame, » dient il, « ne savon
« S'otreiereiz que fait avon.
« Ço loent tuit grant et petit,
410 « Que il n'i a nul contredit,
« Que Edipus seit nostre sére : (715)
« A rei le vuelent tuit eslére ;
« Tuit vuelent que il ait le regne,
« Et si que il vos ait a femne ;
415 « Le regne aiez ensemble andui,
« Si qu'il vos ait, nos aion lui. (720)
« Ne poon pas trover meillor,
« Ne qui si bien tienge l'onor. »
La reïne quant ço oï,

fere son t. ; S aj. 6 v. ; P en aj. 12 *tout différents, dont les trois derniers sont aussi dans A. Voy. App.* III *et* V — 401 *xy* Au (*A* Le) matinet; *x* p. s. le i., *y* quant vint al i. — 2 *S* Sa r. en — 3 *S* Et li prince et li cheise; *P* Et tuit li p.; *C* barons; *B* Li b. et li cheualier — 4 *x* Tuit en vienent en la c. — 5-6 *m. à x* — 6 *y* Por c. querre — 7-8 *m. à S*. — 7 *y* D. font il nos ne; *C* nos auons — 8 *x* Se vous plest ce que vos dirons — 10 *S* Qil, *A* Et quil; *Sy* ait — 12 *y* Et a r. (*P* Et a vous) le volons; *x* ellire — 13 *S* Tout ont loe, *y* Ce (*P* Si) voelent tot, *C* Trestuit v.; *B* Tuit v. que a. le royaume ; *SP* qil a. le, *A* cait le regne — 14 *A* Et que il soit nostre auoue ; *x* Et vous dame serez sa f. — 15-16 *m. à S* — 15 *P* Le r. tuit a. a.; *x* e. o lui — 16 *P* ait v. ; *xA* Quil v. a. et vos aiez l. — 17-18 *m. à x* — 17 *A* porons; *S* Car ni poons — 18 *y* Q. desour nous t.; tienge *m. à S* — 19 *S* q. el loi; *x* Q. la dame cest los oy.

	ROMAN DE THÈBES	
420	Forment li plot, si s'esjoï :	(724)
	Senz nul conseil le lor otreie	(749)
	Et por le dameisel enveie	
	En une chambre ou il geseit	
	Et de tot ço mot ne saveit.	
425	Quant il oï qu'el le mandot,	
	Il leva sus com plus tost pot ;	(754)
	Enz en la sale en vint tot dreit,	(765)
	Ou la reïne l'atendeit.	
	Iluec aveit, mon escïent,	
430	Que dus, que contes, plus de cent,	
	Qui de lui firent lor seignor	
	Et li jurérent tote honor ;	(770)
	La reïne li ont donée,	(773)
	En es le pas l'a esposée.	
435	Les nueces font a grant baudor :	(775)
	La veïssiez maint jogleor,	

420 *S* Enz en son cuer sen e. ; *x* Ml't fu liee si ; *y aj. 24 v.* — 21 *x* Bien acreante et (*B* et bien) otroie ; *A S.* autre c. lor o., *P S.* n. c. lues les o. — 22 *x* Que le conseill des barons croie, *puis ces 2 v.* : Ml't li plot et ml't li fu bel Sempres ameinent le danzel — 23 *S* giseit, *y* gisoit ; *x* Dune c. ou il esteit — 24 *y* Mais de ; *x* Et qui de ce riens ne ; *S* Quant il oit qele le voleit — 25-6 *intervertis dans S* — 25 *P* il ot cou ; *S* qele le, *B* quil le, *C* quen le ; *A* con le demande, *P* Ke on li mande ; *B* mandoit — 26 *S* Il saillit ; *x* Tost se leua au p. quil p., *y* Il lieue sus et si demande ; *S* poet ; *y aj. 10 v.* — 27 *S* A la reïne en vait, *x* Et vint enz ou palez, *A* Il v. en la s. ; *P* V. enz le s. trestout d. — 28 *S* A son palaiz ou ele esteit — 29 *y* O li a., *x* Bien y a. ; *B y* mien ; *y* enscient — 30 *x* Seingnors de chastiax p. — 31 *P* Le dansel font roie et signor, *A* Il vint auant a grant paor — 32 *S* Et li rendirent tout lonor, *P* Si li donent toute lonor, *A* De lui ont fait roi et signor (*cf.* 431) ; *A aj.* 2 *v.* — 33 *B* Et la terre li — 34 *S* Isnelpas, *C* En celui ior, *BP* En ycel i. — 35 *x* noces, *AS* noeces, *P* noches ; *S* Ses n. fist — 36 *x* oissiez ; *S* tant i.

Qui chantoent o lor vïeles
Et o rotes et o harpèles;
Ainz que passast, ço cuit, li jors,
440 I ot beté plus de cent ors; (780)
Granz batailles i ot de vers,
Chevreus i ot et dains et cers;
Mout i ot cignes et poons,
Oies et grues et hairons.
445 Un meis entier dura li plaiz :
Onc por mil livres ne fust faiz. (786)
Li dueus del rei est obliez, (789)
Cil qui mort l'a est coronez
Et la reïne a moillier prent :
450 Vers les deus erre malement. (792)
Ensemble furent pués vint anz, (795)
Si orent quatre beaus enfanz :
Vaslet furent li dui graignor
Et meschines li dui menor.
455 Aussi lonc tens qu'ensemble furent,
Onques de rien ne se conurent,

437-8 *x* développe en *4 v.* et supprime les *6 v.* suivants — 37 *y* en l. — 38 *y* Et en harpes et en museles — 39 *P* cou crois — 40 *A* beche, *P* ochis, *S* tue; *y* .xx. o. — 42 *P* Chieures, *A* Cieureus; *S* Assez i ot de d. — 43 *y* cisnes et paons — 44 *A* Auwes butors g. h., *P* Agnes g. aignaus h. — 45-6 *x* Tant a dure cele assemblee Que seu fu par la contre — 45 *A* I. m. tot plain — 46 *y* Ainc; *S y* fu; *y* aj. 2 v. — 47-50 Pour *S*, *v. App.* I, *v. 481-90 (les v. 449-50 ont seuls été admis au milieu du remaniement)* — 47 *B* deus, *C* deul, *y* dels — 48 *B* mors; *y C.* qui la m. — 49-50 m. à *x* — 49 *S* Et sa mere a m. reprent — 50 *y* Diu et la loy (*P* les lois) toute en offent; *y* aj. 2 v. — 52 *y* Et o. — 53 *S* Li dui v. li dui meschine — 54 *S* Onc plius beals not reis ne reine; *S* aj. 40 v. — 55-6 *S* diffère; Plius de vint ans ad reis este Onc ne conut son parente — 55 *x* Ainsi; *C* t. ensemble; *y* En ces .xx. anz — 56 *C* Conques; *y* sapercurent.

Ne ne sorent le grant pechié
  Dont il esteient entechié, (802
  Jusqu'en un baign ou il esteit,
460 Ou la reïne le serveit
  Et vit les piez qu'il ot fenduz, (807)
  Quant fu petiz el guaut penduz.
  Ele li dist : « Nel me celez :
  « Por quei fustes es piez navrez? » (810)
465 El l'encercha fort et enquist,
  Et deprea tant qu'il li dist :
  « Reïne dame, n'en sai plus, (859)
  « Mais tant com m'en dist Polibus : (860)
  « Il me dist ço qu'il me trova (863)
470 « En mé un bos, dont m'aporta,
  « Pendant en haut a un chassan,
  « Ou jo reçui icest ahan.
  « Ço ne sai jo qui m'i pendié,
  « Ne qui les plantes me fendié,
475 « Mais ço sai bien que tant me dist

457-8 *m. à S* — 57 *y* Nonques (*P* onques) ne s. cel p. — 58 *P* enlaichiet — 59-60 *y développe en 4 v.* : Dusques cou vint (*P* Adont auint) lonc tans apres Que se baignoit Edyppodes Et l. r. le s. Qui (*P* Et) ml't volentiers le faisoit — 59 *B* a .j.; *S* baigne. — 61 *y* Garda les (*P* as) p.; *x* quant v. — 62 *S* en haut p. — 63 *x* El (*B* Elle) li a dist; *y* Meruelle en ot (*P* meruueilla soi) si demanda — 64 *S* naufrez; *y* Sire en vos (*P* ces) pies qui vous naura; 65-6 *y dével. en 48 v.* — 65 *S* Ele lenchargea; *x* tant et e. (*B* enquit) — 66 *S* depria; *x* Et proia t. que il *B* dit — 67 *C* Dame r.; *y* Certes fait il ie — 68 *S* polypus, *y* pollibus; *y* Mais ce (*P* ke) me d. dans p.; *x* M. t. me d. (*B* dit) rois p.; *y aj. 2 v.* — 69 *A* Il me disoit; *C* Il me dist que il; *S* maporta — 70 *S* Den mie un boys ou me troua; *x* En un b. d. il map. — 71 *SA* cassan, *P* cazan; *x* enmi les haies — 72 *S* Ou ieo soffri; *x* icestes plaies — 73 *CS* me; *S* pendit, *xy* pendi — 74 *B* plaies; *S* fendit, *xy* fendi — 75 *y* sai iou; *x* M. souvient (*B* senient) moi; *B* et t. me dit.

« Polibus, qui norrir me fist. » (870)
La reïne bien sospeça (873)
Que c'ert sis fiz qu'ele porta, (879)
Que li tolirent ja li trei (881)
480 Par le comandement le rei.
Querre les fist et amener,
Et sairement lor fist jurer
Qu'en verité li deïssant (885)
Que il firent de son enfant.
485 Cil ne se sont pas parjuré,
Ainz li dient come ont ovré. (888)
Donc sot Jocaste par les treis (891)
Qu'a estros ert sis fiz li reis ;
Plore et li dit : « Mar fumes né,
490 « Car ambedui somes damné :
« Tis pére esteit cil que as mort,
« Ta mére sué, si m'as a tort. » (896)
Li reis se tint a mal mené, (901)
Quant vit qu'il ot issi ovré ;

476 *y* pollibus ; *B* fit ; *S* Reis polipus qui mei norrit ; *y* aj. 2 v. et développe en 8 v. les v. 477-8 — 77 *x* se pourpensa, *y* sest porpensee (v. App. III) — 78 *B* cest ses, *C* ciert son ; *y* Cou est mes fius que io portai — 9 *y* Que me t. — 81 *x* fait ; *y* Les .iij. serians a fait mander — 82 *A* Priueement, *P* Premierement, *x* .I. s. : *A* les fait, *P* a. f., *x* lor f. — 83 *P* Que la verte ; *B* deissent, *CA* desissant, *P* desisant — 84 *x* Quauoient fet — 85 *x C*. ne sont mie p. ; *y* se vaurent pariurer — 86 *x* Tout en d. la verité, *A* Le veir ne li vaurent celer, *P* Ne ne li v. pas c. ; *y* aj. 2 v. — 87 *x* Or set, *y* Dont seut ; *x* ces t. — 88 *y* Que ses pere ert li ocis rois — 89 li m. à *S* ; *x* dist ; *S* sumes, *C* fusses ; *A* Puis li a d. mal ; *P* Sire fait ele màr fu ne — 90 *x* serons ; *y* Par grant pechie soumes (*P* fumes) mene — 91 *By* Tes peres, *C* Ton pere ; *S* qi ; *x* est cil que, *y* fu que ; *xy* tu as m. ; *y* aj. 4 v. — 92 *S* qi mas — 93 *B* tient — 94 *x* Q. il set quil a si o. ; *P* Q. sot ; *y* ensi esre.

495   Por la merveille que fait a,
      Dit que son cors afolera.
      Il meïsmes s'est essorbez,   (905)
      En une fosse en est entrez ;
      Jure que ja mais n'en estra,
500   Por son pechié que plorera.   (908)
      Si felon fil, qui ja sont grant,   (913)
      De lui se vont escharnissant ;   (915)
      Andous ses ueuz, qu'il ont trovez,   (917)
      Desoz lor piez les ont folez.
505   Del pechié qu'ont fait et del tort
      Se plaint li reis as deus mout fort   (920)
      Et lor prée mout piement
      Qu'il en prengent lor vengement :
      « Puissanz reis des cieus, Jupiter,
510   « Tesiphoné, fure d'enfer,
      « Les orgoillos me destruisiez
      « Qui mes ueuz mistrent soz lor piez.

495-6 *y* Ce *(P* Et) dist que il safolera Que ia pour rien nel laissera *(P* ne le laira) — 96 *C* Dist; *B* Il meismes se essorba *(ce v. remplace dans B les v. 496-8)* — 97 *S* essorbe; *A* Andeus ses oels se fist creuer — 98 *S* entre; *A* Et soi meisme emprisonner; *P* Et est en .i. f. e. — 99 *S* eistra, *xA* istra; *P* Et iure kil nen istera — 500 *A* Ses pechies espeneira; *y* aj. *4 v.* — 1-2 *y* dével. en 4 v. : Li fil le roi erent ia g. Et chevalier preu et vaillant Lour pere vont escarnissant Ne de lui ne sont pas dolant *(P* Car ne s. mie ml't d.) — 1 *CS* filz — 2 *S* Se v. de l. — 3 *x* Et ses deux eulz *(B* iex); *S* oilz; *y* A la terre o. s. oex t. — 4 *C* desor — 5-6 *intervertis dans y* — 5 *x* quil font; *y* De cel p. et de ce *(P* cel) tort — 6 *B* li peres, *C* le pere; *y* Li r. as d. se claime fort *(P* se c. as d. ml't f.) — 7-8 *m. à y* — 7 *S* Et p. m. pitousement; *C* m. humblement, *B* m. pieument; *Sx* prie — 8 *x* Que il emp. v. — 9-18 *Pour y*, *v*. App. II — 9 *B* des ciex rois, *C* des dex r. — 10 *SB* Thesyphone, *C* Thesophonne, *A* Tezifone; *B* feme, *C* sires — 11 *SB* destruiez

« Entre eus vienge descorde taus,
« A ambesdous pesme et mortaus,
515 « Que le regne qu'ont a baillir
« Ne lor leise guaires tenir. »
Tant simplement les apela
Tot li firent ço qu'il prea.

EXIL DE POLYNICE. — MARIAGE DES FILLES D'ADRASTE.

    Mais or lairon del rei ester :   (937)
520 Car des fiz fait bien a parler.
    Entre eus se vont ja descordant
    Et de lor regne contendant,   (940)
    Si com les ont amonesté
    Jupiter et Tesiphoné.
525 Novèle lei trovérent tal,   (941)
    Que lor revertira a mal,
    Que, quant li uns d'eus regnereit,
    Li autres en essil serreit,
    Et quant li anz serreit passez,   (945)
530 Li essilliez fust coronez,

513 *x* sourde d. taux; *S* tielx — 14 *S* ambedeus, *x* Que p. leur soit et mortax; *S* mortels — 15 *S* Qe lor r. qont tenir — 16 *S* g. baisser *pour* baillir *(interversion)*; *x* Ne puissent ia em pes t. — 18 *x* quanquil proia; *S* preia — 19-20 m. à *x* — 19 *P* lairons, A laissons — 520 *y* De ses fius — 21 *S* Entre eux, *xy* Entreus; *x* salerent d. — 22 *P* Et del roiaume — 23-4 m. à *y*. — 23 *S* les ad — 24 *S* Thesyphone, *x* thesiphone — 25 *P* Nouielles; *C* Nouuelete; *B* Nouuele; *C* i treuuent tal; *B* i trueuent; *BP* ytal — 26 *A* reuerti a grant m.; *P* rauertira — 27 *x* Car q. — 28 *y* escil; *y* iroit; *x* Et li autres sessilleroit — 29 *P* Q. tous li a. sera — 30 *S* eissillez, *y* escillies; *P* iert c.

Et par ital devisement
Regnereient tot egaument :
Entre eus acordent que senz guerre
Eüst chascuns son an la terre. (950)
535 Chascuns vueut aveir l'an premier :
Li ainznez le vueut desraisnier,
Li autres dit que il l'avra,
O se que non guerre en fera ;
Li graindre en requiert jugement (955)
540 Et semont l'en par sairement
Que, de tant com la corz direit,
Del premier an li tenist dreit.
Il aveient juré ainceis,
Sor lor idres et sor lor leis, (960)
545 Que, se entre eus sordeit descorde,
Par jugement et par acorde,
Tant com direient li baron,
Fust acordé senz contençon.
Tuit li baron jostent ensemble :
550 Chascuns en dit ço que li semble ; (966)
Por nes un d'eus la corz ne ment

531 *S* auisement — 32 *S* Reignerent, *P* Requerroient; *B* ml't ygaument, *C* tuit e., *A* communalement, *P* communement; *S aj. 2 v.* — 33 *y* Entraus; *P* concorde, *CA* sacordent — 34 *S* Ch. dels ait; *x* Auroit; *C* chascun; *CP* .i. an — 35 *A* le v. a. pr.; *P* a. en antier — 36 *x* loffre a d. — 37 *P* Li mains nes, *A* Li menres, *S* Li autre; *xy* dist — 38 *S* si; *xy* se ce n.; *P* g. fera; *B* ferra — 39 *S* Li maire, *xy* Li graindres; *x* en quiert, *P* en offre, *A* offre; *C* nicement — 40 *y* le — 41 *S* court, *C* cort, *By* cors — 43 *Cy* lauoient; *S* ainces, *y* ancois — 44 *SC* ydres, *y* ydles, *B* sotes; *y* fois — 45 *y* sentrels .ij.; *A* sorioit, *S* soudreit, *P* mouoit — 46 *P* P. amistie; *y* p. concorde — 47-8 *intervertis dans y* — 47 *y* Cou quen — 48 *A* acordee s. tençon — 49 *y* Quant li; *Cy* furent e. — 50 *By* dist; *C* ce qui; *P* kil lor s. — 51-2 *m. à y* — 51 *C* nisun; *S* Por nul de eux tos le court; *x* cort.

Que ne facent dreit jugement.
A l'ainzné ont jugié l'onor, (967)
L'autre an la jugent al menor :
555 Tandis esguart environ sei
Ou il auge servir un rei ;
Auge servir, cest premier an,
Al rei de Gréce o al Persan ; (972)
O s'en past outre en Babilone,
560 O a ses parenz en Sidone.
Quant li jugemenz fu toz faiz, (975)
Cil s'en est plorant del palaiz ; (976)
Le regne tient Etioclès,
En essil vait Polinicès :
565 O bien li peist, o mal li place, (977)
Ne puet muer que il nel face. (978)
Al rei de Gréce, qui fu près,
Dist que ireit Polinicès.
Plusor vourent o lui aler,
570 Mais il ne vout onc nul mener.
Onc n'i ot plus : cil se conreie, (973)
Al rei de Gréce tint sa veie ; (974)

552 *C* Quil nen, *B* Que nen — 53 *P* Laisne i. cel an ; *B* Auant en ont i. — 54 *B* Lautre quelaingent au m. ; *S y* le i., *C* la menor — 55 *P* Tant kil ; *S* Tant dis gart — 57 *y* Ou il serue — *Après* -58, *y place les v.* 57 1-2 — 59-60 *m. à A* — 59 *S* babiloine, *B* salidoine, *C* cassidoine — 60 *SC* sydoine, *P* sydon, *B* sadoine — 61 *C* le iugement ; *x* tiex f. — 62 *S* eist, *x* ist ; *y* Plorant sen issi du — 63-4 *m. à y* — 63 *S* tint — 64 *S* eissil — 65 *y* bel li soit ; *P* ou il li — 66 *P* kil ne le f. — 67-70 *m. à x et sont placés dans S après* 590 — 67 *S* pr — 68 *P* ken ; *y* ira ; *S* q (*avec un sigle*) i iret — 69 *S* Plusors ; *P* vaurent, *A* volrent, *S* volstrent — 70 *A* volt, *P* vaut, *S* volsist ; *A* .j. seul m., *P* od lui m ; *S aj.* 2 *v.* — 71-2 *sont placés dans A après* 558, *dans P après* 560. — 71 *A* Il ni a ; *P* sans conroi — 72 *x* tient ; *P* son voi.

	Et ne fist guaires grant conrei,	(983)
	Car il ne mena home o sei,	
575	Ne escuier ne compaignon,	
	Se solement son cheval non.	

	Ço fu en mai, par un matin,	
	Polinicès tint son chemin;	
	Polinicès chevauche sous,	
580	Mout fu pensis et pooros;	(990)
	Car il ne sét certainement	
	Ou puésse aler seürement.	
	Son frére crent qu'en larrecin	
	Li mete aguait en son chemin,	
585	Car ja n'avront parfite amor	(995)
	Dui compaignon d'ital honor.	
	D'ore en avant s'est comandez	
	A fortune, cui s'est donez;	
	Et deprée les deus forment	
590	Qu'il le conduient sauvement.	(1000)
	Tant chevaucha par les montaignes,	(1003

573 *xy* Il ne; *x* pas ml't g., *y* mie g. — 74 *P* C. nen m. nul h., *x* C. il nen maine n. — 75 *y* Ni (*P* nen) mena per ne esquiier — 76 *C* Que s.; *y* Ne mais que soi et son destrier 79 *S* chiuacha sols; *x* sex, *y* seus — 80 *P* M. est; *S* pourous, *x* pooureux, *A* coureceus, *P* perecheus — 81-2 m. à *y* — 83-4 *A* dével. en 4 v. : S. f. c. quil ne lasaille Ou ne lacoelle debataille Forment se crient quen l. Ne m. a. e. s. c. — 83 *Sy* crient, *x* craint — 84 *y* Ne mece — 85 *P* parfite, *S* parfit, *C* parfete — 86 *S* ditel, *x* de tel, *y* en .j. — 87 *x* deure en autres (*B* autre); Bien par matin (*P* B. matinet) sen est tornes (*P* ales) — 88 *C* a cui; *y* Et a son diu sest commandes — 89 *SC* Et deprie, *B* Et departie; *y* Et se li prie doucement (*P* escortement) — 90 *y* conduie; *y* aj. 2 v.; *S* place ici les v. 567-70 et donne ensuite 2 v. spéciaux (v. 671-2 de *S*) — 91 *P* cheuauce; *A* ces m.

Par les combes et par les plaignes,
Que par chemins, que par sentiers,
Set jorz chevaucha toz entiers. (1006)
595 Joste une mer vait chevauchant,
Mais la mer vait si tempestant
Que nus hon ne savreit conter
Que ele esteit ne porpenser.
Tote la nuét plut et gela, (1017)
600 Gresle chaï et neis vola,
Et corurent li .xij. vent
Par tot le monde a lor talent. (1020)
Onc nes pot tenir Eolus,
Qui esteit lor sire et lor dus :
605 Par mé cel air vont torneiant,
Combatent sei et vont bruiant.
De totes parz tone fortment, (1025)
Foudres chiéent espessement;
Chancelant vait li firmamenz
610 Et la terre que est dedenz;
Li grant arbre sont debrisié
Et li petit sont esrachié; (1030)

592 *y* Par ces (*P* les) desers; *A* ces p.; *B* P. l. combles p. l. champaignes — 93 *S* Et p. c. et p.; *y* Tant va par bos et p. s.— 94 *AB* .viij. i., *C* .x. i.; *x* cheuauche; *P* Ke .x. i. c. e. — 95-8 *y* donne 10 v. tout différents — 96 *B* lyaue voit — 97 *B* Q. nes uns homs ne set c. — 98 *C* Quele; *B* Quelle elle ere — 99 *y* Car toute n. — 600 *C* Grelle, *B* Grelles, *P* Gresieus, *A* Gresils; *S* cheit; *S* neif, *C* noif, *By* nois; *B* neia — 2 *x* Et troublerent le firmament — 3 *S* poet; *B* solus *(v. trop court);* *C* Onques n. p. t. helus; *A* Ne les pot retenir Colus; *P* Nes poet retenir e. — 4 *xy* Q. est, *S* Q. ert; *y* princes, *x* sires — 5 *S* parmy c. aer; *C* cele eue; *x* v. bruiant (*B* braiant) — 6 *x* Que len noist (*B* nooit) pas deu tonnant — 7-8 *intervertis dans y* — 7 *y* Tonne et esclistre durement — 8 *S* cheeint — 9-10 m. à P. — 9 *A* Crosle trestous li f. — 10 *S* esracie, *A* depeciet — 12 *SA* p. tout; *x* enrachie, *S* debrisie.

Li flueve sont tuit fors eissu
Et par les chanz tuit acoru.
615 Polinicès por le tempier
Ne laisse pas son chevauchier,
Ainceis atent presente mort, (1035)
Por le tempier qu'il veit si fort.
Par mé un bos vait chevauchant,
620 Fiéres bestes vait encontrant :
Grifons, serpenz, guivres, dragons,
Leparz et tigres et leons. (1040)
Mais li tempiers les a dantez (1043)
Et debatuz et flaielez,
625 Que de quant que il encontra
Uns trestoz sous ne l'en tocha. (1046)
D'un pué mout haut que vait poiant, (1055)
Ou sis chevaus vait recreant,
Vit resplendir une clarté
630 En la tor d'Arges la cité; (1058)
De la cité vit le danjon,

613 *xP* hors; *S* eissu, *xy* issu — 14 *S* tout; *x* Et de toutes parz a.; *y* ces cans acoureu — 15 *SC* Pollinices; *P* Pollonices por le cremier — 16 *SA* lessa; *S* l. onqes; *P* le c., *A* a c. — 17 *S* Ainces a. present de m. — 18 *P* tempest; *S* P. la tempeste qil vit f. — 19 *S* Parmie, *xA* Parmi, *P* Ensmi; *Sxy* bois — 20 *y* Et *(P* Les*)* f. b. e. — 21 *C* Gripons; *y* Ours et lupars et grans lions — 22 *S* L. t.; *x* Lieparz; *A* Serpens et guivres, *P* S. volaiges; *y* et dragons; *y* aj. 2 v. — 23 *CS* li *(C* le*)* tempier; *B* li tempez; *y* Par le tempeste sont *(P* tempest s. si*)* donte — 24 *A* et tourmente, *P* et destraue — 25 *x* Onques *(B* Conques*)* de quanquil; *S* quant qil; *y* Si sont destroit et angousseus — 26 *CS* l. trestout sol; *S* entoucha, *x* adesa; *y* Cainc *(P* Ainc*)* nen torna vers lui .i. sels *(P* seus*)*; *y* aj. 8 v. — 27 *x* v. montant; *y* Parmi .i. mont sen va montant — 28 *xy* Et s.; *y* li va falant *(P* lassant*)* — 29-30 *y* intervertit — 29 *y* A coisie *(P* coisil*)* m l't grant c. — 30 *x* Sor la — 31-2 *m. à y* — *S* dongeon, *x* donion.

L'escharbocle qui luist el son :
Uns escharbocles i luist fort, (1059)
Qui monstre as notoners le port,
635 Quant vont de nuét najant par mer
Et ne sévent ou arriver.
Por ço l'i mist Phoroneüs,
De cui linage est Adrastus,
Qui ore est reis de la cité,
640 Les Greus i tient par poesté. (1066)

Cil chevauche tot dreitement
A l'escharbocle qui resplent ;
Jusqu'a Arges est parvenuz, (1067)
Ou Adrastus ert li chanuz : (1068)
645 Idonc i ert icist bons reis,
Qui esteit princes des Grezeis.
En la cité toz sous entra, (1069)
Onques home n'i encontra,
Qui de rien le mete a raison,
650 Ne quil herbert en sa maison :
Trestuit dormeient en lor lét,

---

632 *x* en s. — 33 *S* Un charbocle y, *A* Uns carboucles i ; *Sy* reluist — 34 *S* notumiers, *C* nortonniers ; *x* montrent ; *Sx* Qi as n. m. p., *P* Ki as maronniers luist au p. — 35 *y* par nuit ; *S* de noet nagant ; *A* waucrant ; *P* noant ens m. — 36 *y* quil ne — 37 *S* Por yce li myst polynus ; *y* Mis li auoit ; *B* Plutoneus, *A* polloneus, *P* Foloneus — 38 *P* lignaige ; *S* qui lynage ; *A* ert, *P* iert ; *B* Adrascus — 39 *y* Q. estoit r. 40 *S* en tint ; *C* poete ; *y* Et des g. ot (*P* tint) la p. — 41-2 et 45-6 *m. à y* — 41 *S* cheuaucha molt d. — 43 *y* Desi qua a. vint tot droit — 44 *S* chanuz ; *x* Pales et vainz et confonduz ; *y* Ou a. li r. estoit (*cf.* 645, leçon de *x*) — 45 *x* Ou adrastus estoit li r. — 46 *B* de g. — 47 *S* pensis e. — 48 *S* Onc nul h. — 49 *S* li m. — 50 *S* qil herbergie — 51-2 *m. à x* — 51 *y* Car il estoient couciet tuit.

Car por poi esteit mée nuét.
Venuz est al perron reial, (1075)
La descendié de son cheval ;
655 Desoz la tor descent el porche,
De fust n'i aveit une broche :
Rien n'i aveit que onc fust d'arbre,
Car il ert trestoz faiz de marbre. (1080)
Il fu mout las de chevauchier,
660 Si comença a someillier.

A tant astes vos Tydeüs,
Qui de Calidone fu dus ; (1084)
Et cil riert eissuz de sa terre, (1086)
Al rei veneit ça por conquerre. (1085)
665 Iluec meïsmes vint fuiant, (1089)
Por le tempier quel vait chaçant. (1090)
Li proz chevaliers Tydeüs,
Qui esteit fiz Oeneüs,
Por un son frére qu'ot ocis
670 En Calidone son païs,

652 *y* Si estoit pres de mie nuit ; *S* mie noet — 54 *xy* descendi, *S* Descenduz est — 55 *A* porce — 56 *S* un b., *A* une escorce — 57 *S* qonques f., *x* qui o. f., *A* qui ainc f., *P* ki i f ; *B* drabre — 58 *SxA* C. il esteit, *P* C. il iert fais ; *PS* trestouz de m., *xA* touz fez de m. — 59 *y* ne pot villier — 60 *y* Ains ; *P* sousmillier — 61 *S* ast, *xy* estes ; *y* tideus — 62 *S* calidoine, *B* caldoine, *C* cassidoine ; *P* estoit d. — 63 *S* Cil estoit eissuz, *B* Et c. ret issuz, *A* Por cou ert issus, *P* P. cert i. hors — 64 *y* Son frere auoit ocis par guerre (*Ce vers, placé avant le v. 663 (modifié) remplace, dans y, les v. 667-74*) — *665-6 sont placés dans y après les v. correspondant à 675-6* — 65 *x* vient ; *S* auant ; *y* Droit a la tor sen vint (*P* en va) f. — 66 *S* q et *C* ql (*avec un sigle sur le* q) ; *y* P. le tempeste (*P* tempest) ; *A* quil vit grant, *P* kel va cachant — 67 *x* Li bons ch. et li dus — 68 *S* Et qui fu filz — 69 *x* sien ; *S* qil ot o. (*v. f.*) — 70 *S* calydone, *C* calsidoyne.

Eissilliez est et vait fuiant
Et sa penitence faisant.
Il a chevauchié a la lune,
Si com l'a amené fortune :
675 N'i ot ne per ne escuier, (1087)
Ne mais que sei et son destrier. (1088)
A l'olivier, desoz la tor, (1091)
La aregna son milsoudor ;
Il vait avant, entre en l'arvol.
680 Polinicès le tint por fol :
En piez se drece el pavement, (1095)
Si l'araisone fiérement :
« Qui iés, qui ci t'embaz sor mei ?
« Par toz les deus en cui jo crei,
685 « Ainceis que vos ci herbergiez,
« En iert li quaus que seit iriez ; (1100)
« Alez avant herberge prendre,
« Car ci ne poez vos descendre.
« Pués que jo ai mon ostal pris, (1101)

673 *x* Il recheuauchoit — 74 *x* li amenoit f. — 75-6 *y* Nauoit fors lui et son ceual Soffert auoit le nuit grant mal — 75 *x* Nen ot — 77 *y* Iloec auoit .i. oliuier — 78 *y* Ou a.; *S* areigna, *CA* aresna; *B* misaudour, *C* missodour; *y* son bon destrier — 79 *x* Et vint a.; *P* ens larc vol — 80 *CA* Pollinices *(orthogr. à peu près constante; quelquefois dans A Poll')*, *P.* Pollonices, *(orth. constante, parfois en abrégé* Pollo'); *x* len; *y* tient — 81 *x* Sor p.; *A* isnelement — 82 *S* len apele, *B* len araine, *C* len aresne, *A* laraisouna; *P* Si li a dit ml't f. — 83-4 *m. à P* — 83 *SxA* es — 84 *S* qi, *xA* qui — 85 *S* Ainces, *x* aincois, *y* ancois *(orthographe ordinaire des trois groupes de mss.)*; *B* herbegiez — 86 *x* vengiez; *S* Li quelz q *(avec sigle)* s. en i. i., *A* Li uns de nous en ert i. — 87-8 *m. à y* — 87 *CA*. aillors; *S* herbe p. — 89 *PP⁹*; *xA* Pieca que iai *(B* ie*)*; *S* Pois que iay m. hostel p. *(v. faux)*; *A* cest o.; *xy* ostel.

690	« Pesera mei, sel vos guerpis. »	
	Tydeüs respont franchement	
	Et senz un point de marrement :	
	« De folie, » fait il, « vos peise :	(1105)
	« Ne vos en quier que une teise ;	
695	« Herbergiez mei ça enz mon cors,	
	« Et mis chevaus seit la defors.	(1108)
	« Entre nos dous a grant espace,	(1111)
	« Ne sai le mal que jo vos face :	(1112)
	« Se mei avez a compaignon,	(1109)
700	« Ne vos puet estre se bel non. »	(1110)
	Polinicès de ço n'ot cure,	(1119)
	Ainz s'en afiche fort et jure	
	Que a sei ne a son cheval	
	Ne prendra il iluec ostal.	(1122)
705	Tydeüs ot et entent bien	(1127)
	Par preiére n'i fera rien :	(1128)

690 *S* sil v., *A* se le, *P* se iel; *C* guarpis — 91 *x* Thideus (*orthogr. ordinaire*) — 92 *A* .i. poi, *Px* nul point; *B* marement, *A* mariment, *P* mautalent — 93 *A* Amis de f. v. p., *P* Diua f. il por quoi ten p. — 94 *P* Jou ne ten q.; *A* en ruis — 95-6 *m. à P* — 95 *A* Herbregies — 96 *S* ca d., *xy* la dehors — 697-8 *sont placés dans y après 700; au lieu de ces vers, x donne ceux-ci :* Ou metez ceanz mon cheval Ie soufferrai por lui le mal — 97 *S* vos d .; *P* a ml't g. place — 98 *y* nul m.; *P* iou te; *S ajoute ce vers :* Assez est grant yceste maison, *puis donne les v. 699-700 et ajoute celui-ci :* Mis cheuals soit a ces perron (*cf. x*) — 699-700 *sont intervertis dans Px* — 699 *S* Si tu mi as, *P* se tu as moi, *B* Se mi a., *A* Se vous maues — 700 *S* Ne ten, *P* Ne te; *A* doit e.; *C* biau; *A aj.* 6 v. et *P* 4 (*après 698*) — 1 *S* dice; *xA* na c. — 2 *S* Molt sen a. et f. en i.; *C* Aincois a. bien, *A* Il safica forment, *P* Mais ml't safiche fort; *B* et forment i. — 3 *A* Q. ia ne lui ne s.; *P* Par Dieu na toi na ton c. — 4 il *manque dans B*; *A* Ne laira prendre, *P* Ne liuerrai anuit; *xA* estal; *y aj.* 4 v. — 5 *P* Tideus (*orth. ordinaire*) voit — 6 *A* Que pour priier, *P* Ke por parler, *x* Pour p.; *Sx* priere; *Cy* nen f.

L'espée trait qu'il ot al lez
Et mit l'escu devant le pez :
Astes le vos enz herbergié,
710 Ne l'en querra mais hué congié :
« Com plus, » fait il, « vos preiereie, (1151)
« Ço sai que meins avengereie :
« Tot tens puet l'on preier felon,
« Ja n'en fera se noauz non. (1154)
715 « O bien vos peist, o bien vos place,
« Astes mei ci en ceste place ;
« O il vos peist trés bien o non,
« Tot m'i avreiz a compaignon. »
Polinicès les sauz li vint
720 Et en son poign son espié tint ;
Venu en sont a l'escremie : (1211)
As vos bataille por folie.

Al porche sont li dui baron,
Combatent sei come dragon :
725 Cil qui premier s'i herberja (1215)
Jure que l'autre en jetera,

707-10 *y* dével. en 22 *v*. — 8 *S* Sache sespee qil ; *C* au branc forbiz — 8 *S* peiz, *C* piz — 9-10 *sont placés dans x après* -18 — 9 *SC* Aste, *B* Este ; *x* me vous ci h. — 10 *S* oi c. ; *x* Ne vos en quier huimes c. — 11 *S* prieereie, *xP* prieroie ; *A* Et com pl. vous en proieroie, *P* Que p. hui mais emp. — 12 *x* mauanceroie ; *A* Et m. ie quit esploiteroie, *P* Jou quic noaus emploieroie — 13-4 m. à *P* — 13 *x* Touz iors ; *S* len, *x* on ; *Sx* prier, *A* proier — 14 *A* se sourdois n., *B* se mains n. ; *S* noalz, *C* noaux — 715-20 m. à *y*, qui ajoute de son côté 56 *v*. — 15 *x* ou mal v. pl. — 16 *x* Astez ; *B* Serai ie ci — 18 *B* Tost ; *puis x donne les v.* 709-10 — 19 *x* vient — 20 *x* point lespee tient — 22 *x* Ez v. ; *B* de f. — 23-4 m. à *x* — 23 *y* El p. — 24 *P* Si escument ; *A* Esprendent soi — 25 *P* se h., *AC* i h. — 26 *B* Jura ; *x* chacera.

Et li autres jure por veir
Nel guerpira a son poeir.
Granz ont les cuers, fiers les talanz;
730 Mais les cors ont mout dessemblanz : (1220)
Ja, se s'entreconeüssant,
Ne cuit que s'entradesissant.
Polinicès ert genz et granz, (1225)
Cheveus ot blois recercelanz;
735 Cler ot le vis et coloré,
Espaules larges et pez lé,
Les costez lons, les flans sotiz,
Les hanches grosses et barniz ; (1230)
Enforcheüre ot droite et grant :
740 Rien n'ot en lui mesavenant.
Jovenceaus est, n'a pas vint anz,
Chevaliers est proz et vaillanz.
D'aage est maire Tydeüs, (1235)
Cors a menor, mais forz est plus;

727-8 *m. à SxP —* 29-30 *m. à P; entre ces 2 v., S intercale les 2 suivants :* Lun dels ne preise lautre un ganz Chiualer sont proz et vaillantz; *A* et fors t. — 29 *S* Groos; *x* G. cors ont et f. les t. — 30 *x* M. l. cuers, *A* M. il les ont — 31-2 *m. à A* — 31 *S* Et si, *x* Ia sil, *P* se il; *S* sentreconoissent, *xP* -conneussent — 32 *P* ke il se forfesisent; *x* quil; *S* sentre adessassent, *B* sentratendesissent, *C* sentratendissant; *y aj. 2 v. et A 2 autres —* 33 *Sx* est; *C* gent — 34 *S* ad b.; *xy* blonz — 35 *P* encolore — 36 *xP* L. e.; *S* large; *By* le pis — 37 *S* costes longs ; *x* Flanz escheuis et bien mollez, *A* Les c. ot biaus enuiron; *S* sotils, *P* soutis — 38 *x* Et les hanches et les costez, *A* Les gambes grosses par raison ; *S* barnils, *P* barnis — 39 *P* Et forceure, *A* Lenfourceure, *S A* f.; *x* auques g. — 740-7 *m. à P, par confusion de deux rimes en* -ant — 40 *A* En l. not riens, *S* R. ni aueit — 41 *A* Iouenenciaus not; *x* ert not — 42 *A* Et c. p., *C* C. fu p. — 43 *A* De lui ert menres t.; *x* graindre t. — 44 *A* C. ot; *C* mendre; *A* f. iert p., *B* force a p., *S* fort fu p.

745 Cheveus ot neirs, barbe et grenon,
　　　Fier ot le vis come uns leon ;
　　　Le cors ot brief et le cuer grant,
　　　De proece sembla Rollant.　　　　　(1240)
　　　Et empor si vile achaison　　　　　(1249)
750　Se combatent li dui baron :　　　　(1250)
　　　S'il eüssent juré lor mort,　　　　(1254)
　　　Ne se combatissent plus fort.　　　(1253)
　　　Andui sont mout de fier talant,　　(1251)
　　　Li uns ne prése l'autre un guant.　(1252)
755　Espiez ont granz et esmoluz,
　　　De fiéres bestes ont escuz :
　　　D'un leon ot une pel grant,
　　　Que li covreit le pez devant,
　　　Li eissilliez Polinicès,
760　Que li dona Edipodès ;
　　　Et Tydeüs l'ot d'un sangler,
　　　Qui le païs soleit guaster,
　　　Que la deesse li dona :
　　　Por sei vengier li otreia.
765　Ensemble jostent li baron,
　　　Requiérent sei come leon ;

745 *S* gernons, *xA* grenons — 46 *S* Fier ad le v., *A* Le v. ot f.; *x* c. lyons; *S* leons, *A* lions — 47 *S* c. ad b., *B* Le c. ot bien, *AC* Cors ot petit; *A* mais le c. g. — 48 *S* semble ; *y* De sa p. not (*P* na) sanblant; *y* aj. 8 v. — 49 *xy* Et pour; *x* si (*B* sa) mauuese, *A* si petite ; *x* achoison, *y* ocoison; *P* Et por itant sans o. — 50 *y donne à la suite les v. 753-4* — 51-2 *y intervertit :* Ains se combatent issi (*P* itant) fort Com seussent i. lor (*P* le) m. — 53 *y* Anbedoi sont de fier sanlant — 54 *xy* prise; *CP* Lun (*P* luns) ne p. lautre noiant, *S* Molt sont hardi et combatant (*cf. le v. placé dans S après le v. 729*) — 55-64 *m. à y* — 55 *x* et bien moluz — 57 *S* ot p. g. — 58 *S* coure le peis; *x* piz — 62 *x* guetier — 63 *S* deuesse — 65-6 *y dével. en 4 v.* — 66 *x* Fier et hardiz (*B* hardi) c. l.

ROMAN DE THÈBES

          Li dui baron si se requiérent   (1259)
          Onques de rien ne s'espargniérent;
          Il se fiérent de tal aïr
770   Le fou vermeil en font saillir;
          Il s'entrefiérent si granz cous,
          Qu'en retentist toz li arvous :
          La veïssiez granz chapleïz   (1265)
          Sor les heaumes des branz forbiz,
775   Que li carreis en retentist
          Et li arvous en rebondist.   (1268)
          Ço sai que ja ne remansist
          Jusque li uns l'autre oceïst,
          Mais Adrastus li reis s'esveille,   (1269)
780   Toz esfreez por la merveille;
          Por la noise li reis s'esfreie,
          Un chamberlenc a val enveie
          A saveir dont la noise sort,
          Et a lui dire sempres tort.   (1274)
785   Li chamberlens eissi en l'atre,

767 *P* bien se; *x* Ambedui ml't souent se fierent — 68 *A* Conques — 69 *y* Grans cols commencent a ferir — 70 *xP* feu, *A* fu; *B* en fait; *y* Des elmes f. le f. s. — 71-2 m. à *P* — 71 *x* sentredonnent; *S* cops, *B* cos, *C* cox, *A* cols — 72 *S* Qe t. en recentist laruols, *A* Q. t. en sone li a.; *B* aruos, *C* aruox — 73 *y* tel c. — 74 *S* forbeis — 75 *S* li carrois, *x* la tour (*B* cours) toute, *P* laire toute, *A* li aruols; *P* retendist, *S* recentist — 76 *B* aruos, *SC* aruols, *A* palais; *P* Et li grant plaice; *SP* resplendist, *A* retombist — 77-8 m. à *y.* — 77 *B* Bien s. — 78 *x* Tant que — 79-80 m. à *P* — 79 *x* adrastes; *A* De la noise li rois sesu. (cf. 781) — 80 *S* Tout effree, *x* Touz esfraez; *A* Poes sauoir ml't sesmeruelle — 81 *P* De le n.; *A* De la bataille ml't; *S* sesceie (*serait-ce* *exciat *pour* exciet?), *B* sescrie — 82 *S* Une chamberlenie, *y* Son camb. (*P* cambrelenc) — 83 *By* Por s.; *C* fort — 84 *y* Isnelement a lui retort (*P* aual sen t.); *B* sen retourt — 85-6 *y* dével. en 6 v. — 85 *S* chamberleins, *B* -ains; *S* eissit, *B* en vait; *C* Le chamberlanc sen vint aual.

Les chevaliers i vit combatre;
Al rei torna vïaz arriére, (1281)
Conta lui la bataille fiére,
Qu'il ot veü el porche aval,
790 Ou se combatent li vassal; (1284)

Li reis se liéve isnèlement : (1293)
Onc n'i prist drap ne garnement,
Que solement sor sa chemise
Vesti une pelice grise;
795 Tant coveita a val descendre
Ne li membra d'afublail prendre. (1298)
Mais uns danzeaus a val devale,
Qui vient corant par mé la sale;
Ainceis que fust li reis en l'atre,
800 Li afubla ses peaus de martre.
Li reis eissi fors al serein : (1301)
Une verge tint en sa main. (1302)
Aporter fait cierges ardanz
La ou trueve les combatanz;
805 Quant les vit combatre en la place, (1303)
Entre eus se met, fort les menace :

786 *C* Et voit c. li vassal — 87 *m. à P; C* torne; *A* Ains vint corant molt tost a. — 88 *A* li — 89 *P* a veu — 90 *A* Com se; *y aj.* 8 *v.* — 91 *B* sen l. — 92 *y* Ne li menbra de g.; *B* Que ni — 93 *x* Fors s. sor (*B* souz), *y* Ne mais que sor une (*P* desous se) c. — 95 *x* conuoita; *P* T. se hasta, *A* Et coite tant; *y* daual — 96 *B* afubail, *C* aflubail — 97-8 *y réduit à* 2 *v.* : Mais capres vinrent doi danzel (*P* M. apres vont .ij. damoisel) Qui li aportent un (*P* son) mantel — 97 *C* corant d. — 98 *x* vint; *S* parmie, *xy* parmi — 99 *S* Ainces, *x* Et ainz; *C* lartre — 800 *B* matre — 1 *S* eissit, *x* issi, *y* sen ist; *Px* hors; *xy* serain — 3-4 *m. à y* — 4 *S* lez troue c. — 5 *y* Les cheualiers vit en (*P* ens) la place — 6 *A* et ses, *P* et si; *A* manace, *P* manaice.

« S'il se forfont de rien mais hué,
« Demain les pendra a cel pué. » (1306)
Pués se comence a porpenser
810 Et lor armes a esguarder,
Que ço sont cil que li pramist
La deesse, que ço li dist,
Qu'uns sanglers et uns leon fiers
Prendront ses filles a moilliers.
815 Pués lor demande qui il sont, (1323)
Dont il vienent et ou il vont : (1324)
« Por quei combatez a ceste hore ? (1310)
« Quaus pechiez vos est coruz sore ? (1309)
« Quant tote creature dort, (1311)
820 « Entre vos dous querez la mort!
« Se vos de mon regne fussiez,
« Ja ici ne vos meslissiez. »
Respondent lui : « Alez dormir : (1315)
« N'avon o vos rien a partir ;

807-8 *m. à P* — 7 *x* Se de riens se f.; *xA* hui, *S* oi —
8 *xA* pui; *S* en ceo poi; *A aj.* 2 *v.*, *que P modifie, parce
qu'il supprime les* 2 *qui précèdent :* Se mais hui vous for-
faites rien (*P* Sil se forfont h. m. de r.) Ie vous pendrai (*P*
Il les prendra) ce sacies (*P* saicent) bien — 809-14 *m. à y*
— 10 *x* regarder — 11 ço *m. à S*, *x* ce; *x* promist — 12
S deuesse; *S* qi, *x* qui — 13 *C* Cun senglier; *B* Cuns l. et u. s.;
S leons, *x* lyons — 14 *x* Auront s. — 815-6 *sont placés dans
y après* 830; *après ces v.*, *x place les v.* 821-2 *et S aj.* 2
v. spéciaux — 15 *y* Il l. — 17-8 *intervertis dans y*. — 17 *y*
Qui (*P* Que) vous; *C* tel eure, *BP* tele — 18 *SC* Quel pec-
che v. e. coru; *A* Ques force; *y* fait il vous keurt s. —
20 *A* Cascuns de vous quiert ci sa m., *P* Et v. ales que-
rant le m.; *x donne ensuite les v.* 831-2 (*le 1er modifié*),
puis les v. 829-30 *et* 833-52 — 21-2 (*modifiés*) *sont placés
dans x après* 816 : Car se il de sannor fussont Iluec ne se
combatissont; *dans S, ils viennent après le v.* 818 — 21 *S*
Quar si v. de monour f. — 22 *y* Par nuit ne vous (*P* chi ne)
combatissies — 23-8 *m. à x* — 23 *y* Cil r. a. — 24 *y* vers v.

825 « Ne nos leist pas ore fabler,
« Car d'autre rien volon parler. »

Li reis ne s'est pas corociez,
Ainceis les a tant gent preiez,
Qu'il li dient la verité
830 De ço que lor a demandé. (1322)
Li vassal conurent le rei, (1325)
Respondent li chascuns de sei, (1326)
De qual gent sont et de qual terre
Et que il sont ça venu querre.
835 Danz Tydeüs respont premier : (1327)
« De Calidone eissi l'autr' ier :
« Fiz sué Oeneüs le rei,
« Ça sué venuz por estre o tei. » (1330)
Adrastus vers l'autre se torne,
840 Car celui en vit le plus morne.
Il li demande : « Beaus amis,
« Dont iés tu et de qual pais ? »
Cil ne dist pas le non son pére, (1335)

825 *y* l. ore fabloier — 26 *A* Dautre cose; *y* plaidier — 29 *S* lui; *x* Si len d., *A* Que li d., *P* Quil leur dirent — 30 *xy* quil; *y* donne ensuite les v. 815-6 — 831-2 *sont placés dans x entre 820 et 829; 831-4 sont dans S après 854* — 31 *x* Quant li v. virent le r., *y* Andoi connurent bien le r. — 32 *x* Chascun li respondi, *P* C. a respondu, *A* Respondi li c. ; *S* chescuns; *y* par soi — 33-4 m. à *y* — 34 *S* Et qui il s. et quei vont q. ; *C* la venuz — 35 *x* T. respondi; *y* T. dist celer nel quier (*P* n. q. noier) — 36 *Sx* calidoine, *A* Call. ; *xA* issi; *P* vinc l. — 37 *S* coneus; *A* Et sui f. Oneus, *P* F. fui a Orneus — 38 *A* Si men vieng cha; *P* seruir a toi — 39 *S* se retorne ; *y* Li rois devers lautre sen t. — 40 *x* Qui fet chiere marrie et m., *P* Por chou ke il le vit plus m., *A* Qui le sanlant auoit p. m. — 41 *y* Si li — 42 *SxA* es; *x* tu nez de; *P* D. iestes et, *A* Tu qui es et — 43 *B* dit.

Por ço qu'il ert fiz de son frére ;
845 Ainz dist que de Thèbes est nez,
Il et trestoz sis parentez.
« Di, va, » dist li reis, « por quei ceiles ?
« Ja savons nos bien les merveilles
« Que Edipus fist de son pére,
850 « Quant il l'ocist et prist sa mére. (1342)
« Mout me sembles bon chevalier :
« Ja ne t'avrai por ço meins chier ;
« Car, se tu iés d'icel linage, (1347)
« Tu iés assez de haut parage » (1348)
855 Li reis conut bien lor linage,
Sot que il sont de haut parage :
Lor chevaus fait trés bien guarder,
Et eus comande a desarmer ;
Et en après forment les baise, (1350)
860 Les chevaliers entre eus apaise ; (1349)
Il les acorde et departist
Et mout doucement les joïst.
Mout est forment en son cuer liez
Des fiz as reis qu'a herbergiez ;
865 Pués lor fait jurer et plevir

844 *y* esteit f. s. f. — 45 *x* Dist lui (*B* li) ; *P* Et dist kil iert de — 46 *A* Dilloec estoit ; *P* Et il et tous — 47 *x* D. fet il ; *y* Li rois li d. (*P* r. d.) ; *x* me c., *A* le c. ; *S* celez, *CA* celes, *B* coiles ; *P* nel celes vers moi — 48 *x* Car assez set on ; *C* nouueles ; *P* Car b. set on le grant secroi — 49 *P* en son — 50 *y* Q. il ot (*P* lot) mort si p. ; *y* aj. 4 v. *et supprime* -51-2 — 51 *S* semblez ; *x* Bien me resambles (*B* resamblez) c. — 52 *x* Ja por ce ne — 53-4 m. à *x* — 53 *y* Que se tu es de cel — 54 *Sy* es ; *y* Dont es tu de ml't h. ; *S donne ensuite les v.* 831-4 — 55-8 m. à *y* — 56 *x* Set — 57-8 *intervertis dans B* — 58 *x* Si les c. ; *S* comanda d. — 59-60 *intervertis dans y* — 59 *xy* Chierement (*y* Doucement) les acole et b. — 60 *xy* Et les (*y* Les .ii.) barons ensemble ; *S* amaise — 61-8 m. à *y* — 61 *x* Ambedeus acorder les fist.

Et par fiance bien tenir
Que, tant come il ja mais vivront,
Ami et compaignon serront.

    Al perron, desoz l'olivier,
870 Se desarment li chevalier;
Il se desarment : assez fu   (1351)
Qui lor armes a receü.
Il n'orent males ne conrei.
Desfublé sont davant le rei;
875 Mais les cors ont genz et bien faiz,   (1355)
Bien resemblent contes palaiz;
Et orent senglement vestu
L'uns un samit, l'autre un bofu,   (1358)
Et sont bien chaucié li meschin
880 Chascuns d'un paile alixandrin.
Dous manteaus vairs, larges et freis   (1363)
Lor afubla li riches reis
Et reçut les mout richement   (1365)
A mont el maistre mandement;
885 En la soe chambre demeine
Li reis les chevaliers en meine.
Mout par fu gente cele chambre :

868 *C* Amis; *S aj. 4 v.* — 71 *S* fut — 72 *S* prist et rescut
— 73 *A* male; *P* mie grant c. — 74 *C* Desfublez; *B* D.
furent d. le r. — 75 *S* M. lor c. sont; *y* Les c. orent — 76
BP conte; *A* Cascuns sanle estre quens p.; *S* c. de p. — 77
y Il eurent *(P* orent); *P* soulement — 78 *S* samiz — 79-80
A dével. en 4 v. : Et s. li doi m. c. C. dun p. detrenchie De
bon cier p. a. Ierent caucie li doi m. — 79 *P* Et s. c. b.
— 80 *C* poile; *P* alizandrin — 81 *A* nouiaus et f., *P* l. v. et
f. — 83 *A* Rechus les a; *C* chierement, *A* gentement; *P* Puis
les enmaine doucement — 84 *x* Lasus — 85 *S* sue, *x* seue,
y soie; *P* Ens le c. s. d. — 86 *y* Les c. ansdeus *(B* li rois) e,
— 87 *x* riche; *P* Onques ne fu si r. c.

Li pavemenz en fu de lambre, (1370)
Bien entailliez a marenitre ;
890 El front davant ot une litre
D'esmeraudes et de jagonces :
D'or i aveit plus de mil onces.
Tendu i ot une cortine, (1391)
Que li tramist une reïne :
895 Semiramis l'oï nomer,
D'Egipte l'enveia par mer.
La cortine fu merveillose : (1395)
Onc hon ne vit tant preciose,
Ne onques rien tant bien teissue
900 Ne que tant fust d'uevre menue. (1398)
Cele la fist que fu pendue
Por la deesse qu'ot vencue.

Li sopers fu apareilliez
De plusors mes et de daintiez.
905 Al n'i a plus a aconter :
Li reis fait l'eve demander, (1399)
Dui danzel la vont aporter, (1400)
Et li chevalier vont laver

888 *C* Le pauement; *P* si fu; *S* a l. — 89-90 *m. à P; A dével. en 20 v.* — 89 *B* amaramentre, *C* amaraliste — 90 *B* lutre, *C* liste ; *S* un vitre — 91 *S* Desmeragdes; *B* iaconces — 93 *P* Tissu — 95 *C* Semyramus, *B* Semyramis — 96 *P* De pite — 97 *y* Ne fu cose si (*P* tant) meruilleuse — 98 *C* O. nus n. v. si; *y* Ne ne fu riens; *A* perilleuse — 99 *S* Ne onc; *x* Onc ne fu r. ; *S* teissue, *Cy* tissue ; *y* Ne fu cortine si t. — 900 *x* si f.; *A* Et fu faite ; *P* Que f. f. lueure m. — 1-4 *m. à y* — 1 *S* Cela le ; *x* quen — 2 *S* deuesse — 3 *C* Le souper — *Entre 903 et 904, S intercale ces 2 v.* : Dice se firent bauz et liez Donc seruirent lez chiualers — 4 *S* De p. guises de mangiers — 5 *et* 8 *m. à y* — 5 *S* Ele ni ad plius, *x* Ni a mes p. — 6 fait *m. a S*, *C* fist; *y* a laige demandee — 7 *x* li v.; *y* Doi damoiziel lont aportee — 8 *C* cheualiers.

	En dous bacins que sont d'or mier :	(1401)
910	Cil lavérent et vont mangier.	
	Un faudestou ot iluec mis,	
	Polinicès s'i est assis ;	
	De l'autre part sist Tydeüs	
	Desor un bufet de benus.	(1406)
915	Des mes ne vos quier faire fable :	
	Pro en aportent a la table ;	
	Danzel lor servent plus de dez,	(1409)
	N'i a celui ne seit de prez.	(1410)
	Por lor amor lava li reis,	(1407)
920	Et si manja d'un braon freis.	(1408)
	Quant il orent assez mangié,	(1411)
	Et vins tasté, plusors changié,	
	Les napes traistrent li sergent,	
	Les chandelers laissent d'argent :	
925	En la chambre ot si grant clarté,	(1415)
	Come se fust uns jorz d'esté.	

909 *P* A .ij.; *A* En un bachin; *xy* qui — 10 *P* si v. — 11 *S* faudeston, *B* faudestuef, *C* faudestueill; *y* I. buffet ont illoekes m. — 12 *B* y est, *C* i ont — 13-4, *intervertis dans y, manquent dans S* — 13 *y* Et sor un banc s. adrastus (banc manque à *P*) — 14 *C* Desus... dybenus; *B* venus (b *refait en* v.); *y* De lautre part sist Tydeus — 15-6 m. à *y* — 16 *S* al t.; *C* Assez en a. a t. — 17-8 *y change la rime* (A els seruir ot .x. serjans De haut parage bien vaillans) *et place ces v. après* 920 — 17 *S* Danzeals; *B* la s., *C* les s.; *S* deiz, *x* .x. — 18 *x* pris — 19 *CA* menia li r. — 20 *B* O lui m., *C* O eus m.; *A* Ensanle o els duns braons; *P* dun branon — 21 *A* o. but et m. — 22 *x* Pl. vins beu *(B* beus) et ch., *A* Bon ysope et bon cangie, *P* Y. burent vin c. — 23 *A* traient, *P* ostent; *B* siant, *Cy* seriant, *S* seruant — 24 *x* chandeles, *P* candoiles, *A* candelles; *xA* ardant, *S* L. chandelers leuent; *P* atant — 25 *A* Laiens auoit; *P* itel c. — 26 *B* ce f.; *A* Com se ce f.; *C* el temps, *A* en iour; *P* Com li solaus rent en e.

Li reis por ses filles enveie,
Mande a la maistre ques conreie,
Que gentement les apareit
930 Et en la chambre les enveit. (1420)
Li reis fait ses filles lever,
Apareillier et conreer,
Por les monstrer as chevaliers :
Tient que les avront a moilliers.
935 Eles vindrent lor chiés enclins, (1430)
Treciées de fil d'or lor crins ; (1428)
Lor bliaut furent d'orcassin, (1431)
Lor peliçon desoz hermin. (1432)
Totes nuz piez, eschevelées, (1426)
940 En la chambre vindrent les fées ; (1425)
Car monstrer voleient lor cors (1433)
As chevaliers qui sont de fors.
Quant eles virent les marchis,
Que a veeir n'orent apris,
945 Vergoigne orent, ne fu merveille ;
La face lor devint vermeille. (1438)
Eles ne sevent qui il sont :

928 *S* M. ad la, *P* M. le, *A* M. ses maistres; *C* quel, *P* kes; *S* qe les conree — 29 *S* apareilt, *x* apparoit; *A* Ques apparaut cortoisement, *P* Ke saparellent erranment — 30 *y* Car il i a estrange gent — *Pour les v. de y correspondant à 931-40, v. Appendice* III — 32 *x* conraer — 33 *C P*. eus; *S* Et demoustrer — 34 *S* Bient qe, *x* Ques (*B* Quel) doiuent auoir a m. — 35 *y* Et si (*P* Eles) tinrent les ; *S* chiefs — 36 *S* Treciez — 37 *xA* Li b.; *S* bliauz; *S* daucassins, *P* de cainsin, *A* osterin — 38 *xA* Li p.; *S* pelicons; *P* dermin, *S* hermyns — 39-40 *sont intervertis et déplacés dans y* — 39 *S* nues p. escheuelies ; *P* et afulees ; *A* Bien vestues et conrees — 40 *S* Par la sale — 41 *x* Li rois vouloit montrer lor (*B* les) c.; *y* Por m. vienent (*P* vinrent) lor gens c. — 42 *B* querent de hors, *y* ki s. la f. — 43 *A* avoient — 44 *B* Qui — 45 *S* nen est — 47-8 *m. à A* — 47 *P* ke cil s.

Quant les veient, vergoigne en ont.
Colors comencent a muer (1439)
950 Et a lor pére a esguarder;
Eles vindrent tot dreit al rei,
Il les assist dejoste sei.
Mout furent gentes les pucèles,
En nul païs n'en ot tant bèles: (1444)
955 Onques Pallas ne Diana
La lor beauté ne sormonta.
Ne sont petites ne trop granz,
Meiénes sont et avenanz,
D'une grandor et d'un semblant:
960 Rien n'i aveit mesavenant.
Cheveus ont blois, lons et deugiez,
Si lor ateignent jusqu'as piez;
Les fronz aperz et hauz et blans,
Bien eschevies par les flans;
965 Les ueuz ont vairs et amoros,
Ainc hon ne vit tant merveillos;
Les nés ont dreiz et bien seanz,
Nes ont trop petiz ne trop granz;

948 *S* virent; *x* grant v. ont, *S* v. ont — 49 *x* Color — 50 *Sx* Et l., *P* Et por l.; *y* resgarder, *x* reg. — 51 *S* senuont — 52 *B* assiet; *S* Et il les a. ioust sei — 54 *S* En lor p.; *y* En toute gresse not si (*P* tant) b. — 55 *C* palla; *S* diona, *B* dyama — 55-56 *y* Ne cuit (*P* Jou croi) ke hom de mere nes Sace descrire (*P* [Ne saroit dire) l. biautes; *après 956, S aj. 2 v.* — 57-80 *m. à A*; 57-8 *sont intervertis dans x* — 57 *x* Ne trop p. — 58 *P* Moienes s., *S* Mais saies s., *x* Ml't s. gentes; *P* bien a. — 59-60 *m. à y* — 61 *CP* blonz; *B* delchis; *P* et l. et grans — 62 *x* Si li descendent; *B* au piz; *P* Aussi reluisent com argans — 63 *P* Les f. ont biaus et h. et grans, *x* Les vis a. et les f. b.; *S* bien faitz et b. — 64 *x* Grelle sourcilz (*B* Grailles sorcils) et auenanz, *P* Grailles soercis bien a. — 65 *BP* iex, *x* eulz — 66 *x* Nus h. ne v. si — 67 *P* Et les dens biaus et, *x* Lons n. traitis et.

Bouches ont dreites et reiaus,
970 Les denz menuz, blans et egaus;
Mieus vaut lor ris et lor baisiers
Que ne fait Londres ne Peitiers;
Clers ont les vis et colorez
Et de beauté bien aornez;
975 Mentons orent bien faiz et lons,
Hon ne sét dire lor façons.
Les autres cors ont assez granz,
Graisles, soés et avenanz :
Guari serront et retenu,
980 Quis porront tenir nu a nu.
Quant nature les aorna, (1449)
Tal doelise lor dona
Que jo nel vos pués reconter,
Si le lairai a tant ester.

985 Ne fu mie vilains li reis :
De ses filles ne fist defeis
Que n'i parolent li danzel; (1455)
Pas ne l'en peise, ainz l'en est bel.

969 *B* et traians — 70 *Sx* Menuz (*x* Menues) d. blaunches egals (*B* ygans, *C* ygaux) — 71-2 *m. à x* — 71 *P* baisier — 72 *S* f. dautres cent milliers; *P* portier — 73 *P* et bien molles — 74 *S* Blans et vermeils et bien formez — 75 *S* ont clos b.; *P* et biaus et l. — 76 *P* Jou ne sai; *S* Home *(avec sigle sur l'o)* ne s. de l. f. — 77 *x* genz; *P* Ml't st' graille parmi les flans — 78 *S* Grailes soef, *x* Grelles et cras; *P* Biaus ont les cors et a., *puis 2 v., que A place immédiatement après les v. 955-6 (modifiés)* — 79-80 *m. à xA* — 80 *S* Qi les poreit; *P* Qui les sentiront — 81-2 *m. à x* — 81 *P* Que — 82 *A* doelisse, *P* gentilece — 83 *S* ne v. puisse; *y Q.* iou ne (*P* nel) sai por moi conter (*P* mie c.) — 84 *S* Si me l. a ytant — 87 *A* paroillent; *S* li vassau — 88 *A* li p. a. li; *S* li fu beau.

        Cil parolent corteisement
990   Et ne font pas lonc parlement :
        Al pére crïement qu'il enuét,
        Car auques passe de la nuét.   (1460)
        Li reis parole as chevaliers
        Que vit corteis, proz et legiers :
995   « Prodome estes mout par semblant
        « Et chevalier estes vaillant :
        « De ço que vos vei eissilliez,   (1465)
        « Me prent granz dueus et granz pitiez ;
        « Mais ne vos chaut ja esmaier,
1000   « Car Deus vos puet trés bien aidier.
        « Et pués qu'a mei estes torné,
        « Ne serreiz pas trop esguaré :   (1470)
        « Ces meies filles vos dorrai
        « Et ma terre vos liverrai. »   (1472)
1005   Cil se tinrent mout a guariz   (1475)
        Et respondent : « Moutes merciz.
        « Cist dons nos plaist, si l'otreion
        « Et grez et graces vos rendon. »
        Li reis fait demander le vin :
1010   L'on li aporte a nés d'or fin.   (1480)
        Quant ont beü li chevalier,

990 *A* Et ne fisent, *P* Ne f. nient — 91 *S* ennoît; *B* que anuit, *CP* quil nannuit; *A C.* qual p. nen anuit — 92 *A C.* ml't ert p. de la n., *P C.* pres estoit de mienuit; *S* noit, *xy* nuit — 993-1008 *m. à x* — 94 *y* Quil — 95 *P* estoient par — 96 *S* C. e. v.; *y* preu et v. — 97 *S* essilliez, *y* escillies — 98 *S* pitez, *P* pecies — 99 *A* a e., *P* del e. — 1000 *y* ml't b. — 1 *S* Despois qa meie; *xy* puis; *P* tornes — 2 *S* mais t.; *P* esgares — 3 *S* Ces mes f. v. durrai — 4 *S* liuererai; *y* aj. 2 v. — 5 *P* fort a; *y* gari — 6 *y* vostre merchi — 7 *P* Cis, *A* Cil; *S* otreon — 8 *y* Et grans (*P* .m.) mercis v. en r. — 9 *x* a demande; *y* Puis demande li r. le v. — 10 *Sx* Len; *y* On; *x* laporte en coupe (*B* a coupes); *S* es niefs — 11 *P* Q. orent but.

Qui sont tuit las de chevauchier,
Li lét sont fait, si vont dormir,
Et les pucèles as covrir : (1484)
1015 Cil dorment mout aseüré, (1486)
Car travaillié sont et pené. (1485)
Les pucèles s'en retornérent,
Dedenz lor chambres s'en alérent.
Mais qui que dorme, Adrastus veille : (1491)
1020 A sei meïsmes se conseille
Que ses filles mariera,
A ces dous princes les dorra.
Il fu vices, si se porpense :
Marier les puet senz despense ;
1025 Ne lor vueut aillors seignors querre,
Quant ceus a trovez en sa terre ; (1498)
D'eus coveita le mariage,
Car mout sont proz et de parage.

Par main liévent li soudeier, (1537)
1030 Al temple vont les deus preier.
Quant eissirent de la chapèle,

1012 *A* Q. s. lasse, *P* Q. furent l. — 13 *Sxy* lit; *S* et v. dormer; *P* iesir — 14 *A* als c., *C* eulz c., *B* euls c.; *P* Les p. les vont c. — 15-6 *intervertis dans xy* — 15 *y* Mais or sont tout a., *x* M. auques s. a. — 16 *C* traveilliez — 17-8 *m. à x.*; *y* dével. en 4 v. : Quant li conte furent cocie Les puceles prisent congie Prendent vers lor cambre a guencir (*P* Ens leur c. se vont iesir) Por reposer et por dormir — *Après* 1018, *S aj*. 6 v. — 19 Mais *m. à S*; *x* Q. q. dormist — 20 *y* meisme, *S* mesmes — 22 *S* Et ces; *y* d. contes — 23 *x* fu cointes; *y* Sages hom f. — 24 *P* les vuelt, *C* lestuet; *x* s. atente, *A* s. desfance — 25 *A* autre signor; *x* mariz q. — 26 *S* troue — 27-8 *m. à y, qui ont à la place* 38 *v*. — 28 *x* m. par s. de haut p. — 29 *P* Leue furent li; *S* soldier — 30 *P* Et alerent; *A* le diu, *P* leur dieu — 31 *x* Q. il issent; *P* leur c. — 32 *P* Li emperers l.

Li reis gentement les apèle : (1540)
Il n'i ot home que eus treis,
Il dui i furent et li reis :
1035 « Seignor, » fait il « ço sont mi heir (1541)
« Que vos veïstes ci hier seir :
« A mes filles m'onor lairai,
« De qual hore que jo morrai.
« Se vos plaiseit, jes vos dorreie, (1545)
1040 « Entre vos m'onor partireie :
« A mon vivant seiez seignor,
« Jo vos otrei tote m'onor.
« Jo sué vieus hon, reposer vueil ;
« Tant ai travaillié toz m'en dueil, (1550)
1045 « Et ne porrai mais chevauchier,
« Ne mal sofrir, ne traveillier.
« Vos estes juefne bacheler,
« Si poez bien mal endurer
« Et mon regne bien justicier, (1555)
1050 « Que jo ai et large et plenier.
« Vos qui poez sofrir travail,
« Pernez mon regne tot en bail,

1033-4 *m. à y* — 33 *x* Ni ot; *B* hom ; *B* que seuls, *C* q. seul — 36 *x* ersoir — 37-8 *m. à P* — 37 *B* donrai, *C* dorre — 38 *C* vorre; *S* De quelque h. qe m. — 39-40 *intervertis dans P* — 39 *P* Sil v ; *x* Et sil vous plest ; *y* iel, *S* ieo ; *Sx* dorrai — 40 *x* A v. .ii. ; *A* E. v. .ii. monor lairoie, *P* Toute monor lour p. ; *Sx* partirai — 41-2 *sont placés dans P après* 1052 — 41 *P* Ens m.; *S* seie; — 42 *S* ottrai ; *x* aj. 2 *v*. — 44 *S* T. ai patible molt men doil; *P* T. ai vescu ke iou ; *x* tout; *B* me — 45 *y* Je ne; *P* m. trauellier — 46 *P* De m. s. nai mais mestier — 47 *S* ioefne, *y* ione, *C* ieunes — 48 *S* Qi b. p.; *A* pores — 49 *A* Et b. m. r. — 50 *S* ai l. et; *P* et grant et; *A* Q. iai ml't g. et ml't p. — 51 *S* soffrer; *y* V. ki porres bien mener guerre — 52 *y* Receues (*P* Prenderes) monor et ma terre; *x* iel vous b.

	« Et demenez les granz esforz,	
	« Et faites les dreiz et les torz.	(1560)
1055	« Mei, qui sué vieuz et qui suéfraiz,	
	« Laissiez durer et vivre en paiz ;	
	« Toz mis deporz iert en riviéres	
	« Et en forez, que j'ai pleniéres :	
	« Si demenrai ma vie a joie,	(1565)
1060	« Car jo sai bien qu'ele iert mais poie. »	
	Premier li respont Tydeüs :	
	« Cest plait, » fait il, « pas ne refus,	
	« Que volentiers n'en prenge l'une ;	
	« Mais, por ço qu'il n'i ait rancune,	(1570)
1065	« Mis compainz eslise avant mei :	
	« L'ainznée prenge, et jo l'otrei. »	
	Polinicès issi l'agrée	
	Que la graindre li seit donée,	
	Et Tydeüs le li otreie :	(1575)
1070	Et il de rien ne s'i foleie,	
	Car, si com dient li plusor,	
	L'ainznée esteit mout la gençor,	
	Mais jo dirai, que jo ne mente,	
	N'esteit de rien l'autre meins gente.	(1580)

1053 *A* Et maintenes ; *S* molt g., *A* mes g., *P* vos g. ; *P* effrois — 54 *P* les t. et l. drois — 55 *S* vielz, *x* viex, *y* vix — 56 *x* desore v. ; *y* deduire et v. ; *P* a p. — 57 *S* Tout mon desport ; *A* deduis ; *x* est, *AS* ert ; *P* es r. — 58 *P* Et es — 59 *x* La d. ; *A* Si maintenrai ma v. en i. — 60 *S* qil ; *C* est m. ; *P* ke m. i. p. — 61 *Sy* Premiers — 62 *C* dist il ; *S* ie ne r. — 64 *A* M. par si quil ; *P* M. kil ni ait nule r. — 65 *S* deuant m. — 66 *y* P. lainsnee ; et *sup primé dans xA* — 67 *x* ainsi — 69 *xP* la li, *A* bien li — 70 *S.x* Car il ; *A* de nule riens ; *P* ne li — 71 *P* Ensi c. ; *A* li actour — 72 *S* Laisne e. la plus gencour, *P* Qui lautre tienent a g., *x* La menor t. a g. (*B* gent toz) — 73 *A* M. or ; *C* que pas ne ; *By* si que ni (*y* nen).

1075	Li reis manda por ses chasez,	(1581)
	Por ses druz et por ses privez ;	
	Ses barons fait li reis mander	
	Et ses homes toz aüner.	
	Quant il les ot toz assemblez,	
1080	Grant fu la corz et li barnez :	(1582)
	Assez i ot dus et contors	
	Et demeines et vavassors.	
	Par lor los done as chevaliers	
	Li reis ses filles a moilliers ;	
1085	A grant honor ses filles done,	
	La vile en bruit tote et resone ;	(1588)
	Et jogleor mout s'en esjoent :	
	Tant i chantent que tuit esroent.	
	Polinicès receü a	
1090	Cele que a non Argia ;	
	Tot ensement sont assemblé	
	Tydeüs et Deïphilé.	
	Pleniérement dura la corz	(1593)
	Que tint li reis par quinze jorz,	
1095	Et les nueces tot ensement,	(1595)

1074 *x* Nest pas de r. ; *A* Nen ert lautre de r. ; *P* Lautre ne tienent a m. — 75 *x* mande ; *A* a mande s. ; *S* cheses — 76-9 *m. à y (confusion de rimes semblables)* — 78 *S* assembler — 79 *S* Q. il furent touz a. — 80 *P* Li cors fu g. ; *Sx* cort — 82 *S* vauasours — 83 *S* Por l. l. li reis as moilliers — 84 *y* Ansdeus s. f. ; *S* S. f. done as cheualers — 86 *P* Li terre embrait — 87-8 *m. à x* ; *y* dével. en 4 v. : La veissies (*P* oissies) maint estrument Rotes vieles plus de cent Li iougleor au departir Furent liue (*sic*, *P* loe) a lor plaisir — 87 *Ms.* esioient — 88 *Ms.* tout estoient — 89-92 *m. à y* — 89 *S* en receura ; *B* r. la — 90 *S* qad noun ; *x* qui a n. — 92 *S* deyphyle, *C* deyphile, *B* Deifile — 94 *S* Qe li r. t., *A* bien .xv. i. ; *xP* par .xij. i. — 95 *SxP* noces, *A* noeces.

Que ne pristrent definement :
Por ses gendres que vueut haitier
Et o ses homes aleier,
Les fait durer tant longement,
1100　A grant honor, mout hautement.　　　　(1600)

Message de Tydée. — Combat des Cinquante.

La fame en va par les contrées
Que les pucèles sont donées ;
A Thèbes en vint la novèle,
Auquanz i ot cui ne fu bèle,
1105　Que Polinicès a pris femne :　　　　(1605)
Apruef voudra aveir son regne.
Ethioclès n'en fu giens liez,
Onc de rien ne fu tant iriez ;　　　　(1608)
Mout par hét icel mariage,
1110　Car il i entent son damage.
Son frére sét d'amis si fort,　　　　(1609)
Que ne li porra faire tort,
S'il le li fait, qu'il ne s'en venge

1096 *x* Quel ne prannent, *y* Cainc ne prisent — 1097-1100 *m.* à *S* — 97 *P* hauchier — 98 *x* alier; *A* Et les barons tous a., *P* Et ses b. vaut raloier — 1100 *B* A g. ioie, *y* Et demener; *A* si h., *P* grant baudement — 1 *B* Li nons, *C* Le non, *P* Li rois — 3 *A* en va — 4 *P* Auquant loirent c. fu b.; *S* Al quanz; *x* y a; *S* qi nest pas b. — 6 *S* Aproef, *xy* Apres; *P* tenir; *xP* le r. — 7 *B* nen est; *xy* pas l. — 8 *P* Ainc ne fu de r., *A* Onques mais n. f.; *y* si i. — 9-10 *m.* à *y* — 9 *x* icest — 10 i *m.* à *S* — 11 *P* S. f. crient; *x* si fort (*B* fors) — 12 *xA* Quil; *P* Ne li p. f. nul t.; *B* tors — 13 *B* Se il li, *A* Et sil le, *P* Et sil nel.

Et sa terre ne li bestenge.
1115 Il a mandé toz ses privez,
En son vergier les a jostez ;
Conseil demande de cel plait (1615)
Que sis frére a contre lui fait,
Car il sét bien qu'encontre sei
1120 Sis frére a pris la fille al rei,
Et par la force a ceus de la
Cuide raveir l'onor de ça ; (1620)
Mais il n'est fins de la li rendre,
Car il sei laireit ainceis pendre,
1125 Ainz se pendreit que la guerpist,
Ne que son frére i acoillist. (1624)
Cil li dient : « Or t'esvertue (1627)
« Et contre ço requier aiue ;
« Acorde o tei tes enemis
1130 « Et quier socors a tes amis. (1630)
« Ceste vile fai esforcier,
« Les tors et les murs redrecier ;
« Car nen a tor en ta cité
« Que ne chiée d'antiquité. (1634)
1135 « Esguarde bien sor tote rien (1637)

1114 *P* Et le, *A* Que sa; *x* blastenge, *y* calenge — 16 *S* En son v. sen est entrez; *y* les a menes — 17 *S* dycest p. — 19 *S* siet — 20 *P* fille a r. — 21 *x* Car p. — 22 *x* Auoir cuide — 23 *S* Qar il nest fin; *x* Mes neanz est de lannor r.; *y* M. il nen iert ja fins del r. — 24 *S* soi, *C* sen, *B* se; *S* laissereit ainz p.; *A* Ains se l. as fourkes p. — 25 *S* sen; *x* qui la; *A* kil le; *P* kel gerpesist — 26 *A* Et ke; *P* Ne q. il riens aquesist; *B* aqueusist; *y* aj. 2 v. — 27 *A* Se li; *P* Il d. tout; *x* d. dont — 28 *x* De toutes parz, *P* Et vistement, *A* Et endreit toi — 29 *y* a t. — 30 *S* socour; *P* Et quiers secors, *A* Requier aieue, *x* Et pren conseil — 31 *S* efforcier, *x* enforcier, *P* enforchier — 33 *xy* il na t. — 34 *S* Qi, *xy* Qui; *y* aj. 2 v. — 35 *x* Et gardes (*B* garda) b., *y* Et si garde.

« Que tuit ti home t'aiment bien ;
« Aime le grant et le menor,
« Car par içon tendras t'onor. (1640
« En ta terre justise meine,
1140 « De dreiture tenir te peine,
« Et ne laissier pas le plus fort
« Le plus fiéble mener a tort.
« Larges seies a tote gent, (1645)
« N'amasser ja or ne argent ;
1145 « As chevaliers depart ton or,
« Car soz ciel n'a meillor tensor ; (1648)
« Et quant tu n'avras que doner, (1651)
« Si va o eus rire et gaber ;
« Pramet lor quant que tu avras
1150 « Et done lor quant que tu as :
« S'issi nel fais, tu as perdu (1655)
« Et nos te verron confondu. »
Li reis respont : « Issi ferai,
« Ja cest conseil ne guerpirai. »
1155 Mout fu li reis sages et proz :

1136 *x* Qua touz tes hommes soies b., *y* Que a tes h. faces b. — 37 *CP* Aimes ; *P* les grans et les menors — 38 *x* Que p. ; *S* p. eus tiendras tu h. ; *A* Donques poras tenir tonor, *P* Car p. icou croistra tonors — 39 *y* iustice ; *ce v., qui termine la page dans P, est répété en tête de la page suivante* — 41 *xA* Et ne lesse, *P* Que ne laissies — 42 *xA* foible, *P* feule — 43 *S* seiez ; — 44 *S* Namassez ; *P* pas or — 45 *x* A tes hommes ; *xA* donne, *P* depars ; *B* tonnour — 46 *A* Ja ne feras ; *S* si gent t. ; *B* tresour, *Cy* tresor ; *y aj. 2 v.* — 47-8 *sont placés dans S après* 49-50 — 47 *A* Et q. naras plus q. d. — 48 *xP* Si vas. — 49-50 *intervertis dans S* — 49 *S* Et p. ; *C* Promet ce que lores nauras, *BA* P. lors (*A* lor) ce que tu nen as, *P* Et promes lor quant tu ne las — 50 *xy* q. tu lauras — 51 *C* ne ; *y* tot as — 52 *S* ten ; *A* Si te v. vif c., *P* Ensi te verras soustenu — 53 *x* Li r. dist ainsi le f. ; *y* si le f. — 55 *P* Li r. fu et larges et p.

Ses veisins acordé o sei toz ; (1660)
Il nen a si povre veisin
Cui il ne prét de faire fin ;
Vers toz prent trives et fiance,
1160 Encontre son frére aliance.
Maisniée ot, onc ne vi meillor (1665)
A rei ne a empereor :
Tuit sont noble home de parage,
Mil en veïssiez d'un linage,
1165 Que de bachelers, que d'enfanz,
Toz li plus vieuz nen ot trente anz. (1670)
Chascuns coveite por s'amie
Los de faire chevalerie.
Maudient trives que tant durent,
1170 Et dient tuit que mare furent,
Quant por dormir et por mangier (1675)
Sont josté tant bon chevalier.
Li plusor s'en vuelent aler,
Car mal lor est tant sojorner.
1175 Ceus qui s'en vont, Ethioclès
A esporons les siut après ; (1680)

1156 *x* a s. ; *y* A. a s. ses v. (*P* cousins) tos — 57 *A* na mais, *x* na nul — 58 *S* Qe, *C* Que ; *y* Quil ne li p. ; *S* prie, *B* prist, *Cy* prit — 59 *S* O touz ; *A* a pris triue ; *x* fiances — 60 *x* Et contre s. f. aliances, *P C*. s. f. discordance — 61 *P* M. a ; *S* ot grant ne ; *y* ainc ; *C* nus ne vit — 62 *A* Ne a r. na e. — 63 *P* de linage — 64 *SA* aage ; *P* M. en i ot tout dun paraige — 65 *S* De proz bachilers et ; *y* De iouenes homes des e. — 66 *A* p. vils ; *C* not que, *By* not pas — 67 *A* desire, *P* desiroit — 68 *x* Pris de, *A* Lieu de ; *P A* f. grant c. — 69 *P* M. chiaus ki tant endurent — 70 *S* d. de els qe ; *CA* mar i f., *B* mar refurent ; *P* Et dont si d. ke mar f. — 72 *P S*. ensanle maint c. — 73 *y* raler — 74 *C* Qanuiz l. e. ; *y* l. fait ; *x* de tant ester, *A* a s. — 75 *P* detiocles, *B* othiocles — 76 *y* esperon ; *S* seut, *By* sieut.

Que par amor, que par preiére,
En la cité les torne arriére,
Jo qu'en direie ? Tant les tint
1180 Que li termes son frére vint.
Quant vint al terme, uit jorz ainceis, (1685)
Sa cort a fait joster li reis,
Et priveement se conseille
De traïson et de merveille;
1185 Se sis frére vers lui repaire,
Grant traïson porparle a faire : (1690)
O a emblé o a veüe, (1693)
Ocirra lui, s'il a aiüe.

Li frans hon ert en autre terre,
1190 Ne saveit mot de ceste guerre ; (1696)
Ne se gardot pas del felon, (1699)
Qui porparlot la traïson.
Quant a son terme se fu pris,
Si vout aler en son païs ;
1195 Mout vout a Thèbes retorner
Por son covenant demander. (1704)

1177 S prier — 78 *x* les maine ; S Les fait touz retorner arier — 79 P Quen diroie el — 80 C le terme — 81 A Li termes v.; S un ior ainces ; C*y* ancois, B aincois — 82 P ot f. — 85 A Que ses ; C Se son frere ; *xy* a lui ; *y* reperre — 86 *xy* Et le (P Qui son) regne veulle (A vaura) a soi (B lui) traire (*y* requerre) ; *y* aj. 2 v. — 87-8 m. à P — 87 A Ou en e. — 88 S O. li ; *x* si comme (B siet, *sigle sur l'*e) il iure ; A Ne laissera que il nel tue — 89 CP lautre t., A ceste t. — 90 S dicele — 91 *y* P. ne se garde — 92 *x* Qui pourpense, A Qua porparle ; P Quil aparaut se t. — 93-4 m. à S — 93 A Puisque a s. t., P A s. t. p. ke ; *y* sest pris — 94 B vot, C volt ; P Aler en vuelt ; A Si veut torner — 95 B Il veult ; CS volt, *y* veut, P A t. sen vuelt — 96 S Et s. ; *y (après 1196) et x (après 1198) ajoutent 36 v., dont 4 m. à x, 2 à P et 2 à A (V. App.* II *et* III*).*

	Son frére de rien ne mescreit,	(1697)
	Aler en vueut querre son dreit :	(1698)
	Congié en demande le rei,	(1741)
1200	Et il en a doné l'otrei.	
	De mautalent et de pute ire	
	Tydeüs s'encomence a rire :	
	« Par Deu, » fait il, « se tu i vais,	(1745)
	« Tu n'en retorneras ja mais :	
1205	« Tis frére est fel, si t'ocirra,	
	« Por le regne qu'aveir voudra.	
	« Mais tu remaign et jo irai,	
	« Ton message bien li dirai,	(1750)
	« Car, ço m'est vis, par ton message	
1210	« Deis primes saveir son corage	
	« Que t'i embates senz conduit :	
	« Car, jo l'oi dire et bien le cuit,	
	« Ainceis en sofferra grant guerre	
	« Que il te laist issi la terre. »	(1756)
1215	Polinicès le li otreie,	
	Et Tydeüs se met en veie ;	

1197-8 *sont placés dans* y *après* 1190 — 97 x De r. s. f. — 98 S A. v. q.; P A. li v., A A. i v. — 99 x Pollinices en veut du roi; *après ce v.*, x *en donne deux autres, qui sont placés dans* y *4 vers plus haut* (v. App. II *et* III) — 1200 x Toutes voies a voir lotroi; y Li rois li dist pas ne (P et iou) lotroi — 1-2 *intervertis dans* A — 1 A grant i., C put i. — 2 C Thedeus, B Thideus, A P T.; B encomence — 3 A Certes f.; x la ves, P la vas — 4 y Jamais vis (P tu) nen repaieras — 5 B Tes freres est si, C Ton f. est si — 6 S Enz pur lauerir; P Car tout le r. a. v. — 7 C M. ci; B remaignes, C remaing, y remains — 8 xy Et (P Car) ton m.; y b. ferai, B b. conterai (v. faux), C fournirai — 9 P C. auis mest — 10 A premiers; P D. s. ancois s. c. — 11 x tu tembates — 12 A Oi lai d.; x C. ie li dirai b. ce c. — 13 P soufferras; x Que tu li feras ainz g. g. — 14 S Qil te, A Que il vous; x Que li laisses em pes la t. — 15-6 m. *à* xy; y aj. 10 v. —

ROMAN DE THÈBES

	Polinicès a tant remést,	(1767)
	Et Tydeüs de la chambre ést.	(1768)
	Par les degrez descent a val,	(1771)
1220	La sèle mist en son cheval ;	
	Ses armes prent, monte el destrier,	
	A Deu comande sa moillier.	(1774)
	Apareilliez est et armez	
	Et el chemin s'en est entrez ;	
1225	Il tint sa veie chevauchant,	
	Deiphilé remést plorant.	(1775)
	Cele guaimente, crie et brait	(1777)
	Por son seignor qui la en vait ;	
	Mais Tydeüs d'ico n'ot cure,	
1230	De la cité ést l'ambleüre.	
	Or li aït Deus et sis dreiz,	
	Sis vasselages et sa feiz,	
	Car, se onc puet Ethioclès,	
	Nel verra mais Polinicès.	(1784)
1235	Tant chevaucha et jor et nuét,	(1791)
	A fain, a sei et a dur lét,	

1217 S remeist, B remist, y remaint ; C de la chambre ist — 18 S eist, B ist ; C ne satargist ; y pas ne se faint, *puis ces 2 v.* : Que il ne face son message Volentiers et de (P par) bon corage — 20 C met, y est mise ; B Et met la s. — 23-4 *m. à* y — 24 x En son c. — 25-6 *intervertis dans* x — 25 x Et il sen torne c. ; *ce v. m. à* y, *qui met le premier le v.* 1226 *et aj. celui-ci* : Ses puins detort et fait doel grant (1776 *de* A) — 26 S Deifyle, x Deyphile, y Deifile ; P remaint — 27 x Sa fame pleure, A Ml't se demente, P. El se mente ; S C. plore g. et b. — 28 y sen v. — 29 S dice, x de ce, y de chou — 30 S einst, xy ist — 31 C aist ; A sa fois, P li rois — 32 S vassalages ; C Son vasselage ; A et li drois — 33 A se or p., xP ia se p. — 34 P Ne v. ; y *place ici les v.* 1241-6 *et* Sx *les v.* 1239-40 — 35 S neit, x nuit ; y et nuis et dis — 36 S faime ; S seif, xy soif ; S leit, x lit ; y a (P as) durs lis.

                Que ainz que passast la semaine,
                Vint a Thèbes a qualque peine.   (1794)
                Quant Tydeüs ot tant alé
1240   Que il fu près de la cité,
                D'un olivier, que il trova,   (1785)
                Un ramel o sei en porta :
                Por ço porte rain d'olivier,
                Que paiz li deit senefiier
1245   A aler le regne saisir
                Et a le message fornir.   (1790)
                Entrez en est en la cité   (1807)
                Et le palaiz a demandé ;
                Il chevauche par mé la rue,
1250   Chevaliers trueve, ses salue :   (1810)
                « Seignor, » fait il, « enseigniez mei
                « Ou jo porrai trover le rei. »
                Uns des chevaliers li respont :
                « En cel palaiz la sus amont.
1255   « A un parlement vueut aler,
                « Mais encor siet a son disner :
                « Se vos volez a lui parler,
                « N'avez mais hué que demorer :

1237 *x* Qainz ; *xP* que trespassast ; *A* Ancois que p. — 38 *xA* At. v. ; *P* a ml't grant p. ; *y* aj. 12 v. — 39-40 m. à *y* et sont placés dans S*x* avant -35 — 39 *x* T. est (*B* a) ia t. — 40 *S* qil ; *x* Quil est ia p. — 41-46 *sont placés dans y après -34* — 41 *S* qil — 42 *y* J. ramicel ; *A* emporte a, *P* empechoia ; *S* en sa main p. ; *x* Prist .i. raim o soi lemporta — 43 *S* porta — 45 *x* Por a., *P* Et daler — 46 *x* Et pour son m. ; *y* Et le m. parfurnir — 47 *C* s en est ; *y* Sans contredit i est (*P* est ens) e. — 48 *y* Com chevaliers asseures — 49 *S* parmie, *x* parmi ; *y* Et va cevauchant par la r. — 50 *C* sel — 51 *x* Seingnors ; *xA* dist il — 53 *y* Uns dels r. en sa maison — 54 *SC* ce ; *y* Le trouueres bien le sauon — 55 *y* doit a. — 57 *S* voilez oue ; *x* a lui voulez ; *y* p. a lui — 58 *S* mais ke ; *A* ke d. m. hui, *P* ke d. iou quit.

« Cort i a grant de chevaliers. »
1260 La vint tot dreit li messagiers : (1820)
Chevauchant vait isnèlement,
Et contint sei seürement.
A la porte vint Tydeüs,
Par les degrez en poia sus;
1265 L'auberc vestu, l'espee ceinte,
Entre en la sale, que fu peinte. (1826)

Tydeüs fu proz et corteis : (1845)
A cheval vint devant le deis,
Le rei salue et son barnage,
1270 Et en après dist son message. (1849)
Devant le rei s'est arestez, (1850)
Et dist en haut : « Or m'escotez. »
Li reis se tot et cil parla, (1851)
Onc por poor rien n'i laissa;
1275 Onc ne laissa por coardie
Que son message tot ne die.
« Reis, » fait il, « jo tei sué messages : (1855)
« Bien est quel die et que tul saches

1259 *x* y ot — 60 *x* vet tot droit — 61 *P* C. va, *A* Va c.; *y* ml't fierement — 62 *B* Et contient soi, *C* Et se contient ; *A* Si se, *P* Et-se — 64 *C* Par la porte, *y* Tout a ceval; *x* s'en monte sus, *A* en monta s., *P* m. la s. — 66 *P* Monte ens; *S* sa s.; *yx* qui; *y* aj. 18 v. — 68 *y* c. et prous. — 69 *S* la d.; ce v. est développé dans *y* en 3 v. : Les chevaliers passa trestous (*P* empesa tous) Et vint tot droit deuant le roi Par le palais sont mu tot c. (*P* sisent ml't c.) — 70 *y* Et apres dist (v. f.); *x* Puis li reconte s. — 71-2 m. à *y* — 72 *x* or e. — 73 *C* test, *BS* tut, *y* teut — 74 *x* Rien p., *y* Ainc p.; *xP* ne li cela — 75 *y* Ainc nel (*P* ne); *B* par — 76 *y* bien ne, *C* tost ne — 77 *P* R. dist il; *A* R. escoutes ie sui; *CP* ie te sui; *B* ie s. messagiers — 78 *y* Drois est que (*P* kel); *x* B. e. droiture que; *S* tu le s., *x* tu s., *A* le sages, *P* le saices.

ROMAN DE THÈBES

« Por quei sué ça tramis a tei ;
1280 « Jol te dirai, entent a mei.
« Pués que mesavint de ton pére, (1860)
« Tu feïs concorde o ton frére
« Que tenissez l'onor par anz,
« Et de ço a plusors garanz.
1285 « Or m'enveie tis frére a tei,
« Et si te mande iço par mei (1865)
« Que guerpisses ceste cité
« Et li renges la reiauté.
« Tu as eü un an l'onor ; (1868)
1290 « Ore te semont par amor
« Que li tienges la covenance,
« Si com tu l'en feïs fiance :
« Uns anz assez tost passera,
« Li regnes a tei revendra.
1295 « Prée tei que li lais sa terre, (1869)
« Et si reva aillors conquerre. (1870)
« Juras le lui, trés bien le sés : (1871)
« Parjurez iés, se tu nen és.
« Por estre un an desiretez,
1300 « Ne deis mentir tes leiautez ; (1872)

1279 P P⁹ ke; xy ie sui — 80 B Je te, P Jou-te; y enten. —
81 C quil; y P. ke te m. (v. f.); x a ton — 82 x. acorde; y
C. fesis; xy a t. f. — 83 x tenissiez, y tenisses — 84 P. H a
de cou, S De ce ad il — 85 x ton frere — 86 x. de par, A
bien p. — 88 S rendes; A sa r.; x Et si len rendes r. — 89 x
ton an — 90 y Or te semonç ie p.; x Or si te mande — 91-4
m. à y — 91 S Que tu li t. les couenances; x sa c. — 92 S Si
come tu len fis fiances — 93 x A. t. .j. an (B uns ans) — 94
x Puis a lautre an te r. — 95 B Pri t. q. li laissiez — 96 x
Si ten r. — 97 y Tu li i.; S le li — 98-9 m. à A — 98 P Se
tu li mens ties pariures, x Sor tes ydres et sor tes dez; après
ce v., x en ajoute 2 : Cest couuenant (B conuenant) tu li iu-
ras Se tu nel tiens pariur seras — 99 SP desirete; x P. per-
dre .i. an terite — 1300 S ta lealte, xP ta (P te) loiaute.

« Et se tu bien l'en vueus mentir,
« Cist baron nel porront sofrir
« Que tant prodome por sol tei (1875)
« Chascuns d'eus li mente sa fei ;
1305 « Car tu n'as home de parage
« Que tis frere n'ait en ostage ;
« Et est assez plus avenant
« Que li tienges son covenant
« Et que t'adreces envers lui,
1310 « Plus por ta fei que por l'autrui. » (1882)

Ethioclès pas ne s'argue, (1887)
Et neporuec sa color müe ;
Iriez fu il en son corage,
Mais en paiz respont al message : (1890)
1315 « Se mis frere mande par vos
« Riches hons est, j'en sué joios :
« Onc a nul jor ne porent estre
« De sa richece si ancestre.
« Se li laissoe cest païs, (1895)
1320 « Il n'i serreit ja estais ;

1301 *B* li v., *C* la v., *y* le v. — 2 *A* nel doivent ; *x* N. voudront pas cil (*B* cist) consentir — 3 *x* Nauendroit pas que p. ; *A* Ml't seroit lait que seul p. t. — 4 *xA* Tant baron (*C* barons) mentissent lor f. ; *P* En voellent ia mentir lor f. — 6 *B* Cui tes ; *x* freres — 7 *A* Et asses est ; *x* Mes ml't par est p. a. ; *P* Et est certes ml't a. — 8 *P* Quil li tiegnent ; *x* tiegnes, *A* tiegnes — 9 *x* tu tadresces vers l. ; *P* Et que tant faites e. l. — 10 *A* Ains p. t. f. que p. autrui, *P* Ke aies pais ensanle andui ; *y aj. 4 v.* — 11 *A* point ne, *P* nient ne — 12 *A* Mais ne pour euc ; *P* Et non pourquant c. en m. — 13 *A* Il fu i., *x* I. fu ml't — 14 *P* .I. petit r. — 15 *Sx* Mon f. fait il mande (*x* mant f. il) par vous — 16 *A* Que rices e. — 17 *x* La merci dieu ; *y* Ainc diu merci ; *x* onc si ancestre, *A* li siens a. ; *P* li nostre a. — 18 *xy* ne pot estre — 19-20 *m. à P.* — 19 *x* li lessoie. — 20 *x* pas e.

« Car il a la tanz granz afaires
« Que d'iceus ne li serreit guaires.
« Dire li poez une rien :
« Laist mei ester, si fera bien.   (1900)
1325 « Bel li porreit estre al seignor,
« Se ci guarisseie a honor ;
« Car, se n'aveie honor de ça,
« Jo m'en ireie a lui de la.
« Mis frére est, li laiz serreit granz   (1905)
1330 « Que fusse povre et il mananz.
« La se repost a grant delét,
« O sa femne gése en son lét,
« Et jo deça me contendrai
« A poverté, si com porrai.   (1910)
1335 « Come amenreit si riche femne
« Come est la soe en icest regne?
« En son païs a grant plenté,
« Ici avreit grant poverté :
« Sa richece reproverreit   (1915)
1340 « Et tote jor nos maudireit ;
« Elle tencereit o mon pére,
« O mes serors et o ma mére.
« Granz torz serreit que sa moillier

1321 *A* C. illuec a si g. — 22 *y* Que de cest, *x* De cestui — 23 *x* Mes par vous li mant u. r.— 25 *S* Beal; *A* Ml't p. b. e., *P* M. b. p. e., *x* Estre li puet b.; *S* a s. — 26 *y* Se g. par h., *x* Se ie puis ci (*B* ca) viure a anor — 27 *x* se ie nauoie h. ca — 28 *P* Siroie iou; *SC* lui la — 29 *P* Mes freres est lait s. grant; *C* est il l.; *A* la l. — 30 *A* p. fuisse; *P* Se iere poures et il auant; *S* et il fusse m. — 31 *A* La soit en pais; *Sxy* delit — 32 *S* dorme, *B* gist, *Cy* gise; *P* Si gise od se f.; *Sxy* lit — 33 *P* me deduirai — 35 *C* Quen ameroit, *y* Comment manroit; *A* én icest regne — 36 *B* Quest; *S* sue, *x* seue, *y* soie; *C* en ce r.; *A* Com la s. est si riche feme — 37 *P* palais — 39 *P* regreteroit, *x* reprocheroit — 40 *y* Et cascun i., *S* Et tot i. — 41 *xy* a m. p. — 42 *xy* A m. s. et a — 43 *S* Grant tort, *x* Honte, *y* Grans lais; *P* se sa; *xP* moulliers.

	« Nos demenast ici dangier. »	(1920)
1345	Tydeüs dist : « Or oi enjan ;	
	« Mais, par ma fei, ço n'iert oan	
	« Que il vos laist issi la terre,	
	« Ainceis vos en movra grant guerre ;	
	« Ço sachiez bien que assez tost	(1925)
1350	« Sor vos verreiz venir grant host.	
	« Vos ueuz veiant prendron les preies,	
	« Et o engenz et o cercleies	
	« Nos acosteron si as murs	
	« Ja ne serreiz dedenz seürs.	(1930)
1355	« Por veir vos di, mout me merveil	(1937)
	« Que ne prenez autre conseil.	
	« Dont esperez aveir aiue ?	
	« Quant vostre terre iert confondue	(1940)
	« Et maint baron en serront mort,	
1360	« Li adrecereiz vos cest tort ;	
	« Pués que vendra al grant destreit,	
	« Vos li rendreiz, ço sai, son dreit ;	

1344 *A* demenroit; *x* N. menast ici ses dangiers, *P* N. laidengoit por ses d. — 45 *S* T. entendit lenian ; *xy* engan — 47 *B* lait; *A* ensi v. l.; *xA* sa t. — 48 *P* A. esmouera; *x* en fera — 50 *S* Si ore vous verreis; *xA* Verrez venir sus (*B* seur, *y* sour) vous, *P* V. s. vous venir — 51 *S* oilz; *Cy* V. vos eulz (*y* ex); *S* prendreion, *xy* prendront; *B* vos p. — 52 *P* as e. et as; *S* charcleis, *x* charcloies, *y* carcloies — 53 *S* al mur; *P* N. acosteromes as murs; *A* A. n. a ces m. — 54 *x* Ja nen iert nus, *P* Ne seras pas; *S* seür; *A* Que ia ni esteres segurs ; *y* aj. 6 v. — 56 *x* nemprenez; *S* preignez, *y* prendes; *A* millor c. — 57 *S* espeirez, *P* aesmes, *x* cuidiez vos — 58 *P* est c., *SBA* ert c. — 59 *y* Et li b., *x* Et tant b.; *C* barons ; *y* en ierent — 60 *x* A tart reconnoistras ton t., *y* Del adrecier iert puis molt fort — 61 *y* quil — 62 *S* rendreiez, *x* rendrez, *y* rendres; *xP* Li r. vos (*B* rendras tu) trestout s. d.; *A* sachies s. d.

« Vos li rendreiz tote sa part, (1945)
« Mais donques le fereiz a tart.
1365 « Mieuz vient que ore senz damage
« Ait li vassaus son hiretage. » (1948)
Li reis li dist : « Mout iés leideiz, (1957)
« De bien parler iés assez deiz ;
« Tes paroles sés bien assire,
1370 « Mais, por rien que me saches dire, (1960)
« Ne voudrai jo m'onor guerpir,
« Tant com la puésse jor tenir ;
« Ne la guerpirai por menace
« Que reis ne dus ne cuens me face. » (1964)
1375 Et Tydeüs respont al rei : (1975)
« Or te somoign jo de ta fei,
« Car li termes est trespassez
« Qu'il deüst estre coronez ;
« Vers lui te meines malement :
1380 « A tort est reis qui sa fei ment. (1980)
« Se ne t'en vas, mal t'en vendra,
« Ja nule rien ne t'en guarra,
« Qu'anceis que seit cist anz passez,

1363 *S* rendreiez, *P* donres ; *A* sacies sa p. — 64 *S* fer‑
reiz ; *y* M. dont le feres (*P* li donres) vous, *x* M. ce sachiez
lores ; *A* trop t. — 65 *y* Miex que ore s. d. ; *x* Miex seroit or
que — 66 *B* tes freres, *C* ton frere ; *y* aj. 8 v. — 67 *S* leduiz,
CA loiduiz, *B* loduiz, *P* lieuwis (*Cf. 3846*) — 68 *Sx* duiz, *y*
duis — 69 *S* Tels ; *x* b. conduire ; *y* Et ml't par ies (*P* M.
p. i. or) courtois messages — 70 *B* riens ; *S* sachez ; *x* M. ia
p. r. q. s. ; *y* M. par nul droit que d. saces — 71 *S* Je ne v.
monor partir. — 72 *S* le — 73 *S* partirai — 74 *S* countz ; *y*
aj. 10 v. — 75 *x* T. respondi, *y* Dont a t. dit — 76 *x* Dont
te ; *S* semonge, *x* semon ie — 78 *S* Qe il dust, *y* Que il
doit — 79 *y* te conduis — 80 *après ce vers*, *S* en aj. 4 — 81 *y*
Se ne li rens ; *C* ten ves ; *BP* maus, *A* mals ; *P* verra, *S* vien‑
dra ; *A* tauenra — 82 *A* te g. ; *S* aj. 6 v. — 83 *S* Qe ainces,
A Ancois ; *P* Ains ke li a. s. trespasses ; *x* que c. a. s. p.

« Te monsterron cent mile armez.
1385 « Se li mur de ceste cité (1985)
« Erent de fer o aceré,
« N'en remaindreit uns en estant,
« Se ne li renz son covenant. »

Ethioclès a escoté
1390 Com li messages a parlé; (1990)
Recoilli le en mautalent
Et respondié mout fiérement :
« Trop sés estoutement parler,
« Homes laidir et aviler :
1395 « Qui de tei fist son messagier (1995)
« Ne voleit rien ça espleitier.
« Or li diras de meie part
« Ço que il a trés bien le guart,
« Car ne vueil mais d'ore en avant
1400 « Que il m'apeaut de covenant; (2000)
« Et sache bien, de quant que j'ai,
« Que ja plein pié ne l'en lairai :
« Mais or verrai qui m'assaudra
« Et qui mes murs peceiera. »

1384 *y* mousterra ; *S* mil ; *x* Tamenrons. v. c. m. — 85 *x* murs ; *P* Se tout li m. de te c. — 85 *C* Ierent ; *P* ou autretel — 87 *x* remeindra, *S* remendreit, *y* remanroit ; *P*. i. an — 88 *C* li tiens, *A* li fais ; *P* Se tu ne f. — 89 *A* a demande — 91 *x* Touz en est plainz, *A* Vermels deuint, *P* D. v. ; *xy* de m. — 92 *A* Si r. ; *x* Si li respont — 93 *S* seis 94 *S* Et mei l., *x* Houme l. ; *A* Avillier h. et blasmer, *P* A. lome et bien b. — 95-6 *intervertis dans x* — 96 *x* ca r. ; *A* Il ne v. riens e. — 97 *A* Tu li, *P* Ce li ; *x* Or li di dont (*B* donques) — 98 *x* Que ce quil a ; *A* Chou quil a la que b. ; *S* qe t. b. g. — 99 *C* Ie nen, *B* Ie ne, *A* Et ne, *P* Ne ne — 1401 *A* quanques = 2 *S* p. gant ; *y* ne li ; *A* donrai — 3-4 *m*. à *P*. — 3 *A* Or. v. iou, *x* Or si verrons — 4 *x* Ne qui plus de nous i vaudra (*B* voudra).

1405	Tydeüs dist : « Mar le parlas :	(2005)
	« Vueilles o non, tu li rendras.	
	« Son covenant li as menti,	
	« De soe part ci te desfi.	
	« Fai faire paliz et fossoirs	
1410	« Et redrecier tes aleoirs :	
	« A tart serront mais reparé	
	« Li vieil mur de ceste cité. »	(2012)
	Tydeüs as barons se torne :	(2015)
	N'i a celui n'ait face morne,	
1415	Car il sévent bien que senz dote	
	La contree en guastera tote ;	
	Mais le rei n'osent contredire,	
	Por ce quel sévent de grant ire :	(2020)
	« Seignor, » fait il, « entendez mei :	
1420	« Oï avez de vostre rei,	
	« Que tot pleinement se parjure,	
	« Que ester ne vueut a dreiture.	(2024)
	« Polinicès somont par mei	(2035)

1405 *A* mal — 6 *S* tu le, *A* tot li — 7 *x* De c. — 8 *AC* De la s. p. te; *P* iou te; *SP* deffi — 9 *S* pales; *x* Or fai f. piex et; *C* fesoirs; *y* Or f. garnir ces hautes tors — 10 *B* redrece; *y* ces (*P* tes) aleours, *B* t. aloirs, *C* t. alouers — 11 *A* Car t., *P* Que t.; *S* repaire, *x* redrecie, *y* releue — 12 *S* veil; *A* Li murail; *P* Li vies mural de te c., *x* Li viez (*B* viex) palis (*B* paullis) fet ne fichie (*B* feciez); *y* aj. 2 v. — 13 *y* En apres se (*P* sen) t. as b. — 14 *B* ne f.; *SC* qui ne soit m.; *y* ne s. enbrons — 18 *B* Quar il le voient b.; *y* C. b. s. sans nule d. — 16 *x* c. gastera; *y* Quil gasteront (*P* Que gastera) la cite t. — 17 *B* lor, *C* li; *S* M. nen o. le r. desdire — 18 *S* qe li s.; *y* Car ml't (*P* trop) le s.; *S* aj. 2 v. — 19 *S* Seignors; *A* escoutes, *P* escoute — 21-2 *intervertis dans S* — 21 *B* Qui tant, *Cy* Qui tot; *S* plaignement — 22 *x* Ne pas ne v. estre, *y* Et estre ne v.; *P* en d.

« Ceus qui d'est plait li sont par fei
1425 « Que tost en Gréce a lui en viengent
« Et de la guerre o lui se tiengent :
« Qui guerpira terre ne fué,
« Rendra le lui, pleiges l'en sué; (2040)
« Et n'ait il ja creme d'aveir,
1430 « Car une rien poez saveir :
« Mout a argent et plus a or,
« Soz ciel nen a si gent tensor ;
« A sa maisniée le dorra,
« Ja autre guarde n'en fera. » (2046)
1435 Onc n'i ot si riche baron (2051)
Qui li deïst ne o ne non :
Tuit li baron sont en escot,
Li plus riches ne sone mot.
Quant il veit qu'il n'i fera al, (2055)
1440 Torne le chief de son cheval ; (2058)
Ne li reis ne l'a herbergié, (2059)
Ne cil ne prent a lui congié. (2060)

1424 S dist p., B del p., C tel p.; y Qui de cest p.; P a foi — 25 x Quen g. t. a lui; y Q. tout ; A se v.; x viengnent, y viegnent — 26 xP a lui; x tiengnent, y tiegnent — 27 x Q. g. t. por lui, y Q. fief ou t. (P et terres) gerpira — 28 S Rendrai ie lui plegge ; B R. li (v. f.), C R. la li; xy pleges ; x en sui; y P. en s. quil li rendra — 29 A Et si nait ia, P Et naies ia; xA crieme, P criesme. — 30 B riens ; x puisse s. — 31 x et ml't a — 32 C grant; y Dusques (P Iuskes) la na plus bel; xy tresor — 34 C sera; y aj. 4 v. — 35 y Ainc; x Onques ni ot un seul baron — 36 P Ki i; C ho, S oi — 37 C s. d'un acort; y Li (P Et li) plus rice lont (P ont) escoute — 38 C Le p. cointe, B Li p. cointes; y Onques ni ot .i mot sone — 39-40 y dével. en 4 v. : Q. ce voit (P il vit) quil ni puet rien faire Et ke nul bien nen pora traire Il ni (P ne) set mais rien que (P a eus) plaidier T. le c. de s. destrier — 39 S qil ne, C que ni — 42 P Ne il; y prist; S Et il sen torne sanz c. ; y aj. 2 v. et donne ensuite les v. 1449-52.

	Par la sale tuit en parolent	(2067)
	Et le message forment loent ;	(2068)
1445	L'uns a l'autre dit en requei :	
	« Bien parole cil, par ma fei :	
	« Por parler n'eüst rien perdu,	(2069)
	« Qui l'en eüst dreit consentu. »	(2070)
	Li messages en vait poignant	(2063)
1450	Et son espié vait brandissant :	
	Ço est signes de guerreier	
	Et del païs tot eissillier.	(2066)
	Li reis i fist traïson grant,	
	Mais onc n'en ala en avant.	
1455	Il s'en est levez de la table,	(2071)
	Si apèle son conestable,	
	Et de ses privez ensement	
	Fait apeler celeement ;	(2074)
	Si lor dist : « N'os tien mes amis,	
1460	« Se li messages s'en vait vis. »	
	Pramis lor a or et argent,	
	Muls et chevaus a lor talent.	
	Cil s'en vont viaz as hostaus,	(2087)
	Sèles font metre en lor chevaus :	(2088)

1443-4 et -47-8 sont placés dans y après -52 (-45-6 manquent) — 43 B parloient; A Par le palais t. en parlerent — 44 B Le m. f. looient, A Et le m. ml't loerent — 45-6 m. à xy — 47 S nad il r.; P P. bien p. not r. p. — 48 x li; P d. li e. c. — 49 C Le message; Sx sen; y Vers Gresse sen reua p. — 50 A espiel; P bien b. — 51 x Ce; C signe — 53 x fet — 54 x M. ia nen ira — 55 y Li rois se lieue de — 56 S Apeler fist, By Si (y Et) apela — 57 y s. barons — 58 S Ffist; — y priueement; S aj. 2 v. — 59-62 y dével. en 12 v. — 59 S niestes mis, x nestes mes. — 61 x Promis — 62 x Et conroiz tout a; S aj. 2 v. — 63 S vials; x sen tornent; y Courant sen v.; xy a lor o. — 64 P F. s. m., x S. metent, A M: s.; x a lor; P sor c.

1465 Cinquante furent chevalier,
      Qui sivirent le messagier;
      Eslét en sont li plus legier
      Et li plus fort et li plus fier.
      Tot bèlement et a celé
1470 S'en éssent fors de la cité
      Par une soutive posterne,
      Que fu d'a val devers gualerne,
      Les escuz as cous senglement,   (2095)
      Por chevauchier legiérement.
1475 Cinquante furent compaignon,
      N'i ot escuier ne garçon :   (2098)
      Chascuns des cinquante par sei   (2101)
      De hardement valeit un rei.
      Il s'adrecent par autre veie,
1480 Et Tydeüs mout poi espleie :   (2104)
      Son cheval crent por l'ahanage,   (2107)
      Li lor sont frès et de grant rage.   (2108)
      A tart avra aiuement,
      Se sa proece nel defent :

1465-70 *y réduit à 4 v.* : Et a .l. ceualiers Des millours et des plus prisies *(P* De le cite des plus legiers) Quil ont *(P* ot) semons priueement Fors *(P* Hors) sen issent celeement — 66 *x* Qui *(B* Et) vont apres — 67 *S*. Esseiz sen; *B* eslit, *C* ellit — 70 *S.* eissent, *x* issent; *B* hors — 71 *SA* soltiue, *P* anchijene; *C* poterne — 72 *S* Qi, *xy* Qui; *Cy* aual; *S* vers; *P* Ki a. fu d. salerne — 73 *P* solement — 75 *P* f. cheuallier *(cf. A 2100)*. — 76 *S* garcion; *P* g. ni escuier *(cf. A 2099)*; *A* aj. 2 v. : Ni ot geudon ni esquiier Ains furent tot bon cheualier *(2099-2100)* — 77-8 *P C.* quidoit ml't bien de soi Valoir ml't miex du cors dun roi — 78 *CS* Par h.; *A* valut — 79 *y* ceuaucent — 80 *x* Mes t. gueres nesploie; *S* espleitie ; *y* Que t. nul daus ne voie, *puis 2 v. spéciaux* — 81 *S* la hanage, *C* lahenage, *y* le voiage — 82 *C* Si l. s., *P* Cil les ont; *S* freis, *C* fier; *S*. aj. 2 v. — 83-6 m. à *y* — 83 *x* aidement — 84 *x* desfent.

1485 Mout li sont or loign si ami
Et trop prochien si enemi.
Li traïtor quil vont sivant (2109)
A l'encontre li vont davant ;
El chief del bos sont embuschié
1490 Et sor lor hanstes apoié.
La li sont alé a l'encontre
Ou Spins soleit estre li monstre,
Qui les homes por deviner (2115)
Soleit ocirre et afoler :
1495 Ço fu uns pas que mout fu griés,
Maint home i ont perdu les chiés.
Par son la nuét, en un sentier,
S'embuschiérent li chevalier. (2120)
Vueille o ne vueille Tydeüs,
1500 Venir l'estuet a cel pertus ;
A cel pertus venir l'estuet,
Car par autre passer ne puet.
Cil ont porpris le pas davant, (2125)
Et Tydeüs vint chevauchant.

1505 Li soleuz ert ja resconsez

1485 *x* Loing li s. ore s. a. — 86 *S* procein, *x* prochain ; *x* anemi — 87 *x* quel, *P* Kel ; *S* seuant — 88 *C* li sunt ; *xy* deuant — 89 *C* Au c. ; *y* dun b. ; *x* embuchie, *y* embuissie — 90 *C* les ; *S* hastes, *x* hantes, *y* lances — 91 *C* alez, *A* venu — 92 *x* Ou il s. auoir .i. m. — 93 *P* Cis ; *S* por y passer — 94 *Sy* ocire — 95 *xy* qui ; *B* Ce f. spyns q. — 96 *S* Ou m. h. o. p. le chies — 97 *C* sonz ; *S* la noit, *x* la nuit, *P* le voie ; *A* Dales le rue ; *x* en cel s. — 98 *y* Sembuissierent — 99 *S* Voil ge ou ne voil ge ; *P* V v. v non dans Thideus — 1500 *B* pertius, *A* pertrius, *P* pertrus — 1 *x* pertuis, *A* pertrus, *P* pertruis — 2 *xP* p. aillors ; *B* aler ne p. — 3 *P* le lieu ; *xy* deuant — 4 *P* vient, *A* va — 5 *S* soleilz, *B* solauz ; *y* solaus ; *S* reconsez, *C* esconssez, *y* esconses.

Et li jorz ert toz avesprez ; (2128)
La lune liéve, si luist cler,
Et cil espleite de l'aler.
Sor lor aguait s'est embatuz, (2133)
1510 Mais nes a pas aperceüz,
Jusque lor chevaus ot fremir
Et lor escuz veit resplendir.
Soz son escu guarde a senestre,
Aperçut les : n'i vousist estre, (2138)
1515 Mais nequedent en son corage
Mout prent en sei grant vasselage.
Auques de loign les aperceit, (2143)
Car la lune mout clér luiseit : (2144)
Il sét bien que il est traïz, (2139)
1520 Mais ne s'est pas espooriz ;
Proece ot grant et hardement,
Si parole seürement ; (2142)
Il s'en traverse en mé la lande, (2145)
A ceus parla, si lor demande :

1506 *B* est; *y* Et t. li i. e. trespasses — 7-8 *A* Il ert ia grant piece de nuit Et li lune luisoit ie quit, *P* Il estoit ia tout pure nuis Quant il vint pres de mal pertruis *(cf. le v. suivant de A)* ; *A aj.* 2 *v., dont le* 2ᵉ *représente le v.* 1509; Ains quil venist a malpertrus Illoec est sor aus embatus; *les* 2 *v. ajoutés par P développent les* 2 *qui précèdent :* Nuis iert quant vint ens el val brune Mais ke ml't cler luisoit li lune — 7 *x* fist c. — 9 *C* Sus; *x* est e., *A* en est venus; *S* embatu — 10 *y* Et *(P* mais) ne sest p. a. ; *S* aparceu — 11 *x* Jusques, *A* Dusque, *P* Desque ; *xy* l. armes ; *B* oit, *P* voit — 12 *S* vit ; *y* Contre la lune r. — 14 *S* Aperceut — 15-6 *m. à y* — 15 *x* ne *(B* non) porquant — 16 *B* Emprent, *C* Reprent — 17-8 *sont placés dans y après* -22 — 17 *S* aperceut — 19 *x* tres b. quil ; *A* ml't b. quil fu — 20 *P* espaueris, *A* espaoris ; *x* sen e. p. esbahiz — 21 *S* a g. — 22 *B* Si parlera s. ; *C* hardiement ; *y* Et parla ml't s. — 23 *A* Il se t. par, *P* Il t. parmi, *x* Arestez sest *(B* est) enmi ; *S* mie — 24 *x* Parole a eus, *P* De leur iestre, *A* De loing p.

1525 « Qual gent estes, qui ci guaitiez
 « Et en cest bos vos tapissiez ?
 « Larron estes o male gent,
 « Si com jo cuit a escient. (2150)
 « Mais por neient vos reponez,
1530 « Car toz suë sous, bien le veez ;
 « A cest afaire o mei n'ai al
 « Que mes armes et mon cheval.
 « Se vos o mei volez joster, (2155)
 « N'i avez mais que demorer :
1535 « En cest chemin ci vos atent,
 « Ou vos rendrai torneiement. »
 Cil ne li ont un mot soné,
 Ains sont tot prest et acesmé ;
 Saillent de lor embuschement,
1540 Sil requiérent espessement ; (2162)
 Escrïé l'ont et envaï, (2172)
 De totes parz l'ont assailli. (2171)
 Il le cuidiérent sempres prendre, (2163)

1525 *BA* Quel, *C* Quïex, *SP* Quels ; *S* gentz, *C* genz, *P* gens
— 26 *x* Qui en c. b. v. embuchiez ; *S* tapissez — 27 *Sx* Larrons ; *A* et m. — 28 *x* mon e., *P* a entient ; *A* Ce sachies
bien a e. — 29 *S* nient, *C* neant, *By* noient — 30 *B* sauez
(l's et l'a sont annulés par un point placé au-dessous) — 31 *y*
En ; *A* c. besoing ni ai iou al ; *P* iou nai al ; *x* Nai compaingnon ne bon ne mal — 32 *y* Fors seul mon cors et mon c.
— 33 *xy* v. a moi i. — 34 *xy* Vous ni auez ; *A* ke arester — 35 *x* Trestouz seulz ici senglement — 36 *A* Ci v.
tenrai, *x* Tendre a v. t. — 37 *S* Et cil ne li o. m. — 38
x Mes garni s. et ; *S* aceme — 39 *A* Issent, *P* Salent ; *x* embuchement, *y* embuissement — 40 *S* R. le e. ; *A* ml't asprement, *P* m. fierement ; *C* Si le r. a. — 41-2 *y place ces
vers avant 49 et les intervertit* — 41 *A* et assailli — 42 *C*
sont aati, *y* li sont sailli — 43 *S* quiderent, *x* cuiderent, *y*
quidierent ; *A* errant p.

	Mais il fu prez de se defendre ;	(2164)
1545	Mout se defent bien de trestoz,	(2167)
	Come vassaus hardiz et proz :	(2168)
	Tydeüs mout fort se defent	(2165)
	Et combat sei hardiement.	(2166)

	Primes l'assaut Jaconeüs,	(2173)
1550	Qui lor maistre fu et lor dus :	
	Deus l'a guari et defendu,	
	Qu'il ne l'a pas aconseü.	(2176)
	Tuit li lancent espessement	(2179)
	Et l'assaillent mout durement ;	
1555	Estor li donent grant et fort :	
	Poor i puet aveir de mort.	(2182)
	S'espee trait, que li dona	(2185)
	Oëneüs, quant l'adoba :	
	Ne la retient fers ne aciers,	
1560	Onc tant bone n'ot chevaliers.	
	Galanz li févre la forja	
	Et danz Volcans la tresgeta :	(2190)

1544 *S* proz ; *x* bien prest de (*B* prés du) d. ; *y* al d. — 45-6 *sont placés dans y après* -48, *puis viennent les v.* 1607-8 — 45 *S* M. fort se defendeit de eux touz ; *A* vers trestous. — 46 *S* Come hardis et come p. — 48 *y* Ses enuaist, *x* Et les rassaut ; *C* ml't fierement — 49 *x* Premier, *P* Premiers, *C* iachonius, *B* iaconius ; *y* li lance Fidimus — 50 *Sy* Qui (*P* Cil) ert lour sires (*A* maistres) ; *B* maistres ert — 51 *x* Mesdamedieu la desfendu — 52 *A* Que il ne la a., *puis 2 v. spéciaux* — 53 *x* i l. ; *A* Ml't lassalent e., *P* T. lencaucent e. — 54 *C* m. fierement ; *A* Et enuaissent asprement, *P* Et encaucent hardiement — 55 *A* li rendent, *P* li liurent — 56 *A* i pot, *P* poet bien ; *y aj.* 2 *v.* — 57 *S* Sespie, *y* Lespee ; *A* tint, *S* traist — 58 *A* quant il — 59 *A* Ele trenca f. et a. — 60 *C* Ains si, *B* Ne t., *P* Nainc t., *A* Onques ; *P* boin nen ot, *A* miudres not — 61 *B* Gales — 62 *SA* vulcans, *P* Vlgans ; *C* Et volcanus ; *S* le treieta.

Treis deesses ot al temprer
Et treis fees al tresgeter.
1565 Ja por nul coup ne pleiera,
Ne ja roïz n'i aerdra ;
Ne ja nus hon n'en iert navrez
Qui de la plaie seit sanez. (2196)
Feru en a le chevalier (2201)
1570 Et tot fendu jusqu'al braier
Qui primerains a lui lança ;
As autres dist : « Traiez vos la,
« Car m'espee trenche mout fort. (2205)
« Jo vos defi trestoz de mort :
1575 « A tart avra aiuement
« Cui jo ferrai par mautalent. »
Li traïtor sont irascu
Del compagnon qu'il ont perdu ; (2210)
Mout se peinent de lui vengier ;
1580 As vos l'estor grant et plenier.
Il l'ont feru de tal vertu
Que del cheval l'ont abatu ;
Pués li dient : « Vos estes jus, (2215)
« Ore est vengiez Jaconeüs.

1563 S deuesses, y diuesses ; y au mauller, x au tremper ;
P .iiii. d. au m. — 64 P au temprer *(v. f.)* ; x ot au faer ; x
aj. 4 v. — 65 S p. une c. ne pliera — 66 C rooull, B roins,
A ruis ; S roille ne coildra ; P Nen rumiure na ierdra — 67
P nen i. n. h. n. ; xA ert ; S naufrez — Après -68, y aj. 4
v. — 69 y Fidimon en a si feru. — 70 B iusquel ; y Que
dusquau caint *(P* duskel chaint*)* la porfendu — 71 S a li ; y
Cest cil qui primes li lanca *(P* lencaucha*)* — 72 y t. en la —
74 y Si v. manace de la *(P* tous de*)* m. — 75 x Par lui *(B* li*)*
aurai aidement ; S aiument — 76 A ien ; x Car ien f. ml't
durement — 78 x Du chevavalier, A De lor signor, P De
Fidimun — 79 S sei — 80 x Ez, y Es ; y v. estour — 81 B
Il o., y Vii. lont ; Cy par tel — 83 S Pois ; y li ont dit —
84 x iaconius ; A Ja ert v. dans fidimus, P V. sommes de f.

1585 — Seignor, » fait Tydeüs, « nel dites !
« Bien m'en devreie raler quites :
« Messages ne devreit, por veir,
« Ne mal oïr, ne mal aveir. »
Li traïtor de ço n'ont cure,
1590 Ainz l'assaillent par grant ardure (2222)
Et s'escrient : « Ferez, baron ! »
Cil se defent come leon ;
Mais il est sous, si vait lassant, (2223)
Et cil le vont fort empressant. (2224)
1595 Joste sei vit un haut rochier
Qui mout ert bons a güerreier ;
En sus monta, lor euz veiant :
Or mais orreiz bataille grant.
La roche est fort et defensable,
1600 Ja dis fu niz a un deable :
Spins i estut al tens antif,
Qui maint franc home fist chaitif.
Se nus d'eus est qui la l'assaille, (2231)
Defendre s'i voudra senz faille.
1605 Cil i vienent de grant randon,

1585-90 m. à SB — 85 C Seignors dist t. ; y f. il ; A por Diu ne d., P hui mais nel d. — 86 y B. en — 87 A Li m. ne doit, P Mes ne doit riens dire — 89 CA Ne bien o., P Nul m. o. — 90 y langoussent a desmesure — 91-2 m. à y — 91 S Puis sescriens ; x Et cil se desfent des barons — 92 S leons ; x Preuz et hardiz conme lyons — 93 C M. il seus se vet si l. — 94 x trop, A ml't ; By apressant — 1595-1602 y donne une rédaction différente en 6 v. — 95 B J. lui — 96 B c. biax — 97 S Enz i m., B Monte sen sus, C Montez sen sont ; S lez oilz — 98 S Que orreis mais b. ; x Et cil li viennent au deuant — 1600 B spin, S ni, C nis ; B diable — 1 Sy estuet ; B Puis escut au t. a. — Après -2, S aj. 2 v. ; -3 -4 m. à x — 3 A Se n. est qui illuec, P Sil est hom ki i. — 4 y se — 5 C li v. ; Sy Cil lenchaucent a esperon.

	A pié l'assaillent environ ;	(2234)
	Il l'assaillent de totes parz	(2169)
	Et li lancent esmoluz darz ;	(2170)
	Escrient lui mal la garra,	
1610	Ne en roche, ne ça, ne la ;	
	Mais en la roche a bon guarant :	
	Ne crent neient fors de davant.	

	Mout lor avint fort aventure ;	(2235)
	A lui fu bone et a eus dure.	
1615	A mont ot une pierre bise,	
	Que sor les autres fu assise ;	
	Mais par somet si se teneit,	
	Que por un poi qu'el ne cheeit.	(2240)
	La pierre par esteit tant grant,	
1620	Doze buef ne la traïssant.	
	Tydeüs l'empeint contre val,	(2241)
	Fremir en fait tot le costal :	
	Cui ele en sa veie aconsiut,	

1606 *S* Al pieu lassaillent enuiour, *x* Si lasaillent tout environ — 7-8 *intervertis dans C (aussi, en partie, dans y), sont placés dans y après 1546* — 7 *Cy* Et (*y* Cil) li lancent ; *C* esmoluz darz — 8 *y* Espessement lour molus ; *C* Ml't li grieuent de toutes parz ; *S* e. les d. — 9-12 *m. à y* — 9 *S* Cil sescrierent m. g. ; *C* mar — 10 *S* en rochier — 11 *S* M. le roche li est g. — 12 *S* nient ; *x* rien (*B* riens) fors que de d. (*B* que seul d.) — 13 *P* avient fors ; *C* fiere, *A* forte — 14 *P* A lun fu boin a lautre d. — 16 *S* Qi, *xy* Qui — 17 *x* M. a si (*B* li) petit se, *P* M. tant soulement se ; *A* M. en soumet si poi t. — 18 *C* par un pou ; *P* Por .i. petit ; *y* que ne ; *S* qele ne cheit — 19-20 *m. à y* — 19 *x* Thideus voit la p. g. — 20 *S* Doz boefs ; *x* Desor les autres enpendant — 21 *y* la empainte aual ; *x* De grant vertu lempaint a. — 22 *P* Ploier en f. ; *A* Tot en f. fr. le rocal — 23 *S* Qi en, *A* Mais qui en ; *P* a sa ; *B* aconsuit, *C* aconcut, *S* aconsut, *A* consut, *P* consiut.

	Poez saveir que mort reçut.	
1625	Aconsiut en barons de prez,	(2245)
	Jo ne sai bien o nuef o dez :	
	Cil ne li feront mais hué pressé,	
	Ne nule rien dont il s'iraisse.	(2248)
	Del mieuz erent de lor païs :	
1630	Therus i esteit et Halys,	
	Et Dorylas et Fedimus.	
	Ceus ne crendra mais Tydeüs :	
	La pierre les a si feruz	(2249)
	Que morz les a et confonduz.	(2250)
1635	Li autre vont desconfortant	
	Et vont sovent entre eus disant :	
	« Deables est cil veirement,	
	« Que nes o pierres se defent ! »	
	Quant il les vit issi trembler,	
1640	Comença les a degaber :	
	« Ceste fiévre, mon escïent,	(2285)
	« Vos est prise par hardement.	

1624 *BP* rechut — 25 *S* Aconsut, *x* -uit; *B* des b. ; *y* Ele aconsiut (*P* -ieut); *xy* pris — 26 *x* s. pas, *P* s. quans; *A* Ne sai lequel; *S* nef; *x* dis, *y* .x. — 27 *xA* huimes p. ; *S* lui ferront m. oi ; *P* Icil ne fisent ainc puis p. — 28 *xy* riens; *S* sairesse, *C* siresse; *BP* dont (*P* kil) li desplaise — 29-32 m. à *y* ; 29 est dans *x*, *qui donne ensuite 17 v. indépendants* — 29 *x* Du (*B* Des) m. estoient du p. — 30 *Ms.* ert et naelys — 32 *Ms.* criendra — 33 *P* Li roce; *x* Si les a la p. f. ; *S* a conseuz — 34 *x* M. les a touz; *puis y donne 2 v. spéciaux et à la suite les v. 1663-86 (-A 2253-4 et 2257-78)* — 35-8 m. à *y*. *Pour le détail de y, qui bouleverse et modifie tout le passage, du v. 1635 au v. 1686, voyez l'Appendice* III — 35 *C* autres — 36 *x* Et v. e. chascun d. — 37 *B* cist v. — 38 *x* Qui ; *S* Qe nis oue — 39-40 *y* dével. en 6 v., *qui sont placés après 1635 (V. App.* III, *v. 2279-84)* — 40 *S* deiauer; *C* si les c. a guaber — 41 *A C.* tranblois; *P* mien entient — 42 *S* pris pur h. ; *x* de h.

« Se de cest mal guarir volez,
« Un sol petit or m'atendez :
1645 « Ceste espee vos guarira, (2290)
« Car reliques bones i a. »
A terre saut isnèlement,
Sis envaïst hardiement : (2295)
Cui il consiut ne vait avant, (2296)
1650 Ne ja de mort n'avra guarant.
Il saut a mont et pués a val,
En guise de prode vassal;
De totes parz les abat morz
Par vasselage et par esforz ;
1655 Et quant li autre se restreignent,
Pas avant autre a mont le meinent.
Il le cuidiérent a mont prendre :
Cil entent fort a sei defendre ;
Et neporuec guaires nes dote,
1660 Ainceis les rue a val et bote.
Mout grant bataille lor tendeit
Por la roche, quel defendeit.
Tydeüs est en mout fort lou : (2253)

1643 A Et se g. vous en v. — 44 A J. s. p. dont, P J. p. d. si, x J. s. petitet — 45 x en garra — 46 P fortes, C mlt forz, B meills f. — 47-8 m. à A. — 47 P s. hardiement — 48 B Sus euls en vait ; x ml't fierement, P isnellement; y aj. 4 v. — 49 S Qi; S conseut, x consiut; A par dedeuant, P p. auenant, x p. mi le fent — 50 y Onques de m. nen ot g. — 51-62 m. à y — 52 B A g.; x preuz; S Enuaist les come v. — 53 S touz — 54 x Ainsint (B Ainsi) abesse leur e.; S efforz — 55 S restrenient; x Com il se resforcent et painent — 56 x Par leur force amont le ramainent — 57 x cuidoient — 58 Mes il se set bien deus d. — 59 x Et nepourquant. — 60 S Ainces les ruse; x hurte — 61 x rendoit — 62 S qil; x qui fort estoit — Avant -63, y a 2 v. à peu près de même sens : T. est en .i. liu tal Ne crient que hom li face mal (A 2251-2); les v. 1663-86 sont placés dans y après 1634 — 63 y si f.; S x y leu.

	Ne crent engegn, ne fer, ne fou,	(2254)
1665	Ne mais sol davant a l'entree.	(2257)
	Cele lor defent o l'espee :	
	Cil qui premiers i enterra	
	Mout chiérement le comperra.	(2260)
	Onc ne fu porte si vendue,	
1670	Ne par portier si defendue.	
	Par l'entree, que fu faitice	
	En la fort pierre entailleïce,	
	L'assaillent trestuit a un front,	(2265)
	Et qui ainz ainz montent a mont.	
1675	Mais Tydeüs fort se defent,	
	Cui il consiut, par mé le fent ;	
	Cous done merveillos et granz :	
	Onc ne dona meillors Rollanz.	(2270)
	De premier en a tant ocis	
1680	Que o les morz abat les vis ;	
	Car li mort qui d'a mont rabatent	
	Encontre val les vis abatent.	
	Cil qui iluec chiet n'en reliéve :	(2275)
	Morir l'estuet, iluec achiéve.	

1664 *Sxy* feu; *A* aj. 2 v. — 65 *SxP* deuant; *A* Ni a garde fors a; *P* Se d. nest a lentree — 66 *S* Cel lor defendra, *A* Celi desfendra, *x* Ce leur desfent bien, *P* Cel d. il si; *S* oue lespe, *x* a sespee, *y* a lespee — 67 *S* premers i entrera; *P* Que c. ki p. e. — 68 *S* le comparra, *B* lachetera — 70 *P* Ne por — 71 *S* fatice — 72 *S* Et en la p.; *CP* tailleice — 73 *y* Lassalirent tot; *S* trestout, *B* trestous — 74 *y* Et que mix mix en vont a m. — 76 *S* conseut, *x* consuit; *S* mie, *xy* mi — 78 *P* Ainc; *C* nel d. meillor; *A* Millors ne d. hom viuans — 79 *xP* Des premerains, *A* De cels deuant — 81 *S* Et li ; *C* les mors; *S* rubatent — 83 *A* Et qui aual c., *P* Et ki la c. pas; *xy* ne — 84 *x* Toutes hontes i. a., *A* T. ses oeures i a., *P* Car thideus ml't les agrieue.

86 ROMAN DE THÈBES

1685 Li lor se vont afebleiant :
Mout volentiers s'en tornissant, (2278)
Ne fust Gualerans de Sipont,
Qui de part le rei les somont :
« Mauvaise gent, que porron dire, (2305)
1690 « Quant nos demandera noz sire
« Que avon fait del messagier
« Qui le laidi a son mangier ?
« Davant nos le clama parjure :
« A trestoz nos penser en dure. (2310)
1695 « Mar torneron en noz païs,
« Se nel rendon o mort o pris.
« Mauvaise gent, que li diron (2311)
« Et davant lui coment iron ?
« Ço serra nostre grant vergoigne,
1700 « S'issi s'estort de la besoigne ;
« Granz laiz iert que par un escu (2315)
« Seient tant chevalier vencu :

1685-6 *P dével. en 4 v.* : Li l. en v. ml't alasquant Et leur asaut afebloiant Trop volentiers sen retornaissent Se par honte ne le laissaissent — 85 *A* Il se v. ml't a. — 86 *S* tornassant, *BP* retornaissent; *A* Et lour estor entrelaissant (*Cf. P*) — 87-8 *diffèrent dans y, qui donne avant 6 autres v.* (*V. Append.* III, *v.* 2297-2304); *x place après* 1688, *avec une légère modification, les v.* 1695-6 — 87 *S* Sypont, *x* Cypont — 88 *x* par — 89 *S* poon; *y* Signor fait il (*P* dist il) — 90 *B* Q. vous; *S* nus — 92 *S* laidit; *y* Q. lait li dist — 93 *A* Oiant, *x* Deuant; *S* li c. — 94 *x* Ni a celui; *Sx* peser; *x* nen d.; *y* Et a nous tous (*P* Et lui et n.) fist grant laidure — 95-6 m. à *y* et sont placés dans *x* 6 v. plus haut (*après* 1688) — 95 *Sx* Mal; *x* torneront en lor p. — 96 *x* Sil nel rendent — 97 *S* dirron — 98 *S* li c. irron; *A* venrons — 99 *x* Car ce s. n. v. — 1700 *A* Sensi e.; *S* dy ceste b. (v. f.); *xP* Se nacheuons ceste b.; *SxP* bes., *A* besogne. — 1 *C* G. honte; *B* est que, *Cy* ert quant — 2 *y* Tant c. seront v.

« Neporquant de tot son empére
« Nos cuida hué li reis eslére. » (2318)

1705 A icest mot tornent ariére :
Ja li rendront bataille fiére,
Car ensemble de totes parz (2323)
Li ont lanciez esmoluz darz. (2324)
Sis haubers fausse et sis escuz, (2329)
1710 Car d'or en autre fu fenduz. (2330)
Mout pert del sanc, la color mue, (2327)
Et ne por quant mout s'esvertue ; (2328)
Defent sei o le brant d'acier, (2331)
Dont a ocis maint chevalier ;
1715 Mout se defent de grant vigor,
Car il ne trueve o eus amor.
Forment se painent cil del prendre
Et il encontre del defendre. (2336)
Ocis lor a le conestable
1720 Et son nevo, Vougrin de Naple :

1703 *B* Ne pourec ; *C* Pour les meillors, *y* Des plus hardis ; *Cy* de son e. ; *S* empiere, *xy* empire — 4 *S* oi, *xy* hui ; *Sy* eslire, *x* ellire — 5-6 *y* dével. en 4 v. : A cest mot se vont raliant Et li uns l'autre regardant *(P* rapiellant*)* Or sen tornent *(P* Or retornent*)* vers lui arriere Ja i ara *(P* li rendront*)* bataille fiere — 7 *y* Tot e. de pluisors pars — 8 *A* Iancie ; *S* Li lanceront, *P* Li lancierent ; *y aj. 2 v. et donne ensuite les v. 1723-4, puis les v. 1721-2, que P place après 1728* — 9 *S* osbercs fause ; *A* Depercie li ont son escu, *P* Perchie li o. s. boin e. — 10 *y* Et son hauberc tot desrompu — 11 *P* Trop p. ; *y* du, *C* de — 12 *S* fort — 13 *P* D. lui fort del b., *A* D. s. bien al b. — 14 *y* D. il a mort — 16 *x* a eus, *y* en als — 17 *P* de p. ; *A* p. de lui pr. — 18 *SP* Et cil ; *C* e. eulz ; *CP* de d. ; *y aj. 34 v., dont les 2 derniers correspondent, pour le sens, aux v. 1719-20, mais diffèrent* — 19 *x* O. i est li connestables — 20 *S* neuou ; *x* Et .i. sien *(B* siens*)* nies morgan *(B* vulgan*)* de nables.

Pués que il virent ces dous morz, (2371)
Petiz fu pués li lor esforz. (2372)
Il s'en comencent a foïr (2374)
Et lor chevaus toz a guerpir,
1725 Quant Gualerans li proz les tint, (2375)
Cui malement pués en avint. (2376)
Toz les apèle par lor nons : (2403)
« Estez, » fait il, « fil a barons.
« Franc chevalier, maisniée a rei,
1730 « Por quei fuiez a tal desrei ? (2406)
« Ou sont les granz chevaleries
« Dont vos vantez a voz amies ?
« Ou sont, seignor, les granz colées (2407)
« Dont vos vantez as cheminées ?
1735 « Et li orgueil et les menaces,
« Que soliez faire en cez places ?
« Venu estes a la destrece :
« Or verron bien vostre proece.
« Estez, » fait il, « tornez ariére.
1740 « Membre vos de la geste fiére,
« Des estors et des vasselages (2415)
« Que toz jorz fist vostre lignages,

1721 S ceux deux; *y* P. quil v. ces .iiii. mors — 22 S Petit; S*x* le lor; S effors; *y* Ml't f. p. tos (P li) lor confors — 23-4 *y* intervertit et diffère au 2ᵉ vers — 23 S Cil sen, A Tot en, P Dont se — 24 B les; C guarpir; *y* Quant il virent icels morir — 25 Gualerans m. à S, *x* galeran, A cremius, P troynus — 26 S Qi, C*y* Qui; S auit; *y* aj. 26 v. (P 24) — 27 A Cascun a. p. son non — 28 S*x* filz; S as b. — 30 S Ffrancs chiualers — 31-2 m. à *y* — 33 S Ou s. ore — 34 P D. v. aues; *x* a c.; A Que vous ares tantes donees — 35 S orgoil, *x* orgueullz, A orgels, P orgieus — 36 S Q. vous soleiez, A Q. v. solies, *x* Q. v. soulez; P ensmi les p. — 37 SC Venuz — 38 *x* v. nos, A v. ci; P Si v. ore vo prouece — 39 S Esteiez; *y* E. illoec t. — 42 A Q. f. t. i.; P Q. t. tans f. li vos l.

« Qui por poor de perdre vie
« Ne vout onc faire coardie. (2418)
1745 « Vengiez voz fréres, voz amis, (2423)
« Que cist vassaus vos a ocis.
« Se vos ne m'en volez faillir,
« Jal vos ferai d'a mont saillir :
« Male veie li estuet prendre,
1750 « Se il a nos ne se vueut rendre. (2428)
« Qui onques jor ama le rei, (2437)
« Ore i parra : estoise o mei. » (2438)

Que par creme, que par vergoigne, (2441)
Tornent arriére en la bosoigne.
1755 Gualerans vait avant, ses guie,
Et vait jurant le braz s'amie
Que, se il ore s'en estort,
Tendra sei mais tot tens a mort.
Davant les autres tient sa rote,
1760 Mais Tydeüs pas nel redote : (2448)
Cuevre sei bien et trait l'espée (2451)

1744 S voet; P ainc; A Ne volrent f.; A aj. 4 v. — 47 y me; S voilliez — 48 S Ja li; x Jel f. ia; A dilloec partir; P Jou le ferai del mont s. — 49 P ioie; A lesteura. — 50 P Se il se v. a n. desfendre; y aj. 8 v. — 52 x Or i p. ca viengne a moi; A Viegne maidier, P Dont v. auant; y et soit od moi; y aj. 2 v. — 53 P Tant p. c. tant p. vergoine — 54 B a. la b.; C Retorne sont a lor b.; S busoigne, xP besoigne, A besongne — 55 S et g.; y Dans cremius (P cromius) en va deuant — 56 S la b.; y Et mahomet en va iurant — 57 x Q. sil ore vis; A Et se; B en e., P ne sestort — 58 S Tendrei; B sen, P sent, C se; xA toz jors, P tostans; A por m. — 59 Sy Deuant, x Auant; S premiers poie — 60 S Et t.; A cremius, P cromius; — C petit le dote; y Sen vas combatre a tydeus; y aj. 2 v. — 61 A Couuri; P couri sent; y tint; S lespie.

        Et atent le sus en l'entrée.
        Jo qu'en direie al? Entre eus dous
        Se donérent cous merveillous.
1765   Quant Gualerans fiert Tydeü,   (2455)
        Un pan li trenche de l'escu ;
        De l'espée tal coup li done
        Que Tydeüs tot en estone ;
        Mais li cous en eschapa fors,
1770   Si ne l'aconsiut pas el cors.   (2460)
        Tydeüs sot ferir d'espee :
        Gualeran done tal colee,
        Que le tranchant de la lemèle
        Li embatié en la cervèle.
1775   Estorst son coup, cil chiet a terre :
        De lui est mais faite la guerre.   (2466)
        Des autres mais ne sai que dire,   (2533)
        Car tuit sont livré a martire :   (2534)
        Mout volentiers s'en tornissant,

1762 *P* les s. a; *A* Si latendi deuant, *x* Thideus latent a; *S* lentre — 63 *Sx* d. entre; *P* Quen d. ke, *A* Q. d. el mais; *S* deux — 64 *P* Cols sentredonent; *S* merueillous — 65 *S* Qe Galeran, *A* Quant cremius, *P* Q. cromius; *x* Galeran feri thideus; *S* tydeu — 66 *x* Amont ou (*B* el) hiaume de desus; *y* Del hiaume abat .i. quartier ius — 67 *S* Del espie; *C* sespee — 68 *C* sen — 69-70 *intervertis dans y* — 69 *S* c. eschapa (*v.f.*); *x* hors ; *y* Car li c. esclica (*P* est guencis) dehors. — 70 *x* aconsuit ; *y* Mais ne lataint (*P* nel consiut) noient el c. — 72 *Sx* Galeran; *y* Celui en d. — 73 *S* li trenchanz — 74 *S* embatist, *y* embati, *x* embat tout — 75 *xP* S. c. e., *A* E. s. c.; *xy* estort — 76 *x* fins de la g.; *y aj.* 66 v. (*P* 62) — 77 *A* Dore en auant, *P* Du remanant — 78 *x* C. l. s. t. a — 79-80 *y dével. en 4 v.* : Ml't sen alaissent (*P* Il senfuissent) volentiers Mais ml't estrois ert (*P* est) li sentiers Ml't large voie i esteust Ains que cascuns garir peust; *S* tornassent (*v. faux*), *C* tornissent (*v. f.*), *B* retornaissent.

1780	Se il torner s'en poüssant;	
	Mais Tydeüs lor est de près,	(2539)
	Quis fait morir toz desconfès	(2540)
	Onques de cele compagnie	(2563)
	N'en i ot un quin portast vie,	(2564)
1785	Ne mais sol un que mist par fei	(2567)
	Que tot iço contast le rei.	(2568)
	Pués est montez el cheval sor,	(2635)
	Qui bien valeit mil livres d'or.	
	Sa veie acueut par la montaigne;	
1790	Mais mout fu fiébles, que trop saigne.	
	Il fu nafrez par mé le cors,	
	Si que la rate li saut fors;	
	Li frans hon est nafrez a mort,	
	Et n'a qui ses armes li port.	(2642)

1780 *S* poassent, *C* pouissent, *B* poissent *(v. f.)*; *x* Se il faire le p. — 81 *A* ml't p., *x* si p.; *P* l. estoit p. — 82 *SA* Qui les f. m. d.; *C* Quel f., *B* Ques f., *P* Sen f.; *y aj.* '22 *v.* *(P 20)* — 83 *S* dicele — 84 *S* qen; *x* Ni ot qui em p. la vie; *y* ki portast; *y aj.* 2 *v.* — 85 *x* Ne m. cun *(B* .i.*)* seul quil; *A* Uns trestous seus ki mist sa f., *P* Fors .i. kil fist pleuir sa f. — 86 *S* nonceast al r.; *x* lor r.; *y* t. cou conteroit *(P* contera*)* le r.; *y aj.* 66 *v.* *(P 68)* — 87 *P* chelial — 88 *C* .i. besant, *B* m. besans, *A* c. liures — 89 *S* Sa v. court — 90 *S* M. il fu f.; *x* est foible; *P* M. trop est feules; *A* car t., *CP* c. ml't, *B* que m.; *S* saignie — 91-2 *m.* à *x* — 91 *S* naufrez, *x* naurez, *y* naures; *S* mie, *xy* mi *(orth. respective des mss., sauf indication contraire)* — 92 *y* li sans len raia *(P* en raie*)* f. — 93 *y* Por poi quil *(P* ke*)* nest naures — 94 *y* Ne na; *y aj.* 268 *v.* *(P 258)* : Episode de la fille de Lycurgue *(voy.* Appendice III, *v. 2643-2910)*.

Préparatifs de Guerre

1795	Mout chevaucha a grant dolor :	(2911)
	Ne pot chevauchier a graignor.	
	Neporquant tant a chevauchié	
	Le dreit chemin et le chaucié,	
	Par la contrée que mieuz sot,	
1800	En Grece vint si come il pot ;	
	Tot dreit en Grece a Arges vint	
	Et Adrastus sa cort i tint.	(2918)
	Li reis esteit en son palaiz,	(2921)
	O ses barons teneit ses plaiz.	(2922)
1805	Il entra el palaiz toz vains ;	(2919)
	Assez paru que ne fu sains :	(2920)
	Faussez fu sis haubers safrez,	(2923)
	Et il par mé le cors nafrez ;	
	L'aubers del dos fu toz desroz	
1810	Et li bliauz sanglenz desoz.	

1795 *x* cheuauchoit — 96 *S* poet chiuacher ; *A* maior — 97-8 *m. à P*; *A* Mais nequedent t. cevauca, Si comme cil qui grant mal a — 97 *B* Ne pourec, *C* Non p. q.— 98 *S* chantie, *C* charchie — 99 *y* les contrees ; *S* come mielz, *P* kil miex ; *A* seut — 1800 *S* poet; *C* comme p.; *A* plus tost que peut; *P* V. a g. si com il sot — 1 *P* Et t. en g. — 2 *Sy* Ou ; *A* rice c. t.; *S* c. t. (*v. faux*); *x*: Onques aincois resne ne tint — 3-4 *sont remplacés dans y par ces v.* : Ens en la sale vint tot droit Ou li barnages grans (*P* g. b.) estoit — 5-6 *m. à P et sont placés dans A avant* -3-4 — 5 *x* Ou p. est entrez — 6 *x* parut quil ne ; *A* Bien p. quil ne f. pas s. — 7 *S* sis hauberc, *C* le hauberc; *y* Ses bons h. fu tos f. (*P* estoit f.) — 8 *y* Et en .vij. lius (*P* Et il .vij. fois) el c. n. — 9 *S* Li haubers d. d. fu t. roz ; *x* Lauberc; *C* derouz. — 10 *C* le bliaut; *S* sanglent, *A* sanguins.

Talevaz semble sis escuz,
Car d'or en autre fu fenduz :
Il fu l'autr'ier mil sous comprez,
Or est venuz a petit prez; (2930)
1815 N'i trovissiez d'entier un dor :
Ne l'ot pas coarz en estor.
Si com vos di, o cest conrei
Vint Tydeüs devant le rei. (2934)
Il s'escria : « Armez vos tost,
1820 « Et li reis face banir s'ost
« Et somoigne ses chevaliers ;
« Mout est nafrez cist messagiers. »
Li reis le vit ; il saut en piez : (2935)
Poez saveir mout fu iriez.
1825 Entre ses braz soéf l'a pris,
Sanglenz en fu sis manteaus gris ;
Tot soavet et bèlement
Le descendié el pavement; (2940)
Il meïsmes l'auberc li trait (2941)
1830 Et as plaies demande entrait.

1812 *xP* deur ; *A* Dun cief a a. — 13 *x* en ml't (*B* de mont) grant pris; *y* .c. sous prisies (*P* vendus) — 14 *x* pris; *A* Or ne vaut pas uns gans tos vies, *P* Or est a ml't petit venus — 15 *S* troueissiez; *A* plain d. ; *P* doit — 16 *B* couart; *P* Nel tint coars bien i paroit — 17 *y* T. vint; *C* a tel c., *P* od son c., *A* deuant le roi — 18 *y* Si çom iou (*P* vous) di; *A* a tel conroi — 19-22 m. à *y* — 19 *x* A touz leur dist — 20 *x* Li rois face b. son ost — 21 *x* semoigne ; *S* Prenez les armes c. — 22 *x* Car n. e. li m. — 23 *x* si s. ; *A* voit et fu iries — 24 *C S.* p.; *B* mout (*toujours ainsi écrit, à partir du f° 9 (v. 1824 de C), point où le scribe change, jusqu'au f° 24 (v. 6049 de C), où arrive un troisième scribe, qui écrit* moult *et quelquefois* ml't ; *A* Isnelement sali en pies — 25 *C* errant, *B* sempres; *P* le prist — 26 *S* Sanglent; *C* son mantel — 28 *A* La descendu — 29 *S* Isnelment l. entrait — 30 *y* Ci a dist il (*P* fait il) dolerous (*P* ml't hisdeus) plait: *y aj.* 2 *v.*

          Sor le pez ot une grant plaie :   (2945)
          Quant il la vit, mout s'en esmaie ;
          Quant vit la cobe de la lance,
          En sa vie nen ot fiance.
1835   Il demande qui ço li fist,
          Et Tydeüs tot le li dist.   (2950)
          Sa femme, eschevelee et pale,   (2959)
          Vint acorant par mé la sale :   (2960)
          Par mé la sale, eschevelee,
1840   Acort come femne desvee.
          Polinicès plore mout fort,   (2961)
          Nule rien n'est que le confort ;   (2962)
          Por poi de duel toz vis n'esrage,   (2966)
          Quant si veit nafré son message.   (2965)
1845   Li reis fait mander un hermine,   (2965)
          Qui mout saveit de medecine :
          Tant i pena et seir et main
          A chief d'un meis le rendi sain.   (2978)

          De ceus de Thèbes vos dei dire   (2981)
1850   Qual duel meinent et qual martire.   (2982)
          Li mes descent devant le rei   (2985)

1831 S Soz lez piez; *y* El pis deuant ot u. p. — 32 *y* le
— 33 *xA* Q. il vit (*A* voit) le coup; *P* le grant c. — 34 *P*
Ens se, *x* De sa; *xP* not pas (*B* puis, *P* plus) f.; *A* Dont
not en sa v. f. — 35 *S* lui — 36 *B* tost; *y* trestout li,
C tantost li — 37 *y* Escauelee et (*P supprime* et) toute p. —
38 *P* ensmi — 39-40 *m. à A* — 40 *B* vint acourant c. d. —
41 *S* si f. — 42 *C* Nest n. r.; *S* Qe riens nen e. qe lui;
x qui; *y* Ausi com sil le veist mort; *y aj. 2 v.* — 43-4
intervertis dans y — 43 *B* Par; *P* ke v. de d.; *S* tout vif;
C Par .j. petit de d.; *x* nenrage — 44 *S* vit; *x* Q. il v.;
y Q. v. si n. (*P* n. si); *B* mesnage; *y aj. 8 v.* (*P* 6) —
45 *x* fist; *B* une — 47 *A* T. se; *P* et iour — 48 *y* Qual,
x Qau; *A aj. 2 v.* — 49 *B* veil d. — 50 *A* il font et — 51
y Quant cil d.

　　　　　Que Tydeüs ot mis par fei ;　　　　(2986)
　　　　　Davant le rei s'est arestez
　　　　　Et dist en haut : « Tant mar fui nez ! »
1855　　　Pués ot tal duel que il pasma ;
　　　　　Quant fu relevez, si parla.
　　　　　Conte de la desconfeture　　　　　(2987)
　　　　　Et de la grant mesaventure,
　　　　　Com par un home sont tuit mort,
1860　　　Ne mais sol lui nus n'en estort :　 (2990)
　　　　　« Tu as basti tal traïson
　　　　　« Dont tu avras tal guerredon
　　　　　« Que tu serras desiretez
　　　　　« Et de ton regne forsgetez.
1865　　　« Jo sui venuz de ton message,
　　　　　« Mais tu i as mout grant damage :
　　　　　« Nel verras ja mais restoré
　　　　　« Por trestot l'or de ton regné.
　　　　　« Tu as perdu tes chevaliers,
1870　　　« Toz les a morz li messagiers ;
　　　　　« Ne mais sol mei nus n'en estort :
　　　　　« Ço peise mei qu'il ne m'a mort.
　　　　　« Soz la roche Spin al deable
　　　　　« Les pues trover, senz nule fable.

1852 *P* tramist p. — 53-6 *m. à y* — 54 *x* Et d. lui *(B* li*)* que ml't m. fu n. ; *S* mal fu — 55-60 *m. à x* — 55 *S* Pois — 57 *P* Conter ; *y* desconfiture — 59 *y* Que p. ; *Sy* tout — 60 *S* sols lui nul *(cf. 1871)*, *A* cuns sels vis, *P* cuns tous sols ; *S* sen, *P* en ; *S aj. 2 v.* — 1861-1928 *y a une rédaction spéciale développée en 172 v. (P 158), dont 2 (A 3123-4) correspondent aux v. 1905-6* — 61 *x* as fete — 62 *B* Donc — 63 *S* desherite, *x* desheritez — 64 *S* fors iette ; *x* Et hors de cest r. gitez — 66 *x* donmage — 67 *S* verrez ; *x* Ja nel *(B* nu*)* v. m. r. — 68 *x* de cest ; *C* resne — 69 *x* Touz as perduz ; *S* tis cheualers — 71 *x* Onques fors moi ; *S* un en, *C* nul nen — 73 *S* le r. pin ; *C* pyn le d. — 74 *S* poet.

1875	« Mauvais reis, por quei le feïstes ?
	« Ital vassal por quei traïstes
	« Come est li bons cuens Tydeüs,
	« Qui vint a tei parler ça sus ?
	« Ja ne t'en leira repentir :
1880	« Mieuz t'en venist le jor foïr
	« Que tu feïsses tal outrage ;
	« Car nus ne deit traïr message,
	« Ne nus ne deit celui mesfaire
	« Qui son message vueut retraire :
1885	« Seürs vait et seürs repaire,
	« Quaus qu'il seit, fel o de bon aire.
	« Mais jo sai tal le messagier
	« Qu'il t'en fera le dreit gagier
	« Et de ton cors le vendra prendre,
1890	« Que ja ne t'en porras defendre,
	« O de ton cors le comperras,
	« Que ja par home n'en guarras.
	« Il nos vendra certes destruire,
	« Si nos fera de bel fou luire,
1895	« Si que le chief te fera cuére,
	« Se Deus ne suefre qu'il ainz muére.
	« Ha ! Tydeüs, com tu ies ber !
	« Com sés granz cous de brant doner !
	« Beneeite seit ta vertu,
1900	« Car mout sés bien porter escu.
	« Se tu ne viens a Thèbes tost
	« Et ne l'assailles o grant host,

1875 S rei, x roi — 77-8 *sont placés dans* x *après* 1916 — 77 x Ce est ; S le conte t. — 78 B o toi — 79 S porras r., C loira r. — 81-96 m. à S — 84 x Qui pour m. — 86 B Quiex, C Quel — 91 B comparras — 93 B vos — 94 B vos f. de biauz faiz lire — 95 x cuire — 96 x muire ; B en m. — 98 S Come sauez g. cops de branz — 99 x Ml't a ton (B tes) cors bonne v. — 1900 S deis b. ; x M. par doiz b. — 2 x a g.

« Ja ne place a Apollini.
« Que tu veies passé tierz di ! »
1905 Li reis s'embronche et esprent d'ire, (3123)
Si le comanda tost ocirre. (3124)
Quant cil s'oï a mort jugier,
Del fuerre trait le brant d'acier ;
Defublez s'est davant le rei,
1910 La more en drece encontre sei ;
Pués a parlé en tal mesure,
Come cil qui de sei n'ot cure :
« Mout par semblereit granz viltez,
« Se par vos esteie afolez,
1915 « Quant taus vassaus me laissa vivre,
« Car il ne me vout pas ocirre.
« Jo ne morrai ja par t'espee,
« Car la meie m'est mout privee. »
Le pont vers terre en apoia,
1920 Par mé le cors se tresperça ;
Tresperce sei par mé le cors,
Li fers en pert demé pié fors.
Il se feri de tal aïr
Onques uns plainz n'en pot eissir ;
1925 Li sans en saut par tal desrei

1903-4 *x* Ja tu ne praingnes bone fin Ne dieu ne voies appolin — 3 *S* apoli — 5-6 *sont dans la rédaction spéciale à* *y* — 5 *y* salt sus ; *P* sesprent — 6 *S* Et le ; *x* conmande ; *y* Celui maneca ; *By* a o ; *S* oscire, *By* ocire — 8 *x* Par ire t. — 9 *S* Defuble est — 10 *x* Lespee dresce contre s. — 11 *x* par tel — 13 *S* grant vilte ; *x* M. me s. — 14 *S* afole ; *x* Que fusse p. v. a. — 15 *S* tiel, *x* tiex ; *SC* vassal — 16 *x* Qui ne me v. onques o., *puis les v. 1877-8 (le 1er légèrement modifié)* — 18 *S* est ; *C* plus p. — 19 *x* La pointe amont le pont as piez — 20 *x* sest tresperciez — 21 *x* Tresperciez sest ; — 22 *S* en saut demie pe ; *C* dautre part ; *x* hors — 23 *x* sest feruz — 24 *C* un plaint ; *S* ne poet ; *C* issir, *B* oissir — 25 *x* a t.

Que tot en a soillié le rei
Et les barons qui iluec sont,
Que lor bliauz sanglenz en ont.

    Quant la novèle est espandue, (3163)
1930 Tuit en parolent par la rue;
Pués qu'en la rue fu portee,
Guaires ne pot estre celee. (3166)
Par la cité meinent grant duel :
Soz ciel n'a home, tant seit fel,
1935 Ne s'il eüst le cuer si dur (3171)
Come est la pierre de cel mur,
Qui ne plorast de la dolor
Et des granz plainz que font des lor.
Par les rues ces dames corent, (3175)
1940 Por lor amis crient et plorent :
Por lor enfanz plorent les méres
Et les serors plaignent lor fréres ;
Lor amis plaignent les pucèles,
Dont ont oï freides novèles. (3180)

1926 *x* ensanglanta; *B* li roi — 27 *B* illeuques s. — 28 *S* en sont; *y aj. 2 v.* — 29 *x* la parole; *y* La n. est tote e. — 30 *Sy* Tout — 31 *P* Puis kens — 32 *y* Ele ne ; *S* poet; *x* Ne pot pas e. puis (*B* p. e.) c. — 33-4 *y développe en 4 v.*: P. la c. m. g. plor Grant mariment et grant tristor Sos c. nen a si (*P* tant) fol ne sage Nen eust piek en (*P* Neust pitie ens) son corage — 33 *S* g. doel, *x* tel deul (*B* diel) — 34 *S* taunt; *x* Na si felon houme soz cuel (*B* ciel) — 35 *x* Nes sil, *y* Et sil — 36 *y* Comme la; *P* en son le m. ; *S* ce — 37 *B* Quil; *y* Si p. il; *P* del grant d. — 38 *x* Et du pleur que cil; *A* Et du g. doel quil, *P* Et del g. p. ke; *C* dellor, *y* le ior — 39 *xA* ces r. ; *A* les d. — 41 *S* Qar les e., *A* De lor e. ; *y* crient — 42 *S* sorors; *P* Et li signor ; *S* plorent; *x* Les s. plorent por les f. — 43 *SP* plorent; *y* ces p. — 44 *y* D. eles oent les (*P* fors) n.

1945   Lor cheveus tirent et esrachent,
       Por poi de duel vives n'esragent :
       Se la cité fust lors assise
       O craventee o tote esprise,
       Ne cuit que plus en plorissant   (3185)
1950   Ne graignor duel en feïssant.
       Li chevalier et li borgeis
       Et li vilain et li corteis
       De traïson le rei blastengent,
       Por un petit que ne s'en vengent.   (3190)
1955   Trestuit ensemble en vont al rei,
       Demandent lui par grant esfrei
       Que il a fait de lor amis,
       Ou les querront, en qual païs.
       Li reis lor enseigna le val   (3213)
1960   Ou geseient mort li vassal ;   (3214)
       Et cil i vont o granz dolors   (3217)
       Et o granz criz et o granz plors :
       Onc n'en remest uns en la vile,
       Plus en i vait de treis cenz mile ;   (3220)

1945-6 *m. à S* — 45 *P* traient ; *C* enrachent — 46 *x* Par pou de d. v. nenragent — 47 *S* lors f. ; *A* f. le ior prise, *P* f. toute p. — 48 *x* Ou alumee ; *S* ou tout prise ; *y* Et a (*P* en) flame trestote mise — 49 *P* Ne croi ; *y* ke ia p. ; *Sy* plorassent — 50 *y* Ne plus grant d. ; *S* en faiseient, *y* en demenaissent — 51 *SB* et li corteis — 52 *SB* et li borgeis — 53 *y* La t. le r. — 54 *S* Dient nest dreiz que bien len prengent (*C* praingnent, *B* preignent) ; *A* quil — 55-8 *y développe en* 22 *v.* (*P 32*) — 55 *S* Trestout ; *x* en *manque* — 56 *Sx* li ; *S* effrei, *B* esproi — 58 *S* les troueront *(v. faux)*, *puis* 2 *v. qui se retrouvent dans P* (*V. App. I, v.* 2053-4 *et App. V, v.* 3133-4) — 59 *x* enseigne ; *S* la v. ; *y* Tot gisent mort en bruneual — 60 *S* giesent ; *y* A malpertrius li bon vassal ; *y aj.* 2 *v.* — 61 *P* Trestout i ; *xy* o (*y* a) grant doulor — 62 *C* o grant criz ; *y* a grant cri ; *xy* et o (*y* a) grant plor — 63 *S* ne remeist un — 64 *B* .iij^m. *(v. f.)* ; *A* .xxx., *P* trente.

1965 Granz sont les torbes que la vont
Et granz est li dueus que il font.
Quant il orent assez ploré
Et de lor amis dementé,
Enterrent les, car contre mort, (3225)
1970 Ço sévent bien, n'a nul resort.

Li reis de Thèbes grant duel ot
De ço qu'ot fait, car ore sot
Que la guerre esteit comenciee,
Par quei sa terre iert eissilliee. (3230)
1975 Ou ot ami, por lui enveie
Et del siége bien se conreie.
Si devin truevent en lor sorz
Que Greu chevauchent a esforz,
Et il chevauchent veirement. (3235)
1980 Adrastus a mandé sa gent :
Qui de lui tient ne fué ne terre,
Ne qui de lui vueut rien conquerre,
Bien les somont por rien ne muent.

1965-6 *sont placés dans Sx avant* -63 — 65 S Grant t. y s. que la uott; *xy* qui — 66 C Et grant le deul, BP Et grans li doels; A G. fu la noise; *xP* que il i f. — 68 *xA* Et pour; C garmente, B gramente, P demene, A doel mene — 69 *y* Si sen vienent (P traient); B cha c. m. — 70 *x* sauez; *y* Ne puet auoir nus hom; BA confort — 72 A c. lors le s., P quant le s. (*v. f.*) — 73 S est c.; A Que la grans g. ert c., P Car or est ia la g. entree — 74 C la t.; P est, CA ert, B estoit (*v. f.*); P degastee — 75 S Ou a; *xP* amis por eus — 76 *y* De la (P Et de) guerre b. se poruoie — 77 C Cil d., P Li d.; A As dix ot (*avec un a par-dessus*) troue; *y* sort — 78 P effort; A Q. li grigois ceuaucent tort — 79 S Il c. tout v.; P Li rois Adrastus v. — 80 P Il ot m. toute se g. — 81 SC fie, B fiu; *y* tienent fief; S ne de t. (*v. f.*) — 82 A du sien; P Ne de l. v. auoir c. — 83 P Tous les, A B. le; *x* P. r. ne lessent ne ne m.; A que ne se mut, P por riens kauiegne.

	Qu'a cest bosoign ne li aiuent.	(3240)
1985	De par ses terres, que sont larges,	
	Fait ajoster son host a Arges :	
	Grant est la gent que il aüne,	
	Onc ne veïstes graignor une;	
	Onc ne fu mais tal aünee,	(3245)
1990	Fors la Cesar et la Pompee;	
	En l'ost de Troie, dont l'on conte,	
	Nen ot tant prince ne tant conte.	(3248)
	La fu li dus d'Amphigenie	(3251)
	Et Licaons d'Orchomenie	(3252)
1995	Et li aufages de Miceines :	(3255)
	Fors solement li dus d'Ateines,	(3256)
	N'i a baron que la ne vienge,	(3263)
	Qui d'Adrastus chasement tienge.	
	D'Archade i vint Parthonopeus,	(3265)

1984 *S* ceste busoign ne lui; *A* aiut; *P* Que a lui tost cascuns en viegne — 85-6 *x développe en 4 v. :* De p. l. t. qui s. l. F. a. granz olz (*B* os) et larges Par terre viennent et o barges Et sassemblerent tuit a arges (*B* ages) — 85 *S* les t. — 86 *P* ses os, *A* sa gent — 87 *x* Granz e. la genz, *y* Grans sont les os; *S* qil a., *x* quil y a. — 88 *x* Ainz, *y* Ainc; *A* si grant nen v. u. — 89 *S* tiel, *xP* tele, *A* tex; *y* Onques ne fu t. assanlee — 91 *x* Nen; *P* Ens lost de grese; *y* on, *Sx* len — *Après* -92, *y aj. 2 v.* — 93 *S* Ci fu; *x* Li d. i fu; *S* daufrigenie, *C* danphigermie, *B* daufigenie, *A* danfigemie, *P* deufigenies *(cf. 8739)* — 94 *S* E ci cader darchemenie, *x* Et licannors dathenomye (*B* danthenomie), *A* Et cil darsonne et darcemie *P* Cil de carsone et dathenies; *A aj. 2 v.* — 95 *S* africans de meceines, *P* aufaige et li michaines; *A* micaines, *C* vinceines — 96 *y* Ensanle o lui; *P* E. chiaus li rois; *C* dus; *S* dathenes, *y* dataines; *y aj. 6 v.* — 97 *A* Ni remaint nus, *P* Ni remest ber; *xy* qui; *BP* ca ne; *S* ne se v. *(v. f.)*; *x* viengne, *y* viegne — 98 *S* Qi a. chesement; *x* tiengne, *y* tiegne; *P répète ici les v. 2023-4* — 99 *S* Darchaide, *y* Darcade; *S* parthopeux, *A* patrenopeus (*A écrit*

2000 Qui amena vint mile Greus :
Onques plus gente criature
En cest siécle ne fist nature.
Ypomedon i vint après,
Qui fu parenz le rei mout près : (3270)
2005 Une compaigne o sei ameine,
Que ne fu povre ne vilaine.
Capaneüs i vint li granz,
Qui fu de l'orine as Geanz : (3274)
Cil ameine o sei tal maisniee,
2010 Que de guerre est bien enseigniee.
Tydeüs mande en Calidone (3277
Que tuit i viengent senz essone.
Polinicès rot de sa terre
Mil chevaliers, que font sa guerre. (3280
2015 Li plusor furent si hostage,
Qu'il ot somons par son message.
Auquanz i a cui l'on fait tort :
Etioclès héent de mort ;
Por haïne del seignorage, (3285
2020 Ont cil guerpi lor hiretage.
Quant furent tuit josté ensemble,

ordinairement partonopeus, *P* pth', *en abrégé, ou* patrenopex).

2000 *x* Et a.; *B* .ij. m., *C* .xxx. mil — 1 *Cy* p. bele 4 *x* Q. p. fu, *y* Cil ert p. — 6 *S* qi, *xy* qui; *A* Q. nest, *P* Q. nert — 8 *xA* du linage, *P* de lesclate; *S* ieantz, *xP* iaianz, *A* gaians — 9-10 *y* Icil i vint et baus et fiers Ml't ot o lui de cevaliers — 9 *Sx* maisnie; *x* amena ml't grant m. — 10 *S* enseignie; *x* De g. ml't b. e. — 11 *Sx* calidoine — 12 *SB* essoigne, *C* essoine — 13 *xy* ot; *C* en sa — 14 *xy* qui; *A* sont de g., *P* li f. g. — 15 *y* Tot li p. sont si; *xy* ostage — 16 *S* Qil semonot; *B* par m. — 17-8 *intervertis dans y* — 17 *S* Aquanz, *x* Et tiex; *B* lan, *CS* len; *y* Car il (*P* ml't) lor ot f. molt grant (*P* auoit f. g.) t. — 19 *y* Et por son felon signorage — 20 *P* O. tout g. — 21 *Sy* tout.

Granz fu li hoz, si com mei semble : (3288)
Une jornee tote entiére (3291)
Dura li hoz par la riviére.

2025 Amphiaras manda li reis,
Un arcevesque mout corteis :
Cil esteit maistre de lor lei,
Del ciel saveit tot le secrei ; (3296)
Il prent respons et giéte sorz (3301)
2030 Et revivre fait homes morz ;
De toz oiseaus sot le latin,
Soz ciel n'aveit meillor devin. (3304)
Li reis li prée qu'il li die (3309)
Com iert de l'ost, ne li ceilt mie. (3310)
2035 Amphiaras forment sospire ;
Embroncha sei, ne li vout dire ;
Mais li reis forment le conjure
Que veir li die de l'augure :
« Sire, » fait il, « jol vos dirai, (3315)
2040 « De rien ne vos en mentirai : (3316)
« Ceste gent que vos ci veez,
« Se vos a Thèbes les menez,

2022 *S* ostz, *C* olz ; *A G*. sont les os ; *y aj*. 2 *v*. — 24 *SB* Dura (*B* Dure) bien lost, *C* D. li olz ; *y* Se herbergent ; *C* seur la — 25 *S* Amphyarax, *A* Anphiaran, *P* Anforiaus — 27 *y* e. princes — 28 *y* Del ost s. t. le conroi ; *B* segroi ; *y aj*. 4 *v*. — 29 m. à *S* ; *P* Cil ; *y* si iete. — 30 *xA* R. f. les h., *P* Et si refait viure h. ; *S* Et reuiller — 31 *S* Des o. entent le l. — *Après*-32 , *y aj*. 4 *v*. — 33 *S* lui p. ; *Sx* prie ; *y* Ml't le coniure — 34 *B* Quen ert, *C* Que e. ; *S* del host ; *C* celt, *B* soit ; *y* nel coile m. — 32 *S* Amphiarax, *A* Amphiarans, *P* Anforiaus — 36 *A* Embronce ; *P* Il senbroncha ; *x* Embruncha s. ne v. plus d. — 38 *x* langure, *P* Q. de lost d. lauenture ; *S* Qil li di veir del a. — 39 *B* ie v. en d. (*v. f.*). — 40 *A* Que ia, *P* Si ke ; *y* de r. nen — 41-2 m. à *y* — 41 *x* genz ; *S* ci *manque*.

	« Se jo onc rien d'augure soi,	(3317)
	« Mout en retornera ça poi.	(3318)
2045	« Jo i morrai, se tu m'i meines,	(3323)
	« Ne vivrai mie dous semaines ;	
	« Et ja nus hon ne m'ocira,	
	« Mais la terre me sorbira,	
	« Sorbira mei et mon cheval	
2050	« Jusqu'en parfont abisme a val. »	(3328)
	Capaneüs sailli en piez	(3331)
	Et a parlé com hon iriez :	
	« Sire, » fait il, « ne deis pas creire	
	» Quant que oz dire a cest proveire.	
2055	« De ço que est oncore a estre	
	« Ne te sét rien dire cist prestre ;	
	« Mais coarz est ; tal rien vueut feindre	
	« Par quei cist hoz porra remaindre.	(3338)
	« Com laisseras desireter	(3345)
2060	« Et de son regne fors geter	

2043 S onques r. de augurie ; B daguire, C dargure ; A Sen onques r. dangure s. ; P Se iou onques deuiner seu — 44 S Ca en r. ml't p. ; P peu ; S aj. 6 v. et A 4 (différents), que P réduit à 2 — 45 S Et gi m., x Je meismes ; S me menez — 46 B Ni ; P v. ia ke ; x .iij. s., y x. s. ; S semaignes — 47 x Que ia, P Si ke ; A Et nis j. h. ; S homme mocira — 48 P mengloutira — 49 P Recheura. — 50 xP Jusquel ; B bisme, P infer ; y aj. 2 v. — 51 C Canpaneus ; y Il est tous drois saillis (P salis) — 52 A Si a ; x Et parole — 53 Cy dist il — 54 S Q. q. ore oiez d. (v. faux) ; y Cou que ; P d. c. p. ; B a ce p. — 55 S vnqore ; x Car de tout ce qui e., A De quanques est onques ; P De nule cose ki doit iestre — 56 P d. r. çis ; A Ne vous s. mot d. li p. — 57 P Meschaans est et si v. faire — 58 SB ost ; x puisse ; A Por q. cest os fesist r. ; P Que cascuns voist en son repaire ; y aj. 2 v. et A seul 4 autres — 59 x leroies ; y Comment lairas (P laira) — 60 y Ne de ; BP hors

« Polinicès, qui a ta fille
« Et que sis frére a tort eissille ? (3348)
« Pués que serron la o nostre host, (3367)
« Assaudron les, prendron les tost :
2065 « Grant honor t'iert, se les pues prendre
« Et a ton ami s'onor rendre.
« Chevauche, reis, ne creire en sort,
« Car a ton jor vendra ta mort : (3372)
« Ja nus devins ne t'en guarra,
2070 « Ne ja ainceis ne t'avendra. »
Cele parole tuit otreient (3373)
Et l'arcevesque pas ne creient.
Li reis fait corner ses buisines
Et ses tabors et ses troïnes ; (3376)
2075 Li banier vont criant par l'ost
Que tuit s'en éssent et cel tost.
Es praeries, soz la vile, (3379)
S'esmérent bien a treis cenz mile :
Dreit a Thèbes tiénent lor veie,

2062 *C* son f., *B* si frerre; *A* Que ses freres, *P* Kethiocles; S'eissile, *x* essille, *y* escille; *y aj. 18 v. (P 20)* — 63 *x* Desque; *y* verrons; *S* oue grant host, *x* a n. ost, *A* a cest o. — 64 *A* et p. t.; *P* Ansanleront pris ierent t. — 65 *xy* Granz honnors; *P* iert; *y* ses (*P* sel) poons p. — 66 *x* t. gendre ; *C* tennor, *B* samor — 67 *S* creiez, *CA* croi ; *P* supprime en; *B* sors — 68 *B* mors, *S* tort; *P* recheuras m.; *A* Nus ne doit trop doter la m. — 69-70 *m. à A; cf. (pour le 2e v.) le v. de A 3343 (App. iv)* — 69 *P* te g. — 72 *A* En; *SP* arch. — 73 *S* busines; *A* Li r. comande as corneors, *P* Puis c. a ses c. — 74 *y* Soner buisines et t., *puis 2 v. spéciaux* — 75-6 *m. à y* — 76 *x* issent; *x* ml't. — 77 *S* defors la (*v. f.*); *A* Tot sen issent hors de la v., *P* Sour le cite es praeries — 78 *P* sesmurent; *S* cent; *P* milles; *A B*. sesmerent — 79 *P* Vers t. d.; *xA* pranent; *A* la v., *P* voies; *S aj. ce v.* : Ne lour chaut gaires qi qes veie; *puis cet autre, après 2080* : Molt y trouerent aspre veie.

2080 Les deserz passent de Nemeie;
El regne entrent Ligurge al rei,
Ou il durent morir de sei. (3384)

ÉPISODE D'HYPSIPYLE.

Ço fu en mai, en cez lons jors (3387)
Que li soleuz rent ses chalors,
2085 Que fait un tens clér et serein,
Li oiselet chantent al main. (3390)
En cel termine que l'ost mut,
Tarja treis meis qu'onques ne plut.
N'onques terre ne reçut pluée :
2090 Forment essart et mout essuée;
En terre vint tal secherece, (3395)
Que tote criature sece.
Une jornee dure entiére
Qu'en l'ost ne davant ne deriére
2095 Ne truevent Greu ne mont ne val,
Ou il beivent ne lor cheval. (3400)
Mout esteient destreit li Greu :
Sovent reclamoent lor deu

2080 *A* P. les d. ; *x* destroiz; *S* nomeie, *B* nenròie, *A* minoie; *P* desormoies — 81 *S* entre; *xA* Et le r., *P* Et le terre; *A* !ugorge, *P* legorge; *y* aj. 2 v. et *S* 4 (différents) — 83-4 m. à *x* — 84 *P* grans c. ; *S* ses *manque* — 85 *A* Quil, *P* Il; *y* caut et — 87 *S* ycel terme; *y* los — 88 *x* Tarda, *y* Passa; *x* .i. m. ; *P* ni — 89 *S* Onqes; *x* Ne la t. ni; *S* resceut pluuie ; *xy* pluie — 90 *Sxy* essuie — 91-2 *x* diffère complètement : Sechent cil ru et ces fontaines Qui deuant ierent deues (*B* deue) plaines — 91 *A* fu tels s. ; *S* secheresse, *y* sekerece — 92 *P* est s.; *y* seche — 93 *xy* toute e. — 94 *xA* En, *P* De; *S* darriere — 95 *Cy* namont, *B* nenmont; *xy* naual — 96 *xy* Que il — 98 *P* Ml't r. s. d. ; *A* reclamerent.

Que lor tramete pluée en terre,
2100 Car ne sévent ou ève querre.
Mout les angoisse d'une part (3405)
Li chauz, de l'autre seiz les art :
Destrier, roncin et palefrei
Rerent si angoissos de sei,
2105 Et li plusor de ceus a pié
Por poi n'erent tot estanchié. (3410)
Greu nel poeient mais sofrir,
Toz les i covenist morir,
Quant conseil pristrent li princier
2110 Qu'il feront la forest cerchier
Par la contree d'environ, (3415)
Saveir se trover porreit l'on,
De nule part que onques fust,
Riviére ou l'ost s'aresteüst. (3418)
2115 Ço truevent Greu en lor conseil (3513)
Que nel lairont por nul traveil
Ne por peine ne por destreit, (3515)
Com loign que la riviére seit,
Qu'il ne cerchent par la contree

2099 *xA* Quil l., *P* Que il; *y* enuoie; *S* ploie, *xy* pluie
— 2100 *A* seurent; *xP* C. il ne s. e. ou q. — 1 *y* Sois les; *C*
dautre p. — 2 *C* Le chaut; *S* sei, *B* soiz, *C* soif; *y* Et la calors
(*P* li caurre) forment l. a. — 3 *y* ronchi — 4 *xy* Ierent; *P*
si destreceus — 6 *x* Par pou nestoient e. — 7 *S* ne; *x* Li
griex *(B* greu*)* nel porent plus s. — 8 *A* en c. — 9 *A* p. c.
— 10 *x* Que la f. f., *P* Kens le f. iront; *B* cercier, *A*
cerkier, *P* cherkier.— 11 *x* Et la — 12 *P* on; *x* se ia troueroit
on, *A* se trouerent ou non — 13 *S* qi, *B* qui, *y* ki, *C* ou
— 14 *S* sarestut; *y* aj. 94 *v.* (*P* 82) — 15 *x* Ce trouerent
en leur secroi *(B* segroi*)* — 16 *xy* Quil; *x* ne l. p. n. des-
roi; *S* Qi molt en sont en grant esueil — 17 *S* Qe nel lairont
pur nul d. — 18 *By* loins — 19 *P* Que ne; *S* par *man-
que.*

2120   Tant qu'il avront ève trovee.

       Quant il orent lor conseil pris,
       A la veie se resont mis.   (3520)
       Tydeüs chevauche premiers,
       Qui des Greus ert gonfanoniers;
2125   Avant en vait o sa compaigne.
       Joste le pié d'une montaigne,
       En un val entre merveillos   (3525)
       Qui mout ert laiz et tenebros :
       D'ambes parz ert li vaus enclos
2130   De granz forez et de granz bos.
       Capaneüs le siut li cuens
       O tot treize mile des suens.   (3530)
       Davant en vont querre riviére
       Et tote l'ost les siut deriére.
2135   Tant chevauchiérent dès le main
       Greu tot ensemble bos et plain,
       Que onc n'i ot rène tiree   (3535)
       De si que vint a relevee.
       Ja esteit bien li soleuz bas,

2120 S avront *manque*, P aient; B *répète ensuite les 12 v. qui précèdent* — 21 *x* cest c. — 22 P Ens lor chemin; S se sont pris (v. f.); y se s. tot m. — 23 *x* chevauchoit — 24 S est gonfanoiers — 25 *x* Deuant; y sen va; A a grant c. — 26 By pui — 27 S Entrent e. u. v., y Et e. en .j. v. — 28 y Q. m. forment ert (P est) t., *x* Ml't parfont et m. t.; C perilleux — 29 *x* De .ij. p.; C li bois, S li murs; P li v. est e. — 30 S lez seut; *x* suit, P sieut — 32 *x* O lui .iiij., y Atot .xiij.; S tresze — 33 S Auant en vait; y D. v. q. (P querant) la r. — 34 S laissent darriere; P le s.; *x* arriere — 35 P tot le m., C soir et m.; A T. ceualcent d. le matin — 36 P Li g. e.; A lor cemin; S*x* bois — 37 *x* Onques, y Conques; S*x* regne, y resne — 38 *x* Tres que, P Deske; *x*P ce v.; A vers r. — 39 B Li s. e. ia b. b., C Li s. iert auques b. b.

2140	Et li Greu erent forment las,	
	Mout chevauchoent a grant peine,	
	Quant aventure les ameine	
	A un vergier que mout ert genz,	(3540)
	Que onc espice ne pimenz	
2145	Que hon peüst trover ne dire	
	De cel vergier ne fu a dire.	
	Mout esteit bien enclos li jarz	
	De forz paliz de totes parz,	(3545)
	Ne mais que davant a l'entree	
2150	Ot une porte bien ovree,	
	Par ou Ligurges sout venir,	
	Li reis, por son deduit tenir.	
	Dès qu'iluec furent Greu venu,	(3550)
	Onc ainz n'i ot frein retenu,	
2155	Gardent a val par mé le jart :	
	Soz un lorier de l'une part,	
	Si virent une dameisèle,	
	Que mout esteit gentil et bèle.	(3555)
	Un enfant tint ensemble o sei,	

2140 *x* ml't durement l. — 42 *P* lost a. — 43 *y* En; *xy* qui; *SC* gent — 44 *S* Qe onqe, *x* Car o.; *S* piement, *C* cyment — 45 *xy* Arbre (*B* Arbres, *A* Narbres, *P* Nabre) quen (*y* com) puist; *x* penser, *A* nombrer, *P* conter — 46 *P* ne fust; *A* nen iert — 47 *S* bon et clos; *x* M. par fu b.; *y* b. clos enuiron — 48 *P* fort, *A* gent; *x* De murs espes; *y* et fort (*P* biel) et bon — 49 *S* en lentre; *x* M. q. d. ot a — 50 *P* tieree; *x* U. p. ml't b. o. — 51-2 m. à *x*, qui donne 6 v. spéciaux — 51 *S* li borgeis, *A* lugurges; *S* soelt, *A* selt, *P* sot — 53-4 m. à *P* — 53 *x* D. que li g. sont la v., *A* De si la s. li g. v. — 54 *A* Onques; *x* Vont auant ni ot f. tenu; *A* resne t. — 55 *P* auant; *y* par le (*P* par) vregier — 56 *x* Sor; *y* De l. p. sos (*P* a) .j. rocier — 57 *x* voient — 58 *S* Qi, *xy* qui; *B* gentiz, *C* gentilz, *A* gentils, *P* gentieus — 59 *SB* tient; *P* e. s., *A* de deuant s., *x* entre ses braz; *x* aj. un v. : Qui li faisoit ml't granz solaz, *et un*

2160　Qui fiz esteit Ligurge al rei ;
　　　Iluec erent desoz l'ombrail,
　　　Cele et li fiz a l'amirail.　　　　　　　　　　(3560)
　　　Reguarda sei, si vit les rens :
　　　Por poi que ne perdié le sens.
2165　Grant poor ot, forment s'esfreie ;
　　　Son enfant prist, si tint sa veie :
　　　Quant Tydeüs li proz s'eslaisse,　　　　　　　(3565)
　　　Sor le col del cheval s'abaisse,
　　　Par sa manche la prist davant,
2170　Si li a dit tot en riant :
　　　« Dameisèle, vos estes prise :
　　　« Dites mei par vostre franchise,　　　　　　(3570)
　　　« Ne dotez rien, parlez o mei,
　　　« Si me dites par vostre fei —
2175　« Chevalier somes mout destreit —
　　　« Se vos savez en nul endreit
　　　« Par ces forez, n'avant n'ariére,　　　　　　(3575)
　　　« Ou nos poisson trover riviére.
　　　« Por Deu vos pré, ma douce amie,
2180　« Rendez a ceste gent la vie,

autre après 2160 : Pour compaingnie lot o soi, *puis 6 v. spéciaux.*

2160 *S* Qe, *x* Cil ; *xy* e. f. ; *B* lisurge, *A* lugurge ; *P* au gge (*avec un sigle* = or?) r. ; *S aj.* 2 *v*. — 61 *x* I. estoit ; *A* I. iuoent ; *P* sor .i. o., *S* souz lumbrail, *A* sous lombral — 62 *x* Ele et le f. ; *P* Il et les filles l. — 63 *y* et v. ; *P* les gens ; *x* Arriere garde voit l. r. — 64 *S* qele ne p. les s. v. faux) ; *x* que il (*B* quele) ne pert (*B* part) — 65 *P* et si s., *C* si tient sa voie — 66 *S P.* s. e. ; *x* prent ; *y* Ele salt sus ; *P* et ·t., *B* si tient ; *C* forment sesfroie — 67 *x* t. auant — 68 *S* Soz, *C* Sus ; *y* Sor son cheual aual (*P* deuant) s. — 69 *y* le m., *x* son bliaut ; *B* print — 70 *x* Puis li — 72 *S* D. nous ; *y* Car me d. p. vo f. — 73-4 *m. à x* — 76 *C* Se sauiez, *B* Se sauriez ; *P* en quel e. — 77 *S* f. auant — 78 *x* Ou peussons.

« Aiez de nos pitié et cure.
« Destreit somes a desmesure :
« Por veir vos di treis jors ot hier
« Que ne burent nostre destrier.
2185 « De vers Grece tot dreit venomes : (3582)
« Trestuit li plusor de nos homes (3587)
« Sont si destreit et mat et las
« Ne pueent faire avant un pas. »

La dameisèle ert mout corteise :
2190 Quant ço oï, forment l'en peise. (3592)
Ele respondié al princier : (3595)
« Sire, pas celer nel vos quier,
« Tant par est toz cist païs seis
« N'i a fontaine ne mareis
2195 « Que toz ne seit arz ne sechiez.
« Por nos orgueuz, por nos pechiez, (3600)
« Nos tramet Deus del ciel en terre
« Mout grant haïne et mout grant guerre ;
« Et neporquant ço iert damages,
2200 « Se vos et toz vostre barnages

2181 *S* Prenez; *x* A. p. de n. — 82 *C* outre mesure, *P* par auenture — 83 *x* Sachiez p. v.; *C* .v. i., *B* cun iour — Après-84, *y* aj. 4 v. — 85 *x* De G. venons dou (*B* dont) nous sommes — 86 *x* Mes tuit; *y* Trestous li (*P* le) plus de tous n. h. — 87 *xP* et sont si l., *A* et isi l. — 88 *y* Ne p. mais; *A* aler .j. p., *P* ne trot ne p.; *x* Que venus sunt du trot ou p. — 90 *S* oit; *x* Q. lot oi; *P* li p.; *y* aj. 2 v. — 91 *S* Et r. al cheualier — 92 *x* Biau s. c.; *y* Por diu; *A* sire c. n. q., *P* cele ne le v. q. — 93 *Sy* Si p.; *B* est cis; *A* e. tant c.; *By* ses, *C* sez — 94 *S* fontaigne; *xy* mares — 95 *x* Qui tout; *xA* et s. — 97 *S* de c.; *xA* a t., *P* le t. — 98 *S* M. fort h. et g. g. — 99 *x* Mes n., *P* Et non p. q., *A* Et nequedent; *S* si ert, *x* cest granz — 2200 *S* Si v. t. et v.; *x* et cist v.; *A* vostre gens, *P* v. mores; *y* et vos b.

ROMAN DE THÈBES

      « N'avez aparmaines confort.   (3605)
      « Ne fust cist enfes que jo port,
      « Jo vos menasse a une evete,
      « Que mout par est et clére et nete :
2205 « C'est la riviére de Langie,
      « Que vos rendreit, ço cuit, la vie.   (3610)
      « Ne l'os guerpir, ne sué si ose ;
      « Mais tant me semblez franche chose
      « Ne lairai pas, o muére o vive,
2210 « Que ne vos mein jusqu'a la rive.   (3614)
      « Mais se volez venir o mei,
      « Guardez que vos me portez fei. »
      A tant i est li reis venuz,
      Qui les barons aveit seüz.
2215 Quant il entendié la novèle,
      Que mout li sembla bon[e] et bèl[e] ;
      A la meschine dist premier :
      « Par Apollin, que j'ai mout chier,
      « Jo vos liverrai tal conduit
2220 « Que bien vos guardera, ço cuit.
      « Ou estes vos, Capaneüs,
      « Polinicès et Tydeüs ?
      « Iceste dame vos comant :
      « Guardez la mei d'ore en avant.
2225 — Sire, » font il, « bien le feron :
      « Ja n'avra mal, que nos puisson. »
      Quant la pucèle cel oï,

2201-2 *m. à P* — 1 *B* aparmanir c., *C* aparmain reconfort, *A* procainement c. — 2 *S* enfant — 3 *P* aiguete — 4 *xy* Qui ; *BP* m. e. belle et c. et n. ; *CA* m. e. c. et saine et n. (*A* et ml't est n.) — 5-6 *m. à P, qui donne 2 v. spéciaux* — 5 *S* lannie — 6 *S* rendra ; *A* rendist ie cro ; *x* sempres la v. — 7 *x* tant o. — 8 *S* t. par s. ; *A* gentils c. — 9 *y* l. ia ; *S* Ne l. ou il m. ; *B* laira — 10 *S* meine, *xy* maing ; *P* Ne v. m. ia droit a ; *x aj. 2 v.* — 11-28 *m. à xy* — 21 *Ms.* estez — 25 ferron.

A merveille s'en esjoï ;
A terre assiet l'enfant petit, (3615)
2230 D'erbe et de flors li fait un lit ;
Del vergier ést com ainceis pot,
El chemin entre que bien sot :
« Seignor, » dist ele, « estez ariére,
« Jo vos menrai a la riviére. » (3620)
2235 Quant fu esloigniee del parc
Quatre traitiees a un arc,
L'ève lor monstra o son deit.
Quant Tydeüs li proz la veit,
Mout par fu liez : corant et tost (3625)
2240 Tramet ses mes ariére en l'ost
Et fait crier en quatre sens
Par les eschiéles, par les rens :
« Ja mar avront mais desperance :
« Viengent a l'ève senz dotance ;
2245 « Qui ore a sei a l'ève voise. »
Lors oïssiez estrange noise : (3632)
Par l'ost demeinent grant leece, (3635)

2228 Ms. esioyit — 29 *y* Atant met ius — 30 *P* a fait ; *C* son l. ; — 31 *S* Elle le guerpist ; *y* Si (*P* El) le couca ; *x* Du v. conme ele ainz p. (hiatus) ; *S* poet — 32 *S* E. el c. qele b. s. ; *A* E. en la voie, *P* Ens le v. e. — 33 *S* Seignors ; *x* Et dist as griex (*C* genz) venez ; *y* S. fait e. alez — 34 *P* ens le ; *x* Si v. monterrai la — 35 *x* fu issue de cel p. — 36 *S* dun a. — 37 *A* Laige l. m. a s. d. ; *S* monstre oue lour d. ; *x* que sauoit ; *P* Le ruisiel li m. a sen d. — 38 *S* le p., *P* li bers ; *Sy* le v. — 39 *x* M. fu ioianz (*B* ioieuz), *y* M. en est l. ; *A* errant et t., *P* alains kil pot — 40 *A* arie ; *x* J. mesage enuoie en (*B* tramet a) ; *P* corant vers l. — 41 *S* Ce f. — 42 *y P.* l. herberges — 43 *S* nauront ; *x* meshui pesance, *A* m. mesestance — 44 *P* a laigue en v. ; *S* ewe, *x* iaue, *P* aige — 45 *xy* soif ; *C* iaue, *y* aige — 46 *m. à S* ; *P* Dont o. ; *y* aj. 2 *v.* — 47 *x* Tuit demenoient ; *A* Or ont en lost ml't g. l.

8

Car mout aveient grant tristece.
Cil as chevaus corent premier,
2250 Ne quiérent veie ne sentier;
Nes puet tenir ne bos ne pleie
Qu'el plus espes ne facent veie; (3640)
Davant en poignent a eslais,
Et cil a pié en vont après;
2255 Com chascuns puet a son endreit, (3641)
Corent a l'ève a grant espleit.
Et des qu'il perçurent la rive,
Nes tenist pués nus hon qui vive :
Ne quiérent gué n'a val n'a mont, (3645)
2260 Ainz se fiérent el plus parfont.
Qui donc veïst chevaus estans
Emplir ces ventres et ces flans :
Tant beivent por la sei ques art,
Vueillent o non, li cuers lor part. (3650)
2265 Qui donc veïst iceus a pié, (3657)
Qui tot vestu et tot chaucié
Saillent en l'ève jusqu'as cous :
Nes puet tenir sages ne fous (3660)

2248 *y* Eu a.; *A* g. tristresce; *x* estoient (*B* eurent) en t.
— 50 *By* Ni; *C* ne tiennent — 52 *S* Qe molt e., *x* Que
par trestout — 53-4 *m. à y* — 53 *C* senpoignent — 54 *x* Cil
a p. les suiuent a. — 55-6 *intervertis dans x* — 55 *A* point; *P*
au sien e., *x* en son e. — 56 *P* Coroit, *S* Corut; *x* A leue
vont; *S* ewe, *A* aige, *P* aigue — 57 *x* paruirent, *A* vin-
rent a; *P* Tres dont kil percoiuent — 58 *SB* puis; *S* nul
homme; *C* Ne les t. n., *y* Nes pot tenir n. — 59 *BA*
Ni q. g. ne val; *P* Il ni q. a v. — 60 *B* Ens se, *P* Il se; *A* A.
f. ens el — 62 *S* Empler ses; *x* lour v. et lor f. — 63 *S* seif,
xy soif; *SBy* quis — 64 *Sx* le cuer; *S* se p.; *B* leur faut; *y*
aj. 6 v. — 65-6 *m. à P* — 65 *x* Lors reueissies ceux a (*B* de)
p. — 66 *x* tuit v. et tuit c. — 67 *P* Salent ens l'aigue duskas
caus; *A* S. es gues desi; *SA* as cols, *B* a cox, *C* as cox — 68
A pot; *x* Ni remest nul (*B* .j.)

ROMAN DE THÈBES

	Que el plus parfont gué ne saille,	
2270	Car il crement qu'ève lor faille.	
	Qu'en direie? Tal presse i font	
	Cil qui vienent et cil qui vont	
	Tote en perdié l'ève son cors,	
	Si corut ariére a rebors.	(3666)
2275	Adrastus, qui sire ert des Greus,	(3679)
	O l'arcevesque Amphiareus,	(3680)
	O les princes et o les dus,	
	S'en traeient de l'ost en sus,	
	Quant Tydeüs li proz les meine	
2280	A cele que pas n'ert vilaine,	
	Que por eus s'ert tant traveilliee,	(3685)
	L'ève lor aveit enseigniee.	
	Adrastus ne fu pas vilains,	
	Cele araisone premerains :	
2285	« Bèle, » fait il, « com avez non ?	
	« Jo vos merci et mi baron,	(3690)

2269 *y* Q. il el p. p. (*P* espes) ne s.; *x* Qui (*B* Que) vestuz en leue ne s. — 70 *x* criement; *S* qe eawe, *x* quele; *y* C. cascuns crient; *A* que leue f., *P* laigue ne f. — 71 *P* Que d. el; *x* p. f. — 72 *A* C. q.i vient et qui v.; *P* C. ki issent — 73 *x* Tout en, *y* Que si; *S* perdit, *xy* perdi; *P* laigue — 74 *S* Qui c.; *x* Si court; *y* Quele courut tote a r.; *A* aj. *12 v. et P 8, dont 2 qui lui sont propres* — 75 *x* li sires d. g.; *P* est; *S* de grece — 76 *xP* Et; *A* Larcheuesques, *S* O larcheuesque, *P* Et larcheueske; *S* arphiarex, *P* anforius — 78 *x* Sestoient tret, *A* Se retienent, *P* Sen atraient; *S* Sen traist del o. arriere en s. — 79 *xA* lor m. — 80 *x* Cele, *y* Celi; *S* qi, *x* qui ne fu p., *y* qui nestoit p. — 81 *S* Qi, *xy* Qui; *x* Q. siert (*B* sest) p. e.; *A* a t. trauillie; *P* sest t. t.; *B* trauaillie, *P* -ellie, *SC* -eillie — 82 *y* Que leue (*P* laigue) l. a (*P* ot) e.; *B* Que leur a. leue e., *C* quel l. a. rendu la vie; *SBA* enseignie, *P* ensegnie — 83 *S* nen ert p. v. — 84 *S* raisona; *y* Il (*P* Ains) laraisone; *x* Si la salue (*B* salua).

« Jo vos merci mout hautement.
« Ues avez eü a ma gent :
« Ço m'est avis en mon corage
2290 « Que vos estes de franc lignage. » (3695)
Cele respont come afaitiee :
« Sire, jo sué une eissilliee,
« Ysiphile m'apêle l'on.
« Par pechié et par traïson
2295 « Fui de mon regne fors getee, (3700)
« De Lemne, l'isle ou jo fui nee.
« Une merveille avint en Lemne :
« Tal n'oï mais ne hon ne femne ;
« Car les dames, par lor outrage,
2300 « Porparlérent une grant rage : (3705)
« Par merveillose traïson,
« Ocist chascune son baron ;
« Qui n'ot mari ocist son pére,
« Fil o nevo, cosin o frére.
2305 « De la vile ert mis pére reis, (3710)
« Ma mére ert morte un poi ainceis :
« Idonc n'aveit mie d'espose,
« Et j'esteie assez juefne tose.
« Ne poi aveir en mon corage
2310 « Que je feïsse ital outrage, (3715)
« Por rien que me seüssent dire,

2288 S Oes; B Eu a. hues, C Mestier as eu ; y M. aues eu m. g. — 89-90 m. a x, qui a 4 v. spéciaux. — 89 P ens men — 93 A Ysifille, x Isiphile; P Jou sui fille mabeloon; xy on — 96 S lemnos, x lennos; A lenneles, P lennelise; B fu — 97 P ens, SBy lenne; C el regne — 98 x Onc tel, y Tele; Cy ne vit, S noit; x homme ne f. — 2303 x Q. baron not ; xy socist; x frere — 4 A F. ou c. n. ou f. ; x pere — 6 P refu m. a. — 7 x Encor, y Adont — 8 B Que i.; x petite t. ; y Et iere a. p. t. — 9 S poai; x Ne me plot pas — 10 x tel o.; y Por lor proiere iceste rage — 11 y queles; A peussent, S volsissent.

« Que mon pére vousisse ocire.
« La nuét, quant toz li ségles dort,
« Furent tuit cil de Lemne mort. (3718)
2315 « O lor couteaus que eles tindrent, (3721)
« Dreit al palais mon pére vindrent;
« Par la fenestre de la sale,
« Poiérent sus o une eschale ;
« Nes puet tenir ferrouz ne serre, (3725)
2320 « En la chambre le vont requerre ;
« O lor couteaus qu'erent tranchant
« Le rei ocistrent en dormant.
« Grant poor oi, nes voil atendre :
« Bien sai, se me peüssent prendre, (3730)
2325 « De cent vies n'en portasse une.
« Fuiant m'en tornai a la lune :
« Onc ne finai dous jorz entiers,
« Que par chemins, que par sentiers.
« A un seignor m'en sué venue, (3735)
2330 « A grant honor m'a receüe :
« De ceste terre est reis et sire,
« Ne sai s'onques l'oïstes dire. (3738)
« Un sol fil a de sa moillier : (3741)
« Celui li guart, qu'il a mout chier. (3742)

2313 *x* Par n.; *C* autre siecle, *B* autres siecles — 14 *A* de lonor, *B* de lanne, *C* du regne; *xA aj.* 2 *v.* — 15 *x* les; *P* le conuent; *S* coteals que eux — 16 *P* D. ou; *C* en v. — 18 *xy* Monterent s.; *C* en u., *y* a u. — 19-20 *m. à x* — 19 *y* pot; *S* fort roil, *A* verels, *P* veraus — 20 *P* Ens se c. lalerent querre; *A* v. le roi q. — 21-2 *m. à P* — 21 *x* qui sont t. — 22 *A* ocisent — 23 *C* nel; *S* voloi — 24 *S B.* sauoie seles me puissent p.; *x* sil (*B* sel) me poissent — 25 *B* de .v. c. (*v. faux*); *y* ne — 26 *x* T. men f. — 27 *y* Ainc; *x* .v. i. — 28 *S* Et p. c. et; *y* p. voies; *S aj.* 2 *v.* — 29 *x* A cest; *A* en — 30 *y* Qui a h. ma retenue — 31 *x* De cest pais — 32 *S* si o.; *A aj.* 2 *v.* — 33 *S* Un filz aueit, *y* J. enfant a — 34 *x*

2335 « Onc plus bel ne forma nature. »
Or oez qual mesaventure
Li est venue en mout poi d'ore.   (3751)
Endementiers qu'ele demore,
Une serpent de male part
2340 Eissi del bos, si entre el jart.
Par les narilles giéte fors   (3755)
Et fou et flambe de son cors :
N'encontre rien que trestot n'arde.
L'enfant trueve tot sol senz guarde :
2345 Sifle, si met fors l'aguillon,
Que ele ot lonc come un baston ;   (3760)
Si point l'enfant soz la mamèle,
Le cuer li trait de soz l'aissèle,
Par mé la plaie en but le sanc.
2350 Li enfes al cors bel et blanc

Et ie le g. si lai ; *Sy* lui g. qi molt lad c.; *y* forment la cier;
x aj. 2 v.

2335-6 *y développe en 8 v.* — 35 *x* p. gent; *y* Ainc p. bele
ne fist n. *(v. déplacé ; voy. App.* III*)* — 36 *SC* oiez ; *x* grant
m. — 37 *x* Que li auint ; *y* Quist auenu ; *S* venu ; *x* pou ; *P*
en petit dore — 38 *xA* Endementres ; *S* quilloec d. ; — 39
Sxy Vint un s. *(y* uns s.*)*; *x* serpant, *A* serpens, *P* sarpens
— 40 *S* Qi eist; *x* Issi *(B* Oissi*)* du b. si vint; *y* D. b. issi
sentra el *(P* ou*)* gart— 41 *By* narines ; *P* hors — 42 *y* flame
— 43 *S* R. n., *x* Naconsuit r. ; *S* qe toute nen a. — 44 *x*
troua — 45 *xy* hors — 46 *xy* Quele *(y* Quil*)* auoit l. — 47-54
*xy réduisent à 6 vers (réd. différente; cf. note aux v. 2359-
2450)* : Si p. l. parmi le ventre *(cf. v. 2347)* Que li venins
(C le venim*)* u cors li entre Aual sen torne et lenfant *(By*
t. lenfant*)* bret *(A* lait, *P* laist*)* Qui ml't *(A* del*)* sangoisse *(By*
angoisse*)* et forment bret *(A* crie et brait, *P* et c. et braist*)*
Par lerbe formant *(A* Et p. tere ml't, Et *P* p. lerbe m.*)* se de-
tort *(B* decourt*)* Li cuers *(A* Ses c., *C* Le cuer*)* li part *(P* li
crieue*)* ez le vos mort — 48 *Ms.* lassele — 49 mie — 50 qi ert
bel et b.

Tot ennercist, gient, crie et brait;
Li cors muert et l'anme s'en vait :
Et la serpent emprès esteit,
Dejoste l'enfant se dormeit.

2355   Cele qui ert loign del vergié   (3767)
       Oï les criz, si quiert congié ;
       Come ainceis pot de l'ost depart, —
       Ne pot chaleir, car trop vint tart, —   (3770)
       Come ele ainz pot est retorne[e],
2360   Mais mout fu fort la destine[e].
       Quant ele vint iluec tot dreit,
       La serpent vit que se dormeit,
       Que aveit ocis son enfant :
       Iluec esteit lonc lui gisant.
2365   Poor ot de la serpent grant :
       Ariére s'en torna fuiant,
       Et regretot son enfant fort,
       Que li deables li ot mort :
       « A ! beaus enfes, bèle color,
2370   « Com mar vos laissai hué cest jor !
       « Morz en estes, beaus douz amis :
       « Ne remaindrai en cest(e) pais.
       « Ahi ! lasse, maleüree,
       « Come ore estes deshonere[e] !

2351 gieint — 52 lalme — 53 li ser penz — 55 *A* q. l. iert, *P* kistoitloins; *B* vergier — 56 *S* Oit; *A* Oï lenfant; *y* si prist, *C* si prent; *B* congier — 57 *S* anceis, *A* ancois; *S* poet del host; *A* se part; *x* Isnelement vint cele part; *P* Ml't prent a garder c. p. — 58 *S* poet, *A* pueut; *x* cest a t. — *Les v. 2359-2450 m. à xy, qui traitent de la mort du serpent en 102 v. (A 120, P 116), placés après le v. 2646 (après le v. 2650 dans A) du texte critique. (V. App.* II) — 62 *Ms.* Le s. v. qi — 63 Qi a. oscis — 64 l. li — 65 Ele ot p. del s. — 68 ad m. — 69 Ahi beals e. beals c. — 70 Come male v. l. hui.

2375 « Morir m'estovra veirement,
« Ne vivrai mie longement. »
El(e) s'escrie en haut, la chaitive,
Si que cil l'oent de la rive.
Capaneüs entent les criz,
2380 Si s'escria : « Mal sué bailliz ;
« Jo oi crier la dameisèle :
« Saveir m'estuet cest[e] novèle,
« Qui cil est qui l'a envaïe ;
« Certes n'en portera la vie. »

2385 Come il ainz po(e)t vint cele part,
Et en sa main tint un grant dart.
Cele trova eschevele[e] :
Bien resemblot femne desvee.
Il li demande : « Bèle amie,
2390 « Qui t'a ço fait ? Nel ceile mie.
« Saches que je t'en vengerai
« Et o cest espié l'ocirai,
« Et sil ferai passer al port
« Ou passent tuit cil qui sont mort ;
2395 « Saches tu bien que hué cest jor
« Par mé enfer prendra son tor. »
Cele l'entent, si l'esguarda
Et pués après si l'araisna :
« Sire, por quei le vos dirai ?
2400 « Car par vos aïe n'avrai.
— Di le mei, bèle, par ta fei(e),
« Et se jo pués, vengerai tei. »
La pucèle li dist a tant :

2375 verrement — 78 oient — 83 qil lad — 90 celez — 91 Sachez — 92 Et oue ceste l. — 93 Et cil ferrai al p. — 94 tout — 95 Sachez tu b. qe hui — 96 Parmie enfern — *Les v. 2397-2402 sont suspects d'interpolation* — 98 Et puis a. laraisona — 99 dirrei — 2400 aide — 3 lui.

« Sire, j'ai perdu mon enfant.
2405 — Bèle, coment l'avez perdu ?
— Sire, une serpent l'a tolu.
— Serpent ? — Veire, sire, par fei ;
« Ja la vos monsterrai al dei :
« Elle est graindre d'un olifant,
2410 « Iluec se gést joste l'enfant. »
Capaneüs vait cele part,
En sa ma(t)jin destre tint son dart ;
Si come il vint irieement,
Lança, si feri la serpent.
2415 Li darz encontre mont resort :
Par icele arme n'avra mort.
Tydeüs i vint apoignant ;
Lance, fiert la el péz davant :
Onc la serpent ne se guenchi,
2420 Car li espiez en resorti.
Polinicès cil i lanç(e)a :
Li fers resorti, nel plaia.
Tuit i lancent fer et acier :
Onc la pel ne porront percier.
2425 Capaneüs plus l'empressa :
La serpent a lui s'eslança ;
Mais [s']il a failli al vassal,
Ne meschoisi pas le cheval ;
Plus tost li ot le col trenchié
2430 Que uns rasors un peil deugié.

2406 un serpent le mad t. — 8 le v. moustrerai — 9 Il e. graignor — 10 geist — 13 eirriement *(le 1er e exponctué)* — 14 La si ferist le — 18 piz deuant — 19 li serpenz ne se guenchit — 20 Qar lespie en resortit — 22 resortist pas n. — 23 ascire — 24 le pele ne p. percere — 26 Li serpenz — 28 meschoisit — 29 Plius t. li eust — 30 rasours... dolgie, *puis 6 v., qui semblent interpolés (le 3e est incorrect)* : Al tor quele fist del cheual Ad encontre un gent vassal Chiua-

Capaneüs s'a mout irié :
Un juevne chaisne a arrachié,
Aguisié l'a devers le gros;
Lance et fiert la par mé le dos;
2435 D'outre en outre le li passa,
Que dous pleins piez en terre entra.
La serpent se tint [por] ferue,
Que del pal fu par mé cosue:
Environ le pal s'est lacie[e];
2440 Li Gr(i)eu, come gent esragie[e],
Tot entor l'ont avirone[e],
Tant i fiérent que l'ont tue[e].
Mout furent lié icele gent,
Quant orent tué la serpent :
2445 As herberges s'en retornérent
Et grant leece demenérent,
Pués joérent, segont lor estre,
A plusors jous, a la palestre.

Mais cele que ot l'enfant mort
2450 Ne po(e)t onques ave[i]r de(s)port,   (3771)
Et vint corant tot dreit soz l'arbre :
L'enfant trova plus freit que marbre.
Il esteit morz, ja aveit pose :
« Deus ! » fait ele, « com faite chose,
2455 « Quant mis enfes est si pasmez! »

ler ert et proz et gent Cil ne li poet foir nient Tant come en ot desus la sele En ad porte oue la boele

2431 fu molt — 32 ioefne chesne ad aracie — 33 Aguisee — 34 le p. mi — 36 Qe deux p. — 37 le s. — 38 Qi d. pale fu parmie — 39 pel — 43 furont lie y cele — 44 le s. — 47 Pois — 48 ieus — 49 qi — 51 *x* El; *B* vers l. — 52 *P* p. noir dun m.; *A* com m. — 53 *SC* mort; *A* Car m. e. — 54 *x* c. male — 55 *x* Qua, *y* Que; *S* si periz; *x* qui sest pasmiz *(B* ramis); *y* est espasmis *(P* espaumis).

  A mont le drece vers son péz, (3776)
  Plus le baise de trente feiz :
  Ne li vaut rien, car toz est freiz.
  Ses mains par tot le cors li meine : (3777)
2460 Quant n'i sent ne fun ne aleine,
  Desor l'enfant dous feiz se pasme.
  Quant el revint, forment se blasme : (3780)
  « Deus ! » fait ele, « com mar fui nee !
  « A com grant honte sué livree !
2465 « Por qu'eschapai de Lemne vive,
  « Quant ci morrai come chaitive ?
  « Ço sai jo bien, morir m'estuet : (3785)
  « Nule rien guarir ne m'en puet. (3786)
  « Mout sué livree a grant eissil,
2470 « Quant le rei ai tolu son fil :
  « La meie mort serra tant dure (3787)
  « Onc ne fu mort de sa mesure.
  « Et si jo muer, n'iert pas a tort,
  « Quant jo mon dameisel ai mort : (3790)
2475 « Par mei a il perdu la vie,
  « Quant jol laissai senz compaignie.
  « Quant li reis savra cest damage,
  « Grant merveille iert s'il ne s'esrage. »

2456 *x* sor s.; S *x* piz, *y* pis (*Cf.* 708) — 57-8 m. à *y* — 58 *C* tost — 59 *A* parmi, *S* entor — 60 *C* senti f.; *S* sent mais fume naleine; *y* Q. el ni (*P* ne) s. fu (*P* feu) — 61 *C* Desus; *x* le cors; *P* tantost se; *C* pame — 62 *P* reuient; *C* blame — 63 *S* H a f. e. por quei fu n.; *B* tant m., *A* si m. — 64 *SP* A si — 65 *SCy* lenne, *B* lanne; *P* l. vile — 66 *x* Q. or, *P* I chi — 67 *A* ml't b., *C* ge que — 68 *xP* riens; *P* R. n.; *A* me — 69-70 m. à *A* — 70 *S* al r.; *x* Car iai le r. t. — 71 *B* par est t., *C* p. ert t., *y* ele t. — 72 *y* Ainc, *S* Oncques (*v. faux*); *B* de fame sure; *x* aj. 2 v. — 73 *x* Mes se; *P* Se iou i muir; *S* nert, *y* nest — 74 *x* Des que — 76 *B* Des quel l.; *x* aj. 8 v. — 77 *x* ce d., *A* le d. — 78 *S* Ffort m.; *x* G. donmage est, *P* Meruelles i.; *y* se il (*P* sil vis) nesrage; *C* senrage.

124 ROMAN DE THÈBES

La dameisèle plus ne dist : (3795)
2480 Del jart s'en ést, l'enfant guerpist
Et cort come femme esragiee
A l'ève, ou l'ost aveit laissiee.
Sovent plorot, grant duel faiseit :
Al rei de Grece en vait tot dreit.
2485 Cil li a dit : « Qu'avez, amie?
— Sire, jo sué mout mal baillie. (3802)
« En cest jardin, ici desus,
« Ert sous remés Archemorus,
« Mis dameiseaus, li fiz le rei :
2490 « Trové l'ai mort, ço peise mei. (3808)
« Ne sué tant ose ne hardie
« Que auge al rei et si li die : (3810)
« Il m'ocirreit, jol sai de fi,
« Quant jo l'aveie sol guerpi.
2495 « La reïne par est tant fiére,
« Pués qu'el verra son fil en biére

2479 S A tant sentorne si le guerpist, y A t. iluec (P le laist) l'enfant g. — 80 x Ist du vergier, Sy Isnelment (y Isnelement) del gart (P gaut) sen eist (y ist) — 81 S Si c.; x Et vint c. f. enragie — 82 xA Iluec — 83 A Forment plora; P Ml't plorant et g.; x Le roi quiert tant quele le voit — 84 Sy A tydeus; A sen vint; P va; x As piez li chiet cil (B il) la recoit — 85 Sy Il lui.; x Demande lui — 86 P trop m.; x Rois fait ele je sui trahie (B mal s. baillie) — 87-8 S a 2 v. tout différents : Sire fait ele vous auez tort Li serpenz ad mon enfant mort; y développe en 4 v. : En cel vregier (P vergie) si com saues Mes enfes ert (P Iert m. e,) tos seus remes Tos (P Tot) seus estoit archimorus (P archimerus) Li rois nauoit nul enfant plus — 87 B iart i. de desus — 88 B Est seuz, C Ert ci — 89 C Mon damoisel le filz; S le fiz; y Keue (P Caue) en sui en grant esfroi — 90 P T. vous ai — 92 P Q. voise; A Q. iaille al r. ne que; x Q. ie neis le roi le d. — 93 S mocira ceo s. — 94 A Car io — 96 S Pois, y Puis, x Des; A que; B fuiz, SC filz.

              « Qu'ele amot plus que nule rien,
              « El m'ocirra, ço sai jo bien. »   (3816)
              La dameisèle a tant se tot,   (3819)
2500   Et Tydeüs, qui l'escotot,
              Tal pitié ot en son corage   (3825)
              Par poi de duel que vis n'esrage :   (3826)
              « Sire, » fait il, « a moi entent.   (3829)
              « Par tei et par la toe gent   (3830)
2505   « Li est venuz cist granz damages :   (3835)
              « Bien est que tu et tis barnages
              « Raiez por li travail et peine.
              « Pren la pucèle, al rei la meine;
              « Nos iron tuit ensemble o tei.
2510   « Mon escïent, si com jo crei,   (3840)
              « Ja n'iert li reis tant fel ne fiers,
              « Se tu por lei pardon requiers,
              « Ne la reïne n'iert tant fiére,
              « Que il n'en oent ta preiére. »   (3844)

2515   Adrastus cel conseil otreie ;   (3847)
              Somont sa gent, si tint sa veie,
              Et cil de l'ost s'esmuevent tuit :

2497 *x* Que p. a ; *B* riens — 98 *x* O. moi ; *C* c. s. tres b. ; *A aj. 2 v.* — 99 *y* teut — 2500 *P* escoute leut ; *A* Plus ne parole car ne peut, *puis 4 v. spéciaux* — 1-2 *S donne 8 v. spéciaux* — *y* P. en ot — 2 *B* po ; *C* P. .i. petit de d. ; *x* nenrage ; *y* Laighe li court par le visage ; *y aj. 2 v.* — 3 *P* entens — 4 *xA* Pour t. et pour ; *y aj. 4 v.* — 5 *A* Se li est sours cis, *P* Il li e. crus ml't ; *C* c. grant donmage ; *B* cis granz tormenz — 6 *A* Bon ; *C* ton barnage, *P* tes lignaiges, *B* ta genz — 7 *C* Raies, *y* Kaies — 8 *A* al pont le ; *P* len m. — 10 *Cy* Mien ; *B* enscient — 11-2 m. à *P* — 11 *x* li r. n. ; *S* t. fort, *A* si durs — 12 *S* de le, *By* pour li ; *C* p. le ; *Sx* li quiers ; *S aj. 2 v.* — 14 *BP* Que ele (*B* Quel bien) noie, *C* Que il bien noient, *S* Quele nen oie — 15 *x* cest, *y* ce — 16 *xP* Sa g. s. ; *P* et tit, *x* si tient — 17 *S* del host.

           Donc oïssiez estrange bruit.   (3850)
           Vers la cité en vont tot dreit,
2520   Ou Ligurges li reis esteit :
           Defors les murs, une traitiee,
           Est tote l'ost es plains logiee.
           Adrastus lait defors sa gent,   (3855)
           Vers la cité vait mornement;
2525   O sei meine princes et dus
           Dès qu'a quarante, et neient plus.
           Li reis Ligurges ert montez,
           Ensemble o lui de ses privez :   (3860)
           Contre Adrastus aler voleit,
2530   Quant en la porte entrer le veit.
           Il point vers lui, mout fu joios :
           « Sire, » fait il, « bien vengiez vos !
           « Mout par sué liez et retenuz,   (3865)
           « Quant vos estes a mei venuz ;
2535   « Del remuer iert il neienz,
           « Ainz vos herbergereiz çaenz.   (3868)
           « Mandez a vos chasez demeines,   (3871)
           « A vos princes, a vos chadaines,
           « Çaenz prengent herbergerie;

2518 *y* Dont, *x* Lors — 19 *y* sen — 20 *A* lugurges, *P* li
gges — 21 *xP* Dehors — 22 *xP* Sest; *C* el plain — 23 *y*
laist; *xP* dehors — 24 *xA* En la, *P* Ens le; *x* vint erraument, *y* va liement — 25 *SA* Ensemble oue (*A* o) lui, *P*
E. l, *C* O lui m. — 26 *y* Dusca (*P* Duskes a) .xxx., *x* Desi
qua (*B* a) .iiij.; *S* q. nient p.; *A* ie croi et p. — 27 *A* lugurges
est; *x* L. est lores m. — 28 *P* E. l. .x. siens p. — 29 *P* adrastu
— 30 *x* Garde a la; *S* entre li vait — 31 *P* poinst; *A* vint v.
l. lies et i. — 32 *A* dist il; *S* viengez — 33 *x* M. s. gueriz et —
35 *S* Dauant aler; *xP* est or (*P* il); *S* nienz, *x* neanz, *y* noiens
— 36 *A* Ancois h.; *S* herbergez cea, *x* herbergerons; *S* dedenz, *x* leanz, *A* caiens, *P* chaiens; *A* aj. 2 v. — 37-8 *x* diffère : M. vos dus et vos contors Et voz demaines vauasors
— 38 *A* Et as p. et as cataines; *P* castaines — 39 *S* Ci enz, *x*
ceanz, *A* caiens, *P* chaiens; *A* herbegerie.

2540	« Tant que la vile seit emplie ;	
	« Li autre facent la fors prendre	(3875)
	« Herbergerie et lor trés tendre ;	
	« Par tot augent prendre vitaille :	
	« Troveront en assez senz faille. »	
2545	Adrastus l'ot : mout l'en mercie	
	Et de lui servir se covie.	(3880)
	« Sire, » fait il, « ci a gent don,	
	« Quant vos me metez a bandon,	
	« Vers mei et vers la meie gent,	
2550	« Vostre cité tot en present.	
	« Or vos pré jo et vos somoign,	(3885)
	« Se onc de mei eüstes soign,	
	« Se onc de rien m'eüstes chier,	
	« Donez mei un don que vos quier. »	
2555	Ligurges s'embroncha vers terre	
	Et dist : « Ja n'en voil conseil querre	(3890)
	« Que me quergiez chose tant chiére,	
	« S'aveir la pués, que nel vos quiére,	
	« Ne mais que tant en met defors	
2560	« Mon fil et ma femne et mon cors. »	

2540 S en s. — 41 C autres ; A pueent la ; xP hors ; C tendre — 43-4 m. à x — 43 y voisent ; P querre v. — 44 A A. en t. ; P ent iou croi s. f. — 45 y Rois a., S A. le rei m. m. — — 46 A sen ; S conuie ; x De l. s. ml't sumilie, P De lui et de se compaignie — 47 y grant d., B biau d. — 48 A Q. me m. en abandon — 49 S A m. et a — 50 B t. ensement — 51 x Mes or v. p. et ; y si v. ; S semon, A semong, xP semoing — 52 xy Sonques ; x e. de m. ; S son, A song ; xP soing — 53 xA Sonques ; x m. de r. ; P Et vous onques — 54 y me .j. d. q. v. requier ; SB q. ie v. quer (B requier) ; x aj. 4 v. — 55-6 y différe : Cil li respont tot demanois Ne vous doutes biax sire rois — 55 S L.. regarde — 56 x Nen quier ia fet il c. q. — 57-8 m. à x — 57 y Q. me ruisies — 58 xy puis ; S puissez qé ne ; y p. ne la v. — 59 x metez hors ; P dehors — 60 x M. f. ma ; SC filz.

Ja erent sus trés qu'al palais, (3895)
Quant uns mes vint tot a eslais,
Qui le rei nonce le peril,
Qu'il aveit mort trové son fil, (3898)
2565 Qu'une serpent l'aveit ocis
En son jardin, ou il ert mis.
Quant li reis sot que ço ert veirs, (3903)
Mua color, si devint neirs;
De ço qu'il ot mout s'esbahi,
2570 Par un poi que il ne chaï : (3906)
« E! Deus, » fait il, « tant sué iriez,
« Ja mais nul jor ne serrai liez,
« Seit a present o seit a loinz, (3911)
« Jusque j'aie mort o mes poinz
2575 « Cele que m'a toleit mon fil,
« Qui resemblot la flor d'avril. »
La reïne s'esteit levee : (3915)
Dormi aveit cele vespree.
Bien ert vestue estreit son cors;
2580 Isnèlement s'en eissi fors :

2561 *S* Aerent sius; *A* Ja erent s. duscau; *P* Grant ioie auoit par le p.; *x* Ja montoient (*B* entroient) s. el p. — 62 *A* v. .j. m.; *x* m. i v. a — 63 *P* kil li anonce; *SBA* Qi li (*B* lor) renouncie (*BA* renonce); *A* grant p., *x* cest p. — 64 *A* t. m.; *x* Que m. a. t.; *S* Qil poet m. trouer — 65-6 *m. à xP et sont développés en 4 v. dans A* — 65 *Ms.* Qe uns serpenz — 67 *P* est v., *CA* fu v.; *B* cestoit v. — 68 *S* colours tout d. — 69 *x* si s.; *S* sesbaihit — 70 *Sy* Por; *A* Et p. .j. p. kil, *x* Que par un pou quil; *S* chait — 71-2 *y développe en 4 v.* — 71 *x* Ha las f. il com — 73 *A* Soie... soie; *B* au l.; *S* loigns — 74 *y* Dessi que m. laie (*P* aie) a; *x* Tant que iaurai m. a — 75 *y* Celui qui; *A* ochis a, *P* tolu ma — 76 *y* Q. plus ert blans (*P* iert biaus) que flors (*P* flor); *S* le f. — 78 *xA* la (*A* a) releuee — 79 *A* el c., *x* a c., *P* ot c. — 80 *S* eissit, *Cy* issi, *B* oissi; *xy* hors.

Por la noise qu'ert en la sale,
Descoloree fu et pale. (3920)
Quant la novèle parentent,
Pasmee chiet el pavement :
2585 Mout fait grant duel, forment li griéve.
A terre chiet : quant s'en reliéve,
Ses paumes bat, grant duel demeine; (3925)
De grant dolor fu lasse et pleine.
Tuit cil qui a la noise acorent,
2590 Quant la novèle oent, en plorent.

Li reis Ligurges fu mout sages :
Por ço qu'iluec ert li barnages, (3930)
Ne puet muer ne se confort.
Il comande qu'on li aport
2595 Son fil, qui ert morz el vergié.
Cent en i corent tuit a pié,
Le fil le rei ont aporté : (3935)
De lui font duel desmesuré.
Quant li reis vit son fil en biére :
2600 « E ! Deus, » fait il, « par qual maniére

2581 *x* quot, *P* kist, *A* cort — 83 *A* Q. ele la n. entent — 84 *A* Si cai ius, *P* Ele cai — 85-6 m. à *x* — 86 *S* Ariere c., *y* Pasmee c.; *P* q. el, *A* et puis — 87 *P* g. dolor maine; *x* Paumee (*B* Pasmee) fu ml't se d. — 88 *x* Lors (*B* Loes) fu toute la sale p.; *y* Et de (*P* De) g. doel faire se (*P* ml't se) paine — 89 *x* De ceux... corent — 90 *y* ont; *xy* si p. — 91 *A* lug̃rge, *P* li g̃ges — 93 *x* pot; *A* p. laissier; *x* sen — 94 *x* quen; *S* qe len laport — 95 *A* est; *P* kist m. ens; *CS* mort; *S* par pécche; *x* vergier — 96 *P* Il i coururent la a p.; *SA* tout; *x* Lors i c. cil cheualier; *S aj. 4 v.* — 97 *A* au r., *B* lou r. — 2599-2620 *S réduit à 6 v.* : Et quant li reis vit son filz mort Idonc fu le grant desconfort La reine grant doel faiseit De son enfant qi mort esteit De sur lenfant crient et braient Quant li baron ensius les traient — 2600 *xP* He; *y* E las; *A* dist il.

« Est morz mis fiz qu'amoe tant ? (3940)
« N'avrai mais joie a mon vivant. »
De l'autre part fu la reïne, (3945)
Que pas ne cesse ne ne fine
2605 Et se debat forment et crie ;
Mout semblot bien femme marrie :
« E ! petiz enfes, tendre boche,
« Por vos granz dueus al cuer me toche : (3950)
« Mout est mis cuers de fort nature, (3953)
2610 « Bien sai de fi que trop sué dure,
« Quant davant mei vei tal damage,
« Que ne me prent forsen o rage. »
Lors s'escrie forment et brait,
Li reis de sor le cors la trait ;
2615 Entre les mains le rei se pasme.
Li reis la chose mout et blasme : (3960)
« Dame, » fait il, « grant tort avez,
« Que tal duel faites : bien savez
« Que por plorer ne por duel faire
2620 « Nel poez pas de mort retraire. » (3964)
A grant dolor et a granz criz (3969)
Fu li enfes enseveliz :
Encosu l'ont en un chier paile,

2601 G mon filz — 2 P m. oïr ; C en mon ; y aj. 4 v. — 4 xy Qui ; y point — 5-6 *intervertis dans* y — 5 y Ses poins detort a vois escrie (P sescrie) — 6 y Trop bien sanle — 7 CP He, B Ho ; C petit ; A fiex et ; P bielle b. — 8 C au c. grant deul ; A Comme g. d. p. v. me t — 11 x tel, A ce, P cest ; B outrage — 12 B forsenz, A foursens ; P men is du sens et r. — 14 Cy desus — 15-6 m. à P — 16 x Mes il la — 17 G il t. en a. — 18 xy Qui ; x q. d. f. et b. s. — 20 y Nert (P Niert) recouvres ; A plus que par taire, P ne ke por traire ; A aj. 2 v. et y 2 autres ; puis xP (x après 2620) donnent 2 vers, dont les rimes sont inadmissibles (voy. App. II et III) — 21 B A granz doulours, S A g. noise ; P et as ; BA haut (A haus) criz — 22-3 y réduit à 3 v. (P à 1) — 22 S fu en la sale e. — 23 B paille.

	Qui fu aportez de Thessaile ;	
2625	Un sarcueu font de marbre querre,	
	Dedenz ont mis le cors en terre.	
	Desor le gentil dameisel	
	Firent un merveillos tombel :	
	Onques senz or et senz argent	(3973)
2630	Ne vit nus hon, ço cuit, plus gent.	(3974)
	Li reis de Grece li corteis,	(4119)
	Qui ne vueut estre en lonc sospeis,	(4120)
	De mout grant bien se porpensa,	
	Que la pucèle acordera.	
2635	Un son privé a sei apèle,	(4121)
	Que tost en aut por la pucèle ;	
	Et cil en vait, si li ameine.	
	La ou la sale ert tote pleine	
	Vient cele al rei, merci li crie,	
2640	As piez li chiet, mout s'umelie.	(4125)
	Adrastus et toz sis barnages	

2624 *x* Q. a. fu de thesaile (*B* thez.) — 25 *S* sarcou — 26 *S* D. le c. o. m. — 27 *S* Desur, *C* Desus ; *x* le cors au (*B* du) d. — 29 *x* ne s. a. — 30 *S* Ce quit ne veistes p. g. ; *B* ço c. *manque*; *A* de car, *P* sarcu ; *y* si g. ; *y* aj. 8 v.; *ensuite*, *P donne 2 v. spéciaux, puis xy 2 autres. Puis vient, dans xy, une rédaction particulière de la Mort du serpent et le récit des Jeux (v. 2587-2846 de C; voy. App. II); mais avant, x donne, avec deux lacunes, les v. 2631-46, que y place entre la Mort du serpent et les Jeux* — 31 *x* fu c. — 32 *x* volt, *P* vaut ; *xA* Ne v. pas (*A* plus) e. ; *A* lor ; *B* sompoiz, *P* sepois — 33-4 *m. à x et sont placés dans y avant-31-2, avec une rime différente*: Li rois de gresse li senes De ml't grant bien sest porpenses — 35 *xy* sien ; *Cy* a lui ; *S* tost en a. — 36 *S* Qe len lui a., *x* Tost enuoie, *A* Si enuoia, *P* Ken lost en voist — 37 *x* s'en v., *y* i va, *S* v. tost — 38 *S* esteit plius p. — 39-40 *m. à x* — 39 *y* Vint... prie — 40 *P* A ses pies c. ; *S* sumilie — 41 *C* tot son barnage.

Por lei vuelent faire homenages.
Que vos direie? Tant ont fait,   (4130)
Que par preiére, que par plait,
2645 Que tot li pardona sis sire
Son mautalent et sa grant ire.

Mien escïent, jusqu'al tierz jor
Orent li Greu iluec sojor ;
Mout erent tuit en l'ost haitié   (4136)
2650 Cil a cheval et cil a pié,   (4305)
Quant uns mes vint davant le rei,
Qui li nonça par grant desrei :
« Adrastus, gentiz reis et larges,
« Por quei demores et t'atarges ?
2655 « Cil de Thèbes sont fors eissu :   4310)
« Bien sont seissante mile escu ;
« Vers tei chevauchent par grant ire

2642 *S* lie ; *xA* P. lui (*A* li) voloient ; *P* Qui p. li vuelent ; *y* homage, *C* honmage, *B* onmagez — 43 *S* Qen dirrei qi, *P* Jou ken d. — 44 *A* Q. p. parole — 45 *P* Trestout ; *A* pardone ; *C* son s., *B* sez sirez — 47-52 *m. ici à Px ; mais P les substitue aux v. 2687-8 de C (BA), placés à la fin des Jeux et qui diffèrent un peu (v. App.* II) — 47 *S* tiers, *A* qart — 48 *A* Auoient fait li grieu seiour — 49 *A* M. furent — *Après* 2650 (*xP après 2646), xy racontent les Jeux célébrés pour fêter la mort du serpent, A en 168 v., P en 164, B en 158, C en 162. Cette description est interpolée, comme le montrent et la répétition des v. 2647-50 (les deux premiers modifiés) dans A, à la fin du passage (V. App.* II *et* Introduction, *ch.* III : Remaniements ; *xP ne donnent ces 4 v. qu'après les Jeux, et xA modifient les 2 premiers), et aussi certaines rimes caractérisques* — 51 *P* Es vous .i. — 52 *x* nonce ; *P* Q. chevauce, *A* Se li a dit ; *B* g. esfroi — 53 *B* g. homs, *A* g. hom ; *S* et sages ; *P* R. a. rices et l. — 54 *S* et te targes, *x* por quoi t., *P* et a., *A* tant a arges — 55 *P* hors ; *S* eissuz, *xy* issu ; *A* sen s. i. — 56 *A* Et s. ; *S* .xl. mil escuz — 57 *P* amainent ; *C* a g. i.

« Por les passages contredire. »
Li reis, quant la parole oï,
2660 Forment li plot, si s'esjoï :
Bien sét, si veirs est ço qu'il dit, (4315)
Cil de Thèbes sont desconfit.
Par les princes le fait saveir :
Qui donc veïst l'ost esmoveir !
2665 Ces buisines, cil graislier sonent ;
Ces granz valees en resonent ; (4320)
Une grant liue tot de front
Durent li renc qui davant vont.
Dès pués qu'il vinrent en lor guerre,
2670 A martire metent la terre,
Car, pués que entre la gent fiére (4325)
En la terre que est pleniére,
Par le païs s'espandent tuit,
Vitaille prenent senz conduit ;
2675 Ardent les bors, les preies prenent (4329)
Et prisoniers mout chier raement. (4332)

2659 *xP* Q. li r.; *xA* la nouuele; *S* oit — 60 *A* sesgoi; *S* Ml't par fu liez si sesioit; *P* M. sen forgot et conioi — 61-2 m. à *P* — 61 *xA* se cest; *A* voirs quil a dit, *x* verte (*B* veritez) quil dit; *S* est icis dis — 62 *B* Ceuz; *S* desconfis — 63 *P A* ses; *xA* P. toute lost; *A* li fist — 64 *x* Lors veissiez; *A* dont; *S* moueir *(v. faux)*; *P* Que il conuient les os m. — 65 *S C*. bosines ces graisliers; *B* graisles, *C* grelles, *P* grailles, *A* graile — 66 *C* Et ces, *BA* Que ces; *B* ressonent — 67 *S* leue ; *C* Unne louee, *B* Une lieue — 68 *S* q *(avec un trait au-dessus)*; *C* sont; *P* aj. 4 v. — 69-78 m. à *S* — 69 *xy* puis; *P* Et p. q. virent ens, *A* P. q. entrerent en — 70 *A* A grant escil; *P* liurent; *C* lor t. — 71 *A* kentrerent li gens; *P* Tout si com va li os tant f. — 72 *xy* qui; *A* fu p. — 73 *A* le terre — 74 *P* prendent; *x* et c.; *A* vin et fruit — 75 *P* Argent; *y* viles et p.; *x* prannent; *A* aj. ce v.: Castiax abatent et descendent, *et xy* celui-ci : Homes ocient et desmembrent — 76 m. à *xP*; *A* raiembrent.

           Mais, qui que preit ne qui que arde,   (4333)
           Tydeüs fait davant l'anguarde ;   (4334)
           Li eissilliez Polinicès
2680   Le cheval point et broche après.

Episode de Montflor

       Greu descendirent en un val,
       Soz un chastel pristrent ostal :
       Li chasteaus sist en la montaigne,   (4339)
       La tor en est haute et sotaigne ;   (4340)
2685   Etioclès si l'ot fermé,
       Seignor l'en ont tuit reclamé.
       El chastel ot mil chevaliers,
       Li reis les aveit forment chiers :
       Conestable ont Meleagès,   (4345)

2677 *y* qui ki a. — 78 *P* f. larrier garde (*v. faux*), puis *4 v.*, qui reproduisent les *v.* du texte critique *3461-4* — 79-80 *m.* à *y* et à *S* (*cf. cependant S, v. 2805-6 :* Quant lot choisi P. Le c. b. et p. a.). *A la suite, Sx donnent l'épisode de la Vieille à l'énigme, S en 198 v., BC en 62 (voy. App.* 1); *puis S aj. ces 2 v. :* Puis entrent en une vale Qui dura toute lor iorne, *et x ceux-ci :* Unne iornee toute entiere Cheuauchierent par la riuiere — 81-2 *intervertis dans x; y développe en 4 v. :* En la tere de (*P* Sous la cite el) valflourie La prisent griu (*P* Prendent li g.) herbegerie Iluec ot (*P* ont) .j. castel troue Qui estoit (*P* Que il ont) monflor apiele — 81 *S* Il d., *x* Et d. ; *B* ligal, *C* lostel, *S* cel v. — 82 *B* prindrent, *S* prenent — 83 *A* ert, *P* iert — 84 *y* roste (*P* ruiste) et grifaigne ; *x* La t. e. grant et soueeraingne — 85 *xP* li ot, *S* si ot, *A* lauoit ; *y* freme — 86 *C S.* bon o. ; *B* tout ; *y* Ml't i ot (*P* auoit) ; *A* iente fermete, *P* grande fierte — 89 *S* C. ert, *A* C. ot ; *x* Mestres en iert ; *P* Princes en fu meliages (*orth. constante*).

2690 Qui fu parenz le rei mout près ;
El baille esteient li borgeis.
Li chasteaus ert toz noveaus freis,
De totes parz ert en pendant :
Polinicès i vint errant. (4350)
2695 O lui fu li reis Adrastus,
Ypomedon et Tydeüs.
Cil dedenz les virent venir,
Nes voudrent pas o eus cueillir :
Le pont tornérent o chaeines. (4355)
2700 Lor genz furent totes certaines
Del defendre, s'est quis assaille,
Les murs porprenent a bataille.
Polinicès dist en riant :
« Di, va, » fait il, « venez avant : (4360)
2705 « Dites, cui est ceste maison,
« Qui est li sire et come a non ? »
Premiers parla Meleagès,
Qui fu cosins Ethioclès :
« Sire, » fait il, « que volez vos ? (4365)
2710 « De nostre seignor et de nos
« Vos respondrai en paiz senz ire :
« Etioclès a non mis sire,

2690 *CS* parent; *y* Si fu (*P* iert) cousins ethiocles —
91 *S* Al — 92 *A* n. et f., *P* et gens et f.; *x* estoit nues et f.
— 93 *x* De lune part sist ; *A* fu ; *S* li pendant, *P* li pendans
— 94 *B* vient; *A* fendant, *P* ioians — 96 *P* Ypodemon
(orthogr. constante) —98 *C* Nel ; *A* N. v. la p. recoellir; *P* N.
vuelent pas eaus coillir; *S* a eus — 99 *A* Les pons leuerent;
x tornent (*C* torne) o les; *A* a, *P* as — 2701 *S* Des, *P* Daus,
x Pour; *S* seit qis; *B* ques — 2 *y* porprendent, *C* des-
fendent — 3 *y* lour d. r. — 4 *P* dist il — 5 *SxA* qui — 6 *AQ.*
en e., *P* Et ki e.; *x* Q. e. li sires c.; *A* comment (*v. faux*) —
7 *S* Primes; *C* melyages — 8 *y* Q. c. est — 9-16 m. à *P* —
11 *S* Je v. dirrai — 12 *x* il est mes s.; *A* nos s.

» Valflorie a non ceste honor
« Et cist chasteaus a non Monflor ;   (4370)
2715   « Et jo ai non Meleagès,
« Si sué cosins Etioclès ;
« De cest chastel sué conestables :
« Verté vos di senz nules fables.
« Or me dites, nel me celez,   (4375)
2720   « Qui vos estes et ou alez,
« Car mout avez bèles compaignes,
« Bien ont porprises les montaignes :
« Assez i vei beaus chevaliers,
« Beaus dameiseaus et beaus destriers,   (4380)
2725   « Escuz a or bien peinz a flors
« Et enseignes de mil colors,
« Et verz heaumes et blans haubers,
« Lances nueves o trenchanz fers.
« Mais ço tiegn jo a grant folie,
2730   « Que vos entrez en Valflorie :   (4386)
« Se porprenez avant les bors,
« N'en ireiz mais senz granz dolors. »

2713 *A* Valflori ; *x* Valflors (*B* Vaullors) a n. iceste honnors *(B* ennors) — 14 *S* cest; *SB* chastel; *A* li castiax — 15 *C* melyages — 19 *S* parent le rei molt pres — 17 *x* De monflor ma fet c. — 18 *SB* Verite ; *S* nul; *x* nule fable; *y* Garde des tors et desfensables *(P* des caables) — 19 *BP* ne — 20 *x* bele compaingne — 21 *x* porprise la montaingne — 24 *S* Et d. et gentz d.; *P* B. iouenchiaus, *x* Et biaux cheuax — 25 *y* et p. — 26 *B* demi flors (*v. f.*) — 27 *S* Et h. v., *A* Et ciers elmes, *B* Et noirz h. ; *x* et biax, *A* et bons — 28 *x* Hantes roides a; *y* Et blances *(P* grosses) l.; *A* a cler fers, *P* et boins f. — 29 *S* Molt; *P* io *manque*; *xA* ie le t., *S* le vous tient — 31 *AB* le; *xA* bois, *P* lieus — 32 *x*, *A* et *P* *développent (séparément) en 3 v.:* 1° Ja y (*P* Il i) aura de vous tiex trois (*A* des vos tous frois, *P* te. m. grieus); 2° *xA* Dont li arcon seront soutif (*A* vidie), *P* Qui les haubers aront fausses ; 3° Li cheual (*B* chaual) remeindront baif (*B* vaif), *A* Et li signor mene a pie, *P* Et les bliaus ensanglentes; *A aj.* 2 *v.*

Donc respondié Polinicès : (4393)
« Se tu as non Meleagès,
2735 « Bien me deis rendre la maison,
« Quant jo t'avrai jehi mon non.
« Jo te tiegn a cosin germain,
« Et si iés tu fiz de m'antain ;
« Edipodès ot non mis pére,
2740 « Et Ethioclès est mis frére. (4400)
« Il a son an tenu la terre,
« Aillors s'en deit aler conquerre ;
« Jo viegn mon an tenir l'onor,
« Si me deis bien rendre Monflor.
2745 « Se le me renz en paiz senz guerre, (4405)
« Tote te dorrai ceste terre ;
« Autresi as tu poi d'onor :
« Seignor te ferai de Monflor.
« Se ne te vueus par amor rendre
2750 « Et te puésse par force prendre, (4410)
« Par toz les deus que nos creon
« Et par la lei que nos tenon,

2733 *y* Dont, *x* Lors ; *S* Diua dist p. — 35 *S* me *manque* —
36 *S* nome m. n. ; *x* te raurai (*B* taire) dit ; *A* Se tu me veus
faire raison — 37 *P* Toi t. por men c., *x* Car nos sonmes c.,
S Qar tu es mon c. — 38 *A* Car tu es li f. ; *P* Et si ces f. de
men a. ; *S* es filz de mei a. ; *x* Que ie sui f. de ta (*B* de) tantain
— 39 *A* Edimodes ; *C* Edyppus ot a n. mes peres ; *B* mon perez
— 40 *Sx* Ethiocles est il (*x* il e.) ; *x* freres ; *A* E. a non ;
S aj. 2 *v*. — 41 *A* Il a t. .j. an ; *x* sa t. — 42 *S* Alors redeit ;
x Aler s. d. a. c. ; *y* Aler en voel (*P* se d.) en pais sans guerre
— 43 *S* vienc ; *CA* Je (*A* Si) veull ; *A* .i. an ; *x* rauoir m. a. ;
y t. monor — 44 *A* Or me ; *xy* deuez ; *P* le tour — 45 *x*
la ; *y* Sel me rendes — 46 *x* Je te d., *P* Jou vous d., *A* Je
v. lairai ; *x* iceste t., *y* tote la t. — 47 *y* nas tu point ; *x*
Ausi (*B* Ici) nas tu gueres — 49 *x* Se tu nel (*B* nu), *A* Se nel me
| 50 *SB* puisse ; *Cy* Et ie te (*A* le) puis — 51 *A* ou n. ;
— 52 *S* Ne p. ; *P* les lois ke n. creons.

« Ja n'i avra guardé parage
« Ne amistié ne cosinage,
2755 « Que ne vos penge toz as portes (4415)
« A laz corsoirs et a reortes.
— Sire, » ço dist Meleagès,
« Se le faites, n'en poon mais.
« J'irai a ces barons parler,
2760 « Saveir, enquerre et demander (4420)
« S'il vos voudront rendre Monflor
« Et vos reconoistre a seignor. »

Sus el palaiz arriére torne.
Tuit li baron esteient morne :
2765 « Seignor, » fait il, « qual la feron ? (4425)
« Cist est dreiz heirs, bien le savon ;
« De l'onor est autresi près,
« Par droit, come est Etioclès :
« Il a son an tenu la terre,
2770 « Aillors s'en deit aler conquerre ; 4430)
« Cist vient son an tenir l'onor,
« Et si vos prée par amor
« Que vos senz ire et senz destrece
« Li rendez ceste forterece,
2775 « Car ço est de dreit natural. (4435)

2754 *y* amiste, *C* amitie — 55 *manque à B*; *Sx* pende — 56 *S* corsiers ; *xP* As l. coranz ; *xA* et as ; *SxA* roortes, *P* as carotes — 57 *C* dit — 58 *A* Se tu le fais, *S* Quant ceo serra; *C* porrez, *B* porroi; *A* ie nem pui; *S aj. 6 v.* — 59 *S* Reirrai a ses — 61 *x* Se v. deuons r. — 62 *y* Ne v. ; *A* connoistre a lor s. — 64 *x* sesturent; *S aj. 4 v.* — 65 *Y* le; *xy* ferons — 66 *xy* sauons — 67 *S* Del honor; *B* autre le pres — 69 *A* .j. an ; *x* eu la t. — 70 *xy* Aler s. d. a. (*Cf. 2742*); *P* porquerre — 71 *A* Cilpoit; *P* sonor — 72 *y* Or si v. proi iou — 73 *x* Que (*B* Et) sanz grant force, *y* Par vo (*P* vos) loiaute (*P* loiautes) — 74 *S* rendron, *A* rendons — 75 *x* Ce e. de son d. n., *S* Car il e. heir n., *y* Cestui connois (*P* Cestus (*sic*) senc iou) a n. ; *P* naturel.

« Rendon la lui, jo n'en sai al. »
Huges parla de Valplenier,
Qui se dreça del renc premier :
« Meleagès, mout iés vilains,
2780 « N'iés pas de hardement certains : (4440)
« Malement vueus tu fei mentir
« Et ton seignor a tort traïr,
« Qui te vueus rendre a un vassal
« Et laissier nostre natural. »
2785 Donc li respont Meleagès : (4445)
« Vassaus, » fait il, « nel dites mais :
« Ço sué jo prest a desraisnier,
« Toz adobez sor mon destrier,
« Vers le vostre cors solement
2790 « Que vos dites faus jugement.
« Tenir devon cest joveignor
« A nostre natural seignor ; (4452)
« S'il entre en paiz en ceste terre,
« Nus hon ne li deit faire guerre :
2795 « Et si li jurérent li per, (4453)

2776 *S* le li ; *P* Rendomes lui ; *A* Rendons le a l. ie ni ; *P* el — 77 *S* Ogiers, *C* Heges, *B* Eges, *P* Hues ; *A* del, *P* du ; *x* vax pleniers — 78 *A* Cil, *P* Si ; *B* dresce ; *P* r. entier, *x* des rens premiers — 79 *SA* es *B*, est — 80 *SA* Nes ; *S* hardiement, *y* hardemens ; *A* trop plains — 82 *A* Et t. droit s. desmentir — 83 *P* Que tu v. r. au v. — 84 *S* Qi nest pas ; *A* Je nel tieng pas a ; *P* Jou ne sei p. sest — 85 *CA* Lors, *P* Lues ; *B* Co respondi — 86 *xy* Vassal ; *y* dist il ; *S* ne — 87 *B* prouz, *y* pres ; *S* desraigner, *xP* afichier ; *A* De cou s. p. a d. — 88 *S* Tout adoube sur m. destrer — 89 *A* V. v. c. tant s. — 91 *S* Et que cist frere iuuenior ; *y* Car icest f. iunior *(P* ioneour) ; *x* T. d. icest menor *(B* monnor) — 92 *S* Est n. ; *y* Tieng iou a *(P* por) n. s. — 93-4 m. à *A* — 94 *S* Nuls *(orth. presque constante)* ; *x* Ne len deuons ia — 95 *x* Ce li i. tuit, *A* Si le porparlerent ; *P* Si le iugierent li princhier.

« Et jo i fui al porparler ;
« Vos li jurastes as premiers,
« Come uns des autres chevaliers ; (4456)
« Si li mentez la vostre fei
2800 « Come traïtre, que jol vei.
« Se de ço vos osez defendre, (4457)
« Alez en tost vos armes prendre,
« Et jo me combatrai por mei,
« Por mon seignor et por ma fei : (4460)
2805 « Se jo pués vostre cors conquerre,
« Qui li volez tolir sa terre,
« Si li deit on rendre Monflor,
« Et lui reconoistre a seignor. »
La cort s'estuet morne et secreie ; (4465)
2810 Nus nel viée, nus ne l'otreie,
Ne nus nel tout, ne nus nel done,
Ne cil vers lui ne s'abandone,
Ne ne vueut pas eissir al plain :
En la tor se vueut tenir sain. (4470)
2815 Uns chevaliers de Bonivent
En parla mout raisnablement :
« Seignor, » fait il, « entendez mei.
« Nos somes tuit home le rei ;

2796 *et* -97 *m. à* P — 96 A Et si f. iou — 97 A Et le i. au premier — 98 *x* Auec *(B* Ouec) les a.; A Come li autre cheualier — 2799-800 *m. à* A — 2800 S*x*P traitres; S ie — 1 *x*A volez; A Se vos icou v. d. — 2 A A. i — 3 *y* men — 4 A Et p. monor — 6 B Que; P dont li doit on rendre le t. — 7-8 *interv. dans* P — 7 P Et lui; S d. len; A Dont li voles r.; P sonor — 9 B couz; *x* sestut, *y* se tint et m. et coie; B seigroie — 10 S*y* vee, C nie; A ne li v. ne o. ; P Nil nel v. nil ne, B Hisnel tolt meins ne — 11 *y* N. ne li taut n. ne li d. — 12 B Ne tu nous v. *(v. f.)*; P Ne nus — 13-4 *m. à x* — 13 A Ne il ne v., P Nen conuient mie; *y* issir a p. — 14 P Ens le cort sen; S De la t. v. estre certain — 15 B boumont *(v. f.)* — 16 S Enparla; A En a parle r. — 17 *y* dist il — 18 S fumes.

« Vers lui somes en sairement, (4475)
2820 « Et jol jurai premiérement :
« Ne m'en vueil mie parjurer,
« Ne a autre sa tor livrer.
« Ore aut cist en paiz a son frére,
« O lui parout et o sa mére : (4480)
2825 « S'il li laisse son an l'onor,
« Nos li rendron sempres Monflor ;
« Se il remaint en cest païs,
« Ja n'i iert pués nus estaïs ;
« Nos li rendron a mout grant joie, (4485)
2830 « Nostre defense iert mais mout poie.
« Ainceis ne li rendron nos mie,
« Car ço semblereit coardie. »
Tuit s'escriérent par la tor,
Cest conseil tiénent a meillor.

2835 Li baron sont venu as estres,
Si ont fait ovrir les fenestres ; (4492)
Par les entailles de la tor
Getérent fors lor chiés al jor.
Premiers parla Meleagès, (4493)

2819 *S* sumes par s. — 20 *A* Et ie ; *S* Chescuns li iura lealment — 21 *y* me ; *S* Ne nous deuon pas p. — 22 *xA* Na (*BA* ne) a. homme ; *S* la ; *P* signor l. — 23 *y* Or voist ; *S* cil, *y* cis — 24 *xy* A... a ; *P* son pere — 25 *x* Si li lessent, *A* Se il li laist ; *P* cest an — 26 *S* en pais m. ; *A* rendromes ceste tor — 27-8 m. à *S* — 27 *P* ceste terre — 28 *C* ert ; *A* Ne lui ferons p. ; *P* De nous ara cortoise guerre — 29 *x* Lors li ; *S* de molt ; *A* A lui nos r. a g. i. — 30 *P* est ; *S* i. vers lui p., *B* i. puis mont p., *A* sera p.— 31 *A* Mais ains — 32 *A* ce seroit grans c. — 34 *C* treuuent ; *y* tenons al ; *S* Icest c. est le m. — 36 *S* Et o. ; *x* Et si font o. — 37-8 m. à *y* — 37 *B* estalles, *C* fenestres — 38 *x* hors ; *C* leur chief — 39 *A* Primes, *S* Pois si, *C* Premier.

2840 Si apela Polinicès :
       « Sire, » fait il, « entendez mei.
       « Cist baron sont home le rei :
       « Ne vuelent faire de Monflor
       « Chose que tort a deshonor,
2845   « Ne ne vuelent mon conseil creire,
       « Ne vostre cors ça enz receivre,   (4500)
       « Se vos volez, jo remandrai,
       « Et se vos plaist, jo m'en irai. »
       Dist Achillor : « Sire vassal,
2850   « Si m'aït Deus, n'en puet estre al :
       « Ja le pié ça enz ne metreiz,   (4505)
       « Ne par force n'i enterreiz.
       « Ça enz a grant chevalerie
       « Des nobles barons de Surie,
2855   « Et si avon assez vitaille,
       « N'avon poor qu'ele nos faille :   (4510)
       « Se seïez quatorze meis,
       « N'en mangerïons nos tardeis.
       « Assez avon bon vin et cler.
2860   « Ne nos poez de rien grever ;
       « Remuez vos de ceste place,   (4515)

2840 *P* Sen — 41 *y* dist il — 42 *S* barons s. hommes ; *B* lou — 44 *xy* qui ; *x* leur t. a hontor — 45 *m*. à *B* — 46 *S* ci enz, *x* ceanz, *y* caiens — 47 *Sx* remaindrai, *y* remanrai ; *P* iou men irai — 48 *A* sil ; *x* se voulez ; *P* iou r. — 49 *x* archelor, *y* aquilon — 50 *xP* Se diex maist (*P* mait) ; *xA* ne — 51 *x* vos piez ceanz ; *S* ci enz, *y* caiens ; *SCy* mettrez, *B* metroiz — 52 *CA* enterrez, *B* enterroiz ; *S* nentrereiz ; *P* Se vous p. f. ni entres — 53 *S* Cea enz, *x* Ceanz, *y* Caiens — 54 *S* De ; *C* riches hommes, *B* n. hons (v. f.) ; *S* surrie, *x* sulie — 56 *y* paor — 57 *S* Se y seiez, *C* Si siez, *A* Se chi esties ; *B* Si soiez .iiij. m., *P* Se vous i seies .xiij. m. — 58 *BA* Ne ; *S* Ves ne mangerons ia t., *P* Nen mangeriens plus tart ancois, *A* Ne mangeriemes por cou pois — 59 *S* Et si auon a. v. c. — 62 *x* prisons, *P* redouc ; *Sy* manace.

« Petit cremon vostre menace.
« A vostre frére le graignor
« Laissiez en paiz tenir l'onor ;
2865 « Tornez vos en arriére en Grece, (4520)
« Si conquerez ceus de Venece,
« Qui vos guastent vostre contree :
« Petit preson vostre posnee. »

Polinicès fu soz un arbre,
2870 Et descendié desor un marbre ;
O lui fu li reis Adrastus, (4525)
Ypomedon et Tydeüs :
« Seignor, » fait il, « veez qual tor !
« Ne crent assaut de nul seignor,
2875 « Ne crent ne traire ne lancier,
« N'engenz n'i vaut un sol denier ; (4530)
« La tor ne crent nule perriére
« Ne nul chaable qui la fiére.
« Taus chevaliers a en Monflor,
2880 « Qui n'essaucent guaires m'onor :
« Conseilliez mei que jo ferai (4535)
« Et coment jo me contendrai.
« Laisson Monflor, alon avant,

2863-8 *m. à C* — 64 *S* L. t. tote l. — 65 *A* Retornes ent a. ; *S T.* a. dreit en g. ; *A* grice — 66 *B* conquerrez ; *S* de *manque* ; *A* venisse, *B* venice — 68 *By* prisons ; *S* ponne, *B* pone — 70 *S* desoz ; *y* sor .j. blanc (*P* brun) m. ; *B* de sa m. (*v. f.*) — 73 *A* dist il ; *S* veiez, *P* voies — 74 *Sxy* crient ; *SP* engin (*P* engien) ne n. estor (*P* segor) — 75-6, *intervertis dans P, m. à C* — 75 *m. à B* ; *Sy* crient — 76 *S* Nengins, *y* Engiens ; *B* Neiz le vaillant dun d. — 77 *S* Cest t. crient ; *y* crient ; *y* get (*P* cop) de p. ; *x* ne doute pas p. ; *S* nul perrere — 78 *S* chable ; *A* caable qui le ; *P* nule cose ki if. ; *x* Ne n. enging que len i (*B* qui la la) f. — 79-80 *m. à P* — 79 *S* Tanz, *x* Tiex, *A* Teus — 80 *x* Q. bien seuent tenir honnor — 81 *x* ien f — 82 *x* men ; *A* maintenrai.

« A vis deables le comant.
2885 — En meie fei, » fait Tydeüs,
« Malement conquerron nos plus. (4540)
« Mout avez dit que maus coarz
« Et que maus bric et que musarz,
« Et si vos deit on bien choser,
2890 « Car folement savez parler.
« Ne devez pas laissier Monflor, (4545)
« Qui est el chief de vostre honor,
« Jusqu'en aiez les murs fonduz
« Et les pilers toz abatuz :
2895 « Mal conquerron nos l'autre terre,
« Ou nos troveron fiére guerre, (4550)
« Se ne prenon ceste busnache
« Ainceis qu'Etioclès le sache. »
Dist Adrastus li gentiz reis :
2900 « Tydeüs, mout par iés corteis;
« Mieuz deis porter corone d'or (4555)
« Que danz Nabugodonosor.
« Or sachent bien cil de Monflor
« Qu'el chastel lor ferai poor ;
2905 « Jo lor ferai a fou grezeis
« Ardeir les maisons as borgeis, (4560)

2884 *C* Au vif deable; *y* A .c.; *P* dyaubles; *S* aj. 4 v. — 85 *S* A mei fait f. ; *xy* dist t. — 86 *A* conquerromes (*P* conquerriesmes) p. — 87 *Sx* mal (*C* droit) coart; *y* comme coars — 88 *y* Et com bricons et com; *C* Q. mal bricon, *S* Et q. bricon ; *x* musart, *y* musars, *S* moissart — 89 *y* Ensi; *S* len b. chosir; *x* blamer — 91 *A* laier — 92 *P* au c. — 93 *A* Dusquen, *P* Juske ; *S* aion — 94 *S* lez fosses ; *P* piles, *x* piliers — 95 *xP* Mar; *A* conquerromes, *P* conquerrons dont; *S* altrui t. — 96 *y* Ou t. ml't (*P* tant) f. g. ; *S* deurion faire g. — 97 *A* busnace, *P* huhaice — 98 *A* sace, *P* saice, *B* face — 99 *S* li riches — 2901-2 *intervertis dans P* — 1 *x* c. p. — 2 *xA* Q. rois — 4 *S* ferra; *y* paour — 5 *C* greiois, *y* griiois, *B* grezois — 6 *S* Arder les rues ; *P* l. sales.

« Les forz murs fondre et trebuchier,
« L'orgueil des barons abaissier. »

        Ne vos en quier plus alongier :
2910 Polinicès monte el destrier.
Li banier vont criant par l'ost   (4565)
Que se herbergent et cel tost :
La veïssiez tanz hostaus prendre,
Tanz riches trés as barons tendre ;
2915 Li tréf porprènent les montaignes
Et environ totes les plaignes.   (4570)
Le tréf al duc de Calidone
Tent ses seneschaus Garsidone :
Fiz fu d'un conte natural,
2920 Si l'apèlent le seneschal.
Davant la porte del danjon   (4575)
Tendent al rei son paveillon.
Toz fu de pailes de colors,
Tailliez a bestes et a flors ;
2925 Bien i sont peintes les estores,
Les vieilles leis et les memores,   (4580)
Et les justices et li plait,

2907 *CP* fendre; *S* tresboucher, *xA* despecier — 8 *y* Et l. d. b. plaissier — 9 *B* Ne le v. q.; *P* pas; *x* aloingnier, *S* atargier — 11 *S* Li baniers vait; *A* baron; *B* errant; *P* Le ban en v. c. p. ost — 12 *S* Tout ceo h.; *CP* Q. il; *B* herberge; *A* et tantost; *C* se h. tantost; *P* se herbergaissent tost — 13 *x* Lors; *xy* tant; *S* hosteals, *x* ostiex, *y* ostel — 14 *xy* Tant; *y* rice tre (*P* tref) — 15 *A* tre; *x* ces m. — 16 *x* ces pl.; *S* E. t. p. (*v. f.*) — 17 *S* Li; *Sx* calidoine — 18 *S* Et al, *C* T. son; *SC* seneschal ; *S* Garsadoine, *C* Cassidoine, *A* Calsidone — 19-20 m. à *x* — 20 *S* Dicel gent est s. — 21 *P* dun; *y* doignon, *C* donion — 22 *S* Tendit — 23 *P* Ce fu; *SP* dun; *S* pail, *A* pale, *P* paille ; *C* de bestes; *S* as c. — 24 *A* Taillie; *P* as b. et as — 25 *A* P. i furent; *SxA* estoires, *P* istores — 26 *C* L. v. gestes l. m. — 27 *P* L. i. et tout li p.; *Sx* lez plaiz.

　　　　　Li jugement et li forfait,
　　　　　Et les montaignes et li val,
2930　　Et les caroles et li bal ;
　　　　　Les pucèles et lor ami,　　　　　　(4585)
　　　　　Et les dames et lor mari,
　　　　　Les larges prees, les riviéres
　　　　　Et les bestes de mil maniéres ;　　(4588)
2935　　Li ostor et li esprevier,　　　　　　(4591)
　　　　　Li palefrei et li destrier,
　　　　　Et li vieil home et li chanu,
　　　　　Et li chauf et li chevelu,　　　　　(4594)
　　　　　Et les selves et les forèz,
2940　　Li embuschement des aguaiz,
　　　　　Li cembel et les envaïes　　　　　 (4597)
　　　　　Que danzel font por lor amies,　　(4598)
　　　　　Et li chastel et les citez,　　　　　(4601)
　　　　　Les fortereces, les fertez.
2945　　De totes autres creatures　　　　　(4605)
　　　　　Sont el tréf peintes les natures.　 (4606)

2928 *Sx* Les iugemenz, *A* Li sairement ; *S* et tortz faitz (*v. f.*), *C* et les forfes ; *B* fort fet, *y* fourfait — 29 *S* les vals — 30 *B* queroles ; *S* les ieus reials — 31-2 *interv. dans P* — 31 *A* o l. ; *Sy* amis — 32 *A* o l. ; *S* marris, *y* maris — 33 *B* Les boez ; *x* prez ; *y* Li large pre ; *Sxy* et les r. ; *S* riuers — 34 *S* maniers ; *A* aj. 2 *v*. — 35 *Sx* Les ostoirs (*x* ostours) et les espreuiers, *A* Faucon ostoir et espreuier — 36 *SB* Les palefreis, *P* Li pauelefroi, *C* Et les roncins ; *Sx* et les destriers — 37 *A* Et li ioue h. ; *y* kenu ; *Sx* Les vielz hommes et les chanuz — 38 *Sx* Et les chaus et les cheueluz — 39-40 *A* Les valees et les montagnes Et les fores et les campagnes — 39 *S* Les montaignes et les forestes ; *x* Les granz bois et les granz f. — 40 *Sx* Les ; *C* embuchemenz ; *Sx* lez aguez ; *P* Embuisement et li aget — 41-2 *interv. dans S* — 41 *S* Les cembeals, *x* Les cembiaux — 42 *A* Li agait et les assalies, *puis 2 v. spéciaux*, *puis le v. 2943, puis 3 v. spéciaux* (*Voy. App.* IV) — 43 *SC* Et les, *B* Et lor ; *S* chasteals, *x* chastiaux — 44 *SB* des f. ; *A* Fores et riuieres et pres — 45 *S* Des ; *C* De trestoutes les c.

Li aigles d'or est a neel,
Qui est assis sor le pomel :
Onques nus hon ne vit tant cler,
2950 Vilains ne l'ose reguarder ;
Li reis David ne Salomon (4611)
N'ot tal aigle en son paveillon.
Tant i ot pierres naturaus,
Tant calcedones, tant esmaus,
2955 Tant escharboncles cler ardanz,
Tant jagonces cler reluisanz ! (4916)
Dès que soleuz ne venz le toche,
Fou ardant giete par la boche.
Environ ot cent trés et plus, (4617)
2960 Qui sont as contes et as dus,
Qui le rei servent par amor,
Et chascuns tient de lui s'onor. (4620)

Davant la porte sist li reis
Et li barnages des Grezeis.

2947-8 *A dével. en 4 v.* : Li tres fu a meruelle biaus Sor le pumel siet .j. oisiaus I. aigle de fin or luisant Sor le pumel sist en volant — 47 *Sx* Et laigle ; *B* qui e. a nel ; *S* par est tant beals ; *P* Et si par est li tres tant biaus — 48 *S* sur les pomeals ; *C* sus ; *P* Une aigle dor siet as pumiaus — 49-50 *m. à A* — 49 *x* Conques ; *S* Qe onc nul homme ; *x* noi parler ; *P* t. chier — 50 *S* Nis vilain nes ose ; *x* De tant bel oysel de tant cler, *P* Qui fust a roi ne a princhier — 51 *S* Daui, *P* Dauis ; *x* Nonques nen ot.iij. (*B* rois) ; *S* salomon, *xA* salemons — 52 *S* Norent tiele a. en paueillon ; *A* tant a. ne pauillons, *P* ainc tele sour pauillon ; *x* Itel a. en ses p. — 54 *Sx* T. escharbocles (*C* escharbouclе) ; *A* calsidones ; *P* calcedoine et t. — 55 *x* Tanz, *Sy* escharbocle c. ardant ; *B* clers — 56 *x* Tantes i. r., *ST.* iagonce c. reluisant, *y* Et t. i. r. — 57-8 *m. à y* — 57 *C* soleill ; *x* et v. la — 59 *A* c. tans — 60 *y* A (*P* As) rois ; *xA* a c. et a d. — 62 *SA* tint ; *B* par l. — 63 *C* vint, *B* i v. — 64 *y* O le b. d. griiois ; *C* greiois, *B* grezois.

2965 Lor armes prènent li baron,
Assaillir vont; et li geudon,
Qui l'assaut orent comencié, (4625)
Maint dart trenchant i ont lancié :
Lancent et traient par orgueil,
2970 Nus hon n'i puet descovrir l'ueil.
Polinicès assaut deriére,
Compaignie ot hardie et fiére : (4630)
Il sont vint mile dameisel
Proz et corteis et assez bel.
2975 Cil assaillent hardiement
De si qu'as murs comunement;
Chascuns i fiert de son piqueis, (4635)
Mais ço ne lor valut un peis.
Cil se defendent fort del mur :
2980 As vos l'assaut plenier et dur.
Tydeüs sist en la montaigne :
Mout ot grant gent fiére et grifaigne (4640)
Des chevaliers de Calidone,
Qui bien assaillent senz essone
2985 Et o treis cenz arbalestiers

2965 *S* les barons, *C* enuiron — 66 *B* gelton; *S* oue les ieldons, *C* tuit li baron, *y* duscal doignon — 67 *y* Quant; *x* Tant que l. ont c. — 68 *m*. à *B*; *A* .M. dars; *C* y o. tret et l., *y* i ot le iour l. — 69 *S* orguil — 70 *S* Nuls ni poet, *xP* N. ni ose (*P* osoit) — 71 *S* darriere — 73 *x* Bien s.; *S* mil, *P*.m.; *S* dameiseals — 74 *C* Preuz, *B* Prouz, *y* Preu; *C* et hardiz, *y* et hardi; *A* et fort et b., *S* a. loials — 75 *A* communalment, *C* proeusement, *B* proisiement — 76 *y* Desi (*P* Tressi) as; *A* hardiement, *P* communaument — 77 *C* Chascuns; *P* od s. espeu, *x* a granz p.; *SxA* picois — 78 *SxP* M. il ni poeent faire; *S* escrois, *x* crois, *P* preu — 79 *y* Bien se d. cil des murs — 80 *P* Es v. l. ki est ml't durs, *A* Li assaus fu et fors et d., *x* Qui pas nestoient asseur — 81 *P* siet, *x* fu — 82 *A* M. i ot g. f., *P* M. a g. g. forte — 83 *SxP* calidoine — 84 *S* essoigne, *xP* essoine — 85 *xA* Il ot; *P* Od .cccc.; *S* arbalastriers.

Et plus de quatre mile archiers
Traient saietes et quarreaus. (4645)
As murs ala des dameiseaus
Que Tydeüs ot adobez
2990 Et de novèlement armez :
Trenchanz ciseaus ont et forz pis,
Mais li mur sont de marbre bis, (4650)
Qu'il n'en pueent point esgruner ;
Ne eus n'i leist pas converser,
2995 Car cil lor giétent granz chaillous,
Qui del defendre nes font fous. (4654)
Ypomedon fu en un val : (4657)
En l'ost n'aveit meillor vassal ;
Et ot cinquante chevaliers,
3000 Proz et hardiz et bons guerriers. (4660)
Jusqu'as terriers les envaïssent,
En trente lous les murs fieblissent ;
Set cenz quarreaus en ont fonduz,
Qu'il ont des pilers abatuz :
3005 S'auques les i leüst ester, (4665)

2986 *A* .iiij^c. ; *S* mil, *P.* m. — 88 *P* aia ; *S* Jusqas m. vont li d., *x* As entailles et as carniaux, *puis 2 v. spéciaux* — 90 *A* Et tout ; *B* de manque — 91 *B* T. picoiz ; *y* Trencent (*P* Hurtent) les pieres a (*P* as) f. p. — 93 *P* Que nel ; *A* ne ; *P* esgroner, *B* esgroisner — 94 *A* point, *P* plus ; *A* arester ; *S* Nes y l. p. tant c. ; *x* Nil (*B* Ne) ni pueent (*B* puet) p. c. — 95 *A* Que c., *P* C. il ; *B* gros ; *S* chaillos, *A* caillex, *P* caillaus, *C* carriax, *B* quarreaux — 96 *P* de ; *SP* ne sount (*P* st') ; *S* fols, *P* faus ; *A* Del demorer ni estoit liex ; *x* Li besoinz les en fait isniaux, *puis 2 v. spéc.* ; *A* aj. 2 v. différents — 97 *P* sist ; *A* fist .j. iournal — 98 *S* not nul m. — 3001 *P* Juskes, *A* Dusques ; *C* terraux, *B* terranz, *A* derrier — 2 *x* Et en meins liex ; *S* fiebleissent, *B* flebissent, *CP* foiblissent ; *A* En .xx. lius l. m. afeblissent — 3 *A* V. c., *xy* quaillouz ; *y* i o. ; *S* en ot fenduz ; *P* rompus — 5 *P* leuust.

Ja feïssent le mur verser.
Mais cil dedenz les aperceivent,
Qui les ocient et deceivent;
Ève boillant giétent a tas,
3010 Trente barons lor i ont ars. (4670)
Icil a fait l'assaut laissier,
Si tornérent al herbergier;
La nuét jurent et reposérent
Jusqu'al matin que il levérent.

3015 Tydeüs est matin levez,
Ses engineors a mandez,
Et sis prée des engenz faire
Et le mairrien del bos atraire;
Si lor fait faire dous perriéres
3020 Forz et getanz et bien legiéres : (4675)
Ainz que venist a l'avesprer,
Sont totes prestes de geter.
Une tor ot desus la porte,
Mout ert bèle, mais n'ert pas forte :
3025 Geter i font les dous perriéres
Chaillos cornuz et grosses pierres; (4680)
Les panz en ont fraiz et rompuz
Et les pilers a val fonduz.
Dedenz aveit dez chevaliers,

3006 *S* Cil; *P* les murs; *A* Les m. en f. voler. — 7 *S* apercurent — 8 *S* Qis o. illoec et tuent — 9 *P* Laigue; *x* es pars, *A* el t., *S* a glaz — 11-6 m. à *xy* — 11 *Ms*. Icel — 13 *Ms*. noet — 14 *Ms*. qil — 17 *xP* Thideus fait les, *A* Thiocles fist les; *y* engiens, *Sx* engins — 18 *S* marrien, *B* merrien; *C* Et les engings — 19 *A* Si a f. — 20 *x* manieres, *y* corsieres — 23 *P* deseur — 24 *x* nest pas, *P* poiert; *S* Molt b. m. nesteit p. f. — 25 *P* fait — 26 *S* Chaillos, *B* Challoz, *C* Caillouz, *y* Kailliax; *A* grandes — 27 *S* fonduz — 28 *S* touz desrompuz, *y* ius abatus — 29 *S* des, *Cy* .x., *B* .c.

3030 Ço m'est avis, et vint archiers,
       Qui tuit furent mort et tué   (4685)
       Et contre terre acraventé :   (4686)
       Grant duel en ont cil de Monflor,
       Forment maudient lor seignor.
3035 Bien les assaillent li reial,
       Qui sont lor anemi mortal ;
       Lancié lor ont le fou grezeis :   (4687)
       Ardent les maisons as borgeis ;
       N'i remaint voute ne celier,
3040 Sale perrine ne mostier.   (4690)
       La flame entra par les fenestres :
       Cil s'en fuient qui sont as estres.
       Grant chalor ont el maistre estage :
       N'i a baron de tal corage
3045 Que ne fremisse de poor ;   (4695)
       Forment maudient lor seignor,
       Quant il ne lor i vient aidier,
       Car il le sét dès avant hier.
       En la tor cornent la menee,
3050 Mout par est lor gent esfreee :   (4700)
       Li reis les fait mout aprochier,
       Les eschales as murs drecier.
       Cil dedenz ne se vuelent rendre,

3030 *A* Il m.; *P* .xxx., *A* .ij. — 31 *S* Cil y f.; *A* a t. — 32 *CP* contreual, *B* contraual, *A* a le t.; *S aj. 2 v.* — 33-6 m. à *A* — 33 *S* Molt meinent g. d. en m. — 34 *Sx* regretent — 35 *S* vassal — 37 *C* greiois, *y* griiois, *B* grezois — 38 m. à *B*; *Sy* l. sales — 3039-3174 *m. à S (lacune accidentelle)*; *S place ici les v. 3815-7874 (V. la note au v. 7874 et l'Étude des manuscrits, t. II,* INTROD., I) — 39 *P* remest; *C* voulte; *P* cheliers — 40 *C* moutier, *P* moustiers, *A* clokier — 41 *x* flambe ; *B* entrait, *P* entre ens, *C* entre — 44 *P* celui de t. barnaige; *B* cel c. — 45 *xA* Qui; *P* fremissent — 47 i m. à *x* — 48 *A* sot — 50 *y* gens — 52 *P* Et e.; *x* eschieles, *y* escieles — 53 *P* vaurent.

Forment se peinent del defendre :
3055 Lancent espiez set cenz et plus, (4705)
Que cil ne puéssent monter sus.
Li fous remaint. Quant vint al seir,
Que virent l'air teniécle et neir,
Reial cornérent la retraite :
3060 Mout ont bone jornee faite; (4710)
As herberges est l'ost tornee,
Mout furent lié cele vespree;
Davant le maistre tréf reial,
La descendirent li vassal.

3065 Davant la tente al rei de Grece (4715)
Ot quatre contes de Venece;
A une part traient le rei :
« Sire, » font il, « ja par desrei
« Ne par traire ne par lancier
3070 « Ne porreiz ceste tor baillier; (4720)
« Mais nos somes sage de guerre,
« Si savon bien chastel conquerre;
« Se vos creez nostre corage,
« Nos somes tant veisié et sage
3075 « Que demain vos rendron Monflor (4725)
« Et toz ceus qui sont en la tor. »
Ço dist li reis : « Et vos coment ?
« Mout vos dorrai or et argent,

3055-6 m. à P — 55 A .v^c. ou — 56 C Q. il; A pueent — 57 C remeint, B remest; y kai q. vit; xy le s. — 58 B loir oscur; C obcur; y Si fist la nuit tenecle — 59 B Roisil corneront la retreste — 60 x bele — 61 y los, x leur — 62 C liez; x de la v. — 63 y tre — 65 P le cors le r.; A grice — 66 B O; A venice — 70 B porroiz, C pourrez, P porres, A pores; x cest chastel; P froissier — 71 C sages, B saiue — 72 y castiax — 73 y Se croire voles nos corages (P mon coraige) — 74 B t. voisiez, C ia voisex, P t. et iuste; A T. par est cascuns de nos sages — 76 A q. chi s. des lor.

«A bandon vos met mon tensor,
3080 « Tot mon argent et tot mon or. (4730)
« Se me poez le chastel prendre
« Et les chevaliers dedenz rendre,
« Jo vos otrei ma druerie,
« Et vos dorrai plus manantie
3085 « Que cuers d'ome ne puet penser, (4735)
« Ne boche ne savreit nomer.
— Sire, » font il, « or vos sofrez,
« Si vos diron que vos ferez.
« Bailliez a dant Polinicès
3090 « Cinc cenz chevaliers et nen mais; (4740)
« Cil s'embuscheront a la lune
« A val soz cele roche brune.
« Quant li baron seront es vaus,
« Si descendront de lor chevaus;
3095 « Desoz les oliviers foilluz (4745)
« S'apoieront sor lor escuz,
« Et tendront iluec li vassal
« Chascuns par le frein son cheval.
« En terre fichent lor espiez :
3100 « Demain les fera Deus toz liez. (4750)
« Mil chevaliers bons par nature,
« Sages de sens et de mesure,
« Ceus baillereiz a Tydea :

3079 *xy* tresor — 81 *C* rendre — 82 *CP* prendre; *y* Et cex qui sont d. tos r. *(P* p.*)* — 84 *y* grant *(P* me*)* manandie; *x* menantie — 85 *P* poroit *(v. f)*; *x* Q. nesun cuer; *A* Plus que ne vaures demander — 86 *B* nasauroit; *P* parler; *C* Ne b. donme, *A* Ne de la b. ; *CA* deuiser — 87 *BA* fait il; *A* nos souferrons — 88 *A* dirai que nous ferons — 89 *y* Or *(P* Vous*)* b. a p. — 90 *x* ne, *A* non, *P* no; *B* mainz — 91 *A* -busseront, *P* -buisseront, *x* -bucheront — 92 *x* El val; *P* desous le r. — 95 *A* Desor l. o. foellus — 96 *A* les e. — 97-8 *y* Cascuns tiegne bien s. c. Et ne dorment rien *(P* pas*)* li v. — 3100 *P* ferai diex tant l. — 2 *B* Saiues — 3 *A* Me; *B* Cor bailleron; *y* thideus.

« Dreit vers Thèbes les conduira.
3105 « A dous granz liues de Monflor, (4755)
« La descendront en Valcolor;
« Es ombres, soz les oliviers,
« Embuschera ses chevaliers.
« Al fin del jor, tot par egal,
3110 « Eistront del bos, sordront del val; (4760)
« De vers Thèbes par mé les plaignes
« Vendront rengiees les compaignes;
« O eus avront porté mil corz,
« Qu'il soneront par granz esforz :
5115 « Lors cuideront cil de Monflor (4765)
« Que tuit icil seient des lor.
« Poignant viengent vers ceus defors,
« Les gonfanons aient destors :
« Dreit a cest host prendront un poindre
3120 « Et nos demanderont a joindre; (4770)
« Vos les verreiz vers vos venir,
« Semblant lor faites de fuïr;
« Mout tost montez sor voz chevaus
« O la force de voz vassaus,
3125 « Et fuiez a desconfiture (4775)
« Par mé ces chans grant aleüre.
« Ci laissereiz les trés tenduz.

3104 *A* Ses c. a malpertrus, *P* Cil les conduie el val pertrus — 5 *P* As — 6 *P* el — 7 *y* En lombre sor (*P* sous) .j. oliuer — 8 *C* Embuchera; *y* Sembuisseront li cheualier — 9 *B* fil, *AC* point; *y* ingal, *x* igal — 10 *x* bois; *y* Sordent d. b. entrent (*P* sentrent) el v. — 12 *y* Vienent — 13 *A* a. bien .m. c. — 14 *B* Qui; *y* a grans (*P* grant) — 15 *P* Dont — 16 *A* Que ce soit la, *P* Q. soient les; *y* gens lor signor — 17 *A* venront, *x* vienent, *P* viegnent; *A* a c. — 19 *xy* ost; *P* Tout d. a c. prendent — 20 *y* Et d. n. — 21 *A* v. nos v. — 23 *P* Adont; *A* en, *P* ens, *B* sus — 24 *A* A — 26 *y* les; *P* plains — 27 *C* Cil lesseroiz, *B* Ci lesseron, *y* Et laissies chi; *P* vos t.

« Li chevalier o les escuz
« Derier facent la riére guarde :
3130 « N'i muevent ja trossel ne farde ; (4780)
« Ci laissereiz les chevaus gras,
« L'or et l'argent et les bons dras,
« Trés et tentes de mil maniéres
« Totes soles par ces jonchiéres,
3135 « Et granz aveirs de mainte guise. (4785)
« Cil del chastel par coveitise
« Saudront fors por prendre la preie,
« Que il verront par ceste herbeie ;
« La povre gent et les garçons
3140 « Verreiz venir as paveillons, (4790)
« Et li chevalier del chastel
« Vos ensiuront o lor cembel ;
« Bien vos enchauceront as plains.
« Polinicès ne seit vilains :
3145 « Sa baate ait sor un lorier ; (4795)
« Quant serront fors li chevalier,
« Dreit al chastel vienge poignant ;
« Par ceste porte ça davant
« Se mete sempres en Monflor,

3128 *A* lor — 29 *y* F. d. (*A* deuant) ; *B* Detriers, *C* Derrier — 30 *A* Ni menront, *P* Ni faicent ; *P* torsel ; *A* fardel ne carge — 31 *P* Ichi laissies ; *A* Chi remanront li ceual c. ; *xy* cras — 32 *A* Li candelabre et lid., *P* Candelabres et rices d. — 33 *xP* Tentes et t. — 34 *A* s. o. ; *xA* les — 35 *y* Vaissel (*P* Vaissiaus) dargent — 37 *P* S. tout hors prendre, *x* S. au plein prendront — 38 *B* cest ; *A* Et si venront — 39 *y* Le g. (*P* Les gens) a pie od — 40 *y* Venront corant as — 42 *x* ensiuront ; *B* Iront e. o l. chambel ; *A* V. parsiuront ; *P* Venront poignant o le — 43 *B* a p. — 44 *A* s. pas vains — 45 *y* Sa bataille ; *B* oit ; *CP* souz ; *y* le l. — 46 *xA* hors — 47 *x* viengnent, *A* aillent — 48 *P* cele — 49 *B* metez, *y* metent ; *P* ens ; *A* la tor.

3150 « Es bretesches et en la tor. (4800)
« Tot le chastel trovera vué,
« Si lor fera mout grant enué, (4802)
« Que, por coveitise d'aveir,
« Avront guerpi sol lor maneir.
3155 « Nos ne somes mie devin : (4803)
« Cil ait o sei un cor de pin ;
« Quatre feiz le sont en la tor, (4805)
« Quant il serra dedenz Monflor.
« Quant nos orron le cor soner,
3160 « Sempres feron l'ost arrester
« Et nos atorneron al joindre,
« Vers ceus dedenz prendron le poindre. (4810)
« Cil se tendront a escharni,
« Quant se verront issi traï,
3165 « Et se torneront al defendre :
« Ne se voudront pas laissier prendre.
« Tante haste verreiz baissier (4815)
« Et tante enseigne despleier,
« Tant fort escu freindre et percier,
3170 « Tant gentil home tresbuchier ;
« La verreiz tante haste fraite
« Et tante bone espee traite. (4820)
« Tydeüs criera s'enseigne,
« Poignant venra par la montaigne ;

3150 *P* Es alleours et ens ; *A* Et entrent esrant en monflor.
— 51 *y* Tos les ostex t. vuis ; *B* trouerez vui ; *C* voit — 52 *y*
A cex sera ml't (*P* dedens iert) grans anuis ; *x* anui — 53-4 *m.*
à *A* — 53 *B* Que ; *P* par — 57 *xA* sonne ; *A* en monflor —
58 *A* la tour — 59 *y* Tantost que (*P* com) nos lorons s. — 60
A Esrant — 61 *xA* a i., *P* del i. — 62 *P* ferons .i. p. — 63 *P*
Il ; *y* por e. — 64 *x* ainsi ; *y* Q. il se sentiront t. — 65 *y* Il se ;
xy des f. ; — 66 *A* laiee — 67 *x* hante ; *y* La v. tant anste bri-
sier — 69-72 *m.* à *P* — 70 *C* gentilz ; *x* trebuchier, *y*-cier —
71 *x* hante ; *A* tant baron enpaindre — 72 *A* grosse hanste
fraindre ; *B* bouelle o espees t. (*v. f.*) — 74 *y* parmi la plaigne.

3175 « Cil dedenz nel porront sofrir,
 « Le champ lor estovra guerpir ;
 « Fuiant vendront vers le chastel, (4825)
 « Mais defors tendront lor cembel.
 — Par Deu, » dist Adrastus li reis,
3180 « Ne parlez pas come borgeis :
 « Nobles dus estes de parage,
 « Mout avez dit grant vasselage. (4830)
 « Seignor, » fait il, « issi feron :
 « Ja cest conseil ne changeron. »

3185   Polinicès monte premiers,
 O lui prent cinc cenz chevaliers.
 Cil s'embuschiérent en la brueille, (4835)
 En la ramee, soz la fueille ;
 Et Tydeüs en Valcolor,
3190 Soz les arbres, en la freidor,
 Mil chevaliers ot toz en nombre :
 Li olivier lor firent ombre. (4840)
 Li chevalier en sont alé,
 Si come il furent devisé.
3195 Par tote l'ost grant joie meinent ;
 Cil des aguaiz pas ne se feignent :
 Porpensent sei que il feront (4845)

3175 *Ici S reprend (v. la note au v. 3039)* — 76 *P* l. conuenra; *C* guarpir, *B* guerpi — 77 *S* dreit al c.; *x* lor — 78 *xP* dehors; *S* troueront c. — 79 *S* de, *x* dieu, *A* diu; *P* Patrenopeus ce d. li r. — 81 *x* Noble honme (*B* gent) — 84 *P* Icest; *S* guerpiron — 86 *P* monta, *x* mut tot — 86 *m. à S; xP* O l. ses .v. ; *A* Et od l. .v. — 87 *y* Tot s. — 89 *P* Ens *(orth. presque constante)* le vallee — 89 *P* el — 90 *C* a la; *S* et souz la flour; *y* La ot .m. cheualiers des lor — 91 *y* tout; *Cy* par n. — 92 *m. à S; P* li; *y* fisent — 94 *S* Ses mile furont; *B* erent, *C* lorent — 95-6 *m. à x* — 95 *P* noise; *A* lor gas demainent — 96 *A* Cis d. a. forment se painent — 97 *P* P. aus.

Et coment il se contendront.
Ypomedon fist l'eschauguaite :
3200 Onques nule ne fu mieuz faite.
Veisos est de chevalerie,
De hardement et d'estoutie : (4850)
Comencier vuet tal vasselage
Que tost tornereit a folage.
3205 Une fraite ot desoz le mur,
Ou l'assaut firent fort et dur,
Que si chevalier esfondérent (4855)
Quant cil dedenz les eschaudérent :
Toz sous s'en vint desoz Monflor ;
3210 Les guaites cornent en la tor ;
Il est descenduz del destrier,
Si est montez sor le terrier. (4860)
Li cuens s'est enz el pertus mis :
Ja passast outre, ço m'est vis,
3215 Quant uns pautoniers del chastel
Le feri si o un quarrel,
Par mé l'escu li fist passer. (4865)
Onc li haubers nel pot sauver
Que nel ferist par mé le cors :

3198 *S* fait leschalgaite; *C* leschargaite, *y* lescargaite —
3201 *S* Vassals, *P* Vassaus, *A* Viseus, *x* Voiseux — 2 *S*
hardiement — 3 *B C.* voist; *S* un v., *C* c'est v. — 4 *S* torreit a grant f. ; *x* Qui torner li dut a donmage (*B* damage);
y Qui t. li verti (*P* vertist) a f. — 5 *A* desus, *P* sour; *S* la
m., *x* la tour — 6 *A* L'assaut i fisent; *S* La ou l'assaut fu
f. ; *x* Ou li assauz fu fez le iour — 7 *y* Car ; *P* le fonderent,
A lesfondrerent, *S* effondrerent, *B* esfonderont — 8 *S* enchaucerent — 9 *S* vait; *A* desor; *P* le tor — 10 *C* La guete
corne ; *P* en monflor — 13 *SA* Li contes (*A* Et li quens) s'est el ;
x Sempres s. en la frete m. — 14 *x* Il p.; *P* la i p. ce m.
auis — 15 *x* .j. des serianz — 16 *xA* a un, *P* ke dun que dun
— 17 *S* mie, *xy* mi *(orthogr. constante)*; *Cy* le, *B* en — 18
S lauberc ne li poet; *CA* tenser — 19 *xy* Qu'il; *S* ne li past.

3220 Un rai de sanc en geta fors.
Ypomedon se sent bleciez :
Taus n'en sét mot qui'n iert iriez. (3870)
Il est descenduz del terrier,
Si rest montez sor son destrier ;
3225 Celement vint a sa gent,
Sor l'erbe vert a pié descent ;
Li sans li cort a val l'escu. (4875)
Si home l'ont aperceü :
Cent se pasment de la dolor
3230 Et mil en plorent de tendror.
Li sans li raie por le chaut :
Il trenche un pan de son bliaut, (4880)
Si en bende desus la plaie
Por retenir le sanc qui raie.
3235 Quant fu estanchiez li saigniers :
« A ! Deus, » fait il, « com sué legiers !
« Ceste plaie ne prez un guant. » (4885)
Toz premiers monte en l'auferrant :
Por ses homes reconforter,
3240 Qu'il a veüz por lui plorer,
Se peine mout de chevauchier ;
Mout se travaille de veillier. (4890)
Ypomedon est angoissos

3220 A l. rais; x en raie, A l en raia, P en atraist; xP hors — 22 S Del nen siet; B qui, CP quen; xA ert — 23 B Il rest — 24 A Si est — 25 S vient — 26 S verte, P verde — 27 x li saut; S c. desouz — 28 m. à B — 29 x sem p.; P por le — 31 A li file; y il le sent caut (P tant); S Li s. r. qil esteit c. — 32 P Dont t.; A Il prent; S Un p. li trenchent del b. — 33 y Si sen; A loie; P desous, A parmi; y sa p. — 34 S P. estanchier — 35 Sy del (y de) saigner — 36 y Dont dist (P Or quic) que d. la (P ma) fait; Sy legier — 37 SA prise — 40 y veu; x pasmer; S Qil veit empres si p. — 41 x M. se p.; y del — 42 y Trop; S M. le t. le; A desuiller; x Mat sunt et las de trop v. — 43 xP ml't voiseux (P viseus, B voisiez).

De sa plaie et mout doloros;
3245 Mais l'ost voudreit forment guarder,
De totes parz sa gent sauver.
Bien a les hoz avironees, (4895)
Cerchié les puéz et les valees;
En plusor lous met s'establie
3250 Des chevaliers d'Alemandie :
Cil sont natural de sa terre,
Sage sont et bien duét de guerre. (4900)

Un chevalier i ot mout sage :
Riches hon fu et de parage,
3255 Niés a un conte de Venece;
Seneschaus fu al rei de Grece.
Toz sous s'en vint desoz Monflor, (4905)
Si a guardé devers la tor;
Vit Achillor a la fenestre,
3260 Joste un piler, devers senestre :
« Di, va, » fait il, « entent a mei :
« Niés sué Etioclès le rei; (4910)
« Ci m'a tramis, si sué espie;
« Mais jo ne sai coment ço die

3244 *y* Et d. s. p. d.; *x* p. m. angoissex *(B* angoissiez) — 45 *S* Molt les v.; *CP* vouloit; *A* por lui — 46 *A* Et par trestot; *P* ses gens — 47 *A* esuertuees — 48 *x* Cerche, *A* Cerke; *S* poies, *y* puis, *x* mons — 49 *xy* fait; *xA* establie — 50 *S* Dous; *P* De c. de manandie — 51 *x* Tuit s.; *A* de la — 52 *A S.* s. ml't et duit; *S* Molt sages contes b. de g.; *x* M. sage et ml't apris *(B* mont corote) de g. — 53 *y* Uns cheualiers; *Sy* fist molt qe s. — 54 *P* h. iert, *x* estoit; *xA* de grant *(A* haut) p. — 55 *A* venice — 56 *y* Et *(P* Siert) s., *C* S. iert; *A* grice — 57 *P* en v.; *S* vait; *A* desor — 58 *y* esgarda; *Sx* dedenz — 59 *x* achelor, *y* aquilon — 60 *P* .i. piere; *C* pilier — 62 *x* De par e ; *A* ethioclet; *S* E. le gentil r. — 63 *S* Mad ci t., *P* Cha me tramist; *x* Qui ma t. ci comme e. — 64 *x* te, *A* ie, *P* iel.

3265	« Por quei jo sué tramis a tei.	
	« Jol te dirai, entent a mei. »	
	Cil vint al mur a une part,	(4915)
	Et cil de fors li dist par art :	
	« Di, va, » fait il, « n'aiez poor :	
3270	« Ainceis demain prime de jor,	
	« Verreiz Etioclès venir ;	
	« Mil chevaliers prèz de ferir,	(4920)
	« De toz les meillors de s'onor,	
	« Vos aconduira a Monflor.	
3275	« Se vos veez Grezeis fuïr,	
	« Quant il verront le rei venir,	
	« Sis parsivez hardiement,	(4925)
	« Car il sont mout mauvaise gent. »	
	Et cil respont : « Si feron nos :	
3280	« Mar amenérent host sor nos.	
	« Se nos poon par nostre poigne	
	« Parfaire bien ceste bosoigne,	(4930)
	« Li reis nos en savra bon gré :	
	« Toz jorz serron mais si privé. »	
3285	Dist Achillor : « Fui tei de ci,	
	« Que ne t'aient de l'ost choisi.	

3266 B diroi — 67 S x vient ; y a (P vers) lui — 68 x dehors ; y parole a lui — 70 x D. a., y A. que soit — 71 A etioclet — 72 S pretz, xA pres ; P preus por f. — 74 BA aconduirai — 75 S Si v. veiez lez g. f. ; C greiois, P grigois ; A Quant v. verres francois f. — 76 B lor r. ; A Por le r. quil v. v. — 77 B Sel, y Ses ; S parseuez, B parsuiuez, y porsiues ; C Si lez suiuez ; — 78 P s. trop — 79 S C. lui r. — 80 B Mal menerent (v. f.) — 81 B Se ne ; C peine ; SP Si ceste ouraigne (P le besoingne) p. faire, A Ceste besoigne ferons bien — 82 S Et b. acheuer cest affaire, P Et cels dehors ensi conquerre, A Ja mar vos en doutes de rien — 83 B bien g. — 84 C m. serons ; S m. alose — 85 x archelor, y aquilon ; S foi ; P tent, A tost — 86 S me seiez ; y soies ; B des lor.

« En cele tor m'en monterai, (4935)
« A mes compaignons le dirai,
« Que li gentiz reis de nature
3290 « Nos socorra tot a dreiture. »
Achillor s'en monte en la tor
Et cil s'en vait a son seignor. (4940)
Li niés al conte de Venece
En est venuz al rei de Grece ;
3295 El tréf li conte a une part
Coment il a parlé par art.
Adrastus est reis de nature, (4945)
Sages de sen et de mesure :
O ses privez barons conseille
3300 Et si lor conte la merveille,
Issi com cil a espleitié ;
Cil en rient et sin sont lié. (4950)

La nuét passa de si qu'al jor :
Les guaites cornent en la tor,
3305 Li soleuz liéve par matin,
Li rossignous s'escrie el pin.
Quant li soleuz fu esbaudiz, (4955)
Tydeüs ést des bos floriz ;

3287 *A* en; *S* tornerai — 88 *A* As c. le conterai — 89-92 *m.
à P* — 89 *S* socoura, *xA* secourra — 91 *x* Achelor, *A* Aquilon; *A* a la — 92 *A* vint — 93 *B* mes as contes; *CA* venice — 94 *CA* grice — 95 *S* Al rei le c., *P* Si li raconte; *x* li dist — 96 *S* Si come — 97 *x* A. li r. — 98 *x* senz, *γ* sens — 99 *x* p. hommes; *γ* b. p. (*A* prisies) — 3301 *P* Ensi; *S* De cil come il ad, *x* Conment c. auoit — 2 *Sx* sen r.; *S* et sen, *C* ml't en, *B* lores, *γ* le roi; *Sγ* font l. — 3 *S* noit, *γ* nuis; *S* et vint le ior, *P* si v. li iors; *x* Au matin a laube du iour — 4 *P* a monflor — 6 *S* rossinol, *C* rousignolz, *B* rousigneuz, *γ* lousignols — 7 *S* esbaudi, *x* resbaudiz — 8 *S* eist, *xγ* ist; *SP* del, *x* du; *Sx* bois; *A* des puis; *S* flori, *A* foellis, *P* foillis.

Tydeüs ést de la ramee,
3310 L'auberc vestu, ceinte l'espee,
L'eaume lacié, l'escu al col : (4960)
Ne semble pas Lombart ne fol.
Tote dreite porte sa lance;
Mout par ot bèle conoissance;
3315 Uns esporons aveit es piez
A fin or mout bien entailliez.
Bien li sistrent si guarnement. (4965)
Bon cheval ot et bel et gent :
Plus tost porprent pué et montaigne
3320 Qu'autre chevaus ne cort par plaigne;
Por dous larges liues noer,
Ne l'estuet pas esporoner; (4970)
Ja por dous liues n'iert estans,
Ne ja n'en poussera des flans.
3325 Taus chevaliers sist en la sèle,
Qui mout aime guerre novèle :
Un poindre fist par un costal, (4975)
Tot en a fait fremir le val;
Il se retint en mé la plaigne,
3330 Si reguarda vers sa compaigne.
Bien les vit après sei venir,

3311-3546 m. à S (lacune accidentelle; v. l'Étude des manuscrits, t. II, INTROD., I) — 12 C sembla; P buisnars — 14 P Et m. ot; B est b. — 15 y Li esperon quil ot; B Deuz; x esperons — 16 y Sont a f. or b. e.; C esmailliez — 17 y sisent; B li g. — 18 y Ses auferrans ne va pas lent — 19 x pui; A puis et montagnes — 20 P Com autres c. ne fait plaine; C Cautre cheual; A plagnes — 21 P longes; A l. grandes — 22. B lestut e. (v. f.); C lesteust, A lestuet il — 23 y Por corre nestroit ia (P nel verres) estanc — 24 B de flanc; C aura poil suanz; A Ne len batroit por ce li flans, P Ne ia ne li batront li flanc — 25 C Tel cheualier — 27 B prist; y p. le — 28 P f. bruire; A Que t. en bruirent li v. — 30 B resgarda — 31 y a. lui, C a esploit.

A grant espleit del bos eissir; (4980)
Trestoz li cuers l'en rit de joie :
Lor demorance iert mais hué poie.
3335 Il ot monté un pué hauçor :
Cil le choisissent de Monflor ;
L'uns a l'autre le monstre al dei, (4985)
Car bien cuident veeir le rei.
En terre fichiérent lor lances :
3340 Mout orent bèles conoissances
Que és lances furent laciees,
Al vent sont totes despleiees, (4990)
Des plus riches pailes de Frise :
A mont ventèlent a la bise.
3345 Cinc cent graisle cornent ensemble,
Tote en bondist la terre et tremble. (4994)
Tydeüs a val un pendant (4997)
Dreit a l'ost vient esporonant :
L'ost de Grece fremist et bruit,
3350 Les genz a pié s'en éssent tuit. (5000)
Adrastus monte o ses barons,
Si guerpissent lor paveillons;
Fuiant s'en vont par mé la plaigne :
Li reis chadèle sa compaigne.

3332 *C* Et apres lui — 33 *A* ses c.; *y* en — 34 *C* g.; *y*
La lor demore ert m. ml't (*P* estra mais) p. — 35 *B* ont, *C*
out; *x* pui; *y* .j. poi sone (*P* s. .i. p.) le cor — 36 *x* les; *A*
Bien lont oi cil, *P* C. les oirent — 37 *C* Lun; *A* Li uns
lautre le mostre; *B* demostra (*v. f.*) ; *P* Li .i. le moustra
lautre — 38 *y* Si c. b. v. — 39 *P* fichent — 41 *x* Qui; *A*
Quant les l. f. ficies, *P* Les ensegnes f. l.; *B* lanciees — 43
C poiles, *B* pailles, *A* pales — 44 *y* Et venteloient — 45 *C*
grelles; *y* cors sonerent — 46 *A* T. b.; *P* T. terre embondist
et t.; *y* aj. 2 *v.* — 47 *y* deuale — 48 *A* D. vers — 50 *P* fremi-
sent t. — 52 *A* Et g. — 53 *C* va, *B* vait; *P* sen torne par les
plaignes — 54 *x* Chaele, *P* caielle; *A* Adrastus maine; *P* ses
compaignes.

3355	Tuit s'en éssent cil de Monflor,	(5005)
	Que n'i remést un sol des lor :	
	La gent a pié o les garçons	
	Corent tot dreit as paveillons;	
	Tuit li chevalier del chastel	
3360	S'en éssent fors o lor cembel;	(5010)
	Bien enchaucent le rei a plein.	
	Polinicès lasche le frein,	
	Par mé le pré fait un eslais;	
	Si chevalier le sivent près;	
3365	Poignant vait sa chevalerie	(5015)
	Par la prée, que fu florie :	
	Quant éssent fors del bos a plain,	
	Ne semblent pas de rien vilain.	
	Poignant viénent dreit a Monflor,	
3370	Cent en entrérent en la tor;	(5020)
	N'i trovérent nesun portier,	
	Portier firent d'un chevalier.	
	Quant il furent dedenz entré,	
	Après eus ont le pont levé :	
3375	De tant furent il plus seür;	(5025)
	De totes parz montent al mur.	
	Li corz de pin corne en la tor,	

3355 *xP* issent; *A C.* sen issirent de — 56 *B* .j. seul, *C* nisun, *A* .j. seus, *P* .i. sols — 57 *B* de p.; *x* et les — 58 *y* Vinrent corant — 59-60 *m. à P* — 59 *C* de lostel — 60 *A* Vinrent poignant — 61 *x* enchascent; *B* lor; *P* emplain — 62 *P* sache son f. — 63 *x* plain; *A* fist — 64 *C* poingnent, *A* sen vont; *CA* apres — 65 *y* vint; *P* li c. — 66 *xP* qui; *A* Aual parmi la praerie — 67-70 *m. à x* — 67 *A* Q. vinrent; *P* hors (*orth. constante dans xP*) — 68 *A* fol ne v. — 70 *P* monterent — 71 *y* Ne t. nul des portiers ; *x* Onc ni t. nes (*B* nesun) p. — 72 *y* La porte ouuri (*P* clost) uns cheualiers — 75-6 *m. à P* — 75 *A* Deuant f. li p. segur — 76 *C* el m. — 77 *C* Le cor; *B* del; *y* J. (*P* Le) cor sonerent.

Cil se reguardent de Monflor.
Lors se tindrent a engeignié :
3380 Un petit ont l'enchauz laschié.   (5030)
Lors s'arestut li reis de Grece,
Si dist as contes de Venece :
« Franc chevalier, ne fuiez mais,
« Que trop vos tiénent por mauvais.
3385 « Or verron ja, al torner tost,   (5035)
« Qui serra li plus proz de l'ost
« Et qui se savra mieuz aidier
« Del decouper et del trenchier. »
A tant ont comencié l'estor,
3390 Si vont joindre a ceus de Monflor.   (5040)
La veïssiez hastes baissier
Et tanz gonfanons despleier,   (5042)
Escuz croissir, haubers fausser,
Lances brisier, tronçons voler,
3395 Tant riche coup ferir d'espee,   (5049)
Tante teste del bu sevree ;
Tant gentil home d'autre terre,

3378 *A C.* regarderent — 79-80 *m. à P* — 79 *x* engin-gnie, *A* enginie — 80 *x* les griex; *A* laissie — 81 *x* saresta; *CA* grice — 82 *y* Et d.; *Cy* al conte; *CA* venice — 84 *x* Car; *y* nos t. a; *B* trueuent — 85 *B* tornoir; *y* v. au t. vers *(P* en) lost — 86 *C* le p. pres; *y* Li quels ceuax corra p. tost — 87 *y* m. se *(P* sen) s. — 88 *y* Del bien ferir, *B* De cou-per *(v. f.)*; *BP* et detrenchier, *A* et del t.; *C* De d. de d. — 90 *P* Et; *A* v. ferir cex — 91 *x* hantes; *A* Tant anstes i furent brisies, *P* Tante hanste fisent brisier — 92 *A* Tantes ensegnes desploies, *P* Et tante ensegne desploier; *y* aj. 2 v. — 93-4 *y* dével. en 4 v., dont le 2⁰ et le 3⁰ manquent à P et le 4⁰ *y* est altéré et ne rime pas : La veissies tant *(P* tes) capleis Et de lances tel froisseis Escus troer haubers fausser Lances froissier et tronconer *(P* L. brisier escus croisir) — 93 *x* hantes f. — 95-6 *m. à P* — 96 *x* de; *B* buc — 97 *C* gentilz.

Qui erent venu por conquerre,
Veïssiez morir en la pree
3400 Ou la bataille fu jostee.
Mout sont hardi cil de Monflor,
Bien se defendent en l'estor : (5056)
L'une meitié, ço m'est avis, (5059)
I a des lor que mors que pris.
3405 Tydeüs vait criant s'enseigne,
Apoignant vint par mé la plaigne;
Un chevalier vait si ferir
L'escu li fait fraindre et partir,
L'auberc fausser et desmaillier, (5065)
3410 Mort le tresbuche del destrier :
Par les rênes prent l'auferrant.
La meslee depart a tant :
As vos toz ceus de Monflor pris,
Ne mais que ceus qui sont ocis. (5070)

3415 Li reis de Grece ést de l'estor,
Apoignant vint dreit a Monflor,
En sa main une espee nue.
Quant la bataille fu vencue,
Contre lui vint Polinicès (5075)
3420 A un perron ilueques près.
Li gentil home de Sidone
Et li baron de Calidone

3399 *A* l v. mort; *P* par le — *Après 3402, y aj. 2 v.* —
4 *A* Ja des lors est; *P* ke vis — 5 *A* Tiocles; *y* va — 6 *P*
Acorant; *x* Poingnant en vet; *P* par le montaigne — 7 *P*
va — 8 *P* croisir; *A* Que l. li a fait p. — 11 *y* le resne; *C*
regnes, *B* resnes; *P* prist — 12 *y* Li batalle; *P* remest —
13 *C* Ez, *y* Es, *B* A — 14 *B* Ne m. c. (v. f.) ; *y* Et ml't i
auoit (*P* en i ot) des o. — 16 *P* vient — 17 *y* tint sespee
(*P* lespee) — 19 *B* li — 20 *y* A le fontaine desi p. (*P* de chi-
pres) — 21 *C* gentilz — 22 *C* barons de quassidoyne

Et tuit li conte de Venece
En sont venu al rei de Grece. (5080)
3425 Polinicès dist en riant :
« Franc chevalier, venez avant. »
Ypomedon et Tydeüs
Apelérent Capaneüs :
A une part sistrent tuit trei, (5085)
3430 Si conseilliérent o le rei.
Li reis demande ses prisons :
Cinc cenz i ot de ces barons.
Davant sei les fait amener,
Pués les a fait toz desarmer, (5090)
3435 Sis enveie dedenz Monflor,
El fondement, desoz la tor,
En une fosse perillose,
Qui de vermine est angoissose.
Li prison sont desoz la tor (5095)
3440 O la vermine a grant dolor,
Fors solement Meleagès,
Qui fu cosins Polinicès :
Por ço que il s'offri a rendre,
Nel vout li reis de Grece prendre, (5100)
3445 Ainz le retint ensemble o sei,
Pués li done armes et conrei.
Li reis fait l'eschiec departir
Par les barons a son plaisir ;

3423 *P* Et li c. tout — 24 *C* venuz — 27 *P* Y. capaneus — 28 *P* A. et tideus — 29 *A* sisent; *P* sieent cil t. ; *C* A unne fenestre t. t.; *B* trestuit *(v. f.)* — 30 *x* Ou il conseillent a lor r. — 31 *P* des p. — 32 *B* ceuz; *C* .V^c. furent toz hauz b. — 33 *A* fist — 34 *P* commande a d. — 35 *xy* Ses; *A* enmainent; *P* droit a m., *C* touz a m. — 36 *C* U f. — 38 *C* ert; *y* Ou la v. e. meruilleuse — 39 *C* prisons — 40 *B* o g. — 42 *P* Kistoit; *A* Q. c. ert; *x* ethiocles — 43 *x* quil le; *xy* soufri — 44 *B* vot, *C* volt, *P* vaut; *A* N. voloit li r. faire p. — 48 *A* A ses b.

	Les guarnemenz et les chevaus	(5105)
3450	A fait doner a ses vassaus.	
	La nuét jut li reis a Monflor,	
	Servir se fait come seignor;	
	A l'endemain, bien par matin,	
	Se met li reis en son chemin.	(5110)
3455	Cent chevaliers laisse en Monflor	
	Proz et sages, de grant valor,	
	Et si lor a laissié vitaille :	
	Ne crement pas qu'ele lor faille.	
	Cuellent les trés, cornent les corz :	(5115)
3460	Li reis s'en ést o son esforz;	
	Dreit a Thèbes, par les montaignes,	
	Conduit de Grece les compaignes.	
	Tant chevauchiérent que la vindrent,	
	Onques ainceis rène ne tindrent.	(5120)

ARRIVÉE DES GRECS A THÈBES ; TENTATIVES D'ACCOMMODEMENT ;
PREMIÈRE BATAILLE

3465	Soz la cité, en Valflorie,	(5123)
	La pristrent Greu herbergerie.	(5124)

3452 *A* Sel serui on ; *P* Preus et larges de grant valor *(Cf. 3456)* — 53-6 *P réduit à 2 v.* : Lendemain quant il sen torna De ses cheualliers i laissa — 53 *A* Et lendemain, *B* En l. — 55 *A* laist; *C* a m. — 57 *y* l. laist asses v. — 58 *C* Ne criengnent mes, *y* Nont (*P* Na) pas paor — 59 *y* lor t.; *CP* sonnent; *y* lor cors — 60 *A* sen va; *P* a ses e.; *x aj. 2 v.* — 61-64 *Cf. P, v. 4217-20 (App. V)* — 61 *P* le — 62 *y* De g. conduist — 63 *A* vinrent; *P* kil le virent — 64 *x* regne; *A* Sacies ml't noblement se tinrent; *P* Desous loliue descendirent; *A aj. 2 v.* : Desus la vile descendirent (*Cf. P au v. précédent*) Lor tres et lor tentes tendirent — 66 *P* prisent li g.

Merveillose fu l'ost as Grés,
Mout i ot paveillons et trés.
Cil dedenz fortment s'esfreïrent (5129)
3470 De la grant gent que si près virent;
As hostaus se corent armer,
Et li reis as portes fermer.
Il meïsmes en fu portiers,
N'i mist sergenz ne chevaliers :
3475 Des jovenceaus sot la nature, (5135)
Qu'en eus n'aveit point de mesure;
Crent que tal jou comencissant
Que achever ne poüssant.
Li jorz passa, si vint la nuéz.
3480 Li reis fut bien de guerre duéz : (5140)
Eschauguaites mist par les murs,
Mil Açoparz et cinc cenz Turs.
Sonent tabors, cornent fresteaus
Et troïnes et chalumeaus;
3485 Grant est la noise que il font (5145)

3467-8 *y* dével. en 4 v. : Li os fu grans (P grande) et ml't pleniere Et li ceualerie (P Li c. fu) fiere Ml't i ot tres et pauillons En son metent lor gonfanons — 69 *x* sen esfroient; *y* C. de la vile se fremirent — 70 C Pour; *y* g. ost; *x* voient; A venir v. — 71 CP sen; P tornent — 72 P Li r. fait les p. f. — 73 A De soi meisme fist portier — 74 *x* Ne; A croit sergant ne cheualier; P Ne vuelt ken isse c. — 75 P set — 76 P Voit kil ni a sens; A Dont il a. a desmesure — 77 B tel rien commencissent (v. f.); C commencissont; *y* Ne veut que il (P ke) facent estor (P nul e.) — 78 C pouissont; B nem poissent (v. f.); *y* De coi il soient li P aient le) piour — 79-80 *intervertis dans* P — 79 P P. li i., *x* trespasse; C la nuit vint, B et v. la nuit; *y* nuis — 80 *y* de grece fu b. duis; *x* duit — 81 C Escharguetes, A Escargaites, P Et ses guaites; C sor l., *y* p. ces — 82 C achoparz, P achopars — 83 *y* cors et; A fretiax — 84 *y* Et buisines — 85-6 *interv. dans y* — 85 By Grans.

As batailles des murs a mont.
Li reis fait bien guarnir ses tors
Et bien guarder des traïtors :
Il a homes quil traïreient
3490   Mout volentiers, se il poeient.   (5150)
Onc ne dormi icele nuét
Ne ne s'ala coucher en lét ;
Li reis ne dort pas, ainceis veille :
A ses privez homes conseille
3495   Vers cel host com se contendra,   (5155)
S'il fera plait o non fera.

Ates parla premiérement :
Fiz fu a un rei d'Orient
Et chevaliers de grant valor ;
3500   Al rei serveit por sa seror :   (5160)
« Reis, » fait il, « iés tu fous o ivres,
« Qui plait vueus faire et iés delivres?
« Tost puet on estre a mauvais plait ;
« Mais cent dehaiz ait qui ço fait   (5164)
3505   « Davant que il n'en puésse mais,

3486 C As breteschés ; *y* Par les b. des murs vont — 87 A fist ; P garder — 88 C ses t., P por t. — 89 P Car h. a ; *x* quel ; *y* qui li nuiroient — 91-2 *interv. dans y* (-92 *diffère*) — 91 *y* Ainc — 92 B cocier ; *y* Bien est (P set) quil sont de grant malduit — 93 *y* Il meismes tote nuit v. — 94 C*y* A sés, B As *(v. f.)* ; C amis p. — 95 C tel ; *x* ost ; *y* Comment v. lost se — 96 *x* Fera pes ou se combatra (B desfendra) ; A ou se tenra — 97 *x* Othes, A Athes, P Aiaus — 98 P Cil fu fiex ; BP au r. — 99 C cheualier ; *y* C. fu — 3500 *x* seruir ; *y* Le r. seruoit — 1 A sos ou ; P faus ne — 2 *x* Q. pes (Cf. 3554) ; Q. v. p. f. ses d., P Q. p. offres et si ies d. — 3 *y* faire m. ; *x* maues — 4 C dahaz, B dahes ; A Q. le fera c. d. a. ; P Mal dehe a. cil ki — 5-6 *y dével. en 4 v.* : Desi quil ne puist (P poet) en auant Dont primes voist consel prendant Quant il ert (P iert) pris ou p. de m. Dont quiere triues et confort.

«O qu'il seit pris o de mort près!
«Toz estes müez dès l'autr'ier, (5169)
«Que vos vi si felon et fier : (5170)
«N'aviez baron si estout
3510 «Qui de paiz osast dire mot;
«Or l'offrez mout vilainement;
«Mais Greu n'en recevront neient,
«Se vos ne forsjurez la terre, (5181)
«Que vos ja mais n'en faciez guerre.
3515 «Mauvais hon, ou as ton espeir?
«Ja diseies tu l'autre seir
«Que, tant com tu vesquisses jor, (5185)
«Ne laireies de terre un dor :
«Or la vueus rendre senz colee
3520 «Qu'en aies prise ne donee.
«Mieuz te vient morir a honor
«Que tu vives a deshonor : (5190)
«Fai fa gent armer par la vile, (5193)
«Et serron bien seisante mile; (5194)
3525 «Ainz qu'il seit jor les requerron,
«Et cuit que les desconfiron,
«Car troveron les endormiz (5199)
«Et de lor armes desguarniz;

3507 P Tost — 8 A Q. si v. vi f.; P Adont v. vi si fort et — 9-12 m. à y, qui a 10 v. spéciaux — 9 x estot — 13 y Sensi ne (P leur) gerpissies — 14 A ni, P ne; x faciez, A facies, P faicies — 15 A as tu; P He m. rois ke tu recrois — 16 P Tu d. na mie .i. mois — 17 y t. c. (P ke) viuroies .i. iour — 18 y Tes freres ne tenroit (P Ne t. t. f.) lonor — 19 P li; A doner, P gerpir — 20 A Que a., P Que ni as — 21 A M. est, P M. aim; y que muires (P muire) par h.; y aj. 2 v. — 24 A Si, C Il; x seront — 25-6 y dével. en 4 v. : Alons a aus (P Puis leur a.) bataille rendre S'il ne se pueent bien desfendre Tot erent (P ierent) mort et detrencie Ja nen lairons aler .j. pie — 25 B ior — 26 C Et trestouz l. — 27 y Nos l. t. e.

« Des espees ferron maneis :
3530 « Ja contre nos n'avront defeis. »

Otes parla après Aton :
Sages hon fu, cosins Platon,
Et vavasors de grant tenue : (5205)
En Thèbes ot la maistre rue :
3535 « Sire, » fait il, « entent a mei :
« Ne t'i foleieras, ço crei.
« Se Ates dist sa legerie,
« Se tu m'en creis, n'en feras mie : (5210)
« Ates est mout hardiz et prouz
3540 « Et a parlé come hon estouz ;
« Conseil done de vasselage,
« Quil porreit faire senz damage.
« Taus est conseuz de bacheler, (5215)
« Qui toz jorz vueut guerre mener :
3545 « Por qu'il i puesse une feiz joindre
« O a un d'eus faire un bon poindre,
« Ne li chaut pués a quei que tort,
« Mais qu'alosez seit en la cort. (5220)
« Greu sont hardi et proz senz faille,

3530 A Ja entre — 31 A Donques ; xA athon — 32 A J. s. h. c. ; B Lames h. ; C cousin — 33 C vauaseur ; y V. fu de — 34 y De t. — 36 y Ja ni f. ie ; C Tu feras folie — 37 A athes, B othes ; C athon d. sa lecherie — 38 P nel — 39 C Athon, A Athes ; B seurs et p., A prex et vassaus, P et p. et biaus — 40 P Or a p. c. vassaus, A Si veut batailles et assaus — 41 A Conselle dont — 42 P Q'l, x Qui ; C son mesage ; — 43-4 m. à P — 45 x Tant q. ; B vendre ; y Car se il veut (P sil i poet) faire .j. bel (P grant) poindre — 46 y Ou (P Et) a son iosteor bien ioindre — 47 Ici S reprend (V. la note au v. 7874) ; S Nad cure p. ; A c. mais ; B quil que, C quoi quil, S qai qe ; y comment il voist (P volse) — 48 y M. q. samie bien li proist (P le voie) ; C Mes abessiez, B M. alessiez ; C ta c. — 49-50 m. à A — 49 x et prex, P et boin.

3550 « Et bien aduré de bataille ;
« Contre un des noz en ont il quatre : (5221)
« Fous est qui nos loe combatre.
« Pren tes messages le matin,
« Offre a ton frére plait et fin :
3555 « De quant que onques tint tis pére (5225)
« L'une meitié laisse a ton frére,
« Mais tis hon seit et l'ait de tei,
« Si t'asseürt de porter fei ;
« Les forterèces des citez
3560 « Tien en ta main, l'autre partez. » (5230)
Li reis respont, dit son talant :
« Or me tenez vos por enfant,
« Qui me loez m'onor partir
« Tant com la puésse jor tenir ;
3565 « Car bien savez qu'en une honor (5235)
« Mauvais ester ont dui seignor : (5236)
« Meie o soe iert ; tote l'avrai, (5239)
« Otote ensemble la perdrai ; (5240)

3550 S molt adurez, B a. b.; P em b. — 51 S ils en o. q.;
A sont il; y bien .iiij. — 52 x ti, A vos; y laira, x reuue —
53 y .j. (P ton) message; A par m. — 54 x pes et — 55 y
canques; A ot tes; SC ton p., B tes peres — 56 P Le m.
offres; A oste, x donne; B freres — 57 S M. ton homme
s. et laisse tei ester, A Tes h. s. sel tiegne de t., P Si ke t.
h. s. et de t. — 58 S Sor tout rien le deis amer; A Et
loiaute te port et f., P Le tiegne si ten faice f. — 59 C les c.,
A de ta (P le) terre — 60 A por le pas querre, P p. pais con-
querre; x Si les aiez; C et departez, B que vez partez —
61 x respondi : Sy dist — 62 A Vous me t. bien — 63 P Ke;
y roues, B voulez; P lonor; x guarpir — 64 Sy le; P iou le
p. t. — 65 y Et bien sacies; P ke .i. — 66 y Ne seront (P
tenront) ia bien; B M. rai estez o. s.; y aj. 2 v. — 67 x
Or men creez, A Por voir vous di, P Saichies ou iou; S x
ou tout a. — 68 y Ou iou trestoute le p. (P toute le perderai);
x li lerai.

« Bien le sachiéz a escïent :
3570 « O jo avrai tot, o neient. »

Jocaste fu mére le rei :
Son fil acole et trait vers sei ;
Por amor Deu merci li crie, (5245)
Qu'a son frére face partie :
3575 « Fiz, » fait ele, « por Deu merci,
« Crei ces barons que tu veis ci ;
« Fai ço que il te loeront :
« Ja ne te forsconseilleront. (5250)
« Ore ont Greu ceste vile assise :
3580 « Ainceis avras la barbe grise,
« Se tant te puez ci enz defendre,
« Que il s'en torgent senz la prendre. (5254)
« Quant ne la pues toz sous tenir,
« Mieuz te vient o autrui partir
3585 « Que tot coveiter et voleir,
« Et tot perdre senz rien aveir.
« O tot iço tu li juras :
« Se tu onques de tei cure as,

5569 A Et si, P Et b ; x Ce s. b. — 70 C Que ie a., B Q. iaurai (v. f.); x tost; y Q. iou nen partirai ; S nient, C neent — 72 SC filz; P traist — 73 Cy prie — 75 B Fuiez (v. f.) — 76 S Creie ceus, y C. tes, C Fui ces; S veiez — 77-8 m. à P et sont interv. dans S — 78 xA forconsseilleront — 79 y Or o. il — 80 y ares; S ta b. ; P lise — 81-2 interv. dans x — 81 A Se tu itant te p. d., P Se chaiens te p. tant d. ; S poeiz d. (v. f.); x Se tu em pes ne lour (B la) velz rendre — 82 S Q. ia; P tornent, CA aillent, B aulgent; Sy le — 83-6 y réduit à 2 v. : Et miex la te vient or partir Q. par force perdre et guerpir — 83 S Q. tu ne p.; C Q. tu ne la p. seul; B p. seuz (v. f.) — 84 B M. v. (v. f.); C ten; SC autre — 87-8 y différe : Et se (P Se tu) men crois tu le feras Ou autrement le perderas (P folloieras) — 87 x Parmi t. ce.

« Ne te parjurer ja por terre (5259)
3590 « Ne por coveitié d'onor querre. »
Li reis s'embronche et esprent d'ire :
A sa mére ne vout rien dire,
Jure les deus que il aore
Ja ne serra pris en tale hore
3595 Que ja, por rien que l'on li die, (5265)
A son frére face partie.
Li baron dient : « Si fereiz ;
« Se nel faites, vos i perdreiz ;
« Se ne faites acordement
3600 « Et ne l'en tenez jugement, (5270)
« Ne voudron guerre a tort sofrir,
« Ne del dreit ne porron guenchir.
« Mais por quei avez tort vers lui?
« Ja n'estes vos ne mais vos dui :
3605 « Mal est, por coveitié de terre, (5275)
« Qu'entre vos dous aiez ja guerre.
« Deus maudie guerre entre fréres

3589 *y* Fius ne te pariur (*P* pariure) p. ta t. (*P* p. t.) —
90 *S* coitie; *C* conuoiter, *B* convoitise (*v. f.*); *x* dauoir
q. honor; *y* Ne p. h. nule conquerre — 91 *y* escoute — 92 *x*
Quant tiex paroles li ot d. — 93 *P* Proie; *A* Fors tant li
dist mal fera ia — 94 *xP* Que ia; *x* niert p. en (*B* a) icele;
P nen iert p. en c.; *A* Ce sace bien nel tenra ia — 95 m. à *B*;
A Ne ia; *P* p. cose con; *S* qele, *C* que len, *A* que on —
96 *P* Vers s.; *A* S. f. ne fera p. — 98 *P* v. perderes; *x*
Ou se ce non pariur (*B* pariure) serez — 99 *S* ne li faces
v. f.); *x* nen, *P* nel; *A* Faire lestuet; *y* par iugement
— 3600 *S* Ou ne; *x* li; *S* tienges; *y* Et vos feres (*P* nen fai-
tes) acordement — 1 *A* Nen; *y* volons — 2 *B* Ne teil, *S* Ne
de; *y* Nos (*P* Ne) ne volons del (*P* de) d. g. (*P* mentir) — 3
y P. coi faites ce (*P* vous) t.; *B* v. mi — 4 *x* que seul v. d.;
y frere que d. — 5-6 m. à *x* — 5 *S* qi p. coueite (*v. f.*); *y*
Ja por covoitise — 6 *S* Entre; *y* Mar ara (*P* aueres) e. v. .ij.
g. (*P* v. g.) — 7 *S* de f.

« Et entre fiz et entre péres !
« Car, quant il ont plusors maus faiz,
3610 « Si resont il après en paiz ;   (5280)
« Il sont ami, et lor contree
« En est confondue et guastee. »

Dui baron, que li sont privé,
D'entre les autres sont levé.
3615 A une part traient le rei,   (5285)
Conseillent lui par dreite fei :
« Sire, » font il, « que vueus tu faire
« Vers ceste gent, que est mout vaire ?   (5288)
« Des plusors d'eus sés lor corage,   (5299)
3620 « Que mout voudreient ton damage :
« Se tu ne fais ceste partie,
« Sodement t'en viendra folie. »   (5302)
Etioclès sospire et plore,   (5305)
Quant veit que tuit li corent sore ;   (5306)
3625 Estre son gré l'otreie a faire,   (5309)
Car mout est fel et de put aire.   (5310)
A ceus a dit priveement :

3608 *A* fil et e. pere — 9 *A* Que; *S* ils; *x* Q. il se sont (*B* Q. il s.) ; *A* les grans m. f., *P* fait l. g. f. ; *S* malfaitz — 10 *A* Donques seront; *P* Si restent il ades; *x* puis en grant p. — 11 *S* Ils s. amis; *y* Dont; *A* mais l. ; *y* contrees — 12 *y* En sont destruites et gastees — 13 *xy* qui; *S* lui — 14 *S* Devant les — 15 *x* leur r. — 16 *x* Si li loent ; *y* p. boine — 18 *x* Vois; *SC* qui ; *B* elle e. mont noire ; *y* Granment de (*P* Ml't de te) gent en lost repaire ; *y* aj. 10 v. et *P* 10 autres (dont 1 oublié) — 19 *SC* De; *x* le c. ; *y* Bien s. d. p. — 20 *B* Qui ; *y* Et (*P* Car) bien ; *S* Qe il te quierent — 21 *y* Sa ton frere ne f. p. — 22 *x* Il ten mouuront viaz (*B* male) f. ; *A* Del roialme, *P* Jou te di bien ; *y* cou ert (*P* iert) f. ; *y* aj. 2 v. — 24 *A* Q. ot; *y* aj. 2 v. — 25 *P* Outre — 26 *y* Mais m. — 27-44 m. à *A* — 27 *S* As soens; *P* A ces .ij. dist.

« Morz sué se nen pren vengement
« Des traïtors qui par destreit
3630 « Me font guerpir demé mon dreit.
« A! Deus, si ja verrai le jor
« Que jes poüsse metre en tor,
« Que sor eus fust la force meie,
« Com volentiers m'en vengereie! »
3635 Cil li préent por Deu nel face :
« N'est ore pas lous de menace ;
« Mais bien se sofre et ne s'iraisse
« Et autrement pas nes empresse :
« Nus hon ne deit honor tenir,
3640 « Se il ne puet auques sofrir,
« Tant que il puésse apareillier
« Que il se puésse bien vengier :
« Tanz dis se repost et se taise,
« Jusque il veie bien son aise. »
3645 Li reis s'en torne et cil o lui : (5311)
« A! las, » fait il, « com mare fui,

3628 S Mort; P prens, C praing; B pregn noncement —
29 SP traitres, B traistours — 30 S demie; x partir de
moi.; P mi et m. oir — 31 P He d. venrai iou ia; B D. se
iames v.; C D. v. ie iames — 32 C Quel, PB Qué; S Qe ie
les p. m. en t. — 33 x f. seur (B souz) aux; S Qe la f. sur
e. f. m. — 35 P li dient, S le p.; SB ne — 36 S p. o.; P
Car or n. p.; SC lieu, B lex, P lius — 37 SP souffrir; S
M. tout s., x Em pes se soit ; P ke ne sirast, S sirasse —
38 x Car nus (B .j.) autre hons (B home) nest pas en presse,
P Na ses homes nen demoustrast — 39 P Car h.; S homme
— 40 P ne set; C tenir — 41-2 P différe : Et quant porra
son liu veoir Donques en faice son pooir — 42 m. à B; C Et
temps et lieu de soi v. — 43 B Et ten d. se r. et t.; C re-
pose; P Mais or soit pais et si estoise — 44 S Jusqil poet
veeir s. a., P Si se repost ne faice noise — 45 A Ariere t. —
46 x Ha l., S Allas, y E (P He) diex; Cy dist il; y c. dolans
sui; S m. sui; x tant mar i f.

« Quant ore serrai meiteiers
« De ço dont ere reis entiers ! »   (5314)
As barons vint et a sa mére :   (5317)
3650   Otreia lor que a son frére
De la terre fereit partie,
Mais soe en fust la seignorie.   (5320)

Otes respont : « Ofe estait bien,
« Or n'i sai mais amender rien.
3655   « Guardez qui ira le matin
« A vostre frére ofrir la fin. »
Ates li dist : « Vos i ireiz,
« Qui le message bien direiz :
« Ital home i covient aler
3660   « Qui la fin sache bien parler.
« Vos l'avez primes porparlee,
« Par vos deit bien estre acordee. »
Otes s'embronche et esprent d'ire :
« Vos n'estes pas, » fait il, « mis sire,
3665   « Ne por vostre comandement
« N'irai oan al parlement. »
Ates s'iraist legiérement

3647 *B* seroi, *P* esterai ; *A* Car or serai iou ; *S* meitiers, *P* moitiiers, *B* metoirs (*v. f.*) — 48 *P* iere, *A* gere, *C* giere ; *y aj.* 2 *v.* — 49 *y A* ses b. et — 50 *y* Dist quil (*P* ke) otreiera s. f. — 51 *y* De sa t. lune p. — 52 *y* M. quil en ait (*P* laist) — 53-94 *m. à A* — 53 *x* Othes, *P* Ostes ; *B* estal, *C* esta, *S* vait ; *P* or na b. ml't — 54 *S* afaitier ; *P* Ne nous tenrons m. por estout — 55 *P* ke la voist par m. — 56 *P* A vo f. moustrer le — 57 *A* Athes ; *C* Othes a dit ; *P* li a d. v. i. ; *B* v. i. (*v. f.*) — 58 *CP* ferez, *S* dirrez — 59 *Sx* Tel h., *P* Tes homes ; *x* c. la a. — 60 *x* porparler ; *P* Qui le pais seuent deviser — 62 *P* e. b. finee ; *C* redoit e. a. ; *B* Si sera sur vous la colee — 63-4 *m. à B* — 63 *S* Otes ; *P* Ostes respont et fu plains d. — 65 *P* Ja p. — 66 *P* anchois au — 67 *xA* Athes ; *P* l. saire.

Et a parlé enfleement :
« Se tu nen iés, » fait il, « mis hon,
3670 « D'içò cui chaut? car bien sét l'on
« Que j'en ai trente de ton prez,
« De ton parage et de mieuz nez.
« Ne t'i rués pas aler por mei,
« Mais por la bosoigne le rei :
3675 « Pués que tu fin li loes faire,
« Cerchier la deis et a chief traire. »
Et l'un et l'autre li reis chose :
« Tencier, » fait il, « est laide chose ;
« N'est costume ne pas n'otrei
3680 « Que vos tenciez ci davant mei. »
Por ço nel dit mie li reis
Que il l'en seit vaillant un peis,
Ainceis vousist que grant colee
Eüst Ates Oton donee :
3685 Mout en eüst bien la consence,
Mais que ne fust en sa presence.
Mout li griéve la departie

3668 *S* Et respondit; *P* Otes respont par ml't grant ire — 69 *C* ne es, *B* ne veuz; *P* Moi ken chaut se tu nies m. h. — 70 *x* Qui (*B* Cui) c. de ce; *S* qi; *x* s. on; *P* Quant bien seuent tout cist baron — 71 *B* ai en de tout le p.; *P* Ken ai .xxx. de millour pris — 72 *B* De tout parte des puisnez; *C* p. des; *S* mielz, *C* miex; *P* Et de p. bien gentis — 73 *B* Ne ni; *S* ti comant a.; *P* Jou ne ti quier — 74 *S* busoigne, *xP* besoingne — 75 *x* Des que; *S* tu ceo — 76 *S* d. bien et; *P* Haster li d. — 77 *B* lun a l. fet il c.; *C* le roi — 79 *P* Il n. c. ne notroi — 80 *SP* tenchiez, *B* tencois; *P* t. ia; *S* ci t. — 81 *SP* dist; *S* d. el pas, *x* disoit p. — 82 *S* Quelle lui; *P* fust le pris dun p.; *x* Quil len chausist — 3683-3814 *m. à S (lacune accidentelle), qui passe ensuite aux v. 7875 sqq. (V. la note au v. 7874 et l'Étude des mss.,* INTROD., *t. II, ch. I)* — 83 *P* Car il v. — 84 *x* athes othon; *P* oston — 85 *P* Asses en e. la — 86 *P* M. nel fesist — 87 *P* poise de le partie.

Que par Oton li est bastie :
Vengera s'en come ainz porra ;
3690 Se il nel fait, de duel morra ;
Mais or se taist, et si se prient
Et ses ires o sei retient ;
Son mautalent sét bien covrir,
Tant qu'il en puésse en lou venir.

3695 Li reis demande loement (5321)
A ses barons comunement
Cui il i porra enveier :
Sor toz en vueut Oton preier.
Tuit li loent que il i auge :
3700 N'i a baron qui tant i vauge,
Ne qui si bien parout en cort ;
Que qu'il en die, sor lui cort. (5328)
Otes s'en escondit mout fort
Del message, que il nel port.
3705 Ates li demande por quei :
« Mout cremez poi, » fait il, « le rei
« Et poi preisiez son seignorage,
« Quant por lui n'alez el message.
« Mais se li reis m'en voleit creire,
3710 « Vos covenreit faire cest eirre,
« O come fous remandrïez,

3688 *xy* Qui ; *P* oston ; *B* lustiee — 89 *P* ains kil p. — 91 *P* tast et se refraint ; *B* le p. — 92 *C* Et ceste ire, *P* Et le soie i. ens lui restraint — 94 *BP* puist ; *P* sen l. veir — 95 *A* Apres d. — 96 *A* princes ; *y* communalment — 97 *CA* Qui ; *A* Q. miex i, *P* Le quel il — 98 *x* Othon, *P* oston — 99 *A* prient ; *P* ke cil ; *Cy* aille — 3700 *Cy* vaille, *B* valge — 1 *x* Ne miex sache parler — 2 *y* Coi ; *xy* tort, *A* en t. *(v. f.)* — 3-38 *m. à A* — 3 *x* Othes ; *P* Ostes en escondist — 4 *C* ne, *P* le ; *x aj. 2 v.* — 5 *xA* Athes — 6 *B* lor — 7 *x* cremez — 8 *PQ*. v. n. ens son m. — 9 *P* me — 10 *C* oiure, *B* oeure — 11 *C* Et ; *P* V vous por fol vous tenriies.

« Se el message n'alïez. »
Otes respondié par contraire,
Come cil qui bien le sot faire :
3715 « Ja Deus, » fait il, « bien ne me face,
« Se de rien cren vostre menace :
« Ne tiegn de vos ne fué ne terre,
« Ne ne préz guaires vostre guerre.
« Se vos volez tencier o mei,
3720 « N'enguarderai l'onor le rei,
« Pués que direiz en cort folie,
« Que autretant ne vos en die ;
« Mais, s'il vos plaist, laissiez m'ester,
« Car ne voudreie a vos mesler.
3725 « S'onques vos fiz rien que ne deie,
« Dreit volentiers vos en fereie ;
« Et prenez l'en sempres ici :
« Ja mar del dreit avreiz merci.
« D'une rien vos vueil contredire
3730 « Que jo vos ai ci oï dire,
« Que mon seignor tant vil aveie
« Por lui rien faire ne voleie :
« Por mon seignor ai jo mout fait,
« Maintes peines et maint mal trait,

3712 *P* Se cest m. ne faisies — 13 *x* Othes; *P* Dans ostes r. aton — 14 *P* Deuant le rei tout abandon — 16 *P* Se iou c. ia ; *x aj. 2 v.* (Se vous estes de haut parage Je resui bien de franc linage), *qui appartenaient peut-être à l'original (Voy.* l'Étude des mss., *l. l.*) — 17 *B* fuz, *C* fie ; *P* terre ne don — 18 *P* Ne iou ne sui de riens vos hon — 19 *CP* a m. — 20 *P* Ni garderai honor a r.; *B* lor r. — 21 *C* Des, *B* Nes — 22 *Après* -22, *P aj. 2 v.* — 23 *B* moi e. *(v. f.); P* laisieme e. — 24 *P* Jou ne vous vauroie blasmer — 25 *C* fis ; *P* Se mesparle de vous auoie — 27 *C* le tantost ; *P* V. presissies lamende chi — 28 *B* tel d.; *P* Ainc mal en euussies m. — 29 *P* Mais une riens v. c. — 30 *B* v. oistes or ; *P* Q. chi v. ai oi mesdire — 31 *C* vilannoie — 32 *x* f. r. — 34 *P* Mainte paor.

3735 « Et receü maintes colees,
« Et autretant por lui donees ;
« Onc d'aler ne me fiz preier
« En lou ou me vout enveier ;
« Mais ore nel quier pas celer,   (5329)
3740 « A ceste feiz n'i vueil aler,
« Et vos sai bien dire por quei,
« Mais mon seignor n'en pëist le rei.
« N'a oncore pas quatre meis,
« Mien escïent, non mie treis,
3745 « Greu nos tramistrent un message   (5335)
« Hardi et pro, cortéis et sage :
« Fiz ert al rei de Calidone,
« N'a tal chevalier soz le trone.
« A la cort vint, le rei trova ;
3750 « Parla a lui, pués s'en torna.   (5340)
« Il s'en alot tot son chemin :
« Nostre home orent trop beü vin,
« Es chevaus montent, sel sevirent :
« A com male hore, Deus, le firent !   (5344)

3735 P Et ai rechut — 36 P en ai d. — 37 P Ainc — 38 P Sil me vaut nului e. — 39-40 A *diffère* : Signor dist il ia ni irai Ne ia mon pie ni porterai — 39 P M. ne v. q. ore aceler — 40 B quier a.; P Cest mesaige ne voel porter — 41 B soi; *y* Et b. v. voel d. — 42 A Et; P ne p. — 43 *x* encore; *y* Encor na mie (P il pas) — 44 *y* Si com ie cuic — 46 *x* Hardiz et preuz; B et sages et liex; *y* Qui ml't estoit de haut parage — 47 *x* calidoine — 48 *xy* tel; P trosne; *y* T. c. na; B Na t. c. en calidoine — 49 B lour r.; A au r. parla — 50 P se; A Et son mesage bien conta — 51 *x* Quant; PC aloit; A Il repaira; *x* par s. c. — 52 *x* o. b. du (B del) v. ; A No gent, P Vostre h.; A but de v.; P ki o. t. but v. (v. f.) — 53-4 *La leçon adoptée est une correction* — 53 C porsurent, B parfurent; A Il le siuirent; *y* coiement — 54 *x* En c. m. eure d. il murent; A Sor lor ceuax, P Ses porsieuent; *y* isnelement, puis 4 v. spéciaux.

3755 « Car il i furent trestuit mort, (5349)
« Et li messages en estort. (5350)
« Se il troveit le mes le rei, (5365)
« Cuidiez que il li portast fei ?
« Ja nul de nos ne trovereit
3760 « Ne l'oceïst, si avreit dreit. »
Par la sale tuit en conseillent,
Dient que pas ne s'en merveillent (5370)
Se Otes ne vait cele part,
Ou cuide aveir si grant regart;
3765 Et autretal dient il tuit
Nus d'eus n'ira senz bon conduit.
Ço dist Jocaste : « Jo irai, (5375)
« Que le message conduirai :
« Que mis fiz puésse, pas ne cuit
3770 « Que hon seit pris en mon conduit;
« Polinicès bien guardera
« Que on nul mal ne li fera. » (5380)
N'i a celui qui pas l'en creie
Ne por lui emprenge la veie :
3775 « Dame, » font il, « nos n'iron pas,
« Car on n'i tout cotes ne dras,
« Mais on i tout et cors et vie : (5385)

3755 *B* li f.; *y* Quil i (*P* Que il) remesent — 56 *y* Li m.
vis en e., *puis 14 v. spéciaux* (*P 12*) — 57 *y* Sil i; *A* trouast
le m. au r.; *B* lor r. — 58 *B* Vous c. (*v. f.*); *A* il i — 59
C nus; *y* Ja .j. — 60 *x* Quil noceist; *P* et saroit — 61
P se c. — 62 *y* sesmerueillent — 63 *xA* Othes, *P* ostes;
y va — 64 *A* si fait — 65 *x* Car a.; *y* Et ensement disoient
t. — 66 *A* Que n. nira, *P* Quil nira n.; *x* ia s. c. — 67 *C*
Et d.; *A* J. d. iou i. (*v. f.*); *P* J. leur d. i. i. — 68 *B* Et le
— 69 *C* mon filz; *B* fiuz; *y* Car nus nert pris (*P* ni iert) si
com ie quit — 70 *y* Se mes fiex puet — 71-78 *m. à x* — 72
A me f., *P* nos f. — 74 *A* Ne qui entreprenge — 75 *y* fait il;
P ni iront p. — 76 *P* On ni t. pas robes — 77 *P* Ains.
i t. on.

« Qui la ireit, c'estreit folie. »
Jocaste fu et proz et sage :
3780 « Jo irai, » fait ele, « el message ;
« Mes dous filles merrai o mei,
« Quant vos tuit en falez le rei ; (5390)
« Et por sofraite de prodomes
« Iert cist messages faiz par domes.
3785 — Granz est, » fait Otes, « li periz :
« Ne nos guarreit ja vostre fiz. (5394)
« Mais ore alez al parlement, (5397)
« Vos et voz filles senglement :
« Se il agréent ceste fin,
3790 « Apreisment sei jusqu'a cel pin ; (5400)
« Entrésque la iron nos bien :
« Ne cuit que nos i cremon rien. »

A tant se depart li conseuz :
Al main, quant fu clérs li soleuz,
3795 La reïne se fu levee, (5405)
Bien vestue et bien conreee,
Et ses dous filles ensement,

3778 *A* Qui ira il fera f. — 80 *y* Girai f. e. en ce *(P* cest*)* m. — 81 *B* merra, *Cy* menrai — 82 *y* Puis que v. tout f. ; *x* failliez ; *B* lor r. — 83 *C* preudames, *P* prodomes, *A* preudome — 84 *x* Ert; *P* cis ; *B* domnes, *C* dames, *P* dones ; *A* Le ferai iou cou est la some — 85 *x* dist o. ; *P* ostes ; *C* perilz, *y* paruis, *B* poruiz — 86 *B* Nen; *xP* vous ; *A* i g. ; *C* filz, *B* fiuz, *A* fis ; *P* gariroit ia vos fius ; *y aj.* 2 *v.* — 87 *y* or — 88 *P* solement — 89 *C* Et cil ; *y* Se il otroient ; *C* tuit la f. ; *P* vin — 90 *B* Aprisment, *C* Apriment, *y* Aprocent ; *P* aus duska ; *A* dusques al p. ; *x aj.* 2 *v.* — 91 *y* Car dusques la — 92 *y* Ne *(P* Jou*)* croi ; *P* ni c. ; *B* cremen — 93 *y* departent du *(P* leur*)* conseil ; *C* conseux — 94 *y* Et al matin *(P* Au bien m.*)* leuant soleil ; *C* solex — 95 *A* Se fu la r. l. — 96 *A B.* fu *(P* Et b.*)* v. et atornee *(P* conree*)*.

186   ROMAN DE THÈBES

　　　　Que vont o lei al parlement.
　　　　De chascune dire vos dei
3800　　Quaus dras orent et qual conrei.　　　(5410)
　　　　Antigoné ot non l'ainznee,
　　　　Franche, corteise et honoree.
　　　　Mout ot gent cors et bele chiére;
　　　　Sa beauté fu as autres miére :　　　　(5414)
3805　　Ja en fable ne en chançon
　　　　N'orreiz femne de sa façon.
　　　　D'une porpre inde fu vestue　　　　　(5415)
　　　　Tot senglement a sa char nue :
　　　　La blanche char desoz pareit.
3810　　Li bliauz detrenchiez esteit
　　　　Par menue detrencheüre
　　　　Entrésqu'a val vers la ceinture.　　　 (5420)
　　　　Vestue fu estreitement,
　　　　D'un baudré ceinte laschement;
3815　　Chauciee fu d'un barragan
　　　　Et d'un sollers de cordoan ;　　　　　(5424)
　　　　Sis manteaus fu, ço m'est vis, vairs,

3798 *xy* Qui; *y* li, *x* lui — 3800 *P* ne q. c.; *B* quil c. —
1 *B* Antigones, *C* Anthigonas; *y* ot a n. la maire — 2 *B*
ennoree, *C* acesmee ; *y* cose ert (*P* iert) et debonaire — 3 *B*
Mont est; *P* grant, *A* bel — 4 *x* seur (*B* souz) autre fiere;
A trestote entiere — 5-6 *m*. à *A* — 7 *B* propre — 8 *P* où se,
S o sa — 9 *P* chars, *A* cars; *A* parut d., *P* d. paru — 10
P Quant li b. d. fu, *A* Car il e. d. tous — 11 *y* De m. —
12 *B* ves; *C* Entrequaual a, *P* Entre kel val de, *A* Aual
dessi ka ; *x* aj. 2 v. — 14 *x* orfrois, *P* brande — *Ici S re-
prend; les v. 3815-7874 sont placés après le v. 3038 (V. la
note au v. 7874 et l'Étude des mss., t. II,* INTROD., I). — 15
SB Chaucie; *y* Kauces auoit; *A* de bougeran — 16 *y* S.
bien fais (*P* avoit) de (*P* dun); *SP* cordewan, *x* cordouan
— 17-8 *y dével. en 4 v. :* Afuble ot .j. bon (*P* De ml't boin
vair ot .i.) mantel De cier osfroi (*P* orfrois) sont li tassel La
liste fu et grans et lee Ricement en (*P* Entrauers se) fu afulee
— 17 *C* Son mantel; *B* mantiaux ce m. v. fu; *x* vers.

Et afubla s'en en travers :
Les panz en ot bien entroverz, (5429)
3820 Que li costez fu descoverz.
Les cheveus ot et lons et sors,
Plus reluisanz que n'est fins ors :
D'un fil d'argent sont galoné,
Pendirent lé sor le baudré. (5434)
3825 El chevauchot un palefrei (5437)
Qui fu l'autr'ier tramis le rei :
Bien amblanz fu et bien delivres,
Sis prez esteit de treis cenz livres ; (5440)
Et fu toz neirs, ne mais les hanches
3830 Et les espaules, qu'il ot blanches,
Et les costes et les oreilles
Et les jambes, que sont vermeilles.
Le frein ot precios et gent, (5445)
Les rènes sont de fil d'argent,
3835 La cheveçaille de fin or :
Les pierres valent un tensor.
D'un blanc ivuére fu la sèle
Et d'un brun paile la sorsèle,

3818 *B* Et affublera; *x* a lenuers — 19-20 *m. à x* — 19 *P* dentrauers; *A* tenoit tot en trauers — 21 *S* fors — 22 *P* ne soit o.; *S* qargentz ne o. — 23 *y A* un fil d'or; *Sx* furent; *S* trece, *x* trecie — 24 *x* Pendoient; *S* li, *x* lui; *y* Aual pendent; *x* iusques (*B* siques) au pie; *y aj.* 2 *v.* — 25 *xy* Et c.; *S C*. un p. — 26 *AB* Q. l. fu; *C* Que l. li tramist .j. roi; *B* au r. — 27 *x* Ml't b. (*B* Mont tost) emblant et; *y* A. fu et ml't (*P* trop) b. d. — 28 *m. à B*; *C* Son; *S* preiz, *Cy* pris; *C* .v^e. l. ; *y* Li p. de lui estoit (*P* fu de) .c. l. — 29 *P* t. vairs; *y* fors les .ij. h., *x* f. que les h. — 30 *y* qui sont b. — 31 *m. à S*; *C* costez; *y* La teste ot inde et — 32 *y* auoit v. — 33 *S* Li freins fu; *x* .J. f.; *y* P. f. i ot et — 34 *y* resnes, *Sx* regnes; *P* en s. tout dargent; *A* s. de fin a — 35 *x* cheuesce (*B* cheuesce) fu toute dor; *P* La cainete est de — 36 *Sxy* tresor — 38 *C* poile; *A* sossele.

	Et li estreu et la peaigne	
3840	Sont tuit massiz de l'or d'Espaigne.	(5452)
	Antigoné, o cest conrei,	
	Trés bien sembla fille de rei,	
	La menor apèlent Ysmeine :	(5453)
	Onc ne fu femne meins vilaine ;	(5454)
3845	Mout fu juefne, mais bien fu duéte	
	Et bien corteise et bien leiduéte.	
	Ysmeine fu amie Aton,	(5455)
	Et ot vestu un ciclaton ;	
	La manche destre en ot sevree,	
3850	Que ele aveit Aton donee ;	
	Desoz, une pelice hermine :	
	Onc ne vesti meillor reïne ;	(5460)
	Les manches sont bien engolees ;	
	A terre tochent, tant son lees.	
3855	Desfublee chevauche Ysmeine	
	Le palefrei Aton demeine ;	(5464)
	Sor son poign tint un espervier,	(5467)
	Que pot de l'éle d'un plovier.	(5468)

3839-40 *m. à C* — 39 *S* estref, *A* estrier, *P* destrier, *B* estruit; *A* paaigne, *B* paigne (*v. f.*), *P* piane — 40 *S* tout massis ; *y* Furent ouuré ; *A* a or — 41-2 *m. à y* — 41 *C* Anthigoras — 42 *x B.* ressembloit; *S* filz du r. (*v. f.*) — 44 *x* dame; *A* Cele ne fu, *P* Qui ne fu pas ; *y* de rien v. — 45-6 *m. à y* — 45 *x* gente et mout bien duite ; *S* doite — 46 *S* ledoite, *x* loiduite — 47 *y* Y. estoit; *AB* athon, *C* othon — 48 *x* Si ot; *P* Vestue estoit dun; *Cy* siglaton — 49 *y* La d. m.; *y* en fu; *A* ostee — 50 *x* Ele lauoit, *y* Car ele lot — 51 *P* .i. plice (*v. f.*); *y* grise — 52 *S* vesteit; *y* Qui de ml't lonc li fu tramise — 53 *S* B. s. l. m. e. ; *P* furent e. — 54 *S* As piez enbatent; *AB* si s. — 56 *AB* Athon, *C* Othon; *P* enmaine ; *A* Ne sanla pas feme vilaine, *puis 2 v. spéciaux* — 57 *y* puig; tint *m. à S*, *y* porte ; *Cy* espreuier — 58 *C* Quel put; *S* del ale ; *y* Qui fu athon (*P* aton iert) ml't lauoit cier, *puis 4 v. spéciaux*.

De la reïne que direie ? (5473)
3860 O ses dous filles tint sa veie :
Mout vait bien vestue el message,
Come dame de son eage,
Et chevauche une mule brune :
Onc ne veïstes meillor une.
3865 O les dames trei danzel vont,
Del mieuz de Thèbes cil trei sont. (5480)
Uns niés Aton conduit Ysmeine ;
Antigoné uns enfes meine, (5482)
Qui mout esteit de haut parage
3870 Et mout prochains de son lignage ;
Li tierz, qui meine la reïne, (5483)
Fu fiz Hergart, le rei d'Ermine.
Par eus sés escheriement
Pristrent lor veie al parlement ; (5486)
3875 Et quant il furent de l'ost près, (5489)
A la fontaine del ciprès,
Treis chevaliers truevent des Greus :
Li uns ot non Parthonopeus.
Parthonopeus fu uns des treis :

3859 S mere qe vous d. — 61 *y* V. va b. ; S al — 62 *P* C. feme ; *xA* de son (*A* haut) parage ; S aage — 65 *x* Une m. cheuauchoit une (*B* brune) ; *y* Et sist sor u. m. (*P* .i. cheual) b. — 64 *y* Ainc ; *A* m. ne v. ; S m. un, *P* m. ne — 66 S Des — 67 SP mes ; *C* othon, *B* athon ; S conduit — 68 *C* Anthigone, *B* Antigona, *A* Antigonain — 69-70 *m. à A* — 69 *x* grant p. — 71 *C* Le — 72 S herga ; *y* angart (*P* algart) .j. r. hermine ; *x* a .j. roi riche e. — 73 S sex, *x* .vj. ; *B* eschariement, *C* eschieriement ; *y* Ensi en vont tot belement (*P* priueement) — 74 *x* la ; *y* Com dit vous ai ; *B* al pablement ; *P aj. 30 v., puis 2 autres communs à AP* — 75 *A* eles i vinrent ; *P* Q. eles v. de l. p. — 76 *A* des, *P* de — 77 *A* .iij. cheualier muevent — 78 *y* en fu p. ; *C* perthonopiex, *P* patrenopex, *A* partonopex — 79 *C* Parthonopiex, *P* Patrenopex, SA Partonopex.

3880　Riches hon ert, d'Archaide reis,
　　　Mout fu sages et bien corteis,
　　　Vestuz a guise de Franceis.　　　　　(5496)
　　　Un mul chevauchot espaneis,　　　　(5505)
　　　De beauté semblot estre reis :
3885　Soz ciel n'a dame, s'el le veit,
　　　Que mout vers lui ne se sopleit.
　　　Antigoné, quant el le vit,
　　　Forment en son cuer le covit.　　　　(5510)
　　　Rien ne coveita tant com lui :
3890　Mout fussent bien josté il dui,
　　　Car il dui sont bien d'un eage,
　　　D'une beauté et d'un parage.
　　　Parthonopeus vit la pucèle :　　　　(5515)
　　　Soz ciel n'en ot une tant bèle.
3895　S'il la covit, ne m'en merveil :
　　　Soz ciel n'eüst tant gent pareil.

3880 *x* Ml't r. h. ; *P* iert, *SA* fu ; *xP* darcade, *A* darcage ; *C* ert r.—81 *C* Bien f. s., *P* Ml't par fu grans ; *CP* preuz et c. ; *A* M. par fu p. li damoisiax — 82 *x* en g. ; *A* Gens et cortois hardis et biax ; *y* aj. 8 v. — 83 *A* cheualca ; *P* .I. mulet cheuauce — 84 *Sx* De pur (*B* pure, *C* par) b. ; *SC* s. (*C* samble) bien r. ; *A* De son cors sanla tres bien r., *P* De se teste sanle iestre r. — 85 *C* fame — 86 *Cy* Qui ; *C* sasoploit ; *y* enuers l. ; *A* bien ne saploit, *P* ml't ne se ploit — 87 *y* puisquil (*P* kel) le ; *B* ele v. — 88 *S* li c., *A* lencouit — 89 *C* Riens ne conuoite fors que l. ; *y* Nule rien (*P* riens) naime ; *A* devant l. — 90 *A* cil d., *xP* andui — 91 *x* Andui ; *C* furent ; *y* C. ml't erent (*P* ierent) bien dun parage — 92 *C* courage ; *y* eage — 93 *P* Partrenopex, *C* Parthenopiex, *SA* Partonopex (*nous ne donnerons plus les variantes pour ce mot*) ; *BA* voit — 94 *y* nauoit nule (*P* mie) plus b. — 95-6 *interv. dans P* — 95 *x* couuoite nest merveille ; *y* Se il laime ; *A* mesmeruel. — 96 *A* nauoit si bel, *P* nen a t. grant ; *x* Car s. c. nauoit (*B* nestoit) sa pareille.

Vers lei en vait isnèlement,
Salua la corteisement :
« Dame, » fait il, « ne me celez
3900 « Qui vous estes et ou alez. »
Li danzeaus respont qui la meine :
« Suer est, » fait il, « le rei demeine,
« Et ele et cele autre meschine
« Que a la destre manche hermine ;
3905 « En cest ost viénent a lor frére,
« Et ceste dame qu'est lor mére :
« Mout voudreient cerchier et querre
« Come il fust fin de ceste guerre. »
O lei torna Parthonopeus
3910 Et conduist la en l'ost des Greus ;
Il meïsmes la dame meine,
De lei servir a gré se peine.
Il la mena, que fairel sot,
Tant franchement come il plus pot :
3915 Onques en cele compaignie
N'ot mot parlé de vilanie
Ne de grant sen ne de sermon,
Se d'amistiez et de gas non.

3897-8 *y* donne d'abord le 2ᵉ *v*., puis un *v*. spécial : A li parla ml't doucement; *S* aj. 4 v. — 99 *SC* nel — 3900 *P* Dont —2 *A* Que ele e. s. le r. ; *xA* germaine — 3. *S* Cele et — 4 *Sx* Qi; *S* sa; *x* m. d. ; *A* A le m. de blanc h. ; *P A* cele d. m. h. — 5-6 *m.* à *B* — 5 *S* en vont; *A* En vostre o., *P* En lost en — 6 *CP* cele ; *C* est, *P* sest; *A* Et icele d. est — 7 *y* Si (*P* Et) valroient volentiers q. — 8 *S C.* ele fust (*v. f.*); *B* Com, *y* Que; *P* fins, *A* pais — 9 *C* lui, *B* li; *y* Vers eus; *P* torne — 10 *x* conduit ; *A* les ; *P* Si les c. ; *y* a lost; *S* as-g. — 11 *S* mesmes (*v. f.*), *A* meisme — 12 *x* lui, *y* li; *S* en g.; *C* forment — 13 *P* Cil len maine, *A* Il demande; *C* com; *S* faire el s., *B* f. le s. (*v. f.*), *Cy* faire s. — 14 *y* Et (*P* Tant) belement — 15 *y* vilonie — 16 *xy* Ni ot p. — 17 *x* senz, *y* sens — 18 *C* amitie, *B* amistie.

Parthonopeus pas ne s'oblie,
3920 Mout li prée qu'el seit s'amie :
« Par Deu, » ço respont la pucèle,
« Ceste amor serreit trop isnèle. (5544)
« Pucèle sué, fille de rei : (5547)
« Legiérement amer ne dei,
3925 « Ne dei amer par legerie,
« Dont l'on puésse dire folie. (5550)
« Ensi deit on preier bergiéres (5545)
« Et ces autres femmes legiéres. (5546)
« Ne vos conois n'onc ne vos vi (5551)
3930 « Ne mais ore que vos vei ci :
« Se or vos doign d'amer parole,
« Bien me poez tenir por fole.
« Por ço nel di, celer nel quier,
« Ne vos eüsse fortment chier, (5556)
3935 « Se estïez de tal lignage
« Que vos fussiez de mon parage,
« Et ço fust chose destinee (5557)
« Qu'a femne vos fusse donee;
« Car beaus estes sor tote gent :
3940 « Onc ne vi mais home tant gent. » (5560)

3920 *y* le; *x* P. lui m.; *S* aj. 2 v. — 21-8 *sont répétés dans P après 3940*; 27-8 *sont placés dans y après* -22 — 25 *S* lecherie — 26 *Sx* len; *y* Que on nen puist — 27 *S* Ausi, *C* Ainsi, *B* Einsint; *y* bergiere — 28 *x* Ou; *y* Ou une sote (*P* .i. tousel camberiere — 29 *y* nainc, *S* mais — 30 *P* sol tant ke; *A* Fors t. que o. v. v. — 31 *S* done; *A* Se mamor v. doins par p., *P* Sor v. d. chi de moi p. — 32 *P* B. men; *y* deues; *A* Vous d. (*v. f.*) — 33 *x* ne q., *P* nen q., *A* ni q. — 35-6 m. à *A* et sont placés dans *P* après -38 — 35 *S* Si esteiez, *P* Et se iestes; *x* Sestiez de si haut; *SC* linage — 37 *y* Sil estoit — 38 *Sy* fuisse; *S* Qe v. f. a f. d.; *A* f. a v. d. — 39 *S* sur; *A* Vous e. b., *P* B. iestes v. — 40 *y* Bien vous doit on amer forment; *P* répète ici les *v. 3921-8*.

Parthonopeus l'en a dit veir,
Que il est reis de grant poeir :
Se il la prent, bien iert venue,
Car il est reis de grant tenue. (5564)
3945 « Parlez en, » fait ele, « o ma mére,
« Et par le conseil de mon frére,
« Qui voz parenz conoist et vos,
« Seit acordez li plaiz de nos.
« Se il l'agréent, jo l'otrei :
3950 « Ja ne serra desdit par mei. »
Si come ele li enseigna,
Cil o la mére s'acointa :
Forment l'ama, ne s'en pot taire,
O lé parla d'icest afaire ;
3955 Dist qui il est, noma sa terre,
Comença lé sa fille a querre.
Ele conut bien son lignage :
Bien otreie le mariage ;
Mout volentiers la li dorra,
3960 Mais o son fil en parlera.
Tant ont parlé priveement (5565)
D'amistié font aleiement.
A tant en sont en l'ost entré,

3941-4 *m. à x.* — 41 *A* li ; *y* dist por *(P* le*)* v. — 42 *A* Se — 43 *S* ert, *y* est — 45-60 *m. à A* — 45 *CP* ent ; *xP* a ma — 47 *B* nos... nos — 48 *S* acorde ; *SC* le plait — 49 *S* Sil *(v. f.)* ; *P* Sil le creantent — 50 *C* nen seront ; *P* deffait — 51-2 *interv. dans x* — 51 *S* lui — 52 *P* a se m. emparlera ; *x A* la m. c. emparla — 53 *P* laime ; *S* poet — 54 *C A* lui, *B* O li ; *P P.* a li ; *xP* de cest — 55 *S* Dit ; *x* dont il e. et de quel t. ; *P* Des kil li ot nomme se t. — 56 *SP* li, *x* lui — 57 *P* Li dame c. s. l. — 58 *S* ottreia — 59 *P* donra — 60 *C* a, *P* ka ; *SC* filz — 61 *A* T. parlerent cortoisement — 62 *C* Damitie ; *y* Damors ont fait ; *A* lor loement — 63 *x A* t. s. tuit, *A* A itant s.

Mais icel fu estre lor gré : (5568)
3965 Que por rire, que por joer, (5571)
Que por priveement parler,
Ne lor pesast, ainz voussissant
Que li hoz fust grant piéce avant. (5574)
Par l'ost chevauchent les pucèles
3970 Et dient tuit que mout sont bèles :
Por les veeir éssent des trés
Plus de cinquante mile Grés ;
La plus bèle en vuelent choisir,
Mais il n'i puent avenir,
3975 Car de lor beauté n'est mesure :
Par estuide les fist nature.
Parthonopeus li proz les meine
Desi qu'al tréf le rei demeine.

Li trés fu merveillos et granz
3980 Et entailliez a flors par panz :
Ne fu de chanve ne de lin,
Ainz fu de porpre outremarin ;
De porpre fu inde et vermeille,

3964 *B* ice ; *CA* M. ce f. tout ; *P* M. ke ce f. outre ; *A* son g., *puis 2 v. spéciaux* — 65 *A* Car seul p. r. et p. i., *P* C. p. r. ne p. gaber — 66 *B* Que tout p. ; *P* Ne p. ; *A* Et p. cortoisement — 67 *P* riens vallisant — 68 *C* granz ; *A* Qui lor sesist, *P* Que les durast ; *A* encore a. — 69-76 *m. à A, qui donne 10 v. spéciaux et ensuite les v.* 4075-6 — 70 *SP* tout — 71-2 *P dével. en 4 v.* : Por esgarder issent des tentes Et ml't i metent grant ententes Il en ist hors de cheualliers Plus de .lxiij. milliers — 71 *x* le, *S* eux ; *C* triex — 72 *C* griex, *B* grex — 74 *S* porent — 76 *S* estudie, *P* estude ; *P aj. 22 v.* — 77-8 *m. à Y, qui met à la place les v.* 4075-6 (*P les donne également à leur place*) — 78 *x* Tout droit ; *B* r. les meine — 3979-4068 *m. à A* — 79 *B* Atres ; *x* est m. — 81 *S* chanu, *x* chanure, *P* canue — 82 *S* Qi de p. doitre ; *B* Einz fu p. o. matin.

Et peint i ot mainte merveille.
3985 A compas i fu mapamonde
Enlevee, tote roonde,
El pan davant desus l'entree,
A or batu menu ovree.
Par cinc zones la mape dure
3990 Si peintes com les fist nature :
Car les dous que sont deforaines
De glace sont et de neif pleines,
Et orent inde la color,
Car auques tornent a freidor ;
3995 Et la chaude, qu'est el mé lou
Cele est vermeille por le fou.
Que por le fou, que por les neis,
N'abite rien en celes treis.
Entre chascune daerraine
4000 Et la chaude, qu'est meiloaine,
En ot une que fu tempree :
Devers gualerne est habitee.
Iluec sont les citez antives
O murs, o tors et o eschives :
4005 A or batu sont li torrel

3984 S painte; CP Dedenz (P Et si) ot p., B Et ot ainz point — 85 B Et par c. (v. f); P mapemonde — 86 x B. e. (C entailliee) b. r.; P B. ouuree — 87 P le tre — 88 P ouure — 89 P li nape — 90 P Si painte c. le — 91 SxP qi — 92 B noiz, P nois; S S. de n. et de g. — 94 P traient en — 95 x La c. qui e.; P Li tierce tiere den; S meleu, x mileu, P mi lieu — 96 C conme feu — 97 x feu; P Tant p. l. n tant p. les feus — 98 x R. ni habite; P Nabati riens en ices leus — 99 S deforaine — 4000 S mieloaine; x Et la c. qui fu (B est) maienne, P Et le caurre ki est moitaine — 1 B qui etenpree — 2 P et abitee — 4 x O t. o m.; P Et les cites ki st' naiues — 5 x Dor musique; P Les portes st' a or batues.

Et li portail et li tornel.
Tuit li reaume et tuit li rei
Sont iluec peint chascuns par sei,
Et li setante et dui language,
4010 Et mer betee et mer sauvage ;
Mer roge l est, faite a neiel,
Et li pas as fiz Israel ;
De Paradis li quatre flun,
Ethna qui art et giéte fun.
4015 Monstres i ot de mil maniéres,
Oiseaus volanz et bestes fiéres ;
Et li nostre home i sont bien peint,
Cil d'Ethiope de neir teint.
Oceanus cort par l'ardant,
4020 Egeon ses braz i espant.
Mapamonde fu si grant chose,
Qui l'esguarde pas ne repose :
Tant veit en mer et tant en terre,
En grant peine est de tot enquerre.
4025 Esmeraudes, jaspes, sardones,
Berils, sardes et calcedones

4006 *S* portas ; *B* et li tortau ; *P* Noielees doeures menues — 7 *S* et li dreit r. ; *x* r. t. li — 8 *SC.* y est la sus par s., *x* Et chascune terre p. s. — 9 *S* septante ; *SB* s. d., *C* soissante et deus ; *P* nonante .ix. — 11 *S* La m. rogist fait niel, *x* R. m. fu f. a neel, *P* Li mers r. i fu com noel — 12 *S* les ; *P* Et li terre — 14 *x* E. y est qui g. ; *P* Eutha i a — 15 *C* Montres, *P* Moustres i ot et biestes fieres — 16 *B* Oneaz volans ; *P* de .m. manieres — 17 *S* Li n. hôm y s. — 18 *S* y sount tout t. ; *x* trestuit t. — 20 *P* Et Gion, *S* Environ ; *C* s. rais ; *S* espandant, *C* estendant, *B* empendant — 21 *P* Li papemonde est m't grans c. — 22 *P* Qui bien l. ne r. — 23 *x* m. t. v. en t. — 24 *B*Quen — 25 *S* Esmeragdes ; *C* Emalvaldes iappes ; *B* iaphes ; *P* sadonés, *Sx* sardoines — 26 *x* Berinz palmes (*B* prasmes) et cassidoynes (*B* calidoines) ; *P* Berrils sardines c.

Et jagonces et crisolites
Et topaces et ametistes
Ot tant en l'or, qui l'avironent,
4030 Contre soleil grant clarté donent.
De l'autre part, el destre pan,
Sont peint li doze meis de l'an :
Estez i est o ses amors,
O ses beautez et o ses flors ;
4035 O ses colors i est estez ;
Ivers i fait ses tempestez,
Qui vente et pluet et neige et gresle
Et ses orez ensemble mesle.
Après i fist peindre li reis
4040 Et les justices et les leis
Que menérent si ancessor,
Qui de Grece furent seignor ;
Des reis de Grece i fist l'estore,
Ceus qui sont digne de memore,
4045 Les proeces et les estors
Que chascuns d'eus fist en ses jors.
En la cortine d'environ
Sont peint lepart, ors et leon.
La liste fu d'un paile brun,
4050 Onc ne veïstes meillor un,

4027 S iagoinces, B iaconces, P gagonces ; C cristolistes
— 28 S topaices, C thompaces, P tospaces ; S amatistes, B
amecistes — 29 x A t. ; S quil ; P St' eslites ki a. — 31 S el
maistre ; P le d. — 32 P I st' tout p. li m. — 35 C O cent,
B O tout ; P Pains a c. — 36 SC Iuer ; xP li f. granz t. —
37 x Q. n. et p. et v. et g. ; xP grelle — 38 BP ores, C ourez ;
xP melle — 41 S Qi ; x meintindrent — 43 S fut, P est — 44
P Chou ki fu disne et de m., S De c. qi orent bone m. —
46 P a s. — 48 S Ot painte leparz ; B lipart, C liepart, P lu-
part — 49 Sx Par terre ; C poille, BP paille — 50 C Ainz
nen — 51 SxP Entaillez (-iez,-ies) ; x par m. ; B merrax,
P mereaus, C carriax.

Entailliee a menuz marreaus
Et a pilers et a quarreaus.
Colombe ot une en mé la boge,
D'ivuére fu et teinte roge,
4055 Que sostint l'aigle et l'escharboncle
Qui fu Flori le rei, son oncle,
Que il conquist quant il prist Terse
Et il venqui les Turs de Perse.
Tant com li trés dure desoz,
4060 De bons tapiz fu jonchiez toz;
Li paisson qui tiénent le tréf
Sont de color vermeil et bléf;
Les cordes sont d'argent treciees
Et environ totes sachiees.
4065 Cinc cent chevalier tuit o armes,
Et mil borgeis o granz jusarmes,
Le rei guardent quant il conseille
Et quant il dort et quant il veille.
El tréf esteit Capaneüs, (5587)
4070 Polinicès et Tydeüs :
A une part sieent il trei,
Ou il conseillent o le rei,

4052 *P* Et a pierres; *C* piliers; *Sx* A p. trais (*x* est) et; *C* quarniax — 53 *S* un; *S* la bouche, *B* la bouce; *P* U. colobe ot ens le b. — 54 *P* fu t. de r., *B* ceinte et r., *C* taintice et r. — 55 *S* Qi, *xP* Qui; *SC* lescharbocle, *P* lescarboncle — 56 *S* lantif s.; *P* fu le r. f. — 57 *B* print; *S* perse, *x* serse, *P* pise — 58 *S* Et quant il prist les tours terse, *x* Q. il ocist le roi de perse *(B* frese); *P* de frise — 61 *P* tre — 62 *x* S. tuit ynde v.; *P* c. encoulore — 63 *Sx* L. c. d. nielees *(C* neelees, *B* meslees); *P* trencies — 64 *P* laichies; *Sx* desouz tresces *(C* trecees, *B* treciees) — 65 *S* Mais c. centz chiualers oue a., *x* .U. c. c. touz a a., *P* El tref ot c. et a. — 66 *P* Et boins; *S* burgois, *P* borgois, *C* barons; *S* oue lor, *P* as g.; *xP* gisarmes — 67 *B* Lor r. — 69 *x* Iluec e. — 71 *x* sistrent, *y* sisent; *CP* cil t., *A* tot t.

	Et dient lui que les assaille,	
	Que la cité prendra senz faille.	(5592)
4075	A tant les dames sont venues :	(5585)
	Davant le tréf sont descendues.	(5586)
	Parthonopeus li proz les guie	(5593)
	Et par la main meine s'amie.	
	Riant dit a Polinicès :	
4080	« Ci a de voz parenz mout près. »	
	Polinicès reguarde ariére ;	
	Sa mére vit, que mout ot chiére,	(5598)
	Et ses serors : le cuer ot lié,	
	Mais des ueuz plore de pitié ;	
4085	Des ueuz plore, ne pot muer,	
	Por eles, qu'iluec vit ester.	
	Vers eles vint isnèlement	(5599)
	Et baisa les mout doucement.	(5600)
	Al baisier veïssiez tal presse,	
4090	L'une a l'autre por rien ne laisse.	
	Cele que ainceis en ot aise,	
	O mére o suer, primes le baise ;	
	La ou puet avenir chascune,	

4073 S li, A bien ; C quil, B ques ; A ke on a. ; P Et d. lequel on a. — 74 xP Car ; P prendront ; A La c. prende-ront — 75-6 manquent ici dans A, qui les place avant les v. 4069-74 — 77 A P. les dames g — 78 x Qui p. ; y tenoit — 80 A v. amis ; B Ci auez p. mon p. ; P bien p. — 82 A voit quil a m. c. ; P kil ot tant c. — 83-6 m. à A et sont réduits à 2 v. dans P : Se mere vit si cort a pie De ses iex pleure de pitie (Cf. 4084) ; x supprime les 2 premiers et remplace la 4e par celui-ci : Du cuer conmence a soupirer — 83 S De ses — 85 C nel ; S poet — 86 S els — 87 S vait ; P ireement ; A en va belement — 88 Cy Puis (A Et, P Si) l. b. ; P baissa — 89-90 m. à y, 91-4 à A seulement — 89 B bessier — 90 x Lun — 91 SCP qi, B cui ; x aincois, P premiers ; B esse — 92 S primere le b., P premiere b. ; B besse — 93 x le p. auoir.

Cent feiz le baise comé une;
4095 Et neporquant plorent tant fort (5601)
Com s'eles le veïssent mort.
De la joie que font les domes,
Firent plorer plus de mil homes.
Polinicés que corteis fist, (5605)
4100 Qui sa mére par la main prist;
La la mena ou li reis sist :
Li reis se liéve, si l'assist;
Pués la baisa et les pucèles;
Demande lor de lor novèles, (5610)
4105 De ceus dedenz, com se contiénent,
Le traïtor por quei sostiénent,
Qui vers son frére se parjure
Et estre ne vueut a dreiture :
« Içó pueent il saveir bien (5615)
4110 « Que ja n'en tornerai por rien,
« Ne por perdre tote ma terre,
« Primes n'achief d'iceste guerre. »

La reïne par sen respont :
« N'en pueent mais, se il le font : (5620)
4115 « Cil est ainz nez, et s'est saisiz,

4095 P nonp.; xA si f. — 96 S Come sil — 97 S des; C dames, AB dones — 98 S En plorerent; P l plorent p. de .c. m. h.; A l veissies p .m. h. — 4100 xA Que — 1 S A la; y Deuant le rei len amena — 2 y Li r. contre li (P empies sus) se leua — 3 C les b., P la baisie; A La dame assist — 4 Sx Demanda; y Si d. — 6 P Des traiteurs p. coi se tienent — 8 P Qui faire ne li v. d. — 9 x Car ce; S Qar yce sache il tres b.; y I. puet (P puisse) il s. ml't b. (P s. b.) — 10 S tornera; A Que ne men; P Nen t. p. nule r., x Ne nos en tornerons p. r. — 11 x Nes — 12 x de ceste; y Ka fin (P chief) ne mece ceste g. — 13 C senz, y sens — 15 A Quil; x et est; P Car il e. a. n. et s.

« Et les recez a toz guarniz ;
« Ses homes tient bien en destreit,
« Car, par ombre d'un poi de dreit,
« Qui en sei a pou de valor, (5625)
4120 « Par force puet tenir honor.
« Mais qui porreit cerchier et querre
« Com partissent par mé la terre,
« Que chascuns eüst sa dreiture,
« Içò serreit sen et mesure : (5630)
4125 « Cest plait cuit jo que en fereit,
« Que la terre li partireit,
« Si que fussent pér ambedui,
« Fors tant que cist tenist de lui. »
As barons pas nen acorage (5635)
4130 Que ja cist li face homenage ;
La cort le rei pas nen otreie
Que cist de lui rien tenir deie. (5638)
Parolent en tuit li vassal,
Et mout le tiénent a grant mal ;
4135 Parolent en et povre et riche,
Et tiénent le a mout grant briche.
Li reis lor prée que se taisent (5639)

4116 *B* rochez, *A* destrois ; *x* a bien g. ; *P* Si a t. l. r. g.
— 17 *y* a b.: *C* a d. — 18 *x* Et p. ; *A* Del rice fait au povre
d., *P* Au p. f. d. r. d. — 19 *SCy* point de — 20 *P* sonour —
21 *A* et tere ; *P* M. ki cou p. faire et q. — 22 *xA* Quil, *P* Qui
— 23 *S* la d. — 24 *x* senz, *y* sens ; *A* Ce s. s. et grans m. —
25 *A* cuic iou, *B* cui ge, *P* tinc iou ; *y* que il, *x* quil en ;
S Ice p. quit qe vous ferreient — 26 *x* Qui ; *S* voüs partie-
rent ; *y* Q. il sa (*P* le) t. p. — 27 *SC* Et, *B* Que ; *xy* quil ;
A ambedoi — 28 *x* cil ; *P* Mais ke c. le t. ; *A* M. cis t. son
fief de soi — 29-32 m. à *x* — 29 *P* p. cou nacoraige, *A* p.
ce nassoage — 30 *y* Q. ia icis (*P* i. ia) li f. homage — 31 *y*
ne lotroie — 32 *y* Q. cis de l. t. le d. — 33-6 m. à *y* — 33
S ent tout — 34 *S* Et le t. a m. g. m. — 35 *S* ent — 36 *x*
Et le t. — 37 *P* l. dist ke il ; *CA* quil.

Et la reïne parler laissent :
Tot ço die que li plaira.
4140 Et il sei conseit qu'en fera :
« Sire, » fait ele, « dit en ai
« Le meillor conseil que jo sai :
« Ainceis qu'en fust autre maus faiz, (5645)
« Cel li fereie aveir en paiz. »

4145 Li reis a une part en vait :
Ceus que lui plaist apeler fait. (5648)
Li bacheler, li soudeier,
Cil reméstrent al doneier,
Et précnt Deu que ja cist plaiz
4150 Ne prenge bien ne ne seit faiz
Jusqu'en seient vuidiees sèles,
Si que le veient les pucèles.
Ismeine dist : « Tost le verron :
« Ja quatre jorz n'i demorron;
4155 « Se il n'agréent hué la fin,
« Jol vos plevis, jusqu'al matin
« I porra l'on ferir senz faille
« O un coutel d'une maaille. »
Ismeine est assez bèle tose,

4139 *x* D. t. ce qui; *y* T. d. canques *PC* quankel) — 40 *S* conseilt; *x* Cil sen conseult (*B* conseit) quil en f.; *y* Cil (*P* Cis) se consaut (*P* conselt) que il — 42 *SPx* ien, *A* ie; *Sy* ai — 43-4 *interv. dans x* — 43 *xy* soit; *B* mal; *y* Mais ains ken; *A* autres malfais; *P* s. maus.f. — 44 *CA* Ce, *P* Cest, *B* Je; *xy* ferai — 45 *y* A u. p. li r.; *xP* sen — 46 *x* qui (*B* cui) li plot (*B* plout); *A* Et la roine en son tref laist — 47-68 *m. à y* — 48 *S* remainstrent; *C* a d. — 49 *B* ces — 51 *B* s. les puceles (*le v. suivant manque*); *S* Desi qen seit vōies celees — 52 *S* Issi que les vieient — 53 *S* dit tout — 55 *m. à B*; *S* Sil; *S* oi, *C* ia — 56 *C* iusquen la fin — 57 *x* len — 58 *SB* Dun (*v. f.*); *S* maille — 59 *S* molt b. chose (*v. f.*)

4160　　Mais ele est mout contraliose;
　　　　Mout fu juefne, mais bien parole :
　　　　Esté en a a bone escole.
　　　　Mais l'autre fu tant franche chose
　　　　Que a vis onques parler ose :
4165　　Cele empendeit devers les Greus,
　　　　Por ço qu'en ert Parthonopeus.
　　　　Li bacheler joent et rient
　　　　Et o Ismeine contralient.
　　　　Li reis est de son tréf eissuz,　　　　(5649)
4170　　O lui cinquante de ses druz :
　　　　Assist sei soz l'ombre d'un teil,
　　　　O ses barons prist son conseil ;
　　　　Demande lor del plait qu'il oent
　　　　Saveir qu'en dient et qu'en loent.
4175　　N'ot baron guaires en la place　　　　(5655)
　　　　Que bien ne lot que il le face ;
　　　　Mais de l'omenage qu'il quiert,
　　　　Ço dient que ja faiz nen iert,
　　　　Mais laist cil ester l'omenage
4180　　Et partent par mé l'eritage ;　　　　(5660)

4160 *S* contrariose — 61 *S* Bien est corteise b. — 63 *x* si f., *S* t. bone — 64 *x* a nul o. p. nose — 65 *x* se pent d. l. griex — 66 *S* fut, *x* est — 67 *S* Li chiualer — 68 *S* contrarient — 69 *y* Fors *(P* Hors*)* de s. t. en *(P* sen*)* e.; *xy* issuz — 71 *Sx* Assis est *(x* sest*)*; *P* Asist desous; *BP* tel; *A* Et assist soi sor .j. perron — 72 *CP* A s., *B* Ossez; *xP* i prent *(B* i print, *P* a pris*)* c.; *A* Enuiron lui sont si baron — 73 *A* Et d. aus, *P* Demandent l.; *S* oient — 74 *S* qil oient ; *A* Que il en d. ne — 76 *xy* Qui ; *S* ne l. b.; *A* Q. ne loe; *P* loe kil le f. — 77 *S* M. lomage; *x* M. del hommage, *y* Fors del h. *(P* hontaige*)*; *xy* quil requiert — 78 *x* Ce d. tuit *A* Mais il d., *P* De cou d.; *S* fait; *xy* que ia fet *(P* fais*)* niert *(A* nert*)* — 79 *x* lessassent e., *y* laist e. icel *(P* trestot*)*; *Sxy* lomage *(le v. est trop court dans S)* — 80 *x* Si;*y* p. mi parcent liretage.

Et se cil le mescreit de rien,
Polinicés l'asseürt bien,
Par les barons et par le rei,
Que paiz li tienge et li port fei.

4185 A une part Tydeüs sist; (5665)
Oïr poez que il en dist :
« Seignor, » fait il, « mout me merveil
« Que li donez ital conseil :
« A ço que jo dire vos oi,
4190 « Vos amez le suen pro mout poi. (5670)
« Por quei forsjugiez vos cestui,
« Quant vos ci ne veez celui ?
« Etioclès est mout mauduéz, (5671)
« Mout engeignos et mout leiduéz :
4195 « Assez legiérement fera
« Tot quant que l'on li requerra :
« Ne li chaut qual plait qu'il i face,
« Mais solement cest host desface, (5676)
« Car il sét bien notre coveine,
4200 « Que nostre terre est mout lointaine,

4181 *x* se il len — 83 *B* lor r. — 84 *P* Empais le; *x* Lasseurt bien — 85 *B* Dune p. (*v. f.*) — 86 *y* pores — 87 *P* trop me; *y* mesmeruel — 88 *S* Dont; *A* Ou vous aves pris cest c. — 89 *S* dirréi — 90 *x* sien por; *y* A. v. tot son (*P* sen preu; *S* dével. en 3 v. : Si il y pert ceo v. est p. Ou vous yci ne veez ioi Ou vous amez son prou m. p. (*S a peut-être*) la bonne leçon; cf. v. 5175-6, App. I) — 91-2 m. à *y* — 91 *B* foriuchiez — 93 *B* mauduit, *S* mal doiz, *y* malduis — 94 *y* Et e.; *A* requis, *P* sousduis, *B* loiduit, *S* le doiz — 95 *P* L. a. f.; *A* L. otroiera — 96 li m. à *S*; *x* len li priera (*B* proiera); *y* Tout cou que on — 97 *x* quel que pes i f.; *S* Nad cure quelqe p. qil f., *y* Que (*P* Car) ne li c. q. p. il f. — 98 *C* Ne mes que cestui ost; *y* que lost, *SB* cest o. — 4199-4212 m. à *A* — 99 *S* couene, *x* couine, *P* chieuaine — 4200 *P* Et ke n. ost; *B* plus l.; *S* lointene, *x* lointine.

« Et que n'est pas chose legiére
« Ramener sempres host arriére :
« Se ceste feiz nos en enveie,
« N'a mais poor que ja nos veie.
4205 « Quant nos serron en nos contrees
« As bons vins beivre as cheminees,
« Et nos feron nostre jafuer
« Et quant que nos vendra a cuer,
« Cist remandra ci folement :
4210 « Ocirront le legiérement ;
« De quant que pramis li avra
« Ja un sol point ne l'en tendra.
« De son sairement n'ai jo cure, (5677)
« Car, qui une feiz se parjure,
4215 « Legiére chose li est mais
« Sei parjurer toz tens adès. (5680)
« Qui le premier plait changera,
« Bien sai que il foleiera ;
« Mais quiére cist sa fin premiére
4220 « Et ne s'en traie giens ariére.
« Bien sai que cil n'en fera mie, (5685)
« Ainz le tendra a grant folie :
« Il avra tort, nos avron dreit.

4201 S l. c. — 2 S Amener s. host, P R. lost s., x De r. tel (B cest) o. — 3 S Si une f. n. e. (v. f.) — 4 P ke n. renuoie ; x Na crieme q. iames n. v. — 6 P Por nos v., S As v. blans — 7 xP la (B ia) n. feur (BP fuer) ; S iafoer — 8 S au c. — 9 P Cis r. cha soulement ; x remeindroit — 10 x Ocirroit — 11-2 interv. dans xP — 13 P De quankes il li prametra — 12 xP Ja cil un p. (B petit, v. f.) ne li rendra (P taura) — 13 Sx serement ; S ie nai — 16 S Si, C A, B Et, y De ; x t. iors ; y por (P par) estre en pais — 18 A Je quic, P Dist li ; x quil sen — 19 y tiegne cil (P cis) ; x cil la — 20 sen m. à S ; xP pas, A mie, S gens — 21-2 m. à S — 21 A nel ; P ne faura — 23 P auons ; A vous ares.

« N'est pas sages qui iço creit,
« Que de nos se puéssent defendre ;
« Et se poon la vile prendre, (5690)
« A nos toz iert honor et glore,
« Et al rei iert mout grant victore ;
« Car, pués que nos l'avron assise,
« N'en torneron si sera prise, (5694)
« Si que l'on die après noz morz :
«« Ne fu mais faiz si granz esforz. »
« Et por metre la terre en paiz, (5695)
« Que n'en seit mais autre maus faiz,
« Prenge li reis le traïtor,
« Et si le mete en une tor ;
« Iluec le laist assez vivre :
« Ja ne s'en veie mais delivre. » (5700)

Capaneüs fu druz le rei :
« Sire, » fait il, « entent a mei.
« Qui autre rien t'en loera
« Ne autre conseil t'en dorra,
« Ne di d'autre mais que de mei, (5705)
« S'il est voz hon, ment vos sa fei :

4224 *Sxy* ce *(y* cou) ne c. (*x* voit); *la correction semble indispensable, à moins qu'on n'admette une lacune de 2 v.* — 25 *S* peussent; *A* Q. ia de n. se puist d. — 26 *P* Et si; *x* Si pourron bien la cite p. — 27 *x* sera ml't grant g.; *Sx* gloire — 28 *x* Et as autres; *P* Et au roi sera g.; *Sx* victoire — 29-30 *m. à S* — 30 *A* torneromes si ert p.; *x* tant quel (*B* que) soit p. — 31-2 *m. à A* — 31 *Sx* len, *P* on — 32 *P* Onques ne fu; *x* itieux e. — 33-4 *m. à x* — 34 *y* plus a.; *S* autres — 35 *P* Li r. p. — 36 *P* lenfert; *x* Sel face metre — 37 *S* l. len, *B* l. est; *S* toz iorz — 38 *S* se; *A* Et ia ne s. voist — 39 *B* lor — 40 *P* dist il entendes m. — 41 *xA* te, *P* vous — 42 *xA* te, *P* vous; *S* durra — 43 *xP* Nel; *y* dautrui; *S* m. quel, *x* ne que, *A* ains di — 44 *S* vostre homme; *x* tes (*B* tis) hons m. toi.

4245	« C'est bons conseuz que cist vos done :	
	« N'a dreit en terre quil soone. »	
	Li reis respont : « Et jo l'otrei :	
	« Par mes idres et par ma lei,	(5710)
	« N'en crerrai autre loement,	
4250	« Ne ja mais n'iert fait autrement. »	
	Dolent en sont tuit li plusor :	
	Mieuz loassent partir l'onor,	(5714)
	Et dient que par fol esdail	
	Les vuelent metre en grant travail.	
4255	Li reis s'en torne el tréf arriére	(5717)
	Et fait mout felonesse chiére ;	
	Jure les deus de son païs	
	Que tot en a son conseil pris :	(5720)
	« N'en iert mais fin faite des meis,	
4260	« Se cele non qu'en fu ainceis. »	
	As dames le dit ensement :	
	« N'en fera autre acordement,	
	« Se la fin non que primes firent,	(5725)
	« Quant il l'onor par anz partirent.	
4265	« Polinicès la fin prendra,	

4245 *Sy* Ceo est confort (*A* conseus, *P* consaus) ; *P* cil, *B* cis ; *x* te d., *A* desserre — 46 *x* qui ; *SP* qe cist (*P* qui cou) sone ; *A* Quil contredist na d. en t. — 48 *Sx* ydres, *P* idles ; *A P.* tous les diex en qui ie croi — 49 *P* ne ; *S* crerai, *P* croira, *x* querrai, *A* kerrai — 50 *A* nert m. f., *P* niert f. m. — 51 *S* furent li — 53-4 *m. à x et sont tout différents dans y :* Car bien seüent le destorbier Quil en morront maint (*P.* m.) cheualier — 55 *A* en va — 56 *x* Si f. ; *y* Et fait forment (*P* f. fait) marie c. — 58 *S* ad en s. — 59 *xy* N. sera f. fin (*y* fins) — 60 *xA* qui ; *P* Se c. nel enquiert ; *y* ancois — 61-2 m. à *P* — 61 *S* ad d. ; *A* dist — 62 *S* ferrai, *C* feroit, *B* feront — 63 *A* Ne autre f. ; *C* il ainz, *B* il en, *P* ancois — 64 *A* Car ; *xP* p. mi (*B* mie) — 65 *P* lonor p.

« Qui parsivre la li voudra :
« Se sis frére d'iço li boise,
« Bien puet saveir qu'en avra noise.   (5730)
« Car, par cest chief, » fait il, « chanu,
4270 « N'i somes pas por ço venu
« Que ja la vile nos estorce,
« Jusque l'alon prise par force.
« Qui me dorreit tot l'or de Frise,   (5735)
« N'en tornereie si iert prise :
4275 « Ainz en ferai cinc cenz colees
« Doner de lances et d'espees ;
« Ainz en morront mil chevalier
« Soz la cité par le gravier. »   (5740)
Si firent il : jusqu'a la nuét,
4280 En morurent seissante et uét :
Por neient et por legerie
Comença le jor la folie.

En la vile une tigre aveit,   (5745)
Soz ciel sa pér on ne saveit.
4285 Oïr en poez grant merveille :
Ele ne tochast une oeille,

4266 A Que parfaire ; S parseure, C poursiure ; P Que par droiture li rendra — 67 S frieres, xy freres ; S di ce, xA de ce (A cou), P del plait ; SBy li, C le — 69 y Kenu — 70 y Ne ; S fumes ; y p. p. el — 72 A Dessi, x Deuant, P Entroes ; xy que soit p. — 73 S Qe ; B men ; A l onor de — 74 x tornerai tant que, S irreie iusqel ; Sx seit p., A ert p. — 75 y i verrai — 78 C Touz adoubez — 79 P en le ; C ainz qil fust, A ancois la ; S noet, xy nuit — 80 y En i m. (P morut bien) .xxviij. (.xxxviij.) ; S oit, B ovit, C .viij. — 81 x neant, SA nient ; A P. n. et p. grant l. — 82 y I commencierent (P commenca ml't) grant f. — 83 SC guiure, B guerre — 84 A Sossiel ; y son ; S len ; P home nauoit — 85 A O. p. de li m. — 86 y Ja (P El) ne t. nis une o. (P home noelle).

>   Car privee ert a desmesure :
>   Tote esteit fors de sa nature.
>   Donissez lé o char o pain,   (5750)
> 4290 El le manjast en vostre main ;
>   De vin beüst plein un grant cuévre,
>   Donc l'avreiez tote jor évre :
>   Idonc saillist, idonc joast,
>   Tant que trestot vos enoiast.   (5755)
> 4295 Ele aveit enz el front davant
>   Un escharboncle mout luisant :
>   Ne cuit que onc en nule beste
>   Veïst on itant gente teste ;
>   Si aveit ele tot le cors   (5760)
> 4300 Plus reluisant que nen est ors.
>   Ne la vousist perdre li reis
>   Por treis cenz livres de manceis.
>   A la noise que ele oï,
>   De la cité vers l'ost eissi.   (5765)
> 4305 Li escuier qui abevroent

4287 *BP* est, *C* iert ; *S* demesure — 88 *S* Tout ; *xP* hors ; *A* Trestoute ert f., *P* Que t. est h. — 89 *y* Donissiés, *S* Doneissez ; *y* li, *Sx* lui — 90 *S* Ele le, *B* Ele ; *P* v soir v main — 91 *S* cuire ; *x* .j. grant setier (*B* sestier), *y* p. .j. seille — 92 *S* laurez... iure ; *x* Lores iouast .j. ior entier, *y* Et puis (*P* Dont se) trepast a grant meruelle — 93 *P* Adont, *A* Et dont, *x* Lores ; *B* sasist, *C* sausist, *y* salist ; *P* adont, *A* et dont ; *x* lores tumbast — 94 *A* Itant que il ; *CP* trestouz ; *B* nous, *P* les ; *xP* anuiast, *A* anoiast — 95 *S* en son f., *B* en cel f. ; *y* En (*P* Ens) mi le f. a. d. — 96 *Sx* Une, *y* I. (*Cf. 633*) ; *S* escharbocle, *xy* escharboucle ; *y* reluisant — 97 *A* ainc ; *S* onqes (*v. f.*) ; *P* conkes en n. feste — 98 *x* V. on (*B* en) onc si, *A* V. nus hom si, *S* Veissez onc tant ; *A* bele ; *P* bieste — 99 *P* Et si a. trestout — 4300 *xA* que nest fins (*B* finz, *C* fin) o., *P* ke ne soit o. — 2 *xP* .vᶜ. ; *B* mencois, *S* manseis, *Cy* mansois — 3 *S* oit — 4 *S* eissi, *xy* issi — 5 *P* abuuroient, *A* behordoient, *C* se iouoient.

Et qui par le champ bohordoent
Davant la vile l'ont ocise : (5770)
Por sauvage l'ont entreprise.
Mais cil qui erent a la porte
4310 Virent lor tigre gesir morte :
Acueillent les demaintenant,
Tot dreit vers l'ost les vont menant.
Li escuier fuient vers l'ost (5775)
Et vont criant : « Eissiez en tost,
4315 « Car sailli sont cil de la vile :
« Sivent nos en plus de vint mile. »
En l'ost ot merveillos esfrei :
Chascuns corut a son conrei ; (5780)
Par les herberges s'arment tuit
4320 Et tote l'ost fremist et bruit.
Es chevaus montent come ainz porent,
De mainte guise entreseinz orent ;
Brochent et poignent par la chaume, (5785)
Bien i reluisent cent mile eaume :
4325 Onques en l'ost de Romanie
Ne josta tal chevalerie,
Ne tant n'ot Charles en sa poigne,

4306 *B* que; *A* lor ceuax abeuroient; *C* borhordoient —
8 *S* Car p. s. l. mesprise — 9 *y* Quant; *P* ierent; *x* C. q.
estoient a — 10 *SC* guiure, *B* guire; *S* gisir; *P* Voient ke
li t. estoit m. — 11 *A* Cex a., *P* A. c. — 12 *A* Et d. a, *P* En-
droit v., *x* D. iusqua (*B* iusque) — 13 *P* en vont, *B* ruient —
14 *S* eissez, *x* issiez, *y* issies — 15 *P* Assali s. — 16 *S* Seuent;
y Vees ent fors plus (*P* V. chi p.) de .x. (*P* .xxx.) m. — 18 *S*
corroit, *B* court (v. f.) — 19-20 m. à *x* — 19 *P* ces h. tencent
— 20 *y* los — 21 *A* qui a., *P* a. ke — 22 *x* Les cheuax (*B* ar-
mez) pristrent que il o. — 23-4 m. à *x* — 23 *S* chalme ; *P* P.
et b. p. le celme, *A* P. le selue b. et p. — 24 *S* healme, *P*
elme ; *A* A cex dedens ligriiois ioignent — 25 *C* romenie — 26
y Not ioste — 27 *A* Nainc not t. ; *S* charle en sa compaignie,
P cesar en le pogne, *B* challes en larogne; *C* en espaingne.

Quant il conquist ceus de Saissoigne. (5790)
Mais cil de la vile les virent
4330 Et qui ainz ainz contre eus eissirent :
Eissu en sont a granz esforz
Tot le chemin davant les orz,
Eissu en sont, si com mei semble, (5794)
Seissante et quatre mile ensemble.
4335 Par la guarenne tuit s'espandent (5795)
Et par tanz quanz joste demandent;
Davant la geude s'abandonent
Et de joindre les Greus somonent.
Li Greu brochent vers eus et poignent
4340 Et par tanz quanz o eus se joignent;
D'ambesdous parz chascuns se haste
Por peceier primes sa haste. (5802)
Tydeüs point par mé les rens,
Toz li premiers cous en fu suens. (5805)
4345 Tenelaus trueve de Sidogne : (5807)

4328 *B* soissoigne, *C* sessoigne, *y* gascoigne ; *S* yceux despaigne — 29 *Sx* Quant; *y* c. dedens quant il i. v. — 30 *SB* A qui; *y* Isnelement; *A* fors sen — 31 *B* Oissu, *y* Issu; *C* Issuz sen; *x* o granz — 32 *P* Hors as plains cans d. ; *S* deuers le o. ; *C* pors, *B* ors, *P* os; *A* La oissies soner .m. cors — 33-4 m. à *y* — 34 *S* Sessant — 35 *A P.* le riuiere tot, *P P.* r. trestot — 36 *B* Et a tons canz, *A* De totes pars, *P* Et dambes p. ; *y* iostes — 37 *P* gelde, *S* ielde, *B* laigle (*v. f.*); *C D.* eulz chascun — 38 *y* ioster; *S* gres — 39 *CP* a eiz; *A* p. a ex et ioignent — 40 *B* quant; *x* a e. ; *S* reioignent; *y* Et par compagnes a ex poignent (*P* i.) — 41 *A* Et c. dambepars se hastent — 42 *C* p. chascun sa; *P* se hanste — 43-4 *y* dével. en 4 v. : T. i fiert tous premiers Entre les rens des cheualiers Li p. cols en (*P* ce) fu li suens (*Cf.* 44) Comme cheualiers preus et (*P* Car c. estoit ml't) buens — 44 *B* les; *C* premier; *B* sienz, *C* soens — 45 *By* Tenelau (*P* Th.), *C* Thenelaux; *Sx* sidoine, *A* sydoine, *P* Sidóne.

Nel pot guarir escuz ne brogne;
El pez le fiert de la lemèle,
Mort le trebuche de la sèle. (5810)
Aimon feri Orchomenon
4350 Et Perifas Miceneon.
Ypomedon joint o Sibart : (5811)
Fiert le devers la destre part
De son espié par mé le cors,
Que une aune l'en sailli fors.

4355 Parthonopeus abat Itier,
Par la rène preint le destrier. (5816)
Il le feri iriéement :
L'auberc desront, tot le porfent;
L'espié li mist par mé le cors
4360 O tot le gonfanon entors.
N'est merveille se cil s'esmaie,
Car il chiet morz por la grant plaie.
Parthonopeus ést de la presse, (5817)
A un danzel le destrier laisse :
4365 « Amis, » fait il, « alez m'en tost (5820)
« As pucèles que sont en l'ost,

4346 SP poet; A tenir; SC escu; S bronie, B broine, A brone, P bróne — 47 Sx piz, y pis; xy souz la mamele — 49-50 m. à y — 49 C Haymes, B Hoimes; S archiuenin, C asfineon, B asterinon — 50 S miscenenin, C myceneon, B mconcon (sic) — 51 Cy iouste a; C Ymbart — 52 y senestre p. — 53 y espiel — 54 xP Si q. u. a. (B ame) l. saut (P emparut) f., A Si cune ausne parut defors — 55 S ad mort; x ytier, A ymier — 56 P le resne, A les resnes; S prist la destrer — 57-62 m. à y — 57 B ireement — 58 S Losberc; x li deront (B desr.) et desment — 61 x N. pas m. sil — 62 SC mort; x chai m. p. la p., puis 2 v. spéciaux — 63 xy Et quant il fu hors (A fors) de — 64 x .I. d. treuue si li (B le) l.; y .J. d. vit a lui seslesse — 65 C dist il; xA me, P mei — 66 xy qui.

« Et o le frein et o la sèle
« Le presentez a la pucèle
« Que a la porpre inde vestue
4370 « Tot senglement a sa char nue : (5825)
« Par ceste enseigne mant m'amie
« Por lé ai fait chevalerie. »
Cil point et broche par l'areine
Et le destrier en destre meine ;
4375 Tant a brochié par le chemin
Les dames trueve soz un pin, (5830)
Sor un pué ou eles s'ombreient
Et ceus esguardent qui torneient.
Cil vait avant, descent a terre :
4380 Le destrier tint pruef de la serre
Par la rène que fu de seie. (5835)
Celé conut cui l'on l'enveie
A la porpre inde qu'ot vestue.
Les dames totes treis salue ;
4385 A une part trait la pucèle,
Tal rien li dist que li fu bèle : (5840)
« Li reis d'Archaide vostre amis

4368 *P* le damoiselle — 69 *S* Qi, *xy* Qui; *P* le p. i. a v. — 70 *A* sainglement, *P* purement; *S* la — 71 *x* ces (*B* ses) enseingnes *B* seignes); *B* ma iure (*v. f.*); *y* Icest destrier (*P* Cest cheual) tramec — 72 *S* lei, *B* lie, *C* lui, *y* li; *S* la cheualrie — 73-5 *x* réduit à 1 v. : Cil vet (*B* voit) poingnant par le chemin — 73 *y* le plain — 74 *y* Le d. (*P* cheual) m. par le frain — 76 *P* sor le p. — 77 Sor m. à *S*; *P* pin, *S* poi; *x* Iluec desouz ou il ; *P* S. .i. p. la ou s. (*v. f.*), *A* Desous .j. lorier saombroient — 78 m. à *B*; *P* Si e. c. ki; *A C.* esgarderent qui iostoient — 79 *xy* vint; *y* et si d. 80 *C* par mi, *B* par (*v. f.*); *y* Le ceual t. sereement — 81 *SxP* regne, *A* resne; *S* qi, *xy* qui — 82 *S* Celei, *A* Celi, *P* Celui, *x* Cele; *SCA* qui, *P* ke; *y* on — 83 *A* lynde p.; *P* A le p. kele ot v. — 85 *S* raist — 86 *y* Tel cose d.; *S* lui d.; *S* qi, *yx* qui; *S* lui fu, *x* li est — 87 *S* darcaide, *P* darcade, *A* dacage, *x* darchade (*Cf. 3880*).

« M'a ça, » fait il, « a vos tramis.
« Sachiez que hué bien joinst a dreit,
4390 « Un en laissa el champ tot freit : (5845)
« N'ot escu ne hauberc tant fort
« Que le peüst guarir de mort.
« Tramet vos en le destrier ci. »
Cele respont : « Soe merci :
4395 « Ço sache bien que por cest don (5850)
« Li cuit rendre gent guerredon ;
« Ço sache bien senz nule dote
« Que il a mei et m'amor tote.
« Quant il partira del tornei,
4400 « Mant lui que il parout o mei ; (5855)
« Par ci s'en tort, si le verrai :
« Ne sai quant i recoverrai. »
Cil prent congié a la pucele,
Et o le frein et o la sèle
4405 Le destrier livre a un danzel
Qui aveit non Estevenel ;
Arriére torne come ainz pot
As crois des lances que il ot. (5862)

Icil torneis fu merveillos, (5871)

4388 *S* ci — 89 *x* q. b. i ioint (*B* ueint) ; *y* quil (*P* cor) iousta b. (*P* il) a d. — 90 *P* en c. ; *S* dreit — 91-2 m. à *x* — 91 *P* Il n. e. h. ; *A* Nauoit h. e. si f. — 92 *y* Qui — 93 *P* cheual chi ; *xA* Le destrier (*A* ch.) v. t. ici — 95-6 m. à *B* — 95 *y* Et ; *SP* sachez ; *x* S. b. q. p. icest d. — 96 *CP* grant, *A* bel — 97 *S* B. le s., *A* Et b. vous di, *P* Et dites lui ; *B* Sache b. (v. f.) — 98 *P* il moi et m. a t. — 4400 *S* li qil parolt oue m. ; *A* Viegne cha si, *P* Si gart ke il ; *xy* à m. — 1 *B* verroi ; *P* et si venra — 2 *Sx* gi ; *B* recouuerroi, *P* -ra — 3 *SC* de la — 5 *P* cheual — 6 *x* Que len apele estenenel (*B* -euel) ; *y* Q. vint o lui cortois et bel — 7 *y* Cil vint a. ; *x* C. sen torna c. il a. p. — 8 *BA* ; *P* frois ; *x* hantes, *P* armes ; *A* aj. 8 v. — 9 *C* tornoi.

4410	Onc hon ne vit tant perillos	
	Ne si espès ne si meslé.	
	Maint franc home i ot afolé :	(5874)
	Tante sèle i veïssiez vuée	(5877)
	Et de saietes si grant pluée	
4415	Et tant cop doner a travers	
	Et tant vassal gesir envers!	(5880)
	Tant chevalier veïssiez joindre,	
	Entre les rens brochier et poindre!	
	Onc nus ne vit en nule terre	
4420	Chevalerie si requerre;	
	Icel jor fu bien essauciee	(5885)
	Et maintenue et esdreciee.	
	Li reis de Thèbes fu mout proz :	
	Devers les suens i fu sor toz.	
4425	Par le champ vait criant s'enseigne,	
	N'encontre rien que ne s'en plaigne.	(5890)
	Encontré a Jordain d'Aufrique :	
	Niés fu al rei de Salenique.	

4410 *y* Ainc; *P* nus ne; *xy* plus p. — 11 *x* m. ne si e. — 12 *x* Bien i puet on iostes (*B* ioster) ames; *A* M. h. i ot esboele, *P* M. ientil h. i st' pasme; *A aj. 2 v.* — 13 *S* Tant... voie; *y* Tantes seles v. vuides (*P* vaies), *x* Car t. s. y a vuidie (*B* i auoit voie) — 14 *xP* Et des; *y* grans pluies (*P* plaies); *S* ploie — 15 Et *m. à S*; *x* tanz cox; *P* ferir; *C* en t.; *A* T. bon ceual par le t. — 16 *x* tanz vassaux; *A* t. home; *S* giser; *P* enuer; *x aj. 2 v.* — 17 *x* Tanz cheualiers; *S* v. chiualer i. — 18 *x* Et tanz vassax — 19 *S* Que onc noi, *y* Ainc hom noi, *x* Onques ne vi — 21 *P* Ichi iours fu ml't; *y* ce sacies (*P* saichies); *S* comencie, *B* eschauciee — 22 *y* Li rois de thebes exaucies, *P* Et maintenus et essauchies; *S* eshaucie, *C* adreciee — 24 *x* i est; *y* se (*P* i) fiert; *B* soz, *A* en — 26 *S* R. n.; *B* bien, *C* nul; *S* qi, *Cy* qui; *B* que empraigne (*v. f.*) — 27 *S* Il encountra iordan daufriche; *P* Il encontre — 28 *x* au duc, *P* le d., *A* le r.; *S* salemique, *x* senelique.

       Il li chevauche, et cil l'atent;
4430   Fiert l'en l'escu, tot le li fent;   (5894)
       L'auberc li desront et desmaille :   (5897)
       Ne li valut une maaille ;   (5898)
       Par le cors li conduist l'espié,   (5895)
       Passe l'en outre demé pié.   (5896)
4435   Cil chaï morz, que onques prestre   (5899)
       N'i fu a tens ne n'i pot estre.   (5900)

       Apoignant vint Garsi de Marre
       Et sist sor ferrant de Navarre :
       Por proece ne por granz cous
4440   N'ot tel el regne al rei Anfous.
       Le rei feri si al travers   (5905)
       Que, se ne fust li bons haubers,
       Mout eüst bien vengié Jordain :
       Il ne manjast ja mais de pain.
4445   Ates le veit : cele part point
       Et o Garsi en un tai joint;   (5910)

4429 *B* lenchauce, *C* lenchace; *y* Vers lui ceualce — 30 *SC* le en; *y* ēn; *A* que tot le f., *P* t. le porfent; *B* t. li f. (v. f.) — 31-2 *sont placés dans* y *après* -34 — 31 *S* Losberc li desrot; *A* Del hauberc li d. la malle — 32 *S* un meaille — 33 *C* Parmi le c. li mist; *S* lespee; *y* Lespiel li m. p. m. le c. — 34 *S* demie, *x* demi; *y* Une grant toise (*P* aune) en parut fors (*P* pert dehors) — 36 *y* Ni vint; *BP* ne ne; *S* poet — 37 *S* Poignant y v. garsiauarre; *C* garsydemarre, *B* -are; *y* Es vous; *A* poignant garsiamare, *P* ap. corsamare — 38 *S* Et sil el; *P* Sour .i. f. s. de n.; *y* nauare — 39 *Sx* grant cors; *y* Ainc por cours (*P* corre) ne por (*P* ne) tornoier — 40 *S* Nad tiel ; *x* alcors, *S* anfors; *P* El r. as flors, *A* En nul r.; *y* not t. destrier — 41 *P* Li rois le fiert; *y* a t. — 42 *S* ni; *A* ses b.; *S* osbers — 43 *S* iordan — 44 *xP* Ne m. mais oan (*P* mie) ; *A* Ja m. neust m.; *S* pan — 45 *C* Athon, *A* Ahes; *xy* le vit — 46 *S* garsie sempres i.; *x* Et a garsy; *y* A garsamar, *P* A gaisemaire); *C* tas; *Y* point.

De vertu broche et esporone :
Haste ot reide, grant cop li done.
Li chevaus soz lui s'agenoille ;
4450 Garsi chaï, el tai se soille.
O le destrier Ates s'en torne, (5915)
Celui laissa el tai tot morne.
Icel coup vit trés bien Ismeine
Et le destrier qu'Ates en meine :
4455 Ele conut trés bien Aton
A la manche del ciclaton (5920)
Que il aveit por conoissance
Lacié es claveaus de sa lance.
A sa seror le monstre al dei
4460 Bèlement li dit en segrei :
« Ço est Ates que jo la vei : (5925)
« Veez com broche a cel tornei !
« Sor tote rien amer le dei,
« Car tot iço fait il por mei. (5928)
4465 « Ja ne seie fille de rei,
« Se por s'amor ne me desrei !
« O face bien o jo folei,
« Coucherai mei o lui, ço crei.

4447 C Par v. ; xy esperone — 48 x Hante, P Hanste, A Anste ; S redde — 49 S sur, P sor — 50 S Garsies, A Garsamar, P Gisamars, Sy chiet ; CP souille, B soile ; A el sanc se moille — 52 A el camp — 53 x Icest ; S veit b. (v. f.) ; A ml't b. — 54 C quathon amaine — 56 A de ; y siglaton, C syg., B cig. — 57 S qil (v. f.) ; x par — 58 P Lanchie au debout ; x el sonmet ; A ens el son de la — 59 x seur la moustre ; A Sa s. la m. et dit ; P A se s. grant ioie fist — 60 S lei ; x dist ; B B. d. et en ; Sx secroi ; A Ml't b. et si en rit, P Moustre li a et se li dist — 61-2 m. à P et 62-5 à B — 62 A en c. ; S ceo — 63-4 y diffère un peu et intervertit : Cou est por moi ce sacies bien Jel d. a. s. t. r. — 65-70 m. à A et 67-8 à P — 66 B mamor — 67 S Ou f. qe sage ou qe fole — 68 S l. unqore.

« Car fous n'esprent si en rosei
4470 « Com fait l'amor que est en mei. »

Polinicès joste o Eblon : (5929)
Mort le trebucha el sablon.
Quant il le vit mort en la lise :
« De vos, » fait il, « est trive prise.
4475 « Ci faz chalenge de ma terre :
« Deus doinst que la puésse conquerre ! »
Poignant s'en torne par l'areine, (5935)
Le liart ros en destre en meine;
Garsi le livre, et cil i monte :
4480 Morz est, se ne venge sa honte.
Garsi est montez el destrier,
Qui fu amenez de baignier :
Por torneier ne por bosoigne (5939)
Ne remést itaus en Gascoigne.
4485 Entre les rens point a beslif,
Floriant veit ester baïf :
S'il fiert que lui et son poutrel

4469 *B* fax nos prent; *C* requoi, *B* resoi 70 *SP* qi ; *C* iai, *B* ie ; *x* o m. — 71 *C* vint; *BP* ioint; *y* a; *A* neblon — 72 *S* tresbuche, *C* trebuche; *y* trebuce ens el — 73 *x* glise ; *A* Et q. le v. m. si latise, *P* Q. le v. m. ml't se felise — 74 *S* treue, *B* trieue — 75 *y* faic — 76 *B* dont, *S* doint — 77 *A* va par mi — 78 *S* lier; *y* Le bon ceual; *C* Le destrier tout ensele m. — 79 *C* Garsy ; *x* se (*B* le) lieue; *S* Garsie le l; *y* Garsamar le done (*P* l.) etc. m. — 80 *xA* sil; *B* venche — 81-2 m. à *A* — 81 *S* Garsie... el lierne ; *P* Gasamars monte ens el cheual — 82 *S* biern ; *P* Q. ml't tost cort et mont et val — 83 *A* en grant b.; *P* Ne p. tornoi ne p.; *xy* besoingne, *S* busoign — 84 *P* ainc tel, *S* un tiel, *x* si bons, *A* meudres — 85-6 *y différe* : Abelins coisist (*P* coisi) flouriien Esbahis (*P* Kesb.) ert (*P* iert) ce voi ml't (*P* icou quic) bien — 85 *S* belif, *C* bellif — 86 *B* Florie une ; *S* vit; *x* estre — 87 *CA* Sel, *BP* Si; *B* pontrel, *S* poltrel, *B* poitrel ; *y* le (*P* son) cheual.

Abatié tot en un moncel. (5944)
En son escu le vait ferir,
4490 D'or en autre li fait partir;
L'auberc li desront et defrise :
Ne li valut une chemise;
Le pez et le cuer li trencha,
El gravier mort le trebucha.
4495 Un suen fil aveit Florianz :
Chevaliers ert proz et vaillanz.
Li dameiseaus ot duel mout fort
D'içò que vit son pére mort :
Il se pasme sor son destrier,
4500 Quant l'en liévent si chevalier.
Estaces fu uns suens cosins,
Riches hon fu, cuens de Torins :
« Sire, » fait il, « laissiez ester :
« En duel ne vei rien recovrer;
4505 « Mais espleitiez del bien vengier,
« De l'ocire et del detrenchier,
« Et vengiez la mort vostre pére,
« Fei que vos devez vostre mére. »
Quant releva de pasmeisons,
4510 O sei ajoste ses barons :

4488 *S* Abatit, *xy* Abati; *A* mort; *y* en contreual —
4889-4550 *m. à y* (lacune amenée par la ressemblance du
sens et de la rime) — 91 *S* Losberc li desrot; *C* deront — 92
C cerise — 93 *S* Le corps et le p.; *S x* piz — 94 *S* tresbucha
(orth. constante) — 95-6 *m. à x*, qui a 2 *v.* spéciaux — 95
Ms. floriant — 96 *Ms.* Chiualer e. p. et vaillant, puis 2 *v.*
interpolés — 97 *x* Le filz (*B* fiuz) floriant (*B* florien) grant d.
ot — 98 *B* De ce; *S* qui, *B* quil; *C* Quant a veu — 99 *B*
Pasmee chiet; *C* Pasme chai de son d. — 4501 *S* Estaisces,
C Huitasse; *S* cosin — 2 *S* torin, *C* corins — 4 *B* ne (avec
un sigle = re ou er) moi nen r. — 5 *B* de — 8 *x* Que grieu
vos ont mort en la pree — 9 *C* paumoisons — 10 *C* Si as-
sembla touz; *S* a ioste.

Set mile furent chevalier,
Qui mout furent hardi et fier,
Que ot amenez d'Oriant :
Trestuit li sont apartenant ;
4515 Cil vengeront la mort Flori
O lor copié trenchant forbi.

Antoines fu fiz Floriant :
L'espié brandist, point l'auferrant,
Et vait ferir Milon par rage,
4520 Un chevalier de grant parage.
L'escu li peceie et porfent,
L'auberc li desront et desment ;
El cors li mist son gonfanon
Et de la haste un grant tronçon :
4525 Mort le trebuche de l'arçon,
Si quel virent si compaignon.
Pués li dist un mot de folie :
« Se mal avez, nel celez mie.
« Del tomber semblez baleor :
4530 « Si joérent vostre ancessor. »
Estaces refiert un de Frise,
Trestot l'escu li fent et brise :
Tant com la haste li dura,

4512 *B* Que — 13 *x* Quil — 14 *S* Trestout ; *C* apparissant — 15 *x* Par eulz sera vengiez ; *Sx* floriz — 16 *Sx* les espiez (*B* espis) ; *SC* trenchanz ; *S* forbiz, *B* forbis, *C* floriz — 17 *S* Antoine, *C* Anthoine ; *B* Anthomes fu fiuz floriant — 19 *x* darrabe — 20 *S* Un vauassour — 21 *S* lui pesceie, *x* li pecoia ; *Sx* et fent — 22 *S* Losberc lui ; *C* Le hauberc li ront ; *B* et li d. *(v. f.)* — 23 *x* le g. — 24 et 26 m. à *x* — 25 *S* trebusche des arcons — 26 *Ms.* ses compaignons — 28 *C* nul — 29 *x* De treschier ; *S* timber — 30 *B* nostre ; *S* anceisor — 31 *S* Estaice en r. ; *C* Huitasse, *B* Estace ; *x* referi astrye *(B* atrie) — 32 *x* Tout l. li f. et pecie *(B* pcie) — 33 *x* comme hante ; *B* durra.

Del fauvel mort le trebucha.
4535 Antoines traist le brant d'acier,
Garsi en feri son guerrier
Sus en l'eaume devers senestre :
De l'autre part chaï sor destre.
Cist mar vit la mort Floriant,
4540 Que il aveit ocis davant.
Tuit li set mile i ont feru,
Chascuns a le suen mort rendu :
La veïssiez tant coup ferir
Et tant bon chevalier morir.
4545 Antoines vait sovent jostant,
Son pére vait mout regretant,
Et vait ferir un chevalier
De novel venu soudeier :
Par mé l'escu li dona tal
4550 Mort le trebuche del cheval.

Capaneüs fu de d'a mont, (5945)
Devers la porte al chief del pont,
Ou il torneie o sa maisniee,
Que mout fu bien entreseigniee :
4555 Tant bon heaume ot en sa compaigne,
Tant escu peint d'azur d'Espaigne, (5950)

4534 *C* Du destrier; *B* fauue; *S* M. d. f. — 35 *S* Antoine, *C* Anthoines, *B* Antones — 36 *B* Garsine f.; *S* Garsier en ferist s. guerreier; *C* le g. — 37 *B* lautre — 38 *x* Jusques denz le branc li empestre — 39 *x* Cil; *C* mar reuit, *B* mare iut; *x* florin — 40 *x* ot o. au matin, *puis 4 v. spéciaux* — 41 *S* Tout — 42 *x* sien abatu — 43 *SC* tanz; *S* colps, *x* cox — 44 *x* tans bons cheualiers — 45 *S* Antoine, *C* Anth., *B* Anthomes; *x* parmi le champ — 48 *S* esteit s. — 51 *y* en amont — 53 *A* A cex; *P A* chiaus sen torne et se; *Sxy* maisnie — 54 *Sxy* Qi; *S* entrenseignie, *C* entreseignie, *A* -signie, *F* appareillie — 55 *B* bel hiaume; *C* homme; *P T.* escu ot ens — 56 *Sx* T. bon e., *P T.* elme p.; *x* de lor.

Tant bon hauberc menu maillié,
Tant entreseign bien entaillié,
Tant bon cheval né de Castèle,
4560 Tant frein et tante bone sèle,
Tante enseigne de tante guise, (5955)
Que venteloent a la bise!
Onques en cort a nesun rei
Ne veïstes tant gent conrei :
4565 Tuit sont de maisniee escherie,
Que li dus ot tote norrie, (5960)
Treis mile fiz de vavasors
Et de barons et de contors;
N'en i ot un fil de vilain,
4570 Ne qui fust nez de basse main.
Le jor firent grant hardement (5965)
Par force et par envaïment;
Tuit a un front passent la lice :
Nes pot tenir barre ne clice,
4575 Que ceus dedenz si refolérent
Entrésqu'es portes les menérent.
En un estanc, desoz la vile,

4557 B meslie — 58 A T. gonfanon; B de soie deslie (v. f.); P Et itant boin hiaume e. — 59-60 m. à x — 61 S tant g. (v. f.), P boine g., CA meinte g. — 62 y Qui; x Veïssiez venter — 63 S en nul c. al r.; y a c. de; A noble r. — 64 P Ne veissies; xy si; P. grant desroi — 65 Sy Tout, C Touz; C eschierie, y escarie — 66 S ad — 67 x m. sunt de — 68 x De demeines et — 69 y i a; x nul; Sx filz; P .i. seul de — 70 B fu. y soit; SB ne — 71 A fisent — 73 SCy Tout; y frois; B passe; S lor l. — 74 C Nel, P Ne; S poet; A b. faitice, C b. nesclisce, P bate ne lice, — 75 C si reculerent, y ne reuserent (P refus.). — 76 SB Entre quels (B ques), A Deci ques, C Desi quas, P luskes as; C ruserent, B reculerent (v. f.) — 77 P En .i. viuier dehors.

En ot neié plus de dous mile. (5972)

  Dementiers que li hoz torneie, (6601)
4580 Li reis sa bataille conreie.
Fors des herberges en la plaigne
S'en est eissuz o grant compaigne : (6604)
Taus cent mile homes ot a pié,
Chascuns d'eus tint lance o espié ;
4585 Et ot quarante mile archiers, (6605)
Estre les bachelers legiers,
Qui sont alé al tornei traire
Et as assis damage faire.
Li chevalier antif et gros,
4590 Qui auques ont perdu lor los, (6610)
Ne poinstrent pas sempre al tornei,
Ainceis reméstrent o le rei.
Dez mile sont d'antive geste :
Chascuns d'eus ot blanche la teste,

4578 *xA* En noierent *(B* naierent); *x* .iij. m., *y* .x. m. ; *Sx* donnent ensuite *14 v.* interpolés, qui manquent dans *y*, et *y* 628 *(P* 618) indépendants *(V. App.* I et III), à la suite desquels *P* en aj. 12 *(V. App.* V) — 79 *B* Dementieres, *C* Endementres, *y* Dementres ; *B* q. loz, *C* q. lost; *S* ost — 81 *S* Ffors, *xP* Hors — 82 *C* issuz *A* issus, *B* oissuz ; *P* En est veus; *Cy* a g. — 83-4 m. à *A* — 83 *S* Tiels, *C* Tieu, *P* Teus; *B* Tiex .iij. cenz h. — 83 *S* Chescuns, *C* Chascun; *P* Cascuns auoit — 85 *S* quarant mil; *P* .lx. m.; *A* Et auoit bien .ccc. a. — 86 *B* Ester ces; *C* E. serianz et cheualiers — 87-8 m. à *x* — 88 *y* Et a lor anemis *(P* anemi) mal f. — 89 *C* cheualier ; *P* antieu — 90 *C* Q. o. a., *B* Q. o. aus armes p. *(v. f.)*; *y* passe — 91 *S* promistrent *(v. f.)*, *C* pointrent ; *P* Nalerent p. lues. *A* Ne porent aler — 92 *S* remystrent, *y* remesent; *P* Ains r. auoec le r. — 93 *CP* .x., *A* Doi; *B* Et m. sont d'autre g. *(v. f.)*; *C* de haute, *A* de vielle — 94 *S* Chescuns, *C* Chascun, *y* Cascuns; *S* ad; *P* C. auoit b.

4595	Les barbes ont fors des ventailles.	(6615)
	Cil conreérent les batailles	
	Et les menérent sagement,	
	Le petit pas, serréement.	
	Li reis s'areste en mé la lande,	
4600	Toz ses homes taire comande ;	(6620)
	Ses homes fait escouter toz,	
	Si a parlé et dist que proz :	
	« Seignor, » fait il, « nel quier celer,	
	« Mout le font bien cist bacheler ;	
4605	« Bien les i vei brochier et poindre,	(6625)
	« Entre les rens bien a dreit joindre :	
	« Viaz, quant il s'en torneront,	
	« De lor proeces parleront ;	
	« Conteront lor chevaleries,	
4610	« Et nos feront mout granz envies.	(6630)
	« Chascuns de nos avra grant ire,	(6635)
	« Quant de sei ne porra rien dire.	(6636)

4595 *B* L. varles ont f. v. (*v. f.*) ; *P* b. hors, *A* b. ot ; *γ* de le ventaille — 96 *B* corr., *C* conraerent ; *x* leur b., *P* la bataille — 97 *P* Et le ; *B* saiuement — 99 *γ* estut ; *S* en une launde — 4600 *P A* s. h. ; *γ* taisir — 2 *S* Et ad ; *P* dit — 3 *S* Seignors — 4 *CA* cil, *B* si, *P* li — 5 *A* Ml't ; *B* lez voi (*v. f.*) — 6 *P* Entraus les v. ioster et i. — 7 *xA* Sempres ; *P* Q. il diluec se t. ; *x* sempartiront, *A* retorneront — 8 lor *manque à P* — 9 *A* Com seront l. cevalerie, *B* Contre duc et l. chrs — 10 *C A* n., *B* A vous ; *γ* en arons ; *SCA* grant ; *A* enuie, *B* ennuiz — 11-2 *sont placés après* -16 *dans A, et après* -14 *dans P, qui supprime* -15-6 — 11-2 *S* Chescuns, *C* Chascun, *γ* Cascuns — 4612-4746 *sont aussi dans D, sauf les lacunes indiquées. Pour les variantes orthographiques, voy. l'App.* VI, 1ᵉʳ *fragment d'Angers* — 12 *x* Q. ni saura de s. ; *γ* Q. ne (*P* ni) p. de s. r. (*P* lui nient) d. ; *D écrit deux fois* ne porra (*avant et après* de sei) *et donne, après ce premier vers, les v. 4621-2, puis 4619-20 (4613-8 manquent).*

« De nos ne serront pas li conte, (6631)
« Et porron tuit aveir grant honte,
4615 « Quant serron mis ariére dos
« Et cil sol avront tot le los : (6634)
« Li bacheler avront le brif, (6637)
« Et nos serron entre eus baïf.
« Mieuz vueil, » fait il, « perdre la vie
4620 « Que n'i face chevalerie ;
« La nos estuet poindre et brochier
« Et nos proeces refreschier. (6642)
« Et vos dirai com le feron : (6645)
« Les ventailles deslaceron ;
4625 « Pareistront les testes chanues
« Et les granz barbes encreües ;
« Et semblera mout grant barnage,
« Quant nos poindron par le rivage, (6650)
« Car ne fu mais, si com mei semble,
4630 « De tal gent tant josté ensemble.
« Guardez que devers les chanuz
« Seit li torneis bien maintenuz

4613 S De vous ; C ni ; B ne lesseront (v. f.) ; y Car de n. nerent (P nierent) p. — 14 C Si i, P Si en, B Sen (v. f.) ; S tout — 15 x Nous s. — 16 A Et il tuit seul aront ; x Et c. a. trestout — 17 S Le b. ; x le cri ; y Li b. grant pris aront — 18 x Et seront (B serons) entreux esbaudi (B esbahi) ; y Et de nous tous gaber poront — 19-20 sont placés dans D après 21-2 — 19 vueil m. à SB ; A du tout p., P certes p. — 20 A ne — 21 A Mais or alons esperoner, P Alons iouster p. et b. — 22 P raf., S refreschir, C essaier ; A N. p. renoueler, puis 2 v. spéciaux — 23 A Si, P Or, x Ie ; B diroi ; A quel le, P ke nous — 24 B desiazerons — 25 xy Si (y Et) parront ; B chenues, y kenues — 26 S encrues (v. f.) — 27 D ben g. domage, y m. grans barnages, S ruste b. — 28 y ces ; P riuaiges, A voiages — 29 D Quar unques m., P C. ne vi m. ; D m. s. — 30 P De tes gens ; y oster ; D Taus gens ne fut iustee e. — 31 A Garder que deuant — 32 D Sien ; C tornoi, Dy estorz,

« Et que n'i ait fait coardie (6655)
« Devers la nostre gent florie :
4635 « La ou verron maior destreit,
« Poignon ensemble tuit estreit ;
« Guardez que ja uns ne s'en tienge
« Jusque que li murs le retienge. (6660)
« Ne redotez ja les garçons,
4640 « N'en remange uns entrels arçons,
« Que il sachent certainement (6661)
« Que li reis fait l'envaiement.
« Nostre geude venge deriére,
« Le petit pas, par la riviére,
4645 « Que, se il nos torne a destrece, (6665)
« Iluec seit nostre forterece. »
A toz plot ço que dit li reis :
Dist li uns a l'autre en grezeis
Mar ont esté en tante poigne,
4650 Se li faillent d'este besoigne. (6670)

4635 *D* grainor, *x* greingnor, *y* grignor; *A* Ja venrons au
g. d. — 36 *SP* tout, *D* ben, *A* bien — 37-8 *m. à D* — 37 *x*
nus; *B* se; *x* tiengne; *y* ne sen tort uns *(P* homs) — 38 *x*
Deuant que la mort; *S* les ; *x* retiengne ; *P* Desi as portes les
metons, *A* Es p. soit lestors quemuns — 39-40 *m. à A* — 39
D redotun; *Sx* Ne dotez vous ia ; *P* Et ne d. pas les dan-
siaus; *C* ces; *D* garcos — 40 *D* Ne r. u. entres arcos ; *Sx* N.
remaindra un (*C* uns, *B* nus) es *(B* as) a.; *P* Portes les tous ius-
kas portaus — 41 *S* Qil, *B* Cil (*v. f*), *A* Si quil ; *C* Se il seuent;
B sertiennent — 43 *y* Et n. g. viegne ariere ; *x* N. garde; *Sx*
viendra d. — 44 *C* sus la, *A* les le ; *S* par le riuere, *P* tout
par derriere — 45 *DS* si; *D* el — 47 *Dy* dist; *S* liu r. — 48
Sx Luns (*C* Lun) a l'autre d. ; *B* grezois, *C* greiois, *y* griiois
— 49 *SC* Mal, *B* Mout ; *P* euu; *B* en grant (*v. f.*), *A* a tant, *P*
en cest; *D* poine, *S* peine, *x* paine; *y* afaire — 5o *C* Sil li; *B*
de teil, *C* de la; *S* Sil ne vont la ou il les maine ; *y* Se il de
ce li (*P* cest leur) font contraire — *Entre* -5o *et* -5 1, *D place
les v.* 4677-8.

Les ventailles ont deslaciees,
Les hastes contre mont dreciees;
Vers la vile brochent tot dreit
Et tuit ensemble et bien estreit.
4655 Une grant enseigne d'orfreis (6675)
Fait davant sei porter li reis;
El chief davant cent graisles sonent,
Al plus coart hardement donent;
Fremist li cieus, fremist la terre :
4660 Bien resemble dès ore guerre. (6680)

Ates ot les chevaus henir;
Guarda trés sei, vit les venir :
« Veez, » fait il, « com grant compaigne
« Nos vient d'oeilles par la plaigne ! »
4665 Otes respont, qui fu dejoste : (6685)
« Gros moz dire guaires ne coste.
« S'il sont oeilles, et vos los :
« Mais, par la fei que jo dei vos,
« Vos lor muerez tost estal;

4653-6 *m. à D, qui donne ici les v. 4679-85 et 4690* — 53 *A* cite b. estroit — 54 *S* Et tout, *y* Trestout, *B* Et il sont (*v. f.*), *C* Et vont; *xy* e. b.; *A* a droit — 56 *y* d. lui — 57 *C* Ou, *D* Ol; *B* El c. c. g. sonnant; *B* gresle, *C* grelles; *A* .ij. graile, *P* .iij. graille — 58 *y* As p. coars; *D* hardiment, *S* hardiement — 59 *DS* cels, *P* ciels, *xA* ciex; *A* bondist — 60 *Cy* d. or mes g. — 61 *D* Attex, *xA* Athes, *P* Otes; *C* voit — 62 *x* Garde; *C* tiers s.; *y* Regarde s.; *xP* voit — 64 *x* N. siut; *B* deles; *P* En v. ichi p. cele p., *A* V. ci de lost p. mi la p. — 65-6 *interv. dans P* — 65 *D* Otex, *x* Othes, *P* Ostes, *A* Athes, — 66 *S* Grant; *D* mot; *A* a dit; *P* a dire riens ne c. — 67-8 *interv. dans D* — 67 *D* Si, *S* Il; *y* s. berbis nos (*P* si) soions l. — 69 lor *manque à D*; *P* tout; *A* Nos lor mourons ml't t. e., *x* Es oeilles a tel aingnel, *S* Ou bien vous peist ou bien vous place.

4670 « Encontre iron tuit a cheval : (6690)
« Et iert mout lait et grant merveille
« Que la los fuie por oeille. »
Atant astes vos les enfanz,
Li plus tendre ot passé cent anz :
4675 Onc ne fu mais par nesun rei (6695)
Ital gent menee a tornei.
Li vieil sont pro : en lor jovent
A tal jou joérent sovent,
Et membre lor del vasselage
4680 Que il orent en lor eage : (6700)
Es estreus mout forment s'afichent
Et es chevaus esporons fichent ;
Davant les pez traient les targes,
Que il orent et forz et larges ;
4685 Mais les plusors sont si fumees (6705)

4670 P Ne lour tenres por .i. ceual, x Ni ioindriez pour .j. chastel, S Vous lor lairez sempres la place — 71 A Ço iert, D Cert (v. f.), Sy Et ert ; P trop l. ; x Et si sera ml't g. ; SP a g. — 72 D Que la ; B lez, C leux, y leus, DS lous ; S foie, D fue, x fuira ; y Se (P Ke) li l. sen fuit (P l. fuie) por loelle ; D ouille — 73-4 m. à P — 73 D este, xA estes, S aste — 74 A Tous li p., x Dont li p. ; B iones, C ieunes, A ioues, S ioefne, D tenres (les 2 premières lettres ne sont pas sûres) ; xA ot .c. a. — 75 S Onqes, y Ainc ; A m. ne fu ; S p. nul r. — 76 D Tal ; P Ites gens ; A Tex gens m .a. j. t. — 77-8 m. à P et sont placés dans D après 4650 — 77 S veil ; D s. par ; x Preuz (B Preu) furent ml't ; A Il f. p. — 78 S A cel ; A Et t. ont il este s. — 79-85 et -90 sont placés dans D après 4652 (4686-89 manquent) — 79 Dx Remembre — 80 x Quil o. en l. bon ; D el b. ; DSx aage — 81 B As ; xy estriers ; y En (P Ens) lor e. ml't bien ; D Et es estreis f. — 82 D E us ; Dxy esperons ; y Les e. es c. f. — 83 D le, xy lor ; Sx piz, y pis ; A misent ; xy lor t. — 85-90 m. à S — 85 B li plusor ; y L. p. s. si enfumees.

Que totes sont descolorees ;
Les hastes aloignent d'osil,
Qui sont teintes del fumeril ;
Mais se li fous les a nercies,
4690 Por le bosoign sont encheries. (6710)
Issi dreit serré come il vindrent,
Onc jusqu'as murs rène ne tindrent :
Nel laissent por poeir morir
Que nes augent de bot ferir ;
4695 Et des lances et des espees (6715)
Donent li vieil mout granz colees.
Cil dedenz nel porent sofrir,
Si lor estut le champ guerpir :
Les dos tornent et cil les fiérent,
4700 Onc jusqu'as portes nes laissiérent. (6720)
Ates s'en alot tot avant,
Qui mout aveit cheval corant.

4686-9 *m. à D* — 86 *A* encolorees — 87 *y* Abaissent les lances dosiere ; *B laisse le dernier mot en blanc* — 88 *A* s. noires, *P* n. s. ; *y* de la fumiere ; *B* cointez du fu meril — 89 *x* nercies (*B* -ieez) — 90 *D* la ; *P* P. leur besoing s. endurcies, *A* P. cou s. eles enroidies, *x* P. ce ne s. pas empoiries (*B* -iez) — 91 *C* Ainsi, *B* Einsint ; *S* deserre ; *D* I. serre c. il i v., *B* E. d. c. serre c. il se tindrent ; *P* Il se desrengent c. il virent, *A* Il se desserent si lor v. — 92 *B* O. iusques, *C* Desi quas ; *S* mur ; *D* Unques ainceis, *y* Onques vers ex (*P* aus) ; *xA* resne, *D* renne, *SP* regne — 93 *D* Nol, *SC* Ne ; *D* por paor de, *S* pur pour de, *C* pas pour le ; *B* Quil eussent pas poor de m., *y* Ainc nel (*P* ne) laissierent por m. — 94 *A* nel, *P* ne ; *C* aillent, *B* eussent, *y* voisent ; *A* del ; *S* but ; *x* de pres ; *P* frerir — 96 *S* veil, *D* vel, *x* viel ; *A* li viellart g. — 97 *y* nes, *B* ne ; *S* porrent sofrer — 98 *S* estoet, *P* estuet, *D* estot — 99 *S* virent ; *P* leur t. c. ; *D* serent — 4700 *B* O. iusques, *D* Entresque, *A* Dusques es, *P* Jüskes as ; *C* nel ; *D* laiserent — 1-10 *m. à Dy* — 1 *S* tost ; *C* deuant — 2 *x* Sor .i. ml't bon (*B* .i. boen).

230   ROMAN DE THÈBES

  Otes li comença a dire :
  « Car retornez, Ates, beaus sire;
4705 « Ces oeilles espoentez,
  « Qui mout nos poignent es costez. »
  Ates se torne vers Oton :
  « Jo vos tiegn, » fait il, « por bricon :
  « Se vus ne me laissiez ester,
4710 « Tost vos porra a mal torner. »

MORT D'AMPHIARAÜS; ÉLECTION DE SON SUCCESSEUR

  D'Amphiaras dire vos dei   (6721)
  Com se contint en cel tornei.
  En un curre ert Amphiaras,
  Qui fu faiz outre Saint Thomas :
4715 Vulcans le fist par grant porpens (6725)
  Et a lui faire mist grant tens.
  Par estuide et par grant conseil,
  I mist la lune et le soleil,
  Et tresgeta le firmament
4720 Par art et par enchantement.   (6730)
  Nuef espères par ordre i fist :

4703 B Othes, C Othon; B commence — 6 S Qi n. p. iusqes c. — 7 x Athes se tret bien pres dothon — 8 x tieng, S tienc — 9 Après 4709, x aj. 1 v. : De ramposner et daficer — 10 B Tout v. porroit; S Il v. poet tost; x aj. 1 v. : Ia nul (B nus) nel porra destorner — 11 S Damphiarax, A Darafiran; P De anfioras d. doi — 12 D Cūbatir; en (sic); x contient; S a; D ceil — 13 C cuir, A autre; P iert anfioras; S amphiarax — 14 DSx fait; D estra (l'e est illisible); P thumas — 15 A p. ml't g. sens — 16 D lung t., x lonc t. — 17 Dy P. grant e. et p. c.; S estudie, y estude (D est douteux) — 20-1 m. à D (accident) — 21 C espasces, B es pes; A Les espees; S y mist; y o. f.

En la maior les signes mist;
Es autres set, que sont menors,
Fist les planètes et les cors;
4725 La nuefme assist en mé le monde : (6735)
Ço est la terre et mer parfonde.
En terre peinst homes et bestes,
En mer peissons, venz et tempestes.
Qui de fisique sot entendre,
4730 Es peintures pot mout aprendre. (6740)
Li jaiant sont en l'autre pan,
Tuit plein d'orgueil et de boban :
Les deus vuelent desheriter
Et par force del ciel geter.
4735 A poier sus ont fait eschale : (6745)
Onc hon qui vive ne vit tale, (6746)
Car un pué ont sor autre mis,
Plus de set en i ont assis,
Et puéent sus por les deus prendre, (6747)
4740 Se d'eus ne se puéent defendre.
Jupiter est de l'autre part,

4722 *x* greingnor, *y* grignor; S fist — 24 *xP* Mist; B plantenes; A le c. — 25 D novme, C neune, A noeme; B menume (*v. f.*); *x* mist; P ens; *xy* mi, S mie, D mei — 26 S miere, BA mers — 27 B E en (*v. f.*); D peint, C paint, B print, *y* mist — 28 m. à B — 29 D la fisica; AC set, D uolt; *x* Q. des .vij. arz set (s. m. à B) rien e. — 30 PS poet, *xA* puet; P m. p.; *x* Iluec em p. assez a. — 31 *y* el destre pan; D part (pan m. à B) — 32 S*xy* Tout — 33 P Le dieu; A vaurent; D*y* del cels (*y* ciel) geteir (*y* bouter) — 34 *y* la sus monter, D es cels monteir — 35 D Apoient, *x* Au monter; *y* Apoie ont sous (P sour) .j. escale; D escheles — 36 P Ainc; *xA* Onques nus h. ne v. itale — 37-8 m. à *y* — 37 D C. sur un p. unt a.; D*x* pui, S mont; *x* lautre — 38 D Ja p. des. en o.; DS sept — 39 D puent, S*xy* montent — 40 DP Sil ne se poent, A Mais ne se porent; D*y* dels (*y* daus) d. — 41 A ert; *y* a droite (P destre) p.

232   ROMAN DE THÈBES

   Une foildre tient et un dart ;   (6750)
   Mars et Pallas sont en aprés :
   Cil dui sostiénent tot le fais ;
4745 Tuit li autre qui el ciel regnent
   Isnèlement lor armes prenent :
   Cel d'eus n'i a qui quierge essone,   (6755)
   Tuit se combatent par le trone.   (6756)
   Et a pierres et a esmaus   (6765)
4750 Fu faiz deriére li frontaus,   (6766)
   Et enlevees les set arz :
   Gramaire i est peinte o ses parz,
   Dialetique o argumenz
   Et Rhetorique o jugemenz ;
4755 L'abaque tient Arimetique,
   Par la game chante musique ;
   Peint i est Diatessaron,
   Diapenté, Diapason ;
   Une verge ot Geometrie,
4760 Un astrelabe Astronomie :

47.42 *S* foieldre, *x* foudre ; *Dy* Tint una foldre (*P* .j. esfoudre, *A* .j. esfondre) — 43 *S* y sount a. — 44 *D* O il s. — 45 *C* autres ; qui m. à *S* ; *y* Et tout icil q. ; *C* reinent, *B* rennent — 46 *A* Tot esrament ; *S* pernent, *P* prendent, *C* pranent — 47 *x* Cil, *D* Ceis ; *y* Ni a nul deus (*P* celui) ; *B* ma q. ; *CA* quiere, *B* quierent (*v. f.*), *P* quiert, *D* prenge ; *P* essoigne, *B* essoignes, *A* ensegne — *Ici finit le 1ᵉʳ fragm. d'Angers* — 48 *B* le trones, *P* besoigne, *A* boscagne ; *S* aj. 66 v. et *y* 2 (*spéciaux*), à la suite desquels *y* place les v. 4765-8 — 49-50 m. à *P* et sont placés dans *A* à la suite des 2 v. ajoutés après 4768 — 50 *S* darriere ; *A* M'lt fu rice f. li portaus ; *B* fornaux, *C* forniax — 51-64 m. à *y* — 51 *x* Paintes i furent — 53 *C* Dialectique — 54 *S* Et r. oue i. ; *SC* reth., *B* retoriaur — 55 *x* i t. ; *S* tint ; *C* arism. — 56 *CS* gamme — 57 *B* Point, *C* Painte ; *B* ert ; *C* dyathesaron, *B* dyathess. — 58 *S* Dyapente, *C* Dyapainte, *B* Dyapentie ; *Sx* dyapason. — 60 *B* astrelaibe ; *S* Un autre en ot.

L'une en terre met sa mesure,
L'autre es esteiles a sa cure.
El curre ot mout sotil entaille :
Bien fu ovrez, onc n'i ot faille.
4765 Une image i ot tresgetee, (6759)
Que vait cornant a la menee ;
Une autre, que toz tens frestèle
Plus clér que rote ne vïèle. (6762)
L'uevre del curre o la matére (6767)
4770 Vaut bien Thèbes o tot l'empére :
Car li pan sont d'or fin trifuére
Et li timon de blanc ivuére ; (6770)
Les roes sont de crisopase,
Color ont de fou qui embrase.
4775 Le curre traient quatre azeivre :
L'esclot n'en puet hon aperceivre
En sablon ne en terre mole, (6775)
Car plus tost vont qu'oiseaus qui vole.

Amphiaras point et s'eslaisse
4780 La ou il vit la maior presse ;

4762 *S* esteilles, *B* estoilles, *C* estoiles ; *x* met sa — 63 *C* soutill — 64 *SB* oure ; *C* quil ni — 65 *S* Un ; *P* ymagene ; *S* tregetee, *B* tres gite, *C* tresgitee — 66 *B* Q. est com orant alamene, *y* Q. tous tans corne la m. — 67 *S* tout ; *y* Et a. (*P* Autres) q. cante et f. ; *A* fretele — 68 *S* Plius douce ; *A* aj. 2 v. et donne ensuite les v. 4749-50 — 69 *Cy* et la ; *S* matiere, *CP* matire — 70 *C* atout, *y* et t. ; *CP* empire — 71 *A* dorfroi ; *SA* trifoire, *x* trifuire, *P* trifore — 72 *B* del ; *SP* yvoire, *BA* ivoire, *C* yvuire — 73 *B* L. r. de crisse passe — 74 *y* C. de f. o. quil (*P* quis) e. ; *Sy* fu, *x* feu — 75 *B* azoivre, *C* azoine, *y* atoivre — 76 *B* Les clos, *C* Les cloz, *y* Trace ; *S* ne, *P* ni ; *C* p. nus — 77 *A* El — 78 *P* va ; *x* quoisel, *A* que vens ; *xP* ne v. — 79 *S* Amphiarax, *C* Imphyaras, *A* Anfi., *P* Amfioraus ; *y* si s., *x* et e. — 80 *xP* voit ; *S* le meillor, *xy* la greingnor.

L'espee trait que fu forbie,
Del bien ferir pas ne s'oblie : (6780)
Por doner granz cous maintenant
Sont tuit li autre a lui pendant.
4785 Mout trencha bien le jor s'espee,
A ceus dedenz fu mout privee :
Onc l'espee al duc Godefrei (6785)
Ne mist les Turs en tal esfrei,
Ne tant genz cous ne fist Turpins
4790 En Espagne sor Sarrazins
Com fist l'arcevesques le jor
Sor ceus de Thèbes en l'estor. (6790)
Mout fu bien apareilliez d'armes,
Des meillors que l'on fait a Parmes :
4795 Al col ot un escu vermeil,
Qui mout reluist contre soleil ;
Bocles d'or i ot plus de set : (6795)
N'i a cele ou dez mars n'en ait ;
Ses haubers fu forz et legiers
4800 Et plus luisanz que argenz miers : .
Qui l'a vestu ne dote plaie.

4781 *S* lespie ; *x* T. l. ; *xy* qui ; *B* forgie — 82 *P* De ; *A* Et del f. — 83 *y* P. bons cols d. (*P* ferir) ; *B* grant tor — 84 *S* tout liu a., *x* li a. (*C* autres) t. ; *Sx* aprenant ; *P* S. tout vers l. a. apendant ; *A* S. li a. v. l. tranlant — 85 *x* trenche ; bien m. à *S* ; *A* ce i., *P* cel i. ; *B* despee — 86 *x* trop p., *P* bien p. ; *A* de tebes fu p. — 88 *B* le turc ; *S* effrei — 89 *S* tantz, *B* teuz ; *P* biaus cols, *A* bel cop ; *B* torpins — 90 *S* sur — 91 *y* C. l. f. le i. ; *S* larcheuesque, *C* larceu. — 92 *S* Sur — 93-4 *P différe :* Trop p (sic) iert bien darmes acesmes Onques nus hom ne vit ites — 93 bien m. à *S* — 94 *A* que on — 96 *S* Qe — 97 *B* Socles ; *A* .x. b. i ot mises haut — 98 *y* celi (*P* celui) .x. m. ; *P* ne ait, *S* nen eit, *A* ne vaut ; *x* Nen y a nule ou .x. m. nait — 4800 *A* argemiers, *B* argenmiers — 1 *A* Q. v. la ; *P* il ne crient p.

A entreseign ot un daumaie, (6800)
Et soz son heaume un veloset
De seie blanche bien toset.
4805 Li soleuz luist clér come en mai, (6801)
El curre d'or fiérent li rai :
Reflambist en sus la montaigne
Et de desoz tote la plaigne.
Del curre et de ses guarnemenz
4810 S'esbahissent tuit cil dedenz; (6806)
Cil dedenz s'esbahissent tuit,
Li plus hardiz avant li fuit,
Car cuident que seit aucuns deus (6807)
Qui se combate por les Greus.
4815 Amphiaras sot bien par sort
Qu'a icel jor recevreit mort; (6810)
Par augure sot li guerriers
Que ço esteit sis jorz deriers :
Pués que certainement le sot,
4820 Empleia le com il mieuz pot.

4802 *S* A entresigne, *C* -saing, *B* -seig; *γ* Entor lui ot une, *B* Et e. ot dun; *xA* dalmaie, *P* dameaie — 3-4 *m. à γ* — 3 *B* Desouz; *C* Desor s. hiaume ot un volet — 4 *C* ml't b. fet — 6 *A* Ens el c. f.; *P* furent — 7 *γ* Sen reflamboient les m.; *x* Desus en reluist la m. — 8 *A* Et par d., *P* Et enuiron; *γ* toutes les p. — 9 *γ* Et d. (*P* de) c. et des (*P* de) g. — 10 *γ* Sesbahissoient c. d. — 11-2 *m. à A* — 11 *P* tent — 12 *m. à P*; *B* au vent — 13 quil; *S* asquns, *C* aucun; *γ* C. q. s. a. des .ij. (*P* dex) — 14 *γ* combatent; *CA* griex *P* ceus — 15 *S* Amphiarax, *C* Ampharias, *A* Anfiaras, *P* Anfioras — 16 *γ* Que a cel, *C* Q. celui, *B* Quen cel (*v. f.*); *S* receiura, *A* recurent — 17 *γ* P. deuinal, *C* P. argures, *B* P. auguers — 18 *x* Q. cestoit son iour (*B* li iors) derreniers, *P* Q. ce seroit ses i. detriers; *A* Q. cert s. i. daerenirs; *S* darriers — 19 *P* P. kil, *x* Conme — 20 *A* Mix lemploia quil onques p., *x* Esploita lost au m. quil p., *P* Tant esp. com il plus p.; *s* E. le.

De ceus dedenz fait grant martire, (6815)
Ne vieil ne juefne n'en remire ;
Quant que il en trueve en sa veie
En enfer avant sei enveie.
4825 Grant perte i refont cil defors
De lor chevaus et de lor cors, (6820)
Mais a neient le tenissant,
Se il lui sol ne perdissant.
Mout en furent desconseillié :
4830 De ço se sont esmerveillié
Que il mori en tal maniére, (6825)
Que sa mort fu horrible et fiére ;
Car al vespre, soentre none,
La terre crolle et li cieus tone,
4835 Et, si com Deus l'ot destiné
Et cil l'ot dit et deviné, (6830)
Terre le sorbi senz enjan, (6833)
Com fist Abiron et Datan.
Cil qui cele merveille virent

4821 *CA* fist — 22 *B* ne r.; *S* reuire; *y* Et viex et iones veut ocire, *C* Qui puis norent mestier de mire — 23 *P* Quankes il t., *A* Cankil en t., *x* Q. q. il t.; *CA* enmi, *B* enmie — 24 *S* enfern ; *x* auec s. ; *A* Tout el parfont infer e., *P* Droit en i. deuant e. — 25 *xA* i firent (*A* fisent); *xP* dehors — 27 *S* nient, *x* petit; *B* p. tenissent (*v. f.*) ; *A* le proisissant, *P* nel proisant (*v. f.*) — 28 *P* Se l. tout seul ; *B* Se il sol perdissent (*v. f.*) — 30 *x* Pour ce sen (*B* se) s., *A* De ce furent, *P* Mais de cou s.; *xA* plus esmaie (*B* enuaie) — 31 *x* Car; *S* morit, *Cy* morut — 32 *P* Car se; *B* morz, *y* mors; *S* fust — 33 *y* a .j. v. apres (*P* en a.) n.; *x* tout endroit 'eure de n. — 34 *S* crosle, *P* craulle, *x* croule; *A* c. li c. — 35 *y* Ensi — 36 *xP* Et il; *S* lat; *y* deuise; *puis 2 v. spéciaux* — 37-8 *m. à P* — 37 *C* sorbist, *B* sorbie; *C* 'ahan, *B* en an; *A* Por voir l'englouti s. engan — 38 *C* dathan, *B* dathon — 39 *A C*. sespoentent qui le v.

4840　S'espoentérent et foïrent ;
　　　Mout foïrent a grant desrei,
　　　Car chascuns ot poor de sei.

　　　Li reis esteit de l'autre part
　　　Ou ot fichié son estendart　　　　　(6840)
4845　Près del mur, al lanz d'une piere :
　　　Dit que ne s'en traira ariére ;
　　　Par force se vueut herbergier.
　　　Davant la porte, en un vergier,
　　　Iluec comande son tréf tendre　　　(6845)
4850　Et as autres herberges prendre :
　　　Les fontaines que sont es horz
　　　Lor vueut veer par grant esforz,
　　　Et de l'ève douce sevrer,
　　　Que il n'i puéssent abevrer :　　　(6850)
4855　Issi les cuide bien destreindre,
　　　Se environ les pueut aceindre ;
　　　Malement les pense deceivre,　　　(6851)
　　　Se destreindre les puet de beivre.
　　　A tant astes vos un message :
4860　D'Amphiaras dit le damage,

4840 S Sesponterent, P Sespauent., A Si sesmeruellent ; *y* et fuirent — 41-2 *m. à* P — 41 A fuirent — 42 A paor ; S aj. 70 v. — 43 S Reis Adrastus a une p. — 44 S Aueit fiche, *y* Ou on ficoit — 45 C des murs ; C*y* au giet ; B Pris del ront alanz — 46 *xy* Dist quil ; A ne tornera — 47 B forge si ; *y* La v. p. f. h. — 48 S port ; P Dehors ; A Defors la vile ; P a .i. — 50 A herberge — 51 S fontaignes ; *xy* qui ; S orz, *y* ors, B hors ; C defors — 52 B Lors ; S veeir, B veoir, *y* tolir ; *x* a g., *y* par son — 53-4 *m. à x* — 54 S peussent ; P abuurer, A habiter — 55-6 *m. à y* — 56 B ateindre — 57 P p. a d. ; A l. voloit — 58 P Sil ; A Qui d. les velt — 59 S aste, *xA* estes, P este — 60 S Damphiarax (*orth. constante*), C Dampharias, P Danfioras, A Daraphiran ; *xA* dist ; P conte le raige.

Com terre mére le sorbi
Et mil des autres autresi. (6856)
Iço poez vos bien saveir
Que de mil nen esteit pas veir :
4865 Cil en dit plus que n'en saveit, (6863)
Que la merveille grant esteit.
Quant li messages le li conte,
Li reis se seigne et s'espoonte : (6866)
« Di, va, » fait il, « ço est mençonge, (6869)
4870 « Tu as iço veü par songe :
« Ne cuit que Deus tant nos confonde
« Que ja la terre soz nos fonde. »
As vos un mes après celui,
Mieuz le creï, quant furent dui,
4875 Et donc le tierz et pués le quart : (6875)
Desfichier fait son estendart;
As herberges li reis s'en torne
Et fait chiére marrie et morne ;

4861 *S* le sorby, *x* la sorbi; *A C.* la t. la englouti, *P* Comme li t. lenglouti — *Après* -62 *A aj. 4 v., dont les 2 derniers sont aussi dans P*— 63-4 *m. à y, mais ont été comptés dans le chiffrage de A comme indispensables* — 63 *x* Mes ce — 64 *B* des; *x* nel tieng p. a v. — 65 *Cy* dist; *S* n. esteit; *xy* que il nen; *B* ere, *C* iere, *y* soit — 66 *A* Car; *P* grande soit, *S* maire e.; *x* Pour la m. qui grant iere (*B* ere) — 67 *x* ce li; *B* quente; *P* li raconte, *A* la conte — 68 *S* sesponte; *P* saine et espauente; *C* forment sen espoente; *B* sesmaie et sez poente; *A* Durement sont espoente, *puis 2 v. spéciaux* — 69 *P* est cou; *S* messonge — 70 *A* v. tot cou, *P* v. icou; *S* en s. — 71 *S* nous t. c.; *P* ke t. d. n. c.; *A* si me c. — 72 *P* Q. le t. desous n.; *A* sos moi fonge; *S* founde — 73 *A* E, *C* Ez, *P* Es; *A* .j. autre — 74 *x* croie, *S* creient; *A* Or le croit mix q. sont andui; *B* q. virent li — 75 *A* Et dont, *xP* Et puis — 76 *A* Dont f. d., *S* Tot font deficher; *SA* lestandart; *x* Desfichiez fu li e. — 78 *P* Il; *y* f. sanlant mari; *B* manie.

Mout fait grant duel, plore, guaimente
4880 Et d'Amphiaras se demente. (6880)
Se il fait duel, ne m'en merveil :
Mout a perdu de son conseil.
Enseignot lui terre a tenir
Et quant que li ert a venir ;
4885 Chaïst lui bien o malement, (6885)
Cil le saveit de longement.
Par l'ost font duel desmesuré :
N'en i a nul tant aduré
Ne s'amornisse del damage
4890 Et ne s'esmait en son corage. (6890)
Pués que comence a avesprer
Et li soleuz a resconser,
As herberges est l'ost tornee :
Mout ont bien faite lor jornee.
4895 Mais ço cui chaut ? Ne font vantance (6895)
De coup d'espee ne de lance :
D'Amphiaras forment lor peise,
Danzeaus n'i rit ne n'i enveise ;

4879 *A* Si f. g. d. et se ; *xP* p. et ; *y* demente, *x* guarmente — 80 *C* Et dampharias, *y* Daphiaran (*P* Danfioras) ml't ; *A* se gaimente — 81-6 m. à *P* — 81 *A* mesmeruel — 82 *A* Quil a p. m. grant c. — 83 *B* li — 84 m. à *B* ; *C* quanques estoit a ; *A* canques ert a auenir — 85 *B* Cheist ; *A* li — 86 *x* Il le s. isnelement, *A* Tout en s. lauenement — 87 *xP* a desmesure — 88 *S* Nen ni ad ; *A* .j. t. ; *P* itant adure, *x* de si grant cure — 89 *A* sesmarisse ; *P* -ist de cel d. ; *x* De sa mort nait ml't grant d. — 90 *A* Et nait paor — 91 *S* Pois c. (*v. f.*) ; *x* Des quil c. a aserier, *y* Diloec prenent (*P* prendent) a desrengier — 92 *x* Il sen corurent (*B* tornerent), *A* As tres en vont por, *P* As t. sen tornent ; *xy* herbergier — 93-6 m. à *P* — 93 *S* Es — 94 *S* fait b. — 95 *A* Et ne porçant ; *S* nen, *x* ni — 96 *S* Del — 97 *A* Darafiran, *P* Danfioran — 98 *P* Dansel ni rist ; *A* ne si ; *C* ne ne senv., *P* ne maine noise.

N'i sone vïele ne rote,
4900 Ne n'i chante nus ne n'i note; (6900)
N'i fu la nuét rollez haubers,
Ne branz d'acier ne heaumes ters,
Ne onc n'i ot drap trait de male.
Mout traistrent tuit fort nuét et male; (6904)
4905 As herberges chascuns se chome,
Onc n'i prist uns la nuét bon some,
Ne n'i mangiérent ne n'i burent, (6905)
Ne soz bons dras la nuét ne jurent. (6906)
Mout sont dolent, triste et pensif : (6909)
4910 Ja n'en cuident estordre vif;
Chascuns se tient a confondu
D'Amphiaras que ont perdu;
De lui font duel, d'eus sont dotos
Et del retorner coveitos;
4915 Plus crement il assez la terre
Que il ne font lor autre guerre. (6916)
La nuét fu l'ost morne et segreie; (6919)

4899-900 m. à P — 4899 x note — 4900 S Nen y; x Ne clerc (B clers) ni c.; A Joglere ni c. nen. — 1 S noet, xy nuit; A rolle, P raules — 2 SC branc; x forbiz; C elme — 3-4 m. à P — 3 x Chamberlenz ni tret (B traist) dras de m., A Que cambrelens d. ni desmale — 4 A Tot i traient; S tout; xA nuit, S noet — 5-6 m. à y — 5 x En sa h. c. chome (B somme); C chascun — 6 B print; S un, x nus; S noit, x nuit; S bien — 7 x Onc; A ne m.; xy ne b. — 8 A Ne lor, C Desor, P Ne sor; S bon drap, x lor dras; P el lit; A murent, puis 2 v. spéciaux — 9 S tout; Cy tristre; Sy pensis — 10 S estortre, x eschaper; Sy vis — 11 SC Chascun — 12 A Darafiran, P Danforiau, C Dampharias; xy quil — 13-4 m. à P — 13 B doutez — 14 S torner molt c.; CA Du r. sont c.; B couuoitez — 15 C craiment, By criement — 16 A faisoient la g., puis 2 v. spéciaux — 17 S noit, xP nuit, A nuis; S segrei, B segroie, C secroie; A los trestote coie, P toute los si c.

Par main vuelent tenir lor veie.
Mais dedenz font mout grant tomoute :
4920 De loign les ot, qui les escoute.
A mont al mur, par les batailles,
Luisent lanternes, ardent failles;
Es eschives joent et rient; (6925)
Tuit a un front huent et crient;
4925 O ceus defors gabent et rient
Et par eschar serventeis dient :
« Seignor », dient les eschauguaites,
« Mout avez hué proeces faites, (6930)
« Forment fumes hué assailli,
4930 « Mais malement estes bailli :
« Vostre roèle a hué failli,
« Vostre maistre a grant saut sailli;
« Par lui vos demostre Deus signe (6935)
« De nostre terre n'estes digne.
4935 « Alez vos en de nostre terre,
« Car neienz est de la conquerre :

4918 *y* Lendemain (*P* Par matin) veut t. sa v.; *B* la v., *S* lonc vei — 19 *y* Et cil d. font g.; *C* temoite, *A* tum., *B* tom., *SP* tumulte — 20 *S* loin, *C* loing, *P* lonc; *A* Cascuns volentiers les e. — 21 *By* As murs (*y* Lasus) a m., *C A* m. as m.; *S* entailles — 22 *x* luisent f. — 23 *x* Et eschingnent; *y* A haute vois hucent (*P* huent) et crient — 24 *S* Tout; *C* fes, *B* frois; *y* Et a esfors (*P* esfrois) iuent et rient — 25 *x* A c. dehors; *S* tencent et iouent; *y* Adeuinalles (*P* Et d.) vont disant — 26 *x* escharz; *S* suruanteis trouent; *y* De lor amors (*P* Des ostelois) sones faisant — 27 *C* escharguetes., *A* escarg., *P* eskierg. — 28 *A* proece — 29 *xy* soumes, *S* fuimes; *Sxy* hui — 30 *y* somes — 31 *Sx* hui; *y* Que v. (*P* Car nostre) diex vous a f. — 32 *y* Contreual; *P* est grans saillis (*v. f.*) — 33 *C* demontre dex, *B* demonstre dieu; *B* v. a d. mostre s. — 34 *y* Que de no t. — 35-8 m. à *P* — 36 *A* Que; *C* neanz, *S* mielz (*v. f.*); *A* li.

« Se nel faites, haste vos peine ;
« Entré estes en male estreine. » (6940)
Par la cité grant joie meinent
4940 D'eus esbaudir forment se peinent ;
Poi dotent l'ost et poi la crement :
Ja nes prendront s'il nes afement.
Vers eus sont mout asseüré, (6951)
Del defendre bien aduré ;
4945 Ne feront mais oan la fin
Qu'il offreient hué al matin :
Auques les ont hué essaiez, (6955)
Sévent ques a mout esmaiez
La perte que ont receü
4950 Et li signes que ont veü.

Al bien matin, quant l'aube brande,
Toz ses barons Adrastus mande : (6960)
Venu i sont treis cent o plus,
N'i a cel ne seit cuens o dus.
4955 Quant furent tuit el tréf assis,

4937 *B* atant, *C* atent ; *A* Ou se ce non honi seres — 38 *C* Entrez ; *A* Diex vous het ml't bien le saues ; *y aj.* 8 *v.* — 39-50 *m. à P ; 39-42 sont réduits à 2 v. dans A* : En le cite sont a baudor De cex defors nont mais paor — 40 *x* escharnir — 41 *x* Pou prisent l. et pou le doutent ; *S* et meins — 42 *x* De parole ml't le (*B* lez) deboutent — 43 *S* Ja se s. ; *x* V. ceus defors (*B* dehors) s. a. ; *C* assure — 44 *x* Deus ; *xA* desf. ; *S* sount a. — 45 *B* feron ; *A* awan ; *x* o. m. — 46 *x* Que il ; *Sx* hui ; *x* h. m. ; *A* ieuhui m. — 47 *Sx* hui ; *A* ore assaies — 48 *A* quil sont m. esmaie ; *S* effraiez — 49 *A* Li periex quil ; *x* cont hui r. — 50 *S* Et les, *C* Et le, *A* Et del ; *CA* signe ; *xA* quil — 51 *A* El par m. ; *x* q. ior ; *P* est grande, *B* aprande, *C* abrande — 52 *x* Li rois (*B R.*) a. s. b. m. ; *S* T. lez — 53 *Sx* Venuz ; *x* en i s. .m. ; *S* cenz ; *y* Bien en i vinrent .c. ; *xA* et p. — 54 *x* nul ne ; *y* Trestos de contes et (*P* ou) de d. — 55 *Sy* tout ; *B* a tres,

Li reis lor a conseil requis :
« Seignor, » fait il, « conseil vos quier (6965)
« De ço que vos veïstes hier ;
« Conseilliez en et vos et mei,
4960 « Car, par la fei que jo vos dei,
« Ne vos en quier la verté taire ;
« Enserrez sué, ne sai que faire. (6970)
« Car mout m'est mal et mout me griége
« Que jo guerpisse issi le siége,
4965 « Et en l'ester ai mout grant dote
« Que la terre ne nos transglote ;
« Mout m'est granz dueus del retorner (6975)
« Et mout plus crem le sojorner :
« De sa maison puet creme aveir,
4970 « Qui la son veisin veit ardeir ;
« Iceste mort par est tant fiére
« Que tote autre est vers lé legiére. (6980)
« Et nel tenez a coardie,
« Car cel sachiez, que que j'en die,
4975 « N'avrai graignor poor de mei

4957 *A* c. requier — 59 *x* m. et vos — 60 *x* d. vos — 61 *SB* verite (*v. f.*) — 62 *y* En error s.; *x* Esbahiz s. de cest afaire — 63 *x* mest let (*B* les); *P* et trop, *A* et si; *S* grege, *A* grieue, *P* griue — 64 *P* gerpis; *B* Q. g., *C* Se guerpissons; *y* ensi, *C* ainsi; *B* issint cest s. — 65 *x* lestre y est m.; *P* Et el demorer ai g. d. — 66 *S* touz n.; *C* trangloute; *y* engloute — 67 *P* Trop iert grans doels, *A* M. sera lait; *C* grant duel, *S* g. laide ; *B* de torner (*v. f.*) — 68 *x* Et m. (*B* plus) c. ie ; *Sy* criem, *B* creim, *C* craim; *A* Et ie c. m. le demorer, *P C.* plus ne soit del d. — 69-70 *m. à x* — 69 *P* doit c.; *S* criem, *y* crieme — 70 *S* Qe; *P* le sien ; *A* voit le sen v. a. — 71 *S* elle est t., *P* est itant — 72 *S* sor l.; *Sx* lui, *y* li — 73-80 *y* dével. en *12 v.*, dont les *4 derniers m. à P* — 73 *x* N. t. pas a — 74 *C* C. s. bien, *B* C. se s.; *S* ieo d. — 75 *S* Ne prendrai la p. sur m.

« Qu'ont d'eus tuit cist que jo ci vei ;
« Ja nen avrai la maior creme,
« Car jo sai bien que chascuns s'eme
« Tot autre tant com jo faz mei.
4980 « En Deu me fi et en lui crei : (6992)
« Ja ne serrai sorbiz plus tost
« Ne plus pechiére de tot l'ost.
« Ne m'en tenez ja por coart, (6995)
« Car jol met tot en vostre esguart :
4985 « Se vos volez, jo m'en irai,
« Et se volez, jo remaindrai. »
Ço respont li dus de Miceines :
« Por quei serion ci en vaines, (7000)
« Pués que nos vient tal aventure
4990 « Que la terre nos fait enjure ?
« N'i a si fol que bien ne veie
« Que Deus ne vueut pas ceste veie :

4976 *C* Sont ; *S* De taunt gent come ie ; *C* t. cil — 77 *B* le ; *x* greingnor ; *S* crieme, *B* creime, *C* craime — 78 *C* chascun ; *SC* saime, *B* siure — 79 *S* face, *B* faiz — 80 *B* et en dieu ; *C* en d. me c. — 81-2 *m. à P, qui donne 2 v. tout différents* : Et bien vous di ore por voir Que iou mec tout en vo vouloir — 82 *S* pecchieres, *x* pechierres, *A* pecieres, *D* pecherre ; *S* que t. — 4983-5093 *Ces v. sont aussi dans D ; voy. l'App. VI, 2ᵉ fragment d'Angers, pour les variantes orthographiques* — 83 *y* me ; *A* a plus c. — 84 *S* Qa ; *D* Queie ; *P* Car iou mec ; *A* C. ie me mec en vo e. ; *B* regart — 85 *S* Si v. loez ; *SA* ie remaindrai — 86 *D* Si vos v., *B* Et se vous v. (*v. f.*), *S* Et si v. plaist ; *SA* ie men irai — 87 *DB* micenes, *y* micaines, *C* vincenes — 88 *x* Com s. ici, *D* Coment serai ci (*v. f.*), *P* Questiiens nous chi quis, *A* P. coi ferres vous chi ; *S* P. q. sofron ci si granz peines ; *D* ennanes, *B* en emes, *C* en enes, *y* en vaines — 89-92 *m. à P* — 89 *S* Por quei ; *Dy* vint ; *B* ces a. — 90 *D* Q. t. n f. aueue ; *xA* Q. t. fet (*A* fist) contre nature — 91 *SA* celui ; *S* qi ceo, *A* que il, *x* qui b. — 92 *S* Poisque dex ne voet cest v. ; *D* de ama (*v. f.*) ; *A* d. naime ; *x* nostre v.

«   Pués que Deus ne vueut cest afaire,   (7005)
«   Com le cuidiez vos a chief traire ?
4995   «   Qui contre aguillon eschaucire,
«   Dous feiz se point, tot tens l'oi dire.
«   Tant com somes issi delivre,
«   Mieuz lo torner en Grece, et vivre   (7010)
«   La ou vesquirent tuit nostre aive,
5000   «   Que ci morir a ital glaive. »
Tuit li plusor al duc s'aponent
Et del torner le rei somonent;
Mais li reis est griés a moveir :   (7015)
N'en tornera senz estoveir.

5005   Li cuens d'Amicles ot grant cuer,
Et n'ama mie mout jafuer :
Mout preisa plus chevalerie
Que riveier ne berserie,   (7020)
Et doner granz cous en estor

4993-4 *interv. dans* S*x* — 93 *y* naime; *D* Des q. d. ne volt ceste faire; *S* Diex ne voet pas, *x* Se d. ne v.; *S y* cest, *x* icest — 94 *S* v. plius a (*v. f.*); *D* Cum la; *P* C. le quidons nous, *A* Comment le c., *x* Conme (*B* Com) en c. vous — 96 *C* cai oi, *B* ie le oi, *A* oi lai, *P* tous iors loi — 97 *DA* nos s.; *S* fumes; *D* si diliure, *y* a d.; *x* s. sainz (*B* sain) et d. — 98 *A* Mix aim aler, *S* Mielz est t.; *x* Nos en vient m. t. et v. — 99 *D* o visquerent; *C* vesqui nostre linage; *y* Ou v. no (*P* nostre) ancissor — 5000 *S* ytiel; *B* gabe; *C* a tel outrage, *y* a deshonor — 1 *Dy* pluisor; *A* al roi; *B* sapouent, *DC* sapoent, *y* sapoient — 2 *C* Du retorner; *B* lor r.; S*x* semonent, *D* ennoent; *y* ariere poient — 3 *x* grief; *A* le roi est mal a — 4 *Dy* Ne (*A* Nen) ira (*P* Ne viura) s. grant e.; *y* estauoir — 5 *D* damiches; *y* danicles fu ml't (*P* trop) sages — 6 *D* Enamene molt grant i.; *x* trop lonc feur; *y* Ml't fu vallans (*P* cortois) et prex et larges — 7 *D* presa, *x* prisa, *y* ama; *P* miex c. — 8 *D* riueire, *S* riueir; *B* briserie, *P* beserie — 9-10 *m. à P* — 9 *D* grant cop.

5010 Que gesir ne estre en sojor.
En guerre fu norriz d'enfance,
En tote l'ost n'ot meillor lance,
Ne qui sache plus mal cerchier : (7025)
Li reis Adrastus l'ot mout chier,
5015 Car en destreit bien le conseille ;
Et fu mout proz a grant merveille,
Et fu uns lons et ot la chiére
Brune et alise et auques fiére ; (7030)
Les cheveus ot meslez de chaines.
5020 Cil respont al duc de Miceines ;
Mais quant veit que tuit a lui pendent
Et al torner ariére tendent,
Detint sei al comencement (7035)
Et parla mout tempréement :
5025 « Sire, » fait il, « al mien espeir,
« Vos dites bien et dites veir :
« Pués que nos vient tal aventure,
« Del retorner est bien mesure ; (7040)
« Mais, se vos plaist, n'i dites joi,

5010 *DA* Quen chasse aler nestre a ; *B* sigor, *CA* seior (*D indistinct*) — 12 *D* En tot l. nen ot — 13 *y* Nen i a nul (*P* .i.) plus adure — 14 *x* R. a. lauoit ; *D* Li r. de grece ; *y* la ml't tous iors (*P* dis) ame — 15 *A* au d., *x* en touz liex ; *Sy* ml't le — 17 *SxA* Il f. ; *P* ml't l., *B* bien lonc — 18 *D* et mot fu fiere — 19-20 *m. à P* — 19 *DA* Clers c. ; *S* chenes, *C* chanes, *B* chienes, *A* caines — 20 *S* micenes, *B* miciens, *A* micaines, *C* vincannes — 21-4 *P réd. à 2 v.* : M. q. il v. contendement Si parla ml't tempreement — 21 *x* il v. qua l. se p. ; *DA* il v. q. t. (*A* il) contendent — 22 *xA* Et du — 23 *D* Contint, *S* Atint, *A* Haste ; *B* soit ; *D* el c. — 24 *S* atemprement — 25 *P* a mon, *B* au bien — 26 *D* d. sen, *A* aues droit ; *y* si d. — 27 *D* Desque, *S* Pois qe ; *SP* vos ; *DA* vint ; *B* tez, *DC* tel, *P* tele, *S* tiel, *A* ceste — 28 *x* De ; *P* Del torner e. biens et m. — 29 *C* sil ; *B* ne, *C* nel ; *B* iou ; *y* entendes (*P* at.) moi.

5030	« Laissiez m'i amender un poi,	
	« Si vos dirai que j'en otrei ;	
	« Se vos est vis que je folei,	
	« Die qui mieuz le savra dire :	(7045)
	« Ja devers mei n'en sordra ire.	
5035	« D'Amphiaras, qui si est morz,	
	« Nos est creüz granz desconforz :	
	« Ne nos poeit venir, ço crei,	
	« Maire damages fors del rei.	(7050)
	« Deus en fist son comandement :	
5040	« En lui n'a mais recovrement ;	
	« Et autretal de nos fera	
	« De qual hore que li plaira.	
	« Cuidiez vos en Grece foïr ?	(7055)
	« Ja n'i porron vers lui guandir :	
5045	« Se ne nos vueut faire merci,	
	« Ne guarron la plus que ici ;	(7058)
	« Cui l'ire Deu voudra confondre,	
	« Ne se porra vers lui repondre.	
	« Se volez creire le mien los,	(7059)

5030 *B* moi a. .i. pou — 31 *y* iou ; *P* otroie — 31 *C* Sil ; *y* Et sil e. ; *D* gi ; *S* foleie, *P* foloie — 33 *D* en, *y* i ; *Dy* sara — 34 *x* Ia nen aura d. m. i. ; *P* ni croistra i. — 35 *A* Danfiara, *P* Danfioraus, *D* Danph' ; *B* il si, *A* q. sire, *P* ki ore — 36 *DS* creu, *C* ore (*oublié dans B*) ; *y* destorbiers fors — 37-8 *m. à P* — 37 *A* poroit — 38 *S* Maior, *D*... re (*les points indiquant, ici et plus loin, des lettres disparues*), *x* Graindre, *A* Grignor ; *DC* domage — 39 *Dy* D. a fet — 41-6 *m. à P* — 41 *x* Tout ; *S* autretiel, *DC* -tel, *B* -teil, *A* -si — 42 *SxA* quele ; *D*... elquore ; *CA* quil ; *A* nos p. — 43 *A* Cuidons nos ; *xA* garir (*B* guerir) — 44 *A* La ne p. de mort guencir ; *x* ne ; *C* pourrez ; *B* bandir — 45 *xA* Sil ; *x* vos ; *D* volt — 46 *x* Ne la guarrez, *A* Nos ne g., *S* Ne g. ia ; *B* ia la que ci, *C* la ne que ci, *A* ne la ne chi, *S* mais quel *y* ci — 47-8 *m. à A* — 47 *S* Qe ; *DB* li rex (*B* roi) dex (*B* dieu), *P* li verais — 48 *S* reboundre, *B* responder.

5050 « Ne torneron issi le dos, (7060)
« Mais un de nos vesque esleison,
« Par grant esguart et par raison ;
« Car senz evesque ne senz maistre (7061)
« Ne devon nos longement estre.
5055 « Restoron nostre maiestére,
« Entendon forment a eslére (7064)
« Tal qui seit de bone dotrine :
« N'i ait amor, n'i ait haïne.
« A richece ne a parage
5060 « N'entendon ja ne a aage,
« Car bacheler pas ne deit l'on
« Refuser, se il est proz hon.
« Et quant li vesques iert levez, (7065)
« Li maiestéres achevez,
5065 « Il auge avant et prét por sei

5050 C torneront; *y* ensi, C ainsi, B ainsint; D*x*A les d. —
51-2 m. à *y* — 51 D Uns de n., S Mais de n., *x* Mes auant; SB
euesque, D euesques, C esuesque; D esleson, SB eslison, C
ellison — 53 *y* Mais; C esuesque; DSB et s. — 54 B d. l.
(v. f.); C*y* d. pas; *x* longuement, D longamen — 55 D
meisteire, *y* maiestire; S Nostre mestre restoreron, *x* Cest
n. m. restorons (B retornons) — 56 D f. eeslaire; P Et e. au
miex e., A Et si pensons du bien e., S*x* Et a lui (*x* A l.) e.
entendon; S*y* eslire D esleire, B esluire, C ellire — 57-62
m. à A — 57 S Tiel, *x*P (D?) Tel; S quil; DP*x* doctrine, S
dottrine — 58 B Ni at; DP Ne por (P a) a. ne por (P a)
aine (P haine) — 59 P Na; *x* A hautesce — 60 *x* Ni e. (B at.)
ne por a.; S Nentendez ia; DP pas ne — 61 S len, *x*P on
— 62 S sil ad grant sen (v. f.); D prodom, P prodon, C
preud., B promd. — 63 *x* Mais q., D Peis que, P Puis que;
DS leuesques, B -que, C lesuesque; D ert, P est; A Et
puis quil sera aleues — 64 P Le; DSB Et li; DS mestre
(S mestiers) ert; C maiestieres, B -teres, P -tire; A Et del
maistire restores; P retornes — 65 A Puis; S*x*D aut; P Il
voist deuant; *x*A prit, S preit, P proit.

« Et por le pueple et por le rei,
« Comant juner, ester en haire
« Et par cest host aumosnes faire.   (7070)
« Quant li juners iert acompliz,
5070 « Al jor qui sera establiz,
« De nos pechiez seion confès ;   (7074)
« Il auge avant et nos après   (7073)
« Al sousi qui est en la place,   (7075)
« Un sacrefice grant i face :   (7077)
5075 « Se li sousiz idonc reclot,   (7079)
« Poez saveir que Deus nos ot. »
Li saint home, cil qui Deu crement,
Icest conseil loent et ement ;
Mais en mal sont de vesque querre
5080 Qui seit proz hon et de lor terre.

Uns poètes vieuz et antis,   (7085)

5066 *y* pule — 67 *S* ieuner ; *D* ieunes e ester *(v. f.)* ; *xA* et estre en, *P* et vestir — 68 *D* p. lost *(v. f.)* ; *By* aumosne, *D* almones — 69 *S* ieuner, *B* guenes, *C* esuesque ; *SCA* ert ; *B* ier complis *(v. f.)* ; *D* sera c. — 70 *D* iorn ; *S* qe, *xA* quil ; *P* ke il iert estaulis — 71-2 *sont intervertis dans les mss. (la parenthèse serait un peu dure)* — 72 *SxDA* aut, *P* voist ; *B* n. sommes *(sic)* — 73 *B* Aut selsi ; *S* sossi, *D* sosi, *C* sousci ; *S* qest *(v. f.)*, *x* qui ert ; *y* dével. en 2 v. : Al abisme *(P* A cel a.*)* quist si *(P* kist*)* estrange *(P -*es*)* Cuic *(P* Commanc*)* aler desqaus et en *(P* d. en*)* langes — 74 *D* E s. ; *y* tel i f., *puis ce v.* : Qui *(P* Que*)* mahomet nostre diu plaise *(P* plaice*)* — 75 *S* sossi, *D* sosiz, *x* solsis ; *y* Et se la terre dont ; *C* lores r., *B* la pes rechoit — 76 *A* Pores, *B* Poer *(ou* Poet*)* ; *C* S. poon ; *B* nesot — 77 *y* sage, *D* saiue, *C* s̄ ; *D* dex ; *x* craiment, *S* creiment ; *A* q. lescouterent, *P* ki cou douterent — 78 *B* Icel *(*aiment *manque)* ; *SC* aiment ; *DP* Cest c. ; *D* l. et bien lement ; *A* crirent, *P* tinrent ; *y* et loerent — 79 *P* en pens ; *C* desuesque, *P* deuueske — 80 *S* prodomme, *D* -dom, *P* -dons, *xA* preudom ; *P* Q.p. fust — 81-2 *m. à B* — 81 *Cy* Quant u. p. ; *C* vilz a. *P* vieus a., *A* vix mendix.

Qui ot en bos esté mainz dis,
Et de sa lei religious,
Les mist a esléte de dous.
5085 Il s'en monta sor un perron,
Si lor a fait un brief sermon ; (7090)
Il lor comande aveir silence,
Et il l'ont en tal reverence,
Pués qu'il le virent en estant,
5090 Tuit se turent petit et grant,
Car bien sévent que en sa vie (7095)
N'ot mauvaistié ne tricherie :
« Di, va, » fait il, « ço est bien dreiz
« Que Deus nos ait issi destreiz,
5095 « Car entre nos regne pechiez (7100)
« Et coveitise et mauvaistiez.
« Por nos pechiez Deus nos flaièle
« Et par son flaiel nos rapèle ;
« De nos pechiez prent sa venjance :
5100 « Mais qui retorne a penitance, —

5082 *A* out e. en bos, *P* em b. ot e. ; *y* maint d., *D* mendis
— 83 *y* Et ml't estoit, *D* De de seruir ; — 84 *S* met; *Dy* A
e. les (*A* le) m.; *y* eslicon, *B* eslistes, *S* eslites, *C* ell., *D*
esleite; *S* des dous, *x* de diex, *A* de .ij., *P* andous — 85
D Si sen, *y* Primes ; *x* monte — 86 *SC* sarmon ; *B* a a plain
f. s. — 87 *BA* Et lor, *P* Tous l., *D* Primes; *y* roua — 88
xA Et cil; *y* li (*P* en) font; *D* grant r. — 90 *D* si; *DB* tornent; *P* Se tairont t., *A* T. i corent; *Sy* Tout — 91-2 *m. à P*
— 91 *D* sorent; *B* la — 92 *x* Ne; *DAS* malueste (*A* maluais., *S* malueis.), *x* mauuestie; *A* legerie — 93 *P* boins
drois, *D* gran dreit; *xA* cest a bon (*B* buen) droit — *Ici
finit le 2º fragment d'Angers* — 94 *P* ensi; *x* vous a ;
xA en tel (*A* si en) destroit — 95 *A* rene, *B* resne; *P*
no r. est p. — 5097-8 *m. à y et* 5099-5102 *à A* — 97
B flaele, *C* apele — 98 *x* flael; *B* apele, *C* flaele — 99 *S*
forfaitz; *x* la — 5100 *P* M. kil nous tort; *x* Se n. emprenons p.

« Deus est de grant misericorde, —
« Legiérement o lui s'acorde.
« Por nos forfaiz, si com jo crei, (7101)
« Est morz li maistre de la lei :
5105 « N'erion digne, ço espeir,
« De tal pastor sor nos aveir ;
« Par la nostre grant felonie,
« Li a Deus abregié sa vie,
« Mais ne nos a issi guerpiz
5110 « Que n'aion rains de sa raïz. (7108)
« De ses deciples sont remés
« O trei o quatre o cinc o sés ;
« Après la mort Amphiaras (7119)
« Nos est remés Thiodamas,
5115 « Que li sainz hom aprist d'enfance :
« De lui poon aveir fiance
« Que bien restorera son maistre, (7123)
« Se il a la croce et le sceptre.
« Un autre en i a, Melampus, (7127)
5120 « Mais il a bien cent ans o plus.

5102 *P* a l.; *x* aurons sacorde — 3-6 *m. à P* — 4 *C* mort le m.; *SA* maistres — 5 *x* Nestions pas de c., *A* Nestiemes mie cou e. — 6 *S* sur; *A* De tes p. doions a. — 7 *y* P. n. grande f. — 8 *C* abrigie, *B* habergie, *y* acourcie; *S* la v. — 9 *P* vous; *x* ainsint guarpiz, *y* si degerpis — 10 *v* Q. nous naions de; *B* ses; *y* Ne adosses ne enlaidis; *y aj. 10 v. (P 8)* — 11-2 *m. à A* — 11 *S* disciples, *P* diss.; *x* remis; *P* ke iou voi — 12 *S* treis; *x*.x. ou .xij. ou cinc ou .vj.; *P* Nous st' ermes ou .iiij. ou .iij. — 13 *C* Ampres — 14 *A* tiodomas, *P* thio., *Sx* theo. *(Cf. 5130, etc.)* — 15 *B* aprint dansfance; *A* Q. les .vij. ars; *P* Car .i. s. h. laprist — 16 *xA* En, *P* Ens; *x* pourron — 17-8 *interv. dans P* — 17 *x* Quil r. bien; *A* Et b., *P* Qui b. — 18 *A dével. en 3 v.* : Car preudom est et de bon estre Ne sai millor dusquen eskoce Bien doit porter et septre et croce; *C* cexptre, *B* cepetre, *y* septre — 19 *A* .I. a. ensa olimpius; *B* menelampus *(v. f.)* — 20 *y* et p.

« D'eus dous ne puet l'on pas eslére
« Quaus est mieudre ne li quaus pére : (7130)
« Mout sont sage de bones mors;
« En chascun est saus li honors.
5125 « Mais Melampus est ja mout fraiz,
« Coviendreit lui mais vivre en paiz :
« Ne porreit le fais sostenir (7135)
« Que il avreit a maintenir. »

Tuit en sont a une parole
5130 Que Thiodamas ait l'estole;
Ensemble l'ont tuit agreé,
Por ço qu'il est de bon aé. (7140)
Thiodamas s'escuse fort :
Dit que il font pechié et tort,
5135 Quant bacheler de son aage
Vuelent lever en tal barnage;
Home d'aage i deivent metre, (7145)
Sage del siécle et de la letre.
Ne vos en quier plus alongier :

5121 *x* Des; *P* on p., *S* len p., *x* nus hons (*B* hom); *A* De ces .ij. ne saroie; *C* ellire, *SBy* eslire — 22 *S* Quels e. mielores ne li quels; *x* Li quiex e. m. (*B* quez soit meildres) ne quel (*B* quex); *A* Li quels e. meudre, *P* Qui soit li mieudres; *y* ne li p.; *Sxy* pire — 23 *A* Sage s. et de, *P* M. est cascuns de; *SC* sages — 24 *C* chascuns, *S* chescun; *S* de eux, *P* daus ; *S* e. sauf h., *y* sauue lonors — 26 *S* li; *A* Il li c. v. a p.; *P* v. a empais; *x* Des or le couient — 27 *C* les; *S* faiz, *B* fez, *C* fes — 29 *SA* Tout; *P* Trestout s. — 30 *A* tiodomas, *x* theo., *S* theodamas, *P* tiomadas — 31-2 m. à *P* — 31 *S* tout agrae; *A* Et e. l. a.; *x* T. e. l. a. — 32 *B* en buen — 33 *S* Theo., *P* Thio.. *x* Theodomas, *A* Tio.; *S* sacuse — 34 *y* Dist; *x* Dient quil (*B* que); *S* qil (*v. f.*) — 35 *S* Qua — 36 *S* liurer t. b. (*v. f*); *A* a t.; *xy* tel, *S* tiel (*orthogr. constante, sauf à la rime*) — 37-8 m. à *P* — 37 *A* H. de sens; *x* Ancien h. i doit on (*B* lem) m.

5140	Com plus se cuide chalongier,	
	Tant en sont cil plus coveitos ;	
	Evesque en font tot a estros.	(7150)
	Li Greu par grant devotion	
	Firent icele election ;	
5145	Estre son gré, senz simonie,	
	Prist Thiodamas la baillie.	(7154)
	Quant fu sacrez, toz les aüne,	
	Comande lor treis jorz jeüne.	
	Al tierz jor, après hore none,	(7159)
5150	Ot vestu une neire gone	
	Et après sa char une haire :	
	Procession lor rova faire.	
	Li Greu par grant devotion	
	Firent cele procession :	
5155	Nuz piez et en langes vont tuit,	(7165)
	Et il avant, qui les conduit ;	
	Al sousi viénent, forment plorent ;	
	A terre vont, humblement orent.	
	Ainz que fust faite l'oreison,	

5140 *P* C. miex, *A* Que mix ; *xA* sen ; *y* calengier, *C* estrangier — 41 *x* s. il ; *S C.* s. de lui p. c. — 42 *x* tuit — 44 *y* Fisent ; *C* iceste — 45-6 *m. à P* — 46 *A* Tiodomas p., *x* Theo. ot ; *S P.* theodamas ; *S* baille (*v. f.*), *A* maistrie — 47-8 *y dével. en 4 v., dont le dernier manque à P* : Q. f. s. et beneis Ses a trestous (*P* Si les a tous) a raison mis Grans et petis tos les aune Et lor anonce une ieune — 48 *x* .iij. i. (*B* Troiz foiz) leur fist faire i. — 49 *A* a eure de n. — 50 *S* Ad, *A* A — 51 *S* sa charn, *A* le car — 52 *y* roeue ; *C* conmande a, *B* commanda — 54 *y* Fisent ; *A* le ior ; *y* porcession — 55-65 *x réduit à 3 v.* : Puis sagenoullent a la terre Proieres (*B* -re) font por merci querre Et li solsis sempres reclost (*B* et celost) — 55 *y* N. p. en l. i v. ; *S* tout — 56 *y* Nis li arme qui sont c. — 57 *S* meinent ; *y* A le fosse vont ; *P* orant (*v. f.*) — 58 *A* sont ; *P* plorant (*v. f.*) — 59 *S* fu f., *y* finaissent lorison.

Lor fist Deus grant demostreison : (7170)
Tone li cieus, crolle la terre ;
Par treis feiz brait, puis clot et serre.
Li Greu virent la terre close :
Mout furent lié, soz ciel n'a chose
Que il plus vousissent en l'ost. (7175)
As herberges s'en tornent tost,
Et o la joie que il ont
A la cité torneier vont.
Cil dedenz en sont fors eissu
Et qui ainz ainz, par grant vertu : (7180)
Mout se vuelent a eus combatre
Et de Grece l'orgueil abatre.

Deuxième bataille ; mort d'Aton

Sés contes ot, si com jo crei,
En la cité estre le rei ;
Et si aveit set maistres rues (7185)
Et set portes et set eissues :
Chascuns sa rue ot herbergiee
Des sés contes o sa maisniee, (7188)

5160 *P* d. demoustrision — 61 *A* Mais li c. crolle et puis la t., *P* Car li c. tone et craulle t. — 62 *A* et c., *S* p. close; *P* 7 rois (*sic*) foies et b. et s. — 63 *y* Quant g. — 65 *y* Dont il fuissent p. lie en — 66 *A* vienent, *C* reuont, *B* reuonst — 67-8 *m. à P* — 67 *C* Et a ; après -68, *x aj.* 2 v. — 69 *B C*. detriers ; *x* sen s. hors ; *B* oissus, *Cy* issu — 70 *S A* qi ; *A* mix m., *P* miex m. ; *x* a g. ; *B* vertus ; *S aj.* 2 v. — 71 *y* M. (*P* Plus) desiroient le c. — 72 *y* Et des griiois — 73 *S* Sis, *xy* Set — 74 *P* auoec ; *x* leur — 75 *A* Et si i ot — 76 *B* oissuez, *Cy* issues — 77 *S* Chescun sa porte ; *x* a h. ; *y* Sa r. ot c. h. ; *SP* herbergie, *A* herbegie — 78 *P* De ; *A* ot le maistrie ; *SP* maisnie.

           Et en la rue principal
5180   Furent herbergié li reial ;
           Chascuns des set sa porte aveit   (7189)
           Et chascuns par sa porte eisseit.
           Des set portes et des barons
           Poez ici oïr les nons.
5185   *Ogige* ot non la premeraine :
           Il la sornoment Hortolaine
           Por les horz qui devers lé sont,   (7195)
           Que li borgeis es mareis font.
           Par cele porte en est eissuz
5190   Creon li vieuz et li chanuz :
           C'est li plus riches fors le rei,
           Dez mile homes ot bien o sei.   (7200)
           Neïste apèlent la seconde :
           Desoz ot une val parfonde,
5195   Ou aveit merveillos vergiers
           Et bos de pins et de loriers.
           Par cele porte eissi li reis ;   (7205)
           O lui eissirent plus de treis,
           Car, quant il fu fors en la plaigne,

5079-80 *m. à y et sont placés dans S après* -82 — 80 *S* h. r.; *C* li vassal, *B* li raial — 81 *S* Chescun, *C* Chascun; *y* de cex, *S* de eux — 82 *S* Chescun, *C* Chascun; *xy* issoit; *y* P. se p. c. i. — 83-4 *m. à P* — 83 *B* d. .vij. b. (*v. f.*) — 85 *B* Ogiue, *C* Orgiue, *P* Ogis, *S* Orgiz; *S* prim. — 86 *C* orthelaine, *B* -oine, *P* otelaine, *A* catol. — 87 *B* Dor les ours; *x* lui; *y* De cele part li cortil s. — 88 *A* el, *P* ou; *xP* mares; *A* ont— 89 *B* oissuz, *C* issuz, *y* issus — 90 *C* Croon, *B* Creanz; *S* vielz, *xA* viex, *P* vieus — 91 *S* liu p.; *x* le (*B* li) p. riche apres le (*B* lor); *P* sans le — 92 *xy* .x^m., *S* Des mil; *C* a b. — 93 *P* Neist — 94 *P* iert .i. v., *x* ot valee, *A* ot une aige — 95 *y* viuiers (*P* -ier) — 96 *x* doliuiers; *P* et p. et o. — 97 *S* eissit, *CA* issi, *B* oissi, *P* en va — 98 *x* sen issent mil borioìs; *y* issi (*P* en a) ml't grans effrois. — 99 *A* Que, *C* Et; fu *m. à S*; *x* hors de, *P* h. ens.

5200 Vint mile sont en sa compaigne.
La tierce ot non *Omoloïde*.
Davant ot une piramide: (7210)
Li païsant l'apèlent Pile;
Cadmus i gést qui fist la vile.
5205 Iluec sont li arc trionfal
Fait a lieis et a esmal :
Ço est la porte del rivage, (7215)
Iluec conversent li evage;
Tanz guarnemenz i veit on pendre,
5210 Les riches dras i sueut l'on vendre
Et Esclavons et Turs et Mors.
Emon s'en ést par cele fors; (7220)
Par cele porte eissi li cuens,
Et fu auques guarniz des suens :
5215 Quant il fu fors devers la mer, (7221)
Ses puet on a sés mile esmer.
La quarte apèlent *Propicie* :

5200 *C* .x. mile, *B* Dis mil; *x* en ot; *A* .m. x. fies en sa — 1 *C* emeloyde, *S* omol., *y* omolaride, *B* cinoboide — 3 *y* Mais li pluisor, *B* Li puissent — 4 *SP* Camus, *CA* Caduns *(ou* Cadnus*), B* Cadnuns; *S* geist, *xy* gist — 5 *B* triumphal, *S* principal; *C* Iluecques s. li arc turfal — 6 *x A* or musique, *y* F. a quarel, *S* F. a liois; *By* et a cristal — 8 *S* liu e.; *x* egage, *P* yauaige — 9 *S* T. bons draps y veissez p.; *xP* Tant garnement (*P* garnim.); *B* len p.; *A* i soloit p. — 10 *P* Maint rice drap i sot on; *A* seut on; *C* len; *B* i est le v.; *S* Et tanz bons draps a v. — 11-2 *interv. dans x* — 11 *x* O e.; *A* esclaris, *P* esclamins — 12 *S* Et mon, *y* Emons, *C* Aymes, *B* Hermines (v. f.); *S* eist, *xP* ist; *P* celi; *A* issi par la f.; *B* hors — 13-4 *interv. dans S, m. à A* — 13 *S* eissit, *B* oissi, *CP* issi — 14 *C* Il; *P* ml't bien g. — 15 *x* Car q. il fu d.; *A* il sont; *P* hors — 16 *P* Sel, *S* Les; *P* pot on a .x. mil; *xA* A .x. mil (*A* m.) les p. on (*B* en) e. — 17 *P* Li q.' apielle; *S* ppitie (*le* 1er *p barré*), *B* propitie, *C* propecie, *P* propesie, *A* proposie.

Davant ot une praerie ;
Un fossé i ot fait o clices,
5220 Por torneier davant les lices. (7226)
Par cele porte ést Ypseüs :
Dez mile homes ot bien et plus.
Li torneis mut primes de ça :
Cil i morut quil comença.
5225 *Electre* ot non la quinte après (7227)
Et ne sostint pas mout grant fais :
Petit de gent la puet guarnir,
Car mout i fait mal avenir. (7230)
Par cele porte eissi Drianz,
5230 Chevaliers proz et genz et granz,
De proece aveit mout grant los :
Cinc mile le sivent al dos.
La siste aveit non *Ypsité*, (7235)
Et fu el cor de la cité,
5235 En un reduit, dejoste un mont ;
Une ève i cort desoz un pont.
Une tor ot al pié del pué :

2518 *S* ot gent p. (*v. f.*) ; *C* praierie, *B* praaerie (*v. f.*) —
19-20 *m. à P* — 19 *S* Une ; *C* o lices ; *A* ml't grant — 20 *A*
illoec deuant — 21-2 *m. à A et 23-4 à y* — 21 *S* eist ;
x en sont issu (*B* oissu) ; *P* en issi fors — 22 *S* Dis ; *xP* .x.
m. ; *x* tuit feruestu ; *P* home à grant esfors — 23 *S* vint — 24
S qi le, *x* qui — 25 *B* Eltere ou n. la qute — 26 *C* El, *A*
Qui ; *y* sostient ; *A* pas petit f., *P* mie g. f. — 27 *A* Ml't poi
— 28 *x* fist ; *A C.* on ni puet pas a. — 29 *S* eissit, *xy* issi ;
SP Drians, *A* drias — 30 *x* .I. c. p. et vaillanz ; *A* .I. c. et
gros et cras ; *S* et frans — 31 *B* De proesces ; *x* ot m. ; *P* ot
m. bien le los ; *A* De grant p. a le l. — 32 *x* .vij^m ; *P* .ij.
m., *A* Doi .m. ; *S* mil ; *BA* len ; *y* siuirent — 33 *x* La quinte ;
x yphite, *P* ehithe, *A* ficite — 34 *x* Si ; *A* Et sist ; *y* cuer, *x*
coing — 35 *x* En unne rue iouste ; *P* desous .i. — 37 *S* Et
un tor ; *x* iluec au (*B* el) pie ; *A* Sor le pont u. t. auoit, *P* .I.
fort t. illuec a. ; *S* poi.

	Eurimedon la tint en fué.	(7240)
	Eurimedon ot grant tenue :	
5240	Par cele porte fu s'eissue.	
	Entre sergenz et chevaliers,	
	Eissirent o lui sés miliers ;	
	Sés mile sont de fiére geste :	(7245)
	Capaneüs lor fist moleste	
5245	Al premerain torneiement,	
	Que prist sor eus l'envaiement.	
	Culmes ot non la setme porte :	
	Desus ot une tor mout forte ;	(7250)
	Par cele porte dareraine	
5250	Vait on a Dircé la fontaine,	
	Et vait chacier en la forest	
	Li reis de Thèbes, quant li plaist.	
	Meneceüs ést de la vile	(7255)
	Par cele porte, et sont set mile.	
5255	Eissu en sont, si com mei semble,	
	Seisante et quatre mile ensemble.	(7258)
	Li Greu brochent a granz galos :	(7261)

5238 *x* Erimedon; *y* Keur. *(P* Ker.*)* en fief tenoit; *S* fei, *x* fie — 40 *x* soissue, *P* sissue, *A* issu — 41 *S* seruanz, *x* serianz, *y* sergans — 42 *x* Issent o l., *A* Ot auoec l., *P* En ot od l.; *S* sis; *Cy* .xij. m., *B* et .ij. m. — 43 *S* Sis; *xy* .xij. mil. (*y* .m.) s.; *S* de fer, *P* de cele — 45 *y* Car del premier t. — 46 *S* Qi; *B* print souz euz en auant (*v. f.*); *S* sur; *y P.* desor e. lenuiement (*P* enuaiement) — 47 *xP* Pulmes, *A* Erimes (ou p.-ê. Crimes); *S* septisme (*v. f.*), *BA* sepme, *CP* .vij. — 48 *P* Deseure — 49 *S* darreaine, *B* de harrareine, *CP* daerraine, *A* dacitaine — 50 *S* V. len, *B* V. en, *y* Va on; *C* a drice *B* adrecier; *P* ades a le f.; — 51 *y* Et va; *x* sa f. — 52 *S* Liu r.; *y* lui p. — 53 *A* Menesteus, *S* Mezencius; *S* eist, *xy* ist — 54 *xA* o lui; *S* cinc m. — 55 *B* Oissu, *C* Issuz; *y* Et sont trestot — 56 *S* Sessant, *B* Soissante; *C* .lxiiij., *y* .xliiij.; *y* aj. 2 *v.* — 57 *P* as, *A* les; *x* galoz.

Le fou font saillir des chaillos.
De ceus qui sont el premier chief
5260 Puet l'on vint mile metre en brief, (7264)
Et dariére vint mout grant coe,
Ne finérent jusqu'a la doe :
Plus de cent mile i vont ensemble ; (7267)
Tote la terre en crolle et tremble.
5265 Li uns a l'autre dit et jure
« Mar i avra guardé mesure : (7270)
« Celui tendront a jumentier
« Qu'en portera escu entier. »
Tuit s'eslaissent hardiement,
5270 Vers eus prènent l'envaiement :
A chascune porte par sei, (7275)
Porrez veeir espés tornei.
Melampus esteit dus de Baile :
Une enseigne ot que fu de paile
5275 Et chevauche avant sa compaigne
Le trait d'un arc par la champaigne. (7280)
Un cheval ot ferrant oscur,
Dont il ocist antan un Tur

5258 *xP* feu, *A* fu ; *S* Le fou volet (*v. f.*) ; *B* chailloz, *C* cailloz, *y* kaillos — 60 *SB* P. len ; *xy* m. .xx. m. (*y* .x. m.) — 61 *S* darriere ; *x* Aprés iceus ml't granz genz (*B* grant gent) vienent ; *y* Et sont (*P* vont) en (*P* a) destrece ml't grant — 62 *S* la ne fineront ; *x* Qui grant partie du champ tienent, *y* Nel puet veir qui est (*P* va) deuant — 63 *y* .x. m. en ; *xA* sont e. — 64 *S* t. crosle ; *A* La t. c. t. et, *P* T. en fremist li t. et — 65 *y* dist — 67 *P* tout a lasnier — 68 *S* Qôme p., *PB* Qui emp. (*v. f.*), *A* Qui porteront ; *S* lescu — 69 *P* Dont ; *S* Tout ensemble h. ; *B* T. li lessent — 70 *S P.* v. eux — 71 *S* chescune — 72 *x* Pouez, *y* Poes ; *A* oir — 73 *x* Melandus, *P* -cus ; *A* Meleantier ert d. de paile ; *SP* baille — 74 *P* grande de, *A* rice de — 75 *A* C. devant, *P* C. a. et — 76 *A* parmi la plagne — 77 *C* obcur — 78 *A* awan, *P* lautre an, *C* anten.

De grant tenue, forment riche,
5280 Al tornei qui fu a Laliche :   (7285)
Isneaus esteit a grant merveille ;
Coliére ot de porpre vermeille,
Et deriére d'un cendal jaune
Ot sor la crope plus d'une aune.
5285 Sor la cuésse porte sa lance ;
Sor son hauberc ot conoissance   (7290)
De colors de dous pailes chiers
Et entailliez par eschequiers ;
D'ivuére ot escu demé blanc
5290 Et demé roge come sanc.
Ypseüs a sa porte estut :   (7295)
Vit le venir, pas ne se mut.
Mout ot li cuens bone maisniee,
De bosoigne bien enseigniee :
5295 En eus n'aveit point de desrei,
Onc ne fu gent de tal conrei.   (7300)
Quant Melampus fu auques prés,

5279-80 *sont interv. dans* S*x et* -79-84 *m. à* P — 79 S valour ert f. ; *A* honor estoit ml't rices.— 80 S lalische; *A* q. estoit as lices — 81 S ert a tote m. ; *A* I. fu ml't — 82 *B* Coleire, *A* Color; S Couert lot — 83 S darriere, CA derr., *B* desrieres; *A* gausne, *B* ialne — 84 *B* soz, C sus; *B* dun alne; *A* Ot par derriere p. dun ausne — 85 *xP* sa c. — 86 C Sus s. hiaume ; S osberc, P escu — 87-8 *m. à x* — 87 P De c. de p. (*v. f.*), *A* De .ij. c. de p.; SA pailles — 88 S Et entaille a — 89 S demie, *xP* demi; *A* Il ot diuore un e. b. — 90 S demie, *x* demi; P Lautre moitie r. ke s., *A* La m. r. c. s. — 91 SP Ipseus (*dans* P, *le p est barré*), *B* Iseuz, *C* Ypseult, *A* Lyseus; *C* sestut, SP fut — 92 *A* voit; P les; *C* onc, *B* on, *A* ainc; *B* sen m. — 93-6 *m. à* P — 93 S bele; S*A* maisnie — 94 *x* Et de guerre; *A* Et au besong ml't e.; S*x* enseignie, *A* ensignie — 96 *A* Ainc; ne *m. à* S — 97 *B* melempus, P melancus, *A* melancier.

Ypseüs broche a dreit eslais;
Li cuens embla le poindre as suens :
5300 O le duc joinst entre les rens.
Chevalier sont bon ambedui, (7305)
Mais li dus faut, et cil fiert lui,
Et nel feri pas en l'escu,
Qui devers destre el pez a nu;
5305 Son espié enz el cors li mist,
Onc li haubers ne s'escondist. (7310)
Ne pot aveir de mort guarant :
Mort le trebuche del ferrant.

Agreüs ot del duc dolor :
5310 Par ire point a un des lor,
En l'escu sa haste peceie; (7315)
Al torner qu'il fist en sa veie,
Flegeon feri de l'espee,
Que l'espaule li a sevree.
5315 Amintas fu uns dus de Perse,

5298 *C* a grant; *B* eles, *C* elles, *Sy* esles — 99 *SC* soens; *y* as siens le p. (*P* le p. as s.) embla — 5300 *S* ducs; *C* point; *B* iout e. l. rues; *y* E...ij. r. li dus li (*P* sen) va — 1 *C* Cheualiers, *S* Chiualers; *B* buen, *C* fort — 2 *C* le; *BC* duc, *S* ducs — 3 *y* Il; *P* mie ens — 4 *y* Mais; *P* tout nu, *S* ad nu; *C* Mes enz el p. tout nu a nu, *B Q.* einz el p. t. en .i. a .i.; *Sx* piz, *y* pis — 5 *SA* par le c., *B* einz el c. — 6 *A* Ainc, *P* Ains; *x* le hauberc; *y* ne lescondist, *C* nel garantist — 7 *SP* poet; *P* nis .i. g. — 8 *S* tresb. — 9 *P* As grieus, *A* Agigius; *P* en ot ml't grant d.; *A* en ot d.; *x* Un grieu y ot de g. vaior — 10 *P* ioinst, *A* iouste — 11 *C* hante; *y* Si ke la hanste (*P* se lance) li p. (*P* depechoie) — 12 *P* ens se, *A* en la — 13 *S* Flegeun, *A* Efflegeun, *P* Plegeon (p *barré*) — 14 *S* lespalle, *P* lespaulle, *C* sespaule, *A* la teste; *B* deseuree (*v. f.*), *A* caupee, *P* colpee — 15-22 m. à *P* — 15 *S* Amintaus fu, *x* Mes amithas (*B* amecars), *A* Et amorris; *B* duc.

D'icele pute gent averse : (7320)
Icil trait mieuz que hon que vive,
Car nule rien son trait n'eschive.
Soz ciel n'aveit si bon archier :
5320 Li reis de Thèbes l'ot mout chier.
De Flegeon forment li peise : (7325)
Une saiete a tant enteise.
Mout fu tost de la corde eissue :
Fedimus a mort en la rue.
5325 Li darz fu entoschiez mout fort;
Fedimus chiet de male mort; (7330)
Por la plaie, por le venin,
Chiet del cheval morz el chemin.
Athamas broche de travers,
5330 Iphin abat el champ envers; (7335)
A destrel fiert soz la mamèle,
Mort le trebuche de la sèle.
Li cuens prist par le champ son tor :
Argus encontra en l'estor,
5335 Mais il ot sa lance perdue,
En son poign tint s'espee nue; (7340)

5316 *xA* De cele; *C* aduerse — 17 *x* Cil t. m. q. nul (*B* nus) h., *A* M. sot traire q.; *xA* qui — 18 *A* Que — 19 *A* nen ot; *S* meiilour, *B* si buen — 21 *S* flegeton — 22 *S* desteise; *x A* t. u. s. e. — 23-4 *y différe* : Fidimon (*P* Fidim ?) fiert un cheualier Mort le trebuche del destrier — 23 *B* Ne fu bien, *C* Qui b. f.; *B* oissue, *C* issue — 24 *x* chiet enmi la r. — 25-8 *m. à P* — 25 *A* Li saiete fu entoscie, *B* Li dradeax fu encoschiez f., *C* Li carriax fu descochiez f. — 26 *S* a mal m. (*v. f.*); *C* de dolor m.; *B* muert de double m.; *A* De mal venin apareillie — 28 *x* Du c. c. m.; *C* mort — 29 *C* Athimas, *B* -nas, *A* Atamars; *B* a t., *C* au t., *y* den t. — 30 *A* Iphon, *SP* Yfim, *x* Yphin — 31 *S* De destre le f. s. lessele; *B* A destre el f., *CP* A. d. f., *A* Adefiel f.; *P* ens le m. — 32 *S* tresb. — 33-68 *m. à x* — 34 *y* Argon; *P* encontre ens en — 35 *P* sespee — 36 *S* sespie.

Celui feri de tal vertu
Que le chief fait voler del bu.
Ferès nen a o eus fiance :
5340 Si feri Aban de sa lance
Que del cheval mort le cravante ; (7345)
Le conte trueve, a lui s'en vante.
Ion de Pise fu mout proz,
Et fu el chief del renc desoz.
5345 En l'or d'un pré, joste une roche,
Dapneus encontra de Sadoche : (7350)
Li uns vers l'autre a esporon
Par le pré brochent a bandon ;
Ambedui forment esporonent
5350 Et es escuz granz cous se donent ;
Les hastes giétent mout grant crois
Et contre mont volent li trois. (7356)
Ja seit ço que Ion seit sengles,
Granz cous done : rompent les cengles ;
5355 Li laz ne tiénent le peitral ; (7357)
Dapneus trebuche del cheval.
De son trossel tot le destrosse.

2337 *A* par t.; — 38 *P* fist — 39-42 *m*. à *P* — 39 *S* Fferes nad oue eux f., *A* Fernes nen a en — 40 *S* abum ; *A* Fiert abion si de — 41 *S* crauente — 42 *A* Le roi encontre si sen v. — 43 *A* Leon; *S* Ioan de pirre, *P* Do despissere — 45 *y* En (*P* Ens) mi le (*P* .i.) : *A* les u. roce — 46 *S* Dampins, *A* Dunan, *P* Daura ; *y* encontre ; *A* saroce — 47 *y* Luns point v. — 48 *y* P. le camp b. li (*P* si) baron — 49 *P* Ambes .ij. — 50 *y* Sor les (*P* leur) e. — 51 *A* L. anstes donent, *P* L. lances rendent; *y* son, *S* croisse — 52 *y* C. v. li troncon — 53-4 *m*. à *y*, *qui modifie le v. suivant en conséquence* — 53 *Ms.* Iohan — 54 *Ms.* donent r. lor — 55 *y* Rompent caingles et li (*P* li c. li) p. — 56 *S* Dampins, *A* Damins, *P* Daura ; *S* tresb., *P* trebucent — 57 *S* S. t. illoec se d. ; *y* De s. conroi ; *A* destorse, *P* desclose.

D'ambes parz poignent a l'escosse. (7360)
Drianz fu par sa porte eissuz,
5360 Et ot o sei cinc mile escuz.
D'icele part li torneis mesle :
Li geudon giétent mout grant gresle
De saletes, de darz d'acier, (7365)
Et ocient maint bon destrier.
5365 Cil de l'ost sont mout volentif :
Ensemble brochent a estrif;
De lor chevaus li Greu n'ont cure,
Mais joindre puéssent a dreiture. (7370)
Devers la porte ou Drianz feire,
5370 Parthonopeus fu en l'afaire :
De cele part tint le tornei
Et ot grant gent d'Archaide o sei ;
Toz eslaissiez apoignant vint, (7375)
Onques ainceis ne se retint
5375 Tresque il joinst a un des lor,
A un baron de grant valor :
Meleagès ot non, ço crei,

5358 *A* Dambe .ij. p. vont al rescorre; *P* a le close — 59 *A* Drias; *y* de sa; *P* de le — 60 *P* od lui; *S* dis; *y* .x. m. (*Cf.* 5232) — 61-70 *m. à P* — 61 *A* De cele... grelle — 62 *A* traient comme grelle — 63 *S* de darcleals (*cf.* 5325 *B* Li dradeax) — 64 *A* I ont ochis; *S* assez cheuals — 65 mout *m. à S* — 66 *S* oue e. — 67 *A* ne prendent c. — 68 *A* M. ioster p. a mesure — 69 *S* fere; *x* sa p. fu drieinz; *A* Drias deuant se p. estoit — 70 *S* Partonopex, *x* Parthonopiex, *A* Partinopex; *x* dehors as plains (*B* es plainz); *A* le vit tot droit — 71 *S* le t. tient — 72 *S* darcaide oue s. g. gent; *x* D. ot m. gent o. s.; *C* Darchade, *P* darcade, *A* darcage — 73 *S* Tout — 74 *S* ainces, *C* -ois, *P* ancois, *B* eincois, *A* de rien; *x* resne ne tint — 75 *x* Tant q. il ioint, *y* Tantost iousta ; *S* oue un — 76 *S* Oue un — 77 *S* Meleager, *C* Eleazar, *B* Elcazar; *y* ie c.

ROMAN DE THÈBES

Parenz prochains esteit le rei (7380)
Il le feri de tal vertu,
5380 L'escu li a frait et fendu,
L'auberc rompu et desmaillié,
Par mé le cors li mist l'espié.
Cil chaï morz sempres a terre :
Si li avint d'icele guerre.
5385 Drianz sist sor un cheval roûs : (7381)
Broche vers eus et joint a dous ;
L'un des dous a el champ ocis,
Et l'autre en meine a cheval pris.

Alexis ot un cheval brun, (7385)
5390 Meillor de lui n'en i ot un :
D'Archaide fu, mout riches cuens.
De loign s'estut et tint les suens,
Nes laisse aler pas al tornei
Jusque il veie bien por quei : (7390)
5395 Auques sot de chevalerie,
Ne vout rien perdre par folie.
Des chevaus veit faire maçacre :
Li geudon i font mainte çacre, (7394)
Et n'i ont guarde li geudon ;

5378 *xP* P. e. prochain (*B* prochiens, *P* -ains) le (*B* lor) —
79-84 *m. à y* — 81 *S* Losberc — 82 *S* mie, *x* mi; *S* lespe —
83 *B* chiet (*v. f.*); *C* mort; *x* ius a la t. — 84 *B* Suit a la
nuit ; *S* auient ; *x* de cele g. — 85 *SP* Drians, *A* Drias ; *B* D.
fu (ros *manque*) ; *C* broche le destrier rouz — 86 *S* ioinst oue
d., *P* iouste as d. ; *C* a touz, *B* a al — 87 *B* c. mis (*v. f.*) —
88 *y* Lautre mena (*P* en m.) ; *x* en prison p. — 5389-5440
m. à P — 89 *A* a .j. ; *B* Alezie ot non .j. cha brun. — 90 *A*
i a — 91 *B* Darcaide, *C* -chade, *A* -cage ; *S* esteit bien r. —
92 *AB* estut ; *S* tout, *A* trait — 93 *x* Nel ; *B* l. p. a. (*v.
f.*) — 94 *x* Tant q. ; *A* Dessi quil — 96 *B* vost — 97 *B* ma-
chacre, *C* marcacre, *A* damage — 98 *x* en f. m. trace ; *A* Que
il f. lui sans tendre ghage — 5399-5402 *m. à A*.

5400 Par le tornei vont a bandon :
Li Greu nes vuelent adeser,
Mout forment l'en prist a peser ;
Les suens apèle, si lor dist : (7395)
« Veez, seignor, com nos ocit
5405 « La gent de pié toz nos chevaus !
« Cist damages est comunaus :
« Ne puet chevaus el champ durer.
« Et qui porreit ço endurer ? (7400)
« Granz laiz est, se nos l'esguardon,
5410 « Que ço nos facent en pardon.
« Vers la geude prenon le poindre,
« Et n'i ait ja parlé del joindre ;
« N'i seit ja chevaliers requis, (7405)
« Ne des geudons ne seit uns pris ;
5415 « Mais, qui quel tienge a vilenie,
« Quil consivra, sempres l'ocie,
« Que li garçon en sus se traient
« Et nostre gent tant vile n'aient, (7410)
« Et dès ore mais se chastient
5420 « Que nos chevaus ne nos ocient. »
A tant i broche et cil après :

5401 *C* nel — 2 *x* Si'lem p. f. a p.; *S* aj. 2 v. — 3 *CA* tiens; *A* si a d. — 4 *S* Veiez; *SC* seignors; *A* c. on ochit — 5 *CA* a p. — 6 *B* Cil, *A* Cis, *C* Li — 7-8 m. à x — 8 *A* Ja nel deuons mais e. — 9 *S* si mais les guardon; *A* Ml't ert g. l. se lesgardons, *x* Ml't est g. honte des garcons 10 *A* Q. il le f. en, *x* Q. ci n. i font es; *xA* pardons — 11 *A* prendons .j. p.; *C* Or em prenez, *B* Or prenons (v. f.); *x* vers eulz le p. — 12 *x* Si; *xA* de — 14 *x* Ne nul geldon ni soit (*B* ot) ia p., *A* Ne nul ni ait feru ne p. — 15 *C* que quel, *B* qui que; *A* quil tenra a vilonie; *S* vilanie — 16 *A* consuirra; *x* Qui nul en prendra si l. — 17 *B* en son; *S* le t. — 18 *A* perte ni aient; *x* Tant que (*B* Que il) iames vers elz (*B* nous) ne traient — 19-20 m. à x — 20 *A* ne nos c. nocient — 21 *B* il b., *C* brocha; *A* A itant b.

Sor la geude torna li fais ;
Grant martire font de sergenz
Plus en ocient de cinc cenz ; (7416)
5425 Li geudon sempres s'esperdiérent,
Lor bones cotes i perdiérent,
Car li chevalier les esbueillent
Et li escuier les despueillent.
Li autre se traient ariére, (7417)
5430 Car mout redotent la gent fiére :
Onc tant come il al tornei furent,
Li geudon pués ne s'aparurent. (7420)
Bon torneier dès ore i fait,
Car onques pués d'arc n'i ot trait.
5435 Alexis forment les aproche :
Ja sis enfes n'avra reproche
De mauvaistié que il i face, (7425)
Car il tint tote jor la place,
Et si fist une gaberie
5440 Que tindrent tuit a corteisie.
Un chevalier ot dedenz nu,
Qui n'ot ne mais lance et escu ; (7430)
Escu et lance ot senglement,
Et n'ot plus autre guarnement.
5445 Forment s'abandonne al tornei (7431)

5422 *A* tornent le — 23-4 *m. à x* — 23 *A* ces gens — 24 *A* .vij. c. — 25-8 *m. à A* — 25 *x* Meint poonier y abatirent — 26 *S* b. lances; *x* perdirent; *S aj. 2 v. spéciaux;* — 27 *S* esboilent, *C* aceuillent — 28 *S* despoilent — 29 *C* autres; *x* sen; *A* Qui puet garir si soit a. — 3o *A* Que — 31 *A* Ainc puis que cil — 32 *A* P. li g. ne — 33-8 *m. à x* — 33 *A* or — 34 *A* ni ot dart t. — 36 *A* Ia ses cuers ni a. — 37 *A* maluaiste — 38 *A* C. t. i. i tint la p. — 39 *x* Alexis (*B* Alezis) f. (*v. f.*), *S* Et y f. — 4o *A* Quil; *S* a grant c. ; *C* Q. t. tindrent — 41 *P* Uns cheualiers ki d. fu ; *B* d. .j. — 42 *CA* ne l. ne c. ; *P* Not ke se l. et son e. — 43-4 *m. à A* — 44 *C* Ne ; *S* dautre.

Et mout i fait parler de sei :
Trop bien le peüssent ocire,
Mais chascuns des Greus le revire;
Il nel voleient pas tochier
5450 Ne de l'ocire estre bochier. (7436)
Alexis apèle un sorjant, (7439)
Si li fait coillir un verjant :
Une feiz quant il s'abandone,
Alexis del verjant li done ;
5455 Entre les rens a dreit eslais
Point cil avant, et il après ;
Il vait après et cil avant, (7445)
Par les rens le meine batant ;
Cheval ot bon, tost vait soentre,
5460 Bien li bat le dos et le ventre,
Forment le fiert sor le cropon,
Si le chastie com clerjon. (7450)
Tuit le virent par le tornei,
L'uns a l'autre le mostre al dei ;
5465 Par le tornei del gab se rient,

5446 *S* Et y f. m.; *A* fist — 47 *x* Tres ; *S* puissent, *B* poïssent, *C* pouissent ; *y* Tost (*P* Asses, *v. f.*) o. le peust on — 48 *C* Chascun ; *B* de grez le reuire ; *y* M. g. nen font (*P* fait) se gaber non — 49 *y* p. ocire — 50 *y* Ains en commencent tot a rire, *puis 2 v. spéciaux* — 51 *B* Alezis ; *S* seruant, *x* -iant, *y* -gant — 52 *A* Aporter li f..j., *P* Tolir li fist. i. boin ; *SB* veriant, *Cy* -gant — 54 *B* Alezis ; *SB* veriant, *CP* -gant, *A* -gan — 55 *SBy* esles, *C* elles — 56 *y* Fuit ; *S C.* p. a. — 57-8 m. à *x* — 57 *A* va, *P* cort ; *A* cil fuit ; *y* deuant — 58 *S* les m. ; *y* Parmi l. *x.* le va b. (*P* gabant) — 59 *x* Bon cheualier ; *A* si va, *P* tost va, *S* tot v. — 60 *P* Le d. li bat, *A* Bat li le d. ; *y* et puis le v. — 61 *x* Souuent ; le fiert *m.* à *S* ; *xy* crepon — 62 *P* Sel c. com .i. garçon, *A* Et le c. c. bricon, *x* Conme le mestre (*B* Com fet li m.) son clercon ; *S aj. 2 v.* — 64 *B* Li uns (*v. f.*) ; *P* Li .i. le m. lautre. — 65 *B* de ; *SP* gap ; *A* gabent et r.

D'ambedous parz : « Trés bien ! » en dient :
Maint chevalier en ont envie (7455)
Plus que d'autre chevalerie.

Agenor esteit niés Driant,
5470 Et sist sor un cheval ferrant :
Il ert adobez al matin,
En lui aveit mout gent meschin ; (7460)
Cil fu bien al tornei le jor
Et par la presse prist maint tor ;
5475 Mout i fist un grand vasselage,
Come toseaus de son aage,
Car davant set cenz chevaliers (7465)
Entre les rens joinst toz premiers.
Entre les rens joinst o Alon
5480 Et nel feri pas el talon,
Ainz le feri si en la chiére
Par la crope l'abat ariére. (7470)
Ales li a grant coup rendu :
Bien li a esfondré l'escu,
5485 Tot le li a frait et fendu ;
Por poi ne l'a mort abatu.
As suens s'en retorne Agenor, (7475)
Sin ameine le cheval sor :
Onc ne remést taus en Espaigne

5466 *Cy* grant b. ; *B* trop b. d. — 5467-5614 *m. à x* — 69 *A* drian — 70 *A* baucan — 71 *P* Si — 72 *S* bien g., *A* m. bel; *P* M. a. ens l. g. m. — 73 *P* Ml't f. b.; *A* B. le fist — 74 *y* fist — 75 *y* Asses i f. g. — 76 *A* C. vassaus, *P* C. danseaus; *A* eage, *P* eaige — 78 *P* E. v^c.; *y* iosta p. — 80 *P* Il ne; *A* au t. — 81 *A* parmi le cors; *P* A. i f. amont el c. — 82 *A* le geta fors; *P* Qui p. le crupe li mist f.; *S* aj. 2 v. — 83 *S* Alon; *A* Et cil le ra g. c. feru — 84 *y* Que il (*P* Et bien) li a traue l. — 85 *y* T. li a f. et defroissie — 86 *A* A p. ; *y* ius trebucie — 5487-5662 *m. à P* — 87 *A* siens — 88 *A* Sen amena — 89 *A* Ainc nen ot millor; *S* remeist tiel.

5490	Ne si preisié en la compaigne.	(7478)
	A l'escosse de son parent	(7480)
	Broche Drianz isnèlement,	(7479)
	Mais del cheval l'ont a pié mis,	(7481)
	Car de treis lances l'ont requis.	
5495	Agenor torne tost vers lui :	
	Bien se defendent ambedui,	
	Cil a pié et cil a cheval ;	(7485)
	Come sangler donent estal,	
	Agenor del ferir ne cesse,	
5500	Et sostint tant, il sous, la presse	
	Que Drianz monte el cheval sor,	
	Pués trait l'espee o le pont d'or.	(7490)
	Li niés o l'oncle s'entraïent :	
	Del bien ferir pas ne s'oblient ;	
5505	Granz los en avint al tosel,	
	Come de chevalier novel ;	
	Et en reçut gent don le seir,	(7495)
	Car sis oncles en fist son heir :	
	Li reis le vit et si baron,	
5510	Quant de s'onor li fist le don.	
	Eurimedon sa gent conreie :	
	N'en i a un, s'il se desreie,	(7500)
	Ne li ocie son cheval.	
	Al pié d'un pué fu en un val,	
5515	Et sa maisniee si chastie	

5490 S preise ; A prisie ; S aj. 2 v. — 91-2 interv. dans A — 91 A Ale rescousse s. p. — 92 A Drians broca — 94 A C. de .ij. pars fu bien saisis — 95 A corut — 96 A sentrefierent — 97 A Luns fu a p. lautre a c. — 98 A liurent e. — 99 A de — 5500 A Et t. s. totseus — 2 S point, A puig — 3 S et luncle, A et loncle — 4 A De b. f. ne sentroblient — 5 SA Grant ; A furent li cop au dansel — 6 S del bacheler — 7 A sen r. bel d. — 10 A Que — 14 A pin fu — 15 A compaigne bien c.

Que rien ne perde par folie.
Capaneüs de l'ost se part : (7505)
Torneier vait de cele part.
Tote sa gent a grant esforz
5520 Sonent tabors et sonent corz :
El premier chief grant noise font.
Apoignant viénent par le mont (7510)
Et descendent en la valee,
A desrei brochent par la pree,
5525 Capaneüs les guie avant
Et sist en un cheval ferrant :
Ses enemis engeignier cuide, (7515)
As engeignier a mis s'estuide ;
Mout les voudreit forstraire loign.
5530 Mais cil dedenz d'içò n'ont soign : (7518)
Remembre lor del grant damage (8005)
Que il reçurent par folage :
Mout grant damage hier i reçurent,
Car par desrei desconfit furent ;
5535 De la cité trop s'esloigniérent,
Et en la fuie mout perdiérent. (8010)
Qui vout faire chevalerie
D'icele part n'en trova mie,
Se en la geude ne l'ont quise :
5540 Des chevaus i font grant ocise. (8014)

5516 *A* pergent — 18 *A* Por t. vint c. — 19 *A* Totes ses gens ont grans esfors — 22 *S* vient (*v. f.*) — 24 *A* Poignant en vont parmi la p. — 26 *A* sor .j. c. corant — 27 *S* afoler c., *A* enginier c. — 28 *S* enginner ; *A* Al enginier mist son ; *SA* estude — 29 *A* voloit... long — 30 *A* nen orent song — 31-40 (*qui manquent à xP*), *sont placés dans A après les* 2 *v. spéciaux qui suivent le v.* 6054 — 31 *A* Ram. — 32 *A* Quil r. p. lor f. — 33 *S* G. d. ier r. (*v. f.*) ; *A* d. la r. — 34 *S* desconfiz — 35 *S* sesloignerent, *A* seslongierent — 36 *A* le fuite m. perdirent — 38 *A* De cele — 39 *A* Sentre la g. ne le font — 40 *A* De lor c. perdus i ont.

                Lucïens broche a esporon   (7519)
                Tant com l'on puet traire un bojon ;   (7520)
                O Ponçon joinst de Meletant,   (7523)
                En mé le front fiert l'auferant ;   (7524)
5545   Et si com li chevaus beslive,
                Et Lucïens vers lui s'esbrive :
                Le cheval et le chevalier   (7525)
                Abatié tot en mé l'erbier.
                Li sergent sont de totes parz :
5550   Traient quarreaus et lancent darz,   (7528)
                [Et] son cheval soz lui ocient :
                « Mar en ira, » entre eus s'escrient.
                A pié remést cil en la presse,
                Mais s'espee point ne lor laisse ;   (7530)
5555   Ja tant com se puésse defendre,
                Ne se laira as sergenz prendre.
                O le bon brant, que fu d'acier,   (7532)
                Lor fist sempres un eschacier :   (7531)
                A un autre trencha la main,   (7533)
5560   Le tierz feri si plein a plein
                Que le trenchant de la lemèle
                Li embatié en la cervèle.   (7536)
                Mais li sergent sor lui s'aïrent,   (7539)
                De totes parz fort le detirent :
5565   Entre vilains fait mal chaeir ;

5541 *A* Li quens broca a esperon — 42 *S* len ; *A* Plus que le trait a .j. ; *S* bozon ; *y aj.* 2 *v.* — 43 *S* Oue poincons ; *A* A ponce i. de limasan — 42 *S* mie ; *A* Parmi le cief f. lauferran — 45-6 *m. à A* — 45 *Ms.* cheual beliue — 48 *S* en un senter ; *A* mort enmi — 49 *S* Il le ceignent de — 50 *A* T. saietes l. — 51-3 *A réd. à 1 v.* : Son c. ont mort en la presse — 54 *A* lespee pas — 55-6 *m. à A et 57-8 sont intervertis* — 56 *Ms.* seruantz — 57 *A* A lespee qui — 58 *A* Ains lor a fait .i. — *Après* -62, *A aj.* 2 *v.* — 63 *A* Et li geudon — 65 *S* E. borzeis.

De rien qu'il puissent sorpoeir
N'avront ja merci li vilain.
Le chevalier ne pristrent sain : (7544)
Piéce a piéce le detrenchiérent,
5570 Si compaignon bien le vengiérent.
Capaneüs ot mout grant ire, (7545)
Quant vit son chevalier ocire : (7546)
En haute voiz s'enseigne escrie
Et ses homes o sei alie ;
5575 En haute voiz crie s'enseigne, (7547)
N'en i a un qui ja s'en feigne.
Cil dedenz afichié se sont :
Desoz la tor, al chief del pont, (7550)
Tuit sont serré et bien estreit ;
5580 Chascuns jure le deu ou creit
Por poor de perdre la vie
N'i avra faite coardie.
Fient sei en lor forterece, (7555)
Car, se il lor torne a destrece,
5585 Dedenz le baille se coildront,
Ne ja de rien ne les crendront.
Capaneüs fu mout trenchis ;
Toz a bandon entre eus s'est mis, (7560)
Toz premerains des suens desrenge :
5590 Morz, est se sa honte ne venge.
Sa maisniee le siut après :
Trei mile en brochent a eslais.

5567 A Nen aront ia v. pitie — 68 A metent a pie — 69-70 m. à A — 71 A fu m. plains dire — 73 A Q. il v. s. ceual o. — 73-4 m. à A — 76 A A se gent prie ne se f. — 77 A raloie se s. — 78 A El premier cief al pie du p. — 80 A que c. — 84 A Se il l. t. en grant d. — 85 A lor bares enterront — 86 S creindront; A Ja puis de r. ne se doutront — 88 S Tout a b. oltrels; A A abandon sest entreus m. — 89 S primeraignes; A siens, S soens — 91 SA maisnie; S seut, A sieut — 92 A .iiij. m. b.; SA esles.

Capaneüs pas nes redote : (7565)
O s'espee se fait sa rote,
5595 Que trenche bu, que trenche teste.
Le jor eüssent male feste,
De ceus dedenz mout ocesist,
Se en la presse ne chaïst. (7570)
Meine les o l'espee nue,
5600 Mais en un destreit d'une rue
Sis chevaus chiet en terre franche :
Ne pot resordre, si estanche,
En un tai chiet sor son costé. (7575)
Ainz que l'en eüssent osté,
5605 Ainceis que il fust del tai fors,
Ot malement le braz estors ;
Pués ne dona le jor colee
De sa lance ne de s'espee. (7580)
Mais por ço pas ne se retiénent
5610 Si compaignon, que tuit i viénent.
Par le pré est l'envaiement :
Onc nel guerpirent de neient,
Issi com l'orent porparlé,
Jusqu'il en ont mout afolé.

5593 *A* ml't poi les doute — 94 *S* Oue sespie; *A* A lespee fait large r.; *S aj. 4 v.* — 95 *SA* Qi; *A* pie ou puig ou t., *S* qi t. t. — 96 *A* A cex dedens fist grant moleste — 97 *A* a m. ochis — 98 *A* A abandon a son cors mis — 99 *A* Ferant les va — 5600 *A* M. quel d. vint dune r. — 1 *A* et si enfange — 2 *S* poet r. illoec nestanche — 3 *A* El t. gist sor le destre les — 4 *S* ouste ; *A* Mais ancois qùil fust releues; *S aj. 2 v.* — 5 *A* Et q. il fust d. t. estors — 6 *A* Ot il forment lassé son cors — 7 *S* Pois; *A* Ne dona puis — 8 *A* Ne de sa l. ne despee — 9 *A* De ce qui caut ne se targierent — 10 *S* Sis; *A* que bien ni fierent — 11-4 *A différe* : Il les fierent forment et boutent Tos cex dedens forment redotent Dusqu'ens es portes les ont mis Plus de .lx. en ont ochis.

5615	Meneceüs ést par sa porte :	(7587)
	Les suens esbaudist et conforte,	
	De bien ferir les amoneste ;	
	Remembre lor la fiére geste,	(7590)
	Le bon linage dont il sont.	
5620	Il meïsmes, qui les somont,	
	Joinst premerains avant eus toz,	
	Car il fu mout hardiz et proz.	
	En un cheval d'Arabe sist,	
	Que li reis Daires li tramist :	(7596)
5625	Il dui erent cosin germain,	
	Car il esteit fiz de s'antain.	
	Del cheval ne sét l'on prez dire,	(7597)
	Car mout vait tost et bien se vire ;	
	Et fu partiz par mé l'eschine :	
5630	L'un costé ot blanc come ermine,	
	Et l'autre tot neir come more.	
	Soz ciel n'a rien que o lui core ;	
	Ço sachiez bien, ne bai ne brun,	
	Tant viacier n'en i a un ;	(7604)
5635	N'en i a un ne brun ne bai,	

5615 (*Ici x reprend*) C Meneceust, A Menesteus; S est a, xA ist par (A de) — 16 C siens resbaudist — 17 x faire — 18 A Ram.; C leur lor; A de la grant g. — 19 A Del; S ils — 20 x Lui; B meesmes — 21 S prim.; x Il ioint premier (B -iers) deuant; A Jouste premiers a .j. des lor — 22 x il est; A A .j. baron de grant valor — 23 xA Sor; SBA darrabe, C darrable — 25-6 m. à A — 26 S ert (v. f.), x fu; Sx filz; x de sa tantain (B tentein) — 27 B soi; S len, C nul, B nus; A Le c. ne pot on prisier — 28 A Sossiel ne sauoit on si cier — 29 A Il — 30 A c. b. com .j.; xA hermine — 31 x Et l. ot n. conme meure (B more); A L. auoit n. com une m. — 32 S qi oue, A qui a; x na beste qui miex ceure — 34 A Que plus isnel; x Plus aate nen y ot un — 35-6 m. à y — 35 x Nen y ot nul.

Que il ne giet mout tost el tai;
Fous est qui plus isnel demande. (7605)
Cil le rabine par la lande;
Meneceüs le cheval point
5640 Et o Pancrace avant eus joint,
Pancraces fu dus de Roussie;
Grant los ot de chevalerie;
Riches hon fu de grant afaire;
Apoignant vint sor Pènevaire. (7612)
5645 Ambedui brochent de grant brif :
L'uns a l'autre broche a estrif.
La ou il primes se trovérent,
Es escuz granz cous se donérent,
La ou li baron s'entrencontrent,
5650 Et escuz et haubers esfondrent.
De vertu li baron se fiérent, (7613)
Mais en char pas ne se tochiérent :
Des chevaus s'abatent ariére
En la lande sor la bruiére,
5655 Et cil dedenz et cil de l'ost
A l'escosse poignent mout tost. (7618)
Sor eus fu mout grant la meslee,

5636 S a un d dans l'interligne, à gauche de el; x enz (B es) enz le t. — 38 x randonne (B rend.); A Il esperone — 39-40 m. à A (ils sont comptés dans le chiffrage, comme étant indispensables) — 39 S Menecheus, x Menesteus — 40 x A. p.; C pancrasce; x deuant a i. — 41 SB Pancrace, C Pancrasces; A Pancras estoit — 44 S sur penne; C panne, B pane — 45-50 m. à A — 45 x Andui joignent li arrabi — 46 C Li uns l.; x pas ne failli — 47 S premier — 48 S grant colps — 49 C barons; S cheualier sencountrent — 50 S osbercs; x E. et h. sentresfondrent (B sentref.) — 51 C li barons, S li conte; A Par v. andoi sentref. — 52 A M. que en c. ne le; S M. p. en c. ne se fichierent — 54 A Enmi le camp; C sus, SB souz — 55 S del host — 56 x Au rescorre; A A le rescousse vinrent t. — 57-8 m. à A.

             Doné i ot mainte colee;
             Mais la force est a ceus dedenz.   (7619)
5660   Meneceüs ne fu pas lenz :
             Isnèlement monte el cheval,
             Le duc saisi par le nasal,
             Vers la cité a tot s'en torne;
             Cil de l'ost en reméstrent morne.   (7624)

5665   Amphion mout forment se peine   (7701)
             Del bien ferir : ses pérs i meine.
             En son bon cheval mout se fie,
             Que fu buens por chevalerie :   (7704)
             Mout aveit avenant pareil
5670   En lui et en son cheval teil,
             Car li chevaus vait franchement
             Et il le meine avenantment.
             D'armes porter fu mout corteis,
             Ja nes portast mieuz uns Franceis;
5675   Lance levee, escu davant,   (7709)
             Le cheval teil vait jambeiant;
             Et quant il fu près, si desserre,
             A mout granz sauz porprent la terre.

5657 *B* meslee, *S* mesle — 58 *C* La ot d.; *S* M. c. y ot done
— 59 *A* La f. fu a — 60 *CA* Menesteus — 61 *A* saut el — 64
S del host en remaignent; *A* remesent, *B* remeistre; *A* Et
c. de l. r. m. — 5665-5716 *m. à x et sont placés dans y après
les v. 5717-5798 et 5963-8, qui s'y suivent* — 65-6 *y diffère* :
Alexis se paine forment Destre au besong premierement (*P*
sot boine gent) — 67-74 *m. à P* — 67 *A* En s. c. forment se
f. — 68 *S* fu bon por; *A* Car bons ert — 69-70 *m. à A, qui
dével. en 4 v. les v.* -71-2 : Et li cevax ml't bien li court De
quele part que il le tourt Il le maine acesmeement Et si va
conduisant sa gent — 72 *Ms* se m. — 73-4 *m. à A* — 73 *Ms.* fu
molt — 74 *Ms.* mielz — 75 *S* La lance au col lescu dauant;
y auant — 76 *y* Le c. va esperonant — 77-8 *m. à P* — 77 *A*
Q. il le point si se d. — 78 *A* Et porprendant li aloit t.

De destre vit un Greu venir
5680 Et une enseigne grant tenir : (7714)
Le Greu apèle l'on Porphyre,
Et Amphion vers lui se vire.
De la veie li Greus sailli,
Et Amphion a lui failli ;
5685 Cil faut, et li Greus de travers (7717)
Amphion fiert et giéte envers. (7718)
Dejoste ot un arbalestier,
Qui mout sot bien de son mestier :
Il avise, destent et trait, (7719)
5690 Porphyre fiert. Cil giéte un brait,
Et a morir pas ne demore,
Car li granz cous mortaus l'acore.

Sa lance ot Palemon perdue,
En son poign tint s'espee nue ;
5695 Chevauche al prince d'Aquilee, (7725)
Qui fu de la, lance levee.
Li princes ot grant cuer et riche :
En la terre sa lance fiche.
Ne fust pas egal la meslee
5700 Qu'il eüst lance et cil espee. (7730)

5679 *y* A d. voit — 80 *y* U e. ml't g. t. — 81-2 *m. à y* —
81 *Ms.* Li g. a. len — 82-84 *et* 86 *Ms.* amphyon — 83-4 *y*
diffère : Il li (*P* vers lui) ceuauce a grant estrif Le griu troua
ml't estotif — 85 *S* saut ; *y* Li grius le feri a (*P* au) t. — 86
y Et Alexis kai e. — 87-8 *m. à A* — 88 *P* Ki b. sauoit de —
89 *y* Ml't tost (*P* Icil) li a .j. qarel t. — 90 *A* Li grius cai,
P Le grieu feri ; *A* si iete — 91 *y* A (*P* Au) m. gaires ne d.
— 92 *S* li cops mortals li core ; *y* plaie (*P* grans cols) mortex
lacore — 93 *A* ot alexis p. ; *P* Et cil a se l. p. — 94 *y* Si (*P*
Il) a traite lespee — 95 *P* pince datilee — 96 *A* Et cil li vint,
P Et c. a lui — 97 *S* g. cors, *P* lance g. (*v. f.*) — 98 *y* Enmi
le camp — 99 *y* Ni eust (*P* Il ni ot) p. ingal m. — 5700 *A*
Luns ot l. li autre e., *P* Li .i. ot l. l'autre e. ; *S* Qe il ait.

L'espee trait, pués li cort sore :
Josté furent en [mout] poi d'ore.
Li princes fu de grant vertu :
Celui feri si en l'escu
5705 Que tot li fent et eschantèle,
Por poi ne l'abat de la sèle. (7736)
Cil le refiert en l'eaume sus,
Tot un quartier en abat jus :
Rét lui la barbe et le guernon,
5710 Un poi l'entama el menton.
Si com li princes s'en depart,
Torna s'en de la destre part :
Cil ot son cop levé a l'esme, (7737)
Et li princes le suen acesme ;
5715 El braz le fiert, del poign l'afole,
La main destre en la place vole, (7740)

De dous fréres assez enfanz (7625)
Qui s'entrocistrent fu dueus granz. (7626)
Mout erent proz de lor aage
5720 Et mout erent de grant parage :
Après le rei, en la cité (7628)
N'aveit plus noble parenté. (7627)

5701 *y* Andoi forment li corent seure — 2 *A* Ensanle vinrent en p. deure ; *P* en petit — 5 *S* Qe desus le li e. ; *A* esqartele — 6 *A* A p. — 7-12 *m. à y* — 7 *Ms.* en le healme — 9 *Ms.* R. li — 10 *Ms.* melton — 11 *Ms.* Sicome — 13 *S* el e. ; *A* Il hauce haut s. cop a e., *P* Cil a hauchie s. c. et e. — 14 *S* li soen, *A* le sien, *P* son cop — 15 *A* brac, *P* braic ; *A* puig, *P* poing — 16 *y* Que la mains d. ius (*P* el camp) li v. (*P* fole), *puis les v.* 5969-90, 5799-5962 *et* 5991 *sqq.* — (*Ici x reprend*) 17 *y* De ; *B* frares — 18 *P* Si sentrocisent, *A* -ient ; *S* socistrent (v. f.) — 19-20 *m. à y* — 19 *C* ierent ; *B* preu, *C* preuz — 20 *C* ierent — 21-2 *interv. dans y* — 21 *B* lor r. ; *y* Fors seul le roi en (*P* ens) — 22 *P* Sauoit ; *y* si n.

Li ainz nez esteit de grant fei, (7629)
Polinicès l'aveit o sei ;
5725 Par son message l'ot somons :
Por l'ostage et por les granz dons
Que Polinicès li donot,
De lui servir s'abandonot.
Li autres remést en maison, (7635)
5730 Enfes senz barbe et senz guernon :
N'aveit mie plus de dous meis
Que l'aveit adobé li reis.
Adobé l'aveit richement,
Mout valeient si guarnement : (7640)
5735 Doné li aveit cheval gent, (7643)
Bien valeit treis cenz mars d'argent;
Sor le cheval ot gent conrei.
Eissuz esteit fors al tornei :
Or guardez quaus pechiez le chace !
5740 Car son frére encontre en la place ;
Ne se conurent pas il dui :
Il li chevauche et cil a lui. (7650)

5723 *x* Li uns en e. ; *S* aisnez; *y* Li graindres ert (*P* iert) de bone (*P* de ml't g.) f. — 24 *A* l ot auoec s. — 26 *x* De l. et par les d., *y* Tant par ostages que (*P* tant) par d. — 27 *S* liu — 28 *P* De bien; *y* m'lt se penoit — 29 *x* estoit en; *S* Lautre esteit remes en — 30 *C* guarnon, *y* grenon — 33-4 m. à *xP* et 35-6 à *P* — 33 *A* Il ladouba ml't r. — 34 *A* valurent; *A aj. 2 v. spéciaux* — 35 *A* C. li dona bel et ient — 36 *B* .ij. c., *C* v^e ; *A* Qui b. valut .c. — 37 *C* Sus; *P* son c. ; *y* bon c. — 38 *B* Oissuz; *x* hors; *S* Ffors e. eissu, *y* Li damoisiaus vint ; *S aj. 2 v.* — 39 *x* Esgardez; *y* Oies com grans p.; *SC* quel, *B* ques; *S* pecche, *C* pechie, *B* pechies, *y* pecies; *P* li caice, *A* lenlace — 40 *y* S. f. encontre enmi (*P* encontra ens) — 41 *x* cognurent; *C* andui ; *y* Nel connut; *A* mie ne il lui, *P* pas ne il cil l. — 42 *x* Cil li c. et cist ; — *y* Ains sentrefierent ambedui (*P* ambesdui).

Si com l'aventure ert a estre,
Ambedui joignent devers destre;
5745 A la jointe trop s'abandonent
Et es escuz granz cous se donent;
Mout tost brochent et pas ne faillent;
Li hauberc rompent et demaillent :
Ne sont tant serré ne tant fort
5750 Que les puéssent guarir de mort.
Par mé le cors a mort se fiérent
Et des chevaus jus s'abatiérent.
A terre coneü se sont :
Li uns plaint l'autre, grant duel font;
5755 Chascuns plaint l'autre plus que sei, (7661)
Car mout érent de bone fei,
Il s'entramoent a merveille.
De lor sanc fu l'erbe vermeille. (7664)
Lor morz se pardonent et plorent, (7657)
5760 Et tant com pueent por eus orent; (7658)
Li uns baise l'autre et embrace, (7665)
Ensemble muerent en la place.

Meneceüs rot fait son tor
Et se refu mis en l'estor.

5743-54 *m. à y, qui donnent 6 v. (P 2) différents (V. App.
III)* — 44 *x* ioustent — 45 *x* iouste — 46 *x* Es e. ml't g. —
48 *x* Les haubers — 50 *C* Quel p. garantir, *B* Ques p. pas guerir — 52 ius *m. à S; B* sabatirent — 54 *C* Lun pleure —
5755-8 *sont placés dans y après les 2 v. spéciaux qui suivent* 5760 — 55 *P* C. lautre p. — 56 *C* ierent, *P* furent —
58 *B* larbe; *S aj. 2 v* — 59 *x* La mort; *y* Ml't (*P* Il) font
grant dol et si en (*P* ambes .ij.) p. — 60 *P* Itant; *A* Canques
il porent sentracolent, *puis 2 v. spéciaux* — 61 *y* Luns
acole l. et — 62 *B* Einseint se m., *C* Ainsi se m., *A* Andoi
morurent; *P* ens le — 5763-5990 *m. à x* — 63 *A* Menesteus,
P Menelaus; *SP* ot — *Après* -64, *S aj. 2 v*.

5765	En l'or d'un bos, joste un meslier,	
	Geseient mort li chevalier.	(7670)
	Meneceüs vait cele part,	
	Conut les del premier reguart :	
	Il erent fil de sa seror.	
5770	Duel ot grant, onc nen ot maior ;	(7674)
	De ses nevoz fu mout marriz,	
	Car il les ot soéf norriz :	
	Il les aveit toz jorz amez,	(7675)
	Por poi ne chiet sor eus pasmez ;	
5775	Mais sa maisniee le conforte.	
	Al n'i ot plus : les cors en porte ;	
	Ses dous nevoz desarmer fait	
	Et de lor dos les haubers trait.	(7680)
	Dui escuier sor palefreiz	(7685)
5780	Les en portent es cols toz freiz :	(7686)
	Les cors ont genz et escheviz	(7681)
	Et sont vestu de dous samiz ;	
	D'un paile sont andui chaucié ;	
	Davant sont un poi estaucié ;	(7684)
5785	Detrés gést la cheveleüre	
	Longue et bloie vers la ceinture ;	
	Sor les espaules vont li crin,	(7688)

5765 *A* Il regarde sous .j. lorier, *P* Il g. desous .i. pumier — 66 *y* Ou iurent (*P* gisent) — 67 *y* Apoignant vint icele p. — 68 *A* au p. ; *P* esgart — 69 *P* ierent ; *S* filz — 70 *y* si g. ainc not grignor — 71-2 *m. à y* — 73 *S* Et les ; *y* forment a. — 74 *A* A poi ; *P* Por pau s. aus ne c. ; *S* sur — 75 *P* Quant ; *A* M. que si home le confortent — 76 *S* El, *y* Il ; *P* nia ; *A* enportent — 79-80 *sont placés dans A après les v. correspondant à -81-4* — 79 *y* Doi — 80 *A* ans .ij., *P* sanglens ; *S* t. dreiz, *P* et frois — 81-90 *m. à P* — 83-4 *A différe :* D. brun p couers estroit Biax damoisiax en ex auoit — 83 *S* s. ambedui — 84 *S* Et dauant un p. ; — 85-6 *m. à A et* 87-8 *sont intervertis* — 85 *S* Detries — 87 *A* sont lor c.

Li chief lor pendiérent enclin, (7687)
Et sembloent trop franches choses :
5790 Li sans vermeuz resaut par poses,
Li palefrei, qui erent blanc,
Ont les costez vermeuz del sanc.
La oïssiez et cri et plor,
Car d'eus esguarder est dolor :
5795 Cil qui les cors en veit porter
Por rien ne se puet conforter ;
Ne puet aveir tant dur corage
Que il ne plort d'icel damage.

Creon li vieuz et li veisos (7763)
5800 Sist en un cheval liart ros :
Armes ot a guise de France,
Heaume et hauberc, escu et lance ;
Et fu uns lons, uns granz, uns maigres,
En bataille hardiz et aigres.
5805 Bien sot fol engeignier et tondre :
Ses homes fait es hors rebondre (7770)
Desoz les oliviers foilluz ;
N'en pareit heaumes ne escuz.
Set cenz en fait eissir al plain :
5810 N'en i a un fol ne vilain ;
Bien sont duét de chevalerie. (7775

5788 S Mais li c. l. pendent e. — 89-90 *sont interv. dans* S *et* -89-92 *m. à* A — 90 *Ms.* Le sanc vermeil reseut — 91 P ki ierent — 92 S costes vermeil ; P Les selles ont rouges de s. — 93-8 *y diffère* — 98 *Ms.* plore — 5799-5962 *sont placés dans* y *après les v.* 5969-90 — 99 S veilz, y viex. — 5800 y Ot .j. c. l. et r. — 1 A A. a le, P A. fu a — 2 y Delme dauberc descu de l. — 3 A .j. g. .j. l., P et g. et caus — 4 A felons et ; S aj. 6 v. — 5 S enginner, y énginier — 6 y fist — 8 y parut — 9 A enuoia au, P enuoie ens el — 10 S ne un — 11 Sy duit.

Cil vont comencier la folie,
Et il la comencent mout tost,
La ou il truevent ceus de l'ost ;
5815 La ou truevent ceus de lor guerre,
Chascuns en met le suen a terre. (7780)
Bien reüsent les Greus ariére
Et abatent par la poudriére ;
Meinent les a desconfiture
5820 Par le champ la grant aleüre, (7784)
Quant Polinicès les socort :
Il i perdra ainz que s'en tort.
Il aveit maisniee reial, (7785)
Josté i sont maint bon vassal ;
5825 Maint chevalier de mainte terre
Sont a lui venu por conquerre, (7788)
De mainte terre i sont venu :
N'en i a un vieil ne chanu.
Cil le servent améement, (7789)
5830 Et il lor donot largement. (7790)
La ou il ses enemis trueve,
N'en i a un que il n'esmueve :
Un en abat en mé la veie,
Prent lui et en l'ost l'en enveie.
5835 Cil metent lor dos en tresait
Et tornent s'en a lor aguait.

5813-4 *m. à P* — 13 *A* Et si commencierent — 14 *S* ils trouent cels del host, *puis 4 v. spéciaux;* *A* La ou trouerent — 15 *A* la g. — 16 *Sy* sien ; *A* par t. — 17 *S* ruserent ; *y* Ml't les vont reusant (*P* rehurtant) a. — 18 *S* Et les a. (*v. f.*) ; *y* Et abatant ; *S* praiere, *A* kariere, *P* quarriere — 20 *y* Parmi le c. g. a. — 21-2 *m. à A* — 21 *SP* secort — 22 *P* Ou il p. a. kil — 23 *S* maisnie, *y* mesnie — 24 *y* i ot — 25-6 *m. à P* — 25 *A* M. ientil home de la t. — 26 *A* I fist venir la — 27-8 *m. à y* — 29 *A* siuent — 30 *A* dona — 31-8 *y* donne 16 *v.* (*P 14*) *différents* — 32 *Ms.* qil — 33 *Ms.* mi — 34 *Ms. P.* le — 35 *Cf. 7806 App. III*).

Qui veïst Greus poindre et brochier,
Par pués et par vaus derochier!
Ferant, batant les vont al dos, (7807)
5840 Jusque dedenz les ont enclos.
A tant cil saillent des vergiers,
Et ne semblérent pas bergiers : (7810)
Tant heaume veïssiez a flors
Et tant escu peint de colors,
5845 Tant cheval gras et aplaignié,
De tante guise entreseignié.
Les enseignes flotent el vent, (7815)
Graisles i sonent plus de cent.
Il n'i ot plus : les lances baissent
5850 Et a travers a eus s'eslaissent.
Quant Greu veient que n'en iert al,
Vers eus virent come vassal. (7820)
Polinicès toz premiers vire,
Car il ot en son cuer grant ire
5855 De son frére quil desherite :
A un d'eus en rent tal merite,
Qu'il a trové en mé le renc, (7825)
Fausa lui l'auberc jazerenc,
Que il teneient a mout fort;

5837 *Ms.* gres — 38 *Ms.* pois — 39 *S* F. ferant; *A* les siut
— 41 *S* Oue t.; *y* salent; *A* s. c. de vergier — 42 *S* ber-
chiers; *y* Qui qrion *(P* Que Creons) i ot embuscies *(P*-buis-
sies) — 43 *S* healmes v. oue f.; *y* La v. t. elme a f. — 44
P pains; *y* a c. — 45 *y* cras aplanoie — 46 *y* Et tant hau-
berc menu mallie *(P* maillie) — 47 *y* pendent — 48 *S* Grais-
liers; *S aj.* 2 v. — 49 *y* ni a el — 50 *P* Et au — 51 *P* Li
g. v.; *y* quil (que *m. à S)* — 52 *A* A ex poignent, *P* A caus
tornent — 52 *y P.* torne premiers — 54 *A* Ml't fu ireus et
fors et fiers, *P* Qui corecous iert et iries — 55 *P* ki d. — 56
y A .j. en rendi — 57 *A* Cui il troua ; *P* ensmi; *y* le plan
— 58 *S* li l. nazarenc; *y* Fausse li a le iaseran — 59 *y* Q.
cil; *A* auoit tenu a f.; *S* bien f.

5860 El champ l'abat del cheval mort.
Si compagnon ne targent mie,
Tost refurent a la folie : (7830)
As premiers cous les hastes froissent,
Et li escu fendent et croissent;
5865 As espees li Greu en viénent
Et mout grant piéce le champ tiénent.
Forment endurérent treis torz,
Et fu bien feruz li estorz;
Al quart nel porent mais sofrir, (7835)
5870 Si lor estuet le champ guerpir.
Li Greu s'en fuient a eslais,
Mais, ço sachiez, n'en pueent mais,
Car la force est a ceus dedenz,
Qui ont pris d'eus plus de treis cenz. (7840)

5875 Polinicès d'eus se depart,
Toz sous s'en torne a une part;
Par un val, joste une sapeie,
Fors de la rote se desveie, (7844)
Car il crent mout et forment dote
5880 La grant flote que vait la rote.
Dui frére l'ont aperceü (7845)
Et mout l'ont tost aconseü,

5860 *A* quil labati; *P* De son c. labati m. — 62 *A* T. retornent — 63-6 *y réd. à 2 v..*: Au ioster ont (*P* Au ioindre o. les) lances perdues Venu sont as espees nues — 67-8 *y diffère :* Une grant piece bien endurent Et del ferir se desmesurent — 69 *y* Li griu ne; *A* le p. s. — 70 *A* conuint — 71 *S* esles — 72 *A* Et bien s., *P* De fi s.; *A* porent — 73 *y* La f. fu — 74 *S* Qomme ont; *y* Qui daus o. p. p. de .ij. c. — 75 *y* tous seus (*P* sous) sen part — 76 *y* Jouste une vie — 77-8 *interv. dans S* — 77 *y* Les .j. bos — 78 *y A* acoellu ml't tost (*P A* cueilli m. toute) sa voie — 79-80 *m. à y* — 79 *Ms.* crieint — 80 *Ms.* qi — 82 *A* Forment; *P* M. lorent t.

Car sis chevaus del chaut estanche,
Qui navrez fu desoz la hanche.
5885 Li dui frére l'ont retenu,
Et lor en fust bien avenu,
Sel vousissent mener al rei ;
Mais il ne lor porta onc fei, (7852)
Ainceis les desherite a tort :
5890 Sor mer lor tout un chastel fort ;
Un chastel fort lor tout sor mer,
Ne onques jor nes pot amer,
Et por lor grant chevalerie (7855)
Etioclès lor porte envie.
5895 Li ainz nez dit al joveignor :
« Se je cestui mein mon seignor,
« Il n'avra mais cure de guerre :
« Chacera nos pués de sa terre, (7860)
5900 « Car, si come il est angoissos,
« Ne puet nul bien dire de nos,
« Ne sai jo mais qual mal nos face,
« Se de tot en tot ne nos chace.
« Se cist ne fust qu'est eissillos, (7863)
« Tant fust et fiers et orgoillos
5905 « Le meillor home de son regne

5883 *S* de chalt, *y* del tot — 84 *S* Qi fu naufrez ; *P* n. est ; *A* iouste al h., *P* de .i. lance — 85 *y* doi — 86 *y* Forment l. fu *(P* est) — 87 *S* Sil volsissent ; *y* Se il le menaissent au r. — 88 *P* ainc, *S* onqe (*v. f.*) ; *A* M. ne l. p. onques f. — 5889-92 *m. à P* et sont *réduits dans A à ces 2 v. :* Ancois les veut desireter *(cf. 5889)* .I. f. castel l. t. s. m. *(cf. 5891)* — 90 Ms. tolt — 91 *S* toust, *A* tolt — 92 Ms. poet ; *S aj.* 4 *v.* — 93-4 *m. à P* — 95 *S* aisnez ; *y* Ce dist li ainsnes au menor — 96 *y* Se c. menons — 97 *P* Ja ; *S* puis c. ; *y* paor de g. — 98 *S* puis, *A* fors, *P* hors — 99-902 *y* réd. à 2 v. : Vers nos est tant fel et plains dire Que il ne puet de *(P* vers*)* nos bien dire — 3 *y* Se cis *(P* cist*)* ne f. tant *(P* si*)* coraious — 4 *A* Ne f. t. f., *P.* T. ne fust f. — 5-6 *interv. dans S* — 5 *y* cest r.

« Ne preisast il pas une feme ; (7866)
« Se nos cestui lui menïon,
« Nos et autres confondrïon.
« Mieuz est que l'en laisson aler, (7867)
5910 « Et preion lui del bien celer. »
Polinicès poor aveit :
Lor corage pas ne saveit. (7870)
Bèlement lor comence a dire (7873)
Por Deu nel meinent a martire : (7874)
5915 « Car une rien poez saveir
« Que ne porrai por nul aveir
« Envers mon frére a plait venir,
« Se une feiz me puet tenir :
« Il n'avra ja de mei merci. (7875)
5920 « Mais laissiez mei hostagier ci : (7876)
« Del doner ne serrai eschars, (7879)
« Donerai vos déz mile mars,
« Que ja nus hon mot n'en savra,
« Fors solement quis recevra. »
5925 Li ainz nez a dit al menor :

5906 S Il ne p. pas ; *P* il mie .i. — 7-8 *m*. à *y* — 9 est *m*. à *S*; *P* le — 10 *S* prion, *A* prions, *P* proions — 11 *P* pauor, *A* paour ; *P* Pollo' p. a. ml't grant *(les deux derniers mots ajoutés, parce que le scribe a oublié ici que l'abréviation Pollo', fréquente cependant dans le ms., représentait Pollonicès)* — 12 *y* De tout icou mot ne s. *(P* sonoit*)*; *A* aj. ces 2 v. : Quil aloient entreus disant Ancois auoit paor ml't grant — 13 *y* Por Dieu l. commenca — 14 *A* Que il nel, *P* Quil ne le ; *S* meingent, *y* mainent — 15-8 *m*. à *y* — 19 *y* Signor aies de — 20 *y* Si me l. o. *(P* estaigier*)* chi, *puis ces 2 v*. : Se mes freres me puet tenir *(cf. 5918)* De male mort mestuet morir — 21 *y* De; *P* nesterai — 22 *P* De moi ares, *A* Ie vos donrai; *S* dis; *y* .x. m. — 23 *A* Si que; *S* Ia un soul homme nel s. — 24 *S* soul q. receiura *(v. f.)*; *y* Ne mais que cil — 25 *y* Et *(P* Cou*)* dist li a.; *S* aisnez.

	« Jo fereie grant deshonor,	
	« Se de mon seignor natural,	(7885)
	« Qui onques jor ne me fist mal,	
	« Preneie aveir por raençon ;	
5930	« Mis heirs en avreit retraçon,	
	« Car bien conois que sis hon fui,	
	« Quant d'ambes dous m'onor reçui,	
	« Et jo et li autre baron,	
	« De cinc jornees environ.	(7892)
5935	« Li aveirs m'avreit grant mestier :	(7895)
	« Se j'aveie d'or un sestier,	(7896)
	« A grant baudor le despendreie,	
	« Jusqu'a un meis doné l'avreie;	
	« Jo en dorreie maint conrei	(7900)
5940	« As chevaliers qui sont o mei,	(7899)
	« Et fereie en mout larges dons :	(7898)
	« Ne m'en remanreit uns mangons.	(7897)
	« Mais, beaus frére, ja Deu ne place	(7901)
	« Que por aveir cele rien face	
5945	« Dont me rogisse en cort la face,	
	« N'a mon seignor ja tort en face.	
	« Mieuz est et mout plus avenant	(7905)

5926 A Ml't feriemes, P Nous feriesmes — 27 y Se nos no s. — 28 A Q. ainc encor ; y ne nos — 29-30 m. à P et différent dans A : Faisiemes aler a se mort Car ses freres le het a tort — 30 Ms. retraicon — 31 A Je sai de fi, P Que iou sai bien ; y sui — 32 A Et que de lui ; P Et ke m. rechuc de lui — 34 y cornees; y aj. 2 v. — 35-42 m. à P — 36 A Se ien a. plein s. — 37-8 m. à A et 39-40 sont interv. — 39 A En donroie ml't bel c. — 40 A a m. — 41-2 sont placés dans A après -36 et intervertis — 41 S ferrei ent; A Jen f. m. rices dons — 43 y F. ia a mon dieu (P dame d.) ne p. — 44 y traison — 45-6 y différe : Ne por crieme que sor moi tort Que men rougisse f. en c. — 46 S tant ne f. — 47-8 sont placés dans S après 5960 et remplacés ici par ces 2 v. : Ne voil qen soit folie dit Mais laisson len aler tout quit — 47 Y Asses seroit (P est il) p. a.

« Que s'en augé senz covenant :
« Se li reis m'en met a raison,
5950 « Dreit l'en tendrai en sa maison.
« Bien me porrai vers lui defendre
« Que ne li ai son frére a rendre, (7910)
« Car sis hon fui par bone fei, (7911)
« Par le congié meïsme al rei ;
5955 « Mais sin pren aveir por prison
« [Et vers le rei faz traïson],
« Dont j'ai consenti son damage
« Por aveir, non par homenage,
« L'aveir me puet il primes querre
5960 « Et pués me chacier de sa terre. »
Il n'i ot plus : aler l'en laissent (7929)
Et envers dous autres s'eslaissent. (7930)

Fors des rues, près d'un estanc, (7695)
Joste un bel pré flori mout blanc,
5965 A la fontaine del ciprés,

5948 *S* sanz; *y* Q. il sen voist sans conuenant — 50 *y* ferai; *A* a se — 52 *A* Q. ie ne dois. f.; *y* prendre — 53 *S* homme; *y* sui de; *A* droite foi — 54 *S* la c. mesme; *y* dével. en 3 v. : Et iura lui cascuns par soi Que il aroit son an lonor Seruiriens (*P* Se viuriens) le comme signor — 55-60 m. à *y*, qui donne 14 v. indépendants (*P* 12) — 55 Ms. sen — 56 *Nous suppléons ce vers, oublié par le scribe* | 59 Ms. ne — 60 Ms. puis; *S* donne ensuite les v. 5947-8 — 61 *y* Il ni a; *P* el a.; *A* le laisse — 62 *S* E. d. a. sen e.; *P* Et as .ij. a. sentrelaissent; *A* Et il apres se gent seslaisse; *A* et *P* ajoutent séparément chacun 2 v., puis donnent les v. 5991-6052, 5531-40 et 6053-6392 — 5963-8 sont placés dans *y* après 5541-5798 et avant 5665-5716 — 63 *A* les .j. e.; *S* rencs bien loign en un champs; *P* Hors des rues b. loins des cans — 64 *A* Ot .j. prael; *S* I. uns beals pres pres dun estancs; *P* En .i. biau pre les .i. estans — 65-6 interv. dans *S* — 65 *A* des, *P* de.

S'en est eissuz Etioclès :
  Homes ot bien vint mile et plus.
  Contre eus vient li reis Adrastus. (7700)
  Tot ensement joste li reis (7741)
5970 Com se fust uns bachelers freis.
  Par les prez ot une trenchiee,
  La gent dedenz i est rengiee :
  Contre l'ost le fossé passérent; (7745)
  Ço sachiez bien, mout s'afolérent,
5975 Car ja desconfit ne fussant,
  Se le fossé ne passissant.
  Cil dedenz sont trop presonços,
  Et cil de l'ost furent veisos : (7750)
  Poi a poi se traient en sus,
5980 Et cil les sivent plus et plus;
  Li fol plus et plus les parçurent,
  Et cil de l'ost plus et plus crurent :
  Pués que lor force fu venue, (7755)
  Onc pués ne fu rène tenue;
5985 Grant piéce les meinent a lait,

5966 *y* Sen ist li rois. — 67 *A* H. i ot .xx. m. — 68 *y* Encontre lui vint (*P* E. cheuauce) a. ; *S aj.* 2 *v.*; *y intercale entre* 5968 *et* 5969 *les v.* 5665-5716 — 69 *P* Car e. — 70 *y* Comme sil f. b. — 71 *P* Parmi l. p. en .i. t.; *S* preez ot un trenchie ; *y* trencie — 72 *y* gens; *A* a piè; *P* menue ot .i.; *Sy* rengie — 73 *A* Outre — 74 *S* Et ceo sachez molt se folerent — 75-6 *m. à P* — 75 *S* fuissant; *A* Car le ior d. ne fuissent — 76 *S* passissant (*le* 2ᵉ *s exponctué*); *A* passe neussent; *S aj.* 28 *v.* — 77 *A* Cil de lost s. presuntuex; *S* presencoz, *P* preuentous — 78 *S* del host; *A* Et li autre f. viseus — 79 *A* Cil de lost, *P* C. dedens — 80 *S* seuent — 81 *y P.* et p. li f. les siuirent; *S* parsurent — 82 *S* del host; *A* asses fuirent; *P* virent — 83 *S* Pois, *y* Tant — 84 *y* Ainc; *Sy* puis; *y* ni ot; *A* resne, *P* regne, *S* renc; *S aj.* 4 *v.* — 85 *y* Par le camp l. m. mi'l t l.

Onc en la fuie n'ot tor fait.
Etioclès en la champaigne
Perdié le mieuz de sa compaigne ;
Mais, por perte que il i face,
5990 Ne lor vout onc laissier la place. (7762)

Emon eissi par la riviére. (7933)
Compaignie ot hardie et fiére :
En bosoigne se desmesurent,
Tost comencent et bien endurent;
5995 Bien endurent et tost comencent,
De joindre avant li plusor tencent. (7938)
Ates eissi o sa maisniee (7941)
Devers eus, a cele feiee. (7942)
Il amot la seror le rei : (7944)
6000 Por lé comença le tornei. (7943)
Por la pucèle, que l'esguarde, (7949)
Joint o dous Greus sus en l'anguarde :
L'un en abat, l'autre s'en fuit,
D'ambes dous parz le virent tuit. (7952)

5986 *y* Ainc; *P* en fuir ni ot; *S* tort; *S aj.* 10 *v.* — 87 *A* enmi la plagne — 88 *A* compagne; *S aj.* 4 *v.* — 89 *A* M. p. la p. quil i f. — 90 *S* onqes laisser (*v. f.*); *y* Ne veut (*P* vaut) onques gerpir le place, *puis les v.* 5799-5962 *et* (*dans A seulement*) 5991-6014, *et enfin* 6015 *sqq.* — (*Ici x reprend*) 5991-6014 *m. à P* — 91 *C* Aymes, *B* Seunes (*ou* Sennes), *A* Annes; *C* sen ist, *B* s. sist, *A* s. fuit — 92 *B* Compaigne; *x* auoit; *A* h. f. — 93 *A* A b.; *S* busoigne, *xA* bes. — 96 *A* De bien ferir; *B* tentent; *A aj.* 2 *v.* — 97 *SxA* Athes; *B* oissi, *CA* issi; *SA* maisnie, *B* mesniee, *C* mesnie — 98 *B* foie, *C* fouie, *S* fe (*sic*); *A* Ml't auoit bele compagnie — 5999-6000 *interv. et différents dans A :* Hardiement vint al t. Car la s. a. al roi — 5999 *B* lor r. — 6000 *C* lui, *B* li, *S* elle (*v. f.*); *A aj.* 4 *v.* — 1 *SxA* qui — 2 *x* I. a; *A* Ioste as .ij.; *x* en une a. (*B* esgarde) — 3 *C* en ocist — 4 *S* tout; *A aj.* 2 *v.*

|6005 | Tolomés ot un cheval neir, | (7955) |

D'icel cheval vos dirai veir :
Arabiz fu, d'outre le flun,
Engendrez d'ive et de neitun.
El cheval neir Tolomés sist,
6010 Vers ceus dedenz le poindre prist ; (7960)
Issi come il broche a travers,
Abat Flori, le duc d'Avers,
Et de meïsme cel eslais
Joint o Jugurte de Rohais.
6015 Emon sist en un cheval bai : (7965)
Il ot le cuer legier et gai,
Et sa maisniee, que fu gente,
En bosoigne dotee et crente.
D'estre al tornei bien les somont,
6020 Mais n'estuet pas, car il le font. (7970)
Emon toz premiers se desreie,
Il meïsmes lor mostre veie ;
Vers Tydeüs point par le sable :
Ço sachiez [bien], ne fu pas fable.
6525 En l'escu li dona ital (7975)
Por poi nel mist jus del cheval ;
Mais Tydeüs a lui failli,

6005-52 *m. à* x — 5 Tholomes — 6 *A* De ce ; *S aj.* 2 v. —
7 *S* Arrabiz, *A* Amenes ; *S* flum — 8 *S* deue et de noitum,
A dyve et dunicun — 9 *S* tholome — 10 *A* .j. p. fist — 11 *S*
Et si — 12 *A* Feri le duc qui ert — 13 *S* mesme celle — 14
A Ioste a lugurde — 15 *S* Amon, *P* Aimes, *A* Diuers ; *P* sor
.i. — 16 *γ* Et ot ; *A* ioli et g. ; *P* vai — 17 *A* Od ; *S γ* maisnie : *S* Sa m. que molt fu g. ; *γ* qui fu bele — 18 *S* crieint ;
γ Et en *(P* au) besong prex et isnele — 19-20 *m. à P* — 19
A Et d. au t. l. s. 20 *A* nel conuient c. bien le f. ; *S aj.* 4 v.
— 21 *A* Aimes — 22 *S* mesmes (v. f.) ; *γ* Et lor mostra tos
iors (*P* ml't tost) la v. — 23 *γ* t. sest eslaissies — 24 *γ* Et cil
vers lui baus et haities (*P* iries) — 25 *A* En son e., *P* Ens en
l. ; *S* lui ; *γ* tal — 26 *A* Ca p. ne ciet ; *P* met.

Sis chevaus en travers sailli :
Ne fust li chevaus estorçous,
6030 Mout fust fort la joste des dous. (7980)
Emon se crent et tost s'en torne,
Environ lui pas ne sojorne.
Tydeüs ot mout grant pesance :
Onc ne failli mais de sa lance; (7984)
6035 Le cheval poinst par ire pleine, (7985)
A Antenor joinst de Sardeine;
Tydeüs l'abat en l'areine
Et le cheval en destre en meine.
Tydeüs ot un son cosin,
6040 Un lonc, un graisle, un gent meschin : (7990)
Afran l'apèlent par son non.
Entre les rens point a bandon,
Vers un des lor Afran chevauche.
En la geude cil se rechauche :
6045 Lance baissiee a esporon (7995)
Le siut Afran par le sablon;
En la geude après lui s'enclot,
Mais onques pués torner n'en pot.
Tydeüs veit que li serjant

6028 *P* Que ses c. t. s. — 29-30 *m. à P*; *A différe* : Se ne f. li c. estors M. f. la i. daus .ij. fors — 31 *y* Aimes ; *S* le fiert; *A* et si — 32 *A* plus ne — 33-4 *m. à P* — 34 *A* Car ainc mes ne fali de l. — 35 *A* Le destre p. parmi le plagne — 36 *PA* a. .i.; *A* Et fiert a.; *P* .i. sardaine, *A* de sardagne — 37 *A* Mort labati enmi; *P* Il lempaint de si grant virtu — 38 *A* T. le c. en m.; *P* Que del c. la abatu — 39 *A* Tol'; *y* sien — 40 *P* .I. gent .i. g.; *y* .j. bel m.; *A* graile — 41 *S* Affran, *P* Asfrais — 42 *y* De proece ot ml't grant renon — 43 *S* affran, *P* asfrais — 44 *A* Desi quen le g. lenqauce; *P* E si ens en laigue len cauce — 45 *y* esperon — 46 *S* seut; *P* Le sieut afraus a se maison — 47-8 *y différe* : Li geudon lont laiens (*P* entraus) enclos Ses ceuax est illoeques mors — 48 *S* puis — 49 *S* vit qe li seruant; *y* sergant.

6050 Ont pris Afran qu'il amot tant :
O chevaliers plus de dous cenz
Le vait escorre a ceus dedenz. (8002)
Entre les rens Tydeüs broche, (8015)
Mais al pué, deriére une roche,
6055 Son cheval li navre uns geudons
D'un dart molu jusqu'as penons :
Li chevaus fu navrez el flanc,
A grant vertu vuée le sanc. (8020)
Tydeüs ést fors de la presse,
6060 A pié descent, le cheval laisse.
Uns danseaus amenot de l'ost
Un arabi qui cort mout tost :
Il l'apèle ; cil le li livre (8025)
Isnel, aate et bien delivre.
6065 Il monte par l'estreu senestre,
Et li enfes li tint le destre.
Les menuz sauz, quant il fu sus,
Le vait porsaillant Tydeüs, (8030)
Et si come il defors champeie,

6050 *A* O. abatu et pris afrant; *S* son homme et son parent — 51 *y* A... .vij. cens — 52 *y* Le va tolir (*P* secorre); *y aj. 2 v., à la suite desquels A place les v. 5531-40* — (*Ici x reprend*) 53 *P* E. .ij. r., *x* Parmi l. r. ; *A* tiocles — 54 *S* pie; *x* Au pui d. (*B* -res) une r. ; *y* Sa maisnie ioste une roce — 55 *A* naura, *S* li naufre; *P* fiert .i. des g. — 56 *y* Dun legier d. duscas pignons; *x* Dun d. trenchant i. panons (*B* ponons) — 57 *C* Le cheual, *y* Ses ceuax; *S* naufrez — 58 *A* raidon, *P* randon; *S* voie, *B* voide, *C* wide, *A* gete, *P* giete; *C* de s. — 59 *y* ist; *xP* hors — 60 *y* son c.; *S* el champ le l. — 61 *A* amena; *S* ameine del host — 62 *xy* arrabi ; *y* couroit — 63-4 *interv. dans x* — 63 *y* lapela et cil li l. ; *S* lui l. — 64 *P* et ate, *A* et fort, *C* et preuz — 65 *A* Et m. ; *xy* estrier — 66 *S* la d. ; *A* Et uns valles t. le senestre — 67 *A* L. s. m. — 68 *y* va, *B* voit; *x* porlessant, *P* eslaissant, *A* eslaissier — 69 *xP* dehors.

6070 Aton encontre en mé sa veie.

Ates fu uns meschins bien granz,
Et neporquant n'ot que quinze anz.
Cheveus ot un poi cres et blons, (8035)
Sor les espaules auques lons,
6075 Et ot son chief estreit bendé
D'une bende d'un vert cendé.
Les ueuz ot clérs, rianz et vairs,
De gaieté pleins et despers : (8040)
Et ot la face assez plus blanche
6080 Que n'est la neif desor la branche ;
Sor la blanchor, par grant conseil,
Ot nature assis del vermeil :
Ço est color que mout m'agree, (8045)
Blanchor de vermeil coloree.
6085 La face ot pleine et le menton :
N'i ot ne barbe ne guernon ;
Mout fu graisles par la ceinture
Et ot bien grant la forcheüre ; (8050)

6070 *C* Othon, *By* Athon; *S* ad troue en sa v. — 71 *xy* Athes; *Cy* ml't g. — 72 *P* Et non p. q., *A* Et non peroec, *B* Et ne porec ; *P* .xx. a. — 73 *A* Ses c. ot crespes et b.; *P* C. ot c. auques lons; *x* Les c. ot et sors et; *SC* lons — 74 *P* et bien blons, *S* molt b. lons, *C* a. blons — 75 *A* le c. — 76 *S* de roie c. (*v. f.*); *B* chier, *A* bleu; *P* Dun cercle dor ml't bien ouvre — 77 *S* veirs, *x* vers; *A* vairs r. et biax ; *P* Et les iex vairs c. et rians — 78 *S* gaite plains ; *C* Ml't fu viguereux et apers; *A* P. de g. com oisiax; *P* Et fu haingres parmi les flans — 79 *x* Et la f. ot; *A* la car; *y* autresi b. — 80 *y* Com est la (*P* li) nois; *x* noif; *C* desus, *P* desous; *S* Qe ne blancheie n. sur b. — 81-2 m. à *x* — 82 *A* I ot n. a. v.; *P* Ot colour a. de v. — 83 *S* Cest le c.; *y* colors; *xy* qui — 84 *y* Blancors, *x* Blanche; *B* vermeille et c.; 86 *y* grenon — 87 *A* grailles, *C* grelle, *B* gresles — 88 *x* Si ot; *S* b. lonc, *C* ml't g., *y* m. large; *A* esforceure, *B* aforcheure, *C* enf.

D'un samit fu vestuz en langes,
6090 Et as poinz ot estreites manches;
Estreit chauciez del meillor paile
Que l'on puet trover en Thessaile;
Uns esporons a or desus : (8055)
Bien valeient mil souz et plus.
6095 Sor un cheval sist de Castèle
Qui plus tost cort que arondèle,
Espee ceinte, escu al col,
Mais d'une rien le tiegn por fol, (8060)
Que l'auberc traist par legerie,
6100 Car mout ot fait chevalerie :
Issi vueut champeier defors
Et par le champ monstrer son cors.
Par le champ point lance levee : (8065)
Une enseigne ot en son fermee.
6105 Tydeüs trueve : nel revire,
Vers lui chevauche par grant ire.
Tydeüs desarmé le vit :
Guenchi li a et si s'en rit; (8070)

6089 *S* samiz, *P* samis ; *SB* vestu ; *A* I. s. ot vestu a man-ces — 90 *x* Et ot a (*B* as) point e. ; ot m. à *S*; *A* Qui li sist bien desor les hances — 91 *S* chauchiez, *A* kaucies, *P* cau-chies; *x C.* estoit; *P* dun vermel p.; *BP* paille; *A* E. fu k. dun brun pale — 92 *x* pot; *P* Con peuust t., *A* Del millor qui soit; *S* tessaille, *P* tesaille, *C* thesaile, *A* tesale, *B* sesille — 93 *xy* esperons; *A* ot dor batus — 94 *x* Qui v. ; *C* .c. mars; *y* .c. s. (*avec un sigle*), *B* .m. sols; *S* soldz — 96 *A* t. va — 97 *C* a c. — 98 *P* riens; *B* me t. ; *S* tienc, *B* tieng, *C* ting, *y* tien — 99 *S* Son hauberc; *x* L. ot tret, *y* Quil t. (*P* trait) l.; *S* por; *C* lecherie — 6100 *P* Mais — 1 *S* Eissir, *P* Ensi, *B* Einsint, *C* Ainsint; *xP* dehors — 3 *S* la; *By* camp — 4 *S* el s.; *P* fremee; *A* ot prise frasee — 5 *C* sel; *xA* remire, *P* tresuire — 6 *S* Ainz li c. — 7 *B* desarmes, *C* -ez — 8 *S* Guenchie; *xP* puis si; *A* Outre sen passe si; *y* en r.

    Desarmé et enfant le veit,
6110 Pitié en ot et si ot dreit :
    « Ne m'en avient, » fait il, « vergoigne,
    « Se te guenchis d'este bosoigne,
    « Car en tei plusors choses vei   (8075)
    « Por quei ne vueil pas joindre o tei.
6115 « Desmesuréement iés beaus
    « Et desarmez iés et toseaus,
    « Et si serras mout proz, ço crei,
    « Quant chevauchier osas vers mei : (8080)
    « Por ço ne te vueil pas ocire,   (8083)
6120 « T'amie en avreit duel et ire.
    « Trop te hastes de porter lance ;
    « En autre jou use t'enfance :   (8086)
    « En chambres iés oncore buens,
    « De tei combatre n'est pas tens. »
6125 Ates respont : « Or oi folie :   (8091)

6109 *x* E. et d. ; *A* Car d. e. le v.; *P* Quant tydeus e. le v. — 10 *B* en a, *S* len prist — 11 *y* Nen aies ia; *S* dist il — 12 *S* guenchiez diceste busoigne (*v. f.*); *C* de cel, *B* de teil, *P* de te, *A* il te; *C* besoingne, *By* besoigne — 13 *x* C. p. c. voi en toi ; *P* C. pluiseur c. encor voi; *A* C. en ton cors tel cose v. — 14 *P* Que iou; *y* iouster a toi ; *x* P. q. (*B* P. ce) combatre ne me doi — 15 *S* Car desseurement, *P* C. a grant desmesure, *x* Car a ml't g. merueille (*B* a g. merueilles) ; *Sx* es; *A* C. desarme te voi et bel — 16 Et *m. à S; Sx* es; *P* Et d. et iouenchiaus; *A* Et ml't deliteus damoisel — 17 *S* ferras ; *B* prou; *y* ie c. — 18 *S* osez; *A* aj. 2 v. — 19-20 *interv. dans P* — 19 *A* Car ie ; *P* Et p. cou ne te y. o. — 20 *S* Ta alme, *x* Ta mere; *A* en ot et d. — 22 *C* lieu, *S* chose, *y* sens; *CP* uses, *B* met (*v. f.*) — 23-4 *interv. dans x*; *A* dével. en 4 *v.*, dont le 1ᵉʳ et le 3ᵉ (*modifié*) sont seuls dans *P* : Va en ces cambres dosnoier As puceles esbanoier Que tu nas mestier de ioster (*P* Car iou ne sai chi ton mestier) Car il te poroit trop couster — 23 *Sx* es; *S* vnqore, *x* encore; *SC* boens — 24 *B* tenz — 25 *xA* et (*A* si) dit (*BA* dist) f.

« Ceste pitié est coardie. »
A tant broche : tal coup li done
Que Tydeüs tot en estone ; (8094)
L'escu si li joste a la temple
6130 Que bien li fait hurter ensemble.
Tydeüs veit que l'estuet joindre ; (8095)
En l'escu le cuide un poi poindre,
Mais ne pot amoier sa main,
El pez le feri tot a plein. (8098)
6135 Cil chaï, por le coup mortal, (8101)
Sor l'erbe fresche del cheval.
Tydeüs fait grant duel et plore :
« A ! Deus, » fait il, « en com male hore
« Icest enfant encontrai hué ! (8105)
6140 « Nel vousisse por tot mon fué,
« Que l'eüsse d'arme adesé. »
A merveille l'en a pesé.
Ates de l'angoisse se pasme ;
Quant il revint, forment se blasme. (8110)

6126 *x* pitiez, *y*-es — 27 *x* grant cop; S Point vers le en lescu *(sic)* — 28 A tioclet; B sen; C en resonne; S Tout le li ad frait et fendu — 29-30 *m. à* A — 29 S Lescu li i., *x* Si iousta lescu, P Lescu li fait hurter au front — 30 S les f. ferir; C Q. tout li fet iouster e.; P Li sans en vole contremont — 31 *xy* quil — 32 S lespeire, A le veut; *x* pou — 33 S poet, P puet; S ameir, *y* amoier, *x* ameser — 34 S*x* piz, *y* pis; *x* Enmi le p. le fiert de p.; *y* El p. le f. trestot de p.; A *aj.* 2 *v.* — 35 *y* Et cil chiet; A ius de son cheual — 36 C Sus; S verte; A Quil a recut .j. cop mortal — 37 B Thideum — 38 *y* E diex, *x* Ha d. ; *y* a c., S come en mal — 39 S encontre oi; *xP* E. hui i. enfant; A Ai cest e. hui encontre — 40 *x* p. tant ne quant, P p. nul sanlant; A Je lai ochis estre son *(sic)* gre — 41 S adesse; A Je lai ochis ce poise moi — 42 *xP* merueilles; P men; A Mais certes blasme auoir ni doi ; S donne ensuite les v. 6157-60, déplacement amené par l'interpolation de 4 v. après le v. 6154 (V. App. I).

6145 A celui pardone sa mort :
Bien sét qu'il n'i aveit nul tort :
« Ne plorer ja, « fait il, » amis :
« Jo meïsmes me sué ocis,
« Mais iço m'est mout granz conforz   (8115)
6150 « Que par grant hardement sué morz,
« Ne sué pas ocis par guaraut,
« Mais par celui qui cent en vaut,   (8118)
« Et par celui pert jo la vie
« Qui est flor de chevalerie. »
6155 Tydeüs ses cheveus esrage,   (8119)
Por poi de duel toz vis n'esrage.   (8120)
Sa lance giéte en mé la lande,   (8123)
Al vif deable la comande ;   (8124)
Son cheval ne voust onc baillier,   (8121)
6160 Ainz le laisse tot estraier.   (8122)
Joste un fossé, en un vergier,   (8125)
Érent cinc bacheler legier :

6145 *A* pardona — 46 *x* Pour ce quil ; *y* Car il nauoit point (*P* ni a.) eu t. — 47 *xP* Nen plorez ; *A* Ne faites duel — 48 *S* Je mesmes (v. f.) ; *A* Par ma folie s. — 49-52 *m. à P* — 49 *C* grant confort — 50 *S* hardiement (v. f.) ; *A* Que iou p. h., *x* Q. p. bon cheualier — 51 *x* ribaut ; *A* Ne de coart ne s. o. — 52 *x* qui .m. ; *A* M. de c. quist de haut pris — 53-4 *m. à A* — 53 *SP* perc — 54 *BP* flors ; *S aj. 4 v.* — 55-6 *m. à S, qui place les 4 v. suivants après le v.* 6142 — 55 *C* enrache ; *P* les chaueus esraice ; *A* T. lot grant doel en a — 56 *x* pou ; *C* vif ; *x* enrage ; *P* Si grant doel a ne set que faice ; *A* Et de pitie forment plora — 57-8 *sont placés dans y après* -60 — 57 *P* ensmi, *S* enmie, *xA* enmi — 58 *C* Au, *BA* As ; *SBA* vis ; *B* deables, *A* diables — 59-60 *interv. dans S :* Et son c. laisse estraier Onc de sa main nel volst tocher — 59 *y* Le c., *x* Le destrier ; *C* voult, *y* vaut, *S* volst, *B* vost ; *y* ainc, *x* pas ; *y* laier — 60 *B* Einz ; *x* lessa, *A* bailla — 61 *x* Lez .j. f. ; *A* les .j. v. — 62 *S* Traient ; *C* Ierent .v. bachelers.

Tydeüs plorant les apéle,
D'Aton lor dit freide novèle :
6165 « Portez, » fait il, « la enz cest cors, (8130)
« Que nel manjucent chien ça fors. »
Et cil' i sont tost acoru,
Si l'en portent sor son escu :
Grant est la plaie, forment saigne,
6170 El sanc vermeil trestoz se baigne ;
Sa face, qu'aveit fresche et tendre, (8135)
Nen ot color ne mais que cendre.

Ysmeine esteit o sa seror
A mont as estres de la tor :
6175 D'Aton ne fait pas petit plait
Ne des proeces que il fait. (8140)
L'autre revit assez le jor
Parthonopeus joindre en l'estor :
A val le conut el sablon,
6180 Car une coe de poon
Ot el heaume lacié deriére, (8145)
Et quant il point par la riviére,

6164 *A* Dathis ; *By* dist ; *P* male, *A* pesme — 65 *C* leanz, *B* laienz, *y* laiens ; *B* ces, *CP* cel, *A* ce — 66 *A* mangussent, *P* -ucent, *C* meniucent, *B* meng. ; *S* chiens, *A* leu ; *P* la hors, *x* ca h. — 67 *P* Cil s. ml't t. acoureu — 68 *x* Porte li ont ; *P* en s. e. — 69 *x* La p. e. g. et f. ; *By* grans ; *A* saine — 70 *y* En ; *x* Athes en s. v. se b. ; *A* bagne — 71 *x* La, *P* Li ; *S* f. la f. la t. ; *C* quot vermeille, *y* qui ert bele — 72 *x* Ni ; *P* nient plus ke, *x* ne mes quen (*B* que es), *S* ne mais qal ; *A* Deuint plus pale asses que c. — 73 *B* Esmennes ; *S* parla a (*v. f.*) — 75 *x* Dathon ne tient ; *P* f. nient p. p. — 76 *C* Ne de ; *A* quil a f. — 77 *A* Lautres reuint — 78 *A* Partonopeu, *P P (barré)* th', *C* -piex, -*B* -pex, *S* -peux ; *P* poindre ens — 79 *x* cognut — 80 *y* Par ; *y* paon — 81 *C* en liaume, *B* en laume ; *A* Cot en lelme, *P* Ken l. auoit ; *S* darr., *xP* derr. — 82 *P* il cort ; *A* Q. il coroit p. le bruiere.

La plume al vent s'espant et uevre
Et de deriére tot le cuevre.
6185 De lor amis joent et rient,
De lor proeces contrarient, (8150)
Car chascune, en le suen espeir,
En cuide le meillor aveir.
Antigoné dist a Ysmeine :
6190 « Tu pués parler de teste saine,
« Car Aton baises et acoles (8155)
« Et tote jor a lui paroles ;
« Jo ne pués pas al mien parler,
« Ne lui baisier ne acoler ;
6195 « Ja nel porrai veeir, chaitive,
« Se de ça non par ceste eschive. (8160)
— Ne morra ja, » fait cele, « envie : (8163)
« Jo ne vos tol le vostre mie. (8164)
« Se jo faz o le mien mon aise (8167)
6200 « Et cele chose que mei plaise, (8168)
« Por quei vos sembleroit ço mal ?

6183-4 *A diffère :* La pene contremont sespant Celes le vont ml't regardant — 83 *P* v. espant — 84 *P* Et par derriere bien se; *S* darr. ; *x* Et de deuant un pou (*B* poi) le c. — 86 *xy* contralient — 87 *S* al soen, *xP* au sien, *A* par son — 88 *P* Si c.; *A* Cuida bien — 89 *x* Anthigone — 90 *A* Tu paroles — 91 *x* athon — 93 *S* Je ne puisse le m.; *y* Mais ie ne p.; *A* a lui p. — 95 *B* porroit; *S* Ensur que tout nel vei c.; *y* Ne ie nel verrai ia c. — 96 *S* Ffors deca sus de c.; *y* Se de chi non tant com ie viue; *y aj. 2 v.* — 97 *x* Ja ne m.; *xP* ele; *A* Et dist lautre ml't grant e. — 98 *C* toil le v. amie; *B* de v. vie; *A* Aues de cou que sui samie, *puis 2 v. spéciaux* — 6199-6202 *A n'a que les 2 premiers (modifiés) :* Nel lairai por vos que nel baise Quant en aurai et liu et aise — 6199 *S* face oue le mien a.; *B* Se ge fez o lui m. aese — 6200 *P* Et tele cose ki; *x* Et cele rien qui ml't li p. — 1 *x* v. en seroit il m., *P* v. est il ensi m. — 2 *Sx* feriez, *P* referes ; *x aj. 2 v.*

« Ja ferïez vos autretal.
« D'un songe sué mout esfreïe : (8169)
« Deus doint qu'en bone hore le die !
6205 « Hué matin, quant jo me dormeie,
« La mére Aton plorer veeie ;
« Pués me diseit : « Mon fil me ren :
«« Se ja ne l'ai, perdrai le sen. » (8174)
« A tant totes parz le quereie, (8179)
6210 « Mais por rien trover nel poeie. »
Si come parloent ensemble,
Tal freor ot que tote tremble :
A tant par la cité est sors
Li criz des femnes et li plors,
6215 Car, pués qu'Ates en la vile entre,
Grant torbe vait criant soentre : (8186)
Les dames et la gent menue (8189)
Crient et braient par la rue. (8190)
Ysmeine se reguarde ariére, (8187)
6220 A val vit aporter la biére : (8188)
D'Aton se crent qu'ele ot mout chier, (8191)

6203 S effree, C esfraie, y esmarie ; A Mais dun s. s. e. —
4 y doinst ca b. ; C de b. eure le (v. f.), B de b. heure el — 5
S Oi, Cy Hui, B Ha — 6 x athon; P ooie — 7 x El, y Si ;
C renz, y rent, B rien — 8 x Ou se ce non ; C senz; y Tu
le me taus et mi (P ti) parent, puis 4 v. spéciaux — 9 CA A
dont ; B guerroie, C querroie, P queroient — 10 S ne p. ; B
portoie ; P M. t. pas ne le pooient — 11 A Ensi com, P Si
c. el ; x Si conme il (B ele) parolent, S Si c. eles parlent
— 12 A paor ; x f. a ; S donne ensuite les v. 6227-8 — 14 S
de — 15 SxP puis, A quant ; C qua thebe en — 16 B vont ;
y Grans t. va plorant ; P souentre — 17-8 sont placés dans Sy
après -20 — 17 S femmes, y femes ; P les ; By gens — 18 y
C. et plorent, x B. et c. — 19 A regarda, P a regarde — 20
y Daual ; A v. porter .j. b. ; S le ber ; x Deuant soi voit p. la
b. — 21 S crieint, y crient ; x Dathon crie quele auoit (B
a. mont) chier ; P kauoit m. c., A que m. ot c. ; SB chiere.

           Pasmee chiet sor le planchier.
           Sa suer entre ses braz la tint;
           A chief de piéce, quant revint,
6225   Isnèlement a val en vait,   (8195)
           Come desvee crie et brait :
           Ele devine en son corage
           Son grant duel et son grant damage.
           Sa suer la sostient et la porte
6230   Et mout doucement la conforte;
           Mais del conforter nen est lous,
           Car el ne l'aime pas a jous.   (8202)
           Soz l'olivier le navré posent,   (8205)
           Ceus qui plorent environ chosent;
6235   Areient le : sovent se pasme;
           La langue li oignent de basme;   (8208)
           O un coutel les denz desjoignent,
           La langue de basme li oignent.
           Içò le fist parler un poi,   (8209)
6240   Mais ço cui chaut ? Ne parla joi.
           Preié lor a a quauque peine

2622 *C* sus, *S* sur; *P* par le solier, *SB* la (*B* le) planchiere — 23 *P* Se soers; *SA* tient — 24 *A* depose; *P* Grant piece apres q. el r. — 25 *C* sen vet — 26 *y* deruce — 27 *P* El demenoit ens — 28 *y* Et s. g. d. et s. d. — 29 *P* Se soers le soustint; *y* a le porte; *x* entre ses braz la p. — 30 *C* se c.; *A* Que m. d. le c.; *P* Et d. le reconforte — 31 *A* de c., *P* des c.; *A* nestoit lius, *xP* nest pas liex (*P* lieus); *S* leus — 32 *x* lamoit; *y* En tristor est tornes li g.; *SP* ieus, *x* iex, *A* gius; *y* aj. 2 v. — 33 *S* naufre; *A* En .j. bel liu, *P* Ens en .i. lieu — 34 *S* braient e. choisent — 35 *S* Aroient le, *xy* Arouse (*B* Arose) lont — 36 *xP* O. li la l.; !*Sy* lange — 37-*S* m. à *A* — 37 *P* A — 38 *SP* Et la lange; *S* de veir b. o., *P* de b. o. — 39 *xP* li; *A* Ce li faisoit .j. poi p. — 40 *C* qui c., *B* quil chait; *P* Ne mais ke quant; *A* Et ysmaine ml't regreter — 41 *Sx* Prie, *y* Proie; *S* quel que, *x* quelque; *y* a ml't grant p.

Que li ameinent tost Ysmeine :
Ysmeine li est en la boche ;
L'amor de lé al cuer li toche ;
6245 Il demande sovent Ysmeine, (8215)
Et Jocaste la li ameine :
« Amis, » fait ele, « vei t'espose,
« La chaitive, la dolorose ! »
Uevre les ueuz, si l'a veüe,
6250 A tant l'anme est del cors eissue. (8220)
Iluec ot duel, mais il fu granz,
Et de vieuz homes et d'enfanz,
Qui sor le cors crient et braient :
Les proeces Aton retraient ;
6255 Plaignent sa forme et son aage, (8225)
Sa proece et son vasselage.
Une leuee fu Ysmeine
Morte, senz fun et senz aleine.
De lé poez oïr merveille :
6260 Nen ot, ne ne veit, ne ne ceille, (8230)
Ne ne se muet mais que la pierre ;
Vert esteit come fueille d'ierre ;

6242 *A* Qui li, *C* Quen leur ; *B* Quem li amenge — 43-5 m. à *B* (*bourdon*) — 43 *S* Ysmene, *xy* Ysmaine — 44 *A* Lamours ; *S* lie, *y* li, *x* lui — 46 *y* Et la roine li a. — 47 *S* Amy ; *C* voiz ; *P* el vois ci — 49 *S* Ourit, *A* Ouuri — 50 *S* lalme, *xy* lame ; *B* oissue, *Cy* issue ; *y* L. li e. d. c. — 51 *y* quil fu — 52 *S* Des veilz h. et des e. ; *B* desfans — 53 *S* sur, *C* sus, *B* sors ; *y* le mort — 55 *x* force ; *C* f. s. ; *S* age (v. f.) ; *y* P. son cors son vasselage (*P*-aige) — 56 *S* vasselage ; *A* Et sa p. et son eage, *P* Et se biaute et son visaige ; *S* aj. 2 v. — 57 *B* loe, *y* looe, *C* louee — 58 *y* Toute ; *CA* fu, *BP* feu, *S* fume — 59 *S* lie, *x* lui, *y* li ; *A* O. p. de li — 60 *x* El not ; *Sy* Nen ot ne veit ; *y* ne ne campelle (*P* tempelle), *S* ne el ne cille ; *B* celle — 61 *x* Nel ; *S* m. qal capierre, *CP* ne cune p., *A* com une p. — 62 *x* Et est vers ; *y* Ains est verde com.

Point de color n'ot en sa face ;
Plus esteit freide que n'est glace.
6265 El col li truevent une veine (8235)
Que li bateit a quauque peine :
Sa mére et sa suer la remuent,
Les autres dames lor aiuent, (8238)
En une chambre l'ont portee,
6270 Un lét ont fait, enz l'ont posee.
Cil qui retornent al tornei (8239)
La mort Aton noncent le rei :
Quant li reis ot qu'Ates est morz,
— Ço ert li mieuz de son esforz, —
6275 Des ueuz plore, del cuer sospire :
N'est pas merveille s'il ot ire.
Un poindre prist par mé l'areine, (8245)
Avant sei les suens en ameine :
Remés est li torneis mais hué,
6280 Car dès ore torne a enué ;
Por ço remést que tuit sont las

6263 *xA* la f. — 64 *y* P. f. fu que ne soit g. ; *S* Ainz deuint f. come g. — 65 *S* Al, *C* U ; *x* li estoit — 66 *xy* Qui ; *S* qual qe, *x* quelque ; *y* a ml't grant p. — 67 *P* se soers le, *A* se suer li — 68 *S* aident, *A* aieuent — 69-70 *m. à A* — 70 *SxP* 'lit ; *P* li font ; *S* f. eins (*ou* ems) — 71 *x* repairent — 72 *C* othon, *B* athon ; *A* dient ; *SP* al r. — 73 *A* Q. voit li r. ; *C* qua thebe ; *B* iert mors — 74 *BP* iert ; *S* Cesteit le, *x* Qui est (*B* iert) le — *Après* -76, *S aj. 2 v.* : Sur le col del destrer se pasme Et de la mort aton se blasme, *puis donne les v.* 6287-8 *et, à la suite, les v.* 6285-6 — 77 *S* ad pris ; *SB* mie, *CP* mi ; *A* Le tornoi laist a ml't grant paine — 78 *x* Auec ; *P* Dedeuant sor les s. enmaine ; *CP* siens ; *B* en m. à *B* (*v. f.*) ; *A* Tote sa gent deuant soi maine — 79 *C* tornoi, *S* tornez ; *S* oi, *xP* hui ; *A* huimais — 80 *S* ennoi, *B* ennui, *CP* anui ; *P* Et deske il ne t. a a. ; *A* Ni a celui ne soit en pais — 81 *S* qe molt, *P* car tout ; *A* Ni a .j. seul ne soit tous las.

Et por la nuét, que vespre ert bas; (8250)
Mais s'en volez oïr la veire,
La mort Aton depart la feire.

6285 Li reis est tristes et ploros (8251)
Et giéte sospirs doloros;
Pués qu'oï de mort la novèle,
A peines pot ester en sèle;
Ço est granz dueus que li reis fait, (8255)
6290 Vers Aton sont tuit si refrait.
Et nel di del rei solement,
Tuit li autre font ensement :
Plorent seriant et chevalier,
Plorent danzel et escuier; (8260)
6295 Un sol home n'a en la cort
Qui por l'amor Aton ne plort.
Ates ot amené o sei
Cent chevaliers en son conrei :
Cil érent del mieuz de sa terre, (8265)
6300 Meillors de ceus n'estoveit querre.

6282 S noit; P nuit car v. iert b.; x Et p. le vespre qui ert (B iert) b., A Li iours sen va vespres fu b. — 83-4 m. à A; P diffère : Et pour le doel kil a daton Ce fu li plus del ocoison — 83 S Et; B se — 84 x dathon desfist; B la foire, C lafaire — 85-6 m. à P; 85-8 sont placés dans S après le v. 6276 et les deux couples de vers sont intervertis — 85 CA tristres; S faiseit doel merueillous — 86 S Et gettot; A G. s. ml't d.; B gite, y gete — 87 S Quant o.; x Puis que de m. ot la n. — 88 S peine, Cy paines; S poet, CA puet; y seir, x tenir — 89 C grant duel; A Li deus fu grans — 90 xA athon; B refet, P retrait; A Del doel a. sont li r. — 91 A Et ne — 93-4 interv. dans x — 93 S seruant, A sergant; P et escuier — 95 S Et dameisel, A P. dames; P Cil d. et cil cheuallier — 96 S la mort; P daton, x athon — 98 y .M. c.; CP de s., BA a s. — 6299-6300 m. à P — 6299 A Tout; C ierent — 6300 x Meillor; A nesteuoit, S nestoet pas.

Cil font duel, tal n'oïstes faire
Ne par boche d'ome retraire ;
Cil font grant duel a desmesure :
Lor vies héent, n'en ont cure, (8270)
6305 Ainz dient que trop ont vescu,
Pués que lor seignor ont perdu.
De davant lui ne se remuent,
Ainceis se pasment et se tuent,
Et lor seignor regretent fort, (8275)
6310 Que veient iluec gesir mort.
Pasmé gésent el pavement,
Si se complaignent franchement :
« Ates, sire, douce joventé,
« Bèle chiére, fresche, rovente, (8280)
6315 « Biaus sire, pués que tu iés morz,
« Qui tendra mais les granz esforz ?
« Tu donoes les guarnemenz,
« Les fuéz et les granz chasemenz ;
« Tu teneies la grant maisniee, (8285)
6320 « Tu la faiseies baude et liee,
« Car tu donoes les conreiz,
« Donoes muls et palefreiz,

6301 *x* grant d. noi t. f. ; *A* Si grant dolor ainc noi maire — 2 *A* Ne de — 4 *S* vie ; *P* Car de l. v. nont il c. — 6 *S* Pois, *xy* Puis — 7 *S* pas ne r. — 8 *S* blasment; *P* Ains se debatent — 10 *y* Quil; *x* Quilueques v. g. m. — 11 *C* Pasmez, *B* Pasmes ; *S* giesent, *xy* gisent ; *y* G. p. — 12 *x* Et se; *A* Et sel regretent hautement, *P* Si r. ml't doucement — 13 *P* clere, *xA* bele — 14 *x* franche r. ; *P* Douce c. et bielle et iente, *A* C. hardie clere et i. — 15 *SA* puis ; *SxA* es ; *x* Biau (*B* Biauz) douz sires (*B* sire) por coi es m. ; *P* B. s. ates quant tu — 16 *y* Q. menra, *S* Q. tiendra ; *A* ces — 17-8 *m. à x* — 17 *S* donoiez, *y* donoies ; *A* garnimens — 18 *S* feus, *y* fies ; *S* grant ; *P* tenemens — 19 *P* donoies ; *A* les grans maisnies ; *B* Toute voies ia g. ; *SP* maisnie ; *x* mesniee — 20 *P* baut ; *Sy* lie — 21 *A* Et si ; *S* doneies — 22 *S* donoez.

« Armes, freseaus et covertors,
« Et beaus levriers et genz ostors ; (8290)
6325 « Tu donoes les chevaus gras,
« Or et argent et riches dras.
« Ti chevalier érent joios :
« Onc jor n'en fu uns sofraitos.
« Tu donoes les granz aveirs, (8295)
6330 « Tu faiseies toz lor voleirs,
« Tu amoes les chevaliers,
« Tu les teneies forment chiers ;
« Qui te servi n'en repentié :
« Onc sofraite o tei ne sentié. (8300)
6335 « Onc ne fu hon de ta proece,
« Ne qui eüst si grant largece ;
« Tu éres sages de conseil,
« Tu aveies un gent pareil,
« Proece et sen, qu'est mout sauvage (8305)
6340 « Envers home de ton aage,
« Et de pro d'ome començaille.
« De tei puet l'on dire senz faille,
« Se tu vesquisses un poi plus,

6323 S festreials (v. f.), x robes, P plicons; A Tu donoies les vairs mantiax; P et boins m. — 24 x Bliauz et deduiz; C et otors; y et biax (P gens) oisiaus — 25 S donoez; xy cras — 27-32 m. à P — 27 S erant, C ierent — 28 A Onques ne ; C nul s.; S Onc ne furent i. s. — 29 x Tu leur d. g. a. — 31 S amoiez — 32 A auoies — 33-4 m. à x — 35 S repentit; P seruoit ne repentoit; A bien le meris — 34 S sentit; P Ne souffraitous ne te sentoit, A Tu amoies les grans delis — 35 A Ainc hom ne fu, x O. ne vi hom — 37-8 m. à P — 37 C ieres; B sanes — 38 A Si iones hom ie mesmeruel — 39 C senz; y Ainc ne vi nul (P mais ne vi) home si sage — 40 y Com tu eres (P ieres) de ton eage, S Auer a h. de t. parage — 41 A Or de preudome que me ; y caille; S Ne prodomme quelle (v. f.), x De ce auoies; Sx comencaille — 42 SB len, Cy on — 43 B po, C pou; A Se v. .j. petit p.; P Que se v.

"Tu sormontasses reïs et dus. (8310)
6345 « Desavanciez estes, beaus sire :
« Nos en avon et duel et ire.
« Mout nos laissiez sofraitos hué :
« Nos n'avon ci terre ne fué,
« Et neient est mais del retor (8315)
6350 « En la nostre terre a nul jor ;
« Ja del retor n'estüet parler,
« Quant n'i poon o tei aler.
« Com verrïon ja mais senz tei
« Ne la reïne ne le rei ? (8320)
6355 « Aler nos estuet autre part,
« Car la avon nos grant reguart. »
La gent Aton plore et guaimente
Et en tal guise se demente.

Ysmeine est en la chambre enclose, (8325)
6360 Et resperi a chief de pose.
Sa mére la fait bien tenir :
Pas ne la laisse al cors venir,
Car de tant com plus le verreit,

6344 *x* S. contes et d.; *A* Tot passaisses et r.; *P* sormon-
taisses, *S* surmontaisses — 45 *S* Desauancez, *x* -iz; *y* Or es
tu *(P* iestes) chi mors b. dous s. — 46 *P* Por vous a.; *P aj.* 8
v., *dont un au moins a été oublié par le scribe* — 47 *S* laissez,
B lessiez, *C* lesses, *y* laissies ; *S* oi, *x* hui ; *y* l. desconsillies
— 48 *P* Car ; *S* yci *(v. f.)* ; *y* teres ne fies ; *x* Nauons ci t. *(B*
trere) he refui — 49 *S* nient, *x* neanz, *P* noient, *A* noiens
— 50 *xA* En n. t. a nesun (nis .j.) i.; *P* Ens ens nos terres
— 51 *P* d. torner — 52 *A* Puis que ne pues od nos a. — 53
xy Conment; *P* verriens, *A* venriemes ; *xA* nos s. t. —
54 *A* Na la r. ne au r. — 55 *BA* dautre — 56 *P* a. trop g.; *x*
nauons n. nul r., *A* ne serons sans r. — 57 *P* Les; *C* genz, *y*
gens ; *SA* gaim., *B* garm., *C* guarm., *P* gram.; *A* p. g. — 58 *A*
En itel — 60 *S* resperit, *x* respira, *A* souspira, *P* espira — 61 *y*
le fist — 62 *A* Que nel laissa, *x* Ne la let pas — 63 *B* la.

	Sor le cors plus se pasmereit ;	(8330)
6365	Mais ele nel pot endurer,	
	Mout fort comença a jurer,	
	Se ja nel veit, sempres morra	
	Et de duel sis cuers partira.	
	A tant sa mére aler la laisse :	(8335)
6370	Uns chevaliers depart la presse	
	Et dui la meinent a la biére ;	(8337)
	Ele descuevre un poi la chiére ;	
	Pale la vit et senz color.	(8341)
	Ysmeine en ot al cuer dolor :	
6375	Par la chiére l'ève li cole,	
	Del peliçon moille la gole,	
	Cent feiz li baise de randon	(8345)
	Les ueuz, la face et le menton ;	
	Al cors piuement se complaint	
6380	Et son grant duel iluec refraint :	
	« Ates, beaus sire, tu ne m'oz ?	(8349)
	« Uevre tes ueuz, por quei les cloz ?	

6364 *x* Et p. souuent ; *C* pameroit — 65 *S* ne poet ; *x* Mes el ne puet plus e. — 66 *S* M. tost, *A* Ançois, *P* A tous ; *x* M. c. f. a i. (*B* auner) — 67 *xA* Sele nel — 68 *x* Ou son cuer (*B* ses cuers) de d. p. — 69 *y* la m. — 70 *C* .I. cheualier ; *y* desront — 71 *P* Et droit au cors, *A* Et doi au cief ; *y* len amenerent — 72 *x* El descouuri du cors la c. ; *y* dével. en 3 v. : Parmi le cief le drap (*P* Deuers le ciel le paile) osterent Ele li descoeure le vis Qui ia estoit mout (*P* m. e. ia) ennoircis (*P* amortis) — 73 *xy* le ; *A* voit ; *S* et descoloure — 74 en m. à *S* ; *A* en a ; *P* Ele en ot au c., *x* Au c. en ot ml't ; *xP* grant d. — 75 *y* Par le face ; *S* len c. — 76 *C* meulle — 77 *xy* le ; *S* dun r. — 78 *A* La f. les iex le ; *x* la bouche et le m. — 79 *S* pitiement ; *x* Deuant le c. si se c. — 80 *x* au cors r. — 81 *y* B. s. a. por coi ; *A* es mors — 82 *A donne 3 v.* : Tu estoies tos mes confors Parles a moi biax sire ciers Ouures vos iex bons cheualiers.

  « Ço est Ysmeine que parole.   (8353)
  « Maleüree, com sué fole !
6385 « Il ne m'entent ne ne me veit,
  « En la biére le sent tot freit.   (8356)
  « Morz iés, Ates, ço est damages, (8356 bis)
  « Mar fu veüz tis vasselages ;   (8356 ter)
  « Avant tes jorz gés morz ici : (8356 quater)
6390 « A l'anme face Deus merci ! (8356 quinquies)
  « Morz iés, Ates, tot veirement,   (8357)
  « Mout as poi usé ton jovent.   (8358)
  « Ces tuens beaus ueuz, car ja nes uevres,
  « Ore les mangeront coluevres ;
6395 « Tis cors et ta bèle faiture
  « Tornera mais en porreture.
  « A ! Mort, com iés poesteïve !
  « Rien n'est hué el monde que vive
  « Que tu n'aies en ta baillie,
6400 « Et quant tei plaist tous lé la vie.
  « D'amer beivre le monde abeivres,

6383 *xy* qui; *y* Cest y. ca vos p. (*P* ki taparole) — 84 *y* Maleureuse; *A* cose et f., *S* bien s. f. — 85 *y* me sent nil — 86 *P* senc — *Les v. 6387-90, ayant été oubliés dans notre 1ʳᵉ copie du ms. A (bourdon), n'ont pas été comptés dans le chiffrage* — 87 *SBy* M. est, *C* M. es; *x* donmage; *y* cest grans d. — 88 *x* veu ton vasselage; *y* M. fu ses rices (*P* onques tes) v. — 89 *A* Asses iones; *SP* gis, *A* gist; *x* en es m. ci. — 90 *S* lalme, *x* lame; *y* Diex li (*P* te) f. vraie (*P* boine) m. — 91 *C* es, *SBP* est; *y* t. vraiement, *C* veraiement, *B* voirement (v. f.) — 92 *B* pou, *C* tost; *y* Poi as (*P* a) u. de t. i. — 6393-6416 *m. à y; pour la suite du discours d'Ismène dans A et dans P, voy. App. III et V* — 93 *B* Ceul tiens bras en, *C* Tes .ij. biax eux; *S* qar les ourez (v. f.); *C* or les me, *B* ca le mes — 94 *x* Desor; *S* colourez; *S aj. 2 v.* — 97 *B* Amours, *C* Ha mors; *S* come y es poestiue, *C* c. tu es poostiue, *B* c. as poeste viue — 98 *x* Il n'est r. el; *S* hui; *Sx* qi — 6400 *x* te p.; *Sx* li.

« Ceus qui s'entraiment tu deseivres :
« Grant duel a qui son ami pert,
« Joie del ségle a duel revert.
6405 « Briéve joie ai eü de tei,
« Lons iert li dueus, si com jo crei ;
« Ja n'avrai mais joie en ma vie,
« Jo plorerai mais, qui que rie.
« Et n'est merveille, se jo plor,
6410 « Car perdu ai mon bon seignor :
« Seignor aveie a mon talant,
« N'avrai mais tal en mon vivant.
« Donee te fui juefne tose :
« Tu m'amoes come t'espose,
6415 « Et jo t'amai come plus poi,
« Mais onc o tei a faire n'oi.
« Beaus sire douz, tu me diseies
« Qu'après le siége m'en menreies ;
« Quant la guerre fust afinee,
6420 « M'en menasses en ta contree :
« Ja mais ta terre ne verras, (8393)
« Ne mei ne autre n'i menras. (8394)
« A ! com morra de duel tis pére !

6402 B sen criement; C decoiures — 4 B au d.; C reuet
— 6 x L. en sera li d. se (B ce) croi — 7 S a ma — 8 x Ainz
p. que ie mes (B m. q. ie) rie — 10 x Quant iai p. — 11-2
sont dans P, qui les place avant le v. 6417, lequel commence
la partie commune à SxP — 11 P Ami a. — 12 S a mon; S
aj. 2 v. — 13 S cose; x D. fui (B fu); C petite touse, B
partie chose — 14 x Et tu mamas (B mamois) — 15 x Je
tamai tant; S come ie plius (v. f.) — 16 x M. o. a. a toi noi
— 6417-38 (sauf 2 v., 6421-2, communs à tous les mss) m. à
A — 17 C s. chiers, B s. chier; P B. d. amis — 18 S Apres ;
P portroies — 19 x seroit finee — 20 x menroies, P por-
taisses — 21-2 sont aussi dans A — 22 B en a. ne; C ne mer-
ras, P ne portras; A ne autrui nameras — 23 P He cor com
or; C aura grant d.; x ton p.

« Car tu n'aveies mais nul frére,
6425 « Ne il nen aveit mais nul heir,
« En tei aveit tot son espeir.
« De ta mére que porrai dire?
« Assez avra tot tens mais ire;
« Ja, a nul jor que ele vive,
6430 « N'avra mais joie la chaitive.
« Quant soleies o mei joer,
« Plus de cent feiz t'oï loer
« Une seror que tu aveies,
« Tant proz, tant gente ne saveies :
6435 « A ! com grant duel avra ta suer !
« Ja n'avra mais joie en son cuer.
« A grant duel et a grant desrei
« Lor tornera la mort de tei.
« Mal seit de l'anme que t'ocist (8395)
6440 « Et del févre qui l'arme fist !
« Car en grant duel a mis ta gent
« Et mei sor toz, cui plus en tent. » (8398)
Si se complaint al cors Ysmeine (8401)
Et tote nuét ital duel meine.
6445 Le cors del duc a grant honor

6424 *B* Que tu — 25 *P* Ne il nauoie fors (*le reste manque*); *x* Ton pere nauoit — 26 *P* pooir; *P aj.* 2 *v.* — 27 *x* Et ta m. que pourra d. — 28 *P* tous iors; *x* courrouz et ire — 29-30 *m. à P* — 29 *x* James n. — 31 *P* Q. vous solies; *xP* a moi — 32 *P* De te serour toi vanter — 33 *P* Plus de .c. fois ml't te vantoies — 34 *P* preu; *x* t. gente — 35 *x* Ha, *P* He; *x* c. morra de deul ta s. — 36 *xP* Iames n. i.; *P* a s. c. — 38 *C* lamour — 39 *S* salme qi tocit; *x* larme qui; *y* Maudis s. cil qui toi o. — 40 *y* Et li feures — 41 *S* C. a, *B* C. si; *S* grant g., *B* ca g.; *A* Et g. d. a m. en ta g. — 42 *B* s. toi; *S* qi; *S* entient (tent = *tenet*; *cf.* 7586); *C* et p. de cent; *y* Et moi as (*P* a) mis a (*P* en) grant torment ; *A aj.* 2 *v.* — 43 *x* Ainsi se complaingnoit *y*.; *P* au mort *y*. — 44 *S* noit, *y* nuit, *x* iour; *A* tel d. demaine, *P* tel vie m. — 45 *P* le duc, *A* athon.

Guardent li grant et li menor ;
Li reis se sist et li baron (8405)
O chandelabres environ :
A travail veillent la nuét tote,
6450 Onc n'i dormirent la nuét gote.
Al matin, après hore prime,
Li jorz s'esclaire et chiet la frime. (8410)
Tuit li poète de la vile
S'assemblent et sont bien dui mile :
6455 Vestent daumaires et tuniques
Et portent chasses et reliques ; (8414)
Portent textes et philatéres
Et encensiers et ardenz céres ;
Ardent encens et timiame. (8415)
6460 Li maistre d'eus comande l'anme ;
Pués a un temple iluec defors
A grant honor portent le cors.
Li ossèques grant piéce dure :
Par ordre font et o grant cure (8420)

6446 *y* Gaitent — 47 *B* y s., *C* si s. ; *xP* et si b., *A* tout enuiron — 48 *S* Et, *P* As, *A* A; *C* chandelarbres, *Sy* candelabres; *S* denuiron, *A* tot entor — 49 *A* A paines velle; *P* vüellent; *S* noit, *Cy* nuit; *B* Et t. v. nut — 50 *S* nuit; *x* Quil ne d. nule g., *y* Kainc ne (*P* ni) d. .j. g. — 51 *x* empres eure p., *P* a ore de p. ; *S* h'eure de p.; *A* Al matinet a haute p. — 52 *y* esclaire; *A* e. c. ; *y* la rime; *x* Li soleux (*B* soliaus) lieue — 53 *Sy* Tout; *C* poeste; *B* Deuant la porte — 54 *S* Sont iouste; *A* doi, *P* .ij., *S* dous, *x* .x. — 55 *P* damaires, *A* damares, *C* darmaires, *B* daunaires; *S* Vestue dalbes et de t. ; *A* tunices, *P* tunicles, *B* tuniges — 56 *B* chases, *P* casses, *A* testes — 57-8 m. à *xA* — 57 *P* P. i crois et filatieres — 58 *P* argans cierges, *S* ardanz cereis — 59 *P* Argent; *A* tubiane; *C* et mierre et bame — 60 *By* maistres; *B* conmendent; *S* lalme, *xy* lame — 61 *S* Et p. al t., *A* A .j. lor t., *P* Pres del t.; *x* I. a un t. ; *xP* dehors — 63 *S* obseques, *B* os., *A* ofrande, *P* sieruices — 64 *xA* P. o. (*A* orde) le f. o (*A* a) g. c., *P* Par ordene et par g. mesure.

Chanter respons et leçons lére,
Pués l'enterrent el cimetére;
Mais ainz que fust el sarcueu mis,
Delivra li reis toz les pris,
Et ainz que fust li cors coverz, (8425)
Franchi li reis cinc cenz cuiverz.

Ysmeine chiet as piez le rei,
Mais il l'en drece tost vers sei.
Demanda lé : « Que vueus tu, suer ?
« Tot quant que tei vendra a cuer, (8430)
« Tot te ferai, n'en aies dote :
« Se vueus m'onor, si la pren tote.
— Frére, » fait ele, « n'en vueil mie,
« Mais jo vueil mais changier ma vie :
« None serrai, vivrai soz régle, (8435)
« Car n'ai mais cure d'icest ségle.
« De tes rentes sol tant me livre
« Que cent femnes en puéssent vivre.
« Ates t'ama mout en sa vie,

6465 *xA* Chantent chancons (*BA* r.) lecons font l.; *SxA* lire, *P* dire — 66 *S* Pois, *xy* Puis; *x* le metent, *S* lenterront; *BP* en; *x* cimetiere, *A* cimentire, *S* cimitere, *P* cel timire — 67 *y* quil; *Sy* sarcu, *C* sarceul, *B* serqueil — 69 *S* Mais a.; *y* Ancois; *SC* le c., *y* li fus — 72 *P* le d.; *A* se dreca deuers s., *x* Il len redresce — 73 *SC* lui, *BP* li; *A* Si demande q. voles s., *P* Si li d. q. vuels s. — 74 *x* Di quanque; *y* T. cou qi vous (*P* ke toi); *BP* au c. — 75 *x* T. ce; *y* Te f. iou; *A* sans nule d. — 76 *SBy* le; *P* prens — 77 *P* Sire — 78 *x* M. ici v. (*B* veulz), *A* Ains valroie, *P* M. or me plaist — 79 *S* Nonain; *x* s. rigle viure (*B* misse); *A* Je voel estre n. velee, *P* N. vuel deuenir v. — 80 *est transporté dans B après 6492 et m. à C; B* Nai m. que faire de cest s.; *S* cuer; *SB* siecle; *A* Car li siecles pas ne magree, *P* C. ien sui ml't entalentee — 81 *S* ta rent; *A* itant me l., *P* t. me deliure — 82 *x* .c. non-nains — 83 *SA* Athes, *C* Athon; *A* ta v.

« Fai ci por lui une abeïe ; (8440)
6485 « Tant te servi Ates par fei
« Que le cors a perdu por tei.
« Por tei traist Ates mainte peine,
« A s'anme done iceste estreine :
« Aumosne en avras et grant los, (8445)
6490 « Se s'anme a ja par tei repos. »
Li reis li done mout granz fuéz,
De vin chascun an sés cenz muéz, (8448)
Et tant de molins et de forz,
Pain en avront assez toz jorz ;
6495 Terre demeine a cent charrues, (8449)
En la cité dous maistres rues,
Et le flun o la pescherie,
Et environ la praierie :
Se li bailliz defors n'en triche,
6500 Dedenz avra vivre mout riche.

6484 *S* abbeie, *C* abaie — 85 *SxA* Athes; *P* ta serui, *A* desserui; *x* T. ta a. s.; *A* por toi — 86 *C* Que son, *B* Quant s.; *y* P. en a son *(P* le*)* c. — 87 *B* trast, *C* tret; *x* athes; *S* grant peine et grant luite; *y* Et p. et mal p. toi a *(P* a p. t.*)* trait — 88 *S* Ffai bien al alme molt lui coite; *x* Donne a same; *y* Same a mestier daucun bien fait — 89-90 *interv. dans x* — 89 *S* Asmoigne, *B* Amonne; *x* y a.; *y* grans; *A* lais — 90 *S* Se sa alme; *A* Se li ame a, *P* Se same en a; *x* Se p. t. a same — 91 *S* y otreie g. feus; *x* leur d. fiez *(B* frais*)* m. g.; *y* li dona *(P* i done*)* fief m. ient *(P* grant*)* — 92 *S* sex c. mois; *x* .vij^c. muiz de touz blez par anz, *y* M. muis de vin .m. de forment — 93-4 *m. à y et sont placés dans x après* -98 — 94 *x* Dont a. p. *(B* pains*)* — 95 *xy* T. leur donne a *(B* doinst et*)* — 96 *x* des; *y* Et en la vile .ij. grans r. — 97 *A* Et dun viuier, *P* Et dune aigue; *x* et la; *B* cherre *(v. f.)* — 98 *y* praerie, *B* praarie — 6499-6500 *y différe* : Et tant i met dautre serors *(lis.* secors*) (P* dautres honors*)* Bien i poront viure *(P* V. em p. b.*)* a tos iors — 6499 *x* Se li serianz dehors — 6500 *B* auroit.

De la pitié que ont d'Ysmeine, (8455)
Plorent contor, plorent demeine,
Plorent tuit cil qui iluec sont,
Et povre et riche grant duel font;
6505 Et por l'amor de la pucèle
Se velérent en la chapèle (8460)
Cent pucèles de son aage,
Totes de prez et de parage.

TROISIÈME BATAILLE ; MORT DE TYDÉE

L'endemain après relevee
6510 Li reis vout eissir en la pree :
De ses compagnons somont dez (8465)
De grant parage et de grant prez.
Mais ainz que il en eissist fors,
En adoba li reis son cors
6515 Des meillors armes que il ot
Et que il onques trover pot. (8470)
Il met un hauberc en son dos
Qui n'est trop graisles ne trop gros :
Bien fu serrez, menu mailliez,

6501 *P* Por ; *S* pite qont ; *xP* quil o., *A* corent — 3 *Sy* tout ; *x* quilueques s. — 4 *A* Et p. r. ; *B* d. en f. — 5 *A* a le p. — 6 *A* Se vellierent, *B* Sen alerent, *P* Sen vont od li — 7 *y* eage — 8 *xy* pris ; *P* Et .c. de — 10 *Cy* issir, *B* issi — 11 *S* des, *x* dis, *y* .x. — 12 *B* De haut ; *S* pres, *xy* pris — 13 *S* qil eissent (*v. f.*) ; *A* sen ; *xy* issist ; *x* M. aincois que il i. hors — 14 *P* Adouba bien, *A* Fist adouber ; *xA* ml't bien s. c. — 15 *A* quil auoit ; *C* pot — 16 *xP* auoir p. ; *S* poet, *P* peut ; *A* Et quil o. t. pooit — 17 *S* Pois m. ; *y* Car .j. h. vest — 18 *A* grailes, *P* graïlles, *x* grelles, *S* menu — 19 *y* B. est seres (*P* sieres) ; *A* menus.

6520 Et mout legiers et bien tailliez.
Il fu forgiez ja mout a dis : (8475)
En un des fluns de Paradis
Fu la ferreüre tempree
Et par set feiz fut tresgetee ;
6525 A lui forgier ot mout bon maistre,
Qui l'a vestu seürs puet estre,
Ne le n'estuet pas aveir dote
Que ja de sanc perde une gote. (8482)
Pués a ceint une bone espee, (8495)
6530 En Babilone fu trovee ;
Trovee fu en Babilone,
En un chier sarcueu de sardone :
Si com dit li briés et la letre,
Ninus i gést, qui l'i fist metre. (8500)
6535 Vermeuz et indes fu li branz,
Nus rasoirs ne fu si trenchanz ;
D'or fut li poinz, li heuz d'ivuére :
Rien n'en entame que ne muére. (8504)

6520 *x* larges ; *P* L. asses a point t. — 21 *Sxy* Il ne fu f. m. (*A* bien) — 22 *A* Sor .j. — 23 *S* la forgeure, *A* la sereure, *C* lasseurr. ; *B* trempee, *y* trouee — 24 *S* sex f. fu treiette ; *P* foi fu esmeree — 25 mout m. à *S* ; *P* trop boin ; *B* ot maint m. (v. f.) — 26 *S* seur ; *P* Ki viestu la — 27 *S* Et le ; *y* ia a. ; *x* Ne ia ne lestuet a. — 28 *C* Q. de s. p. ; *y* Q. de son s. ; *P* perge .i. — 29-38 *sont placés dans S après* -16, *et dans y après* -50 — 29 *xy* Puis ; *x* a ceinte ; *S* Qar il ceinst un bon e. — 30 *Sx* babiloine — 31 *SC* babiloine — 32 *y* sarcu, *B* sarqueil, *C* sarqueul, *S* sarcou ; *y* En .j. s. cier (*P* kist) ; *C* sardoine, *S* sydoine — 33 *x* Ce dist li liures (*B* vers) et la l. ; *y* dist — 34 *S* Ni nus, *A* Nimel, *P* Aimes, *x* I. rois ; *S* geist, *xy* gist ; *S* feist — 35 *x* brans — 36 *x* Nesun rasoir (*B* Ne nulz rasoirs) nest ; *S* Onc rasors ; *P* nestoit ; *y* plus t. — 37-8 m. à *P* — 37 *A* puins ; *C* le pont le heut, *B* le poing li hauz ; *S* hels ; *SB* divoire, *C* diuuire, *A* dyuire — 38 *C* Riens ; *C* entaime ; *xA* qui ; *S* more, *B* moire, *CA* muire.

           D'ermin ot entreseign bendé   (8483)
6540   De longues bendes de cendé;
       Un heaume ot lacié tot vermeil,
       Que mout reluist contre soleil.
       Bien i aveit d'or dous cenz onces;
       El son ot assis dous jagonces
6545   Et el mé lou une ametiste;
       Environ desoz en la liste,   (8490)
       Aveit bericles et sardones
       Et topaces et calcedones,
       Et aveit davant el nasal
6550   Un escharboncle et un cristal.   (8494)
       Pués li ameinent Blanchenue,   (8505)
       Que li tramist l'autr'ier sa drue :
       Galatea ot non s'amie
       Et fu fille al rei de Nubie.
6555   Blanchenue esteit chevaus genz,
       Et fu tant blans com fins argenz,
       Quarrez, espès, destre comez,
       En son païs bien renomez.   (8512)

6539 *y* Dermine ot sensegne (*P* ot e.) bendee — 40 *y* De longes b. dor frasee (*P* listee) — 41 *S* healmet (*v. f.*); *B* lachie, *P* laicie — 42 *xy* Qui; *S* bien, *x* fort — 43 *S* treis c.; *y* Dor i a. plus de .c. o. — 44 *y* En son, *x* Desus; *y* .iij. i. — 45 *x* en milieu, *S* el meleu; *y* Et amont ot .j.; *SA* amatiste — 46 *y* Tout e. sus en la l. (*P* sour .i. l.) — 47 *SxP* sardoines — 48 *S* topaces, *C* thompasces, *B* thopaces, *y* topasses; *S* calcidoines, *P* cassidoines, *C* -doynes, *A* -dones, *B* claridoines — 49 *A* Si; *x* Et d. a. — 50 *C* a .j., *B* o .j.; *Sx* esmal; *y* donne enuite les v. 6529-38 — 51 *S* Pois, *xy* Puis — 53 *SP* Galate aveit n. (*P* a a n.); *x* Galathea — 54 *y* Fille le (*P* au) fort r. — 55 *P* est .i.; *C* fu c.; *A* ert c. ml't iens — 56 *S* t. genz come unz a.; *C* plus b. que, *B* si b. c.; *A* Et estoit b.; *P* Et est p. b. ke nest a. — 57 *xy* E. estoit et bien carrez (*A* molles, *P* maulles) — 58 *A* Ens el p.

Gros ot le col, bien fait le chief,
6560 Le pez espes, le selier brief;
Et larges fu desoz grant masse,
Et la crope ot roonde et grasse,
Les piez copez, les jambes plates.
Mout fu isneaus et bien aates,
6565 De corre loign ot mout grant los, (8513)
Et ot un poi combré le dos :
De tant i fait meillor seeir.
Li chevaus fait bien a veeir :
Nus hon nel veit que bien ne die
6570 Qu'onc ne vit tant gent en sa vie.
D'or est li freins, d'argent la sèle,
De paile chier est la sorsèle. (8520)
Li reis mist la main a l'arçon :
L'estreu ne tindrent pas garçon,
6575 Ainceis le tindrent quatre conte;
En Blanchenue li reis monte.
Le son grant escu d'olifant (8525)
Li aportérent dui enfant,
Peint d'azur o un blanc chantel,
6580 La bocle d'or faite a neiel.

6559-64 *m. à y* — 60 *SC* Le piz, *B* Les piez; *S* ot gros; *x* lenseler — 61 *S* Et fu l.; *C* large — 62 *x* La c. auoit; *B* roide *(v. f); x* crasse — 64 *x* Bien est (*B* ert); *B* isnel et b. ert ates — 65 *A* lonc, *P* loins — 66 *x* pou; *A* .I. poi auoit; *C* cambre, *BS* chambre, *P* conbre — 67 *A* Por cou i f. ml't bon s. — 68 *y* Ml't (*P* Bien) f. li c. a v. — 69-70 *m. à x* — 69 *SA* qi b., *P* ke il — 70 *A* mais tel en; *P* Ne v. onques tele eus se v. — 71 *P* dor est li s. — 72 *xA* Dun; *C* poile, *A* pale, *P* palle; *S* De p. tote la s.; *x* c. fu; *A* ert la sossele — 74 *xy* Lestrier; *y* Ne (*P* Nel) tinrent p. l. g. — 75 *x* Aincois, *y* Ancois; *S* Ainz le li — 76 *y* Li r. en b. m. — 77 *S* Le soen, *y* Le sien; *x* .I. ml't g. — 78 *A* doi, *P* .ij. — 79-88 *m. à P* — 79 *B* Point; *x* a .j. grant; *B* chastel; *A* Dasur i ot .j. — 80 *S* La b. esr, *A* La b. ert; *B* a trecel.

Se cil qui fist l'escu ne ment,
Une liste i ot d'orpiment (8530)
Et claveaus d'or fin trente et treis ;
La guige fu tote d'orfreis.
6585 Davant ot fait par gaberie
Peindre les jambes de s'amie,
Et dejoste ot un coup mout grant,
Qui ne fu pas pris en fuiant.
Uns chevaliers l'escu li tent : (8535)
6590 Li reis le prist, al col le pent.
Haste porte grosse de fraisne :
N'a en Saissoigne si grant Saisne
Cui el ne fust a porter grief,
Mais a lui ert ele assez lief ; (8540)
6595 Dous penons verz i ot entors.
Issi armez s'en eissi fors.

O lui eissi *Salaciel,*
Uns Jüeus des fiz Israel ;
Et chevaucha un cheval grisle, (8545)

6582 *C* lite ; *S* piement, *A* piument — 83-8 *A réd. à 4 v.* :
De tere i sont faites painctures Del ciel i ont mises figures La
guice fu dorfrois menus (*Cf. 6584*) Ml't bien sist le roi li
escus — 86 *C* Plaindre, *B* Pendre — 87 *x* Et delez — 89 *C*
.I. cheualier ; *A* deuant li — 90 *A* Et il le p. a ; *P* c. li p. — 91
A Hanste, *xP* Lance ; *x* fresne, *S* frein — 92 *CS* sess., *P*
saissonne, *B* sousogne ; *Sx* sesne — 93 *x* Qui ; *A* A c. ne f.
ml't pesantiere ; *S* pesant et fiere ; *xP* grieue — 94 *A* sanloit
ml't legiere, *S* est a. legiere, *P* iert ele ml't lieue ; *x* Li
rois la porte si est grieve — 95 *x* panons, *A* pignons ;
P .I. pignon vert ; *S* vairs ; *P* ens tors ; *B* liez ot entours
— 96 *x* Ainsi, *y* Ensi ; *S* eissit, *xy* issi ; *xP* hors — 97
S eissit, *xy* issi ; *C* sylaciel, *SBy* salatiel — 98 *y* iuis ; *x*
Qui fu du linage ysrael — 99 *S* uns cheuals ; *C* grile, *P*
grise.

6600 Que uslague traistrent d'une isle :
A Thèbes pristrent port par vent,
Et al rei en firent present.
Diogenès, li dus de Sur,
Sist el cheval ferrant escur.
6605 Qui fu a l'amirail emblez :
Dous muéz vaut de deniers comblez. (8552)
Teucer i ot, povre pelos,
Qui mout fu bien chevaleros ;
N'en i ot ja nul tant manier : (8553)
6610 Vers lui sont li autre eschacier.
Hermagoras de Salemine
Ot un cheval blanc come hermine ;
Toz fu coverz jusqu'a l'orteil
D'un cendal detrenchié vermeil.
6615 *Petreüs*, li cuens de Marseille
Ot un cheval bon a merveille, (8560)
Car plus ert blans que nule flors,

6600 *A* Uslagle lorent, *P* Cuslage prisent; *y* en .j. ; *B* trastrent, *C* trestrent; *xP* ille; *B* dunille — 1-2 *m. à P* — 1 *A* prisent; *x* vindrent erraument (*B* droitement); port *m. à S* — 2 *xA* Al roi en f. le (*A* fisent .j.) p. — 3 *S* li reis dassur ; *A* .j. d. ; *P* dazur — 4 *x* Ot .j. c. ; *y* forment; *S* obscur, *x* obcur — 5 *xA* amirant — 6 *S* mois, *x* muiz; *S* oblez; *y* .ij. sestiers v. dargent c. — 7-8 *m. à A* - *B* Teuter, *C* Theuter, *S* Tencer, *P* Trenciet; *SC* T. ot, *B* T. ot non; *P* porre; *B* pelez — 8 *P* Q. m. b. c. (v. f.) — 9 *S* ad n. t. seit m. ; *x* Ni ot cheual; *C* t. amast chier, *B* t. manier ; *y* En la cite; *A* not nul si cier, *P* nen ot t. c. — 10 *S* liu; *y* Car v. l. s. tot eskacier (*P* escachier) — 11 *S* Helmagoras, *P* Em., *A* Quemaguras; *S* Salamine — 12 *xA* com; *P* plus b. dermine — 13 *y* Tout lot couert; *A* dusca, *P* dusken, *C* iusquen; *B* larteil — 14 *S* cendeil ; *y* Dun bon c. trencie v. ; *S* aj. 2 v. — 15-8 *m. à x* — 15 *S* Petree, *A* Pireus — 16 *S* Sist el; *y* Ot bon (*P* boin) c. a grant m. — 17 *S* est b. ; *y* Car par le cors fu (*P* iert) deuises.

Isneaus fu et de bones mors.
Agrippa fu cuens de Sezile :
6620 Por proece fu en la vile ;
En la vile se fu enclos (8565)
Por chevalerie et por los.
Il ot un mout riche cheval,
Qui fu pére al bon Bucifal,
6625 Que Alixandre tint maint jor,
Par cui venqui maint grant estor.
Polidorus, cil de Cesaire
Sist en un corant dromadaire ; (8572)
Covert l'ot d'une porpre bise :
6630 Nel donast por tot l'or de Frise.
Un en i ot, *Nestor* ot non, (8573)
Enfes senz barbe et senz guernon :
Adrastus l'ot desherité (8575)
Et de son regne fors geté ;
6635 A Thèbes esteit ça venuz,
Al rei fu mout privez et druz ;
De traire esteit mout forment proz :

6618 *y* De corre lonc fu ml't loes (*P* loins bien abrieues)
— 19-26 *sont placés dans S après* 6640 — 19 *S* Agripas, *y*
Agripas ; *B* Sezille, *C* Cezile, *A* Sesile, *P* -ille — 20 *A P.* sa
p. ert en ; *P P.* proier fu ens en — 21-2 *m. à P* — 21 *A* En
la chite ; *x* sen fu — 24 *B* Pucifal, *B* buchifal ; *y* Q. bien fu
pers a b. — 25 *y* alixandres ; *A* ot tant i., *P* t. ot soi — 25
x qui, *S* qi ; *C* il veinqui m. e. ; *B* vainqui, *S* venquit ; *B* m.
bon e., *A* tant g. e., *S* m. e. (*v. f.*) ; *P* Por il fist si grant des-
roi (*sic*) — 27 *x* Polydamas, *A* Polibetes ; *S* cesar, *x* chesaire
— 28 *x* sor .j — 29-30 *m. à A* — 29 *P* C. dune p. vermelle
— 30 tot *m. à S* ; *P* Nel d. dor p. plaine selle — 31 *y* .I.
griu i ot ; *B* nestour, *C* hector, *A* tristor — 32 *C* Jeune s. ;
y grenon — 33 *y* desirete — 34 *x* hors ; *B* boute — 35-6
m. à x — 35 *A* ia v. — 36 *A* ert m., *P* forment — 37-8 *m.
à P* — 37 *B* Daltre ere f. p., *A* Li dansiaus e. f. p., *C* De
son aage est f. p.

	Por ço l'amot li reis sor toz.	(8580)
	Un cheval ot isnel et gent,	
6640	Ou il dona son peis d'argent.	
	Carioz ert dus de Corinte,	
	Un escu ot que mout retinte,	
	Car cent eschiéles i ot d'or,	(8585)
	Li reis l'aveit en son tensor :	
6645	El liart sist d'Esclavonie,	
	Qui fu buens por chevalerie.	
	Un en i ot qi fu Engleis,	
	Godriche ot non, proz et corteis :	
	Bon chevalier ot en Godriche,	
6650	Et si aveit conrei mout riche ;	(8592)
	N'i a un de si grant conrei,	(8595)
	Fors solement le cors le rei.	(8596)
	Frein ne sèle ne esporon	(8593)
	N'aveit Godriche se d'or non ;	(8594)
6655	Sor Arondel sist de Nicole,	(8597)
	Qui plus tost cort qu'oiseaus ne vole.	(8598)
	O iceus dez que vos acont,	(8601)

6638 *xA* lama — 40 *A* Por cui d.; *S donne ensuite les v. 6619-26* — 41 *S* Gariot, *B* Caroz, *C* Caeroz, *A* Karios, *P* Carios ; *C* iere de, *B* ere de, *S* esteit de ; *y* fu dus de Tarinte — 42 *xy* qui ; *C* tout r. ; *B* reinte — 43 *x* .xl. e. ; *B* eschiles, *P* eskeles, *A* cloketes — 44 *Sxy* donne ; *SBy* nestor, *C* hector — 45 *S* El leart, *A* Helyars — 46 *A* Boin p. faire c. ; *B Q.* b. fu — 47 engleis *est en blanc dans S; de même* Godriche *aux v.* -48, -49 *et* -54 — 48 *A* Godris ; *x* ml't fu c. — 49 *y* Bons cheualiers godris (*P* godins) estoit — 50 *C* a. escu ; *y* Roiaus armes li ber a. (*P* bers portoit) — 51-2 *sont placés dans A après 53-4, qui manquent à P* — 51 *x* nul de — 53 *SxA* esperon ; *A* Car f. ne s. nesperon — 54 *A* godris se tot d. n. ; *B* gondrice — 55 *y* En a. ; *S* arondelle (*v. f.*) ; *C* nichole, *B* maiole — 56 *S* Qe ; *x* va (*B* vait) p.·t. ; *C* quoisel ; *S aj. 4 v. et y 2 v. indépendants* — 57 *x* ices, *S* yceux ; *Sx* dis ; *y* Auoec ces .x.

S'en ést li reis par mé le pont.
Les dames de la vile vont
6660 As terriers et as murs a mont : (8605)
Por eus veeir montent es tors.
En l'ost est li tomoutes sors
Que fors sont eissu cil dedenz,
Et Tydeüs ne fu pas lenz :
6665 Montez esteit par aventure,
De l'ost eissi grant aleüre ; (8610)
El bon cheval sist de Gascoigne,
Qui tost le porte a la bosoigne ;
Par l'ost montent si compaignon,
6670 Qui le sivent a esporon.
Venuz est apoignant li reis (8615)
Desi qu'al gué, jostel mareis ;
Le gué ot porpris Tydeüs
A sei disme, n'en i ot plus ;
6675 Outre l'ève, al gué de la ronce,
Li dez jostérent o les onze. (8620)

6658 *S* eist, *x* ist ; *y* Issi li r. fors (*P* hors) par .j. p. ; *S* mie, *x* mi — 59 *P* L. d. montent de le v. — 60 *x* As batailles des m. a, *A* Es tours et as muriax a, *P* As murs as tours plus de .vij. mile — 61 *S* P. les — 62 *Sy* tumultes, *x* temoltes ; *y* Li t. est en lost s. — 63 *y* Quant ; *xP* hors ; *By* issu, *C* issuz ; *B* ceulz dehors ; *C* Il s. i. cil de leanz — 64 *B* fu mie l. (*v. f.*) — 66 *S* eissit, *y* issi, *x* sen ist — 67 *x* Sor .j. ; *C* gascoingne — 68 *A* Q. bien se p. ; *P* K it. p. quant a b. ; *SBy* bes., *C* besoingne — 70 *S* seuent, *B* sieuent ; *xy* esperon — 72 *S* ioste el ; *x* A (*B* Voist) ceus qui ioustent el m., *y* Duscau fosse kert (*P* kest) el m. — 73 *B* Lyaue ; *x* a p., *A* ot passe — 74 *x* Lui dizieme (*B* disme, *v. f.*) ; *S* S. douzisme et non p. (*v. f.*) ; *P* S disime et noient p. ; *A* A s. meisme et ne fu p. — 75-6 *m. à B* — 75 *P* ens el p (*avec un sigle*) daronse ; *A* O. le gue qui la afonse — 76 *C* Li .x. ; *S* Li doze iostent ; *P* et li .xi. ; *A* I. li .x. o les .xj.

Chaïrent en devers le rei,
Jo ne sai bien, o quatre o trei ;
Mais il en ont deschevauchié
6680 Des autres bien l'une meitié.

Tydeüs et li reis jostérent, (8625)
Es escuz granz cous se donérent.
Tydeüs a le rei feru
Par son la bocle de l'escu ;
6685 Empeint le bien de grant vertu,
Tot son hauberc li a rompu : (8630)
Se li cous alast bien a dreit,
Le rei laissast el champ tot freit ;
Mais li cous s'en eschampa fors,
6690 Si ne le consiut pas el cors.
Li reis a feru Tydeüs (8635)
En la pène d'azur desus.
Haste ot reide, pas ne fu torte :
Le bon escu del col li porte.
6695 Un serjant ot devers le rei,
Qui se fu repost el rosei : (8640)

6677 *B* Cheirent; *A* i les gens le r. — 78 *y* Ne sai lequel (*P* de fi) — 79 *B* en y ot d. (*v. f.*) — 80 *A* De l'autre part b. le m. ; *C* une m. — 81 *B* Thedeus (*orthogr. constante du nouveau scribe; voy. l'Etude des mss.*); *C* le rei — 82 *A* Ens — 83 *B* lor roy — 84-5 *m. à P* — 84 *C* Par souz, *A* Parmi; *C* panne, *B* pane — 85 *B* Empoint — 87 *B* b. d. (*v. f.*) — 88 *B* Lor; *C* alast u c. ; *A* t. droit — 89-90 *m. à P* — 89 *x* en eschapa hors; *A* M. li fers est guencis defors — 90 *x* la consut; *S* conseut; *A* Si nel consiut noient; *B* au c. — 91 *C* thideu, *B* thedeu ; *SA* a t. ferus (*A* feru); *P* Tydeü a li r. f. — 92 *xA* Parmi (*A* desor) la boucle de lescu; *P* Desus amont ens son e. — 93 *By* Hanste, *C* Hante; *x* droite, *A* bone, *P* roide, *S* rede; *By* ne fu p. — 95 *S* seruant, *A* sergant; *y* deuant — 96 *y* Q. fu repus (*P* repuns) ens el maroi; *C* siert embuchiez, *B* sert esbuchiez.

                Cil aveit non Menalippus,
                A mort a navré Tydeüs ;
                Mout sot bien traire et arc ot fort,   (8645)
6700   Tydeüs a navré a mort.
                El braon le fiert a travers,
                Les veines li trenche et les ners :
                Il pert le sanc, li cuers li ment,
                Sor l'erbe fresche a pié descent.   (8650)
6705   Bien le firent si compaignon,
                Car le chief pristrent del garçon.
                En mé le pré Tydeüs gést,
                Par la plaie li sans li ést.   (8654)
                En l'ost montent : apoignant viénent,   (8657)
6710   Sor Tydeüs tuit se retiénent.
                Cil dedenz se traient en sus :
                Mout sont joios de Tydeüs ;   (8660)
                Cil dedenz en joent et rient,
                Et cil de l'ost plorent et crient.
6715   Tydeüs est de la mort près,
                Car tot le sanc vuée a eslais ;
                Il pert le sanc et la color,   (8665)

6697-8 *y dével. en 4 v.* : Menalipus a. a n. Por bon arcier le tenoit on Son arc avoit bien *(P* tout*)* entese T. *(P* Tydeü*)* a mout *(P* bien*)* droit vise — 97 *S* menalipus — 98 *S* naufre — 99 *x* T. s. b. — 6700 *C* N. a t. ; *P* Tydeü ; *S* naufre — 1 *C V* braion le f. au, *y* El cors le feri a — 2 *A* T. li v. et ; *P* L. v. trencha — 3 *x* le ; *Sx* cuer — 6 *A* C. illoec ; *y* prisent ; *y* le *(P* del*)* gloton ; *B* gascon — 7 *P* Ensmi le camp ; *xy* mi, *S* mie ; *xy* gist — 8 *x* le sanc ; *S* lui ; *xy* ist ; *P* Par mi le p. li s. i. ; *A* aj. 2 v. — 10 *y* tout, *S* touz — 12 *B* Moult *(orth. ordinaire du nouveau scribe ; voy. l'Etude des mss.)* ; *xA* ioiant — 13-4 *m. à x* — 13 *A* Et c. d. iuent — 14 *P* dehors ; *A* braient et c. — 16 *A* Que tos ses sans ; *S* voie, *A* vuide, *P* wide ; *y* a .j. fes ; *x* Qui pert le sanc et *(B* il*)* nen puet mes — 17-8 *m. à P* — 17 *S* la s.

Sor l'erbe muert a grant dolor.
Li reis ot duel, onc n'ot greignor :
6720 Tydeüs plaint et sa valor,
Sa proece et son vasselage
Et sa largece et son barnage ;   (8670)
Et neporuec de sa pesance
Ne fist mie trop grant monstrance,
6725 Car tuit s'esmaient por le mort.
Mais li reis est de grant confort :
Plus sage home ne sai del rei ;   (8675)
Bien conforte sa gent et sei.

Polinicès del bos repaire,
6730 Ou il faiseit ses engienz faire :
Dous berfreiz et perriéres quatre
Faiseit il faire as murs abatre.   (8680)
De loign ot les plors et les criz :
De la noise fu esfreïz ;
6735 Apoignant vint par mé le pré
La ou érent josté li Gré ;
Novèle oï que li fu male,

6718 A S. terre ; *x* Et se paume (B pasme) de la d. — 19 *y* ainc — 21 P Sa p. s. v. ; A Sa largece — 22 A proece ; *x* aage — 23 *x* Mes neporquant, P Et nonporq., A Et nequedent — 24 P Ne f. il m. g. m. ; *x* Ne faisoit pas, A Ne f. pas t. ; *x*A grant demontrance (B demonstr., A demostr.) ; S Ne f. gaires t. g. semblance — 25 S*y* tout ; B la, P se — 26 A de bon   30 *y* les ; SC engins, *y* -iens, — 31-2 *y* differe ; Por les anemis a (P Engiens faisoit por chiaus) greuer Et por les murs a crauenter — 31 S D. engins et perrers q. — 32 S F. f. ; *x* Quil f. f. — 33 *y* De lonc, *x* De lost ; CA la noise et — 34 P sest e. ; S effreiz, C esfraiz, P -is, B esmaris ; A Forment en est espeueris — 35 P Acourant ; A vait ; S mie, *xy* mi — 36 *x* Ou estoient li grieu i. ; *y* Ou li g. erent aioste (P ierent arreste) — 37 S qi, *xy* qui.

　　　　　Car le cors vit sanglent et pale.　　　(8686)
　　　　　Li chevalier et li baron　　　　　　　(8689)
6740　　Grant duel faiseient environ :
　　　　　Quant le conut, sor lui se pasme ;
　　　　　Se il fait duel, nus ne l'en blasme ;
　　　　　Polinicès fait duel estrange,
　　　　　Sovent tert ses ueuz o sa manche ;
6745　　Des ueuz plore, del cuer sospire,
　　　　　Car il ot au cuer mout grant ire ;　　(8696)
　　　　　Sospire et plore mout forment
　　　　　Et le regrète doucement :
　　　　　« Compaign, » fait il, « vos estes morz : (8697)
6750　　« Se après vos vif, ço est torz ;
　　　　　« Pués vostre mort ne dei plus vivre,
　　　　　« Car ne porreit nus clers escrivre
　　　　　« Les granz ahanz ne les sofraites
　　　　　« Que vos avez por m'amor traites.　　(8702)
6755　　« Vos m'estïez charnaus amis,
　　　　　« Et m'avïez toz tens pramis

6738 *A* Quant ; *B* iut, *C* ot ; *A* s. p. (*v. f*) ; *P* Q. il s. le v. et p. ; *A* aj. 2 v. — 39-40 m. à *P* — 41 *B* connoist, *C* cognoist ; *A* Q. il i vint ; *B* pame — 42 *S* sen ; *A* nus ne len b., *P* ne len porc b. ; *B* blame — 44 *y* S. iex s. terst a (*P* tert de) se m. ; *x* Par pou le senz ne pert et change — 45-6 *m. à P* — 46 *B* C. il a ; *S* en son c. g., *x* m. au c. g. ; *A* Que grant doel ot et m. g. — 47-8 *m. à A* — 47 *C* souuent ; *S* Il s. et p. f. — 48 *P* Et sel r. ; *C* ml't autement (*v. f.*) — 49 *x* Compainz, *y* -ns ; *A* dist il ; *C* ml't ert grans tors — 50 *xy* Sapres v. v. ; *B* moult est ; *By* grans t. ; *C* quant estes mors — 51-4 *m. à P* — 51 *S* Apres v. m. ne deiue viuer ; *C* quier p., *B* q. ie, *A* doi pas — 52 *S* uns c. escriuer ; *A* descrire, *B* escrire ; *x* C. nus hom (*B* clers) ne p. e. — 53 *S* ahans, *A* paines ; *S* et les — 6755-74, 6777-86 et 6789-6808 *m. à A* — 55 *Sx* mestiez, *P* mestiies ; *B* charneuz, *C* charniex, *S* certains — 56 *S* Vous ; *Sx* mauiez ; *P* Et si mauies ; *S* tout.

« Que vos me rendrïez ma terre :
« Ore estes morz por le conquerre.
« Vos en traïez lé ahanz,
6760 « Les periz et les enuéz granz,
« Et me faisïez reposer,
« Et solïez forment choser,
« Quant jo voleie chevauchier ;
« Car vos m'avïez itant chier
6765 « Ne volïez que mal traisisse,
« Ne que de rien m'entremeïsse.
« Quant vous aler por m'onor querre,
« Ainz que meüe fust la guerre,
« Vos l'oïstes, si m'en chosastes,
6770 « Et pas aler ne m'i laissastes,
« Que mis frére ne m'oceïst,
« Et jo crei bien qu'il le feïst :
« Se de mei fust poesteïs,
« Ja n'en alasse le jor vis.
6775 « Vos alastes al fier message, (8703)
« Feïstes i grant vasselage ; (8704)
« Car en la sale, en la grant cort,

6757 C rendriez, B renderiez, P -ies — 58 xP Or; SC la, BP li — 59 x V. t. l. granz a. ; Sx traiez; SP ahans; P Souffers en aues mains a. — 60 S poors g.; x et les g. tormenz ; P Par ieus et maus et anuis g. — 61 P Et vous me faisies; x Vous ne faisiez — 62 S Mei s., x Et souliez, P Et me solies; xP souuent c. — 63 P soloie — 64 Sx auiez; P Que v. mauiiés forment c. — 65-6 m. à P — 65 S voloiez, x vouliez; B traisse, C treisse — 67 S Je v.; SC vols; P Q. vauc a. monor requerre, B Q. vous aliez m. q. — 68 B menee fu, S men fust; P meust iceste g. — 69 P me cosastes; B choisastes — 70 m. à B — 71 P mocesist — 72 S Et si; P Et iou b. ke il fesist; S qe il — 73-4 m. à P — 74 B alaisse — 75-6 sont dans tous les mss. — 75 A en mon m., P en cel m. — 76 y Ou (P Et) fesistes tel v. — 77 grant m. à S ; P Que ens le.

« Tuit l'oïrent, n'i ot si sort :
« Parjure clamastes le rei
6780 « Et l'apelastes de sa fei.
« Quant en deüstes revenir,
« En traïson vos vout mordrir,
« Et fist somondre chevaliers
« Jusqu'a cinquante proz et fiers :
6785 « Par autre veie chevauchiérent,
« En un destreit si s'embuschiérent.
« Feïstes i mout grant esforz, (8705)
« Laissastes i cinquante morz; (8706)
« Toz cinquante les oceïstes,
6790 « Ne mais un sol qu'en trameïstes ;
« A un en laissastes la vie
« Por conter la chevalerie.
« Par vos et par vostre conduit
« Sont icist baron josté tuit.
6795 « Hon ne fu de vostre travail,
« Vos aviez tot l'ost en bail ;
« Les forriers guardïez le jor,
« Sovent preniez grant estor :

6778 *P* Tout — 79 *B* lor roy; *P* Tout p. le r. c. — 80 *P* De foi mentie lapiellastes — 81-6 *m.* à *Sx* (*oubli du scribe de l'original commun*) — 82 *Ms.* En vo chemin v. vaut — 87-8 *sont dans tous les mss.* — 87 *x* M. i f. g. ; *S* efforz, *xy* esfors ; *y* La fesistes ml't (*P* tans) grans e. ; *A aj.* 2 *v.* — 88 *S* L. lor; *P* Que tous les i l. m. ; *xA* Car (*A* Que) .l. en l. m. — 89 *S* Cinquant mort lor rendistes; *P* .L. illuec en ochesistes — 90 *S* qen, *C* que, *B* nen ; *P* cun s. en tramesistes — 91 *P* A celui l. — 92 *P* vo c., *puis* 2 *v. spéciaux* — 93 *P* Or st' ichi p. vo c. — 94 *S* S. li b. (*v. f.*); *x* S. ci i. cist (*B* ci) b. t., *P* Icist b. aiouste t. — 95-6 *interv. dans x* — 95 *xP* Onc (*P* Ainc) ne fu h. de tel (*P* vo) t. — 96 *Sx* auiez; *P* Car v. nauies onqs sosmail — 97 *S* guardez, *C* gardiez, *P* -ies, *B* gaignierent; *P* Tous ces fieues g. — 98 *x* preniez, *S* perniez; *P* Et auies s. g. e. ; *x aj.* 4 *v.*

	« Ne querïez autre delét,	
6800	« Ne ja ne geüssiez en lét.	
	« Quant en Grece primes venimes,
	« Por les hostaus nos mespresimes ;
	« A Arges, al perron reial,
	« Nos combatimes por l'ostal.
6805	« Li reis l'oï de son palaiz
	« Entre nos mist concorde et paiz :
	« Onc pués n'amastes sor mei ren,
	« Ne frére ne cosin germain.
	« Pués vostre mort vivre ne quier. »	(8713)
6810	A tant a trait le brant d'acier :
	Par mé le cors s'en vout ferir,
	Quant li reis le li cort tolir ;	(8716)
	Li reis a l'espee saisie
	Et prée lui que ne s'ocie.
6815	Tuit li chevalier le confortent	(8717)
	Et de la presse fors le portent ;
	De la presse le portent fors

6799 *x* queriez, *P* -ies ; *xP* delit — 6800 *xP* lit ; *x* Naliez pas gesir — 1 *S Q*. premier en g. ; *SP* venimes — 2 *P* Nos ostaus par nos mes p. ; *S* hostals, *B* ostex, *C* ostiex ; *x* combatismes (*B* -imes) — 3 *P* el palais altor ; *x* En Grece enz el pales (*B* pays) r. — 4 *S x* combatismes ; *P. N.* mellasmes desous la tor — 7 *C O*. plus ; *S* vers m. ; *P P*. namastes home fors m. — 8 *x* ne parent prochain (*B* prochien) ; *P* Pere ne mere nis le roi, *puis 70 v. spéciaux, dont 4 (plus 2 v. indépendants) sont aussi dans A (V. App. III et V)* — 9 *A* Por, *xP* Puis, *S* Pois — 10 *A* A itant t. ; *S* il trait — 11 *P* se vaut — 12 *C* Mais ; *x* li corut t. ; *y* Mais que li r. les va (*P* li vaut) t. — 13-4 m. à *A* — 13 *S* lespie — 14 *x* Si li p. quil ; *Sx* prie ; *P* Icou fait il ne faites mie, *puis 4 v. de discours* — 15 *S* confortoient (*v. f.*) ; *y* Tot li baron ; *P* la le c., *A* le conforterent — 16 *P* hors lemportent ; *x* Et hors de la place (*B* porte) le p. ; *A* F. de la p. le porterent — 17 *BP* len, *S* li ; *A* traient ; *xP* hors.

Et l'esloignent de sor le cors. (8720)

Li reis de Thèbes trés bien sot
6820 As criz et as plors que il ot,
Bien le sot as plors et as criz
Que Tydeüs esteit feniz.
Mout li fist grant mal en sa vie : (8725)
Ore enpense grant felonie,
6825 Car as Greus vout le cors tolir,
Que nel peüssent sevelir ; (8728)
Mangier le vueut faire a mastins
Et a voutoirs et a corbins ;
Après sa mort s'en vueut vengier (8729)
6830 Et a mastins faire mangier,
Car graignor duel cil en avront,
Quant as chiens mangier le verront.
Cil dedenz adobé se sont
Et s'en éssent tuit a un front :
6835 As portes veïssiez tal presse ! (8735)
Vers ses homes li reis s'engresse ;
Riant lor dit : « Bien nos estait :

6818 *y* Si leslongent ensus du c. ; *S* sesloignent de sur ;
x Esloingnie lont ; *C* desus — 19 *x* bien le s. — 20 *S* Al cri ;
x As braiz et as c., *P* As p. et as c. — 21 *x* as braiz et ; *P*
B. s. et as p., *A* Tres b. s. as p. — 22 *A* tiocles ; *P* ochis —
25 *S* voet, *x* volt, *A* velt, *P* vaut, — 26 *x* Qui nel, *A* Que il
nes, *P* Quil ne le ; *xy* puissent ; *A* sepelir, *Sx* enseuelir —
27-8 *m. à A* — 27 *CP* as, *B* aus ; *P* corbiaus — 28 *CP* as,
B aus ; *S* voltors, *B* veltrois, *P* ostoirs ; *P* et as oisiaus, *B* et
aus corbrins — 29 *A* se v. — 30 *xy* as — 31 *y* C. g. pesance
en aront ; *S* en meneront ; *x* C. ml't grant d. — 32 *P* as ors
— 33 *B* plus ceuz dehors s., *C* .vc. et plus s. ; *P* se s. a. — 34
x Hors, *A* Si ; *S* eissent, *xA* issent ; *SB* tout ; *B* a f. *(v. f.)* ;
A fors par le pont ; *P* Puis ke li rois la commande — 35 *A*
Au portal ; *S* tiele, *P* tel, *A* grant ; *x* A lissue fu grant la p. —
36 *Cy* seslesse, *B* sadrece — 37 *y* dist ; *A* bel li, *P* bien vous.

	« Menalippus a fait gent trait;	(8738)
	« A un cop a mort Tydeüs :	(8740)
6840	« Veez le cors gesir la jus.	(8741)
	« Qui de mei vueut aveir gent don,	(8743)
	« Ore le pré et le somon	
	« Que del cors tolir nos penon,	
	« Car, se aporter l'en poon	(8746)
6845	« Par force et par envaïson,	
	« A ceus de l'ost grant duel feron.	
	« N'avrai mais joie, se le mort	(8751)
	« Ne lor toil tot et ne l'en port. »	
	A tant cil laissent chevaus corre	
6850	Et se peinent del cors escorre.	
	Cil de l'ost grant duel demenoent,	(8755)
	Li plusor sor lui se pasmoent,	
	Quant virent venir ceus dedenz :	
	Adrastus del monter n'est lenz,	

6838 *xP* Menalipus, *A* Menelagus; *x* grant, *y* tel; *P* plait — 39-40 *y dével. en 4 v.* : Gent (*P* Grant) trait a fait menelagus *A* .j. cop ocist (*P* a mort) tydeus Vees (*P* Voies) la ius gesir le cors Ou le gardent icil defors (*P* v lesgardent cil de dehors) — 39 *S* A un trait — 40 *S* g. leus — 41 *Cy* grant — 42 *x* pri, *S* prie; *y* Proier li voel; *SxP* semon; *B* or le s., *P* et sel s., *A* tot a bandon — 43 *C* du mort, *A* de lui; *xA* penons, *P* penommes — 44-5 *m. à x* — 44 *P* le poomes; *A* poons — 45-6 *y dével. en 4 v.* : A cex de lost sera (*P* la estra) ml't lait De co que nos cou arons fait (*P* aromes f.) Ml't grant hontage lor (*P* honte leur en) ferons Et grans ramprosnes lor (*P* Et reprouier leur en) dirons — 46 *S* del host — 47 *S* Nauron; *A* Nen ara m. .j. iour deport — 48 *S* tol tol et ne len aport; *P* toil tout et si lemport; *A* Se ne lor tol et ne; *C* toill et ne len emport; tot *m. à B* — 49 *C* i l., *B* l. il, *A* l. lor — 50 *P* Ml't se p. de lui; *Cy* rescorre — 51 *S* del host; *Sx* demenoient; *A* en ont tel dolor, *P* ont tant grant d. — 52 *S* del doel; *Sx* pasmoient; *y* Que il sen pasment li pluisor — 53 *y* voient; *P* cil — 54 *y* Del (*P* De) m. nest a. l. (*A répète ce v. légèrement modifié* : Il ne fu pas d. m. l.).

6855 Il ne fut pas lenz del monter.
« Laissiez, » fait il, « le duel ester : (8760)
« Venir veez voz enemis,
« Qui Tydeüs vos ont ocis :
« Qui duel avra, or i parra,
6860 « Hardiement les requerra. (8764)
« Vostre grant duel vengiez ici : (8767)
« Del bien ferir n'aiez merci ;
« Guardez ne seiez esclenchier
« Del ferir ne del detrenchier. » (8770)
6865 Polinicès se pasme et plore,
Mais li reis li est coruz sore :
« Laissiez, » fait il, « ester le plor.
« Se tu as de sa mort dolor,
« Venge le vers ceus qui mort l'ont (8775)
6870 « Et qui entre eus grant joie en font ;
« Guart que la joie et la baudor
« Lor faces torner en tristor. (8778)
« Tu le deis vengier es estors

6856 *P* cest d. — 57 *x* Veez v. noz annemis ; *A* Ves chi v. nos ; *P* Laissies v. — 58 *A* tioclet ; *xA* nos — 59 *S* bien pareistra ; *x* Or i. p. q d. a., *y* Q. d. en a sel (*P* si) laist veir — 60 *C* Et qui h. ferra, *B* Et h. le fera ; *y* As cols recoiure (*P* doner) et al ferir ; *A* aj. 2 v. : Se vous lamastes or i paire Que grant vengance en puisson faire — 61 *x* Nostre ; *C* venion, *A* vees ; *B* vencherons ci — 62 *P* De ; *x* naions ; *A* Naies d. b. f. m. — 63-4 m. à *P* — 65 *A* D. bien f. d. d. — 66 *A* Et ; *S* coru ; *A* a corut — 67 *S* Laisse ; *x* cest p. — 68 *P* del m. grant d. ; *xA* Se de sa (*A* la) m. auez d. — 69 *S* V. le veiez ceux (*v. f.*) ; *x* Veez venir cex ; *y* Vengies (*P* Venges) le tost que (*P* car) cil lont m. — 70 *B* Et q. tres g i. ; *S* i. en ont, *C* i. f. ; *y* Que (*P* Grant) i. en ont et grant deport — 71-2 m. à *P* et 73-4 à *A* — 71 *x* Guardez leur i. et lor b. ; *A* Lor grant leece et lor b. — 72 *S* face, *x* faites ; *A* Lor atornes hui a dolor — 73 *B* venchier ; *S* as estors.

« Sa femme deit plorer toz jorz :
6875 « Femne et enfant deivent plorer, (8779)
« Et chevaliers granz cous doner.
« Mainte gente chevalerie
« A fait cist por tei en sa vie ;
« Por ta guerre et por sa grant fei
6880 « Est morz li ber, ço peise mei : (8784)
« Or refai guerre por s'amor,
« Non por terre ne por honor.
« Se te voleient t'onor rendre,
« Ne la devreies tu mais prendre,
6885 « Jusque sa mort aies vengiee
« Et ta guerre bien avengiee. »
Polinicès a quauque peine (8785)
Se conforte del duel qu'il meine ; (8786)
A quauque peine se conforte,
6890 Monte el cheval, que tost le porte :
Mout sont dolent il et li reis, (8787)
Mais hué ferront granz cous maneis.
Li autre ferront ensement :
Le rei sivent hardiement ; (8790)

6874 *S* Et la f. p. ; *x* en d. — 75 *A* Frances femes d. — 77-8 *m. à P* — 78 *x* cestui p. t. sa v. ; *S* Fist ia ; *A* F. il p. t. ens en — 79-80 *y diffère :* Cou est por toi quist (*P* kest) mors li ber De lui vengier te dois pener (*P* Certes m̄l't fait a regreter) — 79 *x* P. ta terre et par — 80 *S* bers — 81-6 *m. à A* — 81 *SB* Ore fai ; *P* Or guerroie p. soie a. — 82 *S* Ne ; *C* non p. h. — 83 *SxP* Sil ; *B* deuoient — 84 *S* deuries ; *x* tu pas p. ; *P* Nel dueueroies iamais p. — 85 *P* Dessi ke soies bien vengies ; *B* venchiee, *S* vengie — 86 *S* auengie, *x* afinee ; *P* Et ken soies b. esclairies — 87 *S* qualque, *x* quelque, *y* m̄l't grant — 89-90 *m. à y* — 89 *Sx* quelque — 90 *x* qui — 91 *P* Trop st' ; *A* est dolens — 92 *S* M. oi, *P* M. ia, *A* Car ia, *x* Des or ; *A* g. et rois (*sic*) — 93 *S* Liu ; *C* autres ; *P* i f. ; *B* feront ; *A* Et li a. tout e. — 94 *x* Leur r. ; *S* seuent, *B* sieuent (*de même au v. suivant*).

6895	Hardiement sivent le rei,	
	Car il comence le tornei.	
	O Creon a joint Adrastus,	
	Et si l'a mis del cheval jus :	(8794)
	Se ne li fust Creon escos,	
6900	Sempres le feïst del chief blos.	
	Cil de l'ost dient en grezeis :	(8795)
	« Ja ne deüst veillir li reis :	
	« Veez com legiérement joint !	
	« Bien eslaissiez est et bien point. »	
6905	Polinicés joint o son frére :	
	Mar fussent il onc né de mére,	(8800)
	Car mout s'entreportent grant iré	
	Et mout se vueulent entrocire.	
	N'ert encore venue l'ore :	
6910	Li dui frére se corent sore ;	
	Mout s'entrefiérent volentiers,	(8805)
	N'i a escu qui torge entiers ;	
	Li escu sont bien enfondré,	

6895-6 *m. à P* — 95 *B* lor roy — 96 *C* commenca — 97 *y A* c., *B* Outre a *(v. f.)*; *C* assemble, *y* iosta — 98 *x* Sempres la ; *P* Si kil le mist ; *A* Quil len porta a tere i. — 6899-6900 *m. à A* — 99 *S* lui ; fust *m. à B* ; *x* creons ; *C* estors, *P* tolus — 6900 *C S.* leust ocis et mors ; *P* Del c. volast s. li bus — 1-4 *m. à P* — 1 *S* del host — 2 *S* veiller, *x* morir ; *A* Ml't belement le fait li r. — 3 *A* c. belement il point — 4 *S* B. eslaissier et *(v. f.)* ; *xA* Ni a mes nul (*B* m. .j., *A* .j. seul) qui ; *x* tant se point, *A* si b. ioint — 5 *x* ioint a, *A* point a, *P* iouste a — 6 *P* ainc ne de m., *S* ne dune m. ; *xA* Mal f. onques nez *(BA* ne) — 7-10 *m. à P* — 7 *A* C. il se portent si g., *x* M. se p. entrex (*B* entres) g. — 8 *A* Que il se — 9 *C* Niert ; *B* venu lor rore ; *S* Nesteit unqore venu ; *A* Mais nest e. — 10 *x* Quant li f., *A* Par grant ire — 11 *P* Trop ; *S* M. se ferissent — 12 *x* Ni ot ; *C* questorde, *B* retourt, *A* qui soit, *P* ki tort — 13 *A* Lor ; *y* esfondre, *x* enferre.

Mais li hauberc sont bien serré,
6915 Li hauberc sont serré et fort,
Qui les guarissent bien de mort. (8810)
Lor maisniee s'est entre eus mise :
Colee i ot donee et prise ;
Mainte gente chevalerie
6920 Ot fait sempre en la praierie ;
D'ambedous parz est grant la gent, (8815)
Bien i reluist or et argent.
Tuit s'espandirent par la pree,
Que mout esteit et longe et lee :
6925 Une grant live et plus, ço crei,
Durent bien li renc del tornei ; (8820)
Cil qui érent el cor senestre
Ne sévent que font cil del destre.
Polinicès est o le rei :
6930 Plus crent il de lui que de sei.
Onc ne departirent le jor, (8825)
Li uns guarda l'autre en l'estor :
Par le tornei ensemble vont,
En la grant presse ensemble sont ;
6935 Il et li reis ensemble poignent,

6914 *A* lor; *P* furent s.; *B* s. fort, *C* s. ml't — 16 *S* guarirent, *y* garandist; *C* garantissent de m. — 17 *Sy* maisnie, *C* mesnie; *BA* entremise; *P* i st' loes mise — 18 *y* Mainte c. i ont ia (*P* ont illoec) p. — 19 *A* M. rice — 20 *S* sempres; *C* f. enmi la; *B* prarie; *y* I ot f. en (*P* faite ens) — 21 *S* genz, *P* gens; *A* Dambe pars fu g. li contens — 22 *CP* Ml't; *SP* ors; *x* argent; *A* Pollinices fu mout dolens — 23-4 *et* 27-40 m. à *P* — 23 *x* Cil; *A* Lor gens sespandent — 24 *xA* Qui; *x* longue; *A* estoit grans et forment l. — 25 *S* lieu, *B* lieue; *y* ie c. — 26 *C* le r.; *y* D. li r. de (*P* en) cel t. — 27-8 m. à *x* — 27 *A* au c.; *S* corn — 28 *A* pas c'on fait a d. — 30 *S* crieint, *A* crient, *x* craint; *A* P. se c. de — 31 *A* Ainc; ne m. à *S* — 32 *S* Luns; *x* Lun deus lautre garde (*B* g. l.) — 33-6 m. à *x*.

Il et li reis ensemble joignent. (8830)
El cor senestre esteit li reis,
Ou joint sovent et fiert maneis,
Ypomedon el destre a val :
6940 En l'ost n'aveit meillor vassal.

Ypomedon est de ça jus, (8835)
Le cors guarde de Tydeüs.
La veïssiez granz torbes corre
De ceus dedenz al cors escorre :
6945 Li reis de Thèbes mout se peine,
Al cors escorre grant gent meine, (8840)
Al cors tolir meine grant torbe;
Ypomedon le li destorbe;
Ypomedon le li defent,
6950 Granz colees i done et prent ; (8844)
De granz colees i fait change :
Pieç'a n'oïstes si estrange.
Ypomedon ot grant maisniee,
De bataille bien enseigniee ;
6955 Il sont bien mil et plus, ço cuit,
De sa terre natural tuit :

6936 *A* En le grant presse — 37 *B* El cors, *C* V tour — 38 *x* Ou se combat; *A* Ou fiert s. o les griiois — 39 *A* estoit a, *B* en lestre a — 41 *S* e. de ceux (*v. f.*), *x* e. la deues, *P* estoit cha ius; *A* De cex dedenz fu ml't cremus — 42 *y* gardoit, *x* desfent — 43 *y* grant torbe — 44 *xy* rescorre — 45-6 m. à *x* — 46 *A* Del; *y* rescorre — 47 *xA* rescorre vait (*B* court, *A* a ml't) g. t. — 48 *x* le leur, *A* ml't le, *P* trop le — 49-52 m. à *P* — 49 *x* le leur, *A* bien le — 51-2 *A* *diffère*: Cil dedens voelent le cors prendre Et cil se painent del desfendre — 51 *x* font changes — 52 *C* Ainz ne veistes; *x* estranges — 53-8 m. à *A* — 53 *x* Ml't a li quans (*B* cuens) bone; *SxP* mesnie — 54 *P* De conroi bien apparellie; *Sx* enseignie — 55 *CP* ie c. — 56 *x* naturel.

	Nul de ceus n'estuet sooner	
	Por granz cous sofrir et doner.	
	Descendre en fait l'une meitié,	(8853)
6960	Bien en a mis cinc cenz a pié;	
	Bien en sont cinc cent descendu :	(8855)
	As vos le cors mais desfendu.	
	Si come il cuident et il dient,	
	Ne lor toudront, se nes ocient;	
6965	Ne lor toudront, ço cuit, mais hué,	
	Ainz en perdront de sanc un mué.	(8860)
	Ypomedon sot de conrei :	
	Il ot esté en maint esfrei.	
	Geude a faite de chevaliers,	
6970	De bachelers, des plus legiers;	
	Set cenz en ot bien a cheval :	
	Cil sont chevalier natural,	(8866)
	Bacheler sont et gent legiére :	
	N'a en l'ost compaigne tant fiére,	
6975	Tant seit crente ne tant dotee,	
	Ne qui tant bien seit conreée.	
	Cil dedenz espandu se sont :	(8867)
	Par le tornei proeces font,	

6957 *C* seonner, *B* sonner, *S* soner; *S* N. de touz ceux; *P* Il ne se voelent pas semondre — 58 *S* ferir et d.; *P* Nen estoet pas nullui respondre; *y aj.* 6 v. — 61-2 m. à *P* — 61 *B* .v. cens, *S* cin cenz, *Cy* .v^c. — 62 *B* mainz, *C* miex, *A* bien — 64 *y* sil — 65-6 m. à *P* — 65 *S* Nel; *A* Ne l. poront m. tolir h.; *S* oi, *xA* hui — 66 *A* espandront; *S* moi, *xA* mui — 68 *S* Il ad, *A* Et ot; *S* effrai, *y* tornoi — 69 *B* Garde a route ; *S* Ielde, *A* Geudons; *Sx* des — 70 *SxA* Des b. — 71 *C* .v^c., *B* cienc cens; *P* ont; *A* en i ot, *x* en a b. — 72 *x* Tuit; *y* Qui (*P.* Cil) s. hardi et prou (*P* boin) vassal — 73-6 m. à *y* — 73 *B* genz — 74 *x* Em bataille (*B* En besoingne) hardie et f. — 75 *S* criemte; *x* Ni a compaingne t. d. (*B* compaignon t. doute); *S* dote — 76 *C* t. s. b., *B* soit si b.; *C* conraee, *B* conrae, *S* conreie.

        Et n'en sont remés o le rei
6980   Que dui mile, si com jo crei.   (8870)
        O tant de gent com li reis ot,
        Les empressa tant com plus pot ;
        Et ne lor lut pas torneier
        Ne traverser ne champeier :
6985   De dreit joignent tuit a un front,   (8875)
        Les compaignes jostees sont.
        Quant les lances lor sont faillies,
        Traient les espees forbies :
        La veïssiez aspre vespree,
6990   Mainte colee i ot donee,   (8880)
        Et mainte en i veïssiez prendre,   (8883)
        Le cors tolir et fort defendre.   (8884)
        N'aveit mie grant gent li dus,.   (8887)
        Li reis en aveit assez plus ;
6995   Mais cil l'aveit mieuz ordenee,
        De bataille mieuz conreée.   (8890)
        Des coreors, qui vont avant,
        I feit li reis perte mout grant ;

6979 *B* Et un en y ot o le roy — 80 *B* Qui y fist maint bon esfroy — 81 *y* A; *C* comme il plus pot ; *P* ke li; *B* Ou tant auoit honnour et loz — 82 *A* empira, *x* emprisa, *P* c. il plus p., *A* le p. quil p., *B* que p. ne pot, *C* que li rois ot — 83-4 m. à *P* — 83 *S* liut, *C* fait; *A* laissa t.; *B* Et ne les p. t. *(v, f.)*; — 84 *C* trauersier, *A* trauesser ; *B* ne trebuchier — 85 *S* Ne d. i. tout; *C* ioustent t., *A* iosterent — 86 *P* Lour — 89 *C* mellee; *B* aspres mellees — 90 *B* Maintes colees ont donnees, *A* Maint cop i ot feru despee, *puis 2 v. spéciaux* — 91 *y* Maint dur *(P* grant*)* cop i; *B* M. colee v. *(v. f.)*; *C* M. c. i voit on rendre — 92 *C* Au c. assaillir et d., *B* Al c. t. et au d. ; *y aj. 2 v.* — 93 *B* granz genz ; *y* gens — 95 *S* M. il aueit; *y* M. ele *(P* cele*)* estoit ; *A* mix conree, *P* bien o. — 96 *A* Por b.; *x* conraee, *SA* conree, *P* coree — 97-8 m. à *P* — 97 *S* corroers, *C* coureors, *B* conreis *(v. f.)*, *A* fereors ; *S* que ; *A* sont deuant — 98 *C* A fait, *S* I fist.

	Grant perte i firent li reial,	
7000	Car li chevalier a cheval,	
	Si come il joignent, les desrochent;	(8895)
	Li armé de pié les acrochent :	
	Ceus prènent, et qui chiet des lor,	
	Il le socorent de vigor.	(8898)

7005	Li reis de Thèbes vit trés bien	(8941)
	Que par force n'i fera rien ;	
	Apeler fait un chevalier	
	Que il ot pris des Greus l'autr'ier :	
	Ostagiez esteit par retor,	(8945)
7010	Mais il fu quites icel jor.	
	Li reis le vit, si l'apela :	
	« Va mei, » fait il, « a ceus de la.	
	« Di lor que cil desconfit sont	
	« Qui la torneient de d'a mont :	(8950)
7015	« Li reis est pris, et Greu s'en vont ;	
	« Se nel socorent, perdu l'ont.	
	« Assez lor porras faire acreire,	

6999 *S* perde; *A* fisent, *P* font ml't; *S* liu r. ; *x* P. f. g. li r. — 7000 *S* liu; *x* C. nen remest nul (*B* nulz) a c. — 1 *S* derr.; *x* Ainsi com il poingnent et brochent (*B* i. et broichent);*y* Ioustent a eus (*P* aus) et boutent ius — 2 *x* Li honmes a (*B* de) p.; *B* acroichent, *S* arrochent; *y* Et cil a pie lor corent sus — 3 *x* Iceus prannent qui — 4 *P* Il les, *S* Il lui; *x* Et sentraident par v.; *y* aj. 2 v., *puis A 26 et enfin y 14 (P 12), pour décrire le combat* — 6 *P* Que prouece; *x* feroit — 7 *C* fist — 8 *S* Qil (v. f); *B* Que on; *A* Quil ot pris des griiois l. — 9-10 *interv. dans x* — 9 *x* sestoit; *S* retorn — 10 *A* ert; *P* iert q. par cel i.; *S* iorn; *x* Em prison lot tenu meint ior — 12 *B* me; — 14 *y* Q. t. dela cel mont; *B* Que ie (sic) tornoiement donront — 15 *x* o tot sen v.; *A* Griu en v. et li r. e. p. — 16 *B* Sil, *P* Se; *S* secourent, *xP* secorent; *A* Sil na secours ia ert ochis — 17 *S* A. le lor poez.

« Car bien semblera chose veire.
« Se il se remuent por tei, (8955)
7020 « Jo te quiterai de ta fei ;
« Et se tu vueus remaindre o mei,
« Retendrai tei, si com jo dei,
« Et te dorrai mout grant conrei ;
« O se ço non, d'içō me crei, (8960)
7025 « Par les dous ueus dont jo te vei,
« Ne verras mais oan tornei,
« Ainz vivras mais a male lei,
« Assez avras et fain et sei. »
A tant cil point le palefrei,
7030 Semblant fait que vienge del rei ; (8966)
Del rei vient, si come il afie ; (8969)
Ypomedon apèle et crie ;
Ypomedon sovent apèle :
Dire li vueut pesant novèle.
7035 Ypomedon est en la presse,
Ou il ne fine ne ne cesse ;
Ceus dedenz ocist et abat (8975)
Et hardiement se combat :
Cil vient avant, plore et sospire,

7018 *y* resanle — 19 *C* sen, *B* ne — 20 *x* taquiterai ; *y* Tu seras (*P* soies) cuites par (*P* de) ta f. — 21 *B* Et se v. retourner o m. ; *y* remanoir chi — 22 m. à *x* ; *A* Receurai t. ; *y* por voir le (*P* te) di — 23 *y* Si ; *S* m. gent, *A* rice — 24 *S* si ; *x* Et se nel fes, *y* Se tu n. f. ; *xy* de ce — 25 *x* P. ces miens eulz (*B* yex) ; *y* P. mahom et par (*P* mahommet et) teruagan — 26 *P* venras ; *y* t. m. (*P* m. t.) awan ; *C* tornai — 27 *S* Tu v. ; *x* Aincois v. (*B* venras) a ; *A* Certes a m. fin verras, *P* Saiches ka m. foi viuras — 28 m. à *x* ; *S* faime, *A* faim ; *y* Et f. et soif a. a. — 30 *y* Et f. s. quil vient ; *A* aj. 2 v. — 31 *B* v. il si c. il cie — 32 *x* en haut escrie — 33-4 m. à *P* — 33 *x* huche et a. — 34 *A* une n. — 37 *y* Car c. d. fiert et ; *B C*. deboute hurte et — 38 *y* Comme preudon (*P* prodons) bien se c. — 39 *y* p. s. ; *C* sopire.

7040 Et ses cheveus arrache et tire :
« Sire », fait il, « que fais tu ci ?
« Aies, por Deu, del rei merci ; (8980)
« Laisse les morz, aiue as vis,
« Car cil de la ont le rei pris ;
7045 « Aies, por Deu, merci del rei,
« Que il ont pris a cel tornei ;
« Aiue al rei, a ton seignor, (8985)
« De cui tu tiens tote t'onor :
« Se ne te hastes del socorre,
7050 « Tu n'i porras ja mais escorre ;
« Sel laisses mener a la gent,
« Del socorre iert ja mais neient. » (8990)
Ypomedon ot la novèle,
Poez saveir ne li fu bèle ;
7055 Bien creit iço que cil li conte,
Car il esteit fiz a un conte
Et des mieuz nez homes de Grece :
Sis pére esteit cuens de Melece. (8996)

7040 *x* S. c. enrache et detire (*B* saiche et decire) ; *y* trait et detire — 41 *S* face — 42 *S* Aiez ; *A* du r. p. d. ; *C* P. d. a. du ; *B* Ailles prendre del — 43-4 *m. à B* — 43 *y* le mort ; *A* aieue, *SCP* aide ; *P* les v. — 44 *A* dedens — 45-6 *m. à xP* — 46 *A* Que cist — 47-8 *m. à P* et sont placés dans *S* avant -43 — 47 *m. à B* ; *S* Aie ; *C* Aides au r. t. s. ; *A* Se croi le roi et t. — 48 *S* De qi tu tenez tout, *B* De ce ferai toute ; *A* tiens quite — 49 *x* Sor ; *P* Se tu ne ; *B* de sescoure ; *S* socorrer — 50 *S* acorrer ; *x* Tu ne leur p. m. rescorre (*B* escoure) ; *y* verras iames a ore — 51-2 *m. à P* — 51 *S* Sil ; *x* Se len l. aler (*B* mener) leenz, *A* Se tu le lais m. laiens — 52 *xA* De lui rescorre est (*B* iert, *A* ert) puis neenz (*A* mes noiens) — 54 *S* lui — 55 *x* Il c. b. [ce que il ; *S* ceo (v. f.), *A* tot çou ; *P* ke cieus ; *S* lui — 56 *x* Pour ce quil ert filz a un (*B* amis au) c. — 57-8 *m. à P* — 57 *x* de toute g., *A* h. de crete — 58 *S* Son piere ; *x* Son pere fu ; *B* millece, *A* milete ; *C* dennelece.

	Ypomedon as suens escrie,	(8997)
7060	Toz ses homes a sei alie :	
	« Mieuz vueil, » fait il, « perdre la vie	(8998)
	« Que Grece seit issi honie ;	(8999)
	« Mieuz vueil estre pris o le rei	(9001)
	« Que il l'en meinent ja senz mei. »	
7065	Le cors comande a ceus de pié ;	
	Si com cil lui ot enseignié,	
	O ceus que il ot a cheval,	(9005)
	Se mist li ber par mé un val.	
	Par le val vait celéement,	
7070	Et fist i mout grant hardement,	
	Car chevaliers n'ot que set cenz,	
	Et trespassa toz ceus dedenz.	(9010)
	Tant come il chace la folie,	
	Etioclès pas ne s'oblie :	
7075	A toz ses homes quiert aiue,	
	Et sa gent li est mout creüe ;	
	Le cors toli par poesté,	(9015)
	Si l'en porta en la cité.	
	Cil de Thèbes mout s'en glorient	
7080	Et sor le cors joent et rient ;	

7059 *x* les siens — 60 et 62 *m. à x*; 60 *m. à y* (*voy. au v.* 7062) — 61 *P* M. f. il p. vuel le v. — 62 *P* ensi h., *A* h. ensi ; *y aj.* ce vers (*en remplacement du vers supprimé*) : Poignies baron ne targiez ci (*P* mie) — 63-4 *m. à P* — 64 *B* Q. il en m. lui, *A* Q. ia l en m. pris, *C* Quil l en m. leanz — 65 *C y* a pie — 66 *B* il lor ot, *C* il leur fu, *y* icil lont (*P* lot) — 67 *A* il sont ; *x* O tant com en ot — 68 *x* met; *P* Sest mis; *S* bers — 69 *S* la; *y* va — 70 *x* f. .j.; *A* Et si f. m. — 71 *x* cinc c. — 72 *x* Si — 73 *A* Entrues quil kaca; *P* caica — 74 *A* Li rois de Tebes ne s. — — 75-6 *m. à x* — 76 *A* Et ml't de g. li est c., *P* Et m. li est sa gens c. — 78 *S* Et; *A* le p. — 79 *y* Icil dedens; *x* m. fort sescrient (*B* escrient), *P* m. sen esioient, *A* m. sesioioient — 80 *y S*. le c. vienent si (*P* iuent et) rioient; *x* sus.

Les femnes forment le maudient
Et de pitié plorent et crient : (9020)
Remembre lor de lor amis
Que Tydeüs lor a ocis ;
7085 Li dueus comence a remembrer :
Le cors vuelent tot desmembrer. (9024)
A grant force l'escost li reis (9027)
Et as femnes et as borgeis ;
A cinc cenz sers li reis le livre :
7090 S'il le perdent, n'en pueent vivre. (9030)
Li serf s'en vont a une part,
Traïnent le o une hart.
Cil de l'ost le veient d'un mont :
Poëz saveir grant duel en ont ;
7095 Quant il le virent traïner (9035)
Et a grant honte demener,
Dolent en sont, nel quier retraire ;
Grant duel font, ne pueent al faire.

Li franc baron de Calidone,
7100 Qui érent de son patremone, (9040)
Si home lige natural,
Cil font duel, onc n'oïstes tal.

7082 *A* Por lor parens — 83 *y* Ramembre — 84 *x* leur ot, *A* auoit — 85 *x* Lor deul c. r. ; *y* Prendent lor (*P* le) d. a ram. — 86 *B* dem. ; *P* aj. 18 v., *dont les 2 derniers sont aussi dans A* — 87 *S A* g. esfors lescolt ; *B* lesclot, *C* le tolt ; *y* Mais ca f. le taut — 89 *P* A. v^c. de ses s. le l. — 90 *P* Que sel ; *xA* ne — 92 *S* len ; *C* Trainne lont, *A* Sel t., *P* Le cors traient ; *xy* a u. — 93 *S* del host ; *By* du m. — 94 *x* S. p. ; *S* qe g. d. o. ; *A* en font — 96 *x* Et a si g. let, *A* Et issi vilment — 97 *y* Tel doel en font n. puis r. — 98 *S* ount ne poont ; *x* nen ; *Sx* el ; *y* Et (*P* Mais) ne seuent quen (*P* ke) puissent f. — 7100 *xP* ierent ; *S* patrimoine, *x* patremoine — 1 *P* Et h. — 2 *x* D. f. onques ; *A* Il f. d., *P* Tel d. f.

  Al rei trametent un message,
  Un chevalier mout proz et sage :
7105 Préent lui que le cors lor rende;   (9045)
  Se ço ne vueut, si le lor vende.
  Aveir en puet mout grant tensor :
  Peseront lui dez feiz a or,
  Et li dorront son bon cheval,
7110 En tote Grece n'a ital.   (9050)
  De lor aveir li reis n'ot cure :
  Ne laira al cors sepouture,
  Ne nel laira en terre metre,
  Por rien que li sachent prametre.
7115 Il n'i ot plus : li mes s'en torne,
  Le respons dit; cil en sont morne.   (9056)
  Al bien matin sont esveillié   (9061)
  Et furent tuit apareillié ;   (9062)
  Al rei sont alé congié querre,   (9065)
7120 Car aler vuelent en lor terre :
  Il n'estoient pas de s'onor,

7104 *P* Et preu, *A* P. c. hardi; *B* m. par est saige — 5 *Sx* Prient, *A* prie, *P* proie; *SB* P. li; *A* li r. — 6 *A* Sil ne le velt faire sel v., *P* Sil nel vuelt f. si l. *x* Ou se ce non quil *(B* il) le — 7 *S* bien gent, *B* .j. grant; *A* A. en aront .j. t.; *Sxy* tresor — 8 *Sy* li, *B* le; *S* dis fez; *y* .x. fies dor — 9 *y* Et d. leur *(P* li) *S* Et len denront — 10 *y* not; *S* nauoit tal; *les 8 v. qui précèdent sont répétés dans S en tête de la colonne qui suit* — 11 *x* na li r. c. — 12 *y* Nau cors; *A* ne donra; *SBP* sepulture, *C* sepoult. — 13 *A* Ja nel, *P* Il n.; *x* Nel lessera — 14 *x* quil len *(B* en); *A* con li face p.; *P* P. cose con li puist p.; *S* pmettre (p *barré*), *xy* prom *y* — 15 *C* le m. — 16 *y* dist; *P* et c. sen torne; *y aj. 4 v. et S 6 v. indépendants* — 17 *y* Et quant tot furent *(P* f. t.) esuillie — 18 *x* De laler t.; *y* Et f. bien a., *puis 2 v. spéciaux* — 19 *C* veut aler — 20 *S* Qar torner; *P* kaler sen v. — 21 *Sx* Il norent mie de seignor.

  En l'ost érent o lor seignor ;   (9068)
  Il est morz, vuelent s'en torner :
  N'ont mais illuec a sojorner.
7125 Mil et cinc cent furent et plus   (9069)
  En la compaigne Tydeüs :
  Ensemble vinrent a cheval
  Jusque davant le tréf reial ;
  Dolent et trist et tuit pensif,
7130 Et descendirent soz un if.
  Del tréf eissi contre eus li reis ;   (9075)
  Iluec refu li dueus toz freis :
  Contre le rei li baron plorent,
  Contre val les lairmes lor corent ;
7135 Plorent et plaignent lor damage,
  Por poi de duel ne vont en rage.   (9080)
  Li reis esprent d'ires et art :
  Por poi que li cuers ne li part ;
  De son ami grant duel aveit,
7140 Et ot pitié de ceus que veit ;
  Uns si granz deus li est venuz   (9085)

7122 *P* ierent a ; *S* a grant dolour ; *x* estoient a (*B* en) doulor — 23-4 m. à *A* — 23 *C* mort — 24 *P* ke s. ; *x* Car mal (*B* mar) lor est le ; *xP* seiorner — 25 *B* cienc ; *S* cenz ; *CA* .v^c., *P* .vij^c. — 26 *x* De la — 27 *C* li roial — 28 *B* Jusques, *P* Duske ; *A* Tot droit d. le tre — 29 *S* t. tout *(v. f.)* ; *P* tristre et p. ; *x* D. estoient et p., *A* Ml't sont d. tristre p. — 30 *xA* Si ; *A* Si saresterent sor, *P* D. desous — 31 *B* De lost ; *S* eissit, *xy* issi ; *B* c. et li r. ; *C* c. le — 32 *x* Lores ; *S* tout — 33 *x* Deuant le — 34 *y* Et (*P* En) c. v. les larmes c. ; *x* Les l. c. v. lor c. ; *Sx* lermes — 35 *x* lor seingnor — 36 *y* A poi... a r. ; *x* Dont il orent au cuer doulor — 37 *y* de duel ; *x* Dire sesprent li r. et a. — 38 *A* A p. que ses c. ; *S* P. vn p. liu ; *x* P. pou q. ; *S* liu c., *C* le cuer ; *P* P. p. li c. tous ne — 40 *S* de eux qe ; *A* Et a p., *P* Et p. a ; *y* de cou quil v. ; *x* Et p. de c. q. il v. (*B* quil veoit) — 41 *C* .I. si grant deul.

           Ja chaïst, se ne fust tenuz.   (9086)
           Li seneschaus parole al rei :
           Congié prent as suens et a sei.
7145   Capaneüs cele part vait,
           A une part le rei atrait ;   (9094)
           A ceus dit : « Atendez un poi :   (9095)
           « Ne s'est li reis conseilllez joi.
           « Sire, » fait il, « dirai tei veir,   (9103)
7150   « Si com jo cuit et jo espeir :   (9104)
           « Se s'en vont, tu iés confonduz,   (9105)
           « Et as tes homes toz perduz.
           « Nostre gent est mout esbahie,   (9109)
           « Car perdu ont mout grant aïe ;   (9110)
7155   « Cil de la sont aseüré,
           « Et li nostre tuit esguaré :
           « Se cist s'en vont si freschement,
           « Et li autre tot ensement ;
           « Dira l'on que nes pues tenir

7142 *y* Quil; *B* cheist; *xy* sil; *C* fu; *A* remus — 43-4 *y* dével. en *4 v.* : Li s. a ml't grant paine Se puet tenir du (*P* de) doel quil maine Il demande congiet au roi Por (*P* A) ses compaignons et por (*P* a) soi ; — 43 *S* parle oue le r. — 44 *C* a siens, *B* aus suenz; *S* oue sei — 45 *y* dével. en *3 v.* : Quant cou entent C. Quil ne voelent demorer (*P* seiorner) plus Dolans en est c. p. v. (*P* D. est c. p. sen v.) — 46 *S* ad le r. t. — 47 *C* quatent (*v. f.*), *B* quatendent; *y* a d. estes .j. p. — 48 *x* Ne set lor roi conseillier ioi; *y* Car ie vaurai (*P* Jou vuel .i. poi) parler au roi, *puis 6 v. spéciaux* — 49 *B* te voir — 50 *S* quide et com iespeir; *x* pens, *y* croi — 51 *Sx* Sil; *SxA* es; *y* Se il sen v. tous es (*P* ies) desfais — 52 *x* Et touz t. h. as p. (*B* esperdus); *y* dével. en *3 v.* : Ja tex (*P* tes) h. naueras (*P* ne tenra) mais Ja nus de lost nen ert tenus Tost les aras trestous p. — 53 *y* gens — 55 *P* decha; *S* molt assure — 56 *S* tout esguarre, *x* ml't esfrae; *y* Et li no (*P* Li nostre) sont espoente — 57 *P* faitement — 58 *S* liu a.; *x* Li autres (*B* autre) feront e., *P* Li a. ensi t. e. — 59 *S* D. len qe ne les (*v. f.*); *x* Len d.; *y* Si d. on nes puet.

7160 « Et que tu vueus t'ost departir. (9116)
« Se entre nos liéve une bruide,
« Mout par est fous cil qui ço cuide
« Que mais puéssent estre tenu :
« Por neient serron ça venu ;
7165 « A grant honte et a grant desrei (9123)
« Nos en verreiz torner, ço crei.
« La enz ont grant chevalerie, (9125)
« Mout ont grant gent et bien hardie :
« Ne cuit, si Deus me beneïe,
7170 « Que vos en torgiez senz folie.
« Tant com li dueus et li damages
« Est freis, mout serra granz folages,
« S'en laissiez aler ceste gent :
« Done lor pro or et argent (9132)
7175 « Et retien les en ta maisniee, (9135)
« Tant com ta gent est esmaiee ; (9136)
« Quant li siéges iert afermez (9139)
« Et nostre dueus iert amermez,

7160 S Et qe velz ton ost d.; xA Et q. ton o.; A veut, B fais — 61-4 y dével. en 6 vers (v. App. III) — 61-2 m. à C — 61 B bruie — 62 B q. ia ce cuie — 63 S puisson; C Mes ne porront — 64 S nient, C neant, B vaincu; x sommes — 65-8 m. à P — 66 B verrois, SC verrez; x aler; A N. conuenroit partir ie c. — 67 B Laienz, A -ens, C Leanz; x a, A ot — 68 B ot; A garnie — 69 y quic; A que ia ce mest auis — 70 S torgeiz; x Q. nous em parton (B en partons); P Ken estordons s. grant aie; A Puisse de chi estordre vis — 71 y est fres icis d. — 72 xy seroit; S s. m.; y M. par s. grans li f. — 73 xy Sen; S lassez — 74 x Donnez leur m'lt, y Dones lor tant; A aj. 2 v. — 75 P Et tenes les en, A T. le gent o; y vo m.; x de ta; Sy maisnie, x mesnie — 76 S c. tant ta (v. f.); P li gens; A ele e. si esbahie; SBP esmaie, C esmarrie; y aj. 2 v. — 77 SCA ert, P est; A afremes, P afremer, x afinez — 78 xP Et li (P nos) d. ert (BP iert) amesurez, A Li d. sera auques fines.

« Ça avant entre qu'a dous meis,
7180 « Que li dueus ne serra tant freis :
« Se ne vuelent o tei ester,
« Donc s'en porront mout bien aler. » (9144)
Li reis dit : « Bien poez saveir
« Ja n'i remaindront por aveir : (9148)
7185 « Riche home sont et averos
« Et del torner mout desiros.
« En autre sen les estuet fraindre
« Et par engiegn faire remaindre. » (9152)
Li reis nes vout plus demorer ;
7190 A eus vient, comence a plorer :
« Seignor, » fait il, « plorer poon : (9159)
« N'est merveille se nos ploron ;
« Jo de mon gendre ai grant dolor,
« Et vos de vostre chier seignor.
7195 « Fait a Deus son comandement :
« En lui n'a mais recovrement.

7179-80 *m. à x* — 79 *y* Cha en a. dusca .ij. m. — 80 *y* Et q. cis d. (*P* Q. icis d.) s. plus f. — 81 *xy* Sil ; *P* od nous ; *C* aler ; *A* plus demorer — 82 *y* Dont ; *A* se ; *P* m. miex ; mout *m. à S* ; *A* mix retorner ; *x* Lores sem p. b. a. — 83 *C* dist ; *y dével. en 3 v.* : Li r. respont ne (*P* nen) sai que dire Que (*P* Car) grant doel ont et ml't grant ire (*P* fort empire) Et si p. tres (*P* or) b. s. — 84 *x* ne ; *P* Ne r. ia ; *y* remanront ; *A* Que ia ni r. p. voir — 85 *A* R. gent s. ; *y* et dangerex, *B* assez ailleurs — 86 *P* de ; *C* Et daler ent, *B* Et deulz aler ; *xP* couuoitex — 87 *x* senz, *y* sens — 88 *S* engin, *y* amors ; *x* Que pour auoir ; *y aj. 2 v.* — 89-90 *y dével. en 4 v.* : Li r. repaire a ex (*P* chiaus) ariere Liaue li cort parmi (*P* aual) la ciere Et (*P* Il) commence si a plorer Que a paines pooit parler (*P* A p. poet .i. mot soner) — 91 *Sx* Seignors ; *x* dit il ; *xy* poons — 92 *y* N. pas m. se p. (*P* sel faisons) — 93 *S* Qar ; *P* me guerre — 94 *A* bon s. — 95 *x* Diex en fist ; *y* D. en a fait a son (*P* le sien) talent — 96 *A* Il ni a nul r. ; *B* nauiez r.

« De son pére sué mout dolanz,   (9165)
« Qui est frages, vieuz et crollanz :
« Pués que la mort son fil orra,
7200 « Poez saveir de duel morra,
« Car il n'aveit heir que cestui
« Qui s'onor tenist après lui.   (9170)
« Mais Tydeüs a un enfant
« De ma fille, petit tetant :
7205 « Dorrai le lui, seit qui li port,
« Et fera lui mout grant confort ;   (9174)
« Quant il avra assez duel fait,
« Iluec serront tuit si refrait,
« Et a tot guari se tendra,   (9175)
7210 « Quant de son fil un heir avra.
« Jo trametrai por l'enfant tost,
« Et vos estez tanz dis en l'ost ;
« Et ço sachiez qu'o grant aveir
« Vos livrerai mon petit heir ;   (9180)
7215 « L'aveir et l'enfant de par mei
« Presentereiz a vostre rei.
« Par vos li vueil preier et dire
« Que por son fil ne me port ire :

7198 S croslanz ; x Q. e. viex et fres (B frez) et crolanz (B croll.) ; P Q. v. e. frailles et craulans, A Q. foiules est et malaidans — 99 S pois, y puis, x Des ; SC filz ; y sara — 7201 A Quant — 2 x Q. t. sannor — 3 A Tant seulement a — 4 x non (B nest) gueres grant, P p. alaitant (v. f.) ; A P. de ma f. alaitant — 5 y Cel li donrai ; S le li s. quil ; xA sest qui li (B le) p. — 6 xA Si, P Ce ; xy li f. — 7-8 m. à A — 7 x son grant d. f. — 8 x En lui s. ; tuit m. à S — 9 x Et ml't a, P Et tout a ; B sen ; S tindra, y tenra — 10 SC filz ; x verra — 12 B soiez, Cy serez ; xA tandis, P tous iors — 13 x Ce s. que o ; y Et s. bien qua (P ke) — 14 By liuerrai, S liuerai ; x le p. ; P L. iou au p. oir — 15 A Lenfant et lauoir — 16 x Presenterez, y -es — 17 SB prier, Cy proier ; C P. li voil par vos — 18 SC filz.

"Mei est damages, a lui maire; (9185)
7220 "Retor l'en faz tal com pués faire,
"Et quant vos partireiz de mei,
"Jol vos di bien en dreite fei,
"A chascun par sei senglement
"Dorrai del mien mout largement." (9190)
7225 Ne vos en quier faire lonc plait,
Si come il dist, et cil l'ont fait :
Ariére tornent, si descendent,
Et le tosel en l'ost atendent.
De l'enfant vos di une rien : (9195)
7230 Mout restora son pére bien ;
Car, pués que il vint en aage,
Mout par fu de grant vasselage ;
Chevaleries fist adès
Et aveit non Diomedès; (9200)
7235 En l'ost de Troie fu defors,
Et se combatié cors a cors
O Eneas, qui fu mout proz,
Fors Hector li mieudres de toz : (9204)
Se cil nen eüst ajutore, (9207)
7240 Diomedès fust la victore.

7219-20 *m. à P* — 19 *A* damage et a; *x* et li m. — 20 *A* Restor li fac tel; *S* tiel, *x* tant — 21 *B* parterez; *A* Q. v. departires — 22 *x* Je; *y* Ice v. di en — 23 *S* Chescun de vous s. — 24 *S* bien l.; *P* .i. marc dargent — 26 *C* dit; *A* Ensi c. il ont dit ont f. — 27 *S* et d. — 28 *C* le vallet, *B* le varlet, *y* lenfancon — 30 *S* restorera *(v. f.)*, *B* estora, *P* resanla — 31 *Sxy* puis; *P* a eaige; *A* C. p. quil v. a son eage — 32 *A* Fu il de ml't g.; *P* Fu de m. ruiste v. — 33 *S* Cheualers, *P* Cheuallerie; *B* Cheualiers faisoit a. — 34 *x* Et si ot n., *y* Il ot a n.; *SxP* dyomedes — 35 *A* A T. fu en l. d.; *x* dehors — 36 *S* combatit, *xy* -i; *P* Et c. soi — 37 *B* Oneas *(v. f.)*, *Cy* A eneas; *C* q. m. fu p.; *y* aj. 2 v. — 39 *y* Sil neust eu; *A* aiutore, *SP* adiutoire, *B* anicroire, *C* la victoire.

Hippomédon remplace Tydée; épisode du ravitaillement

	Por ses barons Adrastus mande,	
	D'une chose conseil demande :	(9210)
	Pués que cil a perdu la vie	
	Qui l'ost aveit tote en baillie,	
7245	Le qual porra en son lou metre :	
	Un d'eus en covient entremetre,	
	Qui tot le fais prenge sor sei	(9215)
	Del chadeler après le rei.	
	D'Ypomedon le loent tuit :	
7250	Il ont le mieuz eslét, ço cuit,	
	Car proz est et de grant parage,	
	Por mal sofrir de bon aage,	(9220)
	Et bien duez de chevalerie.	
	A lui ont livré la baillie :	
7255	Préent lui que dès ore mais	
	Del chadeler prenge le fais ;	(9224)

7240 *S* Dyodemus, *xP* Dyomedes ; *γ* eust v., *B* f. de v.; *SxP* victoire — *Ici P donne un épisode spécial en 1122 v. (V. App. V, Épisode de Cefas)* — 41 *Bγ* Toz — 43 *S* Pois, *xγ* Puis — 44 *S* Qi tot l. a. en baille; *C* a. tout; *A* Q. tote l. ot — 45 *SxP* quel ; *x* porroit; *SB* lieu, *C* leu, *γ* liu ; *A* Cui p. on en — 46 *C* Lun; *P* Il en conuient lun e., *A* Il sen conuenra e. — 47-8 *m. à P* — 47 *A* fait, *S* fes; *C* praingne, *B* prengne — 48 *x* De toute lost; *A* De lost conduire a bone foi — 49 *A* Ypomedon, *P* Ypodemon; *SA* li — 50 *C* lont; *Sγ* eslit, *x* eilit ; *A* c. le mix ; *P* Le millor o. e. ; *γ* ie quit — 51-4 *m. à P* — 51 *A* de bon eage — 52 *xm.* traire; *A* a b. corage — 53 *A* Et eslis, *x* Et cointe — 54 *A* o. done, *x* conmandent — 55 *xP* Proient; *A* Il prient l. q. ; *SA* desormais — 56 *γ* De lost garder; *x* Praingne (*B* Prengne) de lost sor soi le fes.

Soz le rei l'avront a chadaine.
Cil l'otreia a quauque peine.
Ypomedon ne s'asseüre,
7260 De l'ost a pris sor sei grant cure :
Issi fait faire l'eschauguaite (9225)
Que onc pués n'en i ot sofraite.
Li baron l'eschauguaite font,
Chascune nuét il les somont ;
7265 Chevaliers fait veillier set cenz,
Que nes sozprengent cil dedenz, (9230)
Et il meïsmes o eus veille
Et les conforte et les conseille :
Onc ne fu hon cui meins enuét
7270 L'auberc vestu veillier la nuét.
Le jor vait guarder les forriers, (9235)
Et al torner vient toz deriers ;
Quant il sont bien chargié et las,
Après se met al petit pas.
7275 Larges fu mesuréement :
Espïer fait privéement (9240)

7257-60 *m. à A* — 57 *B* Sor; *P* Desous le r. les guie et maine — 58 *S* lotreie; *P* Il lotroia a ml't grant p.; *x* Mes il lotroie a; *S* qualque, *x* quelque — 59 *S* pas ne sassure; *P* sasegure — 60 *S* sur s., *B* sour s., *C* sus s.; *P* illoec; *x* la c. — 61 *y* Et si; *x* Chascune nuit fet; *A* lescargaite, *P* leskiergaite, *C* lescharguete, *B* leschalguete (*de même au v. suiv.*) — 62 *x* Conques p.; *P* Qui onques nuit nen fu s., *A* Que o. mix ne fu sostaite (*sic*) — 63-4 *m. à P* — 63 *C* barons — 64 *S* Chescun veit (*sic*) la il (*v. f.*); *xA* nuit — 66 *P* sousprengent, *A* sosprendent, *B* sousprengnent, *C* sorpraingnent; *B* ceuz — 67 *S* mesmes (*v. f.*) — 68 *y* Et si l. c. et c. — 69-84 *m. à P* — 69 *A* Ainc; *x* hons; *SCA* qui; *BA* mains; *S* ennoit, *xA* anuit — 70 *S* Losberc; *A* velle; *SxA* nuit — 71 *BA* va — 72 *m. à B*; *A* Et au repair est tos derrier; *C* vet derreniers — 73 *B* charchie — 74 *x A.* eus vont (*B* vait) le p. p.; *A* plus que le p. — 75 *A* ml't vers tote gent.

Li qual ont sofraite d'aveir;
Et pués, quant il le puet saveir,
Tant lor done, si lor socort
7280 Qu'a grant honor sont en la cort; (9244)
Quant ne lor puet doner de sei,
Il le prent del tensor le rei.
De grant franchise se porpense : (9251)
Solonc l'esforz et la despense, (9252)
7285 A chascun jor le rei somont
Que largement as barons dont;
Par largece et par vasselage,
De l'endurer les acorage.

Mout a grant piéce l'ost duré. (9261)
7290 D'ambedous parz sont aduré :
Cil de l'ost de la vile prendre,
Cil de la vile del defendre.
Grant est la gent, guaste est la terre, (9265)
Loign lor estuet vitaille querre :
7295 De treis granz jornees, senz faille,
Ne pueent il trover vitaille.
Destreite est mout la gent menue,

7277 S*xA* quel; *C* souffrance — 78 *S* pois, *xA* puis; *x* p. que il — 79 *S* socourt; *x* tant l. secort; *A* Il les sostient et t. lor livre — 80 *C* a la, *S* en sa; *A* en pueent viure — 81-2 *A* dével. en 6 v. : Et q. ne l. a que doner (*Cf.* 7281) Ne se veut il desconforter Ne essoines ne va querant Ne les paroles alongant Ains sen va au tresor le roi (*Cf.* 7282) Et celui done son conroi — 81 *C* li p.; *B* del soy — 82 *x* Si le p. du; *Sx* tresor — 84 *S* Selon, *xA* Selonc; *S* lafforz, *A* le cost; *x* Car s. ce quest la d.; *A* aj. 4 v. — 85-8 *y* diffère (*V. App. III*) — 85 *S* Et c.; *Sx* sem. — 86 *x* Qua ses b. l. d. — 87 *S* Por largesce et por — 88 *B* De len donner; *x* encourage -90 *x* Dambe parz s. asseure — 91 *S* del host — 92 *y* Et cil encontre del; *xA* desf. — 93-6 *m. à P* — 93 *S* Guastent; *A* gaste la t. — 94 *x* Loing, *A* Lonc; *C* estoit — 96 *S* poet.

	Destreit sont cil de grant tenue,	9270)
	Car ne pueent preer ne prendre,	
7300	Et poi truevent vitaille a vendre.	
	Ypomedon est mout ainsos	
	De l'ost, qu'il veit si sofraitos ;	
	Plore, ne s'en pot astenir :	(9275)
	Les Bogres fait a sei venir.	
7305	Ypomedon parole as Bogres	
	Et pramet lor del suen granz logres ;	
	Il lor pramet de son tensor	
	Set muls chargiez d'argent et d'or :	(9280)
	Meingent lui en terre pleniére,	
7310	Ou la vitaille ne seit chiére,	
	Car il sévent bien le regné,	
	Com li home qui en sont né ;	
	Se il nel font, jure mout fort	(9285)
	Sempres serront livré a mort.	
7315	Cil ont poor de perdre vie :	
	« Bien loign, » font il, « près de Rossie,	
	« Desor Danube, lez la rive,	

7298 *A* qui lont t. — 99 *S* prier, *CA* praer ; — 7300 *x* pou ; *S* trouer ; *P* Quil ne t. — 1 *B* angoissiez, *C* angoisseux, *A* m viseus, *P* m. visous — 2 *S* Del ost qil vait ; *x* qui si est soufraiteux (*B* sourfraitiez) ; *y* Doel a de lost et (*P* kest) s. — 3 *y* se ; *C* atenir, *B* tenir (*v. f.*), *S* pas t. — 4 *P* bourgeois ; *y* a lui — 5 *x* Priueement p. ; *S* parle oue les b. ; *y* Y. les araisone (*P* asaisone) — 6 *S* promette (*v. f.*), *xy* promet ; *C* Du sien l. p. ml't g. l., *B* P. euz donner g. l. ; *P* Et l. p. dauoir grant done, *A* Ml't l. p. du sien l. done — 7 *xy* promet ; *Sxy* tresor — 8 *C* .vj., *B* Ses — 9 *S* Maingent, *x* Meinent ; *Sx* le ; *y* Sel mainent — 10 *y* Ou v. ne s. si c. — 11-2 m. à *P* — 12 *S* Qar li h. quen ; *A* Comme la gent — 13 *C* iurent ; *P* il iure f. ; *A* Se il ne li f. cel confort — 15 *y* paor — 16 *x* loing, *y* lonc ; *A* fait il ; *B* rousie, *C* rosie ; *P* de le nauie — 17-20 m. à *P* — 17 *S* Soz le d. pres la ; *C* Desouz damile ; *x* la vile ; *A* De la danuble la riuiere.

« A une terre plenteïve ; (9290)
« Mais devers nos a granz montaignes.
7320 « Outre les monz sont granz les plaignes :
« La terre i est bien guaaigniee
« Et coltivee et aplaigniee ;
« Iluec est li forz vins theseis (9295)
« Et li bons fromenz de mareis ;
7325 « Li fromenz est quarrez et gros
« Et des vignes sont grant li clos ;
« Tal sont li vergier que nos tuit
« I porrïon vivre de fruit ; (9300)
« Iluec a granz guaaigneries
7330 « Et granz torbes de porcheries ;
« Es prez a grant plenté d'aumaille.
« N'ont crème que l'on les assaille,
« Car l'entree est de ça si forte (9305)
« Que il n'i a que une porte :
7335 « Se vos poez dedenz embatre,
« Vivre en porreiz treis meis o quatre. »
Ypomedon mout s'esbaudist
Et as Bogres en riant dist : (9310)

7318 *B* plentive, *A* ml't pleniere — 19 *A* sont les m., *S* ad grant montaigne — 20 *S* O. la monte est grant la plaigne, *A* Et dela s. les larges p. — 21 *x* e. ml't b. ; *S* guaaigne, *C* gaaingnie, *y* gaaignie — 22 *By* cult. ; *C* empreingnie, *B* empumee, *P* ablaie ; *A* C. et aplanoie — 23 *S* e. fort vin ; *C* li bons vins tholois ; *y* Del bon vin (*P* De fors vins) a illoec asses — 24 *S* frumenz, *x* formenz ; *B* es m., *C* arrablois ; *y* Et del forment a grans plentes — 25-30 *m. à P* — 25 *A* i est clers et purs — 28 *S* porron (*v. f.*) ; *A* En poriemes v. del f. — 29 *x* Iluecques a g. bercheries — 30 *S* Et g. soindres (ou somdres) ; *A* Et g. plentes ; *S* aj. 2 *v.* — 31 *B* dauaine — 32 *y* N. pas paor con ; *B* q. nulz les a. ; *SC* len — 33 *A* si est si f. — 35 *A* poies laiens — 36 *S* poez, *C* pourrez, *P* pores, *A* pories, *B* porrons — 37 *C* sesbaudit — 38 *P* borgois ; *x* r. a dit.

« Se vos me dites d'içó veir,
7340 « Jo vos dorrai assez aveir. »
Sa maisniee fait apeler,
Comande lor tost enseler, (9314)
Et fait par l'ost soner ses corz. (9317)
O sei meine bien grant esforz :
7345 Mil chevaliers conreez meine,
Ne vendra mais de la semaine. (9320)
Qui les veïst par l'ost bougier!
Li plusor laissent lor mangier ;
Par les herberges s'entrapèlent,
7350 Muls et chameuz mout tost ensèlent.
De l'ost eissi mout grant frapaille (9325)
Por aler querre la vitaille.

Ypomedon prée le rei
Que de l'ost prenge grant conrei,
7355 Ceus qui remainent tienge et guart
Que il n'en augent nule part. (9330)
O les Bogres se met en veie, (9333)

7339 *xy* de ce — 40 *P* a. dauoir; *xA* ml't grant a.; *S aj.*
18 *v.* — 41-4 *x réd. à 2 v.* : Sa mesnie f. conraer (*Cf.* 7341)
Et fait par lost ses cors sonner (*Cf.* 7343) — 41 *SBy* maisnie; *SA* fist; — 43 *S* Comanda; *A* l. a e.; *y aj. 2 v.* —
43-4 *m. à P* — 44 *A* enmaine grans — 45 *S* conreiez. *x* conraez; *A* armes enmaine — 46 *y* Ne reuenra m. de (*P* ens
le) s. — 47-50 *m. à P* — 47 *S* bolgier; *A* logier; *x* tost (*B*
touz) desrengier — 48 *xA* le m. — 49 *A* satropelent — 50 *S*
chamails, *A* camex, *C* cheuax ; *B* esrant e. — 51 *S* eissit, *xy*
issi ; *A* pitalle — 53 *SxA* prie, *P* proie ; *C* leur r. — 54 *C*
praingne, *B* prengne, *A* prende ; *Cy* bon c. — 55 *x* remaignent (*C* remaingne) ; *B* si les g., *A* t. g. — 56 *A* ne voisent ;
P Quil ne sen v., *x* Quil nel (*B* nes) let aler ; *C* autre p. ; *A*
aj. 2 v. — 57-8 *y diffère* : Tornes sen est par .j. matin (*P*
por .i. mastin) O les bougres (*P* bourgois) tint (*P* tient) son
cemin.

Davant sa gent toz les enveie.
Par le guast fait mal chevauchier :
7360 Qui pain i ot, si l'ot mout chier ;
En lor rote rien ne trovérent,
Se ico non que il portérent.
Cinc jorz chevauchent a martire :
N'i veïssiez joer ne rire, (9340)
7365 Car li plusor de fain se pasment,
Lor conduit maudient et blasment :
Chier avront vitaille achatee,
Ainceis que il l'aient trovee.
Li Bogre mout les asseürent, (9345)
7370 Dient lor que cel jor endurent :
L'endemain avront fait lor cors,
Et de vitaille avront socors ;
Al matin le socors plevissent.
Par la rote mout s'esbaudissent : (9350)
7375 Ne corneront la recreüe,
Pués que si près avront aiue.
Li Bogre orent de l'ost grant créme,
Del lonc eire qui les aféme :

7358 *x* Et si esploite tost (*B* moult) sa voie — 59-62 *m.* à *P* — 59 *xA* gaut ; *x* fist — 61 *B* Et lor ; *x* ne porterent ; *A* Onques par voie ne t. — 62 *x* Se il ce n. q. il trouuerent ; *A* Riens se ce n. — 63 *B* Cienc ; *A* .vij. i., *P* .I. iour — 64 *A* oissies ; *P* gaber — 65 *P* plus fort ; *SB* faim — 66 *y* M. le (*P* lor) c. et ; *B* laidient — 67 *x* achetee ; *y* La v. ont c. a-catee — 69-76 *m.* à *P* — 69 *A* fort l. — 71 *A* El demain ; *B* le tor — 72 *SCA* secors, *B* secor — 73 *A* El demain ; *SxA* secors ; *B* pleuirent — 74 *x* P. toute lost ; *A* r. fort ; *B* sesbaudirent — 75 *S* Ne cornerent la retroeue — 76 *SA* Puis ; *x* Quant ensi p. ; *A* si tost — 77 *x* De l. ont li b. g. ; *SB* criemе, *C* craime ; *y* Li b. (*P* bourgois) ml't g. paor orent — 78 *S* Et d. longe erre (*v. f.*), *x* De la chierte ; *C* afaime, *S* afame, *B* afieme ; *y* De ceus de lost car ml't (*P* tres) bien sorent.

Se il faillent a la vitaille, (9355)
7380 As chiés perdre n'avra ja faille.
Ypomedon celéement
Ont apelé a parlement :
« Sire, » font il, « o vos parlon
« De cest afaire ou nos alon, (9360)
7385 « Et si vos en diron ja veir :
« Se cele gent le puet saveir,
« S'en oent un sol mot tentir,
« Ne vos en queron pas mentir,
« A l'entree davant vendront, (9365)
7390 « La contree vos defendront
« As montaignes et as destreiz,
« Que ja mais le pié n'i metreiz.
« Chevauchiez, » font il, « tote nuét ;
« Si vos veilliez, ne vos enuét ; (9370)
7395 « Par bien matin, ainz hore prime,
« O la neulee et o la frime,
« La montaigne trespasseron,

7380 *xA* Des c. ; *x* ni auront f., *A* ni ara f. — 81 *A* tant seulement — 82 *x* Traient li bougre ; *A* celeement ; *P* .xxx. en apielle solement — 83 *A* fait il ; *B* a v. ; *P* ore p., *A* parler deuons — 85 *B* Ainsi, *C* Ici ; *P* v. diromes ; *x* le voir ; *A* Nos vos en dirons ia le v. — 86 *P* gens ; *S* la ; *A* Se li g. le puent (sic) s. — 87-8 *m. à xP* — 87 *S* Sin oient ; *A* m. parler — 88 *A* Ne le vos qier pas aceler — 89-90 *P intervertit (le 2ᵉ v. diffère)* — 89 *S* viendront, *B* verront ; *y* L. d. porpendront — 90 *CA* nos desf. ; *B* desfenderont ; *P* Ire et mautalent aront — 91-4 *x* réd. à 2 v. : Que ia nus le pie ni metroit *(Cf. 7392)* Ch. f. il a esploit *(Cf. 7393)* — 91 *A* As mangoniax et ; *P* defois — 92 *y* Ia puis les (*P* vos) pies ni meterois (*P* entenrois) — 93 *S* noet, *y* nuit — 94 *S* ennoet, *y* anuit — 95-6 *m. à P* — 95 *B* Au b. ; *A* Car le m. ancois le p., *C* Au m. a. eure de p. — 96 *S* neile, *B* mulle, *CA* rousee ; *A* rime, *B* fime — 97 *y* Les montagnes ; *Cy* trespasserons, *B* -ont.

« Celeement enz enterron. »
Ne vos en quier faire lonc plait : (9375)
7400 Si come il dient, cil l'ont fait.
La nuét chevauchent a la lune;
Al matin pluet, li jors s'embrune :
Celeement passent l'entree,
Si s'espandent par la contree. (9380)
7405 La veïssiez terre eissillier,
Gent afoler et desveier :
Quant que veient, tot vuelent prendre, (9381)
Mais on lor cuide mout chier vendre.

Li reis de Thèbes bien le sot,
7410 Car en l'ost ses espies ot :
Qual hore que cil de l'ost murent, (9385)
Et les espies al rei furent :
De la chierté que l'ost afaime
Dient novèles que mout aime :
7415 « Sire, » font il, « en longe terre
« Sont alé por vitaille querre. » (9390)
Il demande ou, et cil li dient;

7398 *x* A y e.; *S* entreron, *CA* enterrons, *B* - ont, *P* entenrons — 99 *S* Ne v. q. f. longe p. — 7400 *S* ils diont ils ont f.; *P* le d.; *y* si la f., *x* si (*B* il) lont f. — 1 *Sxy* nuit — 2 *P* plus; *A* A laiorner li nuis; *y* enbrune; *x* Et la matinee fu brune — 3 *S* Et; *P* sespargent — 5-6 m. à *y* — 5 *x* Ml't fu la t. mal menee — 6 *x* Et genz sorfaite et desfrenee — 7 *B* Quanque, *CP* Quanquil; *P* si v.; *A* Tot cou quil v. v. p. — 8 *S* Len le lour, *y* Et on lor; *A* bien desfendre — 9 *A* tres b. sot — 10 *xP* C. s. e. en l. ot; *A* Par l. e. que il ot — 11 *S* Quel heure, *A* Que leure; *P* Qua lore com cil; *x* Que si tost conme de — 12 *y* Lues; *x* L. e. le (*B* au) roi i f. — 13 *P* cite, *A* tere; *xy* qui; *B* les afame; *S* destreint — 14 *S* D. n. al rei maint — 15 *SC* longue — 17 *A* Il lor d. et; *x* ou c. (*v. f. dans B); *C* le li d.; *S* Il demanda ou c.

Li reis en dote et cil l'afient.
D'icele terre i fu li cuens
7420 O cinc cenz chevaliers des suens : (9395)
Isnèlement li reis l'apèle,
Et si li conte la novèle.
Cil esteit cuens de Valfeconde,
Si l'apeloent Faramonde :
7425 « Getez mei, » fait il, » en un for, (9400)
« Se ne sué davant al retor :
« Ma terre me pueent guaster,
« Mais ne se porront tant haster
« Que je nes ateinge, ço cuit ;
7430 « Ne torneront pas en l'ost tuit, (9405)
« Car il serront afardeillié,
« Nos del ferir apareillié ;
« A un trespas que j'eslirai
« Cuit bien que jes desconfirai. »
7435 Il demande par ou il vont, (9410)
Et quis chadèle, qual gent ont.
Cil dient : « Par Landeflorie ;
« Ypomedon a non quis guie :

7418 *P* sen ; *C* d. cil li afient *(v. f.)* — 19 *xy* De cele ; *Sy* quens, *C* quans — 20 *y* A ; *B* cheuaucheurs ; *S* d. soens, *C* d. soans, *A* ml't buens ; *P A* c. des siens .v. cens — 22 *x* Puis li a dite la n. — 24 *S* Et si lapelent, *P* Si lapielloit en, *B* Que appeloient ; *x* phar., *P* fer. — 25 *B* Gira moy, *y* Ardes me *(P* moi) ; *S* forn — 26 *S* Si ie ne sei d. vn al retorn ; *y* el r. — 27-34 m. à *P* — 27 *A* poront il g. — 28 *x* pueent ; *A* saront si h. — 29 *A* ataigne, *C* ateingne ; *C* ie c., *A* et si quit — 30 *x* Nen t. mes ; *A* Ne t. en l. mais t. — 31 *x* enfardeillie, *S* afardille, *A* -ie — 32 *xA* de ; *A* aparillie — 33 *S* des pas ; *x* estroit pas q. ie sai ; *A* q. iou i s. — 34 *x* iel ; *A* Cuic ie q. les d. — 35 *S* ils ; *A* quel part il — 36 *A* Q. les ; *S* Et qi les *(v. f.)* ; *A* kaele, *P* caelle ; *SxA* quel ; *P* quels gens ; *y* sont ; *x* Qui les guie q. g. il ont — 38 *B* est qui les g., *C* li ber l. g., *P* caielle et g.

« Mil chevaliers ont bien senz faille,
7440 « Et mout est grant l'autre rascaille. »   (9415)
    Faramondes a dit al rei :
    « Jes vos rendrai toz pris, ço crei.
    « Bailliez mei chevaliers treis mile,
    « Eneveis eistrai de la vile :
7445 « Ja cil de l'ost mot n'en savront,
    « Ne mon eire n'apercevront.   (9420)
    « Par cel pont devers la valee,
    « M'en passerai outre en la pree,
    « Si que cele ève, que cort tost,
7450 « Serra barre entre nos et l'ost.
    « A treis jorneés sus a mont,   (9425)
    « La reporrai passer senz pont. »
    Li reis laisse le conseillier
    Et fait sa gent apareillier.
7455 Par le pont eissirent la nuét,
    Treis mile sont de guerre duét ;   (9430)
    Faramondes fu lor conduiz,

7439 *x* a b., *y* i a — 40 *xy* frapaille — 41 *S* Pfaramonde, *A* Far., *B* Pharamondes, *P* Fer. ; *C* Pharamont si a d. ; *S* ot d., *B* la d., *A* le dist — 42 *SC* Jel, *B* Je ; *S* tout ; *P* Jou le vous r. p. ; *y* ie c. — 43 *y* Cargies moi — 44 *S* Eneneis, *B* Ennenois, *C* Entre nous ; *x* istrons ; *S* di ceste v. (*v. f.*); *y* Je men (*P* Anuit) istrai de ceste v. — 45-6 *m. à P* — 45 *A* cist ; *S* ne ; *x* C. de l. ne laperceuront — 46 *S* nostre eire, *A* men oirre ; *x* Ne li n. (*B* vostre) riens nen sauront — 47 *S* ceo p. d. cest v. ; *B* ce p., *y* le p. ; *C* d. en la pree — 48 *C* par la valee, *A* parmi la p. ; *S* ceo p. — 49 *xy* qui — 50 *C* Soit, *B* Sont ; *A* Sera entre no gent et ; *S aj. ce vers, d'ailleurs faux, composé du début du v. 7451 et de la fin du v. 7450* : A treis iornees entre nous et lost — 52 *A* La le porons ; *x* La pourrons bien p. au (*B* le) p. — 54 *x* Si f. ; *A* son oirre — 55 *y* issirent, *x* sen issent ; *S* noit, *xy* nuit — 56 *S* Tres ; *Sxy* duit ; *S aj.* 2 v. — 57 *S* Ffaramundes, *x* Pharamondes ; *P* Fer. iert, *A* Faramonde estoit ; *x* conduit.

	Qui sot les pas et les reduiz ;	
	Et al tiers jor, al gué d'Alan,	
7460	Passérent l'ève senz chalan ;	(9434)
	Outre l'ève, lez le rivage,	(9437)
	Se herbergiérent en l'erbage.	
	Par cele veie s'en repaire	
	Ypomedon de son afaire :	(9440)
7465	Cinc lives vont davant les guardes,	
	Cil nen orent somiers ne fardes ;	
	Il vient après o la grant rote	
	De vitaille chargiee tote.	
	Les anguardes, des bos ou furent,	(9445)
7470	Ceus a val es prez aperçurent :	
	Tindrent sei et si les esmérent	
	Et a lor gent pués retornérent.	
	Ypomedon dient senz faille	
	L'endemain avra la bataille ;	(9450)
7475	A lui le dient en segrei	
	Tot bèlement et senz esfrei :	
	« Une rien, » fait il, « bien savon :	
	« Graignor gent ont que nos n'avon ;	
	« Lor compaigne est plus defensable ;	(9455)

7458 *x* le p. et le reduit — 59 *y* tierc i. diloec (*P* illuec) auant; *x* delan — 60 *y* calant; *A* aj. 2 v. — 61 *A* le gue, *P* les gues; *A* et le r. — 62 *S* Se herbergent el bele herbage — 63 *A* c. porte; *P* se, *B* fist — 65 *P* .viij. ; *S* leues, *BP* lieues; *x* auant — 66 *x* Ni auoient; *xP* sommes; *P* ne gardes, *A* ne carges — 67 *x* vont a. o lor; *P* od grande r. — 69 *P* Leskierguaites del bos i f. — 70 *x* C. es p. a v. a. ; *y* A. es p. c. (*P* el pre ses) a. — 71 *S* Tiendrent ; *y* Esturent coi si — 72 *SxA* puis; *A* le contèrent; *P* sen r. — 73-4 m. à *P* — 74 *xA* Que (*A* Quel) demein — 75 *P* Lor signor d. ; *A* secroi, *P* recoi, *B* segroy; *C* tout par soi — 76 *y* sans nul e., *x* et en recoi — 77 *y* Une cose font ils. — 78 *y* Quil o. plus g. que — 79-80 m. à *P* — 79 *x* ml't d., *A* mix d.

7480 « Por ço, n'en volon faire fable. »

    Ypomedon ses barons mande,
Des herberges est en la lande ;
O eus parole a une part,
Et non a guise de coart: (9460)
7485 « Ne sai, » fait il, « qual gent menue
« Noz guardes ont aperceüe :
« Païsant sont de la montaigne,
« Qui sont descendu en la plaigne
« Por esclignier nostre chemin (9465)
7490 « Et nos tolir aucun roncin.
« Ne tot creire ne tot mescreire :
« Par matinet tenon nostre eire,
« De noz armes apareillié,
« Del combatre tuit conseillié ; (9470)
7495 « Apreston nos del bien ferir,
« O del bien veintre o del morir. »
Un Bogre ot a conseil venu,
Sage et corteis, vieil et chanu :
« Se vos, » fait il, « me creïez, (9475)

7480 *S* Mais nous nen ; *A* Mes nen querons or dire f. —
81 *S* les — 82 *B* herbergiez ; *S* eist ; *xy* ist de la l. — 83 *y*
A ; *xP* dune — 84 *x* Non pas, *A* Ne mie ; *C* en g. — 85 *S*
sait ; *x* quel, *S* quele ; *y* quels gens — 86 *B* Nos garges, *A*
Nostre angarde, *C* Nostre proie ; *S* o. sempres veue —
87-8 m. à *P* — 87 *A* Paisan, *B* Passe ; *S* ceo m. — 88 *B*
Et s. ; *C* descenduz ; *S* ceo p. — 89 *B* escluignier, *S* eschacier, *y* esclore, *C* encombrer — 90 *S A* n. t. ascun — 91
B No t. c. et ne — 92 *S P.* matin acoillon — 93-6 m. à *P*
— 93 *A* Et soions tout aparillie — 94 *A* De c. bien c., *x* Et
de c. c. — 95 *BA* de b. — 96 *x* Et ; *C* et du m. — 97 *x*
au c. ; *A* Uns bougres ert illoec venus — 98 *BP* S. c., *A*
Preus et c. ; *CP* viel ; *B* chenu ; *P* et v. kenu, *A* viex et
kenus — 99 *B* crees ; *P* moi en crees ; *A* Se v. mon consel ia
creies.

7500 « Tot autre conseil prendrïez ;
« Se vos plaiseit, par autre veie
« A sauveté vos en menreie.
« Chevauchon anuét a la lune,
« Et si nos feron en Valbrune : (9480)
7505 « Li mont sont haut, li val parfont ;
« Nos n'i crendrïon tot le mont. »
Li baron dient non feront,
Ja lor veie ne changeront,
Ja ne feront issi grant faille : (9485)
7510 Foïr par créme de bataille ;
Et dient, qual que Deus le face,
Demain serront o eus en place.
Li conseuz part, descendre vont ;
Par les herberges crier font (9490)
7515 Bien sachent et seient certain
La bataille avront l'endemain.
Par l'ost oïrent la novèle
De combatre, mout lor fu bèle :
Del combatre bien s'apareillent, (9495)
7520 Les eschauguaites forment veillent ;
Guaitent sei de lor enemis,
Que ne seient la nuét sopris.
Ypomedon est en sa tente,

7500 *B* prenderez; *P* A. c. emprenderes; *A* Une a. cose vous feries — 1 *xP* Sil, *A* Se — 2 *B* salute — 3 *S* et nuit, *xy* anuit — 4 *S* ferron, *A* ferons, *x* metons; *P* Si vous menrai par le val brune — 5 *S* la val parfonde — 6 *xA* Vous ni; *S* criendron, *B* criendriez, *C* craindriez, *A* douteries — 7 *C* barons; *S* diont — 8 *A* l. cemin; *B* nen — 9-12 *m. à P* — 9 *C* en si — 10 *A* Que il ia i troeuent b. — 11 *x* Ainz d. que que d. lor f.; *A* coi que d. en f. — 12 *S* en la p. — 14 *A* errer sont — 15 *x* Ce s. — 16 *A* el demain; *xP* Que la b. a. d. — 19-22 *m. à P* — 20 *C* escharguetes, *B* eschaug, *A* escargaites — 21 *BA* anemis, *C* ann. — 22 *x* Quil; *SB* soupris, *C* sorpris, *A* sospris.

	A ceus engeignier met s'entente;	(9500)
7525	Issi veilla cele nuét tote	
	Que il onques n'i dormi gote;	
	Onques la nuét dormir ne pot,	
	Car par les guardes trés bien sot	
	Que cil de la graignor gent ont,	
7530	Meins travaillié et plusor sont.	(9506)

	Al bien matin, quant l'aube criéve,	(9509)
	Ypomedon de son lét liéve;	
	As baniers fait crier par l'ost	
	Que il s'adobent et cel tost,	
7535	Tuit s'adobérent par matin	
	Et se mistrent en lor chemin :	
	Ainz que se meïssent en veie,	(9515)
	Ypomedon bien les conreie,	
	Car toz josta les escuiers,	
7540	Et trova i bien mil archiers.	
	Ceus a mis a sa main senestre :	

7524 *manque à* S; B guier *(v. f.)*; P A chiaus a mis toute s. — 25-6 *m. à* P — 25 *x* Ainsi, A Et si; S noit, *xA* nuit — 26 *x* Conques ni d. nule g., A O. des iex ne d. g. — 27 S noit, *xy* nuit; S poet, P peut — 28 S pur; *x* ses g.; A les angardes b. s.; P espies b. le seut — 29 *y* grignor (P ml't grant) force o. — 30 *x* Mes traueillie et lasse s.; P Et miex arme; S plusours; A aj. 2 v. — 31 *y* Au matinet — 32 *Sxy* lit — 33 *xA* As barons; *x* f. mander; P Et f. c. p. toute l. — 34 S Qe cele s. et cele t., *x* Q. tuit s. et ml't t., A Q. il trestot sadobent t.; P Isnellement s. t. — 35 *SA* Tout; *x* sapareillent; P Trestout sarmerent; *xA* au m. — 36 A misent, *x* metent; P Por tost entrer ens l. — 37 C quil; B que il sesmeussent *(v. f.)*; A se mecent a le v.; P Mais ains kil entrent en lor v. — 38 P conuoie — 39 B osta, P cerka — 40 P Et si t. b., A Et conrea b.; *x* Entrex mist b. iij^m. a. — 41-2 *m. à* P — 41 C Ces; S m. destre.

24

As enemis trairont de destre ; (9520)
Bons chevaus et isneaus lor baille
Por traire avant en la bataille,
7545 Et as autres fait coillir branches
Et traïner joste lor hanches.
Bien loign les fait aler deriére, (9525)
Car il firent mout grant poudriére,
Car d'eus i ot mout grant compaigne,
7550 Et s'arengiérent par la plaigne :
De ci qu'al ciel la poudre en vait ;
Bien semble que grant gent i ait. (9530)
Li chevalier adobé sont,
Bien loign avant ensemble vont ;
7555 Conreé vont li chevalier,
Et dejoste sont li archier :
La compaigne fu bèle et fiére, (9535)
Bien resemblérent gent guerriére.
De ceus de la ne dei pas taire :
7560 La lor compaigne fu mout maire ;
Mout fu maire la lor compaigne,
Conreé vont par la champaigne ; (9540)

7542 *B* Aus anemis, *C* As annemis, *A* Lor anemi ; *xA* a
d. — 44 *P* P. t. tost, *A* P. tout a. ; *y* a le b. — 46 *xP* Pour
t. ; *x* apres, *A* selonc ; *P* l. lances — 47-52 *m. à P* — 47 *xA*
fist ; *S* darriere ; *x* B. les f. loing a. d. — 48 *S* fierent, *A*
fisent ; *x* C. f. m. g. la p. ; *A* polriere — 49 *x* Auques fu g.
cele c. — 50 *x* Bien sespandirent, *A* Si se rangierent ; *S aj.*
2 *v.* — 51 *A* Desi cau, *C* Ml't haut au, *B* Bien loing au ; *A*
polre vait — 52 *A* Il sanle bien g. ; gent *m. à S* — 54 *y* lonc ;
A deuant — 55 *x* Conrae, *A* Encontre ; *C* sont — 56 *S* Et
de coste ; *P* Et deiouster aus s. ; *x* vont — 57 *S* compaignie ;
P gente et ; *y* ciere — 58 *P* resanloient ; *A B.* resanle
g. guerroiere, *x* De bachelers de genz legiere — 59 *A* me
doi, *P* vous doi ; *x* quier p. — 60 *A* Lor compaignie ; *P*
trop m. — 61-2 *m. à xP* — 62 *A* Encontre v. parmi la
plagne.

Tuit vont conreé de bataille,
Chier cuident vendre la vitaille ;
7565 La vitaille cuident chier vendre,
Car les forriers cuident toz prendre ;
A force vont par le païs (9545)
Por encontrer lor enemis.
Les compaignes s'apruismenttant
7570 Que les guardes qui vont davant
Se comenciérent a mesler,
Li un les autres a ruser. (9550)
Içofu entre tierce et prime,
Que li soleuz abat la frime :
7575 Clérs est li jorz, la plaigne est bèle,
Bien verdeie l'erbe novèle. (9554)
Les compaignes iluec jostérent, (9563)
De granz colees se donérent ;
Mais li archier qui de ça sont
7580 A ceus de la mout grant mal font,
Car, si com cil viénent al joindre,
Li mil archier ont pris lor poindre :
A descovert ensemble traient
Et chevaliers et chevaus plaient. (9570)
7585 Ypomedon ot poi de gent,

7563 SA Tout ; A T. c. v. a b. ; xA conrae — 65-6 m. à
P — 66 C cuide — 67 S la p. — 68 A engignier ; xy anemis
— 69 S sapresment, x sapriment, A saproismentt, P aproism-
ment — 70 S auant — 71 x Les ; P meller, Sx mener ; A
Se commencent a escrier — 72 B Li .j., CA Li uns ; B a aru-
ser (v. f.), A reuser ; P Et li .i. lautre a escrier — 73-84 m. à
P — 73 SCA Ice, B Et ce — 74 B Q. li comseuz auant la
fine ; A la rime — 75 A C. fu li i. la p. b. ; x Li i. e. c. la
pree e. b. — 76 A Que v. ; A aj. 8 v. — 78 A Et g. — 80
mout m. à S — 81 xA c. il ; x vindrent — 82 C Li uns
archiers ; x p. a p. — 83 B Et d. — 85-6 P ch. la rime : Ypo-
demon grant g. auoit A f. v. aus se tenoit — 85 x a pou.

A grant force vers eus se tent :
Nes poüst mais longes sofrir,
Sempres li estoüst foïr,
Quant cil virent la grant poudriére (9575)
7590 Que li garçon muevent deriére.
La poudre fu desmesuree,
Cuident que l'ost seit ci jostee :
Ico les mist en tal esfrei
Que tuit s'en tornent a desrei, (9580)
7595 Tuit s'en tornent vers lor contree.
Mout fu la plaigne longe et lee ;
Bèle veie ont, rien nes destorbe,
Ne fossez, ne raïz, ne corbe.
Cist enchaucent, cil de la fuient, (9585)
7600 Par la plaigne li cheval bruient;
El foïr cil de la se fient,
Lor esporons pas n'i oblient,
Et cil de ça ferant les meinent,
De l'abatre forment se peinent. (9590)

7586 *A* A grans esfors; v. eus m. à *S*; *S* se tient, *A* destent, *x* content (tent = tenet ; *cf. 6442 et la leçon de P*) — 87 *P* Nes peuust, *Sx* Ne poist; *A* Ne porent pas; *S* longues, *x* gueres — 88 *S* li estoet, *y* les esteust; *x* Du champ le (*B* len) couuenist f. — 89 *SA* Q. il ; *A* esgardent la polriere ; *P* Mais ke c. v. le porriere — 90 *x* mainent, *P* vinrent; *S* darriere, *xP* derr. — 91-2 m. à *P* — 91 *A* polre — 92 *A* s. aiostee — 93 *SxA* Ice; *S* m. en eux tiel effrei ; *x* m. ceux en tel e. ; *y* a tel e. — 94 *Sy* Tout; *S* se; *A* sen fuent — 7595-7600 m. à *P* — 96 *B* longue, *C* large, *A* grans — 97-8 sont placés dans *x* après 7599-7600, qui sont eux-mêmes placés après 7603-4 — 97 *C* B. place; ont m. à *A*; *B* riens; *C* nel — 98 *B* tourbe; *A* Ne fores ne bos nes encombre — 99 *B* Cil; *C* enchacent — 7600 *A* cil c. — 1 *y* fuir; se m. à *S*; *B* senfreent — 2 *xP* Les; *SCy* esperons, *B* espourons; *S* nen o., *P* il noublient — 3 *S* Et cist; *P* dela — 4 *S* Des abatre, *A* De bien ferir ; *x* De ceus (*B* Et deuz) a. ml't se p.

7605 Qui ne sot la veie tenir,
O ne pot al gué avenir,
D'un des dous ne se pot defendre :
O neia, o se laissa prendre.
Les dous parz en ot bien que pris, (9595)
7610 Que neiez, que a glaive ocis.
Ypomedon pas ne sojorne :
Son eschiec cueut et a l'ost torne.
En l'ost aveit mout grant famine :
Poi i aveit de la farine ; (9600)
7615 Le pain vendeit on a or fin,
Le quartier un marabotin ;
Viveient i a grant dolor,
Auquant orent mué color ;
Li povre home, de la fainvale, (9605)
7620 Erent engrot, crocé et pale ;
Mout en esteit pensis li reis.
Ypomedon fist que corteis :
Messages tramist avant sei
As novèles conter le rei. (9610)

7605-8 *m. à P* — 5 *B* set — 6 *A* Ou il ni pooit auenir, *B* Ne pense mie a reuenir — 7 *x* Ou de ce *(B* cest*)* ne ; *A* Ainc nus daus ; *S* poet — 8 *A* Il ; *B* Ou nia fors quil se laist p. ; *C* pendre ; *S aj. 2 v.* — 9 *S* ont ; *A* en i ot b. p. ; *x* Plus des .ij. p. en ont *(B* a*)* q. p., *P* Pres de .ij. p. en ont b. p. — 10 *B* Q. naiez q. a larme o. ; *A* q. darmes o. ; *P* Q. de n. ke darme o., *puis 2 vers spéciaux* — 11 *xy* seiorne — 12 *Sx* eschec, *A* eskec, *P* eskiec ; *S* coilt, *B* cueilt, *C* prent ; *A* Prist s. e. ; *x* en l. sen t., *P* Od s. e. a l. retorne — 14 *x* Pou ; *y* ferine — 15 *S* vendeient, *A* vendi on, *P* vent on .i. — 16 *P* Et le q. .i. ; *B* marc abotin — 17-24 *m. à P* ; 17-8 *sont placés dans x après* 20 — 17 *A* Et v. a — 18 *S* Aquant, *A* Auquant, *x* Auques — 19 *S* faime vale, *B* fain vale, *C* faiuale *(avec un sigle sur l'i)* ; *A* Li p. gent de la f. male — 20 *A* E. enferm et trestot p. ; *x* Estoient et iaunes *(B* engrote*)* et p. — 21 *A* e. dolans — 23 *A* Messagiers t. deuant ; *x* .I. mes en tramet — 24 *A* Por n. c. au r.

7625	En l'ost sont venu li message :	
	Al rei et a tot son barnage	
	Content et a la gent menue	
	La chose come ert avenue.	(9614)
	Doble joie ont : de la vitaille,	(9621)
7630	Et l'autre fu de la bataille.	
	Contre sa gent eissi li reis	
	Et li barnages des Grezeis :	(9624)
	Li reis chevauche o grant barnage	
	Par la prée, lez le rivage.	
7635	Grant joie ot la ou s'encontrérent,	(9625)
	Et a grant joie en l'ost tornérent :	(9626)
	Astes vos l'ost bien replenie	
	Et de vitaille bien guarnie.	
	L'endemain font joster lor pris,	(9627)
7640	Set cenz en ont en buies mis,	
	Et resemble barnage grant,	
	Quant il vont par l'ost tintenant.	(9630)

7625 *y* Au roi; *C* venuz si — 26 *P* Ens lost et; *S* t. le — 27-8 *m. à x* — 27 *P* C. lor toute lauenture — 28 *A* Si com la cose est a.; *P* Et la grande desconfiture ; *x aj. 2 v. et y 2 de même sens, puis A en aj. 4 autres* — 29-32 *m. à P* — 29 *SA* un (*A* lun) de v. — 31 *S* la g. eissit; *xA* issi — 32 *C* greiois, *A* griiois; *B* Qui estoit saiges et courtois — 33-4 *m. à y* — 33 *B* Et le barnaige o grant esraige — 35 *x* orent quant s.; *B* se tornent (*v. f.*) — 36 *A* Et la g.; *P* entrerent; *C* sen t.; *B* Et a i. en lost retornent (*v. f.*) — 37-8 *m. à A* — 37 *S* Aste, *xP* Estes; *B* replanie, *P* raemplie — 38 *P* bataille — 39-40 *sont laissés en blanc dans B* — 39 *y* El demain; *S* les p. — 40 *P* es b.; *S* boies — 41-2 *interv. dans x* — 41 *S* Richece semble et b. g., *A* Ricoise fu b. g., *P* Par lost vont li anel sonant — 42 *A* Q. il p. l. v. tintelant, *P* Et ces caynes retintant; *x* Les buies sont p. l. sonnant; *P aj. 2 v.*

Episode de Daire le Roux.

	En la prise ot pris un danzel,	(9631)
	Qui chevaliers ert de novel :	(9632)
7645	Forment le regretot ses pére,	(9635)
	Et tote jor plorot sa mére;	
	Mout l'aveient chier ambedui,	
	Car il n'aveient fil que lui.	(9638)
	Polinicès bien le conut,	(9641)
7650	Honora le si come il dut;	
	Il l'onora, si l'ot mout chier,	
	Dedens son tréf le fist couchier,	
	O sei le fist beivre et mangier	(9645)
	Et se pena del losengier :	
7655	Forment le voust a sei atraire,	
	Car mout en cuida son pro faire.	
	Un jor apela le prison,	
	Par sei sol l'a mis a raison :	(9650)
	« Amis, » fait il, « entre que ci	
7660	« Ai de vos eü grant merci :	
	« Jo vos ai guardé de bien vivre;	

7643 *A* Au tornoi; *S* ot un iouencel; *x* O les prisons fu uns danziax (*B* tousiaux) — 44 *P* iert; *S Q.* fut adobe; *x* Enfes ert c. nouuiaux; *y aj. 2 v., avant lesquels P place les v.* 7645-6 — 45 *xP* regretoit, *SA* regrete; *C* son — 46 *xy* ploroit, *S* plore — 47-8 *m. à P* — 48 *SC* filz; *A* Car nauoient plus f.; *y aj. 2 v.* — 49 *C* cognut, *By* connut — 50 *S* Et lonura; *B* lui; *A* que faire d. — 51-6 *m. à P.* — 52 *A* chocier, *S* colcher — 53-4 *m. à x* — 53 *A* O lui — 54 *A* Ml't se — 55 *S* volst, *C* vout, *B* vait; *S* Il le v. molt a; *A* F. se paine del a. — 56 *x* C. bien, *A* C. il; *xA* cuide — 57 *xA* apele; *A* son p. — 58 *y* P. lui; *x* le mist — 59 *x* iusques ici (*B* aci), *y* dusques ichi (*P* en chi) — 60 *x* Ai ge eu de v. m., *A* V. ai porte ml't g. m. — 61 *y* fait ricement v.

« A vostre talent tot delivre
« Vos ai laissié aler le jor ; (9655)
« Onc guarder ne vos fis un dor :
7665 « Le jor alez par vostre fei
« Et repairiez la nuét a mei ; (9658)
« Io vos faz gesir en bon lét
« Et faire tot vostre delét.
« Onques ne vos en quis aveir, (9659)
7670 « Si m'en devez grant gré saveir. (9660)
« Se d'une rien me volez creire, (9667)
« Nostre amor iert certaine et veire. (9668)
— Sire, » fait il, « ço sachiez bien, (9661)
« En terre n'a icele rien
7675 « Que jo ne feïsse por vos :
« Ne seiez ja de ço dotos. »
Polinicès li giéte un ris,
Son bras li a sor le col mis : (9666)
« Se pués, » fait il, « m'onor conquerre, (9669)
7680 « Dous itanz vos dorrai de terre
« Que ne tindrent vostre ancessor ;

7662 *P* A vo t., *A* A ma table ; *y* trestot d. ; *C* A vo volente ;
B A vostre volente d. — 63-6 *m. à P.* — 63 *S* iorn — 64 *S*
guarde ne v. fust un dorn ; *C* plain d., *B* plendor ; *A* Sor vos-
tre foi et par retour — 65 *A* Laiens a. sor — 66 *S* noit, *xA*
nuit ; *A* o m., *x* por m. — 67-8 *m. à A* — 67 *P* ens mon l. ;
SxP lit — 68 *SxP* delit — 69 *S* Onc (*v. f.*) ; *A* requis ; *P* O. nen
demandai a. — 70 *x* bon g. — 71-2 *sont placés dans y après*
-78 — 71 *y* Se vos fait il me — 72 *By* amours ; *CA* ert, *S* est ;
y procaine, *x* entiere — 73 *S* dist il ; *A* ce sai ie b. — 74 *x*
Que souz ciel ; *S* nen ad cele r. — 76 *A* Si nen soies de rien
d. — 77 *P* len ; *B* gete, *y* fait — 78 *P* Ses bras ; *A* brac ; *C* a
son, *B* suz s., *A* sor s. ; *S* Sur le c. li ad s. bras m. ; *puis y
donnent les v. 7671-2* — 79-82 *m. à P* — 79 *A* Car se ie p. m.
c. — 80 *x* .iiij. tans, *A* Certes tant — 81 *x* Quainc ne ; *A* Cainc
tant norent vo ancissor.

« Mais livrez mei ça vostre tor.
— Laissiez mei, » fait il, « ostagier,
« Car n'ai tant privé messagier (9674)
7685 « Cui jo osasse içò recreire. » (9679)
Cil s'ostaja et tint son eire;
Il s'ostage, sa veie tient,
A son pére en la cité vient.

Tuit si parent grant joie en ont
7690 Et qui ainz ainz contre lui vont;
Contre son fil la mére acort, (9685)
Ne puet muer qu'ele ne plort;
Mout tendrement la mére plore
Et cent feiz le baise en poi d'ore :
7695 « Beaus fiz, » fait ele, ço me dites :
« Estes vos ostagiez o quites ? » (9690)
Cil respont : « Je sué par ostage, (9693)
« Ma fei lor ai laissié en guage;
« Je sué ostagiez par retor :

7682 *C* L. m. fet il v. t.; ça *m. à B; A* Deliures moi de v. t. — 83 *P* Laissieme — 84 *A* poure m.; *P* consillier; *y aj.* ces 4 *v.* : En c. mosaisse tant fier Qui mon pere losast conter (*P* Ka m. p. peuusse parler) Pollinices li respondi Lai (*P* Lais) ton ostage por toi chi — 85 *x A* cui ie men o. croire, *P* En c. iou mose por toi c., *A* C. ie puisse p. t. bien c. — 86 *S* Il; *x* sostage si tient; *y* Et cil (*P* Icil) li laist et tient (*P* prent) — 87 m. à *B*; *C* Cil; *y* Ostagies est; *Sy* tint — 88 *A* A tebes a s. p., *P* Droit a s. p. a th.; *y* vint — 89 *Sy* Tout; *A* si ami — 90 *y* Et ki mix mix; *xP* encontre v. — 91 *SC* filz (*orthog. constante*); *B* aquert, *y* cort — 92 *S* Et ne (v. f.); *A* pot; *B* pleurt — 93 *x* M. doucement sa — 94 *xP* C. f. le b.; *A* C. f. le baisa; *x* em petit d., *P* en ml't pau d., *S* en une ore — 95 *C* car, *B* que — 96 *A* Est par retour ou estes q., *P* Et par restor v. iestes q.; *A aj.* 2 v. — 97 *x* C. respondi ie s. ostages; *y* C. li r. cest p. o. (*P* ostaiges) — 98 *x y* ai, *A* li ai; *P* Et me f. ai l. — 99 *B* restor.

7700   « N'i pués ester que un sol jor. »
        Quant ot que l'estuet retorner
        Et que plus ne puet sojorner :
        « Ceste joie, » fait ele, « est briéve. »
        Pasmee chiet, sis fiz l'en liéve.
7705   O son pére fu cil le seir :
        De s'aquitance ot grant espeir,
        Car sis pére fort l'asseüre,
        Si come il dit et come il jure,
        Tot quant que il en porra faire
7710   Fera por lui de prison traire.
        L'endemain, quant orent mangié,
        A son pére quiert cil congié,
        Dit que l'estuet torner arriére
        En la prison que mout est fiére.
7715   Il fu mauduéz : plore et sozpire,
        Et dit lor que la mort desire :
        « Mieuz voudreit morir, » ço lor dit,
        « Que issi vivre come il vit. »
        Sa mére plore, crie et brait ;
7720   Sis pére a une part le trait :
        « Jo ai, » fait il, « mout grant tensor

7700 *y* estre — 1-2 *m. à x* — 1 *A* lestut, *SP* lestoet — 2 *A* pot, *SP* poet ; *A* seiorner ; *P* ni p. p. seiorne — 4 *S* chieut et cil len ; *C* son filz ; *y* le l. — 5 *S* Ouesqe s. piere esteit il la s. ; *x* Chiez s. p. iut *(B* vint) cil — 6 *x* En sa ; *P* Et daquitaine ; *A* De son retor ot le cuer noir — 7 *A* Mais ; *C* son ; *x* bien l. ; *S* forment lassure — 8 *By* dist ; *y* et il li i. — 9 *x* Quanque il onques p. f. ; *A* De tant com il li, *P T.* comme il em — 11 *y* El *(P* Al) demain q. il ont m. — 12 *xP* prent c., *A* q. le — 13 *xy* Dist ; *CP* quil ; *A* aler — 14 *xy* qui ; *x* tant ; *y* ert — 15 *y* ml't mas ; *x* soupire, *SP* sousp., *A* sosp. — 16 *xy* dist ; *P* lors, *A* bien ; *x* Si leur d. — 17-8 *m. à P*— 17 *A* Mix veut m. ce l. a d. ; *B* dist — 18 *x* ainsi — 19 *x* c. p. et b. ; *y* c. ml't *(P* haut) et b. — 20 *SC* Son — 21 *B* Jay ci ; *Sxy* tresor.

« De pailes et d'argent et d'or :
« Va, si le pren et tot li livre,
« Mais laissent t'en venir delivre ;   (9720)
7725 « Torne ariére, si les engégne,
« A dez mile mars te barguégne :
« Se t'en laissent venir por tant,
« Ta raençon ne prez un guant. »
Cil respont : « Por neient le dites,   (9725)
7730 « Ja por aveir ne serrai quites.
« Polinicés mout s'en afiche,
« Que entrez sué en fole briche   (9728)
« Se en vostre tor nel metez ;   (9731)
« Mais donc serrai sempres quitez. »
7735 Li pére dist : « Ço com puet estre ?
« Jo ai juré de ma main destre
« Sor les reliques nostre rei   (9735)
« Que jo li guart et li port fei :
« Ja por tei ne por ta prison
7740 « Ne comencerai traïson ;

7722 A pales, B pailles, C poiles ; et m. à S — 23-4 m. à x — 23 S le li^e l. ; A va sel prent t., P Vas si prens t. ; y et si lor l. — 24 A Si te l. aler d., P M. con len laist v. d. — 25 S engynne, B engige, C enganne ; y Retorne a. si (P et si) lor di — 26 S dis m. m. de bargigne ; B barquenge, C barcaingne ; y .x. m. m. aront por (P de) ti — 27 x Se, Sy Sil ; y te ; A aler ; P atant — 28 S preise, xy pris ; A Ne p. ta r. .j. g. — 29 y C. li r. ; A p. nient le d., P p. noient d. ; B noient, C neant, S nient — 30 y p. deniers ; A ni — 31 A m. bien safice ; x P. bien — 32 y Dist e. (P kentres) ; xA male b. ; y aj. 2 v. — 33 A Mais se v. t. lor liures, P M. se vous vo t. li rendes, B Sen v. non nel remues — 34 xP Lors (P Dont) seroie, A Donques serai ; y iou aquites — 35 x Dayre (B Dame) respont ; P ce ne p., A comment p. — 36 x Ia i. ge ; A mon puig — 37 S S. r. a n. r. — 38 S Q. li g. et li porte ; P le garc ; y et porte (P porce) — 39-40 m. à P. — 40 A Certes ne ferai t.

« Beaus fiz, » fait il, « ja Deu ne place
« Que ja por tei traïson face ! » (9740)

La mére est al conseil venue,
Et la parole a entendue ;
7745 Oï que, por la tor livrer,
Poeient lor fil delivrer :
« Sire, » fait ele, « nel deis dire, (9745)
« Por tor laissier ton fil ocire.
« Li aveirs que nos amasson
7750 « Que nos vaudra, se lui perdon ?
« Ne de la tor ne de l'aveir
« N'ai cure, se perdon nostre heir. (9750)
— Nel di pas, » fait il, « por la tor,
« Mais por la fei de mon seignor :
7755 « Mout le fereie laidement
« Et mei menreie malement,
« Fereie grant desleauté, (9755)
« Se traïsseie la cité.
— D'iço, » fait ele, « n'ai jo cure,
7760 « Car vers l'autre estes tuit parjure,
« Qui jurastes par anz l'onor,
« Li baron et li vavasor. (9760)

7741 A dist il ; C dex, P diex — 42 S ie ; P p. vous ; A Q. por tamour — 44 xA Qui ; S ad la p. e. — 45-6 m. à P — 45 A Et ot ; C par ; A sa t. ; B Que que p. la t. deliurer — 46 x Pueent son (B lor) enfant ; S Poeit l. f. deliverer, A Pora son f. bien d. — 47 S ne d. — 48 A liurer ; x Veulz tu l. — 49 x Cist a. — 50 S li, BP le — 51-2 *intervertis dans S* — 52 y Nai song se nos (nos m. à A) — 53 A N. di f. il pas — 54 A ma foi et por monor — 55-6 m. à P — 55 A liement, x malement — 56 S Trop mie, B Et me ; C Et mesferoie laidement, A Mais ml't me tenroient vilment — 57 x Et f. d., y Je f. d. ; xy desloiaute — 58 m. à B ; S ceste citee (v. f.) — 59-68 m. à P — 59 xA De ce — 60 S tot ; A C. enuers l. e. p. — 61-2 m. à B — 61 S an — 62 S vauassour, A -or.

« Se pués jurastes a cestui,
« Parjurastes vos vers celui,
7765 « Et, si com jo cuit, mieuz vendreit
« Sairement qui est faiz a dreit
« Guarder et tenir leaument (9765)
« Que cel qui est faiz malement.
— Ja n'en quier, » dist cil, « escu prendre
7770 « Por mei de parjure defendre :
« Parjurer nos estuet vers l'un,
« Car juré avon a chascun.
« Quant de dous maus estuet l'un faire,
« Al meins hontos se deit on traire : (9772)
7775 « De toz les blasmes que l'on fait,
« Traïson tient l'on al plus lait.
« Mieuz vueil o toz mentir ma fei (9773)
« Que mon seignor traïr par mei :
« Se mei estuet o toz pechier,
7780 « Nel me puet on si reprochier.
« Graignors homes i a de mei :
« N'en serrai ja blasmez, ço crei. »
Cil fu sages, si ot des jorz,
Et ot esté en maintes corz; (9780)

7763 *SCA* puis; *C* la i. c.; *B* Car hui i. c. *(v. f.)* — 64 *A* a c.; *x* Pariure en estes; *B* v. lui *(v. f.)* — 65 *x* Mais... seroit — 66 *Sx* Serement; *A* Le s. quest; *S* fait; *x* que len fet — 67 *S* leialment, *CA* loiaument, *B* bonnement — 68 *SC* cil; *S* fait; *x* que len fet; *A* fausement — 69-70 *x* diffère complètement — 69 *P* d. il, *A* fait il — 71-86 m. à *P* — 71 *C* vous; *A* a lun — 72 *x* quant; *B* lauons, *C* lauez — 73 *x* des — 74 *B* len; *puis B répète le v.* 7711 — 75-6 m. à *A* — 75 *S* crimes; *Sx* len — 76 *S* len, *x* on — 77 *A* Mix vaut a tort, *x* M. me vient dont — 78 *S* p. sei, *C* p. soi, *A* et moi; *B* Q. mesire t. p. foy — 79 *A* lun p.; *x* Sil mestuet en celui — 80 *A* doit on; *S* len; *x* N. p. on ainsint (*B* ainsi) r. — 81 *x* Meilleurs — 82 *C* seul b.; *A* trop b. ie c.; *B* N. sui seulz blaumez — 83 *B* saumes; *Sx* et bien (*x* et fu) de iorz.

7785 Le vis ot fier et le chief ros,
De parole fu engeignos :
« Torne, » fait il, « en ta prison.
« Jo metrai le rei a raison : (9784)
« Se me pués prendre a achaison
7790 « Que jo n'i face traïson,
« Manderai tei par un gulton,
« Liverrai tei ceste maison;
« Se a mon dreit ne m'i pués prendre, (9785)
« En vain parlon de la tor rendre.
7795 « Ma cope porte o tei d'or fin,
« Cele ou a peint el fonz un pin :
« En la cope a set mars et plus,
« Cinc el covercle de desus. (9790)
« Pren mon levrier et mon faucon,
7800 « A Polinicès en fai don;
« Tot le presente a ton seignor,
« Qui t'a porté si grant honor.
« Jusqu'al tierz jor manderai tei (9795)
« Que troverai ça o le rei. »

7786 S enginnous, x engingnouz, A enignous — 89-92 m. à y — 89 B Se le; x acheson — 90 et -91 m. à x — 92 S Liuerai; C Je te l. la m.; B Je te metrai la .iij enson — 93 x Sa achoison; S ne me; y Se mi p. a oqison (P ocoison) p. (Cf. 7789) — 94 B Ancui p.; A Por nient paroles de t. r., P Que traison ni puist entendre (Cf. 7790), puis ces 2 v. : Ka mautalent puissons venir Por tour ne ti lairai morir; S aj. 100 v. — 95 P P. me c. od toi, A P. ma grant c., x Vas (B Va) si pren ma c. — 96 P Cel; x C. ou il a; S aj. 2 v. — 97 y .vij. m. a (a m. à A) en le c. et p. — 98 S desius; P V. ens el c. desus, x Et el c. .v. (B cuit) d.; A Rice c. a par d. — 99 P Prens, B Prent, C Pran — 7800 A Polinicet; S ent; P fais — 1-2 m. à P — 1 x Trestout p. — 2 S guarde de si (v. f.); B a g. h. — 3 B Jusqua, A Duscau; S tiers, S tierc — 4 y Cou ke; P iou t. au r., A iarai troue el r.; x Que iaurai t. vers le r.

7805 Cil a pris la cope d'or fin,
Si s'en torne o le montassin,
Et fait mener a l'escuier
Par la chaeine le levrier ; (9800)
A Polinicès en l'ost torne
7810 Et fait chiére marrie et morne.

Polinicès veit le prison,
Qui li aporte le faucon ;
Le levrier en après esguarde : (9805)
« Ci a, » fait il, « mout bèle guarde :
7815 « Jusqu'a dous meis, je vos plevis,
« Ne serreiz mais en prison mis.
— Sire, » dist il, « vostre merci.
« Un guarnement avon ici : (9810)
« Cent mars d'argent vaut, que ne mente. »
7820 A tant la cope li presente.
Cil prent la cope, l'uevre mire :
Nus hon n'en sét la façon dire.
Si com dit li livre d'Estace, (9815)
Li pomeaus en fu d'un topace :

7806 S Et ; *x* Puis (*B* Et p.) si sest mis tost au (*B* m. au) chemin ; *A* Si sen reua tot, *P* Si est entres ens ; *y* son c. — 7 S Ffait enmener ; *A* son e., *P*. i. e. — 8 *B* chayne, *A* kaine, *C* chaanne ; *A* son l. — 10 *en blanc dans B* ; *C* pensiue ; *A* dolante m. — 11 *S* vit ; *A* son p. — 12 *A* presente — 13 *xA* En a. le l. e. — 14 *P* Cis est f. il de b. g. — 15 *A* Dusca, *P* Duskas ; *A* .vij. m. ; *x* iel — 16 *C* Nen s., *P* Nesteres ; *S* en boies — 17 *xA* fet il — 18 *A* aues ; *xA* vous aport (*P* aporc) ci — 19-20 *interv. dans x* — 19 *P* C. m. v. bien ke iou ni m. ; *A* C. liures v. q. pas ne m. ; *S* qi ne ment — 21-2 *y différe* : P. le c. si le descoeure Esgarde le f. et loeure — 22 *B* sot ; *S* La faicon ne siet homme d. — 23 *y* dist ; *S* le liuer ; *xy* liures ; *S* destaisce, *P* destase, *B* destance — 24 *S* Le pomel ; *y* pumiax, *B* poum., *C* pōm. ; *y* fu dun bon t. ; *S* topaisce, *P* tospasse, *C* tompace, *B* copanse.

7825 Onque nus hon ne vit son pér :
Ne si bien assis ne tant clér.
Polinicès en fait grant plait :
N'a guarnement que tant chier ait, (9820)
Plus por le presenter al rei
7830 Que por le retenir a sei.
A une part a celui trait,
Demande lui que il a fait.
Li vallez fu tant simple chose (9825)
Que il pas mentir ne li ose :
7835 « Sire, » fait il, « jol vos dirai,
« De rien ne vos en mentirai :
« A mon pére alai senz dotance,
« Parlai o lui de m'aquitance, (9830)
« Si com vos m'aviez loé
7840 « Et jo aveie ça trové.
« Il respondié ja Deu ne place
« Que il por mei traïson face,
« Mais le rei metra a raison : (9835)
« Se se puet prendre a achaison
7845 « Que il ne face traïson,
« Dont vos liverra sa maison ;

7825-6 m. à P — 26 A Si b. a. ne issi c. — 27 A fist; S P. meine — 28 A si cier — 29 *x* le roi — 30 B le receuoir — 31 *xA* c. a t. — 32 *x* Puis li d. quil a fet — 33-4 et 39-40 m. à P — 33 S vaslez, B varlez; *x* est; A si s. — 34 A m. p.; *x* Q. mie m.; B len — 36 *x* Por; CP riens — 37 A p. sui — 38 C Parler; *xy* a l.; S O l. p. — 39-40 m. à P — 39 A Issi c. v. mauies roue; *x* nous auions parle — 40 A Et ke iauoie en vos t.; *x* Et vous mauiez conmande — 41 S respondit, *y* -di; *x* Il me dist que ia dex — 42 SCA Q. ia; *x* aj. 2 *v*. — 43 *x* Il m. le r. — 44 S Cil se, *xy* Sil le; P p. metre; *x* achoison, A oqison, P ocoison — 45-6 S dével. en 4 *v*. : Qil vous puisse sa tor rendre Et sei de traison defendre Rendra la vos et si laureiz Mais sol .j. poi y seit sis dreiz — 46 *x* Si vous; *y* L. v. lues (P dont) se m.; B la; C meson.

« Se a son dreit ne s'i puet prendre,
« En vain parlon de la tor rendre. » (9840)
Il demande : « Com le savron ?
7850 « Le message quant en avron ?
— Jusqu'al tierz jor, » fait cil, « beaus sire,
« Vos en savrai la verté dire. » (9844)

L'endemain vait sis pére a cort : (9869)
Le rei fera, ainz que s'en tort,
7855 Trist et marri, car tal rien mut
Par quei entre eus grant ire crut.
Li reis conseille en son vergier ;
A lui viénent trei messagier :
Pinçonart ont tramis le rei (9875)
7860 Treis barons corteis de lor lei,
Et parolent li trei message
Par drugemant en lor langage ;
Des Pinçonarz offrent l'aïe
Al rei et a sa compaignie : (9880)
7865 « Amenront lui vint mile escuz,

7847 *x* Sa acheson (*B* achoison) ; *SxP* se — 48 *B* Ancui p., *y* Por nient p. ; *A* de sa — 49 *xA* Cil ; *A* quant ; *B* les aurons — 50 *A* Et m. ; *B* Li mesaige q. les a., *P* Ne le m. q. a. — 51 *S* Jusa, *A* Duscau, *P* Treskau ; *y* tierc ; *xy* f. il ; *S* beal, *x* biau — 52 *xA* saura ; *SA* verité (*S* la v., *v. f.*) ; *x* le voir a d. ; *S aj. 2 v. et y 24, dont 14 m. à P* — 53 *y* El demain ; *x* v. daires a ; *Sy* v. (*y* va) cil a la c. — 54 *x* Feruz sera ; *xy* quil — 55 *S* Triste, *y* Tristre ; *A* T. (*P* T. et) mari, *x* Tristres marriz ; *P* riens ; *A* cune r., *C* car tel plet m., *B* est deuenut. — 56 *B* que — 57 *xy* un v. — 59-62 *m. à P* — 59 *S* Pinconard, *x* Pincernat, *A* Pincenart ; *C* ot ; *x* lor r. ; *A* Que p. li ot t. — 60 *x* .iij. b. sages ; *S* sa lei ; *A* Ni a celui ne soit de pris — 62 *x* druguement, *A* drugeman — 63 *C* pincernaz, *y* pincenars ; *B* Deus picernart ; *S* offront — 64 *A* lui — 65 *B* A. li ; *A* Prometent li .x. m. e.

« Ja n'iert mais par Greus confonduz,
« Mais rende lor tote la marche,
« Dès Dinoe tresqu'a Usarche,
« Que sis pére conquist a tort,   (9885)
7870 « Et il la tient après sa mort. »
Li reis a la parole oïe :
Forment li agree l'aïe :
A lor hostal torner les fait,
Et il prent conseil de cel plait :   (9890)
7875 « Seignor, » fait il, « qu'en loez vos ? »
Premiers parla Daires li Ros :
Ço fu li pére le prison,
Qui le rei vout metre a raison,
Et fut mout riches vavasors :   (9895)
7880 « Trop quiérent, » fait il, « granz socors.
« Mout devez la marche aveir chiére,

7866 *P* por; *x* la m. par grieu (*B* pour grieus); *CA* nert; *A* Ja n. par griiois c. — 67-70 m. à *P* — 67 *A* rendent lui; rende m. à *S* — 68 *S* denoe, *C* dymoe, *B* dunee; *A* De nubie; *x* iusqua lusarche, *A* dusquen lusarce 69 *C* son pere, *BA* ses peres. — 70 *S* tint; *x* Et que il tient empres — 72 *A* Ml't li a. lor aie — 73 *S* hostel, *xA* ostel, *P* ostex; *y* aler — 74 *S* ils prient; *A* p. congie; *x* C. demande de ce (*B* cest) p. — *Ici, par suite d'un déplacement des feuillets du ms. qu'il copiait, le scribe de S a placé une partie de l'épisode de Monflor (v. 3175-3310), en omettant les v. 3039-3174; puis, supprimant les v. 3311-3546, il donne les v. 3547-3682 et, après une nouvelle lacune de 132 v. (3683-3814), reprend enfin l'ordre régulier (v. 7875 sqq.) Les v. correspondant aux v. 3815-7874 du texte critique suivent immédiatement le v. 3038.* (*Voy.* l'ÉTUDE DES MSS.) — 75 *S* Seigneurs, *x* Seignors, *y* Signor — 77 *C* Icist est p., *B* Icil est le p.; *y* peres; *SxA* au p. — 78 *S* Qi volt le r.; *CA* veut, *P* vuelt, *B* vait — 79 fu m. à *P*; *x* M. par iert (*B* fu); *B* .j. vauasour; *y* vauass. — 80 *S* des s.; *Cy* sec.; *B* grant secour; *y* T. est gries f. il (*P* T. grief f. il e.) cis s.

« Car la terre est bone et pleniére,
« De chevaliers bien plenteïve;
« La gent est forment guerreïve. (9900)
7885 « C'est l'entree de vostre terre :
« Quant Pinçonart ont o vos guerre,
« En toz tens par icele entree
« Suelent guaster vostre contree.
« Vostre pére en traist mainte peine, (9905)
7890 « Ainz qu'il l'eüst en son demeine;
« Mout s'en pena, ainz qu'il l'eüst
« Et que sire clamez en fust;
« Et mainte freide matinee
« En traist li ber par la gelee, (9910)
7895 « Et en reçut mainte colee
« Et dona mainte de s'espee.
« Se la rendez legiérement,
« N'i avreiz mais recovrement;
« Jo vos plevis mais a nul jor (9915)
7900 « De la Marche n'avreiz retor.
« Pinçonart sévent guaster terre,
« Volentiers vont por preie querre,

7882 *S* bon replenier; *x* C. cele t. est ml't p., *A* C. ele e. et b. — 83-4 *m. à P* — 83 *A* plentiouse, *B* plantiuee — 84 *BA* gens; *x* en est f. guarriue (*B* greuee); *A* guerroiose — 85 *S* nostre — 86 *S* Pinquonaz, *C* pincenarz, *Y* -art, *B* pincernart; *CY* a v., *SB* oue (*B* o) nous — 87 *Sx* Et, *C* ceus; *Y* Tos tans suelent p. cele e. — 88 *S* nostre; *A* Venir destruire, *P* Detraire et g.; *y* vo c.; *S* aj. 2 v. — 7889-904 *m. à P* — 89 *A* en eut — 91 *S* se p. come il — 92 *xA* Ne que (*B* quil) sires — 93 *xA* maintes froides matinees — 94 *xA* les gelees (*B* galees) — 95 *x* Si en recut, *A* Iou en recuc — 96 *x* lespee; *A* Et m. en donai de mespee — 97 *xA* Sor — 98 *S* aureis, *x* aurez, *A* ares; *B* retournement — 99 *C* iames n. i.; *S* Et ie v. p. a; *A* Iel v. p. a nis .j. i. — 7901 *S* Pinquonaz, *A* Pincenart, *C* Pincernaz, *B* -art; *A* sorent — 2 *x* a p.

	« Mais il n'estont joi en l'estor :	
	« Ja n'i prendront que sol un tor.	(9920)
7905	« Ja vers Greus por lor compaignie	
	« N'avreiz bataille mieuz fornie :	
	« Quant en avreiz josté vint mile	
	« O ceus qui sont en cocte vile,	
	« N'avreiz vos pas tale compaigne	(9925)
7910	« Qui se combate o Greus en plaigne.	
	« Fort vile avon por la tenir :	
	« N'i estuet autre gent venir ;	(9928)
	« Grant gent avon por la defendre :	(9928 bis)
	« Ja ne covient la Marche rendre.	(9928 ter)
7915	« Mais laissiez ester toz ces plaiz,	(9929)
	« O vostre frére faites paiz :	
	« Vos confondez lui et il vos,	
	« Faites en plaiz maus et grevos ;	(9932)
	« N'avez veisin, por ceste guerre,	(9935)
7920	« Cui ne laissiez de vostre terre ;	
	« Mout en perdez de vostre honor,	

7903 *x* ne sont preuz; *A* M. rien ne valent; *xA* en estour — 4 *C* poindront, *B* perdront; *x* que .j. seul t., *A* que .j. trestor — 5 *P V*. g. ia; *A* par; *x* Ja p. l. sengle c. — 6-9 *m. à S (bourdon)* — 6 *x* naurez, *y* nares; *B* N. mais b. forme ; *A* ancois fenie, *P* fironie — 7-10 *m. à P* — 7 *A* Q. ares i. lor .xx. m.; *x* Sen auiez — 8 *A* Et — 9 *A* Nares; *x* Nauriez v. tele (*B* celle) c. — 10 *x* Qui combatist a (*B* o); *A* Q. puist as g. combatre en plagne — 11 *A* F. gent; *B* auroit p. le; *A* p. (*P* a) maintenir — 12 *A* a. nul — 13-4 *m. à P (ces 2 v. avaient été oubliés dans notre première copie du ms. A, qui a fixé le chiffrage)* — 13 *xA* le — 14 *xA* nen estuet — 15 *S* tout cest plait; *xA* L. e.; *C* t. iciex plez, *B* t. cestui plait, *A* trestous ces plais — 16 *xA* A; *P* queres p.; *S* plait — 17-30 *m. à P* — 17 *B* v. en c. l. et v.; *C* il et il v., *A* et lui et v. — 18 *A* Si f. plait mal et g., *x* Icist (*B* Icilz) plez par est trop hontox; *A* aj. 2 v. — 20 *S* Qe ne laissez; *xA* Naiez lessie (*A* done) de.

« Si com tindrent vostre ancessor ;
« Chascuns en a sa peleüre,
« Comment qu'il prenge n'ont pués cure. (9940)
7925 « Chauf devient l'on en peil pelant :
« Vos avïez honor mout grant,
« Mout vos soleit on jadis crembre, (9955)
« Or vos estuet assez raembre.
« Laissiez ester ceste riote, (9961)
7930 « En autre lai tornez la rote ;
« O vostre frére faites fin :
« Tuit vos serront sempres aclin. » (9964)

Al rei ne plaist pas cist conseuz. (9973)
De mautalent devint vermeuz :
7935 « Bien sai, » fait il, « por quei le dites :
« Por vostre fil, quin serreit quites.

7922 *C* Que conquistrent, *A* Si que leurent ; *SA* ancissor
— 23 *C* Chascun ; *x* emprent ; *A* Quant c. a ; *S* pelure (*v. f.*)
— 24 *C* praingne ; *S* aj. 2 v. — 25-6 *intervertis dans x* ; *A*
dével. en 14 v., dont 2 sont aussi dans *x* (*intervertis*) — 25 *S*
d. len p. (*v. f.*) ; *C* Tiex d. en poil et p. ; *B* Ceuz deuant en
pom apellant — 26 *S* auez (*v. f.*) ; *x* donne ensuite les *v.* de
A 9951-2 *intervertis*. (*Voy. App. II et IV*) — 27 *S* len ; *xA*
souloient ; *x* trestuit c. ; *S* creindre, *C* craimbre, *B* cᵢmb' ; *A*
ia cremoir — 28 *x* vers eulz r. ; *C* reaimbre, *B* raiembre, *S*
remaindre ; *A dével. en 5 v.* (*v.* 9956-60) : Or vos conuient
tot vo auoir Et vostre honor et vostre tere Tout departir por
ceste guerre Je sai de fi tout a estrous Que vos seres raiens
trestos — 29-30 *A différe* : Ceste guerre laies ester Vous ni
poes riens conquester — 29 *x* iceste note — 30 *C* senz, *B*
soing — 31 *xA* A ; *P* Entre vous .ij. souffres le fin — 32 *Sy*
Tout ; *x* T. reseront vers v. a. (*B* a v. enclin), *y* Puis s. t. a
v. (*P* vers lui) a. ; *y aj. 4 v.*, que *A fait suivre de 4 autres —*
33 *BP* plot, *C* plut ; *S* ycest conseil (*v. f.*), *C* cest conseill, *y*
cis conseus — 34 *SC* vermeil, *C* vermeill, *A* vermex, *P* ver-
meus — 35 *B* que ; *A* cou d. — 36 *S* quen, *x* qui, *P* kil ; *A
P*. cou que vos fiex en soit q.

           « A sort et a mu contez fable,
           « Vos paroles semez en sable :
           « Debatuz vos estes en vain.   (9979)
7940   « Bien savrïez par autrui main
           « Le serpent traire del buisson :
           « Cuidiez que ne vos connoisson ?
           « Bien savrïez humer ueus mous;
           « Mais jo ne sué mie tant fous
7945   « Que por le fil d'un vavasor   (9985)
           « Face partie de m'onor :   (9986)
           « D'al le raembreiz vos, ço crei,   (9991)
           « Que de m'onor ne que de mei.
           « Li argenz vos avra mestier,
7950   « Dont vos avez plus d'un sestier :
           « Se vostre fil volez aveir,   (9995)
           « Raembreiz le de vostre aveir. »
           Daires respont : « Jol di por mei
           « Et por ces autres que ci vei,
7955   « Por noz fiz et por noz parenz,
           « Dont i a pris plus de set cenz.   (10000)
           « Pris sont et mort en vostre afaire :

7937-46 *m. à P* — 37 *S* A s. asne *(v. f.)*; *x* A sot asnon racontez f. — 39 *A* En v. vos e. d., *puis ce v.* : Mix vos venist estre teus. — 40-4 *A dével. en 8 v. dont 4 (qui sont aussi dans P) sont placés à tort après les v.* 7945-6 (*V. App. III et IV*) — 40 *S* saureiez — 41 *S* de la cosche — 42 *S* Quidez ne vo conusche; *x* Sachiez que bien v. connoisson — 43 *S* saureiez; *S* maunger oue lius; *B* moz — 44 *B* miez; *x* si f., *S* t. mius — 45 *y* vauassor — *Après -46, y A aj. 4 v., qui sembleraient mieux placés après le v. qui, dans A, suit le v.* 7939 — 47 *Sxy* Del; *S* reindrez, *C* reaimbrez, *B* rambrais; *y* Del racatres vo fil par foi — 48 *y* si com ie croi — 49 *y* Largens v. i ara m. — 50 *C* setier — 51 *A* rauoir — 52 *S* Rendez *(v. f.)*; *C* Raeimbez, *B* Raimbez; *y* Sel racates; *A* de vo a.; *x* aj. 2 v. — 53 *S* Cil li r.; *A* iel sai — 54 *A* les a. — 56 *A* D. il i a; *C* .v^c. — 57-8 *m. à P* — 57 *x* P. et mors s.; *A* M. s. et p. en vo a.

	« Bien devrïez por eus plait faire,	(10002)
	« Auques por eus et plus por vos,	
7960	« Et por vostre frére et por nos;	
	« Car li jurames senz enjan	(10003)
	« Que il avreit l'onor son an,	
	« Et por nos geter de parjure,	
	« Li devez rendre sa dreiture. »	
7965	Li reis eschaudist de corage,	
	Por poi d'ire ne vient en rage;	
	Quant oï parler del parjure,	
	De mautalent se desmesure :	(10010)
	En sa main tint un retrois brief,	
7970	Ferir le vout par mé le chief.	
	Sa mére le chose par boche.	(10015)
	Li reis se tient que pas nel toche :	
	« Fui de ci, » fait il, « davant mei.	
	« Mout iés ore de bone fei!	(10018)
7975	« Por la créme de tes deniers,	(10021)
	« Dont tu as bien dous muéz entiers,	

7958 A deueries; xA pes — 59-60 m. à A — 59 S Ainces; B p. ceuz; S puis; x nous — 60 m. à B; x vous — 61 CP iurasmes; x C. i. lui (B li); A Nos li, P Car nous; SxP engan, A engin — 62 S qil eust (v. f.); P par an, A en fin; S aj. 2 v. — 63 B vous — 64 P Li deuriens r. le; S son d., A par d. — 65 y escaufe en son c., x fu de trenchant c. — 66 B Par pou que vis, CP Par (P Por) .j. petit, A A poi que il; xA de deul nenrage (A nesrage), P ke il nesraige — 67-8 m. à P — 67 xA Q. il ot p. de — 68 A Par m. — 69-70 y dével. en 4 v. : Quant il oi la reprocon En se main a pris (P tenoit) .j. baston Parmi le cief len (P le) vaut f. (Cf. 7970) Quant sa mere li vait (P cort) tolir — 69 B tient; un m. à S — 70 xA len — 71 S la c. et parb.; x a (B o) la b.; y Ele lacole et sel (P Il se racoise et se) radouce — 72 SC tint; y Il (P Si) se rassiet; BA quil ne le t., P et pas nel t. — 73 A F. tent f. il de d. m. — 74 SA es; y aj. 2 v. — 75 S criesme — 76 S as d. m. touz pleniers, A as plus de .iij. sestiers; S mois, x muis; P .ij. m. (en abrégé).

« As tu anuét iço songié.
« D'une rien te doins plein congié :
« Congié te doins de mei mal faire; (10025)
7980 « Dehait ait qui t'en quiert retraire !
« Ros enriévres, de pute fei,
« Fai quant que puez, et jo l'otrei. » (10028)
Cele parole a cil oïe, (10039)
Et ço sachiez pas ne l'oblie :
7985 Il la cuide bien avengier
Et sa honte briefment vengier.
Li reis s'iraist et tence fort,
Et si sét bien que il a tort;
Mais quant a dreit ne se puet prendre, (10045)
7990 Par tençon vueut son tort defendre.
Otes le chose et le chastie,
Que ne die al baron folie.
Li reis respont : « Jo qu'en pués mais ?
« Qual merveille se jo m'irais? (10050)
7995 « Cist vassaus a tort o mei tence :

7977 S ore y ce, x anuit ice; y Icou as tu anuit (P iou croi) s. — 78 S Je te dorrai pleniere c.; x doing; y Mais ie (P or) te d. a (P tout) p. c. — 79 S Et c. te d. de mal f.; x doing — 80 S Dahe ait ia ten; x Ja de riens (B rien) ne t. quier r., y Si (P Jou) ne te pri pas del r. — 81 C Faux e., S Rus en rieure, B R. reme, y Fel traitres — 82 P F. quankes poes, A F. tot le pis; y ie te l., *puis 8 v. spéciaux, auxquels A en aj. 2 autres* — 7983-8018 m. à P — 83 S Cest p. ad cist — 84 x Mais ce, A Et bien; S Ceo s. qe p. — 85 B auanchier, C auancier; A Il sen cuide tres bien aidier — 86 C briement; A Et de sa h. bien v. — 87 S sairast, A saire — 88 S siet — 89 A al — 90 S s. dreit; S aj. 12 v. — 91 xA Othes; S c. et c., A c. sel c. — 92 x Quil; B dist; C aus barons; A Ca son b. honte ne die — 93-4 A *différe* : Je nen p. m. ce dist li r. Et ne vees de cest borgois — 94 x m. est se; B ie menhays — 95 x a moi; B Cil a t. qui a m. t., A De cest vassal qui a mi t.

« Qui avreit si grant patience,
« Quant l'on de parjure l'apèle,
« Ne fust marriz d'ital novèle?
« Dit que parjure somes tuit,   (10055)
8000 « Et ne dit veir, si com jo cuit :
« Par voz loz ofri a mon frére
« Partie de l'onor son pére ;
« Quant jo li ofri la partie,
« Refusa la, n'en coilli mie ;   (10060)
8005 « Mais par orgueil et par posnee
« Est entrez en nostre contree,
« Et ameine gent d'autre terre
« Por mei prendre et por vos conquerre.
« Se por mei n'en avez pesance,   (10065)
8010 « Cui vos avez norri d'enfance,
« Seveaus chascun en peist por sei,
« Car, par la fei que jo vos dei,
« Se il nos puet prendre par force,
« Ne cuit que ja piez en estorce ;   (10070)
8015 « Ço sachiez vos tot veirement,
« Ociront nos premiérement,
« Des femmes feront lor talanz,

7996 A aroit — 97 S lomme, x len, A on — 98 A Ne se
coürce ; xA de tel n. — 99 x Dist ; C pariures ; A Je sui paiures
ce ma dit — 8000 x Ne dist pas v., A Et il i ment — 1 x P.
vous touz, A Deuant vous — 2 xA mon p. — 3 A se p. — 4 B
Refisa la, A Il nen ot song ; S n. coili m., x si nom prist m.,
A si nen valt m. — 5 S orguil, B ourgueil, C orgoil, A orgoel ;
S podne, B ponee — 7 C en ceste c., B en vostre c. ; A Est or
e. en ma c. — 7-8 m. à x — 8 S P. nous p. et p. c. ; A p. tot c.
— 10 S Qi, C Qui — 11 B Se veaus, C Seuiax ; S Chescuns
en p. senans ; C chascuns ; A Il en p. viax cascun par s. —
12 B Que p. — 13 S Sil n. prendre (v. f.) ; x Se il vos ; A
Sil nos pueent — 14 C nul en ; S N'est fins qe ia un e. — 15
A Et ce s., x Je v. di bien ; xA veraiement — 16 BA vous
— 17 S talant.

« Chaitis en menront les enfanz.
— Sire, » dist Daires, « par ma fei, (10075)
8020 « A tort vos marrissez vers mei.
« Ço que vos di, nel di por mal,
« Ainceis vos doins conseil leal.
« Volon que vos [vos] amendeiz
« D'iço dont estes enchaeiz :
8025 « En tote ceste compaignie
« N'a chevalier ja m'en desdie. (10080)
« O vostre frére joveignor
« Feïstes plait de ceste honor ;
« Se il le plait vueut refuser
8030 « Et de la vieille fin sevrer,
« Tuit nos devon o vos tenir (10085)
« Et bien l'en deit mal avenir ;
« Se volez faire plait sor plait
« Et ço laissier que ainz fu fait,
8035 « Se lui ne plaist, pas nel prendra,
« A la vieille fin se tendra. (10090)
« Et savez en vostre corage
« Ne fumes pas fors de l'ostage. »

Ceste parole le rei griéve : (10091)

8018 *S* Chaitifs remaindront li enfant; *x* morront — 19 *A* fait; *S* dares, *C* dayres—20 *Cy* corrouciez—21 *x* ien di; *By* par —22 *S* v. di; *A* Mais or aies; *xy* loial; *C* a. en d.; *x* doing — 23-4 *m*. à *xy* — 25 *x* vostre c. — 26 *xy* qui men — 27 *y A*; *x* Que a (*B* o) ton f.; *xy* le menour — 28 *y* Fesistes; *A* fin; *x* Ne faces part; *S* plai de cest — 29 *S* la plai; *B* refusser — 30 *C* vile f., *B* male part; *x* tourner; *y* Et de la (*P* Et il le) fin ne veut finer — 31 *Sy* Touz; *xy* a v. — 32 *y* Et lui en d.; *AB* maus auenir, *P* tous maus venir — 34 *A* Et cel l., *x* Et l. ce; *y* que aues f., *x* quauions f. — 35 *S* Sil nel p. (*v. f.*); *x* Se il li p.; *x* fera — 36 *B* male ; *y* Mais au premier plait se tenra; *S* tindra — 37 *C* nostre — 38 *x* Ne sonmes p. hors; *S* aj. 4 v.

8040	D'ire s'estent et en piez liéve;	
	Daire fiert el chief d'un retrois :	
	La colee dona grant crois.	(10094)
	Entre eus se metent li baron,	(10099)
	Le rei tiénent tot environ,	
8045	Fors de la cort Daire conduient :	
	Il et li suen mout tost s'en fuient.	
	Daires s'en vait en sa maison :	
	Vers le rei cuide aveir raison	
	De lui mal faire, se li leist,	(10105)
8050	Se li puet faire que li peist;	
	Il cuidereit aveir grant dreit,	(10106)
	Se onques vengier se poeit.	
	Un messagier en l'ost tramet	(10107)
	Et a son fil grant bien pramet;	
8055	Mande que partiz est del rei,	
	Ne li deit hué mais nule fei :	
	Ore est prèz de la tor livrer	
	Por lui de prison delivrer.	(10112)
	Li messages en vait en l'ost,	
8060	Qui al fil Daire le dist tost.	

8040 *A* destent, *B* descent, *C* esprent; *xA* em p. se l. — 41 *P* El c. f. d.; *y* du (*P* dun) baston; *B* retors — 42 *y* rendi g. son; *y* aj. 4 v. — 45 *xP* Hors; *y* tor; *B* conduisent, *C* en conduient — 46 *S* Darie et, *x* Daire et; *S* soen, *Cy* sien — 47 Dayre, *S* sen entre; *y* va a se m. — 49 *S* De li, *P* De tout; *S* sil li l., *x* se il puet, *y* sil pooit — 50-2 et -54 m. à *x* (*rime fausse*); 50 et 52 m. à *y* (2 v. au lieu de 4) — 51 *y* Car or en cuide (*P* quide il) a. — 53 *A* .I. sien mesage; *P* a lost; *S* Vn message a son filz t.; *x* A s. f. .j. mes en t. (*B* entremet) — 54 *S* Et mande lui come yceo est; *P* ml't bien p.; *y* promet — 55 *y* M. lui p. e. (*P* kest p.) d. r. — 56 *S* lui; *x* mes nes (*B* neis) une foi; *y* Ne ne li d. m. porter f. — 57 *SC* prest, *By* pres; *xA* sa t. — 58 *P* hors ieter — 59-94 *x résume en 2 v.* : A pollinices cil le nonce Pollinices ni quiert esconce — 59-60 m. à *y* — 59 Ms. message sen.

Cil demande : « Coment ço fu ? (10113)
— Par ma fei, sire, il l'a feru.
— Et mis pére nel referi ? (10114)
— Nen il, car donc l'eüst honi.
8065 « Il n'i aveit gent amenee
« Par qui peüst faire meslee :
« Cil plaiz ne va pas igaument,
« Doner un coup por raveir cent. » (10120)
Li vaslez pas ne s'oblia : (10125)
8070 A Polinicès le conta, (10126)
Que sis pére est partiz del rei
Et ne li deit mais nule fei :
« Or est prèz de la tor livrer
« Por mei de prison delivrer.
8075 « S'or volez raveir vostre terre, (10133)
« Apareilliez vos de la guerre.
« En la tor a mout grant plenté,
« Assez i a et char et blé,
« Et mil muéz de vin Moleneis :

8061-4 *S développe en 16 v., dont les 2 premiers correspondent au v. 8061* : Ore me di come yceo mut Et en quel sen tout yceo fut (*Cf. les v. 9059-60 de l'App. I*) — 61 *P* Amis di moi c. il fu — 63 *P* nient nel feri — 64 *A* dont, *P* tost — 65-6 *sont placés dans S après 67-8* — 66 *S* Par qi il poet f. mesle, *y* Dont commencier p. m. — 67 *S* Cel plait ne va p. ouelement, *y* Li plaist nalast p. ingalment — 68 *y* Dun cop d. ; *S* aueir ; *y aj. 4 v.* — 69 *A* Li damoisiax, *P* Li iouenchiaus ; *SA* nel oblia — 70 *y* Pollinicet (*P* Pollonices) tout le c. — 71-4 *y développe en 6 v.* — 71 *Ms.* son p. — 72 lui — 73 prest — 75-80 *m. a S. qui donne ici un passage spécial de 88 vers. dans lequel il intercale d'abord les v. 8085-92 (omettant 8089-90), puis, après 6 vers spéciaux, les v. 8081-4, et après 42 autres v., les v. 8093-4, qui diffèrent un peu dans y* — 75 *y* auoir ; *P* Se vos v. a. le t. — 76 *P* de conquerre — 77 *P* a trop — 79 *y* muis ; *P* Et .v. c. m. de v. molois

8080 « Onc ne but tal ne cuens ne reis. (10138)
« Un parc a joste la maison : (10141)
« Mout est pleniers de veneison,
« De cers, de bises et de dains
« Et de sanglers et de ferains. (10144)
8085 « Mis pére a mout bèle richeise : (10161)
« Al rei de Thèbes mout en peise;
« Mais n'a guaires qu'il li monstra
« Que de s'amor cure nen a,
« Car qui conoist home felon,
8090 « Se il pués ante en sa maison,
« Se maus l'en vient, ço est a dreit
« Et que la honte soe seit. » (10168)

Polinicès pas ne s'oblie : (10179)
De sa gent prist une partie.
8095 La nuét, quant il fist bien oscur,
S'aproismérent senz noise al mur;
Par eschales sont sus monté,
De lor armes tuit conreé;
Ainz quel seüssent cil dedenz, (10185)

8080 *y* Ainc; *P* A. de millor ne b. nus rois; *A* aj. 2 *v.* — 81-92 *m. à P* — 81 *S* Il ad un p. i. m.; *A* se m. — 82 *A* Qui ml't e. plains; *SA* venison, *BC* venaison — 83 *A* de lieures et; *S* et de b. et des deins — 84 *A* De grans s.; *S* farains; *A* aj. 16 *v.* — 85 *A* Mes peres a ml't grant ricoise; *S* richesce — 87 *S* Ore nad gaires qil lui moustra — 89-90 *m. à S* — 91 *S* Si mal li; *A* c est a bon d.; — 92 *A* li hontes siens en soit; *y* aj. 10 *v.* (*P* 8) — 93-4 *y* *P*. ne satarga Droit a le tor en enuoia (*nous prenons dans le passage spécial à S* (*v. 8399-400*) *cette leçon, qui nous semble meilleure que celle de y*) — 95 *xy* nuit; *C* il fu b. obcur; *B* obscur; *P* q. ce vint en o. — 96 *A* Saprocierent; *P* duskes au m.; *x*. vij. cenz sen acostent au (*B* le) m. — 97-8 *m. à P*; *x différe* : Par leschiele qui fu de fus (*B* fun) En i mistrent (*B* En m.) sempres aucun (*B* aucun); *A* P. eschieles — 98 *A* tout conrae — 99 *B* que le (*v. f.*); *S* Ainces que sachent.

8100   En i ot bien plus de set cenz.
        Des autres tors que delez furent,
        Davant le jor les aperçurent;
        Des autres tors crient les guaites :
        « Franc chevalier, » font il, « que faites?
8105   « Levez, levez, adobez vos,
        « Car traï somes a estros;   (10192)
        « Traï nos a Daires li ros,   (10196)
        « Cil de l'ost sont ça enz o nos. »   (10195)
        Par la vile s'adobent tuit,   (10201)
8110   Et la cité fremist et bruit;
        A la tor Daire tuit en vont :
        Bien sont dui mile el premier front;
        Sempres s'ajostent a la tor,   (10205)
        Si l'assaillent par grant vigor.
8115   Cil de la tor fort se defendent,
        Cil d'a val crient que se rendent :
        Toz les cuident par force prendre,
        Cil sont bien guarni del defendre.   (10210)

8100 *S* ot trait, *y* entra; *x* .ij. cenz — 1 *B* Les a. — 2 *A* le roi; *S* aperceurent — 3 *P* Devant le iour; *S* lor g. — 4 *S* Ffrancs chiualers — 5 *A* que faites vous — 6 *A* T. s. tout a; *A* aj. 2 *v*. — 7-8 *interv. dans A, m. à P*; *y* aj. 4 *v*., dont 2 *m. à P* — 7 *B* Trays; *S* dares — *S* del host s. cieinz; *B* caians, *A* caiens, *C* ceanz — 9 *xA* P. la cite; *S* Cil de la tour sont arme tout — 10 *A* Que la; *S* citee, *y* cites; *x* La c. en f.; *S* aj. *34 v*. — 11-4 *sont placés dans S après* -16 — 11 *S* Cil de la ville grant gent sont, *A* En la t. d. sus amont; *BP* tout; *P* sen v. — 12 *S* vint mil al, *P* .vij. m. el; *x* .x. m. s. el; *A* En i a .ij. mile a .j. f. — 13-4 *Cf. S 8463-4:* Et tout acurent a la tour Assaillent le (*sic*) par grant vigour — 13 *y* Ml't tost; *xA* sacostent — 14 *x* Et; *S* Et si l. p. v. — 15 *P* bien se; *y* desf., *x* combatent — 16 *P* C. desous, *A* C. dedens; *xy* quil — 17 *xy* Mais il (*P* cil) ne se veulent pas rendre — 18 *xP* Et cil se painent ml't du (*B* del, *P* de) prendre, *A* Et cil les commencent a p.

　　　　　Il se peinent de grant folie,
8120　　Car par force nes prendront mie;
　　　　　Et de lor gent grant perte font:
　　　　　Assez en tuent cil d'a mont;
　　　　　Par ces places crient et huent,
　　　　　Et cil d'a mont assez en tuent.
8125　　A tant l'aube fu esclarcie,　　　　　(10217)
　　　　　La tor fu bien de gent guarnie :
　　　　　Lancent et traient par ces places,
　　　　　Et essaient trés bien lor braces.　　(10220)
　　　　　En grant pensé est li reis mis,
8130　　Quant o sei veit ses enemis,
　　　　　Et de ses homes a grant créme :
　　　　　Bien sét que sa gent pas ne l'éme :　(10224)
　　　　　Mout sont dolent de lor contree,
　　　　　Que par la guerre est desertee;
8135　　Crent que Daires ait lor consence　(10225)
　　　　　Et que par eus içô comence.
　　　　　Mais il ot un engigneor,
　　　　　Qui dit que li prendra la tor.
　　　　　Et dist li reis : « Com faitement?

8119-24 *y* diffère (*Voy App. III*) — 19 *x* Mes il se p. de f. — 20 *S* nel; *x* Ja par f. nen p. — 21-2 m. à *x* — 23 *C* huchent, *B* huichent — 24 *x* Ml't en trebuchent, *puis 2 v. spéciaux* — 25 *y* est li aube; *x* Et quant laube fu; *S* esclarzie, *A* esclairie — 26 *y* tours; *P* gens — 27 *S* Lances; *y* les p.; *x* P. c. p. l. et t. — 28 *x* Et leur prouesces y e.; *S aj. 6 v.* — 29 *x* penser, *P* pensee, *A* esfroi. — 30 *S* Car; *P* od lui; *C* v. o s.; *A* vit; *xy* anemis — 31 *SB* crieme, *C* craime, *y* doute — 32 *x* Car il s. b. q. nus ne; *y* Ne traissent (*P* malmetent) la cite toute — 33-4 m. à *y* — 33 *B* M. vont — 34 *A* Qui; *B* sa g., *C* leur g. — 35 *S* Crieint; *x* Ml't craint que dayre a. l. consent, *A* Q. d. daus ait la c., *P* Cuide d. icou c. — 36 *S* ceux, *A* lui; *x* conment — 37 *y* Illoec ot; *S* ils ount; *B* il y ot un engignour — 38 *y* dist; *x* que il; *y* quil li rendroit; *S* Qi li p. ceo dit la t. — 39-42 m. à *x* — 39 *y* Et se (*P* Li rois) li d.

8140 « Bien a vint piez de fondement : (10232)
« Por neient t'en entremetreies. »
« Car a nul jor ne la prendreies,
Si fist il, veirement la prist :
Oïr poez qual engegn fist.
8145 Foant ala desoz la terre (10245)
Al fondement de la tor querre ;
Quant ot le fondement trové,
Tant pica qu'il l'ot estroé.
Li engigniéres fu mout proz :
8150 Le fondement chava desoz, (10250)
Et ficha taluz en après,
Por soztenir desoz le fais ;
O vif argent et o estope,
Le fou grezeis desoz lor tope ;
8155 Quant ot mis le fou es taluz, (10255)
Par dedesoz est fors eissuz.
Ceus de la tor en haut apèle,
Ja lor dira freide novèle : (10258)
« Se n'en éssent isnèlement,

8140 *A* Ja a, *P* La a; *A* crousement, *P* cauement — 41-2 *m. à P* — 41 *A* vos entremetres — 42 *A* Ja a n. i. ne le prendres; *y* aj. 10 v. (*P* 6) et *S* 75 (1 v. au moins manque) — 43-4 *y* Ne vos en quier plus alongier Lenginieres fist (*P* fait) son mestier — 44 *S* engyn; *x* conme (*B* com) il le f. — 45 *y* en va — 46 *y* Le pie; *A* desous en ala q., *P* del mur sen va requerre — 47-8 *m. à P* — 47 *S* ount; *A* Q. a le pie del mur t. — 48 *B* Quant; *S* lont; *C* esfonde, *B* enfondre — 50 *y* Le pie du mur; *SP* caua, *C* cheua, *A* troa — 51 *x* Puis; *B* caluz; *P* Puis a mis postiaus en a., *A* Postiaus de fust i mist a. — 52 *xA* desus — 53-4 *m. à x* — 53 *S* estuppe; *y* Et puis alume les (*P* ses) esprises — 54 *S* tupe; *y* Desous la tor quil i ot mises — 55-6 *y différe* : Q. fu espris fors (*P* hors) tere saut Li enginieres crie haut (*P* en h.) — 55 *x* Puis a m. le feu — 56 *x* Desus la terre est hors issuz — 57-8 *m. à P* — 58 *x* Dire lor veut male n.; *A* une n. — 59-60 *y* dév. en 8 v. (*P* 6).

8160	« Tuit sont ja mort, et il ne ment. »	
	Li talu ardent, la tor fent;	(10267)
	Cil s'en éssent, li reis les prent.	
	La tor chaï en dous meitiez,	
	Car desoz li failli li piez.	
8165	Daire meinent davant le rei	
	Pris et leié et mis par sei.	
	« A ! vieuz traïtre, » dist li reis,	
	« Jo vos ardrai sempres maneis,	(10274)
	« Et si ferai venter la cendre,	(10281)
8170	« Car tal fin deit traitre prendre. »	
	Daires dist : « Bien le poez faire,	
	« La vostre force est ore maire;	
	« Mais n'a home en vostre maison	(10285)
	« Qui me provast de traïson :	
8175	« Ainceis provereie al plus fort	
	« Que vos eüstes vers mei tort.	
	« Jo vos conseilloe par fei,	
	« Solonc le siécle que jo vei :	(10290)
	« Vos me feristes d'un baston,	
8180	« Sanglenz en fui jusqu'al talon ;	

8160 *S* Tout s. m. (v.f.); *x* Sempres morront certeinement (*B* tout voirement) — 61 *S* taluz, *C* thaluz, *B* calu, *y* postel; *P* argent, *y* tors — 62 *xy* issent; *y* C. i. fors (*P* hors) — 63 *By* tours; *C* chai, *B* chei, *y* kai — 64 *C* li chai; *S* les p.; *P* fali; *A C.* de d. li faut li p. — 65 *S* Dares est amesnes au rei; *P* amainent — 66 *Sx* liez, *y* loie; *A* et tout; *B* p. foy — 67 *CA* Ha, *P* He; *S* veil; *Sxy* traitres; *C* di, *P* fait; *A* fel renois; *B* Auez vous trait se dit li r. — *Après 8168, y aj. 6 v.* (*P 4*) — 69-70 m. à *P* — 69 *xA* Si en f. — 70 *A* T. f. d. bien t. p.; *BA* traitres — 71 *S* Dares, *C* Daire; *B* li d. b. p. f. — 72 *P* Car v. f. i est or m., *A* V. f. e. o. la m. — 73 *P* M. il na h. en vo m. — 75*x* Ainz; *C* le p.; *S* a p. f. — 76 *A* aues enuers — 77-84 m. à *P* — 77 *A* consillai, *B* conseillai, *C* le; *x* bien a droit, *A* p. ma foi — 78 *xA* Selonc; *A* lafaire; *x* len voit — 80 *S* Sanglant, *x* -anz, *A* -ens; *S* fu; *A* duscau.

« Donastes mei congié por veir
« De vos mal faire a mon poeir ;
« Jo l'engeignai al mieuz que soi, (10295)
« Cuidai le faire, mais ne poi. »
8185 Mout fu la cort grant et pleniére,
Onc Daires n'i baissa la chiére ;
Et neporquant n'a en sa vie
Seürté, de rien ne se fie ; (10300)
Ne vers le rei merci ne crie, (10303)
8190 Car bien conoist sa felonie.

Forment est li reis de grant ire :
Daire vueut livrer a martire ; (10306)
Ardeir le vueut en un bordel. (10309)
Otes l'entent : ne li fu bel. (10310)
8195 Par les rens vient davant le rei : (10313)
« Sire, » fait il, « entent a mei.
« Jugier le fai premiérement
« Et justicier par jugement :
« Haïne et blasme en avrïez,

8181 *x* C. me d. — 83-4 *interv. dans S x* — 83 *S* Je lenginai a ; *x* Engingnie *(B* Engignay) le si com miex s., *A* Je quis engien si que mix s. — 84 *xA* (Jel *A* Sel) c. f. ; *S* poei ; *S aj.* 10 *v.* — 85 *y* cors grans — 86 *A* Nonques n'en abaissa ; *P* Ainc hom ne boisa mais si c. — 87-8 *m. à P* — 87 *A* Et non peruec — 88 *A* ne pas ne si f. ; *y aj.* 2 *v.* — 90 *S* il conust ; *A* la ; *P* felenie — 91 *x* F. fu — 92 *S* Darie, *x* Dayre ; *S et A donnent ensuite (séparément)* 2 *v., dont le* 1er *seul offre quelque ressemblance dans les* 2 *mss.* : *S* Ardre en fou ou a glaiue ocire Molt paront vers dairie grant ire ; *A* Ardoir en fu ou con locie Ne li veut mais tolir la vie *(la leçon de S est peut-être authentique, quoique ce ne soit qu'une répétition oiseuse)* — 94 *A* Othes, *C* Othon ; *P* loi, *A* le voit ; *y aj.* 2 *v.* — 95 *x* En estant ; *S* va, *CP* vint — 96 *S* dist il ; *A* entén a m., *P* entendes m. — 97 *xA* Fai le i. ; *B* iuchier — 98 *A* Et mener tout, *P* Et fai mener, *C* Et demener — 99 *S* aurez (*hiatus*), *C* ariez, *B* verriez ; *y* Grant (*P* Car) b. en aras a tous dis.

8200	« Se senz esguart si l'ocïez. »	
	Li reis apèle ses barons	
	L'un avant l'autre par lor nons,	(10320)
	Les plus sages de la cité	
	Et de plus grant nobileté :	
8205	« Seignor », fait il, « dites m'en dreit,	
	« De cest mien traïtor reveit,	
	« Saveir qual justice en ferai :	(10325)
	« Ferai le pendre, o se l'ardrai?	
	« A vos le vueil faire jugier	
8210	« En qual guise m'en dei vengier. »	
	Li baron liévent al dreit dire,	
	Li plusor ont al cuer grant ire.	(10330)
	Daires esteit de grant parage :	
	Auquant furent de son lignage ;	
8215	Assez ot amis en la cort	
	Qui crément que a mal li tort ;	
	Ainz que il ésse de la place,	(10335)
	Crément que li reis le desface.	
	Fors de la sale vont as estres	

8200 *C* Sen tel manière l., *B* Se en tel suen loceissiez, *y* Se tu sans iugement locis ; *S aj. 108 v.* — 1 *S* les b. — 3-4 *m. à S* — 3 *A* Des p. ; *B* L. p. amez — 4 *xy* nobilite — 5-10 *S réd. à 2 v.* : Alez donqes et si iugiez Ffaites tost ne me demorez — 5 *C* direz me drois ; *y* Dites ent d. (*P* voir) f. il signor — 6 *C* renois, *B* renoit ; *y* De c. quiuert le t. (*P* men tratour) — 7 *xy* quel ; *y* Et q. vengance ien doi prendre (p. *m. à A*) — 8 *S* si ; *C* ou ie lardre, *B* ou arderay ; *y* Ou ardoir ou as (*P* a) fourques pendre — 9 *y* Par v. ; *B* le ferai iusticier — 10 *xy* quel ; *y* endroit me ; *B* venchier — 11 *x* Cil saillent en piez ; *S* a, *A* por — 12 *y* Cascuns en eut (*P* ot) — 13-4 *m. à C* — 13 *y* D. ert (*P* iert) ml't de haut p. ; *B* D. est de m. g. p. — 14 *B* Li pluisour sont ; *P* En quart ; *y* erent de s. linage — 15-8 *m. à P* — 16 *SxA* criement ; *A* ne t. — 17 *x* Aincois, *A* Ancois ; *x* isse, *A* issent — 18 *BA* Criement, *C* Criengnent, *S* Dotent ; *xA* nel ; *B* deface, *S* deff. — 19 *xP* Hors.

8220 Et ont fait ovrir les fenestres,
Pués s'assiéent el pavement
Et parolent del jugement. (10340)
As estres ot mout grant tomoute :
Tuit parolent, Otes escoute.
8225 En son cuer prist a porpenser
Coment porreit Daire tenser,
Et reparla al chief de pose : (10345)
« Bien sachiez, » fait il, « une chose :
« Se vos jugiez Daire a ocire,
8230 « De mal talent est mout mis sire :
« Si com jo cuit en mon viaire,
« Vos verreiz sempres morir Daire. (10350)
« Granz dueus iert de Daire le Ros,
« Se il est ocis entre nos :
8235 « Il est de nostre norreture
« Et par lignage et par nature.
« Jusqu'a demain respét queron (10355)
« Del jugement que nel façon :
« Li reis tandis s'apaiera

8220 *y* Et si ouurirent — 21 *Sy* Puis, *x* Ius; *S* sascent, *B* sasient, *y* sasisent — 22 *xP* Si; *P* ont parle; *A* de — 23 *P* iestres, *A* escers; *x* temolte, *P* tumolte, *SA* tumulte — 24 *Sy* Tout; *xA* othes; *Sx* escoute, *P* escolte, *B* encolle — 26 *S* Come purreit d. deliuerer — 27 *xA* Puis si parole; *CA* a. c. — 28 *S* dist il — 29 *P* a martire — 30 *P* De fort talent; *x* mautalent; *C* misire, *y* mesire; *A* De grant m. t. est m. — 31 *y* quic il (*P* et) mest v. — 32 *S* murrer; *A* Quil le vaura s. desfaire — 33 *C* Qvanz (*sic*) lez, *B G*. lays; *SCA* ert; *xP* se daires li r. — 34 *x* Est ainsi (*B* ainsint) o., *P* E. chi honis or, *A* Sil est iugies chi; *B* entour n. — 35-6 *m. à P* — 35 *A* Des nos est il par n. ; *S* nureture — 36 *xA* linage; *A* droiture — 37 *A* Dusca; *Sxy* respit; *S* querron, *A* prendons, *P* prenon — 38 *A* facons; *x* nos feron — 39-40 *m. à x* — 39 *y* En tant li r. sapaisera; *S* tant dis se paiera.

8240 « Et s'ire li refreidera ;
« Demain nos rajosteron ci,
« Et de Daire querron merci. (10360)
« Se ço laisson jusqu'al matin,
« Donc en porron mieuz querre fin ;
8245 « Car ore n'i vei jo pas lou,
« Tant com l'ire est o tot le fou. » (10364)

Ceste parole tuit otreient, (10367)
Et les cinc d'eus al rei enveient :
Préent lui que jusqu'al demen
8250 Respét lor doinst, si fera ben.
Li reis est mout d'içó eschis
Et de mautalent toz trenchis : (10372)
« Por neient, » fait il, « vos lassez : (10375)
« Par mé le dreit vos en passez,
8255 « Car ja jor ne dorrai respét
« Del grant lait et del grant despét

8240 S Et son ire lui; A Et ses talens, P Et son talent —
41 x Et d. nos rassemblon ci — 42 x De d. querons (B querrons) tuit m. — 43-4 m. à P — 43 A Se le l. duscal; x Sauons respit; B iusqua m. — 44 A Si le p. mix traire a f., x M. en p. q. la fin — 45 Sx leu; x Ne soumes ore p. en l.; P C. or ni v. lieu de proier, A C. ne v. liu du roi p. — 46 C atot le; x feu; A Ains le feriemes plus irier, P A. feriens p. le roi irier; y aj. 2. v. et S 8 v. indépendants — 47 Sy tout — 48 S Et treis barons; y Les .xv. daus; S aj. 2 v. — 49 xA Prient; B li; P Proient lui iuskes au d., A Et p. l. dusca d.; x iusqua; S Et si prierent lour seignor — 50 Sxy Respit; B buen; A loial et sain; P L. d. r. et ferin et sain; S Qil lour donast r. un ior — 51 x fu graingnarz (B guegnars) et e. (B eschiez); y estoit ml't escaufes — 52 x De courage mautalentis (B mal talentiez), y De son talent tous aires; A aj. 2 v. — 53 x neànt; P noiant f. il le laires, A nient f. il le laisseres — 54 y en passeres — 55 A Ca nul ior, P C. ia voir; xP nen; Sxy respit — 56 x De la grant honte (B la h.) et du d.; P del fort d.; Sxy despit.

« Que icist traïtre m'a fait,
« Ne ja n'en escouterai plait.   (10380)
« Vos volez que respét li doinge,
8260 « Pués preierez que li pardoinge :
« Jugiez le mei solonc les leis,
« Car jo serrai autresi freis
« Dès qu'a un an com jo or sué.   (10385)
« De besanz ne prendreie un mué
8265 « Que jo n'en prenge vengement,
« Et j'en sai bien le jugement
« Que jugiérent nostre ancessor :
« En bordel ardeir traïtor. »
Creon li dist : « Si fereiz, sire :
8270 « Ne vos laissiez veintre a vostre ire ;   (10392)
« Conseil creez, si fereiz bien :
« Respét donez jusqu'al demain. »
Li reis jure quant que il sét   (10397)

8257 *y* icis ; *Sy* traitres; *P* a f.; *x* Q. cist t. a vers moi f. — 58 *S* escuterai — 59-64 m. à *P* — 59 *S* voilez; *x* Or cuidiez; *SxA* respit; *S* doinge, *C* doingne, *B* donne, *A* doinse — 60 *SxA* Puis prierez; *S* lui pardoinge; *C* pardoingne, *B* pardonne, *A* pardoinse — 61 *SxA* selonc — 62 *xA* ien; *C* autresint; *B* sour autre sont f. (*v. f.*) — 63 *S* come ie ore sui; *xA* Dui en .j. an com (*A* que) ie sui hui — 64 *C* nem, *BA* nen; *B* prendroy; *A* mº, *Sx* mui — 65 *S* ne; *C* praingne, *B* prende; *A* Ancois en prendrai, *P* Ains en p. grant — 66 *xy* Car; *x* ie — 67 *A* Quen; *y* ancissor — 68 *B* Au b.; *S* arder; *S* aj. 2 v. — 69 *B* Creons; *C* Lors li ont dit creez nos s.; *S* ferrez — 70 *B* metre a martire; *P* Auques deues laissier v. i., *A* Or refraignies .i. poi vo i. — 71-2 *A* dével. en 4 v., dont les 2 derniers sont seuls dans *P* : Vous feres bien se nous crees Ja de conseil mar isteres Respit nos en dones huimais Demain en ert (*P* iert) iugemenz fais — 71 *x* Creez c.; *S* C. ferrez. — 72 *Sx* Respit; *SC* iusqa; *S* aj. 4 v. — 73 *x* en (*B* si) i. bien et dit; *y* i. comme derues.

	Que ja nul jor n'avra respét.	(10398)
8275	Creon fu plus fiers que leon ;	(10405)
	Il a le rei mis a raison :	(10406)
	En la vile ot Creon grant gent ;	(10403)
	Riches hon fu d'or et d'argent.	(10404)
	Li reis et il érent parent,	(10407)
8280	Por ço parla seürement :	(10408)
	« Mout hé, » fait il, « enriévreté	
	« Et sorfait en grant poesté.	
	« Deus maudie enriévre seignor,	(10413)
	« Car ja bien ne tendra honor :	
8285	« Tuit le héent et povre et riche,	
	« Quant d'enriévreté trop s'afiche.	(10416)
	« Sire, » fait il, « a mei enten.	
	« Bachelers, qui nen a grant sen,	
	« De sages homes conseil creie :	

8274 *x* Q. ia i. nen dorra *(B* donra*)* respit ; *P* Ja nus ; *y* respis nen ert *(P* iert*)* dones ; *y aj. 2 v., que A fait suivre de 2 autres* — 75-96 *m. à P* — 75-6 *m. à x et sont placés dans A après* 77-8 — 75 *A* Le vis ot fier comme lions — 76 *A* Et fu bien fondes de raisons — 77 *B* creons ; *C* c. dargent — 79 *A* Il et li r. e. p. ; *x* Si ama le roi durement *(B* voirement*)* — 80 *A* plus fierement — 81-2 *A dével. en 4 v. :* M. as f. il de cruaute Quant on ni puet trover bonte Ml't fait li sires a hair Qui ses homes ne veut oïr — 81 *C* haz ; *B* es f. il en reureté ; *S* M. le f. il en rieurte — 82 *C* Par tres en si g. p., *B* Par traison g. p. — 83 *B* enriec s., *A* pesme s. — 84 *S* tiendra ; *A* ne tenra b. h. — 85 *S* Tout le, *x* Plus len ; *A* p. rice — 86 *S* de rieurte, *B* du reureté ; *A* Q. il en son mal t. s. — 87-90 *A dével. en 8 v. :* Mais or enten .j. poi a moi Je te dirai conseil par foi Li iones hom qui na grant sens *(Cf.* 8288*)* Laissier se doit vaintre par tens De s. h. c. c. *(Cf.* 8289*)* Ou se ce non il se foloie De iugement ses encor poi Mes croi tes homes que ci voi — 87 *S x* entent — 88 *C* Bacheler ; *x* qui est de iouuent — 89 *C* Des s. ; *B* Des ainsnez *(v. f.)*.

8290	« Astes le vos mis en la veie ;	
	« Qui ne sét ne ne se conseille,	(10425)
	« Se il mesfait, n'est pas merveille. »	(10426)
	Li reis escote la parole ;	
	Contre lui liéve, si l'acole.	
8295	Li reis le prist a acoler ;	
	Riant li dist : « Laissiez m'ester,	
	« Car ne laireie por la vie	(10439)
	« Ne feïsse ceste folie. »	
	Cil s'en tornent, as estres vont :	
8300	De lor veisin grant pesance ont ;	
	Grant pesance ont de lor veisin,	
	Quant n'i truevent respét ne fin.	(10444)
	Otes demande : « Avez respét ?	
	— Nenil, por veir, jusqu'a la nuét.	
8305	— Por Deu, » dist il, « or[e] aiez paiz,	
	« Car [de] noise faire est granz laiz.	
	« Li un(s) les autres parler laissent	
	« Tot bèlement et si se taisent,	
	« Et cil qui a parler n'i ont	
8310	« O(i)ent que li autre di[r]ont. »	
	Al jugement sont tuit assis,	(10445)
	N'i a celui ne seit pensis ;	
	Une piéce sont tuit taisant,	

8290 *Sx* Estes ; *x* en bone voie — 91 *A* poi set ; *x* na senz ne ne croit conseil — 92 *S* Sil pert en plait ; *x* Sil foloie (*B* folie) ne men merueïl — 93-6 *A* dével. en *12 v., dont les 2 derniers sont aussi dans P. V. App.* III *et* IV — 94 lui m. à *S* — 97 *A* nel ; *y* p. ma — 98 *y* fesisse ; *S répète ici les v.* 8259-60, *puis donne ces 2 v. qui rappellent les v.* 10401-2 *de A* : Vous me donez conseil d'enfance (*A* denfant) Laissez mei prendre ma vengance (*A* Laies moi faire mon talent), *et enfin 4 v. spéciaux* — 8300 *x* l. ami ; *P* p. en ont — 1-2 m. à *P* — 2 *SxA* respit — 3-10 m. à *xy* — 3 *Ms.* respit — 4 Nanil... noit — 7-8 Pour la rime, cf. 4137-8 — 11 *Sy* tout — 12 *S* Ne ni ad vn ni s. p. — 13-4 m. à *P* — 13 *S* s. tout, *y* furent.

Que nus n'i vout parler avant.

8315   Alis sot mout de jugement,
            Si a parlé premiérement :   (10450)
            « Guardez se ceste mesprison,   (10469)
            « Que Daires fist, est traïson.
            « Se lui jugiez a traïtor
8320   « Por ço que il livra sa tor,   (10472)
            « Se Deus, » fait il, « me beneïe,
            « N'a dreit en membre ne en vie ;
            « Mais se nos l'en poon defendre,   (10473)
            « Il n'i perdra vie ne membre :
8325   « En merci seit vers son seignor
            « De son avoir et de s'onor. »   (10476)
            Otes prist Alis par la main :   (10479)
            « Ne parlez pas, » fait il, « en vain.
            « Se traïson fist vers le rei,

8314 *C* ne v. ; *S* Qe nul de eux ni parla a., *A* Nus ni ose p. a., *B* Quainz ne veullent p. a. — 15 *S* Ytyers; *P* s. bien del — *Après* -16, *x aj. 2 v. qui se relient assez mal au v. 8317 (Seingnor fait il entendez moi Si me dites en (B a) droite foi), et A 18, dont les 2 premiers ont quelque ressemblance avec les 2 de x (V. App. IV)* — 17 *x* Sauoir se — 19 *A* Iel iugeroie; *x* le; *P* iugons — 20 *A* quil lor, *P* se il — 21-2 *m. à A; 21-6 sont développés dans S en 20 v.; S donne ensuite, en 646 v. spéciaux, plusieurs autres discours, et revient au texte original par 4 v. de transition annonçant un nouveau discours d'Oton (Otes respont (à Alis) qi fu iriez De seant lieue sur ses pies Giens ad este trestout unqore Enuers yceo qil dirra ore), suivis de 6 v. de remplissage, dont les 2 premiers rappellent les v. 8393-4 (en tout 676 v. spéciaux; voy. App. I)* — 22 *B* membres; *P* perdre m. ne vie — 23 *B* pouons; *P* vous lenuoles; *xy* desf.; *A* Sil est qui le voelle d. — 24 *A* Por traitor le valrai rendre — *Après* -26, *A aj. 2 v.* — 27-8 *Pour S, voy. App. I, v. 9561-70* — 27 *xA* Othes; *y* le doit — 28 *y* Por diu fait il vos aues (*P* dites) droit.

8330 « Bien savon qu'il n'a dreit en sei;
« Mais jo par dreit et par raison
« Le defendrai de traïson.
« Li reis laidi mout son baron, (10485)
« Quant le feri de son baston,
8335 « Et li dona, ç'oï retraire,
« Tot plein congié de li mal faire :
« Se cil le fist come il ainz pot,
« Pués que il le congié en ot,
« Vie ne membre n'a forfait,
8340 « Ne traïson n'i a pas fait. » (10492)

Creon li vieuz et li antis
De jugement fu bien apris :
En la cort se drece en estant, (10493)
En sa main destre tint son guant.
8345 De raison fu bien dotrinez :
« Seignor, » dist il, « or m'escoutez.
« Mal fait qui a son escïent
« Consent un mauvais jugement.
« Otes a dit sa volenté,
8350 « Et nos l'avon tuit escoté; (10500)

8330 *B* sauons; *S* Il nen ad point nul d., *y* Respit de bien na il — 31 *B* pour d. et pour r. — 32 *x* desf., *A* garderai, *P* garirai; *S aj. 12 v.* — 33 *y* Li r. s. b. m. laidi — 34 *x* Q. il le f. du *(B* dun*)* b., *y* Q. il dun *(P* de*)* b. le feri — 35 *x* Puis li; *y* Et d. lui *(P* li*)*; *S* ceo oi, *x* ce oi, *P* cou a — 36 *C* p. pooir; *y* lui — 37 *C* com il a. p., *B* comme il pot; *y* se venga que a. *(P* a. ke*)* p. — 38 *Sy* Puis qe (que); *x* Des puis quil le; *y* son *(P* tout*)* plain c. — 39 *x* ne forfet — 40 *S* il ni ad fait — 41-2 m. à *y* et 43-50 à *x* — 41 *x* Creons; *S* vielz, *x* vieux; *S* liu a. — 43 *y* Creon s. d. en son e. — 44 *P* t. s. d. g.; *S aj. 4 v.* — 45 *S* doctrinez, *A* -es; *P* fu endoctrines — 46 *S* Seignurs d. il escoutez; *y* fait il or mentendes — 47 *P* entient — 48 *y* com fait faus i. — 49 *A* Othes — 50 *P* auons; *S* tout, *y* bien.

« Mais, par la fei que jo vos dei,
« Issi, » fait il, « pas ne l'otrei.
« Se li reis son baron laidi,
« Daires se tot et le sofri,
8355 « Ne le rei a raison ne mist, (10505)
« Ne de ço dreit ne li requist ;
« Ne li reis dreit ne li vea,
« Ne il le rei ne desfia.
« Il ert ses hon et li reis sire :
8360 « Por tençon ne por un poi d'ire, (10510)
« Ne deüst pas, ço m'est vis, querre
« Com sis sire perdist sa terre,
« Ne certes issi freschement
« Querre son desheritement ;
8365 « Dreit deüst ofrir et dreit prendre,
« Et pués quarante jorz atendre ; (10516)
« Dreit deüst querre et dreit ofrir,
« Et pués quarante jorz sofrir.
« Se li reis dreit ne li feïst, (10517)
8370 « Ainceis que il li forsfeïst,
« Une rien peüst il bien faire :
« De son service sei retraire ; (10520)
« Mais se li reis ot vers lui tort,

8351 *x* Par cele f. — 52 *C* Ainsi, *B* Ainsint ; *y* Ensi del tout p. — 54 *Sx* tut, *A* teut, *P* telt ; *x* et si, *A* et sel, *P* et il — 55 *y* Ne li rois a r. nel *(P* le*)* m. — 56 *y* Ne cil droiture nen r. — 57-8 *interv. dans Sx* — 57 *P* ne deuea — 58 *y* Ne cil ; *S* defia — 59 *S* son hôme ; *y* Cil estoit hom — 60 *B* po, *P* pau — 61-2 *m. à P* — 61 *B* mont uis — 62 *CA* Que ses sire *(A* sesire*)* — 63 *S* Et c. ; *x* Ne si tost ne si f. ; *y* Et *(P* Ne*)* ne deust si ; *A* faitement — 64 *y* desiretement — 65 *S* offrer ; *y* Mais droit o. et querre et p. ; *x* q. o. et p. — 66 *x* A .xl. i. p. a. ; *Sxy* puis — 67-8 *m. à By* — 67 *S* soffrer — 68 *Sx* puis ; *C A* .xl. i. p. s. — 69 *y* fesist — 70 *y* ciex li ; *P* le f. ; *xA* mesfeist *(A* -esist*)* — 72 *x* puis r., *A* tost r. — 73-80 *m. à P* — 73 *x* Et se ; *S* liu r.

	« Ne deüst pas querre sa mort.	
8375	« Sa mort quist il, quant il ot mis	
	« Sor lui ses mortaus enemis,	
	« Que volentiers l'oceïssant,	
	« Se il baillier le poïssant.	(10526)
	« De dreit ne deit on pas mentir,	(10529)
8380	« Ne traïson ja consentir :	
	« Daires en fist grant felonie,	
	« Forsfait i a et membre et vie.	(10532)
	« Et ne cuit pas que ça enz ait	(10535)
	« Cui plus en peist que a mei fait ;	
8385	« Mais por amor n'en mentirai	
	« Del jugement que jo ferai. »	
	Otes dit : « N'ai cure d'amor,	
	« Pués qu'ele torne a deshonor :	(10540)
	« Hon qui aime un autre par fei	(10547)
8390	« Ne li vueut mal plus que a sei ;	(10548)
	« Se vos l'amissez de neient,	(10543)

8375 *S* la ou il ad mys; *A* li q. puis qu'il ot m. — 76 *A* Caiens; *S* mortels, *C* -iex, *B* -eulz, *A* -ex; *xA* anemis — 77 *xA* Qui; *A* Q. lui et nos tos ociroient; *S* locisant (*v. f.*) — 78 *A* Se il ia faire le pooient; *S* puissant, *C* pouissant, *B* passant (*v. f.*); *A* aj. 2 *v.* — 79 *A* Del; *S* len p. — 80 *x* pas c. — 81 *S* Daire se f.; *x* i f., *y* a fait — 82 *xy* Forfet; *B* i a membres; *S* Na dreit en m. ne en vie; *A* aj. 2 *v.* — 83 *x* Si; ne m. à *S*; *P* croi; *y* que caiens home (*P* hō) ait; *C* ceanz, *B* creut — 84 *S* Qi, *Cy* Qui; *A* poise q. m. f.; *S* qa m. ens f., *x* q. m. en f. — 85 *x* M. ia p. rien, *A* M. par cremor; *S* ne — 86 *x* quant iel f.; *y* puis que le sai; *S* aj. 2 *v.* — 87-92 m. à *x* — 87 *A* Athes; *y* dist dehe (*P* dehait) ait a. — 88 *Sy* Puis; *y* aj. 2 *v.* — 89-90 *sont placés dans S avant* -87 *et dans A après les 2 v. spéciaux qui suivent le v.* 8392 — 89 *S* Homme qi a. autre p. sei; *A* a. lautre — 90 *A* Nel doit malmetre p. q. s. — 91 *S* laimissiez.

ROMAN DE THÈBES 413

   « Ne feïssez tal jugement.   (10544)
   « Sire Creon, amendez i,   (10565)
   « Que jo ne l'otrei pas issi.
8395 « Se mis sire me tout ma terre
   « O mon aveir, dreit en dei querre,
   « O atendre, se il nel fait,
   « Quarante jorz avant forsfait ;   (10570)
   « Mais pués que il mon cors ferra,
8400 « Dahé ait quil desfiera !
   « Il nen a pués nul dreit en mei,
   « Car il me ment iluec sa fei.
   « D'aveir dreit et de coup venjance : (10575)
   « Trés bien se guart pués de ma lance.
8405 « Ne sai dreit prendre de colee
   « Se la venjance non d'espee. » (10578)

  Tandis com il issi contendent
  Et cil de la cort les atendent,

8392 *A* Nen; *y* fesissiez; *y aj. 2 v.; ensuite A donne les v. 8389-90 et 6 v. spéciaux; puis viennent 8 v. communs à AP (y) et 2 v. spéciaux à A (V. App. III et IV)* — 93 *x* Othes respont a. i — 94 *xy* Car; *xP* ne lotroion (*B* loctrions, *P* lotrions) p. (*B* mie) ainsi (*P* ensi) — 8395-406 *m. à P* — 96 *x* por mon droit q.; *S* deif — 97 *B* mel f., *C* ne f. — 98 *A* apres; *S* forfait — 99 *Sx* puis; *A* puissedi quil me f. — 8400 *C* Dahaz, *B* Deshait; *A* Dehait qui le d.; *S* ia le deffiera (*v. f.*), *B* qui ne desfendra, *C* q. plus soferra — 1 pués *m. à S*; *A* Il nauera puis d. a m.; *x* Quel d. a il dont plus (*B* puis) en m. — 2 *x* Quant; *x aj. 2 v.* — 3 *x* du c., *A* de cop — 4 *SxA* puis — 6 *xA* Se du (*BA* del) vengier n. a e.; *S aj. 20 v.*; — *y prolonge la délibération des barons : A donne encore 1482 v., que P réduit à 458 par diverses suppressions (Voy. App. III et IV)* — 7-8 *m. à y* — 7 *S* Car tant come ils; *x* de (*B* del) droit c. — 8 *S* Et cels; *B* tour — 9-10 *figurent déjà dans S (placés, il est vrai, entre des parenthèses qui les annulent) en tête de la colonne, 10 v. plus haut.*

Jocaste parole o le rei (12061)
8410 A une part mout en secrei :
« Fiz, » fait ele, « mieuz vaut mesure
« Que jugemenz ne que dreiture.
« Cest felon a dreit destruireies, (12065)
« Mais trop grant damage i avreies :
8415 « Il a parenz quil vengeront,
« Et vengier assez le porront.
« Tes enemis veiz davant tei,
« Et, par la fei que jo te dei, (12070)
« Une nuét ça enz les metront :
8420 « Se il pueent, ja n'i faudront.
« Fai plait o lui, et si me crei ;
« Seürté doinst de porter fei. » (12074)
As paroles que dit sa mére, (12077)
Antigoné vint a son frére ;
8425 Antigoné, la suer le rei,
La fille Daire meine o sei. (12080)
Savez qual fu la fille Daire ?
Bel ot le cors et le viaire,
La face fresche et coloree,

8409 *y* En va ele parler au roi — 10 *x* Tout belement et ;
P a.i. s. ; *B* segroy — 12 *B* vengemens ; *A* contre d. — 13 *A*
destruiries — 14 *x* ml't g. ; *B* d. aroiez ; *y* M. que d. i
aueries (*P* aueroies) — 15 *x* Vois ses amis ; *S* qe lui (*v. f.*), *P*
kel ; *xA* quil vengeroient — 16 *A* Et a. v. ; *x* Qui tres bien
faire ; *xA* le pourroient — 17 *xy* anemis ; *S* veiez, *y* voi, *B*
vont — 18 *B* Mais ; *P* ti doi ; *x* ie doi toi — 19 *S* noit, *xy* nuit ;
C ceanz, *BA* caiens, *P* chaiens ; *BP* le m. — 20 *SxP* voilent
— 21 *CP* F. pes ; *Cy* a lui ; *B* F. ore pays et si ; *S* men —
22 *S* dount ; *y* Sil (*P* Si) tasseur de ; *A* aj. 2 *v.* — 23 *xy*
dist ; *x* la, *P* li — 24 *B* Thiogone — 25 *B* Athiogonas, *C* Anthigonas ; *CA* au roi — 26 *C* enmeine, *B* amaine — 27 *S*
qelle fu ; *xy* quele ; *x* est, *A* ert, *P* iert — 28 *x* Gent ; *S* la
v. — 29 *S* est f., *y* bele ; *P* encoloree.

8430	Boche petite et bien mollee;	
	Lévres grossetes par mesure,	(12085)
	Por bien baisier les fist nature;	
	Ueuz vairs rianz et amoros,	
	Granz dueus est quant il sont ploros;	
8435	Char blanche, pleine, tendre et mole,	
	Simple vout et douce parole.	
	Mout fu graisle par la ceinture,	
	Et fu de meiéne estature :	(12092)
	Ne fu trop grant ne trop petite;	
8440	Et vestue ot un eschafite :	
	Ço est uns pailes de colors	
	Menuement ovrez a flors;	
	Et ot sor ses espaules mis	
	L'afublail d'un fres mantel gris.	
8445	Cheveus ot lons, deugiez et sors	(12093)
	Et environ son chief entors :	
	N'ot cure de s'apareillier,	
	Et ne s'en deit on merveillier,	

8430 *x* P. b.; *xP* p. b. m. — 31 *B* Et l. grosses — 32 *x* la f. — 33-4 *sont placés dans x après* -36 — 33 *x* vers; *y* Iex (*P* Oex) ot r.; *P* vairs a. — 34 *P* Damaiges est, *A* Ml't e. g. d.; *y* quil s. p.; *C* deul; *S* dont il — 35 *S* t. p. m.; *y* Le car ot b. t. m. (*P* et m.); *B* b. t. et varolle — 36 *S S*. cuer; *y* S. le vis et le p. (*P* douce p.); *B* de d. p. — 37 *By* graille, *C* grelle — 38 *S* maine; *x* Si fu de ml't gente e. — 39-44 *m. à A* — 39 *SP* Ne t. grande — 40 *S* escafite; *P* V. estoit dun escalfite; *x* V. ot une catefite (*B* chantefite) — 41 *x* Ce fu; *B* pailles; *C* un poile — 42 *S* ouere, *P* oure, *x* ouure; *S* as f.; *P* flor — 43-4 *sont placés dans x après* -46 — 43 *B* sus; *S* sur les e. — 44 *P* Lafulement dun m. g.; *S* freis; *x* .I. fres m. qui estoit g. — 45-58 *m. à P* — 45 *B* dessuz le corps; *A* tors — 46 *A* Tot; *S* sount entors (*v. f.*); *x* Plus reluisanz que nest fin (*B* fins) ors — 47-52 *m. à x* — 47 *A* Not song de soi a.; *S* sa a. (*v. f.*) — 48 *S* se d. len; *A* Ne s. d. on esmeruillier.

Car mout ot grant duel la pucèle,
8450 Et en son duel si fu mout bèle.
Chiére morne vait humblement
Et plora mout avenantment; (12100)
De plorer ot moillié le vis :
Sis plors vaut d'autre femne ris.
8455 Et sa chiére et sa contenance
Fait a maint home grant pesance :
N'en i a un pitié n'en ait,
Qui veit le duel que ele fait. (12106)
Li reis l'amot et senz mesure, (12109)
8460 Mais ele ert vers le rei trop dure ;
Il l'aime plus que rien que vive,
Mais ele est vers lui trop eschive.

Li reis la veit vers sei venir :
Avisonques se pot tenir
8465 D'aler encontre et de li rire ; (12115)
Quant il la vit, mout refrainst s'ire :
S'il se peüst aseürer,
Sempres alast a lé parler.
Jocaste sozrist vers le rei :

8449 *A* C. g. dolor ot — 5o *A* estoit si b. — 51 *S* C. tout m. (v. f.) — 54 *C* Son pleur — 55 *S* Sa c. ; *x* Sa noblece sa c. — 56 grant m. à *S*; *A* al cuer p., *C* connoissance — 57 *x* Hom ne la voit, *A* Ni a celui; *S* qi doel ni ait — 58 *S* vait; *y* aj. 2 v. — 59 *S* laime, *A* lama; *x* la vit trop (*B* tost) samesure; *P* mlt s. m., *A* outre m. — 6o *SxP* est; *A* estoit v. lui t. d. ; *P* t. enuers lui d., *x* t. v. lui obcure (*B* obscure) — 61-2 m. à *P* — 61 *B* riens; *xA* qui — 62 *A* estoit v. l. e.; *B* peschiue — 63 *A* vit; *y* v. lui; *x* Li r. garde voit la v. — 64 *S* unqes; *xy* Ainz (*A* Mais) o. nes e; *S* poet — 65 *A* et a; *Sx* lui; *P* De laler e. et al tire — 66 *S* Puis qe la vist; *x* voit; *A* si ; *xP* refraint — 67-8 m. à *x* — 67 *S* Se il; *A* si p. amaisnier, *P* sem p. aaisier — 68 *S* lui; *A* Esrant; *y* lalast .c. (*P.* m.) fois baisier — 69 *S* sourist, *B* sourrist, *A* sosrit.

8470	« Fiz, » fait ele, « n'as dreit en tei,	(12120)
	« Nen as dreit en chevalerie,	
	« Se d'icesté ne fais t'amie.	
	« Veïs onques tant bèle tose,	
	« Si bèle ne si vergondose ?	
8475	« Rent lui son pére et seit t'amie,	(12125)
	« Si feras mout grant corteisie. »	
	Al rei est bel et si s'en rit	
	D'iço que sa mére li dit.	
	Les pucèles viénent avant	
8480	Et ambedous viénent plorant;	(12130)
	As piez le rei, el pavement,	
	Chieent et plorent tendrement :	
	L'une quiert merci de son pére,	
	Et l'autre en prée mout son frére.	(12134)
8485	Vers sa seror li reis se torne,	(12143)
	Que est por l'autre triste et morne :	
	« Suer, » fait il, « ja savez vos ben	
	« Que toz jorz l'ai preiee en ven :	(12146)

8470 *m. à B; P* na — 71 *P* Ne nas, *A* Tu nas — 72 *S* iceste, *C* ceste, *By* cesti — 73-4 *m. à B* — 73 *y* ainc mais si b. cose; *SC* chose — 74 *Cy* Ne flor de lis ne flor de rose; *x aj. 4 v.* — 75 *S* Rende, *A* Ren, *P* Rens; *SBy* li; *A* ton p. — 76 *S* Et si ferras g. — 77-8 *m. à x* — 77 *y* en; *SA* rist — 78 *A* De cou; *S* lui; *A* dist; *P* Que se m. li a cou dit — 79 *P* vinrent — 80 *P* Et vinrent a. p.; *C* ml't fort p.; *A* A. m. forment p. — 81-2 *interv. dans xy* — 81 *S* al p.; *A* ml't humlement — 82 *S* Cheent, *y* Crient; *x* Et sagenoillent doucement — 84 *SxA* prie, *P* proie; *y* Et l. p.; *A* por s. f.; *y aj. 8 v., dont 2 m. à P* — 85 *S* sorour.... sen t. — 86 *S* Qi, *xy* Qui; *x* Q. p. l. ert (*B* estoit) t.; *Cy* tristre — 87 *C* vos s. certein, *B* sachiez de certain; *y* Ha s. f. il (*P* dist il) tres b. (*P* b. le saues) — 88 *C* t. tens; *S* prie, *C* proiee; *S* vein; *B* t. ceulz me proient; *y dével. en 3 v.* : Q. ie me sui tos tans (*P* iors) penes De samor querre et de lavoir Mais tot a mis (*P* Ele metoit t.) en non caloir; *A aj. 2 v.*

             « De lé merci aveir ne déi,   (12151)
8490   « Car el ne l'ot onques de mei. »
          Cele dist : « Ore estes desus,
             « Ore ne l'enchauciez ja plus ;   (12154)
             « Aiez merci entre vos dous,
             « Vos de lé et ele de vous. »
8495   La pucèle le li otreie :   (12157)
          « Ne sai, » fait il, « com vos en creie. » (12158)
          Jocaste dit : « Ço iert bien fait :
          « Jo vos sué pleiges d'icest fait. »
          Et por ço nel dit ele mie
8500   Que en lé ait nule folie,
          — Mout est bone femme Jocaste
          Et bien aumosniere et bien chaste,
          — Mais Daire vout guarir de mort :
          Qui l'en blasmereit avreit tort.
8505   A une part esteit li reis
          Ou il parlot o eles treis :
          Li bacheler, li soudeier
          De Daire vont merci preier ;
          De la pucèle pitié ont

8489 *S* lui, *xy* li ; *A* ne d. a. m. — 90 *B* C. il ; *S* Qar nel ot vnqs (*la fin a disparu*) ; *y* C. ele ne lot ainc de ; *A* mi — 91-2 *A différe* : Sele pooit estre au d. De moi ne li cauroit ia p. — 91 *S* Ele dit ; *x* or es (*B* estes) au desus — 92 *x* Or, *P* Por cou ; *C* ore p. ; *S* Ore ne vous estoet prier plus ; *y* aj. 2 v. — 93-4 m. à *A* — 93 *B* nous ; *S* deux, *C* dos, *B* .ij. — 94 *Sx* lui, *P* li — 95 *S* lui — 96 *x* comment, *y* com ie — 8497-510 m. à *y* — 97 *SC* ert — 98 *SC* plege ; *x* de cest — 99 *x* Pour ce n. d. iocaste (*B* iocace) mie — 8500 *S* li ; *x* Q. cure eust de vilannie. — 1 *x* ert b. dame — 2 *x* Et bonne a. (*B* amosniere), *S* Bien almoniers ; *B* et caste — 3 *x* D. veut deliurer de m. — 4 *x* blameroit sauroit — 5 *x* se sist — 6 *S* counseille oue eux t. ; *x* parloit a (*B* o) ; *B* celles — 7 *S* soldeer — 8 *S* prier, *C* proier, *B* crier ; *x* aj. 2 v.

8510 Et por lé tuit al rei en vont;
De Daire crient merci tuit, (12159)
Il la troveront bien, ço cuit.
Al rei plot mout cele preiére,
Neporquant fait marrie chiére,
8515 Car il vueut mout celer le plait
Que la pucèle o lui a fait.
De la merci se fait guaignart, (12165
Et neporquant si li est tart;
Tart li est que merci li face :
8520 Peise lui de la tendre face
Qu'il veit moilliee de plorer.
Ne vos en quier plus demorer :
A qualque peine lor otreie
Que le conseil des barons creie. (12172)

8525 As jugeors uns mes en vait,
Qui lor dit com li reis a fait :
Grant joie en orent li plusor,
Et beneïssent lor seignor,
Qui pardone si grant forfait :
8530 N'i a celui plus chier ne l'ait.
Creon lor dist : « Nel quier celer,
« Mout est fous sens de bacheler :
« Jol vos di, » fait il, « por le rei,

8510 *SB* li, *C* lui; *SB* tout — 11 *xA* quierent — 12 *x* Et il la t.; *y* Et il laront (*P* Il laueront) ml't tost ie quit — 13-6 m. à *P* et 39-40 à *x* — 13 *S* plout, *xA* plest — 14 *x* Pourquant si f.; *A* Et n. f. morne c. — 15 *B* la, *A* ce — 16 *A* a vers l. f. — 17 *S* guaniart, *B* grienart, *C* graign., *P* gaign, *A* groign. — 18 *P* Et nonp., *A* Et nonperuec; *S* aj. 2 v. — 20 *BA* li; *y* sa — 21 *S* moillie, *y* mollie — 23 *S* quelqe, *x* quelque; *y* *A* ml't grant p. — 24 *P* les consaus; *y* as b. — 25-48 m. à *y* — 26 *B* a d. c. li r. f. — 27 *S* ouront — 30 *S* cil (*v. f.*), *x* nul; *C* sen et, *B* len aist. — 31 *x* C. d. n. vos q. c. — 32 *S* sen *x* senz — 33 *C* Je le di; *B* di ore p.

« Qui escondist et vos et mei ;
8535 « Il escondist et mei et vos,
« Onc rien ne vout faire por nos,
« Neïs respét n'en vout doner :
« Or le li a fait pardoner
« La prieiére d'une meschine.
8540 « Ne jo nel di pas por haïne,
« Que mout forment bel ne me seit
« Dont li reis a laissié son dreit ;
« Mais tot ico, se lui pleüst,
« Por ses barons faire deüst. »
8545 Otes dit : « Issi vait d'amie,
« D'amors et de chevalerie.
« Se vos le tenez a folie,
« Il le tient a grant corteisie. »
Al rei repairent li baron, (12173)
8550 De Daire tiénent la raison :
Vait avant, offre seürté,
Toz les barons de la cité. (12176)
Daires estut devant le rei, (12179)
Ses amis ot dejoste sei :
8555 « Si Deus, » fait il, « me beneïe,
« Bien conois que jo fiz folie,

8534 et 35 C escondit — 36 x Ne; C riens; B nen; SC volt, B voult — 37 SC volt, B voult — 38 B Ore li a — 39 S prier, B priere, C proiere — 40 x Mes ie — 41 C men — 42 x Se — 43 x M. pour ce (B ce le) di sil li — 44 x en d. — 45 S i. ne v. mie; x Othes respont ci v. — Après -46, S aj. 2 v. — 47-8 interv. dans S — 47 x Si le t. a vilannie — 48 x Nous le tenons a c.; S aj. 2 v. — 49 y Dont li prient (P loent) tot li b. — 50 x lor r.; y Que il d. face (P faice d.) pardon — 51-2 m. à x — 51 P Va a. soffre; S Il v. a. o. s.; A Et il demande s. — Après -52, y aj. 2 v. — 53 S esteit, x sestut — 54 x voit d.; S Et de ses a. entour s. — 56 S conus; x reconnois q. f.; y Je c. b. ke f.

          « Tal rien fiz que faire ne dure,
          « Issi avint ore aventure :   (12184)
          « Por ço me tenez en destreit,   (12187)
8560   « Et si avez auques de dreit.   (12188)
          « Sem pardonez ceste folie,   (12191)
          « Metre me poez en tolie
          « O toz les plus feaus amis
          « Que avreiz tant com serreiz vis :
8565   « Folie fiz, si com vos di,
          « Mais de traïson m'escondi ;   (12196)
          « De traïson, de felonie
          « Sué prez que ci enz m'escondie. »
          Creon dist que contrarios :   (12197)
8570   « Autre se combatra por vos. »
          Nus nen entent que il vueut dire,
          Fors sol li reis, qu'en ot grant ire, (12200)
          Car il dist de la fille Daire.
          Li reis abaissa son viaire,
8575   Si s'embroncha en son mantel :

8557-64 *m. à P* — 57 *x* Ce fis q. f. (faire *m. à B)* ne deusse, A Tel cose f. q. ne deusse — 58 *S* sauint ; *x* Pour seul tant que mon filz eusse *(B* mot en seusse) ; *A* Auques en ai eu dangoisse, puis 2 *v.* spéciaux — 59 *A* maues en tel d. — Après -60, *A aj.* 2 *v.* — 61 *S* Si me *(v. f.)* ; *B* P. moy c. f. ; *CA* Se *(A* Sor) me p. c. faille — 62 *x* pourrez ; *B* baillie, *CA* bataille — 63 *S* Oue tout les pliis foials, *A* Auoec vos p. feex, *x* Conme *(B* Com) .j. des p. charniex — 64 *A* Kares t. c. vos s. v. ; *x* Q. vous aiez en cest pais — 67-8 *m. à y* — 67 *x* et de boidie — 68 *B* pres, *SC* prest ; *B* sempres, *C* tantost — 69-70 *S dével. en 4 v.* : C. d. le c. Sire daire reposez vous La bataille en iert a estrus Mais [autre] le ferra p. v. — 69 *A* d. mot c. ; *B* Creons li d. que conte a vous — 70 *y* Autres — 71 *S* Nuls ne nentent, *A* N. nentendi, *P* N. nentent pas, *x* N. deus ne sot ; *x* volt, *A* vaut — 72 *BP* F. que ; *A* le roi qui en ot ire ; *S* qi en *(v. f.)* — 73 *S* dit ; *x* pour la — 74 *A* abaisse, *P* embaisse, *x* em bessa — 75 *xA* Et ; *x* souz, *A* sor.

Poez saveir ne li fu bel.
Se solement fussent il dui, (12205)
Mout volentiers tençast o lui ;
Mais il ne vueut en cort tencier,
8580 Ne ceste parole essaucier.
Tuit li baron l'ont tant preié
Que le plaît lor a otreié : (12210)
De fei porter hostages prent
Et a Daire tot son fué rent.

8585 En l'ost font duel de lor amis,
Qui en la tor sont mort et pris;
Li fiz Daire en est mout haïz : (12215)
Dient que il les a traïz,
Et vuelent por la traïson
8590 A forches pendre le prison.
Al premier chief vint mile sont :
Al tréf Polinicès en vont; (12220)
Par force vuelent celui prendre
Et desfaire o a forches pendre.
8595 Uns chevaliers qui ot non Ponce
A Polinicès tost le nonce.

8577-8 *interv. dans* x — 77 A Se seul a seul f. andui; Sy fuissent — 78 y Tantost (P Ml't tost) t. li rois; xy a l. — 79 x voult, A vaut; y illoec t. — 80 S eschaucier; A Ne mal ne ire commencier — 81-2 m. à x — 81 P ont; A Li b. li ont; y proie, S prie — 82 P pars lor, A pardon — 83 S De sei; xy ostages — 84 y dairon s. f. li (P tout) r.; S tout fee r.; C fie, By fief — 86 S Qen; x En la t. daire m. et p. — 87 A dairon; BP Et li f. daire; By en e. h. — 88 S D. qil (v. f.), x Et d. quil — 89 A Et dient — 90 C As; A pendront; B A force prendre — 91 By El; xA .x. m.; P .ix. m. — 92 S A t.; A pollinicet, x -es, P pollonices — 94 S Deffaire et as; A Et a f. le voelent p.; B Et destruistre; x ardoir ou p. — 95 SCP Un cheualier; S qad (v. f.) — 96 S polinicen, x pollinices, A -et; P A pollonices tout.

Polinicès que frans hon fist : (12225)
Sor son cheval le vaslet mist;
Sor le cheval, qui vaut cent livres,
8600 A la cité s'en vait délivres. (12228)

Quatrième bataille ; mort d'Hippomédon.

Cil de l'ost et cil dedenz sont
Grant piéce que ne se forsfont ;
Et neporquant pas ne s'entrement, (12291)
Mais mout se héent et se crement.
8605 Ypomedon pas ne repose :
Porpense, engégne aucune chose;
Vers céus dedenz est en aguait (12295)
Come il lor face grant forsfait;
Mout se porpense en son corage
8610 Com lor puésse faire damage.
Conseil en vait prendre o le rei :
Capaneon en meine o sei. (12300)
Cil descendent à l'estendart,

8597 S Polinicē, xA Pollinices, P Pollo'; x cortois — 98 A S. .j.; y vassal, x prison — 99 A S. .j.; qui v. m. à S — 8600 x En la, A Sor la; y sen fuit; y aj. 62 v. (P 64) — 1-2 m. à A — 1 S del host; x C. dedens et c. dehors s. — 2 P ke riens ne f., SxP forfont — 3 P Et non por oec; S sentreuont, xy sentraiment — 4 x Ml't fort se; P se redotent et c. ; A Que m. se doutent et reclaiment; C craiment, SBP criement — 5 S p. ne se r. (v. f.), A ne se r. — 6 S engiinne, B engaigne; P P. et e. et propose, A P. soi de mainte cose; x Touz iors e. à une c. — 8 y Com; x Conment l. f. aucun f. ; Sxy forf. — 9-10 m. à P — 9 C en lor c. — 10 A C. il l. puist — 11 C a lor roi; y C. en va requerre al r. — 12 S Capaneū, xP Capaneus; en m. à SB — 13 xP Il d.

Le rei traient a une part.
8615 Ypomedon premiers parole :
« Cist sojorz, » fait il, « nos afole.
« Trop longement avon ci sis, (12305)
« Et mout i avon poi conquis ;
« Trop somes en estrange terre,
8620 « Quant nos n'i poon rien conquerre.
« Ja ceste vile ne prendron,
« Ne par ester nes destreindron ; (12310)
« Vos nes porreiz ja afamer,
« Car navire lor vient par mer,
8625 « Que lor aporte assez vitaille :
« N'ont créme que l'on les assaille.
« Nos nen entron en mer salee : (12315)
« N'i avon barge ne galee ;
« Par mer ne fu pas nostre veie,
8630 « Mais par les deserz de Nemeie.
« Ceste grant ève d'Ismenos
« Les a de l'autre part enclos ; (12320)
« Outre cel pont, es praeries,

8614 *x* Leur r. ; *y* Et si le (*P* Et le roi) t. dune p. — 15 *S* primes — 16 *y* Cis ; *S* soiour, *x* seior, *y* seiors — 17-20 m. à *P* — 17 *x* Ml't longuement — 18 *A* Et si i ; *x* pou — 19-20 m. à *x* — 20 *A* Et ni poonmes — 21 *C* prendroiz, *y* prendres — 22 *y* p. gaitier, *S* p. ycco ; *B* nel, *P* ne ; *C* destraindroiz, *y* -dres, *B* destruirons — 23 *S* purrez, *C* pourrez, *A* pores, *P* poes, *B* poons ; *x* Ne ia n. p. a. ; *A* V. ne les p. a. — 24 *S* N. l. v. p. cest mier ; *xP* nauie, *A* vitalle — 25 *S* Qi, *xP* Qui ; *A* Par mer lor vient a. — 26 *S* len ; *P* Na cure ke on, *A* Si ne criement quon ; *x* Nont pas craime (*B* crieme) quele lor faille — 27-42 m. à *P* — 27 *x* N. nentrons pas, *A* Nenterrons ia — 28 *A* Nauons ne b. ; *B* ne nauee — 30 *x* Que p. ; *B* les chalens ; *S* nomeie, *A* normoie — 31 *A* grans aige desmenos ; *x* deuers aux (*B* eulz) — 32 *A* de totes pars ; *C* enclaux, *B* encleuz — 33 *A* ces ; *x* ce p. a ; *SC* praieries, *B* parairiez.

	« La paissent les granz vacheriës;	
8635	« Par la garenne et par la sable,	
	« La est la terre guaaignable :	
	« De la vient li blez et li vins.	(12325)
	« A muls, a chameuz, a roncins,	
	« Par mé cel pont, nos ueuz veiant,	
8640	« Viénent tuit trossé et amblant;	
	« Nos veon le blé amasser,	
	« Et ne poon l'ève passer.	(12330)
	« Ceste vile n'est pas assise :	
	« Ja par force ne serra prise ;	
8645	« Ja rien ne lor porron forsfaire,	
	« Se nes poon ça defors traire;	
	« Mais jo vos sai bien enseignier	(12335)
	« Com nos les porron engeignier.	
	« Eneveis, quant il fera cler,	
8650	« Faites cez chevaliers armer :	
	« Trente mile serront et plus,	
	« Si s'embuschent en Malpertus;	(12340)
	« Et li autre qui remandront	(12343)

8634 *x* Ou; *B* passent; *S* macheries, *B* nacheriers, *C* bercheries — 35 *S* warenne, *x* garanne; *A* et p. la plaigne; *B* le s. — 36 *B* ahanauble — 38 *x* O m. o sonmiers o r.; *A* a kauex a roncis — 39 *x* cest p. grant (*B* bonne) aleure — 40 *A V.* torse et tot a.; *B* tourse; *x* lembleure — 41 veon m. à *S*; *x* Le b. leur voions (*B* voient) a. — 42 *B* pueent; *x* outre p.; *A* Et par les pons laiens p. — 43 *S* Iceste gent; *x* est ml't bien a. — 45 *P* riens ne l. poon; *SCy* forf.; *B* Ja .j. seul nen p. fortraire — 46 *y* ça fors (*P* hors) atraire; *x* Se ça dehors nel (*B* nes) p. t. — 47 *y* ensignier — 48 *S* engynner, *y* engignier — 49 *C* Anneuois, *B* Enmanois, *A* Anquenuit, *P* Une nuit; *S* q. el luira; *P* cher — 50 *B* Ferez des c.; *y* Ces (*P* Des) c. faites a. — 51 *x* Et; *C* sembuchent, *B* -buichent; *S* -buisshent, *A* -buscent, *P* buissent; *S* a m.; *y* malpertrus, *B* -truis; *y* aj. 2 v. — 53 *S* liu; *C* autres.

"Par matin lor armes prendront;
8655 "A toz faites lor armes prendre,
"As escuiers les trés destendre, (12346)
"Et faites crier par cele host (12349)
"Que lor somiers chargent mout tost.
"Avant s'en augent li somier,
8660 "Et deriére li chevalier;
"La geude se mete en l'estree,
"De bataille bien conreee.
"La enz a grant chevalerie, (12355)
"Et si est mout vers nos marrie;
8665 "Li reis est orgoillos et fiers,
"De son corage mout legiers :
"De chevaliers grant force avra,
"Sachiez que il nos porsivra; (12360)
"Iço sachiez tot a estros,
8670 "Sempres serront el champ o nos.
"Mais jo ferai l'ariére guarde,
"N'i avra jumentier ne farde : (12364)
"Vint mile serron d'esleture, (12367)
"Des chevaliers bons par nature;
8675 "Si nos lairons bien aprochier
"Et bien laidir et embronchier. (12370)

8654 *S* Le m.; *C* les a.; *A* L. a. p. m. — 56 *m. à B*; *P* leur t.; *C* desfendre; *y* aj. 2 *v.* — 57 *S* p. tout lost, *A* parmi lost; *xP* cel ost — 58 *S* Qil l. s. c. t.; *x* les s.; *A* tantost — 59 *xA* aillent, *P* voisent — 60 *S* derier, *B* derrieres, *Cy* derriere — 61 *P* Li guaite, *B* Langaite; *S* lestre — 62 *SP* conree, *x* conraee; *A* De combatre b. apensee — 63 *y* Laiens, *C* Leanz, *B* Leenz; *P* a ml't c. — 64 mout *m. à S*; *SB* vous — 66 *A* En s. — 68 *B* vous parsuiura — 69-70 *m. à P* — 70 *A* Que il sera — 71 *A* Et ie — 72 *S* iument *(v.f.)*, *x* ia somme; *A* aj. 2 *v.* — 73 *B* seront; *SBA* desliture, *C* delliture; *A* .xx. m. armes tot d., *P* .xxx. m. a. tous deslure — 74 *A* Tout c.; *SxP* C. b. et p. n. — 76 *S* enbrunchir, *x* enchaucier.

« Par cele fei que jo vos dei,
« Ja n'i avra point de desrei,
« Ja n'i avra un trestor fait,
8680 « Jusque nos veon nostre aguait.
« Cil qui el bos s'embuscheront   (12375)
« De la noise se guarderont :
« Bien se metent el bos parfont,
« En la valee, soz le mont;   (12378)
8685 « Et ne lor chaut trop tost saillir, (12381)
« Que il ne nos facent faillir;
« Bien laissent enchaucier la rote
« Et venir la grant flote tote ;
« Si se metent li trente mile
8690 « A lor encontre vers la vile.   (12386)
« O ço que nos bien les ferron   (12389)
« Qui l'ariére guarde feron,
« Ne cuit que ja piez en estorce,
« Car il n'avront pas vers nos force. »

8695   Capaneüs d'icest afaire
Ne se vout targier ne retraire :
« Ço sachiez, » fait il, « veirement,   (12395)
« Jo serrai en l'embuschement :
« Celeement face li reis

8678 *y* Il ni ara — 79-80 *m.* à *x* — 79 *P* estour — 80 *P* Treske verront tout n. a., *A* Dusquil venront a no a. — 81 *Sx* bois; *x* -bucheront, *A* -busceront, *P* -buisseront — 82 *A* Del noisier bien se g.; *B* sesgarderont — 83 *P* sen buissent; *Sx* bois — Après -84, *y aj.* 2 v. — 85 *A* saiir — 86 *A* falir — 87 *x B.* leur l. chacier — 88 *x* Et la g. f. v. — 90 *A* encontrer; *P* ens en le; *S* A la rue entre eux et la, *x* A *(B* En) lentree deuers la; *y aj.* 2 v. — 91 *xy* A; *xP* b. le ferons, *A* la b. serons — 92 *P* g. auerons; *x* Quen (*B* Que) l. g. serons — 93 *y* quic; *S* pie, *x* nus — 94 *S* ils; *y* aront poi; *x* nous auon *(B* aurons) la plus grant force — 95 *xy* de cest — 96 *x* sen; *C* veut — 98 *x* -buchement, *y* -buscement.

8700 « Ses barons somondre eneveis. » (12398)
Ypomedon dist : « Jo n'i fail : (12401)
« Sor mei metez icest travail;
« Icest travail sor mei recueil,
« Jes somondrai, qui fairel sueil.
8705 — Seignor, » dist li reis, « bien savez (12405)
« Que n'ai dous barons tant privez
« Com vos m'estes, ne cui tant creie.
« Par vos comenz iceste veie;
« Faites le si com mieuz savreiz :
8710 « Grant los et grant pro en avreiz; 12410)
« Vos i avreiz mout grant honor,
« De bien aidier vostre seignor.
« Vos l'avez bien fait jusque ci :
« Jo vos en rent mout grant merci.
8715 « D'icest afaire vos penez, (12415)
« Et le fais sor vos en prenez,
« Car la besoigne bien m'agree,
« Si com vos l'avez porparlee. »

8700 *S* Les; *x* semondre, *A* venir, *P* monter; *P* enenois, *A* an., *C* anneuois, *B* enuerrois; *y* aj. 2 v. — 1 *B* Ypomedes; *S* dit; *P* nel f., *x* nen f., *A* le faic — 2 *x* S. m. receull; *A* tot ce ; *P* S. m. en m. cest t. — 3 *A* Ice; *S* recoil, *C* receull, *y* recoel — 4 *Cy* Iel; *xy* sem.; *y* que faire seul *(P* soel*)*; *S* qi faire soil, *C* qui faire el seull, *B* f. le veuil — 5 *S* Seignurs, *x* Seingnors *(B* -ours*)*; *B* fet li r. — 6 *x* Je nai, *P* Q. na; *Sy* si p. — 7 *xy* C. v. estes; *S* qi, *B* qui, *Cy* que; *B* traie — 8 *SP* comence, *A* commenc, *B* -cie, *C* conmant ie; *SxP* ceste v. — 9 *y* F. le si que *(P* ensi com*)* mix saues; *B* F. si com meus sauron — 10 *x* pris en, *P* aide en ; *A* G. pris et g. l. en; *y* ares, *B* auron — 11-4 m. à *P* — 11 i m. à *S* — 12 *S* Damer b. (*v. f.*), *x* De aidier b. — 13 *x* iusques, *A* dusques — 14 *x* Et *(B* Mes*)* ie v. en r. la m. — 15 *S* Diceste, *xA* De cest — 16 *S* li; *B* fet, *S* faiz; *S* sur, *C* seur — 17 *S* bus., *xy* bes.; *y* ml't m. — 18 *P* Si c. lors l. porpensee.

La nuét vint, et cil a somons
8720 D'icest afaire les barons. (12420)
Il s'aprestent de chevauchier :
Montent, si s'en vont embuschier.
Il en i vait taus dez o plus :
Chascuns est reis o cuens o dus.
8725 *Parthonopeus* o sa compaigne, (12425)
Que mout est fiére et mout grifaigne,
S'en ést premiers : cinc mile sont,
Et sachiez que genz conreiz ont ;
Qui veit lor conreiz puet bien dire
8730 Que n'est pas mauvais hon li sire. (12430)
Capaneüs eissi après,
D'icest afaire ot tot le fais :
Trei mile sont de gent hardie
Et bien duit de chevalerie.
8735 *Li cuens d'Amicle* en est eissuz, (12435)
Et nen ot que dous mile escuz ;
Mais cil dui mile o lor seignor
Valent quatre mile des lor.

8719 *S* noit, *x* nuit, *y* nuis; *A* vins; *x* vient et il; *y* cis; *xy* sem. — 20 *BP* De cest, *C* Pour c. *A* Par ceste — 21 *P* Si; *x* du c. — 22 *x* M. et; *BA* se; *x* embuchier, *A* -uscier, *P* -uissier — 23-4 m. à *P* — 23 *x* O lui en vont tiex (*B* telz) .x.; *A* Il en i a tex .x. et p.; *S* tiels dis — 26 *Sxy* Qui; *P* est m. f.; *A* m. estoit f.; *SP* grifaine — 27 *Sxy* ist; *SC* premier — 28 *y* grant conroi — 29 *S* les cunreis, *A* lor conroi — 30 *y* Q. n. mie (*P* nen est pas) vilains; *CA* lor s., *B* le lor s. — 31 *y* sen ist, *x* en vet — 32 *P* De cest afait a; *A* De ceste; *x* Sor moi dist (*B* fet) il en praing (*B* preng) le fes — 33 *S* Treis, *A* .xx.; *P* .xxx. m.; *x* O .x. mile — 34 *x B*. sont d. — 35 *S* Li dus; *y* danicles e. issus — 36 *S* Si; *y* .x. mil; *x* Et not que seul .ij.ᵐ e. — 37 *y* .x. mil; *S* a l. — 38 *x* .ij. tans (*B* temps) en v. par valor, *P* Sont ml't hardi et de valor, *A* .xx. mile v. en estour.

Meleager d'Amphigenie,
8740 Nobles dus de grant seignorie, (12440)
— Cosins germains esteit le rei
— Gente compaigne meine o sei :
Trei mile sont de grant bobance,
Tuit armé a guise de France.
8745 Li reis de Crète esteit le seir (12445)
Venuz en l'ost o grant poeir.
Ne teneit del rei fué ne terre,
Mais il li tramist socors querre :
Cil estoit sis amis d'enfance
8750 Par sairement et par fiance, (12450)
Et ne vout aveir vers lui tort ;
Por lui socorre et por deport
S'apareilla li reis mout tost,
O grant compaigne vint en l'ost.
8755 Li reis de Crète ot non *Minos*, (12455)
De hardement ot mout grant los ;
Mout fu proz et ot gent le cors,
O ceus de Crète en eissi fors :
Sés mile sont de fiére geste,

8739 *A* Meleages, *P* Meliages, *C* Meleazer, *B* Meleezer ; *S* dafigenie, *P* danfigenie, *A* de figonie, *x* de margerye (*B* -ie) (*Cf. v. 1993*) — 40 *x* N. hóm (*B* hòms) ; *A* N. de rice s. — 41 *B* li rois — 42 *S* Cent, *A* Bele ; *S* amene ; *x* En lost avoit ml't gent conroi (*B* conrois) — 43 *S* Treis, *A* Troi, *P* .iij. ; *x* v.ᵐ. s. a — 44 *A* Bien a. a, *P* A. a le ; *C* armez ; *x* en g. — 45-54 *m.* à *P* — 45 *A* de gresse — 46 *B* a g. — 47 *x* Ne tint du r. ne fie ; *S* fee, *A* fief — 48 *S* lui, *A* i ; *xA* secors — 49 *x* Il ; *B* son ami — 8751 *S* voet ; *A* Ne voloit ; *S* li — 52 *xA* sec ; *S* desport — 54 *A* A ; *x* O ceus de Crete — 55-6 *m.* à *x* — 55 *A* de gresse — 56 *S* hardiement (*v. f.*) ; *A* auoit g. l. — 57 *A* ot bel ; *x* Il fu m. p. et ot g. c. — 58 *A* de gresse ; en *m.* à *S* ; *y* issi ; *x* sen ist hors — 56 *Sxy* Set (*la correction est imposée par le chiffre total de trente mille donné au v. 8798*).

8760 La ou il vont passe tempeste. (12460)
D'Anuques fu cuens *Agenor*,
D'or et d'argent ot grant tensor,
De chevauchier ne fu pas lenz :
Cil en mena mil et cinc cenz.
8765 *Laertes* de Lacedemone
Por sa plaie ne quist essone, (12466)
Ainceis leva a qualque peine : (12469)
Mil chevaliers conreez meine.
Pirrus esteit uns cuens palaiz
8770 Et des justices et des plaiz :
Mil chevaliers ot et non plus,
Sis fiz cinc cenz Tritolemus.
Après ceus eissi *Palemon*, (12475)
Qui tint Carmin et tint Azon,
8775 Riches dus et de grant parage.
Maisniee ot tote d'un aage,

8760 *C* sont; *x* donne les v. 8761-78 dans l'ordre suivant :
8773-8, 8769-72, 8765-8 et 8761-4 — 61 *S* Dannqs
(*4 jambages semblables et douteux, le q surmonté d'un sigle*),
y Danicles, *C* Darchage, *B* Darcade ; *x* i fu; *C* rois a. — 62
Sxy tresor — 63 *S* Et de c. ne fu l. — 64 *S C.* amena; *y* Od
lui en ot (*P* maine) — 65 *SC* lacedemoine, *P* lacemonie (*v.
f.*), *A* lacemodoine ; *B* Taceerte de codemoinne — 66 *P P.
p.* (*v. f.*); *x* ni ; *S* essuine, *xA* essoine, *P* essonie ; *y* aj. 2 v.
— 67 *S* Ainces; *P* Ancois i va, *A* Ains se l., *x* Ainz cheuau-
cha; *Sx* a quelqe, *A* a ml't grant; *P* o tel compaigne — 68
x conraez; *y* od lui (*P* soi) enmaine — 69-90 *m. à P* — 69 *x*
Lafidus (*B* Laridus) fu .i. ; *SA* e. c. de p. — 70 *x* Et de i. et de
plez — 71-2 *x différe* : O .v. mile sen est issuz Cherins ses
(*B* Chierins son) filz .v. c. (*B* .x. mile) et plus — 71 *A* et
nient p. — 72 *A* tricolenus — 73 *A* eus; *xA* issi ; *B* plia-
monde, *C* plyam. — 74 *S* carmyn; *A* armir et t. ason, *x*
verziax et t. (*B* puis) gironde — 75-6 *interv. dans x* — 75 *A*
est de ; *x* ml't fu preudon de — 76 *S* Meisne, *C* Mesnie, *B*
-iee ; *A* Maisnie auoit tout dun eage.

        De bachelers, de gent legiére :
        As cous doner serra premiére.   (12480)
        Trei mile sont gent senz mesure :
8780 Por eus combatre d'al n'ont cure.
        Antenor ot non cil de Troie.
        Une gent ot charnue et bloie :   (12484)
        En l'ost sont n'a guaires venu,
        Bien ont l'afaire maintenu.
8785 Darz trenchanz ont et a lons bès,   (12487)
        Haubers ne lor fera ja fais ;
        Hobeleor sont a travers,
        Hastes ont forz et trenchanz fers.   (12490)
        Doi mile sont, mout engeignos
8790 Por chevaliers faire terros.
        D'Afrique i ot un fil a rei,   (12491)
        D'icelle gent de pute lei :
        O sei ot dous mile Amoraives
        Por torneier cointes et saives;

8778 *B* A ceus d. ; *x* fu la p. — 79-80 *m. à x* — 79 *S* Treis, *A* Troi — 80 dal *m. à S; A* Combateor del il nont c. — 81 *x* Anthenor uns de cex de; *A* .j. barons de — 82 *xA* Ot u. g. ; *S* chernue, *C* quernue, *A* cornue; *B* coie — 83-4 *m. à S; A intervertit et diffère* : Tele gent ne parolent onques En lost erent venu adonques — 83 *C* gueres, *B* guieres — 85 *S* Ils ont longes dras et ont granz bes, *C* Dras trainanz o. et l. b., *A* Il sont pelu si o. l. b. — 86 *S* Losbers, *C* Escuz, *B* Escu; *C* feront; *A* Escus ne portent ne haubers — 87-8 *interv. dans x* — 87 *S* Hobeleurs, *C* Hobeleors, *B* Et obelcor; *C* en t., *B* au t. — 88 *B* Hanstes, *C* Hantes; *x* ont roides t. f.; *A* Lances portent a t. f. — 89-90 *m. à y* — 89 *S* Ne sont mye molt enginous; *x* engingnos — 90 *S* Par — 91 *xy* Daufrique, *S* Daffr. ; *SB* filz a un rei, *C* un filz de roi, *A* .j. gentil r. — 92 *xy* De cele; *y* foi — 93-4 *sont placés dans x après -96* — 93 *A* Cil i ot; *x* .iiij. m. amorages (*B* -amnes), *y* .x. m. amoraues — 94 *S* P. torner countes; *C* iustes et sages, *B* vistes et samnes; *y* De t. tos preus (*P* viseus) et saues.

8795 Por servir le rei passa mer : (12495)
       Salemandre l'oï nomer.
       Cil rest alez en cest afaire
       Por les trente mile parfaire.
       Cil chevauchiérent a la lune,
8800 Si s'embuschiérent en Valbrune, (12500)
       En la forest de Malpertus,
       Ou se combatié Tydeüs,
       La ou il les cinquante ocist,
       Fors un que a Thèbes tramist : (12504)
8805 Al matin la neule les mueille,
       Que chiet des arbres soz la fueille.

       Cil de l'ost par matin levérent; (12505)
       Lor armes pristrent, si s'armérent.
       Li escuier les trés destendent,
8810 Et a l'eissir tuit s'entratendent; (12508)
       Les somiers chargent a leisir,
       Pués encomencent a eissir.
       Ypomedon remést ariére : (12509)
       L'ariére guarde fu mout fiére;
8815 Vint mile font l'ariére guarde,

8795 *x* Pour lamour le r. — 96 *S* Salomandre — 97 *xA* est; *C* as autres; *B* Cil o les autres; *x* en lafaire; *A* en son a. — 98 *S* purtraire — 8800 *P* Et; *S* senbruscherent, *x* -buchierent, *A* -buscierent, *P* -buissierent — 1 *A* malpertrius, *P* valpertus — 2 *P* La; *Sxy* combati — 3 il *m*. à *P* — 4 *A* .j. seul ca; *S* qil a; *B* qua t. en t. — 5-6 *m*. à *xA* — 5 *P* li aigue; *S* nuelle, *P* molle — 6 *S* Qi, *P* Qui; *S* sus, *P* de — 7 *m*. à *S*; *y* Al m. c. de l.; *A* sarmerent — 8 *P* prisent; *S* si a.; *A* Et puis en lor ceuax monterent — 9 *P* lor t. — 10 *S* leiser, *B* lessir, *C* loissir, *P* lissir; *x* A l. ml't bien, *P* A l. car il; *A* Et torserent a cou entendent — 11-2 *m*. à *A* et différent dans *x* : L. s. c. au matin Et se metent tuit au chemin — 11 *P* lisir — 12 *P* Bien se c. a issir — 13-30 *m*. à *x* — 13 *S* remyst; *A* derriere — 14 *S* fait.

N'i remést escuiers ne farde.
Onc ne fu taus chevalerie,
Si esléte ne si fornie :
Heaumes, haubers ont et cropiéres (12515)
8820 Et entreseinz de mil maniéres.
Li jorz fu beaus et clers et genz :
Reluist li ors et li argenz,
Et reflambeie la champaigne
Et li costaus de la montaigne. (12520)
8825 La champaigne fu longe et lee.
L'ariére guarde est ordenee :
Es quatre eschiéles de Rollant,
Dont cil jogleor vont chantant,
Ne fu tant bèle ne tant riche : (12525)
8830 Quil direit, tendreit l'on a briche.
De l'ost vait avant la frapaille,
Li reis après o sa bataille.
Quatre compaignes ot arriére,
Que vont chevauchant la riviére ; (12530)
8835 En chascune cinc mile sont :
Le petit pas après s'en vont.
En l'une vait Polinicès,
Ypomedon en l'autre après ;
En la tierce cil d'Aquilone (12535)
8840 Et li baron de Calidone ;

8816 *S* escuer; *P* en f. — 17-44 *m.* à *P* — 17 *S* Vnc, *A* Ainc; *S* tiel, *A* teus — 18 *SA* eslite — 19 *S* osbers; *A* crupiere, *S* crupiers — 20 *S* entresainz, *A* -ains — 23 *A* Et reflambie la montagne — 24 *A* Et reluist tote la campagne — 25 *S* campaine, *A* -agne — 26 *S* Lariergarde est ordeigne — 27 *S* En q., *A* Les .iiij. ; *S* des rolant — 29 *A* si rice — 30 *S* len ; *A* iel tenroie a nice — 31 *A* va deuant la pietalle, *x* ist toute la f. ; *S* fardaile — 33 *x* vont derriere — 34 *A* Qui; *x* Le petit pas sus (*B* vers) la r. — 36 *S* a. lost v. ; *x* Et sachiez que genz conrois ont — 37 *x* As (*B* Es) premiers est; *A* va — 39 *S* daquiloine, *x* de sydoine — 40 *C* barons; *S* calidoine.

En la quarte cil de Miceines.
Les compaignes vont mout prochaines :
Coste a coste vont par la pree,
L'une de l'autre un poi sevree.
8845 L'ost s'en vait, cil dedenz les veient : (12542)
De premier a peine le creient,
Mais li faiz lor en dist la veire
Des herberges, qui lor fist creire.
En la cité grant noise sort : (12543)
8850 A son hostal chascuns en cort ;
Armérent sei com il ainz porent,
Et sachiez que mout grant gent orent.
N'atendirent onques conrei,
Ainz enchauciérent a desrei ;
8855 Li reis point après as tenir, (12550)
Et quant il le virent venir,
Qui ainz ainz poignent une live,
Que ja li reis nes aconsive.
Li reis ot cheval merveillos :
8860 Fors de rote saut en l'erbos ;

8841 *C* vinceines — 42 *x* Leur — 44 *x* bien s. — 45 *P* Los; *y* va; *x* le v.; *A* et c. d. lieuent — 46 *S* Et de p. pas bien nel c.; *x* De primes; *B* painnes; *P A* paines est ke il le c., *A* Daler apres ex tot se crieuent — 47-8 *m. à A* — 47 *C* fez, *S* fins, *P* faus; *B* le fet; *x* dit; *S* d. veir *(v. f.)* — 48 *S* tel lour f., *P* lor en f. — 49-50 *x differe* : En la vile ot ml't grant esfroi *C*. corut a son conroi — 49 *A* grans — 50 *S* hostel, *xy* ostel; *y* sen c. — 51 *A* c. plus tost p.; *x* Lor armes pristrent com ainz *(B* ainz quil*)* p. — 52 *A* Et bien s. que; *P* Et s. b. ke grans gens; *B* granz gens, *C* grant deul — 53 Il n. pas leur *(B* le*)* roi — 54 *x* Ainz sen fouirent *(B* issirent*)* — 55 *B* al t., *P* au t., *C* aus dair, *A* por ferir — 56 *A* cil le, *P* il les — 57 *S* leue; *P* Et poignent ains poignent grant l., *A* Si latendirent une l.; *x* A esperons *(B* -on*)* p. grant l. — 58 *SP* les a.; *S* acunseiue; *A* Ml't li est tart qui les consiue — 60 *xP* Hors; *A* De rome s. f. en.

Par le champ vait esporonant (12555)
Por aconsivre ceus d'avant;
A grant espleit le cheval broche,
Mais il s'açope a une roche.
8865 Li chevaus chiet et li reis vole :
Se ne chaïst en terre mole (12560)
Et il chaïst en dur chemin,
Toz fust tuez li reis en fin.
Pesanz armes aveit li reis,
8870 Et li chevaus, qui esteit freis,
De grant bruit alot senz mesure : (12565)
Se il chaïst en terre dure,
Par cele fei que jo vos dei,
Ja ne traisist son pié a sei.
8875 En un molenc, joste un mareis,
Sor l'erbe drue chiet li reis, (12570)
Et li autre qui après viénent,
Tuit ensemble sor lui se tiénent.
Il ont fait le rei desarmer,
8880 Et son pié li firent charmer.
Li reis aveit le pié estors, (12575)

8861 *P* va; *xy* esper. — 62 *A* P. consiuir c. de d. — 63-74 m. à *P* — 63 *x* De grant vertu; *A* son c. — 64 *A* Et il; *S* sazupe, *x* sasoupe, *A* acope — 65 *C* Le cheual — 66 *SC* Sil; *B* cheist; *A* Mais il chai; *x aj. ces 2 v.* : Et il chaist en terre dure Ml't par eust male auenture — 67 *SA* Qe sil, *x* Et sil — 68 *S* Tout; *x* li r. froissiez en; *A* Esrant fust venus a sa f. — 69 *x* A. p. — 71 *x* Et il le court grant aleure — 72 terre *m.* à *S* — 74 *x* Ne t. pie ne main a soi — 75-6 m. à *x* — 75 *y* En .i. erboi (*P* erbois) — 76 *P* La sest aresteus li r. — 77 *x* A esperons (*B* -on) a. lui v. — 78 *S* Touz, *y* Tot; *x* Et sor le roi t. se retiennent — 79 *S* Ils o. le r. f.; *x* Iluec font; *B* lor roy — 80 *S* fierent, *P* fisent, *A* ont fait; *y* carner; *x* Et freschement s. p. c. — 81 *y* son pie; *x* Il lont (*B* ont) ml't freschement (*B* malement) e.

Freschement le li traist uns Mors.
Tot desarmé firent le rei
Monter desor un palefrei :
8885 A grant force sa gent chaèle,
A grant peine se tint en sèle, (12580)
Car mout a le pié esloissié
Et le cors de chant tot froissié.
Le petit pas vont et estreit ;
8890 Li reis les a bien en destreit :
N'en i a un, tant se desreit, (12585)
Se li reis en travers le veit,
Que il li giet un sol reguart,
De traire ariére que se tart.

8895 Cil avant sont bien eslongié :
De l'enchaucier sont mout coitié.
L'aguait passent, ne s'aperçurent :
Cil les fuient, si come il durent. (12592)

8882 *B* trait; *A* Tot esranment li t., *P* Fierement li retrait — 83 *y* fisent; *B* lor roy — 84 *S* desur; *x* sor (*B* sus) .i. sien, *A* en .j. bel, *P* sor .i. biau — 85-8 *m. à P et* 85-6 *sont interv. dans x* — 85 *A* A g. desroi, *C* Et a painne, *B* A g. paine — 86 *x* se sist; *A* Et a grant dolor sist — 87 *x* Forment a; *S* esboisse, *B* eslochie — 88 *x* fret et desfroissie; *A* Et del cair le c. f. — 89 *S* a destreit; *A* Le bon pas v. et bien e., *x* Tot belement et tot e. — 90 *A* ot en son d.; *x* A li r. sa gent en d. — 91 *BA* a nul; *P* .i. sol se d.; *C* Sil y a nul; *x* qui se (*B* sil le) desroie — 92 *A* a t.; *x* Pour ce que ja li r. le voie — 93 *S* Qe li reis lui gette un r.; *A* get, *BP* giete — 94 *y* li est t.; *x* De retorner ne li soit t. — 95 *A C*. deuant; *S* esloigne; *x* Li premerain s. mal (*B* ml't) ale — 96 *S* Denchalcier s. m. pene; *xA* Del (*A* De) cheuachier; *B* s. m. haste, *C* se s. h., *A* s. b. coitie — 97 *S* La guaite p. nel a.; *C* La gent, *y* Les gues — 98 *A* les siuent, *P* le f., *S* le firent; *P* il furent; *x* Cil passerent cil (*B* ceus) ne se murent; *y aj.* 2 *v.*

Cil qui sont en l'embuschement (12595)
8900 Se tiénent mout celeement ;
Lor baate ont en un haut pin,
Qui veit ceus qui vont le chemin.
Il a choisi ceus et esguarde
Qui aprochent l'ariére guarde, (12600)
8905 Et lor dit que, a son espeir,
Dez mile sont, et il dit veir :
Ne veit pas ceus qui sont ariére,
Qui le pas viénent la riviére, (12604)
Car il sont dous lives et plus (12607)
8910 Bien ariére outre Malpertus :
« Sailliez, » fait il, « car n'en voi mais. »
Et il desrengent a un fais : (12610)
Del bos essent, de la montaigne
Apoignant viénent par la plaigne ;
8915 Poignent, brochent et s'esdemetent,
El chemin après eus se metent.
Quant sorent li enchauceor (12615)

8899-900 m. à x — 8899 A lembuscement, P -buisement
— 8900 y Sen vienent — 1 S baiete, P baote, B espie ; A L.
gaite fu ; x orent soz (B sus) .j. p. — 2 A venir le c. ; x C. v.
q. viénent le c. — 3 A quil e., P ki lesgarde, S si les e. (v.
f.) — 4 B Quil ; A Q. vont apres lariere g. ; S la riergarde —
5 y Et il l. dist ; A au sien e. ; B Lespie a dit lors pour voir,
C Esmez les a dist leur en voir — 6 S Dis, xy .x. ; y dist ; x
au sien (B mien) espoir — 7 P vait ; x Naperçut pas cex de
derriere — Après -8, y aj. 2 v. — 9 S ils ; y Que (P Car) .ij.
grans l. s. et p. ; x Qui .ij. l. tiennent et p. — 10 P malper-
trus, A le pertrus ; x De la forest de m. — 11 S Sassez, y
Sales, x Alez ; A cor ; B nel — 12 x A Et cil ; A destendent —
13-4 m. à P — 13 S bois ; SA issent ; x Cil saillent hors
de — 15 P P. et b. et gaimentent, A Poignant vienent et
sentremetent ; x B. vers elz et sademetent (B sil demendent)
— 16 S Al ; B se tendent ; x aj. 2 v. — 17 x virent ; SB
enchaceour, y encanteor.

Que cil nen érent pas des lor,
Idonc a tart por fol se tindrent,
8920 Dont il a tal desrei ça vindrent.
Ypomedon venir les vit;
Bien les conut, as suens le dit : (12620)
« Tornez, » fait il, « li nostre viénent. »
Et il o ceus maneis se tiénent :
8925 De maintenant les vont ferir,
Mais cil nes porent pas sofrir,
Car fiérent les de maintenant (12625)
Et cil deriére et cil devant,
A l'ève fuient que est près :
8930 Ypomedon les siut après. (12628)
Iluec soleit un gué aveir,
Cil le deveient bien saveir :
Qui bien puet foïr enz en entre,
Ypomedon se fiert soentre.
8935 Jusqu'en mé le gué bien guaérent, (12630)
Mais le parfont iluec trovérent :
Une cretine ert donc venue,

8918 *xy* nestoient p. — 19 *y* Adont, *x* Lores; *A* primes; *S* fols; *A* tinrent, *P* tienent — 20 *y* Que il; *x* Quant pour (*B* par) itel d.; *A* sen vinrent, *P* cha viennent — 22 *C* cognut; *S* soens; *xP* siens a dit; *A* au rice abit — 24 *S* oue eux; *x* Et cil dela; *C* mauues; *A* Et auoec cex illoec, *P* Et od icex li no — 25-6 *modifiés et intervertis dans x, sont placés après* 28 — 25 *x* Si lor estut le champ guarpir (*B* guerpir) — 26 *A* Et c.; *S* poent; *x* C. ne p. lestor (*B* les cox) s. — 27-8 *m. à P* — 27 *A* Ains les f., *C* Ferirent les, *B* Ferir les vont — 28 *x* C. derrieres et; *A* Et par d. et par d. — 29 *x* viennent; *Sxy* qui; *x* ert — 30 *S* suyt, *P* sieut; *x* Y. se mist a. — 31-4 *m. à y* — 32 *x* souloient — 33 *x* Q. droit i vient dedenz sen e. — 34 *x* se met — 35-6 *m. à x* — 35 *A* Dusquen mi laige; *P* laigue; *A* se waerent, *P* sen entrerent — 36 *y* Et nl't parfonde le trouerent.

            Par quei l'ève ert issi creüe.
            Quant li guez lor faut, li premier
8940   Comenciérent tuit a neier.
            Tornent as Greus, vont les ferir :   (12635)
            Ne vuelent laidement morir,
            Mieuz vuelent morir al defendre,
            Et colees doner et prendre,
8945   Que fuïr et neier es ondes,
            Que il trovérent si parfondes.   (12640)
            Tuit li vint mile en l'ève entrérent,
            Li trente mile s'arestérent.
            Ypomedon le gué ne dote ;
8950   L'ariére guarde i entra tote.
            Cil qui en l'embuschement furent   (12645)
            Le rei qui veneit aperçurent :
            A esporon vers le rei poignent,
            Et li reial vers eus se joignent.
8955   Li reis a entendu l'esfrei :
            Tost descendié del palefrei ;   (12650)

8937 *B* croissance, *C* craissance, *A* croissans; *x* ert v. ; *A* i ert v.; *P* En .i. croissant estoit v. — 38 *B* iert; *x* ainsi, *S* si *(hiatus)*; *P* estoit ml't c. ; *A* Por coi li aige fu c. — 39-40 *x différe* : Car quant il cuident essuier (*B* le c. eschiuer) U gue les estuet tornoier — 39 *S* le gue, *A* laige, *P* laigue; *A* saut — 40 *Sy* tout — 41-6 *sont placés dans x après les 2 v. spéciaux qui suivent le v.* 9006 — 41 *y* as gues, *S* al gue, *C* el g., *B* ou g. — 42 *B* Ni — 43-6 *m. à P* — 43 *x* combatre et desf. ; *S* a d., *A* por desf. — 44 *C* et rendre — 45 *x* morir; *C* naier, *BA* noier — 46 *S* Qil *(f. v.)*; *A* Que il troeuent asses p., *x* Qui tant par sont granz (*B* griez) et p. — 47 *S* en ewe; *x* Li .x. m. t. i e. — 48 *x* sarr. — 49-50 *m. à x* — 50 *S* La riergarde, *P* Sariere g. ; *y* entre — 51 *S* Et qi; *x* lembuchement, *A* -buscement, *P* -buissement — 52 *S* Li rei qui venent aperceurent; *B* Leur roy — 53 *By* esperon, *C* -ons — 54 *CP* a eux; *A* ceual apres eus i.; *B* Et li rois a euls si se i. — 56 *Sy* descendi; *x* Descenduz est.

Son cheval quiert : on li ameine ;
Li reis est montez a grant peine.
Ne li lut son hauberc vestir,
8960 Ne il nel peüst pas sofrir :
La ou chaï, mout se bleça. (12655)
Son escu prist, l'eaume laça.
Deriére ot une manche vaire,
Que li tramist la fille Daire.
8965 Il cuida sa gent conreer
Et fereors avant sevrer, (12660)
Mais il ne font rien por seignor,
Car josté sont li suen as lor.
En la riviére, par la pree,
8970 La bataille est mout aduree.
Joignent maneis : ces hastes froissent, (12665)
Et cil escu fendent et croissent ;
D'escuz veïssiez tante astèle,
Tant chevalier chaïr de sèle,
8975 Et tant grant coup doner a mort,
Et enfondrer tant hauberc fort. (12670)

8957 *B* quist; *S* et lom li maine; *C* len; *A* Prent s. c. a ml't dalaine — 58 *S* e. munte et ceo a p.; *y* i monta; *x* Il e. m. a quelque p. — 59-60 *sont placés dans x après* -64 — 59 *B* lest — 60 *C* pouist; *A* ne le pooit s. — 61-8 *m. à P* — 61 *S* chaist, *CA* chai, *B* il chiet — 62 *S* Lescu p. le healme l. — 63 *S* Darriere; *C* naire — 65 *C* conraer — 66 *x* Les f. — 67 *B* riens — 68 *S* soen, *xA* sien — 69 *A* Sor; *C* En la bataille — 70 *B* Estoit la b. a. — 71 *BP* Joignant, *S* Lungement (*v. f.*); *S* manais, *A* esrant; *x* les; *BP* hantes, *C* hanstes, *A* lances; *S* frusshent — 72 *A* Et ces escus, *B* Et li escu, *C* Li escuz se; *P* croisent, *S* freussent, *x* froissent — 73 *S* Des truies; *A* El camp v. mainte a., *x* La v. descuz asteles — 74 *x* geter (*B* giter) de seles — 75 *S* bon cop; *A* maint c. ferir ; *P* Et tans grans cols d., *C* Tant cheualier naurer — 76 *PB* Et esf., *A* Et desmallier *C* Et t. h. e. f.

Cil de l'ost sont bien trente mile,
Et autretant cil de la vile :
Bien fust paregal la bataille,
8980 Ne sét on en cui fust la faille,
Car afichié sont de ferir (12675)
Et n'ont corage de fuïr,
Quant Adrastus vint le chemin,
Qui amena mout grant traïn.
8985 Quant Adrastus jostez les veit,
Le chemin broche a grant espleit. (12680)
Cil dedenz endurer nel porent,
Car cil de l'ost trop grant gent orent :
Contre un des lor en ont il set.
8990 Ne vos en quier faire lonc plait :
Tornez s'en est Etïoclès ; (12685)
Se il s'en fuit, il n'en puet mais.
A ceus de l'ost est l'aventure :
Il ont fait grant desconfiture.

8995 De ceus qui en l'ève se mistrent
Vos dei dire qual veie pristrent. (12690)
D'ambesdous parz bien se combatent;
El gué, qui est granz, s'entrabatent;

8977 *S* del host ; *x* C. ne furent que .xxx. m. — 78 *x* A. sont il (*B* cil) de — 79 *B* feust, *C* fu ; *x* parigal, *y* paringaus — 80 *S* len en ; *P* On ne s. a qui; *C* des quiex est, *B* des quelz fu; *A* fesist f. — 81-2 m. à *P* — 81 *x* adure; *C* foir, *B* fouir — 83 *y* Mais a.; *S* vit — 85-6 *interv. dans x* — 85 *x* A. q. i. ; *By* iouster — 86 *y* Le cheual; *x* Le c. vient — 87-92 *x* diffère; voy. Appendice II — 87 *A* nes; *S* purront — 88 *S* del host — 89 *S* ils en o. sept, *A* en o. bien .vij. — 90 *est dans le passage spécial à x*; *S* q. longe p. (*v. f.*) — 92 *A* Se il sen vait, *P* Sil sen fui; *S* ne; *P* pot — 93 *y* est a. — 94 *S* Et, *A* Hui, *P* Quil; *x* Car f. ont — 95 *y* misent — 96 *S* quele, *xy* quel; *P* il p., *y* prisent; *x* Vous redirai q. fin il p. — 98 *P* gues; *y* q. g. est.

Et cil de l'ost fort les requiérent,
9000 Des espees maneis les fiérent : (12695)
Al joindre ont les lances perdues,
Venu sont as espees nues.
Et cil dedenz bien se defendent,
Por lor vies o eus contendent;
9005 Chascuns se venge com plus puet,
Quant veit que morir li estuet. (12700)
Par force et par grant vasselage,
Del gué les rusent al rivage,
Et se il paregal fussant,
9010 Bien cuit qu'il se defendissant;
Mais il n'i ot pas egal cople, (12705)
Car cil de l'ost furent al doble.
Neporquant, tant come il sont freis,
As armes sont o eus maneis;
9015 Mais ne puent pas longement
Sofrir lor grant envaiement : (12710)
El champ se defendissent fort,
Mais la muerent de doble mort.

8999-9000 *m. à xP* — 8999 S del host; A bien se r. — 9000 A As — 1-10 *m. à P* — 3-4 *m. à x* — 3 SA desf. — 4 S Sur les; A a eus — 5 A se tient c. il p. p. — 6 A Car bien voit q. m. lestuet; *x aj. 2 v. et donne ensuite les v. 8941-6* — 7 S P. f. p. — 8 A l. metent — 9-10 A *differe* : Ne furent mie paringal Car cil de lost ont maint vassal — 9 *x* Et se par; C tanz quanz i f., B tant i feussient — 10 *x* B. sai; C desf., B desfendissient — 11 *x* M. nauoient p., P Entraus nauoit p.; C igal, P ingal, B isnel, S owel; A Nert mie paringaus la c. — 12 P dedens ierent au d.; A sont plus au d.; C Cil de lost estoient a d.; B Cil e. de l. au d. — 13-8 *m. à P* — 13 B Non p.; A Por quant t. que cascuns est f. — 14 S a eux; A Des espees fierent m. — 15 *xA* porent; *x* longuement — 16 *xA* le g.; A enkaucement — 17-8 *x differe* : Par la grant force de leur genz Les rembatent el gue dedenz — 17 A desf. — 18 S M. il; A laide m.

Al gué veïssiez maint neier,
9020 Morir de glaive et tresbuchier : (12714)
Cil qui estait i muert de plaie, (12717)
Cil qui fuit a noer essaie,
Mais pués qu'il viénent al parfont,
Li pesant hauberc que il ont (12720)
9025 Al fonz a val les chaitis traient
Senz socors que ja pués i aient.
Pués que il sont plongié la enz,
Del resordre a mont est neienz :
Al fonz a val l'ève les emble. (12725)
9030 A mont flotent hastes de tremble ;
La veit on floter entreseinz
Et gonfanons et escuz peinz.
Li cheval ne sévent que facent,
Car les rènes lor piez enlacent ; (12730)
9035 Plonjant vont a val o le cors,

9019 *P* El gue voit on tant cheualier, *C* V. i meint c., *B* Moult i v. c., *A* La v. tant c. — 20 *P* M. a glaue ; *xP* ou de noier *(B* naier), *A* A g. m. et naurer ; *A* aj. 2 v. — 21-2 m. à *P* — 21 *x* C. q. ioustent, *A* Et li autre ; *xA* muerent de p. — 22 *S* Et qi ; *C* au n. ; *x* sessaie ; *A* Q. ne f. a morir assaie — 23 *SA* puis ; *A* Et p. ; *x* Et quant il sont el gue p. ; *A* el p. — 24 *S* ils — 25 *y* El ; *S* As funs ; *xy* fons — 26 *x* S. nul s. q. ia y *(B* puis) a., *y* Mais *(P* Mal) del s. que il i a. — 27-8 m. à *xP* — 27 *SA* Puis ; *S* P. qil y s. ; *A* Et p. quil s. noie laiens — 28 *A* Damont r. e. il noiens ; *S* nienz — 29-30 m. à *C* et sont intervertis dans *B*, qui donne pour 2e vers celui-ci : Et les selles atout la sengle ; *A* diffère : El f. a v. laige les maine Illoec sofrirent doel et paine — 29 *P* El fons, *S* Al funz — 30 *BP* hanstes — 31-2 m. à *P* — 31 *S* Et molt y flotent entreseignes ; *CA* La flotoient ; *C* ces e., *A* escu et lances — 32 *A* Et gonfanon et connissances — 33 *Cy* quil — 34 *C* Par les, *A* De lor, *P* En lor ; *S* rednes, *AB* resnes, *CP* regnes ; *B* embatent ; *S* les p. lor lacent — 35-6 *x* diffère : Les cox plessent aual en vont U *(B* El) gue naient grant et parfont — 35 *P* Poignant v. a v. od ; *S* le c. ; *A* Il ne porent auoir secours.

Iluec neient o lor seignors.
Ypomedon i veit sa joie :
Tant i crie que toz esroie ;
Abatant vait l'espee traite, (12735)
9040 Tant en detrenche com lui haite.
Il sist el cheval Tydeüs,
Qui vaut cent livres d'or et plus :
Onc taus chevaus ne nasqui d'ive,
Poi prése noer une live ; (12740)
9045 Por noer une live pleine,
Ne li febleiera l'aleine.
Chevaus ne fu tant traie peine,
Mais neporquant trop le demaine,
Car il ne prent autre mesure (12745)
9050 Que se il fust en terre dure.
El vertuos cheval s'afie :
Par le gué vait come a navie.
A ceus dedenz porte grant ire
Et mout se peine d'eus ocire. (12750)
9055 Qu'en direie ? Tant le demeine

9036 *P* nen est restors — 37 *S* Y. v. si, *P* Y. veoit ; *A* en ot grant i. — 38 *P* T. sescrie, *B* T. airie ; *SBP* tout ; *x* enroie, *P* sesioie ; *A* Od sespee bien les conuoie — 39 *C* A liaue, *B* Adano ; *P* va sespee t. ; *A* Il les abat l. t. — 40 *x* decoupe ; *SC* li — 41 *x* Il ot le c. — 42 *x* Q. valoit bien .c. mars et *(B* ou*)* p. — 43-50 *m. à P* — 43 *A* Ainc, *x* Ne ; *S* tiel, *x* tel, *A* tex ; — 44 *A* Ne doute a n. une, *x* Pour corre par terre une ; *S* dune — 45-6 *m. à x* — 46 *S* fieblera ia l., *A* faura ia li a. — 47-50 *sont placés dans x après* -54 — 47 *S* Cheual ne fuie *(v. f.)* ; *A* Nus ceuax ne puet tant de p. — 48 *A* M. non peroec, *B* M. non porquant — 49 *A* nen — 50 *S* Mais qe sil, *C* Ne que sil ; *B* Que sil feust, *A* Plus que il fist ; *xA* a t. — 51 *A* El c. v. ; *P* virtuous ; *x* El bon c. forment *(B* souuent*)* ; *xy* se fie — 52 *y* P. laige *(P* laigue*)* va com ; *x* Si vet sus *(B* sor*)* lui c. en n. — 55 *x* Que vous d. t. le maine ; *y* Quen diroie el.

Que al cheval failli l'aleine.
Li vilains dit : « Qui glaive fait
Senz dotance a glaive revait. »
O les autres l'estuet neier : (12755)
9060 Onc n'en porta meillor loier.
Ypomedon li proz, li sages,
I est neiez, ço est damages ;
Neiez est en l'ève parfonde :
Qui joie en a, Deus le confonde ! (12760)
9065 Dès que Deus fist primes le monde,
Ne neia mais taus hon en onde ;
Neiez est li chevaus o lui,
Tant mar i furent ambedui. (12764)
Soz la luiserne del soleil, (12767)
9070 Ne trovast on tant bon pareil
De chevalier ne de cheval,
Ne qui si bien fust paregal.
D'iceus dedens nen estorst piez :
Qui n'est ocis si est neiez. (12772)

9056 *S* faili, *y* fali — 57 *y* Li v. qui a glaue sert — 58 *y* reuert — 59 *A* lestut; *C* An leue les couint noier, *B* En leue il lestut naier — 60 *P* Ainc, *S* Onqes (*v. f.*), *A* Que; *xP* autre; *S* louer — 61 *x* Naiez est li preuz et li sages — 62 *x* Ypomedon ce; *A* ce fu — 63-72 *m. à P* — 63 *x* Naiez — 65 *A* Tres; *x* Car puis que d. forma le m. — 66 *S* Ne nea m. tiel homme, *A* Ne morut mes tes h.; *x* Ne noia (*B* naia) si preudoume el (*B* preudom ou) monde, *puis les v. 69-72* — 67-8 *sont placés dans x après* -72 — 68 *S A* si m. (*v. f.*), *C* Ml't m., *B* Mes m.; *A* T. m. f. cil a., *puis 2 v. spéciaux* — 69 *C* Pour; *B* Par la lumiere — 70 *S* trouot len; *x* si gent p., *A* .j. tel parel — 71 *x* Conme de lui et du c. — 72 *B* Ne que si b. f. paringal; *x* tant fussent parigal; *S* parewal — — 73-4 *m. à x* — 73 *P* nestorc ainc p., *A* nescapa p. — 74 *A* il e. noies, *puis 4 v. spéciaux et ensuite 24 autres, qui sont aussi dans P, sauf 6 (V. App. III et IV).*

Mort de Parthénopée

9075	Li reis est gais et amoros	(12801)
	De la fille Daire a estros ;	
	Et cele fait bien a amer :	
	N'a tant bèle deça la mer,	
	Deça la mer nen a tant bèle ;	(12806)
9080	Salemandre a non la pucèle.	(12805)
	Li reis ama mout Salemandre	(12807)
	Celeement et senz esclandre ;	
	Il fu mout proz et por s'amie	
	Fait mout sovent chevalerie.	(12810)
9085	Li reis ot mout grant hardement :	
	Eissir en sout priveement	
	Sei tierz, senz autre, a recelee,	
	Et point vers l'ost lance levee ;	
	Lance levee vers l'ost point	(12815)
9090	Et amaneis o les Greus joint :	
	Sovent i abat chevalier,	
	Si s'en retorne o le destrier.	
	Salemandre conoist le rei	
	Al cheval et a son conrei.	(12820)
9095	Del mur l'esguarde en la valee,	

9075-150 *m. à* P *et* 9075-98 *à* x — 75 S amerous — 76 A Por la f. d. le roux — 77 Et *m. à* S ; A Et ele f. mout — 78 A Not si b. dusca — 79-80 *interv. dans* A — 79 A En tot le monde not si b. — 80 *et* -81 S Salam. — 82 S esclaundre, A escandre — 84 A Faisoit s. — 85 S hardiement — 86 S sot priuement ; A Issir vaut tot premierement — 87 S sei autre a celee ; A Soi tierc en ist lance leuee — 88 A a recelee — 89 A p. lost — 90 S Et a mesaise ; A Et manois vers ex dues tantost — 91 A Souin a. .j. c. — 93 S Salamandre conust — 94 S A c.

Ço que il fait mout li agree :
Quant sont priveement il dui,
Plus volentiers en joe o lui.

  A un jor fist li reis s'eissue, (12825)
9100 Et fu montez en Blanchenue,
Qui li fu tramis de Nubie :
Mout fu bons por chevalerie.
Il ot heaume et escu et lance,
Et d'une porpre ot conoissance, (12830)
9105 D'une porpre inde clavelee,
Menuement a or fresee.
Legiérement fu a cheval :
L'auberc ot laissié a l'ostal.
Il s'esteit vantez a s'amie
9110 De hardement et d'estoutie, (12836)
Que desarmez joindreit en l'ost :
Por un poi n'i fu assez tost.
Il s'en eissi par la posterne (12841)
Desoz la tor devers gualerne.
9115 Dous chevaliers mena li reis,
Et vont eschari par eus treis :

9096 A Canques il f. tot li a. — 98 S se dort oue l.; A a l. — 99 A sissue ; x Un i. a fet li r. soissue (B soisue) — 9100 C sus b. ; A Et sist li rois sor b. — 1 x Que li tramist lautrier samie — 2 x M. est — 3 S healme e. — 4 A p. c. ; SA coniss. ; x Dune p. ot — 5 S Oue une (v. f.); A clauetee — 6 CA frasee — 7-8 m. à x — 8 S Losberc — 9 SA vante — 10 S De hardiement et destultie; x De vasselage — 11-2 A devel. en 4 v. : Ka lost iroit tous desarmes Mais il i dut estre afoles Et sans armes ioindroit en lost Por .j. poi ne fu ochis t. — 11 S vindreit — 12 B Par pou que il, C Mes p. p. quil; x ni fu trop tost — 13-4 sont placés dans x après les v. qai remplacent les v. 9145-6 — 13 A issi; x Par une soutiue poterne — 15-6 x differe : O .ij. c. senglement (B seulement) Sen est issus celeement.

	L'un d'eus apèlent Alixandre,	
	Cosins germains fu Salemandre;	
	Sis cosins fu, et por s'amor	
9120	Le tint li reis a grant honor;	(12848)
	Adobé l'ot novèlement	(12851)
	A grant joie mout richement.	
	Alixandre fu uns toseaus,	
	Et si sachiez qu'il fu mout beaus.	
9125	Li reis l'amot, o sei le meine,	(12855)
	De lui aloser mout se peine;	
	O sei le meine a la bosoigne,	
	Et prée lui que bien i joigne.	
	Si fist il, onc n'i fu blasmez :	
9130	Il i joinst bien toz desarmez.	(12860)
	L'autre des dous ot non Drias :	
	Mout fu corteis et de bons gas ;	
	Riches hon fu et de parage,	
	Et si ot mout grant vasselage ;	
9135	Bien fu duéz de chevalerie :	(12865)
	Quant veit lou, ne s'en targe mie.	
	Soz ciel n'a home mieuz i poigne,	

9116 *S* escharri, *A* escari — 17 *x* Li uns auoit non, *A* Luns deus ot a n.; *B* Alex. — 18 *Sx* Cusin (*x* Cousin) germain; *S* salam., *C* salim.; *A* Cil estoit frere s. — 19 *A* Ses frere fu; *x* Li rois lama — 20 *x* Li gardoit li r. g. anor *(B* honnour); *A* aj. 2 v. — 21 *x* A. lauoit richement — 22 *A* A g. honor et r.; *x* Ml't valoient si garnement — 23-4 *m. à x* — 23 *A* Alixandres fu biax tousiax — 24 *A* Preus fu et sages et ml't biax — 25 *S* laime; *x* Il laime ml't; *S* lameine — 27 *B* en la, *A* en sa; *xA* bes. — 28 *SxA* prie; *B* li — 29 *A* ainc, *C* ainz; *xA* nen; *C* blamez — 30 *S* tout; *A* Il i iousta t., *x* Bien i joint *(B* vont) trestoz — 31 *A* L. auoit a n. — 23 *x* Riches hom fu; *S* bon, *A* biax — 33-4 *m. à x* — 33 *A* ert et — 34 *S* vassalage — 35 *x* Vistes est de — 36 *S* lieu; *x* Q. en voit leu ne tarde m., *A* Q. doit ioster ne t. m. — 37-8 *m. à x* — 37 *A* Sossiel na h. bien i ioigne.

29

Ne qui plus volentiers i joigne.
Granz fu et forz et vigoros,
9140 Chiére ot gavarde et le chief ros; (12870)
De lance done grant colee,
Et, quant est a pié, de l'espee.
Ne sai home tant defensable :
Quil vos direit semblereit fable. (12874)
9145 Cil dui eissirent o le rei,
Et si vont desarmé tuit trei :
Armé mout volentiers alassent, (12875)
Mais se il haubers i portassent,
Pués que li reis desarmez vait,
9150 Il eüssent grant faille fait.
Li reis est eissuz de la vile ;
As murs l'esguardent trei cent mile : (12880)
Chascuns vousist par bone fei
Fors estre eissuz o son conrei ;
9155 Mais les portes sont bien serrees
Et bien closes et bien fermees ;
Cerchent a mont et pués a val : (12885)

9138 *A* Quant vient en lui a le besoigne — 39 *x* G. est et gros et vigueros ; *A* vigherous — 40 *x* C. a ; *C* gaingnarde, *B* gaillarde ; *A* Le cief ot et le vis r. — 42 *x* Q. e. a p. mix fiert despee — 43 *x* Ne vi ; *xA* plus d. — 44 *C* Quil me, *B* Qui ce — 45-6 *m. à A* ; *x différe* : O ices .ij. tant seulement (*B* tout senglement) Sen ist li rois celeement, *puis les v.* 9113-4 *et ces 2 v. spéciaux* : Desarmez les escuz as cox Mes ce leur poise a ices (*B* itelz) dox — 47 *C* Armez ; *C* alissant, *B* alissiont ; *A* Tot a. v. a. — 48 *A* se lor ; *x* se il dui arme fussant (*B* fussiont) — 49 *SxA* Puis ; *x* armez ne vet — 50 *A* folie fait — 51-64 *m. à x* — 51 *y* issus — 52 *y* Des m. ; *S* treis .c., *y* tel .x. (*P* .xx.) — 53 *y* estre o le roi — 54 *y* Tres bien armes de s. c. — 55-8 *m. à P* — 55 *S* est b. ferreez ; *A* s. seelees — 56 *A* Tres bien assises et f. — 57 *S* Serchent a m. et a v , *A* Montent a. crient a v.

N'i puet hon eissir a cheval.
Li reis vait poignant par la pree,
9160 Une aventure a encontree,
Dont fu granz dueus et granz damages,
Car morut en mout granz barnages (12890)
Cil qui estoit d'Archaide reis,
Li proz, li sages, li corteis.
9165 Parthonopeus, par aventure,
Vint de vers l'ost grant aleüre ;
Un compaignon ot et non plus, (12895)
Et cil aveit non Dorceüs :
Ceus de la vile escrier vont,
9170 Et ço sachiez desarmé sont.
Parthonopeus chevauche as treis.
Avenant chose fist li reis : (12900)
Sei tierz ne vout joindre o les dous : (12903)
« Drias, » fait il, « arestez vous ;
9175 « Cest tosel m'en laissiez mener
« Et de son mestier assener ;
« Alixandre me laissiez duére :

9158 *A* Nen p. issir nus a; *S* Ni poeit homme e. — 60 *S* Ou a. — 61 *P* D. g. d. fu; *S* et d. — 62 *S* murut; *y* Quil (*P* Si) en m. — 63 *S* darchadie, *A* darcage, *P* darcade — 66 *P* Venoit vers, *A* Vint deuant; *x* De ost issi g. a., *S* V. v. lui la g. alure — 67 *A* et nient p., *P* et noient p. (*v. f.*) — 68 *x* Icil; *A* ot a n.; *P* C. auoit a n.; *BP* dirceus, *C* dyrceus, *A* ducheus — 69 *y* De cex (*P* chiaus) de lost seure se sont — 70 *A* Et bien s.; *y* d. vont; *S* Et sachez qe d. s.; *C* desarmez — 71 *A* Parton., *B* Partenopex, *C* Parthenopiex, *P* Parth'; *B* a t. — 72 *x* a fet; *y* A. cop (c. *m. à P*) f. ml't li r.; *A* aj. 2 v. — 73 *S* deux, *C* dos; *xP* Ne v. s. t. (*P* lui tierc) iouster as d., *A* Joindre ne v. s. tierc as d. — 75-6 *m. à P et différent dans A* : Vilenie feriens ce croi Sencontre .ij. ceualciens troi — 75 *C* C. conseil me — 76 *S* mystier enseignier — 77 *B* Alex.; *x A.* voudroie d.; *y* Mais a. l.; *SxP* duire, *A* ioindre.

« Joindre l'estuet o vive o muére. »
Drias s'areste et cil dui poignent,
9180 Et par tanz quanz egaument joignent. (12910)
Antigoné et Salemandre
Cosent al rei un cendal d'Andre,
Et sont al mur en une tor
Que l'on apèle Blancheflor : (12914)
9185 La cosent a une fenestre. (12917)
A val guardent desor senestre :
Les chevaus oïrent henir
Et les vassaus virent venir, (12920)
Qui se chevauchent par la pree
9190 A esperon lance levee.
Antigoné conut les reis :
D'ambesdous fu en grant sospeïs ;
L'un vers l'autre vit chevauchier : (12925)
Ne sét le qual ele a plus chier,
9195 Mais ço sét bien en son corage

9178 *P* Jouster ; *B* morir ou viure ; *SCP* muire ; *A* Encontre .ij. ferons le poindre — 79 *A* sarreste, *P* areste ; *x* se tint et li d. ; *P* ioignent — 80 *B* tels cox ; *P* ingalment, *xA* ensemble — 81 *C* Anthigonas, *B* Antygonas, *A* Antigona ; *S* Salam. — 82 *S* Cusent ; *x* Au roi cousent (*B* chosant) ; *y* Voient le roi au c. ; *B* tandre, *C* tendre — 83 *x* Et se sieent — 84 *Sx* len, *y* on ; *A* aj. 2 v. — 85 *S* La cusent ; *C* Et cousent,*A* La furent, *B* Sacoutent, *P* Si seoient (*v. f.*) — 86 *S* desus, *A* deuers ; *x* garderent sor s., *P* regardent devers destre — 88 *y* Les cheualiers ; *P* voient, *B* oient — 89-90 *interv. dans x* — 89 *S* si ; *A* Et ceualcent, *x* Lun vers lautre ; *xA* parmi la p. — 90 *x* esperons, *y* -on — 91 *C* Anthigonas, *B* Antygonas ; *x* cognut ; *S* les treis, *x* le roi — 92 *S* Et dambedeux fu en suspeis ; *P* Dambes .ij. ; *A* Por eus fu ml't ; *x* De son (*B* Le sien) ami a grant esfrei — 93 *x* Lun vit (*B* vint) v. l. — 94 *P* sot ; *S* len ; *Sxy* quel ; *x* ait, *y* ot.

          Ne remaindra senz son damage.
          Salemandre crent mout del rei,
          Por ço qu'il vait senz son conrei.   (12930)
          Desarmez est, sin a grant creme :
9200   Nen est merveille, car mout l'eme.
          Li dui rei sont josté ensemble :   (12931)
          Antigoné de poor tremble.

          Etioclès fu vigoros,
          Et si fu mout chevaleros ;
9205   Hanste ot reide, le fer agu :   (12935)
          Parthonopeu fiert en l'escu ;
          Tant vilment li porte del col,
          Com se ço fust un fueil de chol.
          Parthonopeus nel vout ocire :
9210   Et l'escu et le cors revire,   (12940)
          Le cheval fiert en mé le front,
          L'un et l'autre abat en un mont.
          Alixandres et Dorceüs

9196 *C* sanz grant d., *P* mais sans d. — 97 *S* Salam. ; *Sy* crient; *x* ot poour d. — 98 *x* nauoit son c., *y* not hauberc od soi; *S* Et p. c. qils vont son c. — 9199-200 *m. à A*; *P change la rime* : D. e. si se doutoit Nest meruelles c. m. lamoit — 9199 *S* D. si en; *Sx* crieme — 9200 *S* En; *x* Nest pas m. ; *C* que — 1 *A* ont; *x* Lor d. amis (*B* ami) ml't tost sasemblent — 2 *x* De la p. les dames tremblent — 3 *S* vigurous, *x* viguereux, *A* vighereus, *P* trop vigrous — 5 *y* Hanste, *x* Hante ; *S* et le — 6 *A* Partonopeu, *B* Partenopex, *C* Parthonopiex — 7 *x* Si v. ; *P* viument ; *SP* le — 8 *S* Come si f. un fil (*avec* u *en interligne*) ; *x* Et se ce ; *S* fuist ; *x* feulle de c. — 9 *x* Parthonopiex, *S* -peu, *B* Partenopex ; *Sx* ne ; *S* voet, *B* loist — 10 *S* col ; *A* tresuire ; *x* Et le c. et lescu remire, *P* Lescu et le c. li descire — 12 *y* Luns (*P* Lun) et l. ciet, *x* Ambedui chieent — 13-6 *sont placés dans x après* -42 — 13 *B* Alexandre, *S* Alixandre; *A* duceus, *C* dyrceus, *P* dircheus, *B* adrestus.

S'entrabatent des chevaus jus ;
9215 A pié sont en l'erbe florie : (12945)
Aprestent sei de l'eschermie.
Drias vit abatu le rei :
« Ja mentirai, » fait il, « ma fei,
« Se jo ne socor mon seignor. »
9220 A tant broche le milsoudor ;
La lance aloigne que il tint,
Parthonopeu menaçant vint : (12952)
« Se jo vos truis, » fait il, « en sèle,
« Jo vos ferrai desoz l'aissèle. »
9225 Parthonopeus ne sét que face : (12953)
Venir veit celui quil menace
Et il nen a escu ne lance,
Et li guenchirs li est viltance ;
Qui qui l'en tienge por coart,
9230 Guenchira lui, mais ço ert tart.

9215 *A* s. sor, *x* s. sus — 16 *y* Et *(P* Tout) apreste, *x* Dirceus sot; *xy* de lescremie — 17 *S* veit; *C* vit il a. *(v. f.)* — 18 *A* Je — 19 *xA* secor, *P* sekeur; *x* aj. ici un *v.* : De qui *(B* cui) ie tieng toute manor, *et un autre après le v.* 9220 : Arriere fist sempres son tor — 20 *A* Auant; *x* i point; *S* milsoldour, *x* missodor, *A* -aldor, *P* -audor — 21-2 *x change la rime* : De sa l. quil *(B* qui) vint branlant Parthenopiex vet menacant — 21 *y* alonge — 22 *P* Pth' ataignant v., *A* A partonopeu poignant v.; *S* vient — 23-4 m. à *A* — 23 *P* Se v. t. f. il ens le s. — 24 *S* lassele, *B* la selle; *P* sous la mamelle — 25 *C* Parthonopiex, *B* Partenopex, *A* Parton., *P* Parth' *(graphies ordinaires)*; *y* quil — 26 *S* vait c. qi si m. *(v. f.)*; *P* ki; *B* cil qui le; *Sy* manace — 27 *A* ni a; *x* Ne il *(B* si) ne tient e. — 28 *x* De lui g. li rest v., *S* Et lui guenchir est a vilance; *A* Et li fuirs; *P* Et li fuir e. grant; *BP* viutance — 29 *S* Qi qis en; *y* Qui que le *(P* len) tiegne; *x* Mes qui que len *(B* le) tiengne a c. — 30 *S* Guenchera; *B* G. il; *S* m. ceo est, *y* m. cert a, *C* mes ore a, *B* huimes a.

Ne se vueut folement ocire :
A trop grant fais son cheval vire. (12960)
L'erbe fu drue, as piez li lace,
Li chevaus chiet en mé la place.
9235 A tant Drias est avenuz,
Et sor le rei s'est retenuz :
Etioclès en haut li crie (12965)
Que nel fiére ne ne l'ocie.
Si com Drias vint apoignant,
9240 Parthonopeu fiert maintenant ;
A grant forfait et a grant tort,
Par mé le pez le navre a mort. (12970)
Vers Dorceon Drias en vait :
Hanste ot fraite, s'espee trait,
9245 Fiert l'en l'escu, tot le li fent ;
Alixandres a pié le prent.
Dorceon ont il pris tot sain : (12975)
Alixandre prist de sa main
S'espee et par sa fei l'a mis ;

9231 *S* Ne ne, *P* Si se ; *A* vaut, *S* voet, *B* veult, *P* vuelt ;
x pas lessier o. — 32 *S* force ; *y* tire ; *x* Tret soi arriere sil
reuire — 33-6 *m. à x* — 33 *P* es p. ; *A* La resne tire et si
lembrace — 35 *y* i est venus — 36 *A* Qui ; *S* sur ; *y* est — 37
x E. li huche et c. — 38 *C* Onc ; *B* ne quel nocie ; *P* Q. ne
le f. ne lochie — 39 *x* Atant d. — 40 *P* vint ataignant ; *x* Si
la feru de m. — 41 *A* Par g. f., *P* Parmi sorfait — 42 *Sx*
piz, *y* pis ; *S* naufre, *xA* fiert ; *x place ici les v.* 9213-6 —
43 *C A* driceus, *A* V. duceus, *P* V. dirceus ; *B* Dirceus a d. ;
P sen — 44 *P* Se h. f. (*v. f.*) ; *x* Sa hante (*v. f.*) ; *A* Sa lance
a fraite le branc t. — 45 *S* li en, *C* le en (*v. f.*), *By* en
— 46 *B* Alexandre ; *x* as poinz — 47 *xP* Dirceus, *A* du-
ceus ; *y* Il o. p. d. t. s. — 48 *B* Alexandre, *y* Alixan-
dres ; *P* le p. (*v. f.*) ; *A* la en sa m., *x* a prise sa m. —
49-50 *x ch. la rime* : Par foi lont pris (*B* lot mis) sespee rent
A s. c. vint (*B* court) si le prent — 49 *A* Lespee ; *SP*
p. f.

9250   A son cheval cort, si l'a pris.

         Li reis acorut al navré,
         Qui gést envers en mé le pré :   (12980)
         De sanc est vermeille la place,
         Descoloree ot cil la face ;
9255   Cil ot perdue la color,
         Si se pasme de la dolor.
         Li reis acort la ou il jut,   (12985)
         A la face bien le conut :
         Il l'aveit veü maintes feiz
9260   As bosoignes et as destreiz.
         Mout plaint li reis son vasselage
         Et sa bonté et son aage ;   (12990)
         Mout plaint li reis sa grant noblece
         Et sa beauté et sa proece :
9265   « Bien me fust, » fait il, « avenu,
         « Se l'eüsse sain retenu ;
         « Se jo sain le peüsse prendre   (12995)
         « Et sain le lor peüsse rendre,
         « Ma guerre en fust bien achevee
9270   « Et ma terre bien aquitee,

9250 *S* Al c. c. et si ; *A* vait si — 51 *S* naufre — 52 *S* gist ; *x* Quil vit gesir e. el p. ; *y* La ou il vit enmi le p. — 53-4 m. à *x* et 55-6 à *xP* — 53 *y* Del — 54 *A* a ; *y* ml't la f. — 55 *A* Il ot p. sa — 56 *S* palme ; *A* Si est pasmes — 57 *A* Li r. le vit, *x* Deuant lui vint — 58 *S* A son f., *A* le facon ; *C* cognut — 59 *S* maintefeiz — 60 *S* A, *x* Es, *A* En ; *S* busoignes, *xy* bes. ; *x* es, *A* en ; *S* tourneis, *xP* tornois — 61 *S* grant parage — 62 *A* biaute ; *y* eage ; *x* Sa grant biaute son grant parage — 63 *y* Et se (*P* si) p. ml't — 64 *A* Sa grant ; *y* bonte — 66 *xA* vif r. — 67-8 m. à *P* — 67 *A* le p. s. p., *x* vif le p. p. ; *S* puisse, *C* pouisse — 68 *x* Et vif ; *A* Que lor p. tot vif r. ; *S* puisse, *C* pouisse — 69 en m. à *S* ; *x* B. en f. ; *C* ma terre aquitee ; *A* Jeusse ma g. finee, *P* Ma g. euusse afinee — 70 *y* tote a. ; *C* Et ma guerre toute afinee.

« Car mout legiérement et tost
« Feïst icist retorner l'ost. » (13000)
Li reis de Thèbes grant duel meine
Del gentil home qui tant peine.
9275 Cil saigne mout por le grant chaut :
Li reis trenche de son bliaut;
D'une bende lie la plaie, (13005)
Por retenir le sanc qui raie.
Quant l'ot leié, la plaie estanche,
9280 Et cil se vire sor la hanche;
Quant fu estans, un poi revint
Et de pasmer un poi se tint. (13010)
Uevre les ueuz et veit le rei ;
Plorer le vit forment sor sei :
9285 « Peser, » fait il, « vos deit de mei,
« Car jol vos di en dreite fei,
« De la guerre feïsse paie, (13015)
« Se fusse pris senz mortal plaie ;
« Jo acordasse bien cest mal,
9290 « Mais jo me muer, ne puet estre al. (13018)

9271-2 m. à P — 71 A Que m., x Assez — 72 xA En; C f. cist, B f. cil, A fesisse — 73-4 m. à x — 74 A quil; P t. aime — 75 xP Il; x seignoit — 77 S lient, y loie; A sa — 79-80 m. à P — 79 S lont; A Q. loie la; C Et q. sa p. .i. pou sestanche, B Et q. la p. si sestanche — 80 x Li rois le torne sor (B sus) sa h.; A Cil se gisoit desor sa h. — 81 P restans; S reuient, y se tint ; x Au (B A) chief de piece quant r. — 82 x Et de souuent pamer se t., P De pasmisons auques reuint, A Et sa parole li reuint — 83 C Ouuri les eulz cognut, B Au vis aus yex connut; y vit — 84 S Vit le p.; C Plorant; P durment; S sur, y de — 85 S Pesir; B doi; P P. v. d. forment de m. — 86 S Qar ieo, P Car iou, A Et si; x ce sachiez — 88 y fuisse — 89 x C Japaiasse b. tot, A Je fesisse pais de — 90 S mur; P iou muir il ne; x nen; A nen arai al.

           « Pré vos d'icest mon compaignon
           « Que nel tengiez ja en preison :   (13021)
           « Bachelers est de ma maison,
           « Mout est povre sa raençon. »   (13022)
9295   Nes s'il fust fiz l'empereor,   (13025)
           Li reis le quite por s'amor.

           Sor lui se pasme Dorceüs ;
           Plore et fait duel, il ne puet plus :
           « Dorceüs, » fait il, « ne plorer ;
9300   « Entent mei, tant com pués parler :   (13030)
           « A ma mére tot dreit iras,
           « Freit message li porteras.
           « Quant ele parlera o tei,
           « Se tu li dis come est de mei,
9305   « Ele morra sempres, ço crei :   (13035)
           « Di que navrez fui al tornei,
           « Et por iço a lé t'envei :
           « Pré lé que ne meint duel por mei.

9291 *Sx* Pri; *S* dicel, *C* de cest, *B* de ce ; *x* mien c. — 91-2 *y ch. la rime* (De cest mien c. v. proi Qui chi est pris ensanle o moi) *et donne ensuite les v.* 9292 *et* 9294 — 92 *y* tenes ; *x* Q. vous nel teingniez en, *A* Q. ne le t. en; *Sxy* prison — 93 m. à *y*; *C* Bacheler — 94 *x* Si est de p. (*B* penre) r., *y* Ne vaut *(P* pris) gueres sa r.; *A aj.* 2 *v.* — 9295-318 *m. à P* — 95-6 *interv. dans x* — 95 *C* Nes sil, *B* Ne sil; *SA* Sil esteit; *x* dempereor — 96 *C* Le roi; *S* la quite; *B* Li r. q. p. seue amour, *A* Saroit il pais p. soie a. — 97 *S* Sur, *A* Por; *C* dirceus, *B* driceus, *A* duceus — 98 *A* P. tant fort que ne pot p.; *C* quil ne, *B* qui ne — 99 *C* Dyrceus, *B* Driceus, *A* Duceus — 9300 *A* Enten m. t. que; *S aj.* 2 *v.* — 2 *x* Fier, *A* Grief — 3 m. à *x*; *A* a toi — 4 *A* Et tu diras; *x* com iert — 5-6 *interv. dans B* — 5 *B* se croi; *A* E. m. de doel ie qui — 6 *B* Si que naure; *S* naufrez; *SC* sui; *A* Mais tu diras q. n. fui — 7 *S* a luy, *x* a lui, *A* aler — 8 m. à *x*; *S* Pri li; *A* Que voel que le sace par toi.

« Son grant damage et sa grant ire
9310 « Ne te chaut pas ensemble dire ;   (13040)
« Son grant duel ne li di ensemble,
« Petit et petit le li emble.
« Bien li pues son duel atemprer :
« Primes parole del navrer,
9315 « Ele devinera par sei
« Et son grant duel et son esfrei.   (13046)
« Mére, » fait il, « tu me deïs   (13049)
« Que ja n'en tornereie vis.
« Quant me hastoe de venir,
9320 « Tu me voleies retenir,
« Mais ne fu chose destinee :   (13053)
« O maisniee fiére et dotee,
« Qui remaint hué mout esguaree,
« Quant eissi fors de ma contree,   (13057)
9325 « Conveias mei une jornee,   (13058)
« Nos partimes en une pree ;
« Tu remansis iluec pasmee,

9309 *x* Son tres grant deul ; B et son — 10 *xA* si tost adire — 11-2 *interv. dans x* — 11 *S* dire ; *x* Ne li dies (*B* die) pas tout ensemble — 12 *A* Mais p. et p. li amble — 13 *A* s. mal ; *x B*. le li pourras atremper — 14 *A* Poi mes ; *x* Ne te hastes pas du conter — 15 *x* El d. bien ; *B* foy — 16 *x* S. g. d. et s. g. ; *C* anoi ; *A aj.* 2 v. — 17 *A* bien me desis — 18 *B* tourneroies — 19 *x* mapareillai, *y* conreai ; *A* del — 20 *y* vausis ml't (*P* dont) r. — 21 *m. à x*, qui, *en revanche, ajoute un v. après* -28 ; *A* nestoit, *P* ce fu — 22 *x* Ha mesnie (*B* -iee) ; *y* La mort (*P* Li mors) mestoit chi aprestee — 23 *S* Qi r. ci ; *x* Com par remeins hui e., *y* Or remanras (*P* -ra) desconsillie, *puis ce v.* : *A* A paine seras iames lie, *P* Apres moi me fiere maisnie *(en revanche, le v.* 9328 *y supprime)* — 24 *x* Q. ie (*B* men) ; *xy* issi ; *P* hors — 25 *P* Conuia — 26-7 *y change la rime* : Et quant tu de moi (*P* de m. tu) desseuras Enmi .j. pre ne (*P* tu) te pasmas — 26 *x* partismes — 27 *x* remainsis ; *C* pamee.

> « Com cele que ert esguaree.
> « Dorceüs, a ma mére di (13067)
9330 « Que ele prenge tost mari.
> « Ele a grant terre et grant honor :
> « Tricheront la li boiseor ; (13070)
> « Li boiseor li feront guerre,
> « Guasteront lé sovent sa terre.
9335 « Di lé que tost prenge seignor,
> « Rei o duc o riche contor :
> « N'a rei ne duc deci qu'a Troie (13075)
> « Qui ne la prenge de grant joie.
> « Car ele est bèle, proz et sage
9340 « Et reïne de bas aage ;
> « Ele est par linage reïne
> « Et est onquore mout mescine ; (13080)
> « Ele est juefne, de grant parage,
> « Por poi ne somes d'un aage :
9345 « Seize anz aveit quant ele m'ot,

9328 m. à y (V. note au v. 9323); x Or en (B Desor) seras plus e., puis ce v. : Quant ainsi es de moi seuree ; A aj. 6 v. et P 10 (V. App. III) — 29 S Dorceu, C Dyrceus, BP Dirceus, A Duceus — 30 C praingne — 32 x Guasteront la lui (B li), y Courut (P Courront) li sus li — 33-4 m. à P et sont interv. dans B — 33 x Li hoberel len — 34 xA lui; A ml't de sa t.; S Et g. apres sa t. — 35 S lui, xy li; S preigne, x praingne — 36 x Riche prince ou; y Ou r. ou d. ou au macour — 37 x ne prince iusqua t. ; A Il nara duc; P Il nen a d. duske a t. — 38 x praingne a g. i.; P a ml't g. i. — 39 y C. ml't; est m. à S; x gente prex, A preus et b., P bielle et prex; S saiue — 40 x Si est, Sy Et est; A rice de, P nee de; y haut parage; S reine et besaiue, C roine de bassaige, B r. de arcade — 41-2 interv. dans y — 41 y Ml't a en li iouene (P ione) r. — 42 B unqore; x Si e. encore assez m., y Et e. aussi com fust m. — 43-4 m. à xA et 45-6 à A — 43 P Ml't est plaine de grant biaute — 44 P ae — 45 SCP Onze.

« Onc ainceis aveir ne me pot ;
« Ne semble pas estre ma mére, (13081)
« Mais ma suer semble et jo sis frére.
« Ma maisniee salu par tei :
9350 « Mon seneschal, que jo mout crei,
« Di que departe mon tensor, (13085)
« A ma maisniee doinst mon or;
« Mon or et mon vaissèlement
« A ma maisniee tot present.
9355 « Mes danzeaus et mes escuiers
« Richement face chevaliers : (13090)
« Bien lor ai doné en ma vie,
« Tant com jo ting chevalerie;
« Ore lor pré que ne m'oblient, (13091)
9360 «« Parthonopeus ! » toz tens escrient,
« Quant il serront es granz bosoignes,
« Es granz torneis et es granz poignes ;
« A enseigne mon non lor lais,
« Et por m'amor le tiengent mais. » (13096)

9346 *x* O. plus tost, *P* Ainc plus ione; *S* poet — 47 *x* sembloit — 48 *S* Ma suer s., *P* Ma s. resanle, *A* Ma seror sanle, *x* Mes ma seror; *C* son f. — 49 *S* maisne, *y* -ie; *S* salue en fei; *x* Et saluz mant (*B* mans) fet il p. t. — 50 *x* qui; *P* M. s. di ke m. c. — 51 *xP* Que il d. (*B* depart); *A* Di lui q. depart; *S* mon seignor, *x* tout (*B* trestout) mon or — 52 *S* maisne, *y* -ie, *C* mesnie, *B* -iee (de même au v. 54); *x* et mon tresor — 53-4 m. à *P* — 53 *xA* ma vesselemente — 54 *S* dount p., *xA* tot presente — 57-8 m. à *P* — 57 *x* Je leur donnai (*B* donne) ml't en; *S* a ma v. — 58 *S* tinc; *P* T. c. maintinc — 59 *S* Ore pri qe ia ne; *y* Or; *P* proi; *A* que il ne, *P* iou ke ne ; *x* Par toi (*B* vous) leur mant pas ne — 60 *S* Parthonopeu, *C* Parthenopiex, *A* Partonopex, *P* Path'; *xA* t. iors ; *S* sescrient — 61 *S* as; *A* Q. il sont mis es g. tornois — 62 *S* Et es t. et es g. puingnes; *A* Partonopex crient a vois — 63 *B* As; *BP* enseingnes — 64 *C* tiengnent, *y* tiegnent; *A* aj. 2 v. et *y* 4 autres.

9365	Si firent il et encor font :	(13103)
	Iceste enseigne en Archaide ont.	(13104)
	Sor son cote li ber se liéve,	(13107)
	Mais sa plaie sempres s'escriéve.	(13108)

        Dorcelis vit mort son seignor :   (13111)
9370 Duel fist, onc ne fist hon maior ;
        Mais neporquant un poi d'atente
        I cuide aveir : le cors esvente
        O une lee manche hermine,   (13115)
        Que Antigoné la meschine
9375 Li ot doné par druerie
        Le jor qu'ele devint s'amie.
        Quatre escuz ot iluec par nombre :
        Les dous en prist, si l'en fist ombre ;   (13120)
        Despoilla sei d'un osterin,
9380 Al chief li mist, qu'il ot enclin,
        Et la sorsèle d'un destrier,
        Car il ne trueve autre oreillier.
        Franchise a fait, mais ço que chaut ?   (13125)
        Cil ne sent mais ne freit ne chaut ;

9365 *y* fisent ; *x* Si font il bien ; *CP* e. le f., *B* encore et f. — 66 *SC* archade, *BP* arcade, *A* arcage ; *P* En a. ceste e. o. ; *A* aj. 2 *v*. — 67 *P* sen coste ; *A* li rois ; *B* le ber seslieue — 68 *xA* Et sa, *P* M. li ; *x* a saingnier escrieue, *y* saine et e. ; *xA* aj. 2 *v*. (*V. App. II*) — 69 *xP* Dirceus, *A* Duceus ; *y* voit — 70 *x* D. ot onques mes not greingnor, *A* Si fait tel d. nestut grignor, *P* T. d. f. nus ne poet g. — 9371-406 m. à *x* — 71 *A* Et ; *y* nequedent — 72 *A* et si e., *P* .i. poi lauente — 73 *A* A une m. l. hermine, *P* .I. m. il auoit dermine — 74 *S* et la reine — 75 *S* Li ont — 76 *S* deuient — 77 *y* trueue i. — 78 *P* li f., *A* en f., — 79 *y* Despoille ; *A* tot son o. ; *S* osturin — 80 *S* le ; *P* met ; *S* qi ert e. — 81-2 m. à *P* — 81 *A* sos sele del d. — 82 *A* que ni troua — 83 *P* Il fait f. mais ke caut, *A* Il est ocis de ce que c. — 84 *y* Il ; *S* m. freide ne.

9385 Ne sent mais rien que cil li face,
Reiz est et freiz come une glace ;
Reiz est, mais sa color est blanche
Et fresche plus que neif sor branche :
Por ço atent Dorceüs vie;
9390 Mais quant trova la char freidie, (13132)
Dont sot trés bien que il est morz,
Que de lui mais n'est nus conforz.
Etioclès et Alixandre, (13137)
Qui cosins esteit Salemandre,
9395 Veïssiez iluec grant duel faire,
Lor cheveus desrompre et detraire. (13140)
Drias s'en ert pieç'a fuïz :
Por son seignor, qui ert mariz,
N'i osot ester ne atendre;
9400 Cremeit que il le feïst pendre,
Car ço sot bien que sor son vié (13145)
L'aveit ocis el champ a pié.

9385 *A* que on; *P* Il ne s. cose con li f. — 86 *S* Reddes e. et f. c. g. ; *P* ke plus nest g. — 87-8 *y* *change la rime* : Enroidis est mes la *(P* sa*)* coulors Est f. et b. *(P* b. et f.*)* comme flors — 87 *S* Reddes *(v. f.)* — 88 *S* Et freis *(v. f.)* — 89 *A* Por coi; *P* satent dirceus; *A* duceus — 90 *P* troeue; *A* Puis que il sent le car roidie — 91-2 *y* *diffère* : Quant *(P* Que*)* li grans frois et la roidors Le fist certain laissa ses *(P* les*)* plors, *puis 2 v., qui se retrouvent dans x modifiés et avec une rime différente :* *y* Laissa les cris en mi lerboi Pasmes chai *(P* lai p.*)* ioste le roi, *x* L. le cri lesse le plor Et chiet paumez *(B* pasme*)* por la dolor — 91 *S* qil — 92 *S* nuls — 93 *y* Entre le roi et — 94 *y* Q. e. frere *(P* freres*)* s. — 95 *P* V. dont ml't g. d. f. — 96 *S* derumper; *A* Et l. cauex rompre; *P* L. biaus chauiaus d. et traire — 97 *P* est — 98 *P* est, *A* fu — 99 *S* estre ; *P* Ni ose e. plus ne a., *A* Nose arester ne p. a. — 9400 *S* Et crement qil; *A* que il nel, *P* ke ne le; *y* fesist — 1-6 *m.* à *P* — 1-2 *A* *diffère* : Que b. sauoit quil lauoit mort Sor son desfens et a grant tort.

                Il fist que sages del fuïr,
                Car, se il le peüst tenir,
9405   O se li reis pruef le trovast,
                Il l'oceïst o afolast.   (13150)
                Li reis fait duel, pas ne se feint :
                Parthonopeu merveilles plaint.
                A la parfin s'est escriez
9410   Dorceüs, qui s'esteit pasmez ;
                De pasmeison est repairiez,   (13155)
                Com hon desvez sailli en piez,
                Son seignor prist a regreter,
                Que il soleit forment amer :
9415   « Sire, » fait il, « que devendrai,
                « Quant mais o vos ne parlerai ?   (13160)
                « Vostre mére, quant l'orra dire,   (13163)
                « Assez avra et duel et ire :
                « Ele perdra mout de s'onor,
9420   « Car ele n'a fil ne seignor ;
                « Vostre terre iert desheritee
                « Et sovent serra desrobee.
                « Sire, mar fu vostre bonté
                « Et vostre grant nobileté,   (13170)
9425   « Vostre beauté, vostre proece,

9403 A sage — 4 A sel p. li rois t. — 5 A Sil le tenist ou encontrast — 6 S le pendist — 7 P sen — 8 P Parthonopex, C -iex ; A Car a m. fort le p. — 9 S esceiez — 10 xP Dirceus, A Duceus ; C pamez — 11-2 m. à P — 11 S palm., A pasmison, B pasmoisons, C pamoisons ; x releuez — 12 A Comme derues ; S deuesue ; x Em p. s. comme d. — 13 A fust r. (v. f.) — 14 x Qui le s. — 15-32 m. à x — 15 y Biax s. ciers (P dous) ; A ie comperrai — 16 A ne v. retrouerai ; P Q. a v. m. ne p. ; A aj. 2 v. — 19-22 m. à P — 19 S tout sonur — 20 S Quant e. na filz — 21 A ert desiretee — 22 S derobe ; A Ele sera s. reubee — 23 y Dix (P He) tant m. fu v. bontes — 24 A grans ; S nobilite, y -tes — 25 y Et si mar fu v. largece (P rikece).

« Et la vostre bèle richece,
« Qu'avïez, sire, en vostre terre,
« Quant ça venistes por conquerre.
« La mort, que si vos a sozpris
9430 « Ci en cest estrange païs, (13176)
« M'a malement desconforté :
« Ja ne verrai mais mon regné. »
Dorceüs mout fort se demente ; (13181)
Plore, crie, plaint et guaimente ; (13182)
9435 As poinz debat forment sa chiére,
Et prée Mort qu'ele le fiére.
Li reis en a et duel et ire
D'iço qu'il l'ot tant plaindre et dire.
Del plor et del guaimentement
9440 Sont cil de Thèbes mout dolent :
Apoignant viénent vers le cri (13191)
Jusqu'al tornei tuit esbahi.

Li reis apèle ses barons :

9426 *P* grande proece ; *A* Vostre bontes et vo proece — 27 *P* Kauijes ; *A* Vous auies s. ml't grant t. — 28 *y* Por coi v. chi (*P* cha) c. — 29 *S* soupris — 30 *P* Cha — 31-2 *A* dével. en 4 v., qui m. à *P* : Fera grant doel et grant damage A vos rices barons darcage Grant damage aront et grant perte Que vostre tere en ert deserte — 32 *Ms.* verra — 33 *x* Dyrceus, *P* Dirçes, *A* Duceus ; *xA* forment — 34 *P* Et p. et c. et ml't demente, *A* Il c. et pleure et se g., *x* Li rois meismes en (*B* sen) g. ; *xA* garmente — 35-6 *m. à xA* — 35 *S* A puinz abat — 36 *S* Et prie que la m. le f. — 37-8 *m. à y* ; *x différe* : Plains (*B* Plain) de doulor et de grant ire Jouste le cors plore et soupire — 39-42 *y* donne 8 *v.* différents — 39 *S* Des plurs et des guaimenteiz ; *B* De p. et de, *C* Du p. et du ; *x* garm. — 40 *S* C. de t. s. esturmiz — 41 *S* A puignant vient v. les cris ; vers *m. à C* — 42 *xA* Desi quen (*BA* en) lost ; *S* touz, *y* tout ; *S* esbahiz — 43 *P* les b.

« Seignor » fait il « qual la ferons?
9445 « Ore est Parthonopeus ocis, (13195)
« Qui deveit estre mis amis.
« Ma seror li cuidai doner :
« Dolor en ai, nel quier celer.
« Drias l'a mort sor mon defens,
9450 « Mais se jo pués, al mien porpens, (13200)
« Ferai le pendre o afoler,
« Ardeir en fou o desmembrer. »
Cil respondent par avenant :
« Beaus sire reis, laissiez a tant.
9455 « Se vos de lui estes dolenz, (13205)
« Car le faites porter la enz ;
« Faites li faire sepouture,
« Se onc de lui eüstes cure. »
Li reis respont : « Ço est bien dreiz. »
9460 Cil descendent des palefreiz ; (13210)
Il l'ont sor un escu posé,
Si l'en portent en la cité.
Le plus bel temple ont esguardé, (13413)
A grant honor l'ont enterré. (13414)

9444 S Seignurs, x Seingnors; P dist il, xy quel; By le; S qai ferrons (v. f.). — 45 x Ci e. Parthenopiex, A Parton. e. chi, P Parth' i est — 46 S soleit — 48 P Grant doel — 49 xy desfens — 50 S se jeo puisse; y Se iel puis prendre; x Mes se (B ce) nen ai autre p. — 51 A Jel f. p., P P. f.; x Jel f. ce (B se) cuit; C desmembrer — 52 SP feu, A fu; P En f. a.; x A. ou pendre; C ou afoler — 53 xA responnent, P li ont dit — 54 S latant — 55 xA Se v. e. de lui d. — 56 x Si le f., y F. le dont — 57 S le, x lui; SBP sepulture, C sepolt. — 58 SP Sunques; C Seustes onques, BA Sonques eustes — 60 A Et d.; C Li rois descent des p. — 61-2 m. à A, qui donne à la place 202 v. (Funérailles de Parthénopée), résumés en 22 v. dans P — 61 C Puis, B Sil; S sur, x en — 63 y El (P Le) p. b. liu kesgarde ont (P e. o.) — 64 y e. lont.

9465	Uns mes en vait poignant en l'ost,	
	Qui le nonça al rei mout tost.	
	Reis Adrastus, quant il l'oï,	
	Dolenz devint, onc ne fu si :	
	Por poi de duel sis cuers ne part.	(13693)
9470	Polinicès trait une part :	(13694)
	« Amis, » fait il, « qual la feron ?	
	« Se nos ore sor eus n'alon,	
	« Se or ne finon ceste guerre,	
	« Ja mais ne devon tenir terre. »	
9475	Il a toz ses barons mandez,	(13695)
	Conseil requiert a ses privez :	
	« Seignor, » fait il, « conseilliez mei.	(13697)
	« Por Deu vos pré, otreiez mei	
	« Que nos a ceus nos combaton	
9480	« Par cui cest grant damage avon :	
	« Parthonopeu avon perdu,	(13699)
	« Nos n'avïons meillor escu.	(13700)

9465-6 *m. à A, qui donne à la place 278 v. spéciaux* — 65 *S* al host. — 66 *P* conte le r., *x* dit (*B* dist) as greiois — *x donne ensuite un épisode* (*Conseil des dieux et Mort de Capanée*) *de 754 v., dont les 2 derniers répètent les v.* 9465-6 — 67-8 *m. à y* — 67 *x* Q. li r. a. loi — 68 *S* Dolent; *x* Lor fu d.; *S* onqes — 69 *S* son cuer; *x* Par pou que le cuer (*B* li cuers) ne li p., *y* Il a (*P* fait) tel doel a (*P* por) poi quil nart — 70 *S* Polinicen; *P* dune p.; *x* Son gendre tret, *A* Tornes sen est; *xA* a une p. — 71-4 *m. à A* — 71 *SxP* quel; *BP* le; *S* ferron — 73 *B* Se nafinons, *P* Sor ne f.; *BP* de c. g.; *C* Se nachiuonmes c. g. — 74 *x* Ja ne d. m., *S* Ne d. ia m.; *P aj. 4 v.* — 75-80 *m. à x* — 75-6 *A diffère* : Od lui en vont doi de ses drus Pollinices Capaneus — 76 *P* C. demande — 77 *S* Seignurs; *A* entendes moi — 78-80 *y réduit à 1 v.* : *A* Consillies moi en droite foi, *P* Jou vous em pri por dieu le roi — 78 *Ms.* prie ottriez. — 80 *Ms.* P. qi nous c. d. a. — 81 *A* Parton., *P* Parth', *x* Capaneus — 82 *A* nauiemes, *P* nauiesmes; *x* Ni auions; *x aj. 2 v.*

« Se vos le me loez ensi,
  « Ainz que trespast demain meidi,
9485 « Ferai ma gent apareillier :
  « A eus iron por torneier. »
  Entre eus dient comunement :
  « Ço'n est li mieuz, nostre escient :
  « Fel seit qui ço refusera, (13725)
9490 « Tant com seit vis qui vos faudra. » (13726)

Cinquième bataille; mort d'Etéocle et de Polynice

  Al bien matin, quant l'aube criéve, (13729)
  Reis Adrastus de son lét liéve,
  Et fait crier celeement
  Que s'adobent isnèlement.
9495 Li reis s'adobe tot premier, (13733)
  Ensemble o lui mil chevalier ;
  Par tote l'ost font ensement, (13737)
  Pués chevauchent serreement.

9483-8 *A dével. en 24 v.* — 83 *x* ainsi — 84 *S* past d. mydie ; *P* passons ; *xP* midi ; *B* A. q. trespassast le m. — 85 *S* aparalier — 86 *P* irómes t. ; *x* Se le me voulez conseillier — 88 *S* Cen e. le mielz ; *P* Cou e. li m. a n. gent, *x* Que cest le *(B* li) m. leur e. — 89-90 *A différe* : F. s. font il qui vous faurra Et cest consel refusera, *puis 2 v. spéciaux* — 89 *S* cest, *x* ce — 90 *P* T. kil s. v. ne v. faurra ; *C* comme ; *x* il vif ne *(B* vis et) sain sera — 91 *S* tant come laube c. *(v. f.)*; *x* Par matinet — 92 *C* par matin l. ; *SBy* lit — 93 *xA* f. dire ; *A* nouelement — 94 *S* hastiuement — 95 *S* saduba ; *Cy* touz ; *Sxy* premiers — 96 *P* E. lui ; *S* oue li ; *SP* cheualiers ; *x* Et fait armer ses c. ; *A dével. en 3 v.* : M. bacelers fors et legiers Auoit o lui en sa maisnie Qui nel faurront por perdre vie — 98 *SxP* Puis ; *x* sen issent ; *A* Cascuns barons maine sa gent, *puis 2 v. spéciaux.*

	Sonent tabors, cors et buisines,	
9500	Merveillos graisles et troïnes :	
	Des criz, des hus et des menees	
	Sonent li mont et les valees ;	
	De la noise que li Greu firent,	(13743)
	Tuit cil dedenz s'en estormirent.	(13744)
9505	Fors des rues, bien loign as chans,	(13747)
	Près un beau pré, lez uns estans,	
	A la fontaine del ciprès,	
	S'en est eissuz Etioclès :	
	Homes ot bien vint mile o plus.	
9510	Contre lui vint reis Adrastus.	
	Pués que les dous oz s'entrevirent,	
	Grant semblant de combatre firent :	(13754)
	Qui donc veïst l'ost estormir,	
	Ces chevaliers aler, venir !	
9515	Chascuns criot son escuier	(13755)
	Por ses armes apareillier ;	

9499 P tabor, S taburs ; S busines, xy buis. — 9499-9500 A change la rime : C. et b. font soner De .ij. liues les ot on cler — 9500 S greisles ; P Moynel g. et tortines, x Et chalumiaux (B chalemiaus) et grant t. — 1-2 m. à y et 3-4 à P — 1 S hues ; x Des huz (B Du hu) des c. — 2 x cil m. ; C mon ; x et ces — 4 xA Cil de la vile ; B sesfremirent, C sesfraerent, A sestormirent ; A aj. 2 v. — 5 xP Hors ; x de la vile loinz (B loing) ; P pres des cans ; A F. des lices b. lonc — 6 x En .i. ; C prez ; P Jouste .i. biel ; A En mi .j. p. iousté ; Sy un (y .j.) estans — 7 A des, xP de ; B quintainne de ci pres — 8 xA issuz ; P Sen ist li rois ethyocles — 9 P Armes ; A H. auoit ; xP et p. — 10 C roi ; P Encontre l. v. a. — 11 SxP Puis ; S ostz, C olz, B ols, y os ; A L. .ij. os ml't bien s. — 12 x Hardiement sentreferirent, A Et de la mort sentrehairent, P Onques nus daus triue ne prisent — 13-4 m. à y — 13 x Q. lores v. l. fremir — 14 x Ch. a. et v. ; S alere — 15-20 m. à x et 15-30 à P — 15 S Chescun ; A crie — 16 S aparaillier.

Lacent heaumes, vestent haubers,
Et traient fors ces trenchanz fers :
Qui donc veïst lacier penons
9520 Et enhaster ces gonfanons, (13760)
Et chascun sa targe embracier
Et estreindre son branc d'acier,
Donc li membrast de fiére gent,
Qui de combatre ont fier talent.
9525 Donc veïssiez tal frois de lances (13765)
Et tantes riches conoissances :
De la clarté de la compaigne
En reluiseit tote la plaigne,
Et quant li soleuz i fereit,
9530 Trestoz li chans en reluiseit. (13770)

Polinicès o sa maisniee,
Que mout ert bien apareilliee,
Tuit esteient monté par l'ost,
Estreit chevauchiérent et tost :
9535 Il esteient vint mile et plus : (13775)

9518 *A* Et metent hors ; *S* ceux tranchant — 19 *A* Qui la ; *S* peinons, *A* pignons — 20 *S* enhanster ; *A* Et en ces lances g. — 21 *A* Cascuns va sa ; *x* Son escu c. e. — 22 *x* le b., *S* ses brans — 23 *xA* Dont ; *A* menbre — 24 *S* Et de c. ount t., *x* Qui se combatent fierement (*B* fier et gent) ; *A* eust t. ; — 25-6 *m. à SP* — 25 *A* Dont, *x* La ; *C* tiex, *BA* tel ; *A* bruel — 26 *A* tant de ; *x* fieres c. — 27 *B* De leur ; *x* de leur c. — 28 *S* reluisent ; *A* R. t. la campagne — 29-30 *m. à x* — 29 *A* luisoit — 30 *S* Trestout ; *A* Tous li pais reflambioit — 31 *S* et sa ; *Sy* maisnie, *C* mesnie, *B* -iee — 32 *S* Qi, *xy* Qui ; *S* erent (*v. f.*), *C* iert, *P* fu ; *A* Q. b. estoit a. ; *S* aparaillie, *C* -eillie, *P* apparellie, *A* aparillie — 33-4 *y change la rime* : P. l. e. tot m. Vont les galos (*P* L. g. v.) par mi le pre — 33 *S* Qi e. ; *x* issuz de lost — 34 *x* cheuauchoient — 35-6 *x change la rime* : Bien ierent .xx. m. ce croi Que pollonices ot o soi — 35 *P* .x. m.

Polinicès esteit lor dus,
Que sis frére ot desherité
Et de son regne fors geté :
« Seignor, » fait il, « or i parra
9540 « Qui al bosoign bien i ferra : (13780)
« Qui de mei vuet tenir sa terre,
« Ore vienge por la conquerre. »
A tant laissent chevaus aler,
Sor l'erbe el champ les font torner ; (13784)
9545 A l'aprochier baissent les fuz, (13787)
Pués s'entrefiérent as escuz :
Les hastes donérent grant crois,
Contre mont en volent li trois ; (13790)
Entre ceus defors et dedenz, (13793)
9550 En chaïrent plus de dous cenz,
Al remonter des abatuz,
Donent granz cous o les branz nuz :

9536 *y* Que li enfes ot de ses drus — 37-8 *S diffère un peu* : Ethiocles les out gettez De sa terre et desheritez — 37 *C* son f. ; *y* desirete, *Sx* desheritez — 38 *BP* hors ; *y* iete, *S* gettez, *C* gitez, *B* ietez — 39 *C* Seingnors dist il ; *B* perra — 40 *x* Qui demannois ; *S* busoigne (*v. f.*), *y* ioster — 41-2 *m. à P* ; *A change la rime* : Q. de m. v. tere tenir Il maidera as cols ferir — 42 *x* Bien i (*B* Si en) fiere p. la (*B* li) c. — 43 *x* Adont — 44 *y* Sors et baucans et vont (*P* por) ioster, *x* Qui dont les veist deualer ; *B aj. ces 2 v.* : A laprochier bessent les ners (*Cf.* 9545) Mains en i ot sempres denuers, *S ces 2* : Ainces les font molt tost saillir Toute la terre font fremir, *et y ces 2* : A laprocier forment sescrient A ceus de lost bien sentraient (*P* Des cols doner bien sentreuienent) — 45-50 *m. à xP* — 45-6 *A diffère* : Bien i esfondrent ces escus Dambe .ij. pars ne pueent plus — 45 *S* A la pount haussent l. f. — 46 *S* Puis — 47 *A* Ces ; *SA* hanstes ; *S* cruis ; *A* rendent ml't g. son — 48 *S* truis ; *A* En haut en volent li troncon, *puis 2 v. spéc.* — 49 *A* E. d. et cex d. — 51-2 *m. à P* ; *x diffère* : Grans cox (*B* Apres) se donnent es escus Grans colees des branz molus — 52 *S* c. des b. n. (*v. f.*), *A* sor les escus.

La veïssiez gesir es plains
Tanz chevaus morz et tanz cors vains,
9555 Tanz braz, tanz piez, tante coraille,
Tanz chiés coupez soz la ventaille. (13800)
Grant fu la plainte et granz li plors, (13805)
Et grant la noise et les dolors
Des navrez qui la se morelent,
9560 Et d'iceus qui se combateient.

Uns chevaliers, Nestor ot non,
Fiz fu al duc de Chasteillon, (13810)
Chevalerie vint requerre,
Por ço eissi fors de sa terre ;
9565 Mais n'ert venuz tant povrement
N'ait mil armez toz de sa gent.
Meschins esteit li dameiseaus, (13815)
N'ot que vint anz, fortment fu beaus :
Se il creïst en Deu poissance,

9553 *xA* au (*A* a) plain — 54 *Sxy* Tant ; *A* cheual mort, *x* cheualier ; *xy* et tant ; *S* cuers v., *x* vilain — 55 *S* T. buz ; *x* Tant braz tant pie, *A* Tant pie tant poing, *P* Tante teste — 56 *xA* Tant chief coupe, *P* T. pie colpe ; *A* aj. 4 v. — 57 *Sx* Granz fu ; *B* la plaint, *C* li plains ; *S* et li p., *x* et la clamors ; *y* Grans est ; *P* li noise ; *y* et la dolors — 58 *S* Et la n. et li dolurs ; *y* Et la n. (*P* plainte) grans et li plours, *x* Des que li temoltes (*B* tulmutes) est sors — 59 *S* D. naufrez qi illoec murirent, *x* Des abatuz q. se m. — 60 *xy* de ceus — 61 *C* Un cheualier, *P* nector — 62 *y* le d. Castelon ; *x* Enfes sanz barbe et sans gernon (*B* grenon) — 63-4 *y* ch. la rime : En lost v. por c. Que plus amoit (*P* P. a. cou) que nule v. — 63 *x* iert venuz querre — 64 *x* iert (*B* fu) issuz de — 65 *P* La iert v., *A* Nestoit v. ; *y* trop p. ; *x* Nestoit pas v. p. — 66 *S* Ni ait m. a. tout ; *xy* .M. cheualiers ot de — 67-8 *interv. dans P* — 67 li m. à *S* — 68 *A* .xv. ans ; *x* si fu ml't b., *A* m. estoit b., *P* asses fu b. — 69-70 m. à *xP* — 69 *A* en la p. ; *S* Sil c. dieu et sa p.

9570 Plus beaus de lui ne portast lance.
Blont ot le chief et lonc le vis,
Le nés bien fait et bien assis. (13820)
Grant ot le cors et bien ossu,
Graisles esteit par mé le bu.
9575 Dire vos dei de son conrei :
Meillor n'estuet porter a rei.
Hauberc ot bon, menu maillié, (13825)
Dont li pan furent bien taillié ;
Un heaume aveit legier et fort,
9580 Bien le deüst guarir de mort ;
Espee ot bone et bien trenchant,
En tote l'ost n'ot mieuz vaillant ; (13830)
El destre poign porte sa lance,
Mout fu de bèle contenance ;
9585 D'ivuére aveit mout bon escu
Et sist sor un cheval crenu,
Qui ert assez d'aate cors, (13835)
Forz et isneaus et trestoz sors ;
Sa coverture ert d'un brun paile,

9571 *S* Bel out; *A* le poil et bel; *S* longe — 72 *S* nees — 73-4 *x différe* : Il estoit biax en meinte guise Ne vous en voil fere deuise — 73 *A* corsu, *P* membru — 74 *A* Grailles — 75 *x* v. veull — 76 *P* nestut ; *x* auoir; *S* au r. *A* nul r. — 77 *S* Osberc; *A* millor ne vie — 78 *y* Li p. estoient ; *C* entaillie — 81-2 *interv. dans P* — 82 *P* plus v., *C* si v., *A* si poissant — 83-4 *m. à P* — 83 *S* poigne, *x* poing, *A* puig — 84 *x* Si ot faite par connoissance, *A* ml't i ot rice connissance — 85 *xy* Dun osterin; *x* .i. grant panon, *A* estoit ml't bon, *P* viestus iert b. — 86 *S* kernu; *B* sus .j.; *xy* c. gascon — 87 *A* Q. ot a. aate c.; *x* Basset; *C* aate a bon cors, *B* et hastif o b. c. — 88 *x* Fort et isnel et t. fors, *A* Grans et furnis estoit et f. — 89-90 *x ch. la rime* : Dun poile b. ot couuerture Qui iusques a la terre dure — 89 *Sy* conissance; *A* de; *A* pale.

9590 Qui fu aportez de Thessaile :
      Bien ert coverz de si qu'a terre.
      Nestor le point, bien le desserre,   (13840)
      Et Alexis repoint vers lui :
      Forment se coitent ambedui ;
9595 Brochent adès et esperonent,
      Sor les escuz granz cous se donent.
      Li cuens Nestor ne failli mie :   (13845)
      Del cors li fait partir la vie.
      Sis niés le veit : ne l'araisone,
9600 A descovert grant coup li done
      En mé le pez, soz la tetine,
      Que del cheval mort le sovine.   (13850)

      Polinicès, quant il le veit,   (13853)
      Broche vers lui a grant espleit :
9605 Agenor fiert en l'eaume el son,
      Tot le fendié jusqu'a l'arçon.
      En mé les rens est tal la fole

9590 *P* Q. a. iert; *A* Il not millor dusquen tesale ; *P* thesaille — 91 *P* iert, *x* fu; *C* couuert; *A* C. estoit desi en t.; *x* iusqua la t., *P* duskes en t. — 92 *P* Nector; *x* Cil est sus qui; *A* il se d.; *P* tresere — 93 *SA* reconut lui; *x A.* cognut bien celui — 94 *x* se hastent, *S* se curent; *A* Bien sentrecorent ambedui; *x aj.* 2 *v.* — 95 *y* B. andoi; *x* Conme cheualier e. — 96 *x A* descouuert — 98 *A* fist; *S* Lalme li ad d. c. partie — 99 *B* nel v. ; *SA* vit; *x* pas nel resonne *(B* resongne), *S* grant cop li done — 9600 *P* grans cos; *S* nel araisone; *x* Que manois g. c. ne li d. *(B* dongne) — 1 *x* U *(B* El) piz; *Sy* pis; *A* sor ; *xy* poitrine — 2 *P* sosuine; *y aj.* 2 *v̇.* — 3 *S* il la, *C* ice, *B* il ce — 4 *A* V. l. broca, *P* V. l. cheuauce, *x* V. l. sesmuet; *S aj.* 2 *v.* — 5 *S* Ffiert a. el healme el sum; *x* amont; *P* ens lelme agu, *A* par mi lescu — 6 *y* porfent desi *(P* iuskes) el bu ; *x dével. en 3 v.* : Liaume trenche le cercle ront Coule li a le branc dacier Par mi le cors iusquau braier.

Qu'on n'i puet faire joste sole,
Que ja seit proz ne renomee
9610 Ne que ja seit d'autre sevree : (13860)
Froissent hastes et escuz fendent,
Et cil archier forment destendent.

Polinicès el chief davant
Ses chevaliers vait chadelant ;
9615 Etioclès de l'autre part (13865)
Conut le del premier esguart.
Il s'entraloignent dous arpenz :
Ja iert li quaus que seit dolenz.
Andui muevent a esporon,
9620 Granz cous se donent a bandon, (13870)
Forment se coitent ambedui.
Li reis failli, et cil fiert lui
Par mé le cors de son espié :
De Blanchenue l'abatié.
9625 Polinicès, quant içó veit, (13875)
Que sis frére chaeiz esteit
Et que il ert a mort feruz,

9608 *P* ne; *x* Ni p. on f.; *S* monte s.; *A* Com ni fait une i. s. — 9 *S* Qi, *xy* Qui; *S* s. ia p. ne remonte — 10 *S* qi, *xy* qui; *S* de autre s. s.; *C* dautres; *x* soit diuisee — 11-2 m. à *P* — 11 *S* Ffrussent; *x* Hantes f., *A* F. anstes — 13-4 m. à *x* — 13 *A* front, *P* font — 14 *P* va; *y* conduisant — 16 *P* Le connut, *A* Reconnut; *x* Cognut son frere du regart — 17 *y* sentreslongent, *B* -gnent, *C* sen esloingne — 18 *S* Dont; *CA* ert; *B* le; *y* quels, *C* quex, *SB* quel — 19-20 *S* différe :* Ambedui tout a estrus *G.* coups se d. entre eux deux — 19 *C* murent, *B* muerent, *P* vienent; *xy* esperon — 21 *A* coeurent, *S* curent, *x* hastent — 23 *y* de tel (*P* grant) vertu — 24 *S* De blanche labatie, *y* Que del cheual la abatu — 25 *x* Q. p. ice v.; *S* veeit (*v. f.*) — 26 *S* chaeis, *C* cheoiz, *B* cheois, *A* cheus, *P* caus — 27-8 *S dével. en 4 v.* : Et qil ert a m. naufrez Del c. est a pie alez Bien sout qil fu a mort feruz De s. c. e. d. — 27 *BP* iert.

De son cheval est descenduz ;
Tost vait a lui et veit la plaie
9630 Et le sanc vermeil qui fors raie. (13880)
Pitié en ot, ne puet muer
Que ne l'auge reconforter :
Par mé le cors son frére embrace,
Les ueuz li baisa et la face,
9635 Pués si li dist : « Beaus sire frére,
« A male hore nos porta mére ; (13886)
« Par vostre orgueil i estes morz, (13901)
« De vos n'est mais nesuns conforz. »
Etioclès fu mout iriez
9640 Et en son cuer mout esmaiez, (13904)
Et sét bien que l'estuet morir (13907)
Et nus mires nel puet guarir ;
Mout par fu pleins de felonie,
Son frére vout tolir la vie : (13910)
9645 S'espee prist celéement, (13913)
Un poi se dreça bèlement,

9629 *BP* va ; *B* li ; *x* si v., *S* et vait ; *A* Il vint a l. et vit sa p. — 30 *A* Li sans vermaus del cors li r. : *xP* Du s. v. qui (*P* ke) hors li r. — 31 *x* Pitiez (*B* Pitie) lem prent ; *A* pot — 32 *x* laille ; *y* Quil (*P* Que) ne le voist ; *A* plaindre et plorer ; *S* Alez y est lui conforter — 33 *S* s. cuer — 34 *B* besoit, *SCP* baise ; *P* et puis le f. — 35 *Sxy* Puis ; *S* li d., *CA* li a dit ; *A* Ahi b. f. — 36 *x* De ; *A* A mal eur ; *y* aj. 4 v. — 37 *B* nostre ; *S* mort ; *P* iestes vous m., *A* e. chi m., *x* vous e ge mort — 38 *S* Ici nen ad m. nul confort, *x* I. na mes nesun (*B* nisun) c. — 40 *C* Enz en ; *B* En s. c. fu m. e., *A* Envers son frere et corecies, *puis 2 v. spéc.* — 41 *x* B. s. q. lui e., *P* Et s. kil len e., *A* B. sot ke lui conuient — 42 *CP* Que, *B* Car ; *x* nul ; *A* Et que m. — 43 par m. à *S* — 44 *S A* s. f. volt t. vie ; *B* veult, *A* veut, *P* vuelt ; *y* aj. 2 v. — 45-6 *x ch. la rime* : C. a pris séspee Si la deiouste soi (*B* decoste lui) posee — 45 *A* traist ; *P* trait celeemant — 46 *y* drèce ; *A* isnelement, *P* ens son seant.

Del blanc hauberc leva les pans, (13915)
Le brant d'acier li mist es flans.
Poliniçès se sent feruz :
9650 A la terre s'est estenduz;
Dist lui : « Frére, por quei m'as mort?
« Ço saches bien, fait l'as a tort :
« Por la pitié que oi de tei
« Descendi jo par bone fei; (13922)
9655 « Ore as finé ci nostre guerre, (13925)
« Ne jo ne tu n'avron la terre. »
Ne puet parler : reguardé l'a,
Iluec est morz, l'anme s'en va.
Cil comença a sangloti̇r :
9660 Vousist o non, l'estut morir. (13930)
Mout par se sont entremaumis,
Or se sont andui entrocis.

Reis Adrastus, quant iço veit,

9647-8 *x diffère* : Son frere en fiert par mi les flanz A la terre en chiet *(B* len court) li sanz — 47 *y* lieue — 48 *S* Li; *y* branc; *P* met — 49-50 *x ch. la rime* : Quant p. est naurez A la t. chiet ius pasmez — 49 *A* quant fu, *P* puis kest; *S* feru — 50 *y* Jus a la t.; *A* est lues cheus, *P* en est caus; *S* estendu — 51 *P* Ce d.; *x* F. fet il; *A* Puis li d. f. tu mas m. — 52 *S* sachez; *x* Ce s. que fetlas *(B* las f.); *A* A grant pecie et a grant tort — 53 *x* ioi, *y* ieuc — 54 *S* D. ci; *x* D. ge em b. f., *A* D. de mon palefroi, *P* D. iou del p.; *A* aj. 2 *v.* — 55 *xy* Or; *BP* a fine, *A* define; *S* Ore ci f. — 56 *B* Ne moi ne toi; *S* auron; *x* aj. 2 *v.* — 57-8 *x diffère :* Ne pot p. plus *(B* Ne puis plus p.) longuement Le sanc li fuit le cuer li ment — 57 *A* Quant cou ot dit plus ne parla — 58 *S* I. morut, *A* Li cuers li part; *S* lalme, *y* lame — 59 *xy* C. reconmence; *A* segloutir, *P* sousgloutir — 60 *SCA* lestuet, *P* lestoet — 61-2 *x dével. en 6 v.* (*V. App. II)* — 61 *S* M. p. ount este enemys, *y* Tant s. andoi *(P* andui) e. — 62 *S* Ore se sount ambedui entre ocis; *A* Il s. andoi illoec ochis, *P* Que la se s. a. o. — 63 *S* Q. r. a. yceo v.; *y* Q. a. a cou veu.

Que li frére sont jus chaeit
9665 Et que il sont ambedui mort, (13935)
Nus biens n'est mais qui le confort :
« Seignor, » fait il, « ne sai que die :
« Or ne me chaut mais de ma vie.
« Se nos ore nes assaillon,
9670 « Ja en nos vies nes prendron : (13940)
« Venez o mei a la cité,
« Assaillon les par poesté. »
Il vait avant et cil aprés,
Ensemble poignent a eslais ;
9675 Mais cil dedenz s'en vont foiant, (13945)
Ço qu'il pueent vont trestornant,
Et cil defors foiant les meinent,
De l'ocire forment se peinent.
Li Greu prenent l'envaiement,
9680 Cil s'en tornent isnèlement (13950)
Et dedenz s'en fuient mout tost.
Grant piéce chacent cil de l'ost,
Jusqu'as portes les vont chaçant,

9664 *A* Candoi li f. s. cheu; *P* cau; *x* Q. pollinices mort (*B* mors) estoit — 65-6 *m. à x* — 65 *A* Et quil furent — 66 *A* Or nest ame, *P* Il nest nus hom — 67 *S* Seignurs, *x* Seignors; *CA* quen — 68 *P* caut plus; *x* Ne me c. voir m., *A* Je nai m. cure — 69 *B* Se n. ne les assaillions — 70 *C* nel; *B* vaintrons, *A* arons, *P* perdrons — 71 *x* O moi v. en la c. — 72 *y* Si lassalons; *S aj. 4 v.* — 73 *y* va — 75-8 *m. à x* — 75 *A* Et; *P* se v., *A* en v. — 76 *A* Canquil p. v. destornant — 77 *P* dehors; *A* seres, *P* forment, *S* fuiant — 79 *A* Il en p.; *P* perdent — 80 *x* Et c. sen vont i. — 81-2 *xA et P diffèrent séparément*: *xA* Encore tant (*A* Une piece) les mainent let Onques ni ot un trestor fet (*A* Ainc en la fuite ni ot trait) ; *P* Ainc ens le f. nen ot t. (*Cf. le 2ᵉ v. de A*) Trop leur fisent et honte et plait — 82 *S* del host — 83 *y* Duscas.

Et sis fiérent demaintenant.
9685 Cil de Thèbes se sont enz mis, (13956)
Mais ainz en i ot mout ocis;
Sor eus ont les portes fermees
Et bien closes et bien serrees.
Pués qu'il furent en la cité,
9690 Ensemble sont al mur monté:
Portent pierres et peus aguz,
Espiez et lances et escuz;
Environ vont par les entailles,
Et esguardent jus les batailles
9695 Que se peinent de l'assaillir;
Mais cil desus les font morir.
Cil montent sus [par] les eschales,
Cil lor rendent colees males.
Jus a val les font trebuchier:
9700 Qui chiet ne puet mais redrecier,
Car de haut les font craventer
Et l'un sor l'autre roeler.
La veïssiez granz cous ferir
Et maint bon chevalier morir:
9705 Cil d'a mont fortment se combatent
Et ocient les et abatent,
Car il sont haut et cil sont bas;
Demaintenant fiérent el tas,
Jus les trebuchent a un fais,
9710 Mil en [i] muerent desconfès.

9684 *xA* Si (*A* Cil) les f., *P* Et f. les; *P donne ensuite les v.* 9713-4 — 85-6 *S diffère:* En la vile sont enbatu C. de t. par grant vertu — 86 *y* Plus de .iij. c. (*P* .iij. pars) en ont ochis; *y aj.* 2 v. — 9687-9712 *m. à xy; à la place, x donne* 12 v., *dont les* 2 *premiers se retrouvent dans y, et y* 32 (*V. App. II et III*) — 87 Ms. Sur — 89 Puis qil — 90 ad m. — 91 pels — 95 Qi — 99 tresbucher — 9702 sur l. rueler — 3 Molt v.

Cil qui sauf sont revont avant,
Cil les refiérent maintenant,
Mout les abatent, mout les griévent :
Li abatu pas ne reliévent.
9715 D'iceus ne sai mais plus que dire, (13959)
Car tuit sont livré a martire. (13960)
Et cil des murs de la cité (13987)
De ceus defors ont tant tué, (13988)
Tant ont geté a grant esforz (13991)
9720 Que jusqu'a treis les ont toz morz :
Li uns des treis fu Adrastus,
Et li autre Capaneüs,
Et li tierz fu de Grece nez ; (13995)
Par mé le cors esteit nafrez.
9725 « Sire, » fait cil, « jo m'en irai,
« Males novèles porterai. »
Dist Adrastus : « Va t'en, amis;
« Trestot reconte en mon païs. » (14000)

9711 C. qi y sount — 12 Et cil (*v. f.*) — 13-4 *m. à xA et sont placés dans P après 9684* — 13 *S* a. et molt (*v. f.*); *P* Li grieu les fierent et cil chieent — 15 *S* Diceus defors, *P* De chiaus dehors, *A* De ceus dedens, *x* Des griex ni a; *Sy* ne s. q. d. — 16 *x* se liurent; *y* C. l. s. a grant m. (*P* tout a m.), *puis 26 v. spéciaux, correspondant aux v.* 9687-9714 — 17-20 *x réduit à 2 v.* : Em peu deure sunt tuit ocis Nen escha (*B* eschapa) que seul .iii. vis — 18 *P* De chiaus dehors; *A* o. ml't. t. ; *S aj.* 10 *v. et A* 2 — 19 *A* tue de ceus defors, *P* iete a chiaus dehors; *S* Oscient les a — 20 *S* Et ; *A* dusca; *P* Duskes a .iij. — 21 *xy* est a. — 22 *xy* autres; *x* Li a. ot non acastus — 23 *x* est de — 24 *S* naufrez, *xy* naurez ; *S aj.* 4 *v.* — 25-6 *m. à x* — 25 *S* f. il; *y* Cil dist au roi — 28 *xA* Et di; *x* leur que tuit sont ocis, *A* comment nos est pris; *P T.* com est pris (*v. f.*).

Les femmes d'Argos et Thésée a Thèbes ; prise de la ville.

	Cil point et broche l'auferant,	
9730	Dreit a Arges en vient errant ;	
	As dames dist freides novèles :	
	Sachiez que pas ne lor sont bèles ;	
	Il lor porta ital message	(14005)
	Dont grant duel ont et grant damage :	
9735	« Que cil de l'ost sont tuit ocis	
	« Et que nus d'eus n'est remés vis,	
	« Fors le rei et Capaneüs ;	
	« Il est tierz : n'i a remés plus. »	(14010)
	Or ont les dames granz dolors,	(14023)
9740	Quant ço oent de lor seignors	
	Qu'en bataille sont desconfit	
	Et tuit ocis, si come il dit :	
	De poor forment s'esperissent	

9729 *S* puint ; *x* C. sen torne seur l., *y* C. esperone l. — 30 *x* D. en gresce sen vet e., *y* Tant quil *(P* Tout droit) a a. vint esrant *(P* err.) — 31 *y* froide nouele — 32 *A* S. que ne lor fu p. bele, *P* Qui ne leur fu boine ne vielle — 33 *S* Cil ; *A* aportent tel ; *x* A toutes ont *(B* a) dit le m. — 34 *x* D. ont g. d. ; *P* D. eles orent — 35-8 *x* dével. en 8 v. *(V.* App. II) — 35-6 *y* diffère : Que *(P* Quant) adrastus est *(P* fu) deconfis *(P* desc.) Et fors *(P* hors) lui tierc sont tot ochis — 35 *S* del host — 37 *y* F. moi seul et c. — 38 *y* Trestos ses homes a *(P* ont) perdus, *puis 12 v. spéc. (P 10)* — 39 *S* Les d. eurent ; *x* grant dolor — 40 *S* oient ; *A* Q. ont oi ; *x* Chascune pleure son seingnor — 41-2 *x ch. la rime* : Que d. s. en b. Et trestuit mort sanz nule faille — 42 *A* tout ochist ; *y* com ; *P* ma dit, *A* il dist — 43-4 *m. à xP* — 43 *A* En lor cuers sen espeuerissent.

	Et del grant duel mout s'esmarissent.	(14028)
9745	Par les rues de la cité,	(14031)
	En font duel mout desmesuré :	(14032)
	Les dames plaignent lor mariz,	
	Et les méres plaignent lor fiz,	
	Et les serors plaignent lor fréres,	
9750	Et les filles plaignent lor péres.	
	Crient et braient mout fortment,	(14033)
	Ne pueent astenir neient	(14034)
	De faire duel et de plorer	(14037)
	Et de lor amis regreter :	
9755	Tordent lor mains, froissent aneaus,	
	Croissent lor deiz que mout ont beaus,	
	Rompent lor crins, batent lor chiéres,	
	Grant duel font en totes maniéres.	(14042)
	Tal trei mile s'en i pasmérent,	(14047)
9760	Que onques pués ne relevérent :	
	Mortes sont les beneürees,	

9744 *S* sesmerissent; *A* sen e. ; *y aj. 2 v.* — 45-6 *m. à P; x différe* : *P.* la c. font duel ml't grant Meres et filles et enfant — 46 *A* Fisent grant doel d. — 47-50 *m. à xA* — 47 *S* marriz; *P* Les unes plorent l. amis — 48 *S* filz ; *P* Et lour signor ki st' ochis — 49 *S* sorurs; *P* Et les autres — 50 *P* Et leur signeurs et lor comperes — 51-4 *m. à x* — 51 *A C.* et pleurent durement — 52 *A* Doel font desmesureement, *P* Si sen esforcent durement; *A aj. 2 v.* — 53 *P* De d. mener et; *A* Forment se painent de p. — 54 *A* Et l. a. a r., *P* De l. a. trop r. — 55-6 *m. à P; x différe* : Lors poinz detordent et lor doiz Et se pasment par plusors (*B* plus de .c.) foiz — 55 *S* Tortent — 56 *S* Qi sount dor et dargent molt beals — 57-8 *m. à x* — 57 *A* l. c. gratent — 58 *A* Lor poitrines lor palmes batent, *P* Por .i. petit keles nesraigent *(pas de rime); y aj. 4 v.* — 59 *S* Tiels, *C* Tieux, *B* Telz, *P* Tel, *A* Teles; *S* quatre mil se p.; *A* trois .m. en i p. — 60 *xy* Qui; *xP* nen — 61-2 *m. à x* — 61 *y* maleurees; *S* Mort sount l. benurez.

  Les anmes ont des cors sevrees. (14050)
  Et celes que reméstrent vives
  Sont mout dolentes et chaitives :
9765 Tant ont crié et tant ont brait,
  Et si grant duel ont iluec fait,
  Que tant sont lasses de plorer (14055)
  A peine pueent mot soner.

  Des filles Adrastus le rei
9770 Ne sai mesure ne conrei :
  N'est merveille se grant duel font,
  Car grant conseil perdu i ont ;
  Et ja sont ço les dous serors,
  Cui li reis dona a seignors (14062)
9775 Les dous vassaus que vit combatre (14065)
  Desoz l'arvol enz el theatre,
  Quant il les ala departir.
  Mout les ama a retenir,
  Car fil de rei érent andui
9780 Et por servir vindrent a lui. (14070)

9762 *A* Lor; *S* almes ; *y* ames sont; *S* seurez; *S aj. 34 v. et donne ensuite les v. 9799-804* — 63-72 *m. à S* — 63 *x* qui; *B* r. nues; *y* Les autres qui encor sont v. — 64 *P* M. s., *A* S. si; *B* et chanues — 65-72 *y ch. les rimes :* T. o. c. et gaimente Que lor oel sont trestot enfle (*P* Q. l. cors st' trestout lasse) Lassees s. (*P* Ml't s. lasses) de duel mener Toutes estaintes (*P* estankes) de plorer Les f. au (*P* le) r. a. Estoient en la tour la sus (*P* Ens le t. ierent la desus) Seles f. d. ne mesmeruel (*P* men meruel) C. p. o. ml't g. (*P* boin) c. — 69 *B* lor roy — 70 *B* Ne set — 73-4 *x dével. en 8 v.* (*V. App. II*) — 73 *A* s. eles .ij. ; *S* La trouerent les deux s. — 74 *S A* qi li r. d. s., *A* Ca mal eur prisent s., *P* Qui a mal p. lor s. ; *y aj. 2 v.* — 75 *xy* As .ii. ; *A* vassors ; *S* que oit, *xy* quil vit — 76 *A* Dedens laruol deioste latre, *P* Sous ens le vaute iouste l., *x* De nuit el (*B* ou) porche dedenz l. — 78 *x* M. se pena deus r. — 79 *y* a roi ; *CP* ierent — 80 *S* P. lui s. ; *x* P. s. en v.

A ces dous ses filles dona,
Et ses honors lor otreia :
L'une dona a Tydeüs,
Reis fu de Calidoine et dus;
9785 L'autre dona Polinicès, (14076)
Qui frere esteit Etiocles.
Cil dui menérent les compaignes, (14079)
Qui sont a Thèbes mort as plaignes ;
Cil dui furent en la bataille :
9790 Ocis sont ambedui senz faille.
Lor moilliers sont mout esguarees
Por içó que d'eus sont sevrees :
Plorent et claiment sei chaitives,
Duelent sei d'içó que sont vives ; (14086)
9795 N'en vuelent aveir mais confort,
Nule autre rien que sol la mort.
Terme aveient pris de lor fin

9781-2 *m. à S* — 81 *y* S. .ij. f. a eus (*P* chiaus) d. — 82 *x dével. en 3 v.* A son viuant leur otroia Son reaume tout (*B* T. s. r.) et sa terre Chascun se (*sic BC*) part que ne fu (*B* nen fust) guerre — 83-4 *x ch. la rime :* A t. en d. lune Par grant amor et sanz rancune — 84 *y* De calidone est rois (*P* iert quens) et dus — 85-6 *x, A et P ch.* (*séparément*) *la rime : x* Lors volt (*B* volst) thideus que lainznee *A* pollinices fust donnee, *A* Pollinicet lautre donoit Qui en tebes noris estoit, *P* Pollo' lautre rechut Qui fiex le roi de t. fut; *A aj. 2 v.* — 87-8 *x et y ch.* (*séparément*) *la rime : x* C. d. m. l. granz oz Rois et contes et princes proz (*B* p. et pros), *y* Doi roi m. ml't (*P* Cil en m. le) grant gent Q. s. a t. m. sanglent — 89 *A* C. frere f. en b. ; *x* Or sunt tuit m. — 90 *P* Ou il furent o. s. f. ; *A* Andoi ochis, *C* Et cil ouec, *B* Et ceus auec ; *xA* sanz nule f. — 91 *xA* L. fames; *S* Les deux sorours s. e. — 92 *y* P. cou q. deux furent s. (*P* sont deseurees), *x* Et maudient leur destinees — 94 *S* Dolentz diceo (*v. f.*); *y* Et (*P* Ml't) st' dolantes; *P* quant s. v., *A* keles viuent ; *x* Ce leur poise queles s. v. ; *y aj. 2 v.* — 95-8 *m. à Sy* — 95 *B* mes a. c.

	Que s'oceïssent al matin,	
	Quant les dames de la cité	(14089)
9800	Un parlement ont ajosté :	
	Ne poeient mais endurer,	
	Conseil en vuelent demander	
	As filles le rei Adrastus.	
	Par les degrez montérent sus,	
9805	Et quant eles sont assemblees,	(14095)
	A vint mile furent esmees.	
	Un jor dura lor parlemenz	
	D'iceles doleroses genz :	
	En lor concile ont conseillié	
9810	Qu'ensemble iront totes a pié	
	Dreit a Thèbes por les cors querre	
	De lor amis et metre en terre.	(14102)

9898 *B* Qui, *C* Quil — 9799-804 *sont placés dans S après les 34 v. spéciaux qui suivent le v. 9762* — 9799 *A* Et les ; Q. assez ourent doel mene — 9800 *x* O. un p. asemble; *P* aiorne — 1 *S* Ne porent m. plus e. ; *x* Ne vouloient, *A* Nel pooient, *P* Ne le pueent — 2 *S* Pur c. en volent aler; *C* en viennent, *B* enuoient, *A* aloient, *P* voloient — 4 *C* en montent s., *P* montent la s.; *B* Par mi l. d. monte s. — 5-6 *x ch. la rime* : Estre (*B* Entre) les autres de la vile Dehors en ot plus de .x. mile — 5 *S* Q. les dames s. a. — 6 *S* Plus de v. mil s. aioustez, *P A* .xx. se furent aesmees — 7 *S* lour lor p. (v. f.) ; *y* li ; *x* Le parlement (*B* Li parlemenz) d. un iour — 8 *P* De tantes ; *x* Les dames plaingnent de dolor — 9 *y* consel o. afichie ; *x* Les .ii. dames o. c. — 10 *x* Queles aillent ; *y* Que eles (*P* toutes) en i. a p. — 11-2 *m. à x, qui donne 8 v. spéciaux, par suite de l'insertion de l'épisode signalé plus loin* (Voy. v. 9814) — 11 *Sy* q. les (lor *P*) cors — 12 *S* q̄ sont mors, *A* que on a m.; *P.* L. a. vuellent veir m.; *S aj. 2 v. et A 2 v. indépendants, qui ne sauraient appartenir à l'Original, puisque la rime qu'ils supposent pour les 2 vers précédents est incorrecte et a dû être corrigée par nous d'après les vers* 10181-2 *de x* (V. App. II).

   Totes nuz piez, eschevelees,   (14105)
   En lor chemin en sont entrees.   (14106)
9815 De femnes i aveit grant host,   (14111)
   Mais eles n'aloent pas tost,
   Car de l'errer n'érent aprises :
   Les piez ont nuz, a duel sont mises,
   Par les monz et par les valees,
9820 En vont dolentes, esguarees.   (14116)
   Treis jorz aveient ja erré,   (14159)
   Et un grant bos ont trespassé ;
   Après cel bos truevent un plain
   Mout bel et gent et mout lointain.
9825 Li champ esteient bien herbos
   Et li chemin soéf poudros :
   Idonc pristrent a espleitier   (14165)
   Et le lor eire a esforcier.
   Mout ala bien ceste compaigne,
9830 Tant com lor dura cele plaigne.

9814 *S* c. s. entrez (*v. f.*); *y aj. 4 v.* — 15-8 *m. à x, qui fait aller les femmes d'Argos à Athènes (épisode de 142 v. inspiré par Stace)* — 15 *S* y vait molt g. h. — 16 *A* Et si naloient mie t., *P* M. n. mie ml't t. — 17 *P* de laler nierent a., *A* daler nestoient a.; *S* aprisent — 18 *S* sont; *A* si s. malmises, *P* toutes st' prises — 20 *y* V. d. et e.; *y aj. 42 v. (P 40)* — 21 *A* esre; *x* bien ale — 22 *S* bois o. ia passe; *x* Puis ont .i. tertre deuale — 23-4 *x diffère* : *A.* le mont est lost entree En unne plaingne grant *(B* longue*)* et lee — 23 *S* bois trouerent uns plains — 24 *P* Et biel; *S* M. erent beals et m.; *y* lontain — 25-6 *m. à S* — 25 *A* herbeus — 26 *A* poureus, *P* porrous — 27-8 *x ch. la rime* : Lores esploitierent *(B* sesp.*)* .i. poi Si ne leur iert *(B* est*)* encore ioi — 27 *A* Adonc, *P* Lors se; *y* prisent; *P* esforcier — 28 *S* Et lour e.; *y* oirre; *P* Et fort l. o. a esploitier; *S* eff. — 29-30 *interv. dans y* — 29 *x* M. esploita b. la c.; *P* A. b., *A* Assanla; *y* tote la c. — 30 *S* T. come lour ad dure la p.; *P* T. ke; *y* d. c. campagne ; *C* ceste p.

Quant eles orent trespassé
Le plain, qui mout lor vint a gré, (14170)
Bien loign avant ont esguardé.
En un moncel, dejoste un pré,
9835 Virent venir dous chevaliers
A esporon sor lor destriers :
Li uns esteit reis Adrastus, (14175)
Et li autre Capaneüs,
Qui veneient de la bataille,
9840 Ou ont damage eü, senz faille, (14178)
Car tuit lor home i sont ocis, (14183)
Onc plus n'en ot eschapez vis,
Fors sol lui et son compaignon,
Qui veneient a esporon. (14186)
9845 Adrastus les choisi premier,
Qui vit les dames blancheier.
Dist li reis a Capaneüs :
« Guardez en ces chemins la sus :
« Veeir poez une blanchor, (14189)

9831-2 *m. à S; x diffère* : Q. vint au soir a lauespree Cele plaingne fu trespassee — 31 *P* lont bien t. — 32 *P* De p. ke — 33 *S* loin, *x* loing, *A* lonc, *P* loins; *y* aual; *x* B. a. l.; *y* e. ont — 34 *x* La valee d.; *P* vaucel, *A* grant val; *y* .j. mont — 35 *y* V. voient — 36 *BA* A esperon, *CP* Esperonnant, *S A* grant espleit; *C* sus, *S* sur; *xA* les; *x aj. 2 v.* — 37 *x* Li uns des .ii. ert *(B* est*)* a.; *y* Et ia est cou r. a. — 38 *y* Ensanle o lui *(P* E. l.*)*; *x* autres iert *(B* ert*)* acastus — 39-42 *x diffère* — 39 *A* Fuiant vienent, *P* Ki vient f. — — 40 et 41 *m. à S* — 40 *P* a damaige euu, *A* auoient este; *y aj. 4 v.* — 41 *y* Trestot si h. s. *(P* i s.*)* ochis — 42 *S* ont eschape *(vis manque)*; *y* Mal de celui qui en soit *(P* kestorsist*)* vis — 43 *P* F. l. et s. sen c.; *A* F. .j. seul et, *S* F. le rei et — 44 *y* Q. sen venoit, *x* Q. sen viennent; *xy* esperon — 45-8 *y réd. à 2 v.* : Li rois li dist amis estes En cel laris *(P* larris*)* la esgardes — 45-54 *x dével. en 18 v.* — 45 Ms. choisi — 47 Dis.

9850 « Onques mais hon ne vit greignor.
« Sont ço oeilles, beaus amis,
« Dont si reluist toz cist païs?
« O sont meschines por baler,
« Que en cel plain viénent joer? »   (14194)
9855 Tant com li reis ioci parlot,   (14211)
Vers les dames mout s'aproismot :
Ses dous filles davant veneient,
Que ja trés bien le conoisseient
As ueuz et a la barbe blanche,   (14215)
9860 Al vis et a la chiére franche.
Idonc comencent a crier
Et lor grant duel a demener ;
Par tote l'ost font ensement,
Mout font grant duel comunement.   (14220)
9865 Quant li reis Adrastus ço veit,
Qui ses filles bien conoisseit,
Al cuer l'en prent mout grant tristor,
Si se pasme de la dolor.   (14224)
Quant redrece de pasmeison,

9851 *A* bestes dist il a., *P* fees b. a. (*v. f.*) — 52 *A* ci; *P* li p., *A* cis p.; *S* toute ceste p. (*v. f.*) — 53 *P* porstaler — 54 *A* Q. el p. v. por iuer; *P* En c. biel p.; *y* aj. *16 v.* — 55 *y* Comme li r. ensi parloit, *x* Que que li r. ainsi p. — 56 *x* Enuers l. d. aprimoit (*B* aprochoit), *P* Et v. les femes s.; *y* saproismoit — 57 *x* viennent auant — 58 *S* Qe t. b. le r. counissent; *C* laloient cognoissant, *B* le viennent connoissant — 59-64 *m. à x* — 59 *S* As oilz, *y* Al vis — 60 *S* As nees et; *y* Et a la fiere connissance (*P* contenance) — 61 *A* Adonc c., *P* Lors recommencent — 62 *A* Et ml't g. — 63 *A* vont e., *P* tout e. — 64 *P* F. m. g. d., *A* Par toute lost — 65-8 *x différe* — 65-6 *y ch. la rime* : Li r. q. il a cou veu Que s. f. a conneu (*P* Et s. f. reconne) — 67 *S* semprent, *y* en a; *A* si g. tenror, *P* tant g. dolor — 68 *y* Que il ne puet auoir grignor — 69-70 *m. à xy* — 69 redrscea (*sic*) de palmeison.

9870	Sei meïsme met a raison :	
	« Ahi! » fait il, « dolenz! chaitis!	(14225)
	« Ço est granz torz que jo sué vis.	
	« Por quei ne fui l'autr'ier ocis,	
	« La ou fui el chapleïz mis	
9875	« Ou j'ai tote ma gent perdue ? »	
	Donc trait s'espee tote nue :	(14230)
	Par mé le cors s'en vout ferir.	
	Capaneüs li vait tolir;	
	Del poign li a sachié lespee,	
9880	El chemin bien loign l'a getee.	(14234)
	De duel tierce feiz s'esvani ;	
	Ne se pot tenir, si chaï.	
	Des criz et del guaimentement	(14239)
	Des femnes, et del plorement	

9870 mesmes — 71 *B* chietis — 72 *P* Com; *x* Conme e. grant deul; *S* grant tort, *A* dolors — 73 *SxA* fu; *xy* o. lautrier — 74 et 75 *m. à x* — 74 *S* capleis; *y* Ou furent (*P* La v st') mort tant cheualier — 75 *S* Ou ieo ai, *A* Ou ai; *y* ma g. t. p. — 76 *P* Dont, *A* Lors; *S* sespie nue *(v. f.)*; *x* A tant a *(B* il) tret le branc dacier — 77-8 *y ch. la rime* : F. sen vaut rois Adrastus Quant li toli (*P* le retint) capaneus — 77 *S* se — 78 *S* le; *x* Acastus le li court t. — 79-82 *m. à P* — 79 *Sx* poing, *A* puig; *S* lui ad sake lespe; *x* li vet tolir, *A* li a tolu — 80 *S* Al; *A* la b. lonc; *S* loingn; *x* Loing en mi le champ — 81-2 *A dével. en 4 v., dont les 2 derniers (légèrement modifiés) sont aussi dans x* : De duel se pasme li bons rois Ne sai le quel .ij. fois ou trois Que jus a tere fust cheus Quant le retint capaneus (*x* Ja fust a terre cheoiz (*B* cheus) ius Q. le r. danz Acastus) — 82 *Ms.* poet — 83-4 *x dével. en 4 v.* : Quant dambedeus parz se cognurent (*B* le connurent) De grant doulor se desmesurent Et les pluseurs pasmees furent Et paumees (*B* pasmees) a terre iurent — 83 *y* Del cri; *A* demenement, *P* dementement — 84 *P* Des gens et du grant p., *A* Del plor et del complagnement.

	Qu'eles faiseient o le rei,	
9885	Qu'eles faiseient o le rei,	
	Ne vos en sai dire conrei :	
	Iluec la nuét se herberja	
	O les dames qu'il encontra,	(14244)
	Tote nuét o eles parla,	
9890	Si como il sot les conseilla ;	
	En son chemin par main entra,	
	Ariére a Thèbes retorna.	
	Les dames vueut o sei mener,	(14253)
	Car lor ocis lor vueut mostrer :	
9895	Il les conduit par le sentier,	
	Tot dreit, si come il vint l'autr'ier.	
	L'ost des femnes mout alassot	
	Et mout fortment afebleiot,	
	Que ne poeit aler avant	
9900	Ne mais errer ne tant ne quant.	(14260)
	Li reis s'en esmaia fortment,	
	Quant vit remaindre si sa gent ;	
	Ne se saveit pro conseillier	
	D'iluec les femnes herbergier :	(14264)
9905	Guarda sor destre en une plaigne,	(14267)

9885 *x* Tel deul firent devant le r. — 86 *C* Que nus nen set ; *B Q.* nul ni set penre c. — 87 *x* La n. i. ; *S* noit, *xy* nuit — 89-90 *y* dével. en *4 v.* et *x* en 6 — 89 nuét *manque au ms.* — 91-2 *y* dével. en *4 v.* — 91 *x* li rois e. — 92 *x* Droit a t. sen r. — 93 *S* oue sei vout m. — 94 *y* Et ; *y* les volt ; *x* Les cors de leur amis ; *C* montrer — 95 *A* Il sen reua, *x* Que quil *(B* Com il) aloit ; *P* Si com il va tout le s. — 96 *C* il mut — 97 *A* Los ; *xA* dames ; *S* alassout, *xy* se lassoit — 98 *A* Et durement ; *S* se trauailout — 99 *S* Qil ; *A* porent ; *x* Petit pueent — 9900 *S* Ne ariere ; *A* m. crier — 2 *P* r. ensi, *A* si remanoir ; *x* Q. afebloier vit sa g. — 3 *x* sen (se *m. à S)* ; *S* pru, *xy* preu — 4 *A* Ou puist ; *C* ces, *By* ses ; *y aj. 2 v.* — 5 *x S.* d. vit ; *S* sur destres en uns plaignes ; *P* unes plaignes.

	Si vit venir mout grant compaigne	
	De chevaliers et de geudons,	
	De lances et de gonfanons.	
	Mout luisent cil heaume environ	
9910	Et cil escu peint a leon;	(14272)
	Des espiez sont dreites les lances,	
	A toz a bèles conoissances :	
	Trestote en reluist la contree,	(14277)
	D'icele gent issi armee;	
9915	Environ la terre fremist	
	Et li païs en resplendist.	(14280)
	Mout par est forz qui sire en est,	
	Et fiers et de bataille prest :	(14282)
	Ço est li dus Atheniiens.	
9920	De paiens ne de chrestiiens,	
	De hautece ne de posnee,	(14285)
	Ne fu mais tal gent assemblee	
	Com cist dus a ici jostee,	

9906 *y* V. i voit *(P* vit); *P* trop; *SP* granz compaignes; *x* Venir unne bele c. — 7 *P* garcons — 8 *B* confanons; *S aj.* 2 *v.* — 9 *S* L. c. healme, *A* C. elme l., *x* L. c. escu ; *B* denuiron — 10 *x* Dor et dargent p.; *xP* lyon, *A* lion; *y aj.* 2 *v.* et *A 2 autres* — 11-2 *m. à SA* — 11 *P* les anstes — 12 *P* Sor les cheuaus les c. — 13 *SC* Tote, *B* Tout; *S* reluiseit; *x* cele c. — 14 *xy* De cele; *S* desmeruee, *P* kist si a., *x* si bien a. — 15-6 *x ch. la rime :* E. en f. la t. Ml't resemblent bien gent de guerre — 15 *S* La t. env. — 16 *P* retentist — 17-8 *x et y diffèrent séparément : x* M. en resemble bien le (*B* resemblent bel li) sire Vers ceus de thebes a grant ire, *y* Cil quin *(P* ken) est sires ml't est ber *(P* e. m. bers) Et si *(P* plus) est fiers comme sangler *(P* ke nus sanglers) — 19-34 *m. à x* — 19-20 *y diffère :* Cest dataines li rices *(P* nobles) d. Del tans cesar ne del *(P* de) crassus — 21 *S* podne; *y* Des (*P* Del) alixandre et del *(P* de) pompee — 22 *y* tex gens; *P* Ne fu t. g. m. aunee — 23 *y* C. cil d. a quil fait conduire.

Qui vait destruire une contree :
9925 Il en alot sor un suen rei,
Qui li aveit menti sa fei. (14290)
De lui deveit tenir s'onor,
Treü rendre come a seignor ;
No voleit a sa cort venir
9930 Ne sa terre de lui tenir :
Por ço alot saisir sa terre, (14295)
Lui meïsme prendre et conquerre ;
Honir le vout et desconfire,
Et metre en prison o ocire. (14298)

9935 Li dus chevauche fiérement (14303)
Et bien conduit s'ost et sa gent : (14304)
Reis Adrastus, quant s'aproisma,
Reconut lui, vers lui ala.
Tost deguerpi sa compaignie ; (14307)
9940 Al duc en vait, merci li crie.

9924 *y* U. c. en vi *(P* va) d. — 25 *A* ala ; *S* son r. ; *y* desour *(P* deseure) .j. roi — 28 *A* T. doner — 30 *y* Ne de l. sa t. t. — 31 *S* prendre — 32 *P* meismes ; *S* Et lui mesmes pur c. — 33 *SP* Ardeir ; *A* veut, *P* vuelt — 34 *SP* En p. m. ; *P* et lui o. ; *y* aj. 4 v., *dont les 2 premiers sont dans* x, *intervertis et un peu modifiés, à cause de l'épisode mentionné à la note du v.* 9814 : *x* Il ert *(B* iert) d'athaines nobles dus *(cf. A (P)* 14283) Et si auoit non thideus ; *y* Li sire avoit non Theseus Onkes ne fu plus nobles dus Ne ne sera jamais nul iour De son pris *(P* fait) ne de sa valour — 35 *x* noblement — 36 *S* sa host *(v. f.)* ; *x* Et si c. *(B* connoist) ml't b. sa g. ; *y* Et conduist sost *(P* lost) ml't sagement ; *S aj.* 4 v. — 37-8 *x* et *y différent séparément* : *x* R.a. auant aloit O lost des fames quil menoit, *y* Des femes se part adrastus Qui en *(P* de) bataille estoit vencus *(P* iert tous confus) — 37 *Ms.* sapresma — 39-40 *x ch. la rime* : Les dames fet *(B* Et les fesoit) auant aler Au duc en vet m. crier — 39 *S* deguerpie ; *y* Toute gerpi — 40 *S* vient, *y* va ; *P* Prie.

Come il fu près, si descendié,
Et vint corant vers lui a pié ;
Vers le duc cort isnèlement,
A ses piez chiet mout humilment.
9945 Quant a ses piez le vit li dus,
De son cheval descendié jus : (14314)
Merveilla sei que il aveit,
Por ço que il nel conoisseit.
Reis Adrastus geseit a terre, (14321)
9950 Le duc teneit por merci querre ;
Merci li criot humilment,
Et si plorot mout tendrement : (14324)
« Sire, » fait il, « por Deu merci ! (14327)
« Ço sai, assez avez oï (14328)
9955 « De l'ost et des granz assemblees,
« Des batailles et des meslees,
« Del damage qui a esté
« D'iceus de Thèbes la cité,
« De l'ocise de nos Grezeis :
9960 « Tuit i sont ocis fors sol treis.

9941-78 *m. à x, qui donne une rédaction spéciale en 42 v.,
dont quelques-uns rappellent le texte critique* — 41 *y* Com
il vint p. *(P* la); *A* sest descendus; *S* Quant vers le duc sest
aprochie — 42 *S* De son cheual descent; *SP* a pie; *A* A
p. est contre iui venus — 43 *y* Apres sen va v. lui corans
(P corant) — 44 *P* Se li cai as pies deuant, *A* Se li est venus
au deuant — 45 *S* Q. li dux a s. p. le v., *y* Q. la veu li
jentiex *(S* gentius) dus — 46 *S* I. de s. c. d., *y* Encontre
li *(P* lui) est descendus — 47-8 *y différe et aj. 4 v.* — 49
S gist a la t.; *y* Li rois gisoit ius a la t. — 50 *P.* Le roi
tient ferm; *A* tint f.; *S* qil voleit q. — 51-2 *m. à P* — 51
A prie doucement — 52 *A* pleure; *y aj. 2 v.* — 53-4 *Cf.
x :* S. f. il or escoutez Pieca ce *(B* ie) cuit oi auez — 54
y Bien s. casses — 55-66 *y donne 10 v. différents, dont les
6 premiers m. à P* — 55 *Ms.* Del host — 59 gregeis. — 60
Tout.

            « Uns en sué, las ! maleürez !
            « Chiers sire, qui sué reis clamez.
            « Dui frére furent achaison
            « D'icele grant ocision :
9965   « Polinicès, Etioclès,
            « Qui fil furent Edipodès.
            « Por l'un li Greu se combatiérent ;   (14339)
            « Por l'autre bien se defendiérent
            « Cil de Thèbes, sis estormirent,
9970   « Des Grezeis grant damage firent.   (14342)
            « Mei tierz, sire, en sué eschapez :   (14345)
            « De Grece sué reis coronez ;
            « Reis Adrastus me claime l'on.
            « Por Dieu, aidiez mei, gentiz hon ;   (14348)
9975   « Por Deu, aiez merci de mei :
            « Esguardez, sire, le por quei.
            « Guardez la sus en son cel mont,   (14357)
            « Femnes i a que grant duel font :
            « Dolentes sont et esguarees,
9980   « Chaitives et maleürees,
            « Por lor amis, qui mort i sont ;

9961 *Cf. x, v. 10333* : len s. .j. l. m. — 66 *Ms.* Ffilz f. e. — 67 *S* combatirent, *y* combatoient — 68 *S* Pur lautres thebes defendirent, *y* Por la cite cauoir voloient — 69 *oublié dans S (le v. adopté est une correction); y* Cil dedens bien se desfendirent — 70 *A* As g. ; *S* gregeis, *P* grigois, *A* griiois; *y aj. 2 v. et P 2 autres* — 71-2 m. à *S* — 71 *y* tierc; *P* en sui s. e. — 72 *P* R. s. de g. c. — 73-4 *intervertis dans S avec fausse rime; cf. x, v. 10335-6* : Li dus le soustient par le poing Aidier vous doi a cest (*B* ce) besoing — 73 *S* Sire a. ; *y* mapele on; *S* lõme — 74 *S* maie a cest besoign — 75-6 *interv. dans S; y* P. d. vos pri le poissant roi Que vous aies m. de m.; *y aj. 2 v.* — 76 *Cf. x, v. 10337* : Et vous sai bien dire por quoi — 78 *S* qi, *y* qui — 80 *A* Et caitiues m. — 81-2 *interv. dans y; S ch. la rime* : P. l. a. qi s. morz A t. v. a g. efforz — 81 *y* De l.

    « A grant esforz a Thèbes vont, (14362)
    « Por eus veeir et enterrer (14365)
    « Et sevelir et conreer,
9985   « Que ne les manjucent oisel,
    « Chien ne leon, leu ne corbel.
    « Cil de Thèbes ne lor lairont :
    « Bien sai que il lor defendront. (14370)
    « Por ço requier vostre bonté
9990   « Et vostre grant nobileté :
    « Rendez as dames lor amis,
    « Que cil de Thèbes ont ocis ;
    « Vengiez les de lor enemis, (14375)
    « Merci aiez de nos chaitis. »

9995   Li gentiz dus tot escota,
    En son cuer grant pitié en a :
    Par la main prist rei Adrastus,
    De la terre le leva sus :
    « Sire reis, » fait il, « sus levez ;
10000   « Tot vos otrei quant que querez : (14382)
    « Se ne vos rendent voz ocis, (14385)

9982 *y* Les cors veir a tebes v., *x* Dont iames nul confort nauront; *y* aj. 2 v. — 83-4 *x* diffère : Les cors en veulent *(B* Il les reueulent) e. Et gi reuois pour le montrer *(B* vois p. elles moustrer) — 83 *y* veir, *S* veer; *y* et por plorer — 84 *S* Pur s.; *y* Et por les cors faire enterer — 85-6 m. à *x* — 85 *Sy* Q. nes m.; *A* mangussent; *S* chiens et porcs — 86 *S* Enseuelir voilent les cors; *P* C. v l. l. v c.; *y* lion — 87 *P* larront; *x* Mes c. de t. nel l. — 88 *S* Et b. s. qil les d.; *x* quil le leur; *xy* desf. — 89-90 m. à *x* — 90 *Sy* nobilité — 91 *C* damors; *y* maris — 93-4 m. à *x*; *y* ch. la rime : Sire *(P* Biaus s.) dus merci en aies *(P* m. a.), Lor anemis lor destuisies *(P* destraignies) — 9995-10002 *x* réd. à 4 v. — 97 *S* le rei *(v. f.)* — 10000 *A* canque, *P* qankes; *A* verres; *S* T. aiez quanqe requerrez; *y* aj. 2 v. — 1 *Sy* Sil.

  « A grant eissil en serront mis, » (14386)
  Il apela dous chevaliers : (14389)
  L'uns fu Girarz, l'autre Engeliers :
10005 « Seignor, » fait il, « avant venez,
  « Mon message mout tost portez ; (14392)
  « Al rei de Thèbes tost alez,
  « Creon le vieil, qu'est assotez.
  « Dites lui qu'il renge maneis
10010 « As dames les cors des Grezeis
  « Et laist enterrer bonement : (14398)
  « Se il nes rent hastivement, (14397)
  « Destruiz serra et sa citez, (14399)
  « Il meïsme iert toz afolez. » (14400)
10015 Sire Adrastus dist li Grezeis :
  « Est donc Creon de Thèbes reis ?
  — O il, » fait li dus, « beaus amis,
  « Par verité l'ont a rei mis ;
  « De Creon ont tuit esguardé (14405)
10020 « Et de Thèbes l'ont rei clamé. »
  Li messagier sont donc monté,

10002 *S* essil, *y* escil ; *P* la s. ; en m. à *S* ; *y* aj. 2 v. — 3 *x* Lors a. ; *A* apele — 4-38 *x* a une rédaction spéciale en 47 v. — 4 *y* Guiars (*P* Gerars) est luns ; *A* engelier — 5 *P* S. dist a. v. — 6 *y* .I. m. (*P* messaiges) me porteres — 7-10 *y* ch. les rimes : Ales ment (*P* moi) a t. au roi Et se il dites de par moi Que il (*P* on) me renge tos les cors Quilueques sont (*P* Qui st' illoec) des griiois (*P* grigois) mors — 8 *Ms.* viel — 9 rende — 10 gregeis — 11-2 *y* interv. et diffère pour un v. : Se il nes r. hasteement Sor lui irai a ml't grant gent — 13 *S* Destruit... citee — 14 *S* Et il mesmes iert toute afole, *y* Il meismes ert (*P* iert) a. — 15 *S* gregeis ; *y* A. d. sire di moi — 16 *y* I a il dont (*P* A il donkes) a t. roi — 17 *y* dist (*P* fait) il biax sire a. — 18 *y* Creon est rois bien a .vj. (*P* b. .viij.) dis — 19 *A* A c. ; *Sy* tout — 20 *S* Qe de t. seit reis c., *y* En t. lont a r. leue (*P* asseure) — 21 *P* st' tout ale, *A* sen s. torne.

En lor chemin en sont entré.
Tant ont erré a grant espleit
A Thèbes vindrent trestot dreit; (14410)
10025 Le rei Creon orent trové,
Lor message li ont conté.
Saluent le corteisement,
Après li dient lor talent :
« Reis, seiez saluez trés bien (14415)
10030 « De part le duc Atheniien !
« Li nobles dus et li marchis
« Nos a ici a vos tramis,
« Que vos li rengiez toz les cors
« Des Grezeis qui gésent la fors : (14420)
10035 « Sachiez, se tost ne li rendez, (14423)
« Lui et son host ici avrez ;
« Vostre cité vos destruiront,
« Et vos meïsme afoleront. »
Li reis Creon quant l'entendié,
10040 Mout durement s'en irasquié : (14428)
« Vassal, » fait il, « alez vos en,

10022 *P* sen (en *m. à S*) — 23 *y* et nuit et ior — 24 *A* En tebes entrent; *y* sans trestor — 25 *S* ount t. *(v. f.)*; *y* Au r. c. en sont ale — 26 *P* Le m. — 27 *y* Salue lont — 28 *y* En apres d. — 29 *A* Sire s. soies b., *P* S. soies sire rois — 30 *y* De par; *A* le roi otheniien; *P* atheniois — 31-2 *y* ch. la rime : Sire font il enten (*P* entens) .j. poi Li dus nos a t. a toi — 33 *S* rendez; *y* Q. tu li rendes (*P* renges) — 34 *S* gregeis; *y* De ces griiois qui chi sont (*P* st' c.) mors; *y* aj. 2 v. — 35 *S* Saches que si t. nes *(v. f.)*; *A* Et se vos t. — 36 *A* L. et toute sost aueres, *P* L. atout sost sor vous'ares — 37 *y* destruira — 38 *S* mesmes; *y* afolera — 39-40 *x* et *y* *(séparément)* ch. la rime : *x* Li r. creons q. il lentent (*B* entent) Irascuz sest (*B* Sen aïre) m. d., *y* C. li vix (*P* rois) q. icou (*P* il cou) ot A paines pot soner (*P* parler) .j. mot — 39 *S* q. ceo oit — 40 *S* irasquit — 41-2 *y* dével. en 4 v., dont les 2 derniers m. à P; *x* dével. en 6 v.

« Ainceis que jo perge mon sen :
« Se hastivement n'en alez, (14433)
« Ja i avreiz les chiés coupez ;
10045 « Jo vos ferai mout tormenter,
« Toz vis ardeir o desmembrer.
« Dites le duc vostre seignor
« Nes avreit por toie s'onor,
« Les cors des Greus qui ci sont mort :
10050 « Encontre lui me tendrai fort. (14440)
« Auge s'en guarder ses citez,
« Ses chasteaus et ses fermetez :
« Ceste tendrai bien contre lui ;
« Se il ça vient, pas ne m'en fui. »

10055 Li messagier donc s'en tornérent ;
Al duc vindrent, si li contérent. (14446)
Li dus se prist a corocier,

10042 *S* Ainces qe ieo perde — 43-4 *y ch. la rime* : Se nen tornes isnelement (*P* ales hasteement) Le cief perdres hasteement (*P* sans raement) — 43 *S* Si vous dici tost ne departez — 44 *x* V. a. ia les eulz (*B* eux) creuez — 45-6 *m. à xP* — 45 *S* Ia ; *A* Ou ie v. f. t. — 46 *A* A. en fu ou d. — 48 *S* Ne les a. pur tout ; *y* Quil naroit ; *x* mie pour samor — 49-50 *x différe* : Ja par crieme ne par menace Nen iert nus ostez de la (*B* .j. seul o. de) place — 49 *S* morz — 50 *S* Nes rendrai pur tout son effors — 51-2 *x différe* : Nous prison (*B* prisons) ml't petit sa guerre Dites lui (*B* li) quil gart bien sa terre — 51 *A* Voist sen et si gart, *P* V. et si garde — 52 *P* fremetes — 53-4 *A ch. la rime* : C. chite bien garderai Et sil vient por lui ne fuirai — 53 *B* t. ie c. — 54 *x* Se il i vient ; *P* Et sil v. chi — 55 *x* Li m. tost ; *S* se ; *y* Li mesage sen retornerent — 56 *y* V. au d. ; *S* en vont tout lui — 57-8 *x différe* : Quant ot li dus (*B* li dux ot) que li rois dist De mautalent art et fremist — 57 *P* Q. d. veist le duc irier ; *A dével. en 3 v.* : Cou que li rois li a mande Et quant li dus l'ot escoute Qui dont le veist corecier.

           Et esflamber et esragier :   (14450)
           Sa gent comande tost armer,
10060 De bataille tost aprester ;
           Il s'en adoba toz premiers
           Enz el mé lou des chevaliers.
           Par tote l'ost font ensement,   (14455)
           Pués chevauchent mout fiérement :
10065 Grant noise sort par la contree
           D'iceus qui cornent la menee.   (14458)
           Dreit a Thèbes mena son host   (14461)
           Et de sa gent les murs enclost.
           Reis Adrastus après veneit,
10070 L'ost des femnes aconduiseit :   (14464)
           Totes o les Atheniens
           Se sont mises dedenz les rens.
           Li dus assaut mout vassaument (14501)
           La cité o tote sa gent ;   (14502)
10075 Il meïsmes o un mouton   (14505)
           Les murs quassot tot environ :
           Donc veïssez femnes ramper,
           O mauz d'acier les murs fausser ; (14508)

10058 *S* Esflambeir et a e. ; *y* Et enflamer ; *A* engaignier — 59 *Cy* tote — 60 *P* Et de le b. a., *A* Et por b. conreer, *x* De combatre bien atorner — 61 *Sy* Il saduba ; *S* tout p. (*v. f.*), *y* trestoz p. — 62 *x* V mi lieu (*B* leu) de ses c. ; *P* Ens enmi-lieu ; *S* mileu ; *A* Et conrea ses c. — 63 *x* Tuit li autre f. — 64 *A* Et ceualcierent f. — 65-6 *m. à xP* — 65 *A* n. auoit — 66 *A* De cex q. sonent la m., *puis 2 v. spéc.* — 67-8 *m. à x* — 67 *y* Tot d. a t. m. sost — 68 *P* ses gens — 69 *S* Li r. a. les siueit — 70 *y* Sost ; *P* de ; *y* aconduisoit ; *x* Qui l. d. dames conduisoit — 71-2 *x dével. en 6 v. et y en 12, dont 4 m. à P; puis y aj. 24 v.* — 73-96 *m. à x* — 73 *A* Il assali ml't, *P* Il li assaut trop ; *y* viuement — 74 *y* Al mur et bien semont sa g. ; *A aj. 2 v.* — 75 *y* a .j. — 76 *A* Hurtoit al mur, *P* Hurtent les murs — 77 *y* Qui dont veist f. venir (*P* salir) — 78 *P* As maus ; *A* A pis d. as m. ; *y* ferir ; *y aj. 4 v.*

Le mortier gratent trop fortment, (14513)
10080 Pertus i firent plus de cent; (14514)
Ne lor chaleit quis oceïst, (14533)
Ne qui onques mal lor feïst :
Mout se combateient fortment.
Grant pitié en aveient gent : (14536)
10085 Por les femnes fortment ploroent,
De l'assaillir mout se penoent.

Capaneüs i est venuz, (14539)
Qui mout par esteit irascuz :
« Ja Deus, » fait il, « nes en guarra,
10090 « Ne un sol ne guarantira
« Que nes façon des murs ruter. »
A mont les murs prist a ramper :
Al ramper que il fist a mont, (14545)
Une roche li vint al front,
10095 Que si li a le chief quassé
Que mort l'a jus acraventé.
Li dus d'Atheines est mout proz :
La soe gent somont sor toz; (14550)
Hardiement les somoneit,

10079 *A* Al mur g. ml't durement, *S* As ungles esracent f.
— 80 *y* Pertruis i fisent; *y aj. 18 v.* — 81-4 *m. à P* — 81 *A*
ocesist — 82 *A* q. nes .j. mal l. fesist — 83 *A* Eles assalent
durement — 84 *A* en ont l'autre g.; *y aj. 2 v.* — 85-6 *m. à*
A — 86 *P* Et dassalir — 88 *P* Q. trop par — 89 *y* nes garira
— 90 *A* Ne ia nus hom nes desfendra, *P* Ne n. h. nes
desfendera — 91-2 *y ch. la rime :* Quil ne nos (*P* vous) truisent ia ml't durs Dont p. a r. sor (*P* P. a r. amont) les m. —
91 *S* aumes *(lecture douteuse)* ruter — 93-4 *y ch. la rime :*
La ou montoit capaneus U. r. v. de lassus — 95 *y* Qui; *A*
casse — 96 *S* acrauante — 97 *B* dux; *S* dathenes, *y* dataines
— 98-100 *S réd. à 1 v. :* Et molt les esbaudiseit touz —
98 *x* La seue g. semont; *y* Et ml't forment (*P* Et f. fut
ceualerous — 99 *xy* sem.

10100	Et tote l'ost esbaudisseit :	
	« Que faites vos, seignor baron?	
	« Sachiez que la cité prendron.	(14554)
	« Alez avant, franc chevalier,	(14557)
	« Joste le mur, come guerrier. »	
10105	Et il si font hardiement	
	Et li geudon comunement.	(14560)
	Cil dedenz fortment se defendent,	(14563)
	Et cil defors as prendre entendent.	(14564)
	Li dus se combat com leon	(14569)
10110	Et come chevalier mout bon ;	(14570)
	Sa gent va bien esbaudissant	
	Et ceus dedenz mout menaçant,	
	Et son espié vait paumeiant,	(14571)
	La more contre mont tornant ;	
10115	Entente done a ceus dedenz	
	Et a son host granz hardemenz.	(14574)
	Les dames sont de l'autre part,	

10100 *y* Trestote — 1 *x* dével. en 3 v. : Q. f. v. franc cheualier Alez aus murs a leschalier (*B* leschaillier) Assailliez les tout enuiron; *S* Qe font cist chiualer b.; *P* chr (avec un sigle) bon — 2 *A* Bien sai; *x* Car se dex (*B* dieu) plest nous les prendron; *y* aj. 2 v. — 3 *S* A. filz des bons chiualiers — 4 *P* Hurtes les murs; *S* Guardez murs ni remaigne entiers — 5 *x* Sil f. il bien communement — 6 *P* Et li baron; *x* Il assaillent hardiement; *A* aj. 2 v. — 7-16 m. à *x* — 7 *S* C. defors; *P* trop fort; *A* Et c. d. fort; *y* desf. — 8 *S* a p. ; *y* Deuers le duc trestot e., *puis 4 v. spéc., dont les 2 derniers m. à P*; *S* aj. 2 v. indépendants — 9 *S* Il se combate come leons; *y* lions — 10 *S* cheualiers m. bons; *P* Com ch'rs kil est m. bons — 11-2 m. à *A* — 11 *P* ml't e. — 12 *S* manaceant, manecant — 13-4 *P* diffère complètement : Se il ne lont ancois ochis Ja nes laira ses ara pris — 13 *A* Son espiel va si p. — 14 *A* Le fer en c. m. leuant — 15 *A* Et monte dusca ceus d. — 16 *S* ostz grant hardiemenz; *A* A cex de lost; *A* aj. 2 v. — 17-8 m. à *A* — 17 *S* Les basties.

De ceus dedenz n'ont nul reguart :
Tant ont bechié et tant graté (14579)
10120 Que le fort mur ont esfondré ;
Devers eles ont fait pertus,
Pleine perche escraventé jus.
Sor la tor uns arbalestiers
S'en aperçut trestoz premiers,
10125 Si comença fort a huchier
Que mout sont près de l'aprochier : (14586)
« Veez les murs escraventer
« Et ceus defors dedenz entrer ! »
Li gentiz dus, quant l'entendié,
10130 Dreit al pertus a fort tendié ; (14599)
« Le fou ! le fou ! » a crier prist,
En la cité par tot le mist :
Qui donc veïst les tors crever
Et les hauz murs escraventer,
10135 Grant dolor en poüst aveir

10118 *S* Deles n. cil d. r. ; *P aj. 4 v., puis 2 autres communs à AP (y)* — 19-22 *x dév. en 8 v.* — 19 *y* Que (*P* Car) t. o. feru (*P* boute) et hurte — 20 *y* Q. le m. o. tot e. — 21 *y* pertrus — 22 *S* esgrauente ; *y* Et c. (*P* .Vijᶜ.) en ont crauente ius — 23 *x* Dune t. li arbalestier, *y* Desor le t. larbalestier ; *S* arbalastiers — 24 *xA* Sen apercurent tout premier ; *SP* trestout ; *P* premier — 25-46 *x a une rédaction spéciale en 20 v.* — 25 *P* Lor c. a h., *A* As siens c. a h. — 26 *y* Afole somes cheualier — 27-8 *m. à A, qui les remplace par 2 v. spéciaux* — 27 *S* esgraventer, *P* acrauenter — 28 *P* Chiaus dataines ; *y aj. 4 v. (P 6)* — 29-30 *m. à A, par oubli (ils sont comptés dans le chiffrage)* — 29 *S* ceo oit ; *P* q. il lentent — 30 *S* tendit ; *P* Al pertruis vint hasteement ; *y aj. 4 v.* — 31 *y* prent a c. — 32 *A* Le rue faites embraser, *P* Et le cite fait e. ; *S aj. 2 v.* — 33-6 *y ch. les rimes* : Q. dont v. lembrasement Et com li fus art et esprent G. d. a. en p. Et de le gent grant pek (*P* pec) eust — 34 *Ms.* esgrauenter.

Des granz tors que veïst chaeir. (14604)
Li dus trestote l'eissilla,
Les murs et les tors craventa;
Les homes fist emprisoner,
10140 Comanda les bien a guarder :
A Atheïnes les vueut mener
O lui, quant s'en voudra torner.
Toz ceus qui ne se voudrent rendre,
Sempres les comanda a prendre
10145 Et davant lui a desmembrer,
En fou ardeir o afoler.
Li reis Creon ne se vout rendre :
Davant sei en fist le chief prendre.
As dames fist rendre les cors,
10150 Qui porrisseient la defors :
Les dames les ont mout plorez
Et mout doucement regretez.

Li dus n'i vout plus demorer,
Les cors comande a enterrer;
10155 Gentilment les a seveliz
Li dus, qui mout esteit gentiz;

10136 *S* qōme v.; *y aj.* 6 v. — 10137-214 *m. à A* — 37 *S* essilla, *P* escilla — 40 *S* tres b. g. — 43 *P* vaurent, *S* voilent — 44 *P* A commande ml't tost a p. — 45 *SP* Ou deuant lui — 46 *S* ardre; *P* decoper — 47 *S* voet, *x* volt, *P* vaut — 48 *S* fait les chies; *P* Le c. en fait d. lui p., *x* Pour ce le fist erraument (*B* il tantost) pendre — 49 *S* fait; *x* mors; *P* L. c. as d. prendre fist — 50 *x* Et ce leur fist (*B* fu) ml't grant confors, *P* Grans pietes au coer len prist — 51-2 *m. à x, qui les remplace par les v.* 10161-2, *modifiés et intervertis* — 51 *P* m. l. o. p. — 52 *P* m. tenrement — 53-4 *m. à S* — 53 *B* dux; *P* vuelt; *C* volt p. arester, *B* vouloit p. ester — 54 *x* Son erre a fet tost (*B* fesoit) aprester — 55-6 *m. à x* — 55 *S* enseueliz (v. f.); *P* Seueli st' ml't gentiument — 56 *S* Li ducs qi ert molt gentils, *P* A grant honor ont tierement.

Les dous fréres a fait mout querre,
Por eus veeir et metre en terre.
Tant les ont quis qu'ils ont trovez,
10160 Entre les autres cors meslez :
Il lor fist faire sepouture
Et grant service a lor dreiture.
En dous sarcueus posez les ont,
Avenantment enterré sont ;
10165 Mais ne se porent pas sofrir,
Onques terre nes pot tenir :
Desore terre sont trové,
Com se ne fussent enterré ;
Iluec se voleient combatre
10170 Li uns contre l'autre et abatre.
Cele merveille ont esguardé,
Qui iluec érent assemblé.
Li dus, qui mout se merveilla,
Les cors a ardeir comanda :
10175 En dous hauz monz porter les fist,
Que l'uns a l'autre n'avenist.
Des que les cors as fous posérent,
Li dui fou granz flambes getérent ;
L'une vers l'autre fist semblant

10157-86 *x a une rédaction spéciale en 28 v.* — 57 *P* fist forment q. — 58 *P* Por cou kes voloit m. — 59 *S* qils — 60 *P* Et deuant lui st' aporte — 61-2 *sont placés dans x après* 10150 *et intervertis en partie :* A chascun firent sa droiture De seruise de (*B et de*) sepoulture — 61 *SP* sepulture ; *S* s. faire — 63-4 *S ch. la rime :* En deux s. l. o. p. A. s. enterrez — 63 *S* sarcuz ; *P* sarcus cocies — 66 *P* O. n. p. terre t. ; *S* poet — 67 *P* Deseure, *S* Desius (*v. f.*) — 68 *S* Come si unqes ne (*v. f*) ; *P* A mal eur fuissent il ne — 69-74 *P dével. en 12 v.* — 70 *S* Luns — 72 *Ms.* Tout qi (*v. f.*) — 73 *S* dux — 74 *S* arder — 76 *S* lun ; *P* ne venist — 77 *S* feus ; *P* Illuec les fist ardoir en landes — 78 *S* feu g. f. iosterent ; *P* Li feu ieterent flames grandes — 79 *P* Li une lautre va cachant.

10180 Com se combatre vousissant.
Quant li cors furent tuit en cendre,
Li dus les comanda a prendre,
En dous vaisseaus enseeler,
Et pués les prist a esguarder,
10185 Savoir se il mais se movreient
Et se il mais se combatreient.
Li vaissel nes porent tenir,
Les poudres s'en voudrent eissir ;
L'une contre l'autre sailleient :
10190 Granz semblanz ert qu'il se haeient.
Li nobles dus les esguarda
Et grant merveille li sembla :
Les dous poudres comande oster
Et en un sarcueu seeler.
10195 Ensemble furent aüné,
Por avengier lor destiné.
Quant les ot fait iluec serrer,
Onc pués n'i vout plus demorer :
Tote sa gent ot aünee,
10200 Torner s'en vout en sa contree ;
O lui ses prisons en mena,

10180 *P* Ml't font grant noise et vont bruiant, *puis 4 v. spéc.* — 81 *SP* tout — 82 *P* commenca — 83 *P* Et ens .ij. vaissiaus seeler — 84 *P* Il meismes ala garder — 85 *P S.* se plus remoueroient — 86 *P* Et es vaissiaus plus remanroient — 87 *S* porreit; *B* Le v. nel pot pas t., *C* Li ves nel p. p. retenir — 88 *P* Ains en vouloient hors issir, *x* Hors en estut la poudre issir — 89-90 *m. à x* — 89 *S* Luns (*v. f.*); *P* Li .i. c. l. saloit — 90 *SP* Grant semblant; ert *m. à S*; *P* G. s. fait kil le haoit — 91-8 *P différe et donne 20 v. spéc.* — 91 *x* Tout ice li d. (*B* dux) e. — 92 *x* A deables les conmanda — 93-8 *m. à x* — 94 *Ms.* sarcu — 95 assemblez — 96 auenger lour destinez — 10199-200 *m. à S* — 199 *P* a a. — 200 *P* Aler sen vuelt — 1 *S* amena.

Jusqu'en Atheines ne fina.
Les dames s'en resont alees,
Adrastus les en a menees :
10205 Lor bosoigne ont bien avengiee
A lor plaisir et espleitiee,
Mais nequedent mout dolosérent
Et guaimentérent et plorerent
Por la perte de lor amis
10210 Qui a Thèbes furent ocis.
Mout en furent pués esguarees
Et dolentes en lor contrees;
Grant duel orent et grant plaint firent
Toz jorz mais, tant come vesquirent.

10215 De tal guise fina la guerre
De Thèbes por le regne aquerre;
Si faitement fu achevee
La grant bataille renomee,
Et des dous fréres li granz maus,

10202 *x* Iusqua, *P* Duskes; *S* athenes, *C* athaines, *B* athainnes, *P* ataines — 5-6 *x ch. la rime* : Bien acheuerent l. b. Bien y orent sauue lor poigne — 5 *S* busoigne, *xP* bes.; *S* auengie, *P* auancie — 6 *P* Si com vaurent et esploitie — 7 *C* Mes nepourquant, *B* Et nonp.; *S* guaimentoient — 8 *S* Et molt pleignent et plorent; *x* Et garmenterent; *P* Et plorerent et dementerent — 10 *S* erent oscis; *x* Q. tuit ensemble sont o. — 11-2 *m. à S* — 11 *xP* puis — 12 *P* Et souffraiteuses et veuees — 13-4 *x* *diffère* : Mes quant de cest *(B* ce*)* deul sont vengiees A t. i. en seront mes liees — 13 *P* Car doel et mal asses soffrirent — 14 *P* A tous iours m. t. com v.; *S* mes come ils v.; *P aj. 22 v.* — 15-32 *y a une rédaction différente*; *A donne 10 v. et P 14, plus 2 d'explicit (6 v. communs seulement). V. App. III, IV et V* — 15 *x* En tel maniere fu la g. — 19-22 *x diffère* : D. .ii. f. et la hainne Ainsint *(B* Ainsi*)* la guerre se define Destruite en fu et degastee *(B* desertee*)* Toute lor terre et lor c.

10220	Qui fu tant pesmes et mortaus
	Que deserte en fu la contree
	Et eissilliee et deguastee.
	Mout chaï peines et ahanz
	Et maudiçons sor les enfanz,
10225	Que li pére lor destina
	Et fortune lor otreia.
	Por ço vos di : « Prenez en cure,
	« Par dreit errez et par mesure ;
	« Ne faciez rien contre nature,
10230	« Que ne vengiez a fin si dure. »

10223 *B* chey ; *x* peine et granz a. — 24 *B* maudison, *C* maudicons ; *S* sur, *B* sus — 25 *x* Car li ; *S* l. otreia — 26 *S* Et qe ainces lour destina ; *x* aj. *4 v.* — 27 *x* Pour dieu seingnor (*B* -ors) p. i c. — 28 *m. à x, qui remplace ce v. par le v. 10229 et termine par ces 2 v.* : Que nen veingniez a itel fin Com firent cil dont ci defin (*B* ie ci fin) — 29 *x* faites ; *B* riens — 30 *S* vingiez a f. d. (*v. f.*). — *S* Explicit historia de thebes ; *C* Explicit le Roumanz de thebes ; *B* Ci fenist le romanz de thebes Et apres uient le ronmans de troye la grant Et apres Troye uient le ronmans de Eneas ; *A* Explicit li sieges de Tebes et de Thioclet et de Pollinices li tierce branke ; *P* Ichi faut de theb' listoire (1) Bn̄ ait ki le mist *en memoire* Explicit li *romans de thebes.*

(1) Les mots ou parties de mots soulignés ont disparu par suite d'une déchirure.

ADDITIONS ET CORRECTIONS

Page 2, *l.* 10 *des notes, lisez* : 21 *SBy* Ethiocles (*graphie dominante*), *C* Ethyocles.
— 5, *l.* 1, *l.* : avant 75.
— 6, *l.* 5, *l.* : (*cf.* 356).
— 7, *l.* 1, *l.* : en 18 *v.*, dont les 4 derniers manquent à *P*.
— 21, *l.* 8, *l.* : 89 *A* Cil.
— 29, *l.* 6-7, *l.* : *S* si que non.
— 30, *l.* 8, *v.* 63, *ajoutez* : *Sx* ethiocles.
— 34, *l.* 1, *l.* : 632 *S* s, *x* en s.
— 36, *l.* 4, *ajoutez* : *BP* aregna.
— 40, *l.* 5, *aj.* : *S* achaison; *de même* 382, *l.* 2 et 384, *l.* 11 et 494, *l.* 1.
— 43, *l.* 17, *après* 818, *aj.* : et sont suivis de 2 *v.* spéciaux.
— 48, *l.* 6, *effacez le point après* v.
— 48, *l.* 15, *l.* : leuent dargent
— 62, *l.* 3-4, *les mots* « après ce vers » *jusqu'à* « II et III » *doivent être placés après les variantes du v.* 1200.
— 83, *l.* 15, *au lieu de* 1635, *lisez* : 1686.
— 94, *l.* 13, *v.* 1850, *ajoutez* : *y aj.* 2 *v.*
— 101, *l.* 13, *virgule après* darcemie.
— 110, *l. dernière*, *l.* : 78 *SA* puissons; *xP* Ou peussons.
— 131, *l.* 12, *l.* : 35 *S* Un son.
— 179, *l.* 8, *l.* : 57 *x* Athes; *C A.* a dit.., *B A. d. v. i.*
— 188, *l.* 14, *effacez* : *Cy* espreuier.
— 189, *l.* 8, *ajoutez* : *S* escheriement.
— 191, *l.* 13, *lisez* : belement — 16 *xy* Ni ot p.; *x* vilannie, *y* vilonie.
— 204, *l.* 7. Pour des emplois semblables de joi, *voy.* le Glossaire, *t. II.*
— 211, *l.* 6, *v.* 4335, *ajoutez* : *x* garanne.
— 226, *l.* 10, *aj.* : *xD* enuaiment.
— 257, *l.* 12, *aj.* : *P* Et li siste ot n.

ADDITIONS ET CORRECTIONS 509

— 263, l. 1, l. : 5337.
— 266, l. 10, au lieu de : S vilanie, l. : B vilenie, B vilennie.
— 269, l. 10, l. : 5564.
— 272, l. 2, au lieu de y, l. : A.
— 280, l. 8, l. : C v°; l. 15, effacez le tiret devant y.
— 281, l. 5, l. : spéciaux à A.
— 283, l. 9, l. : 6 y fist; S rebondre.
— 284, l. dernière, l. : Cf. 7806, App. III.
— 288, l. 3-6, il peut aussi y avoir un bourdon; cf. le 2° des vers ajoutés par A.
— 290, l. 7, aj. : 57 Ms. Dont.
— 293, à la marge de gauche, au lieu de 6525, l. : 6025.
— 293, l. 1, l. : 5 S Tholomes.
— 302, l. 3, au lieu de : xy contralient, l. : S contrarient.
— 311, l. 14, aj. : y piuement.
— 320, l. 10, l. : ensuite.
— 324, l. 2, l. : Agripa; l. 5, l. : P buchifal.
— 326, l. 8, l. : P Ki t.
— 334, l. 4, ajoutez : 23 y f. de m., x f. grant m. — 24 y Or porpense.
— 339, l. 7, l. : ors; S argenz, P argens.
— 351 l. 11, au lieu de : xy Sen, l. : S Sin.
— 355, l. 8, l. : 48 S Des c., x; l. 14, l. : 56 S Dels ch., y.
— 357, l. 13, l. : del (P dedens de bien); xA desf.
— 362, marge de droite, au lieu de : (9595), l. : (9355).
— 363, l. 5, l. : 4 S Et; 364, l. 8, l. : 29 S ateinge, C ateingne.
— 390, l. 8, l. : y aj.; 396, au lieu de (10114), l. : (10115).
— 402, l. 3, l. : xA Jel (A Sel); 404, l. 6, l. : CA a c.
— 429, l. 12, l. : 35 S Li dus; Sx damicle; x en e. issuz.
— 430, l. 13, l. : 59.
— 437, l. 5, l. : paine ; x chaele, A caele.
— 458, l. 8, l. : Le roi le quite.
— 459, l. 13, l. : le v. 9328 est supprimé dans y.
— 476, l. 6, au lieu de : 33, l. : 35.
— 479, l. 5, l. : et y 26; l. 7, l. : 95 Qi... dels.
— 480, l. 15, l. : il nos; 482, l. 16, au l. de : xy Qui, l. : S Que.
— 490, l. 3, aj. : 88 x La nuit ou les dames troua.
— 491, l. 11, l. : B Bien en resemblent.
— 504, l. 2, l. : S qils; P kil st' troue.
— 506, l. 12, l. : 15-30.
— 507, l. 12, l. : listore... memore.

De plus, p. 10, l. 10, lisez : aproce; p. 26, l. 4, au lieu de 9, 79 ; p. 27, l. 16, App. III; p. 51, l. 2, 71-6 m. à x; l. 10, 81-4; p. 72, l. dernière, ajoutez : y aj. 10 v.; p. 81, l. 3, lis. 88; p. 93, l. 10, B mont; p. 98, l. 8, 35 S Ne sil; p. 99, l. 7, 54 Sx; l. dern., un; A Hom ni r. dedens, P Que ni r. ens en — 64 A vont; p. 101, l. 15, 96 A; p. 106, l. 3, 83-6; p. 118, l. 17, P Et p.; p. 138, l. 1, SC pende; p. 150, v. 3017, à la marge de droite : (4671); p. 181, l. 1, l. : 3688 xP; p. 205, l.

ADDITIONS ET CORRECTIONS

10, 19 *Sx* quiere; *p.* 214, *l.* 5, sachez: *C*; *p.* 218, *l.* 7, *S Garsie el liure*; *l.* 8, et c. m.; *p.* 228, *l.* 15, *au lieu de* : *DSx aage*, *l.* : *A* eage, *P* eaige; *p.* 245, *l.* 1, *l.* : *D* Pes; *p.* 251, *v.* 5101, *tiret à la fin du v.*; *l.* 8, *lis.* : st' remes.

V. 130 *l.* enjané — 133 bos — 143 *supprimez la virgule* — 318 *l.* Ço — 369 Se — 442 Chevrueus — 538 ço non — 580 poorous — 600 neif — 601 doze vent — 663 rert — 749 acheison — 812 ço — 842 païs — 854 *un point à la fin du vers* — 874 *virgule à la fin du vers* — 923-4 *lisez* serjant : ardant, *et modifiez les variantes en conséquence* — 971 Mieuz — 991 crement — 993 *virgule à la fin du vers* — 1043 vieuz — 1055 sué fraiz — 1075 *aller à la ligne* — 1160 aleiance — 1181 uét — 1316 hon — 1341 Ele — 1351 Voz — 1618 chaeit — 1652 pro de vassal — 1717 peinent — 1741 estorz — 1782 *un point à la fin du vers* — 1845 *à la marge de droite, lisez* : (2975) — 1963 un — 1994 Licaon — 2034 ceit — 2183 jorz — 2196 P. noz o. p. noz — 2226 poisson — 2364 gesant — 2372 païs — 2473 se — 2662 Thèbes — 2781 ta fei — 2786 « Vassal ? » — 2858 mangerïon — 2947 neiel — 3225 Celeement — 3249 plusors — 3507 muëz — 3568 O tote — 3585 coveitier — 3790 Apruisment — 3816 d'uns — 3978 De si — 4023 *effacez la virg.* — 4101 li reis — 4151 voidiees — 4230 serra — 4237 laist l'on — 4324 heaume — 4332 horz — 4484 ital — 4640 un — 4680 aage — 4688 Que — 4979 autretant — 5083 religious — 5115 hon — 5118 scètre — 5210 Sis puet — 5217 Propecie — 5272 Porreiz — 5356 *virg. au l. d'un point* — 5403 dit — 5420 noz — 5445 s'abandone — 5475 grant — 5489 tal — 5566 puéssent — 5590 Morz est, se — 5748 desmaillent — 5806 horz repondre — 5838 puéz — 5858 Faussa — 5899 Car se, come — 5906 femne — 5914 meingent; 6242 ameingent — — 5957 Donc — 6155 esrache — 6181 en l'eaume — 6315 Beaus — 6349 neienz — 6458 ardanz — 6493 *effacez la virg.* — 6499 baillis — 6604 oscur — 6617 nule[s] — 6759 les — 6808 germen — 6823 f m. cil en — 6824 en pense — 6848 tol — 6855 fu — 6873 *virg. à la fin du vers* — 6976 que — 7124 iluec — 7160 *xA est préférable* — 7238 mieudre — 7322 coutivee — 7394 Se — 7429 ataigne — 7522 sozpris — 7645 sis — 7678 braz — 7715 sospire — 7789 acheison — 7825 Onques; *virg. à la fin du vers* — 7844 acheison — 7910 Que — 7924 Coment — 7941 boisson — 8017 femnes — 8096 S'aproismiérent — 8141 *virgule; supprimez les guillemets* — 8142 *point; fermez les guillemets* — 8152 sostenir — 8260 preiereiz — 8271 ben — 8272 demen — 8326 aveir — 8639 noz — 8734 duét — 8735 d'Amicles *est* — 8791 D'Aufrique (*leçon de xy*) — 8792 D'icele — 8816 escuier — 9015 pueent — 9048 demeine — 9223 trués — 9229 Qui que — 9123 *et* 9248 Alixandres — 9292 prison — 9296 l'aquite — 9391 Donc — 9546 Pués — 9760 Qui — 9963 acheison.

ADDITIONS ET CORRECTIONS 511

Pour l'uniformité de la graphie, il faut lire :

V. 3, 5138, 6404, 6480 et 8178 sègle; 2002 et 2313 sègles;
6479 règle — 21, 1107, 1175, 1233, 1311, 1389, 2708 et 2740
Etiocles — 22, 537 et 727 autre — 43, 1188 et 1205 ocira;
51, 72, 75, 1494, 1906, 1916 et 2498 ocire; 2495 ocireit;
4210 Ociront — 79, 2391 et 7815 jo — 83 et 4601 escoter; 4920
et 8224 escote; 8258 escoterai; 8346 escotez.

92 et 356 remést — 94 deprée — 119 et 503 ansdous — 122
leon — 126, 2135, 2526, 2669, 2957, 3048, 3507, 4660, 5419,
5433, 7868, 8263 et 9065 Des (des) — 143 cueut; 173 acueut;
210 sarcueu — 178 et 429 mien; 669, 2635, 6039 et 6577 suen.

179 aünee; 180 et 1799 contree; 399 menee; 433 et 1068
donee; 434 esposee; 707, 1761 et 1767 espee; 939 escheve-
lees; 940 fees; 1066 et 1072 L'ainznee; 1067 agree; 1101
contrees; 1102 donees; 1733 colees; 1734 cheminees; 1762
entree; 3366 et 7634 pree; 3789, 3949 et 4155 agreent —
4598 serreement; 5024 tempreement; 5829 ameement; 6115
desmesureement; 7069 et 7381 celeement; 7275 mesuree-
ment; 7276 priveement — 6976 et 6996 conreee — 351, 1161,
1433 et 1729 maisniee; 352 liee; 936 Treciees; 608 chieent;
1134 chiee; 2810 viee; 4357 irieement.

187 et 193 jous — 196 geter; 726 getera — 220 et 6248
dolerose; 3244 et 6286 doleros; 3802 honeree — 261, 816,
1605 et 2272 viénent — 314 vieillece; 340 proece; 558, 567,
572 et 1425 Grece; 4411, 5272 et 6557 espes; 1482 fres — 326,
1664, 7188 et 8144 engégn; 6730 engenz.

342, 420, 589. 863, 1444, 2035, 2037, 2090, 2140, 2165, 2190,
2585, 2605, 2613, 2660, 2688, 3034, 3046, 3054, 3245, 3888,
3953, 4929, 5056, 5279, 5402, 5435, 5445, 5461, 5665, 5867,
5879, 6144, 6637, 6747, 6762, 7081, 7520, 7604, 7645, 7655,
7872, 7884, 8191, 8541, 9284, 9414, 9435, 9594, 9621, 9678,
et 9743 Fortment (fortment).

362, 689, 704 et 2682 hostal; 1306 et 7697 hostage; 7683
hostagier; 7009, 7696 et 7699 hostagiez; 3905 host.

436, 773, 1164, 2913, 3391, 3399, 4089, 4413, 4417, 4543,
5843, 6835, 6943, 6989, 7364, 7405, 8973, 9019, 9395, 9525,
9553 et 9703 veïssez; 822 meslissez; 1815 trovissez; 2246,
2518 et 5793 oïssez; 821 et 3936 fussez; 6800 geüssez.

464, 1567, 6057 et 9306 nafrez; 6055 nafre; 9314 nafrer.

466 depreia; 518 preia; 499 eistra; 528 et 564 eissil; 540
eissilliez; 2868 preison; 3016 engeigneors; 8137 engeigneor;
8149 engeigniére.

539, 551 et 1080 cort — 540 et 1290 somont — 555, 8239 et
8407 tanz dis — 569 voudrent — 632 et 642 escharboncle; 633
escharboncles. — 671, 2326, 3177, 3353 et 6588 Foiant
(foiant); 1730, 3125 et 3383 foiez; 3122, 8945, 8982 et 9403
foïr; 9397 foïz. — 678 arena — 789 a val; 1254 a mont; 4673
A tant — 807 forsfont; 2928, 8339, 8529 et 9241 forsfait —
904 deintiez — 906 ève — 995 pro d'ome; 3783 pro d'omes.

ADDITIONS ET CORRECTIONS

1065 compaign — 1082 vavasors — 1188 aiue.

1213 soferra; 3443 s'ofri; 3511 l'ofrez; 3554 Ofre; 4946 ofreient — 1226 Deïphilé — 1238, 8523 et 8767 quauque — 1268, 1271, 1818 et 1851 Davant (davant) — 1299 et 1863 desheritez; 1366 et 2020 heritage.

1367 leiduéz; 1368 et 7253 duéz.

1386, 1629, 2106, 2140, 2161, 2321, 2561, 2649, 3398, 5719, 5720, 5769 et 5791 érent; 3648 ére; 2104 Rérent.

1486 prochain — 1490 hastes; 9205 et 9244 Haste — 1544 et 8568 prèz — 1558 Oeneüs — 1571 premerains — 1597 et 7095 ueuz — 1609 guarra; 2155 Guardent; 3764 reguart — 1620 traisissant — 1712 neporquant — 1721, 1939, 2262, 4705, 8127, 8971 et 9514 cez — 1754, 2763, 2865, 4202, 4255, 4407, 7713 et 8833 ariére; 5261 deriére — 1848 rendié — 1864 fors getez — 1874, 2065, 3583, 6190, 7159 et 9313 puez — 1897 iés — 1909 Desfublez — 1935 Nes — 1999 d'Archaide.

2008 jaianz — 2028 segrei; 2809 segreie — 2034, 2052, 2231 et 2285 come — 2085, 4805 et 7826 cler; 4284 et 7825 per — 2145, 4392, 8066, 8371, 8467 et 9404 poüst; 5447 et 6826 poüssent; 8378 poüssant; 9267 et 9268 poüsse — 2432 juefne — 2456 pez — 2512, 2642, 3897, 3909, 3912 et 6758 lé.

2536 et 2539 ça enz — 2569 s'esbaï; 4810 et 4811 s'esbaïssent; 7153 esbaïe — 2667 live; 3105, 3321 et 3323 lives; 3142 ensivront — 2698 coillir — 2915 porprenent; 2965, 5270 et 7003 prenent — 2945 criatures.

3002 feblissent — 3170 et 9020 trebuchier — 3174 et 3622 vendra — 3422 quin; 9488 con — 3509 estot; 3539-40 proz: estoz; 4919 et 8223 tomote; 6662 tomotes — 4667-8 lous : vous — 3524 et 5256 seissante — 3710 eire — 3781 menrai — 3857 esprevier — 3873 eschariement.

4115, 5891 et 5925 ainznez — 4116 recèz — 4119 poi — 4153, 4159, 4168 et 4453 Ysmeine — 4219 et 4747 quierge — 4292 avrïez; 4988 serïon; 5105 erïon — 4315 et 6839 coup — 4324 heaume — 4345-6 Sidone : brone — 4440 tal — 4476, 8250, 8422 et 9352 doint — 4518 auferant — 4643 vienge — 4650 et 8717 bosoigne — 4790 Espaigne — 4909 trist — 4933 demonstre; 9894 monstrer — 4968 cren.

5233 seste; 6674 désme — 5375 trésque — 5415 vilanie — 5630 hermine — 5641 Rossie — 5709, 6086 et 6632 grenon — 5922 dez — 5932, 6004, 6921, 7290 et 8480 ambesdous — 6186 contralient — 6293 et 6695 sergenz — 6379 piement — 6498 et 6920 praerie — 6536 rasor — 6672 De si; 9337 de ci — 6962 defendu.

7001 derochent — 7214 liverrai — 7332, 7377, 7510, 7975, 8131 et 8626 creme; 8216 et 8217 crement — 7378 afeme — 7833 vaslez — 7900 et 7914 marche — 7978, 7979 et 8022 doign — 8079 moleneis — 8132 eme — 8475 Ren — 8635 guarenne — 8821 clérs — 8885 chadèle — 8927 demaintenant — 9190 esporon; 9595 esporonent — 9784 Calidone.

TABLE DES MATIÈRES

DU PREMIER VOLUME

ROMAN DE THÈBES	1
Prologue. — Histoire d'Œdipe	1
Exil de Polynice. — Mariage des filles d'Adraste	28
Message de Tydée. — Combat des Cinquante	57
Préparatifs de guerre	92
Episode d'Hypsipyle	106
Episode de Montflor	134
Arrivée des Grecs à Thèbes; tentative d'accommodement; première bataille	169
Mort d'Amphiaraüs; élection de son successeur	230
Deuxième bataille; mort d'Aton	254
Troisième bataille; mort de Tydée	318
Hippomédon remplace Tydée; épisode du ravitaillement	355
Episode de Daire le Roux	375
Quatrième bataille; mort d'Hippomédon	423
Mort de Parthénopée	447
Cinquième bataille; mort d'Etéocle et de Polynice	468
Les femmes d'Argos et le duc d'Athènes à Thèbes; prise de la ville	481
ADDITIONS ET CORRECTIONS	508

Le Puy. — Typ. Marchessou fils, boulevard St-Laurent, 23.

www.ingramcontent.com/pod-product-compliance
Lightning Source LLC
Chambersburg PA
CBHW051124230426
43670CB00007B/670